The ICS Ancient Chinese Text Concordance Series

先秦兩漢古籍逐字索引叢刊

周禮逐字索引

A CONCORDANCE TO THE
ZHOULI

香港中文大學中國文化研究所
先秦兩漢古籍逐字索引叢刊

叢刊主編：劉殿爵　　陳方正
計劃主任：何志華
系統主任：何國杰
程式助理：梁偉明
資料處理：黃祿添　　洪瑞強
研究助理：陳麗珠
顧　　問：張雙慶　　黃坤堯　　朱國藩
版本顧問：沈　津
程式顧問：何玉成　　梁光漢

本《逐字索引》乃據「先秦兩漢一切傳世文獻電腦化資料庫」編纂而成，而資
料庫之建立，有賴香港大學及理工撥款委員會資助，謹此致謝。

CUHK.ICS.
The Ancient Chinese Texts Concordance Series

SERIES EDITORS	D.C. Lau	Chen Fong Ching	
PROJECT DIRECTOR	Ho Che Wah		
COMPUTER PROJECTS OFFICER	Ho Kwok Kit		
PROGRAMMING ASSISTANT	Leung Wai Ming		
DATA PROCESSING	Wong Luk Tim	Hung Sui Keung	
RESEARCH ASSISTANT	Uppathamchat Nimitra		
CONSULTANTS	Chang Song Hing	Wong Kuan Io	Chu Kwok Fan
TEXT CONSULTANT	Shum Chun		
PROGRAMMING CONSULTANTS	Ho Yuk Shing	Leung Kwong Han	

THIS CONCORDANCE IS COMPILED FROM THE ANCIENT CHINESE TEXTS DATABASE,
WHICH IS ESTABLISHED WITH A RESEARCH AWARD FROM THE UNIVERSITY AND
POLYTECHNIC GRANTS COMMITTEE OF HONG KONG, FOR WHICH WE WISH TO
ACKNOWLEDGE OUR GRATITUDE.

周禮逐字索引

執行編輯 ： 何志華
研究助理 ： 陳麗珠
校　　對 ： 朱承朴　　巢立仁　　陳建樑
　　　　　　吳茂源　　姚道生
系統設計 ： 何國杰
程式助理 ： 梁偉明

The Concordance to the Zhouli

EXECUTIVE EDITOR	Ho Che Wah		
RESEARCH ASSISTANT	Uppathamchat Nimitra		
PROOF-READERS	Chu Shing Pok	Chao Lip Yan	Chan Kin Leung
	Ng Mau Yuen	Yiu To Sang	
SYSTEM DESIGN	Ho Kwok Kit		
PROGRAMMING ASSISTANT	Leung Wai Ming		

香港中文大學中國文化研究所
The Chinese University of Hong Kong
Institute of Chinese Studies

The ICS Ancient Chinese Text Concordance Series

先秦兩漢古籍逐字索引叢刊

周禮逐字索引

A CONCORDANCE TO THE
ZHOULI

叢刊主編：劉殿爵　陳方正

臺灣商務印書館 發行
The Commercial Press, Ltd.

香港中文大學中國文化研究所
The Chinese University of Hong Kong
Institute of Chinese Studies

The ICS Ancient Chinese Text Concordance Series

先秦兩漢古籍逐字索引叢刊

民禮逐字引周禮

周禮逐字索引＝A concordance to the Zhouli
／劉殿爵，陳方正主編. --初版. --臺北市
：臺灣商務，1994 [民 83]
　　面；　公分. --（香港中文大學中國文化研
究所先秦兩漢古籍逐字索引叢刊）
　　ISBN 957-05-0897-3（精裝）

　　1.周禮 - 語詞索引.

573.117021　　　　　　　　　　　83003292

A CONCORDANCE TO THE
Z H O U L I

主編者：劉殿爵　陳方正

香港中文大學中國文化研究所
先秦兩漢古籍逐字索引叢刊

周禮逐字索引
A Concordance to the Zhouli

定價新臺幣 1400 元

叢 刊 主 編	劉殿爵　陳方正
執 行 編 輯	何　志　華
發 行 人	張　連　生
出 版 者	臺灣商務印書館股份有限公司
印 刷 所	

臺北市 10036 重慶南路 1 段 37 號
電話：(02)3116118・3115538
傳眞：(02)3710274
郵政劃撥：0000165-1 號
出版事業
登 記 證：局版臺業字第 0836 號

• 1994 年 6 月初版第 1 次印刷

ISBN　957-05-0897-3（精裝）　　　　b 73334000

目　次

主編者簡介

劉殿爵教授（Prof. D. C. Lau）早歲肄業於香港大學中文系，嗣赴蘇格蘭格拉斯哥大學攻讀西洋哲學，畢業後執教於倫敦大學達二十八年之久，一九七八年應邀回港出任香港中文大學中文系講座教授。劉教授於一九八九年榮休，隨即出任中國文化研究所榮譽教授至今。劉教授興趣在哲學及語言學，以準確嚴謹的態度翻譯古代典籍，其中《論語》、《孟子》、《老子》三書之英譯，已成海外研究中國哲學必讀之書。

陳方正博士（Dr. Chen Fong Ching），一九六二年哈佛（Harvard）大學物理學學士，一九六四年拔蘭（Brandeis）大學理學碩士，一九六六年獲理學博士，隨後執教於香港中文大學物理系，一九八六年任中國文化研究所所長至今。陳博士一九九零年創辦學術文化雙月刊《二十一世紀》，致力探討中國文化之建設。

出 版 說 明

　　一九八八年，香港中文大學中國文化研究所獲香港「大學及理工撥款委員會」撥款資助，並得香港中文大學電算機服務中心提供技術支援，建立「漢及以前全部傳世文獻電腦化資料庫」，決定以三年時間，將漢及以前全部傳世文獻共約八百萬字輸入電腦。資料庫建立後，將陸續編印《香港中文大學中國文化研究所先秦兩漢古籍逐字索引叢刊》，以便利語言學、文學，及古史學之研究。

　　《香港中文大學先秦兩漢古籍逐字索引叢刊》之編輯工作，將分兩階段進行，首階段先行處理未有「逐字索引」之古籍，至於已有「逐字索引」者，將於次一階段重新編輯出版，以求達致更高之準確度，與及提供更為詳審之異文校勘紀錄。

　　「逐字索引」作為學術研究工具書，對治學幫助極大。西方出版界、學術界均極重視索引之編輯工作，早於十三世紀，聖丘休（Hugh of St. Cher）已編成《拉丁文聖經通檢》。

　　我國蔡耀堂（廷幹）於民國十一年(1922)編刊《老解老》一書，以武英殿聚珍版《道德經》全文為底本，先正文，後逐字索引，以原書之每字為目，下列所有出現該字之句子，並標出句子所出現之章次，此種表示原句位置之方法，雖未詳細至表示原句之頁次、行次，然已具備逐字索引之功能。《老解老》一書為非賣品，今日坊間已不常見，然而蔡氏草創引得之編纂，其功實不可泯滅。我國大規模編輯引得，須至一九三零年，美國資助之哈佛燕京學社引得編纂處之成立然後開始。此引得編纂處，由洪業先生主持，費時多年，為中國六十多種傳統文獻，編輯引得，功績斐然。然而漢學資料卷帙浩繁，未編成引得之古籍仍遠較已編成者為多。本計劃希望能利用今日科技之先進產品 —— 電腦，重新整理古代傳世文獻；利用電腦程式，將先秦兩漢近八百萬字傳世文獻，悉數編為「逐字索引」。俾使學者能據以掌握文獻資料，進行更高層次及更具創意之研究工作。

　　一九三二年，洪業先生著《引得說》，以「引得」對譯 Index，音義兼顧，巧妙工整。Index 原意謂「指點」，引伸而為一種學術工具，日本人譯為「索引」。而洪先生又將西方另一種逐字索引之學術工具 Concordance 譯為「堪靠燈」。Index 與 Concordance 截然不同；前者所重視者乃原書之意義名物，只收重要之字、詞，不收虛字及連繫詞等，故用處有限；後者則就文獻中所見之字，全部收納，大小不遺，故有助於文辭訓詁，語法句式之研究及字書之編纂。洪先生將選索性之 Index 譯作「引得」，將字字可索的 Concordance 譯作「堪靠燈」，足見卓識，然其後於一九三零年間，主

持哈佛燕京學社編纂工作，所編成之大部分《引得》，反屬全索之「堪靠燈」，以致名
實混淆，實爲可惜。今爲別於選索之引得（Index），本計劃將全索之 Concordance 稱爲
「逐字索引」。

　　利用電腦編纂古籍逐字索引，本計劃經驗尙淺，是書倘有失誤之處，尙望學者方家
不吝指正。

PREFACE

In 1988, the Institute of Chinese Studies of The Chinese University of Hong Kong put forward a proposal for the establishment of a computerized database of the entire body of extant Han and pre-Han traditional Chinese texts. This project received a grant from the UPGC and was given technical support by the Computer Services Centre of The Chinese University of Hong Kong. The project was to be completed in three years.

From such a database, a series of concordances to individual ancient Chinese texts will be compiled and published in printed form. Scholars whether they are interested in Chinese literature, history, philosophy, linguistics, or lexicography, will find in this series of concordances a valuable tool for their research.

The *Ancient Chinese Texts Concordance Series* is planned in two stages. In the first stage, texts without existing concordances will be dealt with. In the second stage, texts with existing concordances will be redone with a view to greater accuracy and more adequate textual notes.

In the Western tradition, the concordance was looked upon as one of the most useful tools for research. As early as c. 1230, appeared the concordance to the *Vulgate*, compiled by Hugh of St. Cher.

In China, the first concordance to appear was *Laozi Laojielao* in the early nineteen twenties. Cai Yaotang who produced it was in all probability unaware of the Western tradition of concordances.

As the *Laojielao* was not for sale, it had probably a very limited circulation. However, Cai Yaotang's contribution to the compilation of concordances to Chinese texts should not go unmentioned.

The *Harvard-Yenching Sinological Concordance Series* was begun in the 1930s under the direction of Dr. William Hung. Unfortunately, work on this series was cut short by the Second World War. Although some sixty concordances were published, a far greater number of texts remains to be done. However, with the advent of the computer the establishment of a database of all extant ancient works become a distinct possibility. Once

such a database is established, a series of concordances can be compiled to cover the entire field of ancient Chinese studies.

Back in 1932, William Hung in his *"What is Index ?"* used the term 引得 for "Index" in preference to the Japanese 索引, and the term 堪靠燈 for concordance. However, when he came to compile the *Harvard Yenching Sinological Concordance Series*, he abandoned the term 堪靠燈 and used the term 引得 for both index and concordance. This was unfortunate as this blurs the difference between a concordance and an index. The former, because of its exhaustive listing of the occurrence of every word, is a far more powerful tool for research than the latter. To underline this difference we decided to use 逐字索引 for concordance.

The *Ancient Chinese Texts Concordance Series* is compiled from the computerized database. As we intend to extend our work to cover subsequent ages, any ideas and suggestions which may be of help to us in our future work are welcome.

凡　例

一．《周禮》正文：

1．本《逐字索引》所附正文據清嘉慶二十年(1816)江西南昌府學重刊之宋本《周禮注疏》。

2．本《逐字索引》分章據一九八七年北京中華書局出版孫詒讓《周禮正義》。

3．（　）表示刪字；〔　〕表示增字。除用以表示增刪字外，凡誤字之改正，例如 a 字改正爲 b 字，亦以（a.）〔b〕方式表示。

　　例如：職外內饔之饔亨（煮）　　　　　　　　　1.10/8/25

　　　　　表示重刊宋本《周禮注疏》衍「煮」字。讀者翻檢《增字、刪字改正說明表》，即知刪字之依據爲王念孫說，見王引之《經義述聞》（頁192）。

　　例如：羞用百〔有〕二十品　　　　　　　　　1.6/8/2

　　　　　表示重刊宋本《周禮注疏》脫「有」字。讀者翻檢《增字、刪字改正說明表》，即知增字之依據爲《唐石經》（總頁 193）。

　　例如：以九兩繫邦國之（名）〔民〕　　　　　　1.1/5/28

　　　　　表示重刊宋本《周禮注疏》作「名」，乃誤字，今改正爲「民」。讀者翻檢《誤字改正說明表》，即知改字之依據爲《唐石經》（總頁190）。

4．本《逐字索引》據別本，及其他文獻對校原底本，或改正底本原文，或只標注異文。有關此等文獻之版本名稱，以及本《逐字索引》標注其出處之方法，均列《徵引書目》中。

5．本《逐字索引》所收之字一律劃一用正體，以昭和四十九年大修館書店發行之《大漢和辭典》，及一九八六至一九九零年湖北辭書出版社、四川辭書出版社出版之《漢語大字典》所收之正體爲準，遇有異體或譌體，一律代以正體。

　　例如：以鹹養脈　　　　　　　　　　　　　1.19/9/28

重刊宋本《周禮注疏》原作「以鹹養脉」，據《大漢和辭典》，「脈」、「脉」乃異體字，音義無別，今代以正體「脈」字。爲便讀者了解底本原貌，凡異體之改正，均列《通用字表》中。

6．異文校勘主要參考阮元《周禮注疏校勘記》（《皇清經解》本）。

　　6.1.異文紀錄欄

　　　　a．凡正文文字右上方標有數碼者，表示當頁下端有注文

　　　　　　例如：辨¹方正位　　　　　　　　　　　　　　1.0/1/3

　　　　　　當頁注 1 注出「辨」字有異文「辯」。

　　　　b．數碼前加 ˙˙，表示範圍。

　　　　　　例如：則攝而˙薦豆籩徹˙³　　　　　　　　　3.1/37/10

　　　　　　當頁注 3 注出「薦徹豆籩」爲「薦豆籩徹」四字之異文。

　　　　c．異文多於一種者：加 A．B．C．以區別之。

　　　　　　例如：四曰家削²之賦　　　　　　　　　　　1.1/5/24

　　　　　　當頁注 2 下注出異文：

　　　　　　　　A.稍 B.郎

　　　　　　表示兩種不同異文分見不同別本。

　　　　d．異文後所加按語，外括〈　〉號。

　　　　　　例如：邦國碁²　　　　　　　　　　　　　　2.28/26/24

　　　　　　當頁注 2 注出異文後，再加按語：

　　　　　　基〈孫詒讓云：《釋文》「基」當本作「期」，《朝士》「邦國碁」，《釋文》作「期」，是其證也。〉

　　6.2.校勘除選錄不同版本所見異文之外，亦選錄其他文獻、類書等引錄所見異文。

6.3.讀者欲知異文詳細情況,可參阮元《周禮注疏校勘記》。凡據別本,及其他文獻所紀錄之異文,於標注異文後,均列明出處,包括書名、篇名、頁次,有關所據文獻之版本名稱,及標注其出處之方法,請參《徵引書目》。

7.□表示底本原有空格。

二.逐字索引編排:

1.以單字爲綱,旁列該字在全文出現之頻數(書末另附《全書用字頻數表》〔附錄一〕,按頻數次序列出全書單字),下按原文先後列明該字出現之全部例句,句中遇該字則代以「○」號。

2.全部《逐字索引》按漢語拼音排列;一字多音者,於最常用讀音下,列出全部例句。

3.每一例句後加上編號 a/b/c 表明於原文中位置,例如 1.1/2/3,「1.1」表示原文的篇章次、「2」表示頁次、「3」表示行次。

三.檢字表:

備有《漢語拼音檢字表》、《筆畫檢字表》兩種:

1.漢語拼音據《辭源》修訂本(一九七九年至一九八三年北京商務印書館)及《漢語大字典》。一字多音者,按不同讀音在音序中分別列出;例如「說」字有 shuō, shuì, yuè, tuō 四讀,分列四處。聲母、韻母相同之字,按陰平、陽平、上、去四聲先後排列。讀音未詳者,一律置於表末。

2.《逐字索引》中某字所出現之頁數,在《漢語拼音檢字表》中所列該字任一讀音下皆可檢得。

3.筆畫數目、部首歸類均據《康熙字典》。畫數相同之字,其先後次序依部首排列。

4.另附《威妥碼 – 漢語拼音對照表》,以方便使用威妥碼拼音之讀者。

Guide to the use of the Concordance

1. Text

1.1 The text printed with the concordance is based on the *Chongkan Songben Zhouli zhushu* 重刊宋本周禮注疏, Song Edition of the Commentaries and Subcommentaries to the *Zhouli* re-cut by Ruan Yuan 阮元 in 1816.

1.2 The numbering of the chapters is in accordance with Sun yi-rang *Zhouli Zhengyi* (Zhonghua shuju, Beijing, 1987).

1.3 Round brackets signify deletions while square brackets signify additions. This device is also used for emendations. An emendation of character <u>a</u> to character <u>b</u> is indicated by （a）〔b〕. e.g.,

　　　　職外內饔之爨亨（煮）　　　　　　　　　　1.10/8/25

The character 煮 in the *Zhouli zhushu* edition, being an interpolation, is deleted on the authority of the comment by Wang Nian-sun in the *Zhouli* section of Wang yin-zhi's *Jingyi Shuwen* (p.192).

　　　　羞用百〔有〕二十品　　　　　　　　　　1.6/8/2

The character 有 missing in the *Zhouli zhushu* edition, is added on the authority of the *Tang shijing* (p.193).

A list of all deletions and additions is appended on p. 42, where the authority for each emendation is given.

　　　　以九兩繫邦國之（名）〔民〕　　　　　　1.1/5/28

The character 名 in the *Zhouli zhushu* edition has been emended to 民 on the authority of *Tang shijing* (p.190).

A list of all emendations is appended on p.39 where the authority for each is given.

1.4 Where the text has been emended on the authority of other editions or the

parallel text found in other works, such emendations are either incorporated into the text or entered as footnotes. For explanations, the reader is referred to the Bibliography on p.38.

1.5 For all concordanced characters only the standard form is used. Variant or incorrect forms have been replaced by the standard forms as given in Morohashi Tetsuji's *Dai Kan-Wa jiten*, (Tokyo : Taishūkan shōten, 1974), and the *Hanyu da zidian* (Hubei cishu chubanshe and Sichuan cishu chubanshe 1986-1990) e.g.,

以鹹養脈   1.19/9/28

The *Zhouli zhushu* edition has 脉 which, being a variant form, has been replaced by the standard form 脈 as given in the *Dai Kan-Wa jiten*. A list of all variant forms that have been in this way replaced is appended on p.33.

1.6 The textual notes are mainly based on Ruan Yuan's *Zhouli zhushu jiaokanji* (*Huang Qing jingjie* edition).

1.6.1.a A figure on the upper right hand corner of a character indicates that a collation note is to be found at the bottom of the page, e.g.,

辨¹方正位   1.0/1/3

the superscript ¹ refers to note 1 at the bottom of the page.

1.6.1.b A range marker ˙ ˙ is added to the figure superscribed to indicate the total number of characters affected, e.g.,

則攝而˙薦豆簜徹˙³   3.1/37/10

The range marker indicates that note 3 covers the four characters 薦豆簜徹.

1.6.1.c Where there are more than one variant reading, these are indicated by A, B, C, e.g.,

四曰家削²之賦   1.1/5/24

Note 2 reads A.稍 B.郇, showing that for 削 one version reads 稍, while another version reads 郇.

1.6.1.d A comment on a collation note is marked off by the sign 〈 〉, e.g.,

邦國碁[2]   2.28/26/24

  Note 2 reads: 基〈孫詒讓云：《釋文》「基」當本作「期」，《朝士》「邦國碁」，《釋文》作「期」，是其證也。〉.

1.6.2 Besides readings from other editions, readings from quotations found in encyclopaedias and other works are also included.

1.6.3 For further information on variant readings given in the collation notes the reader is referred to Ruan Yuan's *Zhouli zhushu jiaokanji* (*Huang Qing jingjie* edition), and for further information on references to sources the reader is referred to Bibliography on p.38.

1.7 The sign □ indicates that the original text there is a missing character.

2. Concordance

2.1 In the entries the concordanced character is replaced by the ○ sign.

The entries are arranged according to the order of appearance in the text. The frequency of appearance of the character concerned in the whole text is shown, and a list of all the concordanced characters in frequency order is appended. (Appendix One)

2.2 The entries are listed according to Hanyupinyin. In the body of the concordance all occurrences of a character with more than one pronunciation are located under its most common pronunciation.

2.3 Figures in three columns show the location of a character in the text, e.g., 1.1/2/3,

       1.1 denotes the chapter.
       2   denotes the page.
       3   denotes the line.

3. Index

A Stroke Index and an Index arranged according to Hanyupinyin are included.

3.1 The pronunciation given in the *Ciyuan* (The Commercial Press , Beijing, 1979 - 1983) and the *Hanyu da zidian* is used. Where a character has two or more pronunciations, it can be found under any of these in the index. For example : 說 which has four pronunciations : shuō, shuì, yuè, tuō is to be found under any one of these four entries. Characters with the same pronunciation but different tones are listed according to tone order. Characters of which the pronunciation is unknown are relegated to the end of the index.

3.2 In the body of the Concordance all occurrences of a character with more than one pronunciation will be located under its most common pronunciation, but this location is given under all alternative pronunciations of the character in the index.

3.3 In the stroke index, characters with the same number of strokes appear under the radicals in the same order as given in the *Kangxi zidian*.

3.4 A correspondence table between the Hanyupinyin and the Wade-Giles systems is also provided.

漢 語 拼 音 檢 字 表

ā	**bá**	徬 93	**bēn**	椑(pí) 255
阿(ē) 134	犮 88	**bāo**	奔 94	痺(bēi) 93
āi	芨 89	炮 93	賁(bì) 96	辟(pì) 255
哀 87	軷 89	褒 93	**běn**	幣 96
ài	弊(bì) 96	**bǎo**	本 94	弊 96
阨(è) 134	**bà**	保 93	奮 94	蔽 97
ān	伯(bó) 102	飽 93	**bèn**	薜 97
安 87	罷 89	寶 93	奔(bēn) 94	臂 97
陰(yīn) 408	**bái**	**bào**	**bēng**	躃 97
闇(àn) 87	白 89	抱 93	祊 94	璧 97
韽 87	**bǎi**	豹 93	崩 94	驚 97
án	百 89	報 93	**bī**	**biān**
犴 87	柏(bó) 102	暴 93	楅(fú) 159	編 97
àn	**bài**	齙 93	**bí**	鞭 97
犴(án) 87	拜 90	鮑 93	鼻 94	邊 97
案 87	敗 90	**bēi**	**bǐ**	籩 97
闇 87	挼 90	陂 93	比 94	**biǎn**
àng	**bān**	卑 93	妣 95	窆 97
盎 87	般 90	波(bō) 102	疕 95	貶 97
áo	頒(fén) 154	背(bèi) 94	卑(bēi) 93	辨(biàn) 98
熬 87	圖(bīn) 101	庳 93	鄙 95	**biàn**
嚻(xiāo) 374	**bǎn**	椑(pí) 255	**bì**	弁 98
ǎo	反(fǎn) 151	痺 93	必 95	徧 98
夭(yāo) 386	版 90	**běi**	庇 96	編(biān) 97
ào	胖(pàn) 254	北 93	陂(bēi) 93	辨 98
驁 87	**bàn**	**bèi**	服(fú) 157	辯 99
ba	半 90	北(běi) 93	披(pī) 254	變 99
罷(bà) 89	辦 91	貝 94	秘 96	**biāo**
bā	辨(biàn) 98	芨(bá) 89	被(bèi) 94	剽(piào) 255
八 87	**bāng**	勃(bó) 102	椑 96	熛 99
	邦 91	背 94	庳(bēi) 93	爂 99
	bàng	被 94	畢 96	**biǎo**
	旁(páng) 254	悖 94	閉 96	表 99
		倍 94	賁 96	剽(piào) 255
		備 94	敝 96	**biē**
				鱉(bì) 97

鱉	99	剝(bō)	102	càn		chǎn		chēng	
		博	102	參(shēn)	301	產	107	堂	111
bié		搏	102					稱	111
別	99	蒲(pú)	256	**cāng**		**chāng**			
		踣	103	倉	106	昌	107	**chéng**	
bīn		暴(bào)	93	蒼	106	倡	107	成	111
賓	99	薄	103					承	111
儐(bìn)	101	鎛	103	**cáng**		**cháng**		城	112
豳	101			藏(zāng)	432	長	107	乘	112
		bǒ		藏	106	常	108	盛	112
bìn		播(bō)	102			場	108	徵(zhēng)	451
賓(bīn)	99			**cǎng**		裳	108		
儐	101	**bò**		蒼(cāng)	106	嘗	108	**chěng**	
擯	101	辟(pì)	255					騁	112
		薄(bó)	103	**cǎo**		**chàng**			
bīng				草	107	倡(chāng)	107	**chèng**	
冰	101	**bú**				鬯	108	稱(chēng)	111
并(bìng)	102	樸(pǔ)	256	**cào**					
兵	101	轐	103	鑿(qì)	270	**cháo**		**chī**	
						巢	108	絺	112
bǐng		**bǔ**		**cè**		朝(zhāo)	445	離(lí)	223
秉	101	卜	103	側	107				
柄	101	補	103	策	107	**chē**		**chí**	
				測	107	車	109	弛	112
bìng		**bù**		笧	107			池	112
并	102	不	103	籍	107	**chě**		治(zhì)	475
枋(fāng)	152	布	105			尺(chǐ)	113	持	112
柄(bǐng)	101	步	105	**cēn**				蚔	112
病	102	部	105	參(shēn)	301	**chè**		馳	112
						宅(zhái)	439	箈	112
bō		**cái**		**céng**		坼	110	笼	112
波	102	材	105	曾(zēng)	438	硩	110	篪	112
般(bān)	90	財	105			徹	110	遲	112
剝	102			**chá**					
發(fā)	144	**cǎi**		秅	107	**chén**		**chǐ**	
播	102	采	106	察	107	臣	110	尺	113
撥	102					辰	110	斥(chì)	113
		cài		**chái**		沈	110	赤(chì)	113
bó		采(cǎi)	106	柴	107	晨	111	侈	113
百(bǎi)	89					陳	111	恥	113
伯	102	**cān**		**chān**		棧(zhàn)	439	移(yí)	393
帛	102	參(shēn)	301	幨	107	湛(zhàn)	439	齒	113
拍(pāi)	254								
茀(fú)	159	**cán**		**chán**		**chèn**		**chì**	
柏	102	殘	106	塵	107	抌	111	斥	113
勃	102	蠶	106			稱(chēng)	111	赤	113
悖(bèi)	94					齓	111	飭	113

罷	114	**chuān**		祠	117	**cuán**		代	124
熾	114	川	116	茨	117	鑽(zuān)	490	毒(dú)	133
		穿	116	茲(zī)	486			岱	124
chōng				慈	117	**cuàn**		待	124
充	114	**chuán**		餈	117	爨	119	怠	125
舂	114	傳	116	薺	117			帶	125
憃	114	摶(tuán)	348	辭	117	**cuī**		貸	125
						衰(shuāi)	328	詒(yí)	393
chóng		**chuāng**		**cǐ**		摧	119	戴	125
重(zhòng)	481	創	116	此	118				
崇	114	窗	116			**cuǐ**		**dān**	
蟲	114			**cì**		洒(sǎ)	291	丹	125
		chuáng		次	118			湛(zhàn)	439
chǒng		床	116	庇	118	**cuì**		匰	125
寵(lóng)	234			刺	118	卒(zú)	489		
		chuàng		紋	118	倅	119	**dǎn**	
chōu		倉(cāng)	106	賜	118	脆	119	扰	125
瘳	114	創(chuāng)	116			毳	120		
				cōng		萃	119	**dàn**	
chóu		**chuī**		從(cóng)	119	竀	120	旦	125
酬	114	歘	116	總(zǒng)	488			彈	125
儔	114					**cún**		憚	125
讎	114	**chuí**		**cóng**		存	120	壇(tán)	341
		蓶	116	從	119				
chòu				琮	119	**cùn**		**dāng**	
臭	114	**chuì**		叢	119	寸	120	當	125
		歘(chuī)	116						
chū				**còu**		**cuó**		**dǎng**	
出	114	**chūn**		奏(zòu)	488	酇(zuǎn)	490	黨	125
初	115	春	116	族(zú)	489				
				蔟(cù)	119	**cuò**		**dàng**	
chú		**chún**				昔(xī)	366	當(dāng)	125
助(zhù)	484	純	117	**cū**		挫	120	蕩	126
除	115	淳	117	麤	119	措	120		
芻	115	脣	117			摧(cuī)	119	**dāo**	
涂(tú)	347	錞	117	**cù**		錯	120	刀	126
屠(tú)	347	鶉	117	取(qǔ)	275				
鋤	115			卒(zú)	489	**dá**		**dǎo**	
著(zhù)	485	**chǔn**		倅(cuì)	119	荅	120	道(dào)	126
諸(zhū)	483	春(chūn)	116	戚(qī)	257	達	120	禍	126
				酢(zuò)	491	憚(dàn)	125	禱	126
chǔ		**cī**		蔟	119				
齟(zǎng)	432	柴(chái)	107	趣(qù)	275	**dà**		**dào**	
		骴	117	數(shù)	327	大	121	陶(táo)	341
chù				縮(suō)	340			盜	126
畜	115	**cí**		趣(qū)	274	**dài**		敦(dūn)	134
詘(qū)	274	子(zǐ)	486	蹙	119	大(dà)	121	道	126

fǎng		fèn		帗	158	gāi		gē	
放(fàng)	153	分(fēn)	153	茀	159	祴	162	戈	164
瓬	152	忿	154	祓	159			割	164
髣	153	焚(fén)	154	符	159	gǎi		歌	164
訪	152	賁(bì)	96	紼	159	改	162		
		墳(fén)	154	罘	159			gé	
fàng		糞	155	楅	159	gài		革	164
放	153			福	159	摡	162	鬲(lì)	226
		fēng		箙	159	蓋	162	葛	164
fēi		封	155	輻	159	概	163		
非	153	風	155	黻	159			gě	
匪(fěi)	153	豐	155			gān		合(hé)	183
		飄	155	fǔ		干	163	笴	164
féi		麷	155	父(fù)	161	甘	163	蓋(gài)	162
賁(bì)	96			甫	159	乾(qián)	271		
		féng		附(fù)	161			gè	
fěi		馮	155	拊	160	gǎn		个	164
非(fēi)	153	縫	155	府	159	笴(gě)	164	各	164
匪	153			斧	160	敢	163		
		fěng		柎(fū)	157			gēn	
fèi		泛(fàn)	151	俛(miǎn)	242	gàn		根	165
沸	153	諷	155	脯	160	个(gè)	164		
肺	153			輔	161	幹	163	gēng	
廢	153	fèng		撫	161			更	165
癈	153	奉	155	黼	161	gāng		耕	165
		風(fēng)	155	簠	161	剛	163	羹	165
fēn		縫(féng)	155	黼	161	綱	163		
分	153							gěng	
紛	154	fōu		fù		gāo		梗	165
匪(fěi)	153	不(bù)	103	父	161	羔	163	綆	166
棼(fén)	154			付	161	高	163		
		fǒu		伏(fú)	157	皋	163	gèng	
fén		不(bù)	103	阜	161	膏	163	更(gēng)	165
妢	154	否	156	服(fú)	157	槁(gǎo)	163		
汾	154			附	161	櫜	163	gōng	
賁(bì)	96	fū		柎(fū)	157	罄	163	弓	166
棼	154	不(bù)	103	負	161			工	166
焚	154	夫	156	婦	161	gǎo		公	166
頒	154	柎(fǔ)	160	副	161	槁	163	功	167
墳	154	柎	157	報(bào)	93	稾	163	共(gòng)	168
蕡	154	傅(fù)	162	富	161	櫜	163	攻	167
鼖	154			復	162			躬	168
		fú		傅	162	gào		宮	168
fěn		夫(fū)	156	腹	162	告	163	訟(sòng)	337
粉	154	弗	157	賦	162	誥	164	舼	168
		伏	157	賻	162	膏(gāo)	163		
		服	157	覆	162	櫜(gǎo)	163		

gǒng		穀	173	棺(guān)	175	hǎi		hé	
共(gòng)	168	鹽	173	祼	176	海	181	禾	183
拱	168	瞽	173	盥	176	醢	181	合	183
		鵠(hú)	187	雚	176			和	183
gòng		蠱	173	關(guān)	175	hài		河	183
共	168			灌	176	害	182	害(hài)	182
貢	170	gù		爟	176	蓋(gài)	162	貉	183
		告(gào)	163	觀(guān)	175	駴(xiè)	376	蓋(gài)	162
gōu		固	173					翮	184
句	170	故	173	guǎng		hán		闔	184
區(qū)	274	梏	174	廣	176	含	182	覈	184
溝	171					函	182		
鉤	171	guā		guī		寒	182	hè	
鸜(qú)	275	瓜	174	圭	177	幹(gàn)	163	和(hé)	183
		刮	174	規	177			賀	184
gǒu		苽(gū)	171	傀	177	hàn		渴(kě)	219
狗	171	劀	174	龜	177	含(hán)	182	葛(gé)	164
苟	171			歸	177	旱	182	鵠(hú)	187
		guǎ				漢	182		
gòu		寡	174	guǐ		嘆	182	hēi	
句(gōu)	170			軌	177			黑	184
區(qū)	274	guà		鬼	177	háng			
講(jiǎng)	203	卦	174	簋	178	行(xíng)	377	hēng	
鸜(qú)	275							亨	184
		guāi		guì		hàng			
gū		乖	174	貴	178	行(xíng)	377	héng	
孤	171			襘	178			恒	184
姑	171	guài				hāo		橫	184
苽	171	怪	174	gǔn		蒿	182	衡	184
皋(gāo)	163			卷(juàn)	215				
家(jiā)	200	guān		袞	178	háo		hèng	
辜	171	官	174	磙	178	皋(gāo)	163	橫(héng)	184
觚	171	冠	175			號	182		
樟	171	莞(guǎn)	176	guō				hōng	
		棺	175	郭	178	hǎo		薨	184
gǔ		關	175	過(guò)	181	好	182		
古	171	觀	175	蟈	178			hóng	
角(jué)	216					hào		宏	184
股	171	guǎn		guó		好(hǎo)	182	妅	184
姑(gū)	171	莞	176	國	178	昊	183	降(jiàng)	203
苦(kǔ)	220	管	176			耗	183	紅	184
罟	171	館	176	guǒ		號(háo)	182	鴻	184
骨	171			果	181	歊(xiāo)	374		
賈	172	guàn		槨	181			hòng	
鼓	172	丱	176			hē		鴻(hóng)	184
滑(huá)	188	冠(guān)	175	guò		阿(ē)	134		
穀	172	貫	176	過	181	苛(kē)	218		

hóu		**huà**		鑴(xí)	367	茭(jiāo)	204	幾	196
侯	184	化	188			迹	192	給	196
鍭	186	華(huá)	188	**huí**		笄	192	濟(jì)	199
		畫	188	回	189	倚(yǐ)	404		
hòu						基	192	**jì**	
后	186	**huái**		**huǐ**		飢	192	吉	196
後	186	淮	188	烜(xuǎn)	382	幾(jǐ)	196	忌	196
厚	186	槐	188	毀	189	朞	192	季	196
候	187	懷	188			期(qī)	257	其(qí)	257
				huì		穀	192	近(jìn)	209
hū		**huán**		惠	189	資(zī)	486	紀	196
乎	187	桓	188	喙	189	齊(qí)	268	洎	196
呼	187	垸	188	稅(shuì)	329	箕(qī)	257	既	197
武(wǔ)	363	萑(zhuī)	486	會	189	稽	192	計	196
幠	187	狟	188	賄	190	畿	192	祭	197
惡(è)	134	圜(yuán)	425	諱	191	積	193	結(jié)	206
嘑	187	還	188	檜(guì)	178	隮	193	棘(jí)	195
膴	187	環	188	繢	191	績	193	幾(jǐ)	196
		轘(huàn)	188			擊	193	穀(jī)	192
hú				**huī**		雞	193	資(zī)	486
狐	187	**huǎn**		昏	191	齎	193	齊(qí)	268
弧	187	緩	188	閽	191	羈	193	稷	199
胡	187	澣	188					冀	199
湖	187			**huó**		**jí**		劑	199
壺	187	**huàn**		越(yuè)	429	及	193	濟	199
號(háo)	182	患	188			汲	195	薺(cí)	117
縠	187	豢	188	**huǒ**		即	195	繼	199
鵠	187	轘	188	火	191	革(gé)	164		
						急	195	**jiā**	
hǔ		**huāng**		**huò**		疾	195	加	199
虎	187	肮	189	呼(hū)	187	棘	195	夾	199
琥	187	皇	188	或	191	揖(yī)	392	家	200
箎(chí)	112	荒	189	貨	191	極	195	挾(xié)	375
				禍	191	楖(zhì)	478	笫(cè)	107
hù		**huáng**		霍	192	瘠	196	嘉	200
互	187	黃	189	濩	192	藉(jiè)	208		
枑	188	璜	189	獲	192	墼	196	**jiá**	
嘑(hū)	187			攫(wò)	359	籍	196	夾(jiā)	199
濩(huò)	192	**huǎng**		蠖	192			莢	200
攫(wò)	359	芒(máng)	239	鑊	192	**jǐ**			
						几(jǐ)	192	**jiǎ**	
huā		**huī**		**jī**		泲	196	甲	200
華(huá)	188	灰	189	几	192	紀(jì)	196	叚	200
		揮	189	刉	192	脊	196	夏(xià)	369
huá		煇	189	其(qí)	257	掎	196	罕	200
華	188	禕	189	奇(qí)	257	棘(jí)	195	賈(gǔ)	172
滑	188	麾	189	居(jū)	214	戟	196		

jià
賈(gǔ) 172
嫁 200
駕 201
稼 201

jiān
咸(xián) 370
戔(jiān) 201
堅 201
淺(qiǎn) 271
間 201
閒(xián) 370
湛(zhàn) 439
煎 201
監 201
蒹 201
纖(xiān) 369

jiǎn
前(qián) 270
戔 201
楗(jiàn) 202
齊(qí) 268
踐(jiàn) 202
翦 201
險(xiǎn) 370
簡 201
騫(qiān) 270

jiàn
見 201
建 201
間(jiān) 201
閒(xián) 370
楗 202
煎(jiān) 201
監(jiān) 201
箭 202
賤 202
劍 202
踐 202
諫 202
薦 202
鍵 202
檻 202
鑑 202

鑒 202

jiāng
江 202
將 202
畺 203
漿 203
彊(qiáng) 271
疆 203

jiǎng
講 203

jiàng
匠 203
降 203
將(jiāng) 202
強(qiáng) 271
畺(jiāng) 203
彊(qiáng) 271
醬 203
疆(jiāng) 203

jiāo
交 203
郊 203
茭 204
教(jiào) 204
膠 204
燋 204

jiǎo
糾(jiū) 212
校(jiào) 204
撟 204
膠(jiāo) 204

jiào
挍 204
筊 204
校 204
教 204
較 205
斅 205
槁(gǎo) 163
潐(zhuó) 486

jie
家(jiā) 200

jiē
皆 205
接 206
階 206

jié
拾(shí) 308
接(jiē) 206
結 206
絜 206
渴(kě) 219
睫 207
節 206
楬 207
詰 207
竭 207

jiě
解 207

jiè
介 207
戒 207
疥 208
解(jiě) 207
藉 208
籍(jí) 196

jīn
巾 208
今 208
斤 208
金 208
津 209
祲 209
筋 209
禁(jìn) 209

jǐn
盡(jìn) 210
錦 209
覲(jìn) 210
謹 209

jìn
近 209
晉 209
浸 209
進 209
禁 209
盡 210
薦(jiàn) 202
覲 210

jīng
荊 211
涇 211
莖 211
旌 211
菁 211
經 211

jǐng
井 211
阱 211
景 211
頸 211
警 211

jìng
勁 211
徑 211
竟 212
敬 212

jiōng
扃 212

jiǒng
扃(jiōng) 212

jiū
糾 212
鳩 212

jiǔ
九 212
久 213
句(gōu) 170
灸 213
韭 213

酒 213

jiù
救 213
就 214
廄 214
舊 214
匶 214

jū
且(qiě) 271
車(chē) 109
居 214
腒 214
駒 214
鞠 214

jú
告(gào) 163
藭 214
橘 214
鞠(jū) 214
蘜 214

jǔ
去(qù) 275
矩 214
筥 214
萬(yǔ) 420
舉 214

jù
句(gōu) 170
足(zú) 489
具 215
倨 215
秬 215
渠(qú) 275
聚 215
虡 215
屨 215
遽 215
懼 215

juān
蠲 215

juǎn		kāng		kòu		kuì		勞(láo)	222
卷(juàn)	215	康	218	敂	220	臾(yú)	419	樂(yuè)	430
				寇	220	潰	221		
juàn		kàng				歸(guī)	177	lè	
卷	215	抗	218	kū		饋	221	阞	222
		康(kāng)	218	哭	220			泐	222
juē						kūn		勒	222
𥘵(zǔ)	489	kǎo		kǔ		卵(luǎn)	237	樂(yuè)	430
		攷	218	苦	220	髡	221		
jué		考	218					léi	
決	215	槁(gǎo)	163	kù		kǔn		雷	222
抉	215	薧(hāo)	182	庫	220	稇(jūn)	218	壘(lěi)	222
角	216							畾	222
梏(gù)	174	kào		kuā		kuò		靁	222
厥	216	槀(gǎo)	163	華(huá)	188	會(huì)	189		
絕	216	槁(gǎo)	163			䯏	221	lěi	
較(jiào)	205	稁(gǎo)	163	kuài				耒	222
觳(hú)	187			會(huì)	189	là		誄	222
爵	216	kē		澮	220	臘	221	壘	222
闕(què)	276	苛	218						
攫	216	柯	218	kuān		lái		lèi	
				寬	220	來(lài)	221	壘(lěi)	222
jūn		kě				淶	221	類	222
旬(xún)	382	可	218	kuāng		萊	221		
君	216	渴	219	匡	221	騋	221	lī	
均	217			皇(huáng)	188			裏(lǐ)	223
軍	217	kè		筐	221	lài			
鈞	218	可(kě)	218			來	221	lí	
龜(guī)	177	克	219	kuáng		厲(lì)	226	貍	222
麇	218	客	219	狂	221			麗(lì)	227
						lán		離	223
jùn		kěn		kuàng		欄(liàn)	228		
峻	218	頎(qí)	268	卝(guàn)	176			lǐ	
焌	218	墾	220	兄(xiōng)	379	láng		里	223
畯	218			皇(huáng)	188	狼	221	理	223
		kōng		壙	221	羹(gēng)	165	裏	223
kāi		空	220	纊	221			禮	223
開	218					láo		醴	225
		kǒng		kuī		牢	221		
kǎi		空(kōng)	220	規(guī)	177	勞	222	lì	
豈(qǐ)	269			虧	221			力	225
愷	218	kòng				lǎo		立	225
		空(kōng)	220	kuí		老	222	吏	225
kān				葵	221	蓼	222	利	226
刊	218	kǒu						栗	226
		口	220	kuǐ		lào		浲	226
				傀(guī)	177	牢(láo)	221	鬲	226

臬	226	**liáo**		**liú**		慮(lǜ)	237	臝(luǒ)	238
厲	226	竂(jiào)	204	斿(yóu)	411	潞	236	贏(luǒ)	238
翮(hé)	184	勞(láo)	222	流	232	戮	236		
歷	227	燎(liǎo)	229	游(yóu)	411	錄	236	**luǒ**	
䫆(fǔ)	161	療	229			麓	236	果(guǒ)	181
隸	227	繚	229	**liǔ**		露	236	蓏	238
曆	227	簝	229	柳	232			羸	238
癘	227					**lú**		臝	238
離(lí)	223	**liǎo**		**liù**		閭	236		
麗	227	燎	229	六	232			**luò**	
		瞭	229	竂(jiào)	204	**lǚ**		洛	238
lián				陸(lù)	235	呂	236	路(lù)	235
令(lìng)	230	**liào**		雷	234	旅	236	雒	238
連	227	燎(liǎo)	229			褸	237	樂(yuè)	430
濂	227			**lóng**		艛(lóu)	235	爍(shuò)	329
廉	227	**liè**		龍	234				
聯	227	列	229	籠	234	**lǜ**		**lüè**	
聯	227	栗(lì)	226			律	237	鋝	238
		茢	229	**lǒng**		慮	237		
liǎn		裂	229	龍(lóng)	234	壘(lěi)	222	**má**	
濂(lián)	227	獵	229	籠(lóng)	234			麻	238
斂	227					**luán**		
		lín		**lóu**		聯(lián)	227	**mǎ**	
liàn		林	229	牢(láo)	221	欒	237	馬	238
湅	228	鄰	229	嶁	235	鸞	237		
練	228	臨	229	艛	235			**mà**	
欄	228	鱗	229			**luǎn**		貉(hé)	183
				lú		卵	237		
liáng		**lǐn**		慮(lǜ)	237			**mái**	
良	228	廩	230	盧	235	**luàn**		埋	239
涼	228			壚	235	亂	237	狸(lí)	222
梁	228	**lìn**		廬	235				
量(liàng)	228	甒	230	鑪	235	**lūn**		**mǎi**	
粱	228	臨(lín)	229			掄(lún)	237	買	239
糧	228			**lǔ**		輪(lún)	237		
		líng		魯	235			**mài**	
liǎng		令(lìng)	230			**lún**		脈	239
良(liáng)	228	泠	230	**lù**		倫	237	麥	239
兩	228	凌	230	六(liù)	232	掄	237	賣	239
量(liàng)	228	陵	230	角(jué)	216	論(lùn)	238		
		鈴	230	鹿	235	輪	237	**mán**	
liàng		菱	230	陸	235			蠻	239
兩(liǎng)	228	靈	230	稑	235	**lùn**		
涼(liáng)	228			盝	235	論	238	**màn**	
量	228	**lìng**		祿	235			慢	239
		另	230	路	235	**luó**		幕(mù)	248
		令	230	摝	236	羅	238	縵	239

máng

芒	239
尨	239
盲	239
萌(méng)	241
龍(lóng)	234
駹	239

mǎng

莽	239

máo

毛	240
矛	240
茅	240
茆(mǎo)	240
旄	240

mǎo

茆	240

mào

耗(hào)	183
冒	240
旄(máo)	240

méi

枚	240
眉	240
媒	240
墨(mò)	247
糜(mí)	242

měi

每	240
美	240
嬡	240

mèi

每(měi)	240
媒(méi)	240
髶	240
靺(mò)	247
靺	240

mén

汶(wèn)	359

門	241

méng

尨(máng)	239
吰	241
冡	241
萌	241
甿(měng)	242
盟	241
夢(mèng)	242
蒙	241
瞢	241
矇	241

měng

猛	241
甿	242

mèng

孟	242
盟(méng)	241
夢	242
瞢(méng)	241

mí

彌	242
麋	242
靡(mǐ)	242
釁	242
攠	242

mǐ

米	242
弭	242
洱	242
辟(pì)	255
彌(mí)	242
靡	242
禰(nǐ)	251

mì

密	242
冪	242
幎	242
幭	242

miǎn

免	242
俛	242
晃	242
黽(měng)	242

miàn

面	243

miáo

苗	243

miào

廟	243

miè

滅	243

mín

民	243
珉	245
閩	245

mǐn

昏(hūn)	191
敏	245
黽(měng)	242

míng

名	245
明	246
冥	246
盟(méng)	241
銘	246
鳴	246

mìng

命	246

mó

莫(mò)	247
無(wú)	360
摩	247
磨	247
謨	247
靡(mǐ)	242

mò

末	247
百(bǎi)	89
冒(mào)	240
脈(mài)	239
秣	247
莫	247
貉(hé)	183
靺	247
幕(mù)	248
墨	247
磨(mó)	247

móu

毋(wú)	360
侔	247
謀	247

mǔ

母	247
牡	247
畝	247
踇	247

mù

木	247
目	248
沐	248
牧	248
莫(mò)	247
睦	248
幕	248
墓	248
穆	248
鶩(wù)	365

ná

南(nán)	249

nà

內(nèi)	250
納	248

nǎi

乃	248

nài

能(néng)	251

nán

男	249
南	249
難	249

nàn

難(nán)	249

náo

橈	250
鐃	250

nǎo

剳	250

nèi

內	250

néng

而(ér)	135
能	251

ní

泥	251
齯	251

nǐ

泥(ní)	251
昵(nì)	251
疑(yí)	393
禰	251

nì

泥(ní)	251
昵	251
逆	251

nián

年	251
漣(lián)	227

niǎn

輦	252

niǎo		**nuó**		旁	254	脾	254	儐(bìn)	101
鳥	252	難(nán)	249	徬(bàng)	93	辟(pì)	255	嬪	255
						罷(bà)	89	蘋	255
niè		**nüè**		**pàng**		蕃(fán)	150		
泥(ní)	251	瘧	253	胖(pàn)	254	鼙	255	**pǐn**	
摰	252					鸝	255	品	255
蘗	252	**ōu**		**páo**					
攝(shè)	301	區(qū)	274	庖	254	**pǐ**		**pìn**	
		嘔	253	炮(bāo)	93	匹	255	牝	255
níng		漚(òu)	254	匏	254	庀	255	聘	255
冰(bīng)	101	歐(ǒu)	254			否(fǒu)	156		
寧	252	毆(qū)	274	**pào**				**píng**	
疑(yí)	393			炮(bāo)	93	**pì**		平	256
凝	252	**óu**		窌(jiào)	204	匹(pǐ)	255	苹	256
		齵	253			副(fù)	161	馮(féng)	155
nìng				**péi**		辟	255	萍	256
寧(níng)	252	**ǒu**		陪	254	薛(bì)	97		
		嘔(ōu)	253			譬	255	**pō**	
niú		歐	254	**pèi**		甓	255	陂(bēi)	93
牛	252	耦	254	肺(fèi)	153	闢	255		
				佩	254			**pò**	
niǔ		**òu**		轡	254	**piān**		柏(bó)	102
紐	253	嘔(ōu)	253			徧(biàn)	98		
		漚	254	**pén**				**póu**	
nóng				盆	254	**pián**		裒(bāo)	93
農	253	**pāi**				平(píng)	256		
		拍	254	**pēng**		徧(biàn)	98	**pǒu**	
nòu				亨(hēng)	184	辯(biàn)	99	附(fù)	161
耨	253	**pān**		苹(píng)	256			部(bù)	105
擩(rǔ)	289	判(pàn)	254			**piàn**			
				péng		辨(biàn)	98	**pū**	
nú		**pán**		朋	254			扑	256
奴	253	弁(biàn)	98			**piáo**		剝(bō)	102
駑	253	胖(pàn)	254	**pěng**		剽(piào)	255		
		般(bān)	90	奉(fèng)	155	瓢	255	**pú**	
nǔ		槃	254					脯(fǔ)	160
弩	253	樊(fán)	150	**pī**		**piǎo**		蒲	256
				皮(pí)	254	醥	255	酺	256
nù		**pàn**		披	254			僕	256
怒	253	反(fǎn)	151	被(bèi)	94	**piào**			
		半(bàn)	90			剽	255	**pǔ**	
nǔ		判	254	**pí**				圃	256
女	253	胖	254	比(bǐ)	94	**piē**		樸	256
				皮	254	蔽(bì)	97		
nǚ		**páng**		陂(bēi)	93			**pù**	
女(nǔ)	253	方(fāng)	151	庳(bēi)	93	**pín**		暴(bào)	93
		尨(máng)	239	椑	255	貧	255		

qī		允(yǔn)	431	窾	271	磬	273	**qǔ**	
七	256	牽	270					曲(qū)	274
妻	257	遷	270	**qiě**		**qiōng**		取	275
戚	257	顅	270	且	271	穹	273	娶	275
期	257	騫	270						
棲	257	纖(xiān)	369	**qiè**		**qióng**		**qù**	
漆	257			妾	271	惸	273	去	275
觭	257	**qián**		契(qì)	269	窮	273	蜡(zhà)	439
		前	270	挈	271			趣	275
qí		乾	271	竊	271	**qiū**		趨(qū)	274
亓	257	潛	271			丘	273		
其	257	廞(xīn)	376	**qīn**		秋	273	**quán**	
祁	267	燂	271	侵	271	區(qū)	274	全	275
奇	257			浸(jìn)	209	緧	274	卷(juàn)	215
祈	268	**qiǎn**		親	271	龜(guī)	177	泉	275
俟(sì)	336	淺	271					純(chún)	117
旂	268	遣	271	**qín**		**qiú**		輇	275
耆	268			芹	272	仇	274	權	275
幾(jǐ)	196	**qiàn**		秦	272	囚	274		
頎	268	茜	271	琴	272	求	274	**quǎn**	
旗	268	牽(qiān)	270	勤	272	酋	274	犬	276
齊	268			禽	272	裘	274	畎	276
璂	269	**qiāng**							
齎(jī)	193	將(jiāng)	202	**qǐn**		**qiǔ**		**quàn**	
		慶(qìng)	273	侵(qīn)	271	糗	274	勸	276
qǐ				寢	272				
豈	269	**qiáng**				**qū**		**quē**	
起	269	強	271	**qìn**		去(qù)	275	闕(què)	276
啓	269	彊	271	親(qīn)	271	曲	274		
幾(jǐ)	196	牆	271			取(qǔ)	275	**què**	
稽(jī)	192			**qīng**		區	274	卻	276
		qiǎng		青	272	詘	274	雀	276
qì		強(qiáng)	271	清	273	歐(ǒu)	254	觳(hú)	187
妻(qī)	257	彊(qiáng)	271	卿	272	毆	274	闋	276
契	269			輕	273	趣(qù)	275	爵(jué)	216
氣	269	**qiāo**		慶(qìng)	273	趨	274	闕	276
挈(qiè)	271	骹	271			騶(zōu)	488		
葺	269			**qíng**		驅	274	**qūn**	
稽(jī)	192	**qiáo**		情	273			囷	276
器	269	招(zhāo)	445	請(qǐng)	273	**qú**			
磬	270	樵(jiāo)	204			句(gōu)	170	**qún**	
				qǐng		渠	275	群	276
qià		**qiǎo**		請	273	鉤(gōu)	171	麇(jūn)	218
楬(jié)	207	巧	271			懼(jù)	215		
				qìng		鸜	275	**rán**	
qiān		**qiào**		慶	273			然	276
千	270	削(xuē)	382	請(qǐng)	273				

rǎn		頌(sòng)	337	ruò		sè		shāo	
染	277			若	290	色	295	捎	298
		rǒng		弱	291	塞	295	梢	298
ráng		宂	287	爇	291	瑟	295	稍	298
壤(rǎng)	277					穡	295		
攘	277	róu		sǎ				sháo	
禳	277	柔	287	洒	291	shā		勺	299
		揉	287			沙	295	招(zhāo)	445
rǎng		輮	287	sà		殺	295	磬	299
攘(ráng)	277			殺(shā)	295	賒(shē)	299		
壤	277	ròu				繐	296	shào	
讓(ràng)	277	肉	287	sāi				削(xuē)	382
				思(sī)	331	shà		稍(shāo)	298
ràng		rú				沙(shā)	295	詔(zhào)	446
攘(ráng)	277	如	287	sài		舍(shè)	299	爍(yào)	387
讓	277	帑	289	塞(sè)	295	翣	296		
		儒	289					shē	
ráo		襦	289	sān		shài		賒	299
橈(náo)	250			三	291	殺(shā)	295		
		rǔ		參(shēn)	301	繐(shā)	296	shé	
rǎo		女(nǚ)	253					舌	299
擾	277	辱	289	sǎn		shān		蛇	299
		擩	289	參(shēn)	301	山	296		
rě				散(sàn)	293	芟	296	shě	
若(ruò)	290	rù		穇	293	羶	296	舍(shè)	299
		入	289						
rén		蓐	290	sàn		shàn		shè	
人	277			散	293	善	296	社	299
仁	285	ruán				膳	296	舍	299
任(rèn)	285	擩(rǔ)	289	sāng		壇(tán)	341	拾(shí)	308
				桑	293	繕	297	射	299
rèn		ruǎn		喪(sàng)	294			涉	299
刃	285	需(xū)	381			shāng		赦	300
仞	285			sàng		商	297	設	300
任	285	ruí		喪	294	傷	297	攝	301
衽	286	蕤	290			殤	297		
		擩(rǔ)	289	sāo				shēn	
réng				臊	295	shǎng		身	301
仍	286	ruì		繰	295	上(shàng)	297	信(xìn)	376
		汭	290			賞	297	參	301
rì		瑞	290	sǎo				深	301
日	286	銳	290	埽	295	shàng			
						上	297	shén	
róng		rùn		sào		埕(chēng)	111	什(shí)	307
戎	286	閏	290	埽(sǎo)	295	賞(shǎng)	297	神	301
容	287			臊(sāo)	295				
訟(sòng)	337								

shěn		提(tí)	342	**shǒu**		**shuā**		**sì**
沈(chén)	110	實	309	手	322	刷	328	司(sī)	329
審	301	碩	309	守	322	選(xuǎn)	382	四	331
		識	310	首	322			寺	334
shèn						**shuāi**		似	334
脤	302	**shǐ**		**shòu**		衰	328	祀	335
蜃	302	史	310	受	323			泗	336
慎	302	矢	311	狩	323	**shuài**		兕	336
椹(zhěn)	450	弛(chí)	112	售	324	帥	328	思(sī)	331
		陁(zhì)	475	授	323			俟	336
shēng		豕	311	綬	324	**shuāng**		食(shí)	308
升	302	始	311	壽	324	霜	328	柶	336
生	302	使	311	獸	324	雙	328	耜	336
牲	302	施(shī)	303					肆	337
笙	303			**shū**		**shuǐ**		嗣	336
勝(shèng)	303	**shì**		殳	324	水	329	飴(yí)	393
聲	303	士	312	杼(zhù)	485			
		氏	315	書	324	**shuì**		**sōng**
shéng		市	316	疏	325	涗	329	松	337
繩	303	世	315	荼(tú)	347	稅	329	
		仕	316	舒	325	說(shuō)	329	**sǒng**
shěng		示	316	輸	325			從(cóng)	119
省(xǐng)	379	式	317			**shùn**		縱(zòng)	488
眚	303	寺(sì)	334	**shú**		順	329	
		舍(shè)	299	秫	325			**sòng**
shèng		事	317	孰	325	**shuō**		宋	337
甸(diàn)	130	是	320			說	329	送	337
乘(chéng)	112	室	320	**shǔ**				訟	337
盛(chéng)	112	耆(qí)	268	黍	325	**shuò**		頌	337
勝	303	眂	320	暑	325	朔	329	誦	337
聖	303	埶(yì)	407	鼠	325	揱(xiāo)	374	
		視	321	數(shù)	327	碩(shí)	309	**sōu**
shī		弒	321	屬	325	嗽(sòu)	338	廋	338
尸	303	試	321			數(shù)	327	蒐	338
失	303	誓	321	**shù**		爚(yào)	387	藪(sǒu)	338
施	303	飾	321	束	326	爍	329	
師	304	適	321	沭	326			**sǒu**
詩	305	澤(zé)	438	杼(zhù)	485	**sī**		廋(sōu)	338
濕	305	謚	321	述	326	司	329	藪	338
		簭	321	秫(shú)	325	私	331	籔(shù)	327
shí		識(shí)	310	庶	326	思	331	
十	305	釋	322	疏(shū)	325	絲	331	**sòu**
什	307			漱	327	緦	331	嗽	338
石	307	**shōu**		豎	327			
拾	308	收	322	數	327	**sǐ**		**sú**
食	308			樹	327	死	331	俗	338
時	308			籔	327			

sù		獻（xiàn）	371	tāo		tiāo		tū	
素	338			抭（yǎo）	387	條（tiáo）	344	吐（tǔ）	348
速	338	suǒ				桃	343		
宿	338	所	340	táo				tú	
粟	338	索	341	桃	341	tiáo		涂	347
蕭	338			陶	341	條	344	徒	346
數（shù）	327	tā		磐（sháo）	299	脩（xiū）	379	荼	347
鱐	338	他	341	駣	341	調	344	屠	347
				鼗	341			稌	347
suān		tà				tiào		塗	347
酸	338	荅（dá）	120	tè		覜	344	圖	347
		達（dá）	120	特	342				
suàn		撻	341	貣（dài）	125	tīng		tǔ	
筭	338	濕（shī）	305	貳（èr）	144	桯	344	土	347
選（xuǎn）	382			慝	342	聽	344	吐	348
		tái							
suī		能（néng）	251	tí		tíng		tù	
雖	338			折（zhé）	447	廷	344	吐（tǔ）	348
		tài		提	342	庭	344	兔	348
suí		大（dà）	121	緹	342	挺（tǐng）	344		
隋	338	太	341			奠（diàn）	130	tuán	
綏	339	能（néng）	251	tǐ				專（zhuān）	485
				體	342	tǐng		敦（dūn）	134
suì		tán				挺	344	摶	348
隊（duì）	134	沈（chén）	110	tì		鋌（dìng）	131	鶉（chún）	117
遂	339	彈（dàn）	125	狄（dí）	128				
歲	339	談	341	弟（dì）	129	tìng		tuàn	
隧	340	壇	341	䢦（chè）	110	庭（tíng）	344	稅（shuì）	329
燧	340			適（shì）	321			緣（yuán）	425
襚	340	tǎn		錫（xī）	366	tōng			
篲	340	醓	341	薙	342	通	344	tuī	
旞	340							推	348
		tàn		tiān		tóng			
sūn		炭	341	天	342	同	345	tuí	
孫	340	撢	341			彤	345	弟（dì）	129
飧	340	歎	341	tián		重（zhòng）	481	穨	348
				田	343	種	345		
sǔn		tāng		甸（diàn）	130			tuì	
隼	340	蕩（dàng）	126	實（zhì）	478	tǒng		退	348
筍	340			鎮（zhèn）	451	甬（yǒng）	409	稅（shuì）	329
損	340	táng				統	345		
		唐	341	tiǎn				tún	
sùn		堂	341	殄	343	tōu		屯（zhūn）	486
筍（sǔn）	340			紾（zhěn）	451	偷	345	純（chún）	117
		tǎng						豚	348
suō		黨（dǎng）	125	tiàn		tóu		敦（dūn）	134
縮	340			瑱	343	投	346	臀	348

xián			相（xiāng）	372	解（jiě）	207	xióng			xuán	
弦	370		象	374	寫（xiě）	376	熊	379		玄	382
咸	370		鄉（xiāng）	372	豫（yù）	424				旋	382
閑	370					駴	376	xiū			縣（xiàn）	370
閒	370		xiāo		襄	376	休	379		還（huán）	188
銜	370		捎（shāo）	298	齡	376	修	379			
賢	370		宵	374			脩	379		xuǎn	
鹹	370		梢（shāo）	298	xīn		羞	380		烜	382
			痟	374	心	376	鬏	380		撰（zhuàn）	485
xiǎn			掣	374	辛	376				選	382
洗（xǐ）	367		骹（qiāo）	271	新	376	xiù			饌（zhuàn）	485
省（xǐng）	379		蕭	374	廞	376	臭（chòu）	114			
洒（sǎ）	291		簫	374	親（qīn）	271	宿（sù）	338		xuàn	
銑	370		薂	374	薪	376	繡	380		旋（xuán）	382
險	370		囂	374						選（xuǎn）	382
獮	370				xìn		xū				
鱻（xiān）	370		xiáo		信	376	于（yú）	416		xuē	
			校（jiào）	204	熏（xūn）	382	呼（hū）	187		削	382
xiàn			殽	374	釁	376	胥	380			
見（jiàn）	201						須	381		xué	
軒（xuān）	382		xiǎo		xīng		嘔（ōu）	253		穴	382
羨	370		小	374	星	376	需	381		學	382
線	370		佼（jiāo）	204	腥	377					
縣	370		宵（xiāo）	374	興	377	xú			xuè	
憲	370		簫（xiāo）	374	騂	377	邪（xié）	375		血	302
獻	371						余（yú）	418		決（jué）	215
			xiào		xíng		涂（tú）	347		閱（yuè）	429
xiāng			孝	375	刑	378	徐	381			
相	372		校（jiào）	204	行	377				xūn	
香	372		宵（xiāo）	374	形	378	xǔ			煇（huī）	189
鄉	372		殽（xiáo）	374	銒	379	休（xiū）	379		塤	382
										熏	382
xiáng			xié		xǐng		xù			勳	382
降（jiàng）	203		邪	375	省	379	序	381		纁	382
祥	373		協	375			洫	381			
翔	373		挾	375	xìng		恤	381		xún	
			衺	375	行（xíng）	377	畜（chù）	115		旬	382
xiǎng			絜（jié）	206	幸	379	敘	381		巡	383
亨（hēng）	184		諧	375	姓	379	緒	382		徇（xùn）	383
享	373				興（xīng）	377	續	382		尋	383
鄉（xiāng）	372		xiě							詢	383
想	373		寫	376	xiōng		xuān				
攘（ráng）	277				凶	379	宣	382		xùn	
饗	373		xiè		兄	379	軒	382		徇	383
			契（qì）	269	胸	379	烜（xuǎn）	382		孫（sūn）	340
xiàng			紲	376			蜎（yuān）	425		訓	383
巷	374		械	376						訊	383

選（xuǎn）382	闇（àn）87	樂（yuè）430	彝　394	釋（shì）322
	厭　385	燿　387	**yǐ**	議　407
yā	黶　385	藥　387	已　394	
烏（wū）360			以　394	**yīn**
雅（yǎ）383	**yàn**	**yé**	阤（zhì）475	因　407
厭（yàn）385	厭　385	邪（xié）375	迤　404	音　408
	鴈　385		矣　404	殷　408
yá	燕　385	**yě**	依（yī）392	陰　408
牙　383	鹽（yán）385	也　387	迤　404	媚　408
		冶　388	倚　404	壹（yī）392
yǎ	**yāng**	野　388		煙（yān）384
庌　383	殃　385		**yì**	禋　408
雅　383		**yè**	弋　404	闉　408
	yáng	夜　389	失（shī）303	
yà	羊　385	射（shè）299	衣（yī）391	**yín**
訝　383	痒　386	液　389	亦　404	沂（yí）392
御（yù）422	揚　386	饁　389	佚　406	淫　408
	陽　386		邑　405	銀　408
yān	楊　386	**yī**	役　406	
身（shēn）301	瘍　386	一　389	易　406	**yǐn**
奄（yǎn）385	錫　386	伊　391	食（shí）308	引　408
弇（yǎn）385		衣　391	施（shī）303	殷（yīn）408
殷（yīn）408	**yǎng**	依　392	疫　406	飲　408
焉　384	痒（yáng）386	壹　392	宎　406	棘　409
煙　384	養　386	揖　392	射（shè）299	
厭（yàn）385		意（yì）407	益　407	**yìn**
燕（yàn）385	**yāo**	勩（yǒu）415	移（yí）393	陰（yīn）408
	夭　386	醫　392	継（xiè）376	飲（yǐn）408
yán	妖　386	鷖　392	埶　407	
巡（xún）383	要　386		異　407	**yīng**
言　384		**yí**	肆（sì）337	英　409
延　384	**yáo**	夷　392	肄　407	應　409
羨（xiàn）370	陶（táo）341	沂　392	義　407	纓　409
綖　384	揄（yú）419	宜　392	意　407	
隒（xiǎn）370	猶（yóu）411	怠（dài）125	厭（yàn）385	**yíng**
黶（yǎn）385	搖　387	施（shī）303	藝　407	迎　409
鹽　385	瑤　387	迤（yǐ）404	瘞　407	桯（tīng）344
	踰（yú）419	酏　393	劓　407	熒　409
yǎn		焉（yān）384	澤（zé）438	禜（yǒng）410
奄　385	**yǎo**	移　393	縊　407	營　409
匽　385	抭　387	蛇（shé）299	隸（lì）227	嬴　409
弇　385	要（yāo）386	詒　393	翼　407	
兖　385		羨（xiàn）370	檍　407	**yǐng**
衍　385	**yào**	疑　393	繹　407	景（jǐng）211
眼　385	幼（yòu）416	飴　393	繶　407	穎　409
琰　385	杓　387	儀　393	藝　407	
厭（yàn）385	要（yāo）386	遺　394		

yìng		右	416	或(huò)	191	垸(huán)	188	菑(zī)	486
迎(yíng)	409	幼	416	雨(yǔ)	420	原(yuán)	425		
應(yīng)	409	有(yǒu)	412	浴	422	愿	425	zǎi	
繩(shéng)	303	侑	416	域	423			宰	431
		宥	416	欲	423	yuē		載(zài)	432
yōng		囿	416	雩(yú)	419	曰	425		
庸	409			御	422	約	429	zài	
雍	409	yū		圉(yǔ)	420			在	431
饔	409	紆	416	粥(zhōu)	482	yuè		再	431
				馭	423	月	429	載	432
yǒng		yú		遇	424	刖	429		
永	409	于	416	貍(lí)	222	稅(shuì)	329	zàn	
甬	409	予(yǔ)	420	語(yǔ)	420	粵	429	贊	432
勇	409	邪(xié)	375	毓	424	越	429	瓚	432
臾(yú)	419	余	418	獄	424	鉞	429		
禜	410	於	418	與(yǔ)	420	說(shuō)	329	zāng	
		竽	419	豫	424	閱	429	臧	432
yòng		臾	419	諭	424	樂	430	藏(cáng)	106
用	410	雩	419	禦	424	髺(kuò)	221		
		魚	419	儥	424	嶽	430	zǎng	
yōu		隅	419	鵒	424	籥	430	駔	432
幽	411	揄	419	鷸	424	龠	430		
憂	411	愚	419	鬱	424			zàng	
		虞	419			yún		葬	432
yóu		與(yǔ)	420	yuān		均(jūn)	217	臧(zāng)	432
由	411	餘	419	宛(wǎn)	349	員(yuán)	425	藏(cáng)	106
扰(dǎn)	125	踰	419	淵	424	雲	430		
酋(qiú)	274	輿	419	愬	424	緷	431	zāo	
斿	411	旟	420	蜎	425			遭	432
厬	411	歟	420	鳶	425	yǔn		糟	433
揄(yú)	419			鵷	425	允	431		
猶	411	yǔ				盾(dùn)	134	zǎo	
游	411	予	420	yuán		苑(yuàn)	425	早	433
遊	412	羽	420	員	425			蚤	433
		宇	420	原	425	yùn		棗	433
yǒu		雨	420	援	425	均(jūn)	217	繅(sāo)	295
又(yòu)	415	臾(yú)	419	園	425	怨(yuàn)	425	藻	433
友	412	圉	420	緣	425	煇(huī)	189		
有	412	敔	420	圜	425	運	431	zào	
幽(yōu)	411	庾	420	轅	425	韗	431	皁	433
脩(xiū)	379	斞	420					造	433
槱	415	萬	420	yuǎn		zá		趯	433
牖	415	與	420	遠	425	洒(sǎ)	291	譟	433
黝	415	語	420			雜	431	躁	433
				yuàn					
yòu		yù		怨	425	zāi		zé	
又	415	玉	422	苑	425	災	431	仄	433

則	433	**zhǎn**		**zhě**		**zhèng**		櫛	478
柞(zuò)	491	展	439	者	447	正	452	寊	478
措(cuò)	120	斬	439	堵(dǔ)	133	爭(zhēng)	451	滯	478
責	438	棧(zhàn)	439			政	453	稺	478
賊	438			**zhè**		烝(zhēng)	451	摯	478
澤	438	**zhàn**		柘	450	鄭	454	質	478
		占(zhān)	439					遲(chí)	112
zè		湛	439	**zhēn**		**zhī**		職(zhí)	473
庂	438	棧	439	貞	450	氏(shì)	315	織(zhī)	472
側(cè)	107	戰	439	珍	450	之	454	識(shí)	310
				振(zhèn)	451	知	472		
zēng		**zhāng**		楨	450	昵(nì)	251	**zhōng**	
曾	438	張	440	甄	450	祗	472	中	478
繒	438	章	439	榛	450	脂	472	忠	480
		漳	440	臻	450	織	472	眾(zhòng)	481
zèng		璋	440					終	480
甑	438			**zhěn**		**zhí**		鍾	480
贈	438	**zhǎng**		枕	450	直	472	鐘	480
		長(cháng)	107	振(zhèn)	451	埴	473		
zhā		掌	440	畛	451	執	473	**zhǒng**	
溠(zhà)	439	黨(dǎng)	125	紾	451	植	473	冢	480
				軫	451	遲(chí)	112	腫	481
zhá		**zhàng**		稹	451	職	473	種	481
札	438	杖	445					踵	481
		長(cháng)	107	**zhèn**		**zhǐ**			
zhà		張(zhāng)	440	枕(zhěn)	450	止	474	**zhòng**	
作(zuò)	491			朕	451	抵(dǐ)	128	中(zhōng)	478
詐	439	**zhāo**		振	451	指	474	仲	481
溠	439	招	445	陳(chén)	111	枳	474	重	481
蜡	439	昭	445	絻	451	耆(qí)	268	眾	481
		朝	445	瑱(tiàn)	343	視(shì)	321	種(zhǒng)	481
zhāi		著(zhù)	485	甄(zhēn)	450	軹	474	穜(tóng)	345
齊(qí)	268			震	451	徵(zhēng)	451		
		zhǎo		鎮	451			**zhōu**	
zhái		爪	446			**zhì**		舟	482
宅	439			**zhēng**		阤	475	州	482
翟(dí)	128	**zhào**		正(zhèng)	452	至	474	周	482
		兆	446	爭	451	志	475	粥	482
zhài		旐	447	征	451	制	475	輈	482
柴(chái)	107	詔	446	政(zhèng)	453	知(zhī)	472	調(tiáo)	344
祭(jì)	197	濯(zhuó)	486	烝	451	治	475	賙	482
責(zé)	438			鉦	451	致	477	鬻(yù)	424
		zhé		蒸	451	桎	477		
zhān		折	447	徵	451	陟	477	**zhóu**	
占	439	適(shì)	321			秩	477	軸	482
甎	439	墊	447	**zhěng**		雉	477		
氈	439	攝(shè)	301	承(chéng)	111	置	477		

zhòu		zhuǎn		濯	486	zǒu		zūn	
注（zhù）	485	膞	485	鐲	486	走	488	尊	490
祝（zhù）	485	轉	485	浞	486	奏（zòu）	488		
晝	482			欘（zhú）	484			zǔn	
騶（zōu）	488	zhuàn				zòu		尊（zūn）	490
驟	482	傳（chuán）	116	zī		奏	488		
		瑑	485	次（cì）	118	族（zú）	489	zuō	
zhū		摶（tuán）	348	茲	486			作（zuò）	491
朱	482	篆	485	甾	486	zū			
珠	483	撰	485	資	486	菹	488	zuó	
誅	483	縛	485	齊（qí）	268	租	489	作（zuò）	491
豬	483	轉（zhuǎn）	485	緇	486	諸（zhū）	483	昨	490
諸	483	饌	485	齏	486			筰	490
瀦	484			齋（jī）	193	zú			
		zhuàng				足	489	zuǒ	
zhú		狀	485	zǐ		卒	489	左	490
竹	484			子	486	倅（cuì）	119	佐	490
軸（zhóu）	482	zhuī		梓	487	族	489		
燭	484	追	485	笫	487			zuò	
櫧	484	隹	486			zǔ		左（zuǒ）	490
				zì		作（zuò）	491	作	491
zhǔ		zhuì		自	487	阻	489	坐	491
主	484	隊（duì）	134	事（shì）	317	俎	489	柞	491
煮	484	隧（suì）	340	柴（chái）	107	祖	489	胙	491
屬（shǔ）	325	轛	486	甾（zī）	486	組	489	昨（zuó）	490
矚	484			漬	488	詛	489	挫（cuò）	120
		zhūn		瘠（jí）	196	駔（zǎng）	432	酢	491
zhù		屯	486					鑿	491
助	484	純（chún）	117	zōng		zù			
杼	485	淳（chún）	117	宗	488	駔（zǎng）	432	（音未詳）	
注	485	頓（dùn）	134	從（cóng）	119			蔆	492
柷	485			縱（zòng）	488	zuān			
除（chú）	115	zhǔn		總（zǒng）	488	鑽	490		
祝	485	純（chún）	117						
庶（shù）	326	準	486	zǒng		zuǎn			
紵	485			從（cóng）	119	酇	490		
耡（chú）	115	zhuō		總	488				
著	485	涿	486	縱（zòng）	488	zuàn			
築	485					鑽（zuān）	490		
鑄	485	zhuó		zòng					
		勺（sháo）	299	從（cóng）	119	zuī			
zhuān		汋	486	總（zǒng）	488	皐	490		
耑（duān）	133	酌	486	縱	488				
專	485	琢	486			zuì			
摶（tuán）	348	著（zhù）	485	zōu		罪	490		
膞（zhuǎn）	485	斲	486	緅	488				
		濁	486	騶	488				

威妥碼—漢語拼音對照表

A	
a	a
ai	ai
an	an
ang	ang
ao	ao
C	
cha	zha
ch‘a	cha
chai	zhai
ch‘ai	chai
chan	zhan
ch‘an	chan
chang	zhang
ch‘ang	chang
chao	zhao
ch‘ao	chao
che	zhe
ch‘e	che
chei	zhei
chen	zhen
ch‘en	chen
cheng	zheng
ch‘eng	cheng
chi	ji
ch‘i	qi
chia	jia
ch‘ia	qia
chiang	jiang
ch‘iang	qiang
chiao	jiao
ch‘iao	qiao
chieh	jie
ch‘ieh	qie
chien	jian
ch‘ien	qian
chih	zhi
ch‘ih	chi
chin	jin
ch‘in	qin
ching	jing
ch‘ing	qing
chiu	jiu
ch‘iu	qiu
chiung	jiong
ch‘iung	qiong
cho	zhuo
ch‘o	chuo
chou	zhou
ch‘ou	chou
chu	zhu
ch‘u	chu
chua	zhua
ch‘ua	chua
chuai	zhuai
ch‘uai	chuai
chuan	zhuan
ch‘uan	chuan
chuang	zhuang
ch‘uang	chuang
chui	zhui
ch‘ui	chui
chun	zhun
ch‘un	chun
chung	zhong
ch‘ung	chong
chü	ju
ch‘ü	qu
chüan	juan
ch‘üan	quan
chüeh	jue
ch‘üeh	que
chün	jun
ch‘ün	qun
E	
e	e
eh	ê
ei	ei
en	en
eng	eng
erh	er
F	
fa	fa
fan	fan
fang	fang
fei	fei
fen	fen
feng	feng
fo	fo
fou	fou
fu	fu
H	
ha	ha
hai	hai
han	han
hang	hang
hao	hao
he	he
hei	hei
hen	hen
heng	heng
ho	he
hou	hou
hsi	xi
hsia	xia
hsiang	xiang
hsiao	xiao
hsieh	xie
hsien	xian
hsin	xin
hsing	xing
hsiu	xiu
hsiung	xiong
hsü	xu
hsüan	xuan
hsüeh	xue
hsün	xun
hu	hu
hua	hua
huai	huai
huan	huan
huang	huang
hui	hui
hun	hun
hung	hong
huo	huo
J	
jan	ran
jang	rang
jao	rao
je	re
jen	ren
jeng	reng
jih	ri
jo	ruo
jou	rou
ju	ru
juan	ruan
jui	rui
jun	run
jung	rong
K	
ka	ga
k‘a	ka
kai	gai
k‘ai	kai
kan	gan
k‘an	kan
kang	gang
k‘ang	kang
kao	gao
k‘ao	kao
ke	ge
k‘e	ke
kei	gei
ken	gen
k‘en	ken
keng	geng
k‘eng	keng
ko	ge
k‘o	ke
kou	gou
k‘ou	kou
ku	gu
k‘u	ku
kua	gua
k‘ua	kua
kuai	guai
k‘uai	kuai
kuan	guan
k‘uan	kuan
kuang	guang
k‘uang	kuang
kuei	gui
k‘uei	kui
kun	gun
k‘un	kun
kung	gong
k‘ung	kong
kuo	guo
k‘uo	kuo
L	
la	la
lai	lai
lan	lan
lang	lang
lao	lao
le	le
lei	lei
leng	leng
li	li
lia	lia
liang	liang
liao	liao
lieh	lie
lien	lian
lin	lin
ling	ling
liu	liu
lo	le
lou	lou
lu	lu
luan	luan

lun	lun	nu	nu	sai	sai	t'e	te	tsung	zong
lung	long	nuan	nuan	san	san	teng	deng	ts'ung	cong
luo	luo	nung	nong	sang	sang	t'eng	teng	tu	du
lü	lü	nü	nü	sao	sao	ti	di	t'u	tu
lüeh	lüe	nüeh	nüe	se	se	t'i	ti	tuan	duan
				sen	sen	tiao	diao	t'uan	tuan
M		**O**		seng	seng	t'iao	tiao	tui	dui
ma	ma	o	o	sha	sha	tieh	die	t'ui	tui
mai	mai	ou	ou	shai	shai	t'ieh	tie	tun	dun
man	man			shan	shan	tien	dian	t'un	tun
mang	mang	**P**		shang	shang	t'ien	tian	tung	dong
mao	mao	pa	ba	shao	shao	ting	ding	t'ung	tong
me	me	p'a	pa	she	she	t'ing	ting	tzu	zi
mei	mei	pai	bai	shei	shei	tiu	diu	tz'u	ci
men	men	p'ai	pai	shen	shen	to	duo		
meng	meng	pan	ban	sheng	sheng	t'o	tuo	**W**	
mi	mi	p'an	pan	shih	shi	tou	dou	wa	wa
miao	miao	pang	bang	shou	shou	t'ou	tou	wai	wai
mieh	mie	p'ang	pang	shu	shu	tsa	za	wan	wan
mien	mian	pao	bao	shua	shua	ts'a	ca	wang	wang
min	min	p'ao	pao	shuai	shuai	tsai	zai	wei	wei
ming	ming	pei	bei	shuan	shuan	ts'ai	cai	wen	wen
miu	miu	p'ei	pei	shuang	shuang	tsan	zan	weng	weng
mo	mo	pen	ben	shui	shui	ts'an	can	wo	wo
mou	mou	p'en	pen	shun	shun	tsang	zang	wu	wu
mu	mu	peng	beng	shuo	shuo	ts'ang	cang		
		p'eng	peng	so	suo	tsao	zao	**Y**	
N		pi	bi	sou	sou	ts'ao	cao	ya	ya
na	na	p'i	pi	ssu	si	tse	ze	yang	yang
nai	nai	piao	biao	su	su	ts'e	ce	yao	yao
nan	nan	p'iao	piao	suan	suan	tsei	zei	yeh	ye
nang	nang	pieh	bie	sui	sui	tsen	zen	yen	yan
nao	nao	p'ieh	pie	sun	sun	ts'en	cen	yi	yi
ne	ne	pien	bian	sung	song	tseng	zeng	yin	yin
nei	nei	p'ien	pian			ts'eng	ceng	ying	ying
nen	nen	pin	bin	**T**		tso	zuo	yo	yo
neng	neng	p'in	pin	ta	da	ts'o	cuo	yu	you
ni	ni	ping	bing	t'a	ta	tsou	zou	yung	yong
niang	niang	p'ing	ping	tai	dai	ts'ou	cou	yü	yu
niao	niao	po	bo	t'ai	tai	tsu	zu	yüan	yuan
nieh	nie	p'o	po	tan	dan	ts'u	cu	yüeh	yue
nïen	nian	p'ou	pou	t'an	tan	tsuan	zuan	yün	yun
nin	nin	pu	bu	tang	dang	ts'uan	cuan		
ning	ning	p'u	pu	t'ang	tang	tsui	zui		
niu	niu			tao	dao	ts'ui	cui		
no	nuo	**S**		t'ao	tao	tsun	zun		
nou	nou	sa	sa	te	de	ts'un	cun		

筆 畫 檢 字 表

一畫	巛 川 116	天 342	仕 316	日 旦 125	仲 481	戎 286
一 一 389	工 工 166	夭 386	仞 285	木 本 94	儿 兆 446	手 扡 364
	己 已 394	太 341	令 230	末 247	先 369	攴 收 322
二畫	巾 巾 208	尺 尺 113	他 341	札 438	入 全 275	攷 218
一 七 256	干 干 163	屮 屯 486	以 394	未 357	八 共 168	日 旬 382
丿 乃 248	弋 弋 404	弓 弔 130	儿 充 114	止 正 452	冂 再 431	早 433
乙 九 212	弓 弓 166	引 408	兄 379	毋 母 247	冫 冰 101	曰 曲 274
二 二 140		心 心 376	冫 冬 131	氏 民 243	刀 列 229	月 有 412
人 人 277	**四畫**	戈 戈 164	凵 出 114	水 永 409	刑 378	木 朱 482
入 入 289	一 不 103	手 手 322	刀 刎 192	犬 犮 88	刖 429	欠 次 118
八 八 87	丨 中 478	文 文 359	刊 218	犯 151	匚 匠 203	止 此 118
几 几 192	、 丹 125	斗 斗 131	力 功 167	玄 玄 382	匡 221	歹 死 331
刀 刀 126	丿 之 454	斤 斤 208	加 199	玉 玉 422	卩 危 353	水 池 112
力 力 225	亅 予 420	方 方 151	匕 北 93	瓜 瓜 174	口 吉 196	江 202
十 十 305	二 互 187	日 日 286	十 半 90	瓦 瓦 348	各 164	汋 486
卜 卜 103	井 211	曰 曰 425	卜 占 439	甘 甘 163	合 183	火 灰 189
又 又 415	亓 257	月 月 429	厶 去 275	牛 牛 302	后 186	牛 牝 255
	五 361	木 木 247	口 句 170	用 用 410	名 245	白 百 89
三畫	人 今 208	止 止 474	古 171	田 甲 200	吏 225	竹 竹 484
一 三 291	介 介 207	殳 殳 324	史 310	田 343	同 345	米 米 242
上 297	仇 仇 274	毋 毋 360	另 230	由 411	吐 348	羊 羊 385
下 367	仍 仍 286	比 比 94	可 218	白 白 89	囗 回 189	羽 羽 420
丨 个 164	什 什 307	毛 毛 240	司 329	皮 皮 254	因 407	老 考 218
丿 久 213	仁 仁 285	氏 氏 315	右 416	目 目 248	土 圭 177	老 222
乙 也 387	仄 仄 433	水 水 329	囗 四 331	矛 矛 240	地 128	而 而 135
二 于 416	儿 允 431	火 火 191	囚 274	矢 矢 311	在 431	耒 耒 222
亠 亡 350	入 內 250	爪 爪 446	夕 外 348	石 石 307	夕 多 134	耳 耳 140
几 凡 146	八 公 166	父 父 161	大 失 303	示 示 316	大 夷 392	肉 肉 287
刀 刃 285	六 232	牙 牙 383	女 奴 253	禾 禾 183	女 好 182	臣 臣 110
勹 勺 299	凵 凶 379	牛 牛 252	宀 穴 287	穴 穴 382	如 287	自 自 487
十 千 270	刀 分 153	犬 犬 276	工 巧 271	立 立 225	子 存 120	至 至 474
口 口 220	勹 勿 364	玉 王 350	左 490	阜 阞 222	宀 安 87	舌 舌 299
土 土 347	匕 化 188		巾 布 105		守 322	舟 舟 482
士 士 312	匚 匹 255	**五畫**	市 316	**六畫**	宅 439	色 色 295
夕 夕 365	十 升 302	一 世 315	干 平 256	亠 交 203	宇 420	血 血 382
大 大 121	午 363	丘 273	幺 幼 416	亦 404	寸 寺 334	行 行 377
女 女 253	卜 卝 176	且 271	广 庀 255	人 伐 144	巛 州 482	衣 衣 391
子 子 486	厂 厄 134	、 主 484	廾 弁 98	伏 157	干 并 102	襾 西 365
寸 寸 120	又 及 193	丿 乎 187	弓 弗 157	任 285	年 251	阜 阤 475
小 小 374	反 151	乏 144	心 必 95	休 379	弋 式 317	
尸 尸 303	友 412	人 代 124	手 扑 256	伍 363	弓 弛 112	**七畫**
山 山 296	大 夫 156	付 161	斤 斥 113	伊 391	戈 成 111	亠 亨 184

人 伯 102	彡 形 378	禾 私 331	十 卑 93	怪 174	泥 251	非 非 153
似 334	彤 345	艮 良 228	協 375	忠 480	渤 222	**九畫**
余 418	彳 役 406	艸 芒 239	卒 489	戈 或 191	注 485	人 侯 184
佐 490	心 忌 196	見 見 201	卜 卦 174	戶 所 340	治 475	保 93
佚 406	志 475	角 角 216	卩 卷 215	手 抱 93	爪 爭 451	俟 336
位 357	忘 353	言 言 384	又 取 275	拊 160	片 版 90	俗 338
作 491	戈 戒 207	豆 豆 131	受 323	承 111	牛 牧 248	侵 271
儿 免 242	手 扰 125	豕 豕 311	口 和 183	抵 128	物 364	俛 242
克 219	抉 215	貝 貝 94	呼 187	披 254	犬 狐 187	信 376
八 兵 101	抗 218	赤 赤 113	命 246	拍 254	狗 171	俎 489
冫 冶 388	投 346	走 走 488	味 358	抗 387	狀 485	儿 兗 385
刀 別 99	折 447	足 足 489	周 482	招 445	玉 玩 349	冂 冒 240
初 115	攴 攻 167	身 身 301	囗 固 173	攴 放 153	田 畋 241	冖 冠 175
判 254	改 162	車 車 109	困 276	政 453	目 盲 239	刀 前 270
利 226	日 旱 182	辛 辛 376	土 坏 110	斤 斧 160	直 472	則 433
力 助 484	曰 更 165	辰 辰 110	夕 夜 389	方 於 418	矢 知 472	削 382
卩 即 195	木 杜 133	辵 迆 404	大 奉 155	日 昏 191	示 祁 267	力 勃 102
卯 237	材 105	邑 邦 91	奇 257	昌 107	祀 335	勁 211
口 否 156	束 326	邪 375	奄 385	昊 183	社 299	勇 409
告 163	杖 445	邑 405	女 姑 171	明 246	礿 387	匚 匽 385
含 182	止 步 105	里 里 223	始 311	昔 366	禾 秅 107	十 南 249
君 216	毋 每 240	阜 阮 134	妻 257	戾 438	秉 101	卩 卻 276
呂 236	水 汲 195	防 152	姜 271	易 406	穴 穹 273	厂 厚 186
吳 360	沈 110	阱 211	委 357	月 服 157	空 220	又 叚 200
吻 359	汾 154	**八畫**	姓 379	朋 254	糸 糾 212	口 哀 87
土 均 217	求 274	丿 乖 174	子 季 196	木 東 131	肉 肺 153	品 255
坐 491	汭 290	亅 事 317	孤 171	枋 152	股 171	咸 370
大 夾 199	沐 248	亠 享 373	孟 242	果 181	舌 舍 299	囗 囿 416
女 姒 95	沙 295	人 侈 113	宀 官 174	柜 188	艸 茨 271	土 城 112
妨 154	決 215	來 221	定 131	枚 240	芹 272	大 奔 94
妖 386	汶 359	使 311	宜 392	松 337	芰 296	契 269
子 孝 375	沂 392	佩 254	宗 488	林 229	虍 虎 187	奏 488
宀 宏 184	火 炎 213	侔 247	宛 349	枉 353	衣 表 99	女 威 353
宋 337	災 431	侑 416	尸 居 214	枕 450	辵 近 209	宀 室 320
完 349	牛 牢 221	依 392	山 岱 124	杼 485	迎 409	客 219
尢 尬 239	牡 247	儿 兒 336	巾 帛 102	析 366	邑 邸 128	宣 382
尸 尾 357	犬 狄 128	兔 348	帔 158	止 武 363	采 采 106	宥 416
巛 巡 383	狂 221	入 兩 228	干 幸 379	毋 毒 133	金 金 208	寸 封 155
工 巫 359	用 甫 159	八 典 130	广 府 159	水 波 102	長 長 107	尸 屋 360
巾 希 366	甬 409	具 215	庇 118	沸 153	門 門 241	己 巷 374
广 床 116	田 甸 130	其 257	庖 254	沴 196	阜 陂 93	巾 帡 189
庇 96	畎 276	凵 函 182	弓 弧 187	泛 151	阜 161	帝 129
庌 383	男 249	刀 刮 174	弩 253	河 183	阿 134	帥 328
序 381	疒 疕 95	刺 118	弦 370	法 145	附 161	帬 289
廴 延 384	白 皁 433	刷 328	彳 征 451	泠 230	阻 489	帟 406
廷 344	矢 矣 404	制 475	往 353	泗 336	雨 雨 420	幺 幽 411
弓 弟 129				沭 326	青 青 272	

广 度 133	枭 367	胥 380	倫 237	挺 344	益 407	虫 蚤 433
廴 建 201	歹 殄 343	至 致 477	倨 215	挾 375	目 眠 320	衣 被 94
廾 弈 385	殃 385	臼 臾 419	倚 404	振 451	眚 303	衰 328
弓 弭 242	殳 段 133	艸 苤 171	修 379	方 旁 254	矢 矩 214	袤 375
彳 待 124	水 泊 196	芰 89	一 冡 241	旅 236	示 祠 117	言 訓 383
後 186	酒 291	莆 159	冖 冥 246	旂 268	祓 159	訊 383
律 237	津 209	苟 171	冢 480	旄 240	神 301	豆 豈 269
徇 383	洛 238	萃 256	冫 凌 230	日 晉 209	祖 489	豸 豻 87
心 怠 125	泉 275	苗 243	刀 剝 102	時 308	祝 485	豹 93
恒 184	洗 367	苦 220	剛 163	曰 書 324	祗 472	貝 貢 170
急 195	洫 381	茆 240	剗 250	月 朔 329	禾 秫 325	財 105
思 331	火 炮 93	若 290	匚 匪 153	朕 451	秦 272	走 起 269
怒 253	炭 341	苛 218	厂 原 425	木 桓 188	秬 215	身 躬 168
恤 381	為 353	茅 240	口 哭 220	案 87	秭 247	車 軏 151
怨 425	牛 牲 302	英 409	唐 341	根 165	秩 477	軒 382
戶 局 212	犬 狩 323	苑 425	員 425	校 204	穴 窈 204	辰 辱 289
手 持 112	玉 珉 245	行 衍 385	囗 圃 256	栗 226	窒 97	辵 迹 192
拜 90	珍 450	衣 衵 286	土 埌 188	桑 293	竹 笄 192	逆 251
挍 204	瓦 瓴 152	襾 要 386	埋 239	桃 341	米 粉 154	送 337
拾 308	田 畏 358	言 計 196	夂 夏 369	桎 477	糸 紛 154	追 485
指 474	疒 疢 111	貝 負 161	大 奚 366	殳 殷 408	紘 184	退 348
攴 故 173	疥 208	貞 450	子 孫 340	气 氣 269	純 117	酉 酒 213
敏 220	疫 406	車 軌 177	宀 害 182	水 海 181	素 338	酌 486
方 施 303	白 皇 188	軍 217	家 200	浼 329	紐 253	酖 393
斿 411	皆 205	辵 述 326	宮 168	浥 226	納 248	阜 除 115
无 既 197	皿 盆 254	迤 404	容 287	浸 209	索 341	陘 477
日 春 116	目 盾 134	邑 郊 203	宰 431	涇 211	网 罟 171	佳 隼 340
昵 251	眉 240	酉 酋 274	宵 374	流 232	羊 羔 163	馬 馬 238
是 320	相 372	里 重 481	寸 射 299	涉 299	老 耆 268	骨 骨 171
昭 445	省 379	阜 降 203	尸 展 439	浴 422	耒 耕 165	高 高 163
星 376	示 祊 94	面 面 243	山 峻 218	涂 347	肉 脊 196	鬯 鬯 108
昨 490	祈 268	革 革 164	巾 師 304	火 烏 360	脆 119	鬲 鬲 226
木 柏 102	禾 秏 183	韋 韋 356	席 366	烝 451	脈 239	鬼 鬼 177
柄 101	秋 273	韭 韭 213	广 庫 220	烜 382	能 251	
柵 157	穴 穿 116	音 音 408	庭 344	牛 牷 275	胸 379	**十一畫**
柲 96	立 竑 184	風 風 155	庨 411	特 342	脂 472	乙 乾 271
柴 107	竹 竽 419	食 食 308	弓 弱 291	犬 狼 221	自 臭 114	人 側 107
栖 336	糸 紀 196	首 首 322	彳 徑 211	玉 珥 140	舟 般 90	偽 357
柯 218	紆 416	香 香 372	徒 346	珠 483	艸 苔 120	偷 345
柳 232	約 429		徐 381	田 畜 115	荒 189	冂 冕 242
柔 287	羊 美 240	**十畫**	心 恥 113	畚 94	茯 117	刀 副 161
染 277	老 耆 447	丿 乘 112	悖 94	畝 247	莇 115	力 動 131
柷 485	而 耑 133	人 候 187	息 366	畛 451	草 107	勒 222
柝 348	肉 胡 187	倍 94	手 挫 120	广 病 102	茭 204	勹 匐 254
枳 474	背 94	倅 119	拳 168	疾 195	荊 211	匚 區 274
柏 450	胖 254	倉 106	捎 298	白 皋 163	荊 229	卩 卿 272
柞 491	胙 491	倡 107	挈 271	皿 盎 87	茲 486	厶 參 301

第一欄

部	字	頁
口	售	324
	啓	269
	商	297
	問	359
	唯	356
囗	國	178
	圍	420
土	堅	134
	基	192
	堅	201
	婦	295
	埴	473
	域	423
	執	473
	堂	341
	埶	407
女	婦	161
	娶	275
	媧	408
子	孰	325
宀	寇	220
	密	242
	宿	338
寸	將	202
	專	485
山	崇	114
	崩	94
巛	巢	108
巾	帶	125
	帳	201
	常	108
	帷	356
广	庫	93
	庶	326
	康	218
	庸	409
弓	強	271
	張	440
彡	彫	130
彳	得	127
	從	119
	御	422
	徙	367
心	患	188
	情	273
	惟	356
戈	戚	257

第二欄

部	字	頁
手	掎	196
	措	120
	授	323
	掄	237
	接	206
	推	348
支	敗	90
	教	204
	敏	245
	救	213
	敔	420
	敘	381
斤	斬	439
方	旍	153
	旌	211
	旋	382
	族	489
日	晨	111
	晝	482
月	望	353
木	梏	174
	梗	165
	桫	96
	梢	298
	梁	228
	械	376
	程	344
	梓	487
	條	344
欠	欲	423
殳	殺	295
水	淮	188
	淳	117
	淺	271
	清	273
	涼	228
	深	301
	淶	221
	淫	408
	涿	486
	淵	424
	液	389
火	焌	218
	焉	384
牛	牽	270
犬	猛	241
玉	理	223

第三欄

部	字	頁
生	產	107
田	畢	96
疋	疏	325
疒	痒	386
目	眾	481
	眼	385
示	祭	197
	桃	343
	祥	373
禾	移	393
立	竟	212
	章	439
竹	笱	164
	符	159
	笙	303
	第	487
糸	紗	451
	細	367
	終	480
	組	489
	紵	485
	紲	376
羊	羞	380
耒	粗	336
肉	脖	160
	脛	132
	脈	302
	脩	379
臼	舂	114
艸	莞	176
	莢	200
	莫	247
	莖	211
	荼	347
虍	虖	187
虫	蚳	112
	蛇	299
衣	袞	178
見	規	177
言	訪	152
	訟	337
	設	300
	訝	383
豕	豚	348
貝	貫	176
	販	151

第四欄

部	字	頁
	貨	191
	貧	255
	責	438
赤	赦	300
走	速	338
	連	227
	通	344
	造	433
邑	郭	178
	部	105
里	野	388
門	閉	96
阜	陳	111
	陸	235
	陪	254
	陵	230
	陰	408
	陶	341
佳	雀	276
雨	雩	419
食	飢	192
魚	魚	419
鳥	鳥	252
鹿	鹿	235
麥	麥	239
麻	麻	238

十二畫

部	字	頁
人	備	94
	傅	162
	傀	177
冖	冪	242
刀	割	164
	創	116
力	勝	303
	勞	222
十	博	102
厂	厥	216
口	喙	189
	喪	294
	善	296
	喜	367
囗	圍	356
土	堵	133
	場	108
	報	93
士	壺	187

第五欄

部	字	頁
	壹	392
大	奠	130
女	媒	240
宀	富	161
	寒	182
寸	尊	490
	尋	383
尢	就	214
尸	屠	347
巾	幄	359
幺	幾	196
广	庚	420
弋	弑	321
彳	徧	98
	復	162
心	惡	134
	惠	189
	惇	273
	惌	424
戈	戟	196
手	揮	189
	揉	287
	援	425
	提	342
	握	359
	揖	392
	揄	419
	掌	440
	揚	386
攴	敝	96
	敢	163
	敦	134
	散	293
斗	斝	200
方	旐	447
日	景	211
	晳	366
曰	曾	438
月	朞	192
	期	257
	朝	445
木	棼	154
	椁	181
	棘	195
	棺	175
	椑	255
	棲	257

第六欄

部	字	頁
	棗	433
	棧	439
	植	473
歹	殘	106
殳	殽	374
毛	毳	120
水	湖	187
	測	107
	渠	275
	渴	219
	湎	242
	凍	228
	湛	439
	渥	359
	渭	358
	游	411
火	焚	154
	然	276
	無	360
牛	犀	366
犬	猶	411
玉	琥	187
	琮	119
	琴	272
	琰	385
	琢	486
	琬	349
田	畫	188
	晦	247
	畯	218
	異	407
广	痟	374
癶	發	144
	登	127
皿	盜	126
	盛	112
矢	短	133
石	硺	110
示	祴	162
	褆	209
禾	稍	298
	稅	329
	稌	347
竹	等	127
	策	107
	筋	209
	筐	221

第七欄

部	字	頁
	筍	340
米	粟	338
	粥	482
	粵	429
糸	給	196
	絋	118
	絰	131
	絲	331
	結	206
	絜	206
	絕	216
	統	345
羽	翔	373
肉	脾	254
	腒	214
	腊	366
臼	舄	367
舌	舒	325
艸	萃	119
	華	188
	萋	116
	萍	256
	萌	241
	莽	239
	萊	221
	菁	211
	菑	486
	菹	488
	萑	486
衣	補	103
	裂	229
見	視	321
角	觚	171
言	詘	274
	詒	393
	詐	439
	詔	446
	詛	489
豕	象	374
貝	貳	144
	貸	125
	貴	178
	賈	96
	賀	184
	貶	97
	買	239
走	越	429

足 堂 111	巾 幎 242	當 125	萬 349	鉞 429	广 廎 214	竭 207
車 載 89	干 幹 163	广 痺 93	葦 357	鉦 451	心 慈 117	竹 簎 159
軸 482	广 廉 227	白 晳 366	萬 420	阜 隙 367	慢 239	管 176
輊 451	廋 338	皿 盟 241	葬 432	隹 雍 409	愿 425	筦 112
軹 474	彳 徬 93	盞 235	著 485	雉 477	手 摧 119	箈 112
辛 辜 171	微 353	目 督 133	虍 號 182	雨 雷 222	摡 162	糸 綱 163
辵 進 209	心 愷 218	睫 207	虞 419	頁 頓 134	擁 236	綬 324
邑 都 132	慎 302	睦 248	虫 蛩 302	頒 154	摶 348	維 357
酉 酢 491	愚 419	石 碙 178	蜎 425	頏 268	斤 斲 486	緇 486
里 量 228	意 407	示 裯 126	衣 裘 274	頌 337	方 旗 268	緙 488
金 鈞 218	想 373	祼 176	裏 223	食 飭 113	日 暕 409	网 罰 144
門 間 201	手 搏 102	祿 235	見 規 344	飯 151	木 槁 163	羽 翟 128
閔 290	損 340	禁 209	角 觥 168	飲 408	槀 163	翠 296
開 218	搖 387	内 禽 272	解 207	馬 馳 112	槐 188	耳 聚 215
閑 370	摯 374	禾 稑 235	言 誄 222	髟 髡 221	槃 254	聞 359
閒 370	攴 敬 212	竹 筊 107	詩 305	鬼 魃 240	榛 450	肉 膏 163
阜 隊 134	斗 斟 420	筹 338	試 321	鳥 梟 159	欠 歌 164	臣 臧 432
隋 338	斤 新 376	筥 214	詰 207	鳩 212	毋 毓 424	臼 與 420
階 206	日 暑 325	節 206	誅 483	黽 黿 242	水 滌 128	舛 舞 363
隅 419	曰 會 189	筵 384	詢 383	鼎 鼎 131	漢 182	艸 蓋 162
陽 386	木 楗 202	筰 490	豕 豢 188	鼓 鼓 172	漆 257	蒼 106
隹 雅 383	福 159	米 粱 228	豸 貅 188	鼠 鼠 325	漱 327	蒐 338
雨 雲 430	極 195	糸 綷 159	貉 183		漚 254	蒙 241
頁 順 329	楬 207	綆 166	貝 賈 172	**十四畫**	漳 440	蒲 256
須 381	楔 226	絺 112	賄 190	人 僕 256	漬 488	蓐 290
食 飱 340	楊 386	經 211	資 486	刀 劑 174	滯 478	蓏 238
馬 馮 155	椹 450	綏 339	賊 438	匚 匱 125	火 熏 382	蒩 489
馭 423	柳 478	裕 367	足 路 235	厂 厭 385	熒 409	蔆 492
黃 黃 189	止 歲 339	綃 451	車 較 205	口 嘗 108	熊 379	蒸 451
黍 黍 325	殳 毀 192	网 罪 490	輂 214	嘷 187	爻 爾 140	虍 虡 215
黑 黑 184	毀 189	置 477	輈 482	嘉 200	犬 獄 424	虫 蠟 439
	水 滑 188	羊 群 276	載 432	嘂 205	玉 瑤 387	蜼 358
十三畫	溝 171	義 407	辛 辟 255	嗽 338	瑱 343	衣 褘 189
乙 亂 237	溓 227	羨 370	辠 490	嘔 253	瓦 甄 450	裳 108
人 傳 116	滅 243	耒 耡 115	辰 農 253	囗 圖 347	疋 疑 393	言 誥 164
傷 297	準 486	耳 聘 255	辵 達 120	土 墓 248	广 瘖 253	誓 321
刀 剽 255	溠 439	聖 303	過 181	士 壽 324	瘍 386	誦 337
力 勤 272	火 煎 201	聿 肆 337	遏 135	夕 夢 242	皿 監 201	說 329
口 嗣 336	煩 150	肅 338	道 126	大 奪 134	盡 210	語 420
嗚 360	煇 189	肄 407	遂 339	宀 寡 174	石 碩 309	誣 360
囗 園 425	煙 384	肉 腹 162	運 431	察 107	示 福 159	豸 貍 222
土 塞 295	煮 484	腫 481	遊 412	實 309	禋 408	貝 賓 99
塗 347	玉 瑟 295	腥 359	遇 424	寢 272	禾 稱 111	賒 299
塡 382	瑞 290	腥 377	邑 鄉 372	寧 252	種 481	車 輔 161
女 嫁 200	瑕 367	艸 葛 164	酉 酬 114	寤 365	穴 窻 116	輕 273
嫩 240	瑢 485	葵 221	金 鈎 171	寸 對 134	立 端 133	輓 349
宀 寘 478	田 畾 203	萏 269	鈴 230	巾 幕 248		辵 遣 271

遠 425	憂 411	穴 窮 273	鄭 454	殳 磬 299	諫 202	心 應 409
邑 鄙 95	惡 342	竹 箭 202	金 鋌 131	水 澣 188	諱 191	手 擊 193
酉 醋 256	戈 戮 236	篆 485	銳 290	澮 220	謀 247	擯 101
酸 338	手 撥 102	糸 編 97	鋅 238	澤 438	諸 483	擦 90
金 銘 246	撫 161	緩 188	門 閻 236	濁 486	謂 358	擩 289
銀 408	播 102	緒 274	閱 429	火 熾 114	諭 424	護 359
釧 379	撟 204	總 331	雨 震 451	燔 151	諧 375	攴 斂 227
銑 370	摩 247	練 228	食 餐 117	燋 204	豕 豫 424	木 檜 407
銜 370	摯 252	緯 357	餌 140	燎 229	豬 483	毛 氈 439
門 閭 245	擇 341	緣 425	養 386	燀 271	足 踰 419	水 濟 199
隹 雄 238	撰 485	緹 342	馬 駕 201	燕 385	踵 481	濩 192
雨 需 381	摰 478	緒 382	駑 253	犬 獨 133	車 輻 159	濕 305
韋 韍 240	攴 敵 128	線 370	駒 214	玉 璜 189	輯 287	濯 486
韍 247	歐 274	网 罷 89	駔 432	瓜 瓢 255	輸 325	火 營 409
食 飽 93	數 327	羽 翬 114	骨 骱 117	广 瘳 114	辛 辨 98	燧 340
飾 321	日 暵 182	翦 201	魚 魯 235	皿 盥 176	辦 91	燭 484
飴 393	暴 93	耒 耦 254	鳥 鴈 385	盧 235	辵 遲 112	爿 牆 271
髟 髦 380	木 概 163	肉 膠 204	麻 麾 189	目 瞢 241	選 382	犬 獲 192
鳥 鳴 246	樊 150	膊 485	齒 齒 113	石 磨 247	遺 394	獮 370
鳶 425	槳 252	艸 蕨 119		磐 273	酉 醖 341	玉 環 188
鼻 鼻 94	樂 430	蔆 230	**十六畫**	示 禦 424	金 錯 120	瓦 瓶 230
齊 齊 268	樞 415	蕊 407	人 儐 101	禾 積 193	錞 117	甑 438
	欠 歐 254	卢 虥 93	儒 289	穆 248	錦 209	广 療 153
十五畫	歎 341	衣 褓 242	八 冀 199	竹 篠 112	錄 236	癆 229
人 儀 393	歹 殤 297	角 觭 257	冫 凝 252	築 485	錫 366	目 瞭 229
刀 劍 202	水 漿 203	言 論 238	刀 劑 199	米 糗 274	阜 隧 340	矢 矰 438
厂 厲 226	潦 236	請 273	劗 407	糸 縝 431	險 370	石 磷 227
土 墳 154	潛 271	調 344	力 勳 382	縱 407	隹 雕 130	禾 穗 345
墨 247	潰 221	談 341	口 噩 135	縣 370	雨 霍 192	穴 窿 120
宀 審 301	穎 409	豆 豎 327	器 269	羽 翮 184	頁 頸 211	竹 簋 178
寬 220	潟 367	貝 賜 118	囗 圜 425	耒 耨 253	食 餘 419	籍 107
寫 376	火 熱 87	賤 202	土 墾 220	肉 膩 187	馬 駭 341	篾 128
巾 幣 96	片 牖 415	賦 162	壇 341	膰 150	骨 骸 271	米 糞 155
广 廣 176	玉 琪 269	賞 297	子 學 382	膳 296	髟 髻 221	糜 293
廢 153	璋 440	賣 239	巾 幰 107	至 臻 450	魚 鮑 93	糟 433
廛 107	田 畿 192	質 478	广 廉 230	臼 興 377	鹿 麋 218	糸 縫 155
廟 243	广 瘠 196	賢 370	弓 彊 271	艸 蔽 97	齒 齔 111	績 193
廠 376	瘵 407	賙 482	心 憲 370	蕢 154	龍 龍 234	縵 239
廾 弊 96	示 禁 410	走 趣 275	戈 戰 439	蕩 126	龜 龜 177	繆 295
弓 彈 125	禾 稼 201	足 踏 103	手 撻 341	蕃 150		繈 237
彳 德 127	稟 163	踐 202	木 橫 184	蕘 290	**十七畫**	縱 488
徹 110	稷 199	車 輪 237	樟 171	蕭 374	人 償 424	縛 485
徵 451	稻 126	輦 252	橈 250	行 衡 184	女 嬪 255	縮 340
心 慰 114	穀 172	辵 適 321	樸 256	衛 358	尸 履 215	總 488
憚 125	稽 192	遷 270	樹 327	見 親 271	山 嶽 430	羽 翼 407
慮 237	積 451	遭 432	橘 214	言 諜 131	巾 幬 114	耳 聯 227
慶 273	穄 478	邑 鄰 229	止 歷 227	諷 155	弓 彌 242	聲 303

肉 臂 97
臊 295
臀 348
臣 臨 229
臼 舉 214
艸 薛 97
薄 103
薨 182
薧 184
薦 202
薙 342
薪 376
虍 虧 221
虫 蟈 178
螻 235
蟄 447
衣 襃 93
褻 376
角 觳 187
言 講 203
謚 321
豕 豳 101
豸 貕 366
貝 賻 162
走 趨 274
車 轂 173
轅 425
輿 419
辵 還 188
遽 215
酉 醢 181
金 鍭 186
鍵 202
鍛 134
鍚 386
鍾 480
門 闔 191
闇 87
闋 276
闊 296
闈 408
闃 357
阜 隮 193
隰 366
隶 隸 227
隹 雖 338
雨 霜 328
革 鞠 214
頁 顧 270
食 館 176
馬 騁 112
駹 239
騂 377
駴 376
鬲 鬴 161
魚 鮪 357
鳥 鴻 184
鹿 麋 242
黑 黝 415
黹 黻 159

十八畫

又 叢 119
土 壙 221
壘 222
彐 彝 394
戈 戴 125
手 擾 277
斤 斷 134
木 檗 202
檮 348
檿 385
止 歸 177
水 瀆 133
火 燹 99
爂 99
燿 387
爪 爵 216
犬 獵 229
玉 璧 97
疒 癘 227
皿 盬 173
目 瞽 173
示 禬 178
禮 223
禭 340
禾 穡 295
穴 竅 271
竹 簠 161
簡 201
簣 229
簪 321
簫 374
米 糧 228
糸 繢 191
繕 297
繚 229
織 472
繡 380
耳 聯 227
職 473
臼 舊 214
艸 薺 117
藏 106
藉 208
藃 374
虫 蟲 114
襾 覆 162
見 覲 210
言 謨 247
謹 209
豆 豐 155
足 蹙 119
蹕 97
車 轉 485
酉 醬 203
醫 392
金 鎛 103
鎮 451
門 闔 184
闕 276
隹 雚 176
雞 193
雙 328
雜 431
雨 霤 234
革 鞭 97
鞮 128
韋 韡 431
馬 騋 221
鬼 魏 359
鳥 鵠 187
鵒 424
鼓 鼖 154

十九畫

土 壚 235
壝 357
广 廬 235
心 懷 188
方 旞 340
旜 439
木 櫜 163
水 瀦 484
火 爍 329
爇 291
片 牘 133
牛 犢 133
犬 獸 324
玉 璽 367
田 疆 203
目 矇 241
示 禱 126
禰 251
禾 穨 348
竹 篴 340
糸 繩 303
繹 407
繶 407
繫 367
缶 罋 359
网 羅 238
羊 羹 165
羶 296
肉 臘 221
艸 藩 146
藪 338
藥 387
藝 407
虫 蠃 238
衣 襦 289
襾 覈 184
言 識 310
貝 贈 438
贊 432
車 轐 103
辛 辭 117
辵 邊 97
酉 醯 366
門 關 175
隹 難 249
離 223
非 靡 242
頁 類 222
食 餼 367
饁 389
鳥 鶉 117
鹿 麗 227
麓 236
黹 黼 161
黽 鼀 348
鼓 鼗 341
齊 齍 486
齒 齘 376

二十畫

力 勸 276
匚 匵 214
土 壤 277
宀 寶 93
手 攘 277
方 檮 348
旟 420
牛 犧 366
犬 獻 371
田 疈 255
白 皫 255
穴 竇 132
竹 籍 196
糸 繼 199
纁 382
艸 蘋 255
藾 222
藻 433
虫 蠖 192
言 警 211
譬 255
譟 433
議 407
貝 贏 409
走 趮 433
足 躁 433
車 轚 196
轘 188
辵 邍 425
酉 醴 225
釆 釋 322
金 鐃 250
鐘 480
雨 露 236
革 鞻 235
音 韽 87
馬 騫 270
騶 488
鳥 鶩 365
鹵 鹹 370
鹿 麛 242
黑 黨 125

廿一畫

口 嚻 374
尸 屬 325
心 懼 215
手 攝 301
木 欄 228
水 灌 176
灂 486
瓦 甗 385
竹 籔 327
糸 纊 221
續 382
缶 罍 222
肉 臝 238
艸 蘩 151
蘜 214
車 轛 486
辛 辯 99
金 鐸 134
鐲 486
門 闢 255
食 饋 221
饎 366
饌 485
馬 驁 87
驅 274
魚 鰅 420
鼓 鼛 163
鼙 255
齊 齎 193
龠 龡 116

廿二畫

手 攡 242
木 權 275
火 爟 176
示 禳 277
禴 430
穴 竊 271
竹 籠 234
网 羇 193
耳 聽 344
衣 襲 367
言 讀 133
車 轡 254
邑 酇 490
金 鑊 192
鑒 202
鑑 202
鑄 485
食 饗 373
饔 409
鬲 鬻 424
鳥 鷖 392

廿三畫

口 囏 201
手 攫 216
木 欒 237
玉 瓚 432
竹 籥 430
糸 纓 409
纖 369
虫 蠱 173
蠯 255
蠲 215
言 變 99
讎 114
雨 靁 222
骨 體 342
魚 鱉 99
鱐 338
鱗 229
鳥 鷩 97
鼓 鼜 270

廿四畫

虫 蠹 133
蠶 106
言 讓 277
金 鑪 235
雨 靈 230
馬 驟 482
門 鬭 132
鹵 鹽 385
齒 齵 253

廿五畫

木 欘 484
竹 籩 97

| 糸 纘 127 |
| 肉 臠 251 |
| 虫 蠻 239 |
| 見 觀 175 |
| 酉 釁 376 |
| 鬲 鬻 484 |

廿六畫

| 金 鑷 367 |

廿七畫

| 金 鑽 490 |
| 風 飄 155 |

廿八畫

| 金 鑿 491 |

廿九畫

| 火 爨 119 |
| 鬯 鬱 424 |
| 鳥 鸛 275 |
| 麥 麪 155 |

三十畫

| 鳥 鸞 237 |

卅三畫

| 魚 鱻 370 |
| 鹿 麤 119 |

通 用 字 表

編號	本索引 用字	原底本 用字	章/頁/行	內文
1	鱉	鼈	1.0/2/1	鱉人
			1.14/9/7	鱉人掌取互物
			1.14/9/7	以時籍魚鱉龜蜃
			1.14/9/7	春獻鱉蜃
2	群	羣	1.1/5/17	以八柄詔王馭群臣
			1.1/6/13	則大計群吏之治
			1.2/6/17	以官府之六敘正群吏
			1.2/6/30	弊群吏之治
			1.2/7/4	則以官府之敘受群吏之要
			1.2/7/5	則令群吏致事
			1.3/7/9	以正王及三公、六卿、大夫、群吏之位
			1.3/7/9	敘群吏之治
			1.3/7/13	掌治法以考百官府、群都縣鄙之治
			1.3/7/18	歲終則令群吏正歲會
			1.3/7/20	則以法警戒群吏
			1.38/12/18	以逆群吏之治
			1.39/12/24	則大計群吏之治
			1.39/12/25	以逆群吏之徵令
			1.41/13/1	凡官府都鄙群吏之出財用
			2.2/21/27	令群吏正要會而致事
			2.2/21/28	令群吏憲禁令
			2.4/22/19	鄉老及鄉大夫、群吏獻賢能之書于王
			2.4/22/22	令群吏攷法于司徒
			2.18/24/29	則以攷群吏而以詔廢置
			2.27/26/13	市之群吏平肆展成奠賈
			3.9/39/8	以詔王察群吏之治
			3.12/40/2	祭群小祀則玄冕
			3.54/46/14	司巫掌群巫之政令
			3.57/46/26	與群執事讀禮書而協事
			3.68/48/21	則保群神之壝
			4.1/53/21	群吏撰車徒
			4.1/53/26	群吏戒眾庶脩戰法
			4.1/53/27	群吏以旗物鼓鐸鐲鐃
			4.1/53/28	群吏聽誓于陳前
			4.1/53/29	群吏作旗
			4.1/53/30	群吏弊旗
			4.1/54/2	群吏各帥其車徒以敘和出
			4.1/54/4	群司馬振鐸

編號	本索引 用字	原底本 用字	章/頁/行	內文
2	群	羣	4.23/56/28	司士掌群臣之版
			4.24/57/10	正群子之服位
			4.24/57/10	作群子從
			4.25/57/13	司右掌群右之政令
			4.32/58/8	帥群有司而反命
			4.33/58/12	御僕掌群吏之逆及庶民之復
			5.2/67/19	群臣西面
			5.2/67/19	群吏東面
			5.2/67/24	一曰訊群臣
			5.2/67/25	二曰訊群吏
			5.2/67/29	則令群士計獄弊訟
			5.2/67/30	令群士
			5.4/68/14	群士司刑皆在
			5.5/68/20	群士司刑皆在
			5.6/68/27	群士司刑皆在
			5.7/69/2	群士司刑皆在
			5.9/69/11	群士在其後
			5.9/69/12	群吏在其後
			5.12/69/27	壹刺曰訊群臣
			5.12/69/27	再刺曰訊群吏
			5.58/76/8	群介、行人、宰、史皆有牢
3	贊	贊	1.1/6/9	贊王牲事
			1.1/6/9	贊玉幣爵之事
			1.1/6/9	贊玉几玉爵
			1.1/6/10	贊玉幣、玉獻、玉几、玉爵
			1.1/6/10	贊贈玉、含玉
			1.1/6/11	贊王命
			1.1/6/11	則贊聽治
			1.2/7/3	贊（王）〔玉〕幣爵之事、裸將之事
			1.2/7/3	贊裸
			1.2/7/4	贊冢宰受歲會
			1.3/7/12	掌官書以贊治
			1.3/7/15	贊小宰比官府之具
			1.41/13/2	以式法贊逆會
			1.42/13/5	以式法贊之
			1.45/13/17	則贊
			1.45/13/18	贊九嬪之禮事
			1.45/13/18	皆贊
			1.50/14/11	贊玉齍
			1.50/14/11	贊后薦徹豆籩
			1.52/14/16	贊世婦
			2.15/24/13	則贊
			2.47/29/11	凡邑中之政相贊

編號	本索引用字	原底本用字	章/頁/行	內文
3	贊	贊	3.3/38/5	贊果將
			3.17/40/24	則贊
			3.17/40/25	則贊宗伯
			3.20/41/7	則詔贊主人
			3.41/44/13	以八命者贊《三兆》、《三易》、《三夢》之占
			3.49/45/22	贊斂
			3.50/45/29	贊隋
			3.50/45/29	贊徹
			3.50/45/29	贊奠
			3.50/45/30	贊洭
			3.61/47/16	則贊爲之
			3.63/47/21	以贊（冢）〔家〕宰
			3.63/47/21	掌贊書
			3.65/48/6	贊駕說
			3.67/48/13	贊司馬頒旗物
			4.9/55/7	贊羞
			4.12/55/18	以贊其不足者
			4.18/56/14	則贊射牲
			4.19/56/18	射則贊張侯
			4.30/57/31	贊王牲事
			4.30/57/32	贊王鼓
			4.30/58/2	則贊弓矢
			4.42/59/18	詔贊王鼓
			4.42/59/19	贊牛耳桃茢
			4.52/60/23	趣馬掌贊正良馬
			4.54/60/29	贊焚萊
4	弛	弛	1.2/6/27	六曰斂弛之聯事
5	災	烖	1.6/8/4	天地有災則不舉
			1.11/8/29	代王受書災
			3.1/36/27	以弔禮哀禍災
			3.2/37/24	大災
			3.2/37/27	國有禍災
			3.2/37/28	凡天地之大災
			3.12/40/4	大札、大荒、大災
			3.21/41/30	大傀異災
			3.21/41/30	大札、大凶、大災、大臣死
			3.49/45/23	國有大故、天災
			3.50/45/28	彌災兵
			3.54/46/14	國有大災
			3.56/46/20	凡邦之大災
			5.52/73/31	致襘以補諸侯之災
			5.53/74/29	若國有禍災

編號	本索引用字	原底本用字	章/頁/行	內文
5	災	烖	5.58/76/26	禍災殺禮
6	脈	脉	1.19/9/28	以鹹養脈
7	甋	氈	1.33/11/22	則張甋案
8	床	牀	1.35/12/4	掌王之燕衣服、衽、席、床、第
9	總	緫	1.40/12/28 2.29/26/26 2.35/27/14 3.64/47/28 3.64/47/28 3.64/47/28 3.64/47/29	辨其財用之物而執其總 廛人掌斂市〔之〕絘布、總布、質布、罰布、廛布 斂其總布 錫面朱總 勒面繢總 彫面鷖總 組總
10	鄰	鄰	2.0/17/28 2.0/17/28 2.40/28/3 2.40/28/4 2.45/29/4	鄰長 每鄰中士一人 四里爲鄰 五鄰爲鄙 鄰長各掌其鄰之政令
11	昏	昬	2.1/20/24 2.6/23/3 2.40/28/6 3.1/36/31	十曰多昏 凡其黨之祭祀、喪紀、昏冠、飲酒 以樂昏擾眡 以昏冠之禮
12	觓	觵	2.8/23/15 3.24/42/15	掌其比觓撻罰之事 觓其不敬者
13	昃	昗	2.27/26/11	日昃而市
14	翳	瞖	2.32/27/5 5.50/73/23 5.50/73/23	禁其鬥翳者與其虣亂者 銜枚氏掌司翳 令禁無翳
15	饎	鑢	2.77/32/11	饎人掌凡祭祀共盛
16	琰	玪	3.10/39/19 6.19/82/21	琰圭以易行 琰圭九寸
17	袞	袞	3.12/40/1 3.12/40/5 4.28/57/23	享先王則袞冕 自袞冕而下如王之服 節服氏掌祭祀朝覲袞冕

編號	本索引用字	原底本用字	章/頁/行	內文
18	皋	皐	3.22/42/7 3.49/45/22	詔來瞽皋舞 令皋舞
19	屬	属	3.43/44/21 4.23/57/2 4.25/57/13 4.25/57/13	天龜日靈屬 帥其屬而割牲 屬其右 凡國之勇力之士能用五兵者屬焉
20	藻	蘱	3.64/47/30 3.64/47/30	藻車 藻蔽
21	喪	丧	3.65/48/6 3.66/48/10 3.67/48/16 3.70/48/27	大喪、大賓客亦如之 大喪 大喪 以檜國之凶荒、民之札喪
22	珉	瑉	4.35/58/19	珉玉三采
23	髦	髳	5.20/70/31	髦者使守積
24	蠹	蠱	5.45/73/10	翦氏掌除蠹物
25	鳧	鳬	6.0/78/7 6.3/80/7	築、冶、鳧、㮚、（段）〔段〕、桃 鳧氏爲聲
26	㡛	帾	6.0/78/8 6.18/82/12	畫、繢、鍾、筐、㡛 㡛氏湅絲
27	臀	臋	6.8/81/2	其臀一寸
28	概	槩	6.8/81/3	概而不稅
29	胸	胷	6.26/83/22 6.26/83/23	以胸鳴者 大胸燿後

徵 引 書 目

編號	書名	標注出處方法	版本
1	孫詒讓周禮正義	頁數	北京中華書局1987年
2	唐石經十三經	頁數	臺北世界書局1966年
3	黃侃手批白文十三經	頁數	上海古籍出版社1983年
4	陸德明經典釋文	頁數	上海古籍出版社1985年
5	王引之經義述聞	頁數	江蘇古籍出版社1985年

誤 字 改 正 說 明 表

編號	原句 / 位置（章/頁/行）	改正說明
1	以九兩繫邦國之（名）〔民〕 1.1/5/28	唐石經總頁190
2	贊（王）〔玉〕幣爵之事、裸將之事 1.2/7/3	黃侃手批白文十三經頁7
3	會其什伍而教之道（義）〔藝〕 1.4/7/24	黃侃手批白文十三經頁9
4	冬時有（漱）〔嗽〕上氣疾 1.18/9/23	黃侃手批白文十三經頁12
5	（薐）〔薐〕、芡、桌桌脯 1.25/10/25	唐石經總頁197
6	（薐）〔薐〕、芡、桌桌脯 1.25/10/25	唐石經總頁197
7	使各有屬以作（二）〔三〕事 1.45/13/16	王引之說，見經義述聞頁195
8	女舂（扰）〔抌〕二人 2.0/19/28	黃侃手批白文十三經頁26
9	（槀）〔槀〕人 2.0/19/32	黃侃手批白文十三經頁26
10	女（槀）〔槀〕 2.0/19/32	黃侃手批白文十三經頁26
11	其植物宜（早）〔皁〕物 2.1/20/4	唐石經總頁206
12	其民（晢）〔晳〕而瘠 2.1/20/7	唐石經總頁206
13	以稽國中及四郊都鄙之夫家（九比）〔人民〕之數 2.2/21/14	王引之說，見經義述聞頁199
14	以辨其貴賤、老幼、（廢）〔癈〕疾 2.2/21/15	唐石經總頁208
15	則攷（六）〔元〕鄉之治 2.3/22/9	王引之說，見經義述聞頁200
16	則令（六）〔元〕鄉之吏皆會政致事 2.4/22/22	王引之說，見經義述聞頁200
17	凡春秋之祭祀、役政、喪紀之（數）〔事〕 2.8/23/14	王引之說，見經義述聞頁201
18	共其水（槀）〔槀〕 2.10/23/22	黃侃手批白文十三經頁34
19	共其兵（軍）〔車〕之牛 2.14/24/9	唐石經總頁212
20	王（舉）〔與〕則從 2.21/25/14	王引之說，見經義述聞頁203
21	王（舉）〔與〕則從 2.22/25/20	王引之說，見經義述聞頁203
22	（辦）〔辨〕其能而可任於國事者 2.23/25/23	唐石經總頁214
23	以陳肆（辦）〔辨〕物而平市 2.27/26/9	唐石經總頁215
24	萬（大）〔夫〕有川 2.40/28/10	唐石經總頁217
25	抱（磨）〔歷〕 2.41/28/20	黃侃手批白文十三經頁43
26	輕（慶）〔爂〕用犬 2.52/29/30	經典釋文頁460
27	以（潴）〔豬〕畜水 2.53/30/1	黃侃手批白文十三經頁45
28	（鈇）〔鈌〕師 3.0/34/14	黃侃手批白文十三經頁50
29	其士（一）〔壹〕命 3.11/39/27	黃侃手批白文十三經頁59
30	其大夫（一）〔壹〕命 3.11/39/28	黃侃手批白文十三經頁59
31	掌其（政）〔禁〕令 3.13/40/11	黃侃手批白文十三經頁59
32	凡（工）〔王〕后之獻亦如之 3.17/40/25	唐石經總頁231
33	（冢）〔冢〕人掌公墓之地 3.18/40/28	黃侃手批白文十三經頁60
34	笙師掌教龡竽、笙、塤、籥、簫、（筬）〔篪〕、（篷）〔簜〕、管 3.32/43/15	黃侃手批白文十三經頁65
35	（鈇）〔鈌〕師掌教（鈇）〔鈌〕樂 3.34/43/22	黃侃手批白文十三經頁65
36	若有祭（祀）〔事〕 3.43/44/23	唐石經總頁235
37	遂令始難（歐）〔毆〕疫 3.47/45/8	黃侃手批白文十三經頁67
38	凡（辨）〔辯〕法者攷焉 3.57/46/23	唐石經總頁238

編號	原句 / 位置（章/頁/行）	改正說明
39	（辨）〔辯〕事者攷焉 3.57/46/27	唐石經總頁238
40	（辨）〔辯〕其敘事 3.59/47/5	唐石經總頁238
41	以（辨）〔辯〕四時之敘 3.59/47/6	唐石經總頁238
42	以贊（冢）〔冢〕宰 3.63/47/21	黃侃手批白文十三經頁72
43	共其（幣）〔弊〕車 3.64/48/3	黃侃手批白文十三經頁72
44	（師）〔帥〕都建旗 3.67/48/14	王念孫說，見王引之經義述聞頁215
45	都宗人掌都（宗）〔祭〕祀之禮 3.68/48/20	唐石經總頁240
46	（師）〔帥〕都載爐 4.1/53/24	王念孫說，見王引之經義述聞頁215
47	鄉（遂）〔家〕載物 4.1/53/24	孫詒讓周禮正義頁2323
48	（二）〔三〕鼓 4.1/53/30	唐石經總頁244
49	（惟）〔唯〕加田無國正 4.6/54/24	黃侃手批白文十三經頁80
50	縣壺以序聚（檋）〔欙〕 4.17/56/3	黃侃手批白文十三經頁82
51	（惟）〔唯〕賜無常 4.23/56/30	黃侃手批白文十三經頁84
52	作六軍之（事）〔士〕執披 4.23/57/4	孫詒讓周禮正義頁2471
53	（惟）〔唯〕所用之 4.24/57/8	黃侃手批白文十三經頁84
54	六人維王之（太）〔大〕常 4.28/57/23	黃侃手批白文十三經頁85
55	（太）〔大〕僕掌正王之服位 4.30/57/29	唐石經總頁249
56	恒矢、（痺）〔庳〕矢用諸散射 4.39/59/5	黃侃手批白文十三經頁88
57	從授兵（至）〔甲〕之儀 4.39/59/8	黃侃手批白文十三經頁88
58	大馭掌馭（王）〔玉〕路以祀 4.45/59/27	黃侃手批白文十三經頁89
59	馭夫（瞀）〔掌〕馭貳車、從車、使車 4.50/60/11	唐石經總頁252
60	其浸（廬）〔盧〕、維 4.58/61/17	黃侃手批白文十三經頁91
61	方百（另）〔里〕則百男 4.58/61/28	唐石經總頁254
62	下士（二）〔一〕人 5.0/65/29	唐石經總頁256
63	徒（三）〔二〕十人 5.0/66/18	黃侃手批白文十三經頁96
64	其能改（過）〔者〕 5.1/67/4	唐石經總頁257
65	重罪旬有（三）〔二〕日坐 5.1/67/7	王念孫說，見王引之經義述聞頁218
66	（基）〔幕〕役 5.1/67/8	唐石經總頁257
67	以肺石（遠）〔達〕窮民 5.1/67/9	唐石經總頁257
68	四（者）〔曰〕犯邦令 5.3/68/6	唐石經總頁259
69	（辯）〔辨〕其獄訟 5.4/68/13	黃侃手批白文十三經頁99
70	（肂）〔肆〕之三日 5.5/68/21	唐石經總頁259
71	掌（子則取隸焉）〔與鳥言〕 5.24/71/10	王引之說，見經義述聞頁218
72	則令守涂地之人聚（檋）〔欙〕之 5.30/71/28	黃侃手批白文十三經頁105
73	誓邦之大（史）〔事〕曰殺 5.36/72/18	王引之說，見經義述聞頁219
74	誓小（史）〔事〕曰墨 5.36/72/18	王引之說，見經義述聞頁219
75	脩閭氏掌比國中宿互（檋）〔欙〕者與其國粥 5.37/72	黃侃手批白文十三經頁107
76	則凡水（蟲）〔蟲〕無聲 5.47/73/14	黃侃手批白文十三經頁108
77	凡（諸）〔侯〕伯子男之臣 5.54/75/20	黃侃手批白文十三經頁112
78	令聚（檋）〔欙〕 5.56/75/28	黃侃手批白文十三經頁113
79	釦（四）〔三〕十有二 5.58/76/9	王引之說，見經義述聞頁221
80	車（乘）〔秉〕有五籔 5.58/76/11	黃侃手批白文十三經頁113

編號	原句 / 位置（章/頁/行）	改正說明
81	鋤二十有（八）〔四〕 5.58/76/16	王引之說，見經義述聞頁221
82	致（饗）〔饔〕大牢 5.58/76/19	黃侃手批白文十三經頁114
83	鋤十有（八）〔六〕 5.58/76/21	王引之說，見經義述聞頁221
84	（惟）〔唯〕錫稍之受 5.58/76/27	黃侃手批白文十三經頁115
85	則令聚（欑）〔欑〕 5.59/76/31	黃侃手批白文十三經頁115
86	（搏）〔摶〕埴之工二 6.0/78/6	黃侃手批白文十三經頁117
87	築、冶、鳧、㮚㮚（段）〔段〕、桃 6.0/78/7	唐石經總頁271
88	（搏）〔摶〕埴之工 6.0/78/9	黃侃手批白文十三經頁117
89	陶（旊）〔瓬〕 6.0/78/9	黃侃手批白文十三經頁117
90	大而短則（摯）〔摯〕 6.1/78/25	黃侃手批白文十三經頁118
91	則是（搏）〔摶〕以行石也 6.1/79/4	黃侃手批白文十三經頁119
92	蓋已（車）〔卑〕是蔽目也 6.1/79/13	唐石經總頁273
93	（軌）〔軓〕前十尺 6.3/79/25	黃侃手批白文十三經頁120
94	自伏兔不至（軌）〔軓〕七寸 6.3/80/3	黃侃手批白文十三經頁121
95	（軌）〔軓〕中有灂 6.3/80/4	黃侃手批白文十三經頁121
96	龜（蛇）〔旐〕四斿 6.3/80/6	王引之說，見經義述聞頁223
97	卷而（搏）〔摶〕之 6.11/81/17	黃侃手批白文十三經頁124
98	以朱湛丹（林）〔秫〕三月 6.16/82/7	唐石經總頁277
99	（母）〔毋〕或若女不寧侯不屬于王所 6.26/84/5	黃侃手批白文十三經頁128
100	夫角之（末）〔本〕 6.30/85/25	唐石經總頁282
101	故（挍）〔校〕 6.30/86/10	唐石經總頁283
102	（鬻）〔䰞〕膠欲孰而水火相得 6.30/86/12	唐石經總頁283

增字、刪字改正說明表

編號	原句 / 位置（章/頁/行）	改正說明
1	羞用百〔有〕二十品 1.6/8/2	唐石經總頁193
2	賓客〔饗〕食 1.6/8/5	王引之說，見經義述聞頁191
3	職外內饔之饔亨（煮） 1.10/8/25	王念孫說，見王引之經義述聞頁192
4	凡邦之有疾病者、〔有〕疕瘍者造焉 1.16/9/13	黃侃手批白文十三經頁12
5	凡（王之）獻金玉、兵、器、文織、良貨賄之物 1.35/12/5	王引之說，見經義述聞頁194
6	凡上之用財（用） 1.39/12/23	王引之說，見經義述聞頁195
7	以知民之財〔用〕器械之數 1.39/12/24	王引之說，見經義述聞頁195
8	（下士十有六人） 2.0/17/17	王引之說，見經義述聞頁197
9	四曰以樂（禮）教和 2.1/20/9	王念孫說，見王引之經義述聞頁198
10	各憲之於其所治（之） 2.4/22/23	黃侃手批白文十三經頁32
11	三讓〔而罰〕 2.24/25/25	唐石經總頁214
12	廛人掌斂市〔之〕絘布、總布、質布、罰布、廛布 2.29/26/26	王念孫說，見王引之經義述聞頁204
13	凡國〔事〕之財用取具焉 2.36/27/18	唐石經總頁216
14	凡治野〔田〕 2.40/28/9	王念孫說，見王引之經義述聞頁205
15	若軍將有事〔于四望〕 3.2/37/23	王引之說，見經義述聞頁208
16	則與祭有司將事（于四望） 3.2/37/23	王引之說，見經義述聞頁208
17	（祭）表貉 3.3/38/8	王引之說，見經義述聞頁208
18	牲（出）入則令奏《昭夏》 3.21/41/27	王引之說，見經義述聞頁210
19	（詔）及徹 3.22/42/7	黃侃手批白文十三經頁63
20	遂御〔之〕 3.51/46/3	王念孫說，見王引之經義述聞頁213
21	二十〔有〕五人爲兩 4.0/49/10	唐石經總頁241
22	如蒐（田）之法 4.1/53/25	唐石經總頁244
23	大夫〔執〕鴈 4.18/56/8	唐石經總頁247
24	周知邦國都家縣鄙之（數）卿大夫士庶子之數 4.23/56/28	王引之說，見經義述聞頁215
25	其山鎮曰嶽（山） 4.58/61/18	王引之說，見經義述聞頁216
26	以聽〔於〕國司馬 4.69/62/28	王念孫說，見王引之經義述聞頁217
27	徒十〔有〕六人 5.0/64/5	唐石經總頁255
28	〔子則取隸焉〕 5.22/71/5	王引之說，見經義述聞頁218
29	（牛助爲牽徬） 5.22/71/6	王引之說，見經義述聞頁218
30	（其守王宮與其屬禁者） 5.22/71/6	王引之說，見經義述聞頁218
31	（如蠻隸之事） 5.22/71/6	王引之說，見經義述聞頁218
32	閩隸掌役〔掌〕畜養鳥而阜蕃教擾之 5.24/71/10	王引之說，見經義述聞頁218
33	掌（子則取隸焉）〔與鳥言〕 5.24/71/10	王引之說，見經義述聞頁218
34	〔其守王宮者與其守屬禁者〕 5.24/71/10	王引之說，見經義述聞頁218
35	〔如蠻隸之事〕 5.24/71/11	王引之說，見經義述聞頁218
36	〔牛助爲牽徬〕 5.25/71/13	王引之說，見經義述聞頁218
37	（馬） 5.25/71/13	王引之說，見經義述聞頁218

編號	原句 / 位置（章/頁/行）	改正說明
38	（與鳥言） 5.25/71/13	王引之說，見經義述聞頁218
39	貉隸掌役服不氏（而）養獸而教擾之 5.26/71/16	王引之說，見經義述聞頁218
40	有相翔者〔則〕誅之 5.30/71/28	唐石經總頁263
41	邦之〔有〕大師 5.30/71/30	唐石經總頁263
42	〔以〕嘉草攻之 5.39/72/26	黃侃手批白文十三經頁107
43	則以救日之弓與救月之矢〔夜〕射之 5.49/73/20	黃侃手批白文十三經頁108
44	則〔詔〕相諸侯之禮 5.52/74/18	黃侃手批白文十三經頁110
45	凡此〔五〕物者 5.53/75/1	唐石經總頁267
46	次事（上）士 5.57/76/3	王引之說，見經義述聞頁220
47	〔引而信之〕 6.11/81/16	王引之說，見經義述聞頁225
48	〔欲其直也〕 6.11/81/17	王引之說，見經義述聞頁225
49	（引而信之） 6.11/81/18	王引之說，見經義述聞頁225
50	（欲其直也） 6.11/81/18	王引之說，見經義述聞頁225
51	一欘有半〔謂〕之柯 6.29/85/9	唐石經總頁281
52	非弓之利〔也〕 6.30/86/11	唐石經總頁283

正　文

1 天官冢宰

1.0　惟王建國，辨[1]方正位，體國經野，設官分職，以爲民極。乃立天官冢宰，使帥其屬而掌邦治，以佐王均邦國。

治官之屬：

大宰，卿一人；小宰，中大夫二人；宰夫，下大夫四人，上士八人，中士十有六人，旅下士三十有二人，府六人，史十有二人，胥十有二人，徒百有二十人。

宮正，上士二人，中士四人，下士八人，府二人，史四人，胥四人，徒四十人。

宮伯，中士二人，下士四人，府一人，史二人，胥二人，徒二十人。

膳夫，上士二人，中士四人，下士八人，府二人，史四人，胥十有二人，徒百有二十人。

庖人，中士四人，下士八人，府二人，史四人，賈八人，胥四人，徒四十人。

內饔，中士四人，下士八人，府二人，史四人，胥十人，徒百人。

外饔，中士四人，下士八人，府二人，史四人，胥十人，徒百人。

亨人，下士四人，府一人，史二人，胥五人，徒五十人。

甸師，下士二人，府一人，史二人，胥三十人，徒三百人。

獸人，中士四人，下士八人，府二人，史四人，胥四人，徒四十人。

䱷[2]人，中士二人，下士四人，府二人，史四人，胥三十人，徒三百人。

---

1. 辯　　2. 魚

鼈人，下士四人，府二人，史二人，徒十有六人。

腊人，下士四人，・府二人，史二人・¹，徒二十人。

醫師，上士二人，下士四人，府二人，史二人，徒二十人。

食醫，中士二人。

疾醫，中士八人。

瘍醫，下士八人。

獸醫，下士四人。

酒正，中士四人，下士八人，府二人，史八人，胥八人，徒八十人。

酒人，奄十人，女酒三十人，奚三百人。

漿人，奄五人，女漿十有五人，奚百有五十人。

凌人，下士二人，府二人，史二人，胥八人，徒八十人。

籩人，奄一人，女籩十人，奚二十人。

醢人，奄一人，女醢二十人，奚四十人。

醯人，奄二人，女醯二十人，奚四十人。

鹽人，奄二人，女鹽二十人，奚四十人。

幂人，奄一人，女幂十人，奚二十人。

---

1. 王引之以爲此六字誤衍。

宮人，中士四人，下士八人，府二人，史四人，胥八人，徒八十人。

掌舍，下士四人，府二人，史四人，徒四十人。

幕人，下士一人，府二人，史二人，徒四十人。

掌次，下士四人，府四人，史二人[1]，徒八十人。

大府，下大夫二人，上士四人，下士八人，府四人，史八人，賈十有六人，胥八人，徒八十人。

玉府，上士二人，中士四人，府二人，史二人，工八人，賈八人，胥四人，徒四十有八人。

內府，中士二人，府一人，史二人，徒十人。

外府，中士二人，府一人，史二人，徒十人。

司會，中大夫二人，下大夫四人，上士八人，中士十有六人，府四人，史八人，胥五人，徒五十人。

司書，上士二人，中士四人，府二人，史四人，徒八人。

職內，上士二人，中士四人，府四人，史四人，徒二十人。

職歲，上士四人，中士八人，府四人，史八人，徒二十人。

職幣，上士二人，中士四人，府二人，史四人，賈四人，胥二人，徒二十人。

司裘，中士二人，下士四人，府二人，史四人，徒四十人。

---

1. 王引之云：「府四人，史二人。」人數疑上下互誤。

掌皮，下士四人，府二人，史四人，徒四十人。

內宰，下大夫二人，上士四人，中士八人，府四人，史八人，胥八人，徒八十人。

5　內小臣，奄上士四人，史二人，徒八人。

閽人，王宮每門四人，囿游亦如之。

寺人，王之正內五人。

10

內豎，倍寺人之數。

九嬪。

15　世婦。

女御。

女祝四人，奚八人。

20

女史八人，奚十有六人。

典婦功，中士二人，下士四人，府二人，史四人，工四人，賈四人，徒二十人。

25　典絲，下士二人，府二人，史二人；賈四人，徒十有二人。

典枲，下士二人，府二人，史二人，徒二十人。

內司服，奄一人，女御二人，奚八人。

30

縫人，奄二人，女御八人，女工八十人，奚三十人。

染人，下士二人，府二人，史二人，徒二十人。

追師，下士二人，府一人，史二人，工二人，徒四人。

屨人，下士二人，府一人，史一人，工八人，徒四人。

夏采[1]，下士四人，史一人，徒四人。

1.1　大宰之職，掌建邦之六典，以佐王治邦國：一曰治典，以經邦國，以治官府，以紀萬民；二曰教典，以安邦國，以教官府，以擾萬民；三曰禮典，以和邦國，以統百官，以諧萬民；四曰政典，以平邦國，以正百官，以均萬民；五曰刑典，以詰邦國，以刑百官，以糾萬民；六曰事典，以富邦國，以任百官，以生萬民。以八法治官府：一曰官屬，以舉邦治；二曰官職，以辨邦治；三曰官聯，以會官治；四曰官常，以聽官治；五曰官成，以經邦治；六曰官法，以正邦治；七曰官刑，以糾邦治；八曰官計，以弊邦治。以八則治都鄙：一曰祭祀，以馭其神；二曰法則，以馭其官；三曰廢置，以馭其吏；四曰祿位，以馭其士；五曰賦貢，以馭其用；六曰禮俗，以馭其民；七曰刑賞，以馭其威；八曰田役，以馭其眾。以八柄詔王馭群臣：一曰爵，以馭其貴；二曰祿，以馭其富；三曰予，以馭其幸；四曰置，以馭其行；五曰生，以馭其福；六曰奪，以馭其貧；七曰廢，以馭其罪；八曰誅，以馭其過。以八統詔王馭萬民：一曰親親，二曰敬故，三曰進賢，四曰使能，五曰保庸，六曰尊貴，七曰達吏，八曰禮賓。以九職任萬民：一曰三農，生九穀；二曰園圃，毓草木；三曰虞衡，作山澤之材；四曰藪牧，養蕃鳥獸；五曰百工，飭化八材；六曰商賈，阜通貨賄；七曰嬪婦，化治絲枲；八曰臣妾，聚斂疏材；九曰閒民，無常職，轉移執事。以九賦斂財賄：一曰邦中之賦，二曰四郊之賦，三曰邦甸之賦，四曰家削[2]之賦，五曰邦縣之賦，六曰邦都之賦，七曰關市之賦，八曰山澤之賦，九曰﹒弊餘﹒[3]之賦。以九式均節財用：一曰祭祀之式，二曰賓客之式，三曰喪荒之式，四曰羞服之式，五曰工事之式，六曰幣帛之式，七曰芻秣之式，八曰匪頒之式，九曰好用之式。以九貢致邦國之用：一曰祀貢，二曰﹒嬪貢﹒[4]，三曰器貢，四曰幣貢，五曰材貢，六曰貨貢，七曰服貢，八曰斿貢，九曰物貢。以九兩繫邦國之

---

1. 柰　　　　2. A.稍 B.郹
3. 王念孫云：「幣餘」之「幣」，非幣帛也。「幣」當讀為「敝」。《說文》：「敝、帗也。一曰敗衣。」是「敝」為衣敗殘之名，殘則餘矣，因而凡物之殘者皆謂之「敝餘」。
4. 王引之云：「賓貢」以供王賓客之事。「賓」、本字也。「嬪」借字也，讀當如其本字。

（名）〔民〕：一曰牧，以地得民；二曰長，以貴得民；三曰師，以賢得民；四曰儒，
以道得民；五曰宗，以族得民；六曰主，以利得民；七曰吏，以治得民；八曰友，以任
得民；九曰藪，以富得民。正月之吉，始和[1]布治于邦國都鄙，乃縣治象之法于象魏，
使萬民觀治象，挾日而斂之。乃施典于邦國，而建其牧，立其監，設其參，傅其伍，陳
5　其殷，置其輔[2]。乃施則于都鄙，而建其長，立其兩，設其伍，陳其殷，置其輔。乃施
法于官府，而建其正，立其貳，設其攷，陳其殷，置其輔。凡治，以典待邦國之治，以
則待都鄙之治，以法待官府之治，以官成待萬民之治，以禮待賓客之治。祀五帝，則掌
百官之誓戒，與其具脩[3]。前期十日，帥執事而卜日，遂戒。及執事，眡[4]滌濯。及納
亨，贊王牲事。及祀之日，贊玉幣爵之事。祀大神示亦如之。享先王亦如之，贊玉几玉
10　爵。大朝覲會同，贊玉幣、玉獻、玉几、玉爵。大喪，贊贈玉、含[5]玉。作大事，則戒
于百官，贊王命。王眡治朝，則贊聽治。眡四方之聽朝，亦如之。凡邦之小治，則冢宰
聽之。待四方之賓客之小治。歲終，則令百官府各正其治，受其會，聽其致事，而詔王
廢置。三歲，則大計群吏之治，而誅賞之。

15　1.2　小宰之職，掌建邦之宮刑，以治王宮之政令，凡宮之糾禁。掌邦之六典、八法、
八則之貳，以逆邦國、都鄙、官府之治。執邦之九貢、九賦、九式之貳，以均財節邦
用。以官府之六敘正群吏：一曰以敘正其位，二曰以敘進其治，三曰以敘作其事，四曰
以敘制其食，五曰以敘受其會，六曰以敘聽其情。以官府之六屬舉邦治：一曰天官，其
屬六十，掌邦治，大事則從其長，小事則專達；二曰地官，其屬六十，掌邦教，大事則
20　從其長，小事則專達；三曰春官，其屬六十，掌邦禮，大事則從其長，小事則專達；四
曰夏官，其屬六十，掌邦政，大事則從其長，小事則專達；五曰秋官，其屬六十，掌邦
刑，大事則從其長，小事則專達；六曰冬官，其屬六十，掌邦事，大事則從其長，小事
則專達。以官府之六職辨邦治：一曰治職，以平邦國，以均萬民，以節財用；二曰教
職，以安邦國，以寧萬民，以懷賓客；三曰禮職，以和邦國，以諧萬民，以事鬼神；四
25　曰政職，以服邦國，以正萬民，以聚百物；五曰刑職，以詰邦國，以糾萬民，以除盜
賊；六曰事職，以富邦國，以養萬民，以生百物。以官府之六聯合邦治：一曰祭祀之聯
事，二曰賓客之聯事，三曰喪荒之聯事，四曰軍旅之聯事，五曰田役之聯事，六曰斂弛
之聯事。凡小事皆有聯。以官府之八成經邦治：一曰聽政役以比居，二曰聽師田以簡
稽，三曰聽閭里以版圖，四曰聽稱責以傅別，五曰聽祿位以禮命，六曰聽取予以書契，
30　七曰聽賣買以質劑，八曰聽出入以要會。以聽官府之六計，弊群吏之治。一曰廉善，二

---

1. 王引之云：「和」、當讀爲「宣」。　　　　　　2. 傅
3. 王引之云：「脩」、當讀爲「羞」。　　　　　　4. 視　　　5. 唅

曰廉能，三曰廉敬，四曰廉正，五曰廉法，六曰廉辨。以法掌祭祀、朝覲、會同、賓客
之戒具，軍旅、田役、喪荒亦如之。七事者，令百官府共其財用，治其施舍，聽其治
訟。凡祭祀，贊（王）〔玉〕幣爵之事、祼將之事。凡賓客，贊祼，凡受爵之事，凡受
幣之事。喪荒，受其含襚幣玉之事。月終，則以官府之敘受群吏之要。贊冢宰受歲
會，歲終，則令群吏致事[1]。正歲，帥治官之屬而觀治象之法，徇以木鐸，曰：「不
用法者，國有常刑。」乃退，以宮刑憲禁于王宮。令于百官府曰：「各脩乃職，攷乃
法，待乃事，以聽王命。其有不共，則國有大刑。」

1.3　宰夫之職，掌治朝之法，以正王及三公、六卿、大夫、群吏之位，掌其禁令。敘
群吏之治，以待賓客之令，諸臣之復，萬民之逆。掌百官府之徵令，辨其八職：一曰
正，掌官法以治要；二曰師，掌官成以治凡；三曰司，掌官法以治目；四曰旅，掌官常
以治數；五曰府，掌官契以治藏；六曰史，掌官書以贊治；七曰胥，掌官敘以治敘；八
曰徒，掌官令以徵令。掌治法以考百官府、群都縣鄙之治，乘其財用之出入。凡失財
用、物辟名者，以官刑詔冢宰而誅之。其足用、長財、善物者，賞之。以式法掌祭祀之
戒具與其薦羞，從大宰而眡滌濯。凡禮事，贊小宰比官府之具。凡朝覲、會同、賓客，
以牢禮之法，掌其牢禮、委積、膳獻、飲食、賓賜之飧牽[2]，與其陳數。凡邦之弔
事，掌其戒令，與其幣器財用凡所共者。大喪小喪，掌小官之戒令，帥執事而治之。三
公、六卿之喪，與職喪帥官有司而治之。凡諸大夫之喪，使其旅帥有司而治之。歲終則
令群吏正歲會，月終則令正月要，旬終則令正日成，而以攷其治。治不以時舉者，以告
而誅之。正歲，則以法警戒群吏，令脩宮中之職事。書其能者與其良者，而以告于上。

1.4　宮正掌王宮之戒令、糾禁。以時比宮中之官府次舍之眾寡，為之版以待，夕擊柝
而比之。國有故，則令宿，其比亦如之。辨外內而時禁，稽其功緒，糾其德行，幾其出
入，均其稍食，去其淫怠與其奇衺之民，會其什伍而教之道（義）〔藝〕。月終則會其
稍食，歲終則會其行事。凡邦之大事，令于王宮之官府次舍，無去守而聽政令。春秋以
木鐸脩火禁。凡邦之事蹕宮中廟中，則執燭。大喪，則授廬舍，辨其親疏貴賤之居。

1.5　宮伯掌王宮之士庶子，凡在版者。掌其政令，行其秩敘[3]，作其徒役之事，授八
次八舍之職事。若邦有大事作宮眾，則令之。月終則均秩，歲終則均敘。以時頒其衣
裘，掌其誅賞。

---

1. 王引之云：「贊冢宰受歲會」，當在「歲終則令群吏致事」之下。　2. 賓賜掌其飧牽
3. 王引之云：「秩敘」、謂士庶子更番宿衛之次第，一月之次謂之「秩」，一歲之次謂之
　「敘」。

1.6　膳夫掌王之食飲膳羞，以養王及后、世子。凡王之饋，食用六穀，膳用六牲，飲用六清，羞用百〔有〕二十品，珍用八物，醬用百有二十罋。王日一舉，鼎十有二，物皆有俎。以樂侑食，膳夫授祭，品嘗食，王乃食。卒食，以樂徹于造。王齊，日三舉。大喪則不舉，大荒則不舉，大札則不舉，天地有災則不舉，邦有大故則不舉。王燕食，則奉膳贊祭。凡王祭祀，賓客〔饗〕食，則徹王之胙俎。凡王之稍事，設薦脯醢。王燕飲酒，則為獻主。掌后及世子之膳羞。凡肉脩之頒賜皆掌之。凡祭祀之致福者，受而膳之，以摯見者亦如之。歲終則會，唯王及后、世子之膳不會。

1.7　庖人掌共六畜、六獸、六禽，辨其名物。凡其死生鱻薧之物，以共王之膳與其薦羞之物及后、世子之膳羞。共祭祀之好羞，共喪紀之庶羞，賓客之禽獻。凡令禽獻，以法授之，其出入亦如之。凡用禽獻，春行羔豚，膳膏香；夏行腒鱐，膳膏臊；秋行犢麛，膳膏腥；冬行鱻羽，膳膏羶。歲終則會，唯王及后之膳禽不會。

1.8　內饔掌王及后、世子膳羞之割亨煎和之事，辨體名肉物，辨百品味之物。王舉，則陳其鼎俎，以牲體實之。選[1]百羞、醬物、珍物以俟饋。共后及世子之膳羞。辨腥臊羶香之不可食者。牛夜鳴則庮；羊泠毛而毳，羶；犬赤股而躁，臊；鳥皫[2]色而沙鳴，貍；豕盲眡而交睫，腥；馬黑脊而般臂，螻。凡宗廟之祭祀，掌割亨之事。凡燕飲食亦如之。凡掌共羞、脩、刑、膴、胖、骨、鱐，以待共膳。凡王之好賜肉脩，則饔人共之。

1.9　外饔掌外祭祀之割亨，共其脯、脩、刑、膴，陳其鼎俎，實之牲體、魚、腊。凡賓客之飧饔、饗食之事亦如之。邦饗耆老、孤子，則掌其割亨之事。饗士庶子亦如之。師役，則掌共其獻、賜脯肉之事。凡小喪紀，陳其鼎俎而實之。

1.10　亨人掌共鼎鑊以給水火之齊。職外內饔之爨亨（煮），辨膳羞之物。祭祀，共大羹、鉶羹。賓客亦如之。

1.11　甸師掌帥其屬而耕耨王藉，以時入之，以共齍盛。祭祀，共蕭茅，共野果蓏之薦。喪事，代王受眚災。王之同姓有辠，則死刑焉。帥其徒以薪蒸役外內饔之事。

1.12　獸人掌罟田獸，辨其名物。冬獻狼，夏獻麋，春秋獻獸物。時田，則守罟。及弊

---

1. 王引之云：「選」、讀曰「僎」，《說文》曰：「僎，具也。」　　2. 皫

田，令禽注于虞中。凡祭祀、喪紀、賓客，共其死獸生獸。凡獸入于腊人，皮毛筋角入于玉府。凡田獸者，掌其政令。

1.13　獻人掌以時獻為梁。春獻王鮪。辨魚物，為鱻薧[1]，以共王膳羞。凡祭祀、賓客、喪紀，共其魚之鱻薧。凡獻者，掌其政令。凡獻征，入于玉府。

1.14　鱉人掌取互物，以時籍魚鱉龜蜃，凡狸物。春獻鱉蜃，秋獻龜魚。祭祀，共蠃、蚳、蜃，以授醢人。掌凡邦之籍事。

1.15　腊人掌乾肉，凡田獸之脯腊膴胖之事。凡祭祀，共豆脯，薦脯、膴、胖，凡腊物。賓客、喪紀，共其脯腊，凡乾肉之事。

1.16　醫師掌醫之政令，聚毒藥以共醫事。凡邦之有疾病者、〔有〕疕瘍者造焉，則使醫分而治之。歲終，則稽其醫事以制其食。十全為上，十失一次之，十失二次之，十失三次之，十失四為下。

1.17　食醫掌和王之六食、六飲、六膳、百羞、百醬、八珍之齊。凡食齊眡春時，羹齊眡夏時，醬齊眡秋時，飲齊眡冬時。凡和，春多酸，夏多苦，秋多辛，冬多鹹，調以滑甘。凡會膳食之宜，牛宜稌，羊宜黍，豕宜稷，犬宜粱，鴈宜麥，魚宜苽。凡君子之食恒放焉。

1.18　疾醫掌養萬民之疾病。四時皆有癘疾：春時有痟首疾，夏時有痒疥疾，秋時有瘧寒疾，冬時有（漱）〔嗽〕上氣疾。以五味、五穀、五藥養其病，以五氣、五聲、五色眡其死生。兩之以九竅之變，參之以九藏之動。凡民之有疾病者，分而治之。死終，則各書其所以，而入于醫師。

1.19　瘍醫掌腫瘍、潰瘍、金瘍、折瘍之祝藥劀殺之齊。凡療瘍，以五毒攻之，以五氣養之，以五藥療之，以五味節之。凡藥，以酸養骨，以辛養筋，以鹹養脈，以苦養氣，以甘養肉，以滑養竅。凡有瘍者，受其藥焉。

1.20　獸醫掌療獸病，療獸瘍。凡療獸病，灌而行之以節之，以動其氣，觀其所發而養

之。凡療獸瘍，灌而劀之，以發其惡，然後藥之，養之，食之。凡獸之有病者、有瘍者，使療之，死則計其數，以進退之。

1.21　酒正掌酒之政令，以式法授酒材。凡爲公酒者亦如之。辨五齊之名，一曰泛齊，二曰醴齊，三曰盎齊，四曰緹齊，五曰沈齊。辨三酒之物，一曰事酒，二曰昔酒，三曰清酒。辨四飲之物，一曰清，二曰醫，三曰漿，四曰酏。掌其厚薄之齊，以共王之四飲三酒之饌，及后、世子之飲與其酒。凡祭祀，以法共五齊三酒，以實八尊。大祭三貳，中祭再貳，小祭壹貳，皆有酌數。唯齊酒不貳，皆有器量。共賓客之禮酒，共后之致飲于賓客之禮醫酏糟，皆使其士奉之。凡王之燕飲酒，共其計，酒正奉之。凡饗士庶子，饗耆老孤子，皆共其酒，無酌數。掌酒之賜頒，皆有法以行之。凡有秩酒者，以書契授之。酒正之出，日入其成，月入其要，小宰聽之。歲終則會，唯王及后之飲酒不會。以酒式誅賞。

1.22　酒人掌爲五齊三酒，祭祀則共奉之，以役世婦。共賓客之禮酒、飲酒而奉之。凡事，共酒而入于酒府。凡祭祀，共酒以往。賓客之陳酒亦如之。

1.23　漿人掌共王之六飲，水、漿、醴、涼、醫、酏，入于酒府。共賓客之稍禮。共夫人致飲于賓客之禮，清醴醫酏糟，而奉之。凡飲，共之。

1.24　凌人掌冰正[1]，歲十有二月，令斬冰，三其凌。春始治鑑[2]。凡外內饔之膳羞，鑑焉。凡酒漿之酒醴亦如之。祭祀，共冰鑑；賓客，共冰；大喪，共夷槃冰。夏頒冰，掌事。秋，刷。

1.25　籩人掌四籩之實。朝事之籩，其實麷、蕡、白、黑、形鹽、膴、鮑魚、鱐。饋食之籩，其實棗、㮚、桃、乾䕩、榛實。加籩之實，（蔆）〔菱〕、芡、㮚、脯，（蔆）〔菱〕、芡、㮚、脯。羞籩之實，糗餌、粉餈。凡祭祀，共其籩薦羞之實。喪事及賓客之事，共其薦籩羞籩。爲王及后世子共其內羞。凡籩事，掌之。

1.26　醢人掌四豆之實，朝事之豆，其實韭菹、醓醢，昌本、麋臡，菁菹、鹿臡，茆菹、麋臡。饋食之豆，其實葵菹、蠃醢，脾析、蠯醢，蜃、蚳醢，豚拍、魚醢。加豆之實，芹菹、兔醢，深蒲、醓醢，箈菹、鴈醢，筍菹、魚醢。羞豆之實，酏食、糝食。凡

---

1. 鄭司農云：「掌冰政」，主藏冰之政也。　　　　2. 監

祭祀，共薦羞之豆實，賓客、喪紀亦如之。為王及后、世子共其內羞。王舉，則共醢六十罋，以五齊、七醢、七菹、三臡實之。賓客之禮，共醢五十罋。凡事，共醢。

1.27 醢人掌共五齊七菹，凡醢物。以共祭祀之齊菹，凡醢醬之物。賓客亦如之。王舉，則共齊菹醢物六十罋，其后及世子之醬齊菹。賓客之禮，共醢五十罋。凡事，共醢。

1.28 鹽人掌鹽之政令，以共百事之鹽。祭祀，共其苦鹽、散鹽。賓客，共其形鹽、散鹽。王之膳羞，共飴鹽，后及世子亦如之。凡齊事，鬻鹽以待戒令。

1.29 冪人掌共巾冪。祭祀，以疏布巾冪八尊，以畫布巾冪六彝。凡王巾，皆黼。

1.30 宮人掌王之六寢之脩，為其井匽，除其不蠲，去其惡臭。共王之沐浴。凡寢中之事，埽除、執燭、共鑪炭，凡勞事。四方之舍事亦如之。

1.31 掌舍掌王之會同之舍。設梐枑再重。設車宮、轅門，為壇壝宮，棘門。為帷宮，設旌門。無宮則共人門。凡舍事，則掌之。

1.32 幕人掌帷幕幄帟綬之事。凡朝覲、會同、軍旅、田役、祭祀，共其帷幕幄帟綬。大喪，共帷幕帟綬。三公及卿大夫之喪，共其帟。

1.33 掌次掌王次之法，以待張事。王大旅上帝，則張氈案，設皇邸。朝日、祀五帝，則張大次、小次，設重帟重案。合諸侯亦如之。師田，則張幕，設重帟重案。諸侯朝覲會同，則張大次、小次，師田，則張幕設案。孤卿有邦事，則張幕設案。凡喪，王則張帟三重，諸侯再重，孤卿大夫不重。凡祭祀，張其旅幕，張尸次。射則張耦次。掌凡邦之張事。

1.34 大府掌九貢、九賦、九功之貳，以受其貨賄之入，頒其貨于受藏之府，頒其賄于受用之府。凡官府都鄙之吏及執事者，受財用焉。凡頒財，以式法授之。關市之賦以待王之膳服，邦中之賦以待賓客，四郊之賦以待稍秣，家削之賦以待匪頒，邦甸之賦以待工事，邦縣之賦以待幣帛，邦都之賦以待祭祀，山澤之賦以待喪紀，幣餘之賦以待賜予。凡邦國之貢以待弔用，凡萬民之貢以充府庫，凡式貢之餘財以共玩好之用。凡邦之

賦用，取具焉。歲終，則以貨賄之入出會之。

1.35　玉府掌王之金玉、玩好、兵、器，凡良貨賄之藏。共王之服玉、佩玉、珠玉。王齊，則共食玉。大喪，共含玉、復衣裳、角枕、角柶。掌王之燕衣服、衽、席、床、第，凡褻器。若合諸侯，則共珠槃、玉敦。凡（王之）[1]獻金玉、兵、器、文織、良貨賄之物，受而藏之。凡王之好賜，共其貨賄。

1.36　內府掌受九貢九賦九功之貨賄、良兵、良器，以待邦之大用。凡四方之幣獻之金玉、齒革、兵、器，凡良貨賄入焉。凡適四方使者，共其所受之物而奉之。凡王及冢宰之好賜予，則共之。

1.37　外府掌邦布之入出，以共百物，而待邦之用，凡有法者。共王及后、世子之衣服之用。凡祭祀、賓客、喪紀、會同、軍旅，共其財用之幣齎、賜予之財用。凡邦之小用，皆受焉。歲終，則會，唯王及后之服不會。

1.38　司會掌邦之六典、八法、八則之貳，以逆邦國都鄙官府之治。以九貢之法致邦國之財用，以九賦之法令田野之財用，以九功之法令民職之財用，以九式之法均節邦之財用。掌國之官府、郊野、縣都之百物財用，凡在書契版圖者之貳，以逆群吏之治，而聽其會計。以參互攷日成，以月要攷月成，以歲會攷歲成，以周知四國之治，以詔王及冢宰廢置。

1.39　司書掌邦之六典、八法、八則、九職、九正、九事邦中之版，土地之圖，以周知入出百物，以敘其財，受其幣，使入于職幣。凡上之用財（用）[2]，必攷于司會。三歲，則大計群吏之治，以知民之財〔用〕器械之數，以知田野夫家六畜之數，以知山林川澤之數，以逆群吏之徵令。凡稅斂，掌事者受法焉。及事成，則入要貳焉。凡邦治，攷焉。

1.40　職內掌邦之賦入，辨其財用之物而執其總，以貳官府都鄙之財入之數，以逆邦國之賦用。凡受財者，受其貳令而書之。及會，以逆職歲與官府財用之出，而敘其財以待邦之移用。

---

1. 王引之云：「王之」二字，因下文「凡王之好賜」而衍。
2. 王引之云：「用」字蓋因注而衍。

1.41 職歲掌邦之賦出，以貳官府都鄙之財出賜之數，以待會計而弢之。凡官府都鄙群吏之出財用，受式法于職歲。凡上之賜予，以敘與職幣授之。及會，以式法贊逆會。

1.42 職幣掌式法以斂官府都鄙與凡用邦財者之幣，振掌事者之餘財，皆辨其物而奠其錄，以書楬[1]之，以詔上之小用賜予。歲終，則會其出。凡邦之會事，以式法贊之。

1.43 司裘掌爲大裘，以共王祀天之服。中秋獻良裘，王乃行羽物。季秋，獻功裘，以待頒賜。王大射，則共虎侯、熊侯、豹侯，設其鵠。諸侯則共熊侯、豹侯，卿大夫則共麋侯，皆設其鵠。大喪，廞裘，飾皮車。凡邦之皮事，掌之。歲終則會，唯王之裘與其皮事不會。

1.44 掌皮掌秋斂皮，冬斂革，春獻之。遂以式法頒皮革于百工。共其毳毛爲氈，以待邦事。歲終，則會其財齎。

1.45 內宰掌書版圖之法，以治王內之政令，均其稍食，分其人民以居之。以陰禮教六宮，以陰禮教九嬪，以婦職之法教九御，使各有屬以作（二）〔三〕事，正其服，禁其奇衺[2]，展其功緒。大祭祀，后裸獻，則贊，瑤爵亦如之。正后之服位而詔其禮樂之儀。贊九嬪之禮事。凡賓客之裸獻、瑤爵，皆贊。致后之賓客之禮。凡喪事，佐后使治外內命婦，正其服位。凡建國，佐后立市，設其次，置其敘，正其肆，陳其貨賄，出其度、量、淳、制，祭之以陰禮。中春，詔后帥外內命婦始蠶于北郊，以爲祭服。歲終，則會內人之稍食，稽其功事。佐后而受獻功者，比其小大與其麤良而賞罰之。會內宮之財用。正歲，均其稍食，施其功事，憲禁令于王之北宮而糾其守。上春，詔王后帥六宮之人而生種[3]稑[4]之種，而獻之于王。

1.46 內小臣掌王后之命，正其服位。后出入，則前驅。若有祭祀、賓客、喪紀，則擯，詔后之禮事，相九嬪之禮事，正內人之禮事，徹后之俎。后有好事于四方，則使往；有好令於卿大夫，則亦如之。掌王之陰事陰令。

1.47 閽[5]人掌守王宮之中門之禁，喪服、凶器不入宮，潛服、賊器不入宮，奇服怪民不入宮。凡內人、公器、賓客，無帥則幾其出入。以時啓閉。凡外內命夫命婦出入，則

---

1. 孫詒讓云：楬者，橛杙也。　2. 邪　3. 重　4. 穋
5. 閣

爲之闑[1]。掌埽門庭。大祭祀、喪紀之事，設門燎，蹕宮門、廟門，凡賓客亦如之。

1.48　寺人掌王之內人及女宮之戒令，相道其出入之事而糾之。若有喪紀、賓客、祭祀
之事，則帥女宮而致於有司，佐世婦治禮事。掌內人之禁令，凡內人弔臨于外，則帥而
往，立于其前而詔相之。

1.49　內豎掌內外之通令，凡小事。若有祭祀、賓客、喪紀之事，則爲內人蹕。王后之
喪遷于宮中，則前蹕。及葬，執褻器以從遣車。

1.50　九嬪掌婦學之法，以教九御婦德、婦言、婦容、婦功，各帥其屬而以時御敘于王
所。凡祭祀，贊玉齍，贊后薦徹豆籩。若有賓客，則從后。大喪，帥敘哭者亦如之。

1.51　世婦掌祭祀、賓客、喪紀之事，帥女宮而濯摡，爲齍盛。及祭之日，涖陳女宮之
具，凡內羞之物。掌弔臨于卿大夫之喪。

1.52　女御掌御敘于王之燕寢。以歲時獻功事。凡祭祀，贊世婦。大喪，掌沐浴。后之
喪，持翣。從世婦而弔于卿大夫之喪。

1.53　女祝掌王后之內祭祀，凡內禱祠之事。掌以時招、梗、檜、禳之事，以除疾殃。

1.54　女史掌王后之禮職，掌內治之貳，以詔后治內政。逆內宮，書內令。凡后之事，
以禮從。

1.55　典婦功掌婦式之法，以授嬪婦及內人女功之事齎[2]。凡授嬪婦功，及秋獻功，辨
其苦良、比其小大而賈之，物書而楬之。以共王及后之用，頒之于內府。

1.56　典絲掌絲入而辨其物，以其賈楬之。掌其藏與其出，以待興功之時。頒絲于外內
工，皆以物授之。凡上之賜予，亦如之。及獻功，則受良功而藏之，辨其物而書其數，
以待有司之政令，上之賜予。凡祭祀，共黼畫組就之物。喪紀，共其絲纊組文之物。凡
飾邦器者，受文織絲組焉。歲終，則各以其物會之。

---

1. 辟　　　　　2. 資

1.57　典枲掌布緦縷紵之麻草之物，以待時頒功而授齎。及獻功，受苦功，以其賈楬而藏之，以待時頒。頒衣服，授之，賜予亦如之。歲終，則各以其物會之。

1.58　內司服掌王后之六服，褘衣，揄狄，闕狄，鞠衣，展衣，緣[1]衣，素沙。辨外內命婦之服，鞠衣，展衣，緣衣，素沙。凡祭祀、賓客，共后之衣服；及九嬪世婦凡命婦，共其衣服。共喪衰亦如之。后之喪，共其衣服，凡內具之物。

1.59　縫人掌王宮之縫線之事，以役女御，以縫王及后之衣服。喪，縫棺飾焉，衣翣柳之材。掌凡內之縫事。

1.60　染人掌染絲帛。凡染，春暴練，夏纁[2]玄，秋染夏，冬獻功。掌凡染事。

1.61　追師掌王后之首服，爲副、編、次，追衡、笄，爲九嬪及外內命婦之首服，以待祭祀、賓客。喪紀，共笄絰，亦如之。

1.62　屨人掌王及后之服屨。爲赤舃、黑舃，赤繶、黃繶；青句，素屨；葛屨。辨外內命夫命婦之命屨、功屨、散屨。凡四時之祭祀，以宜服之。

1.63　夏采掌大喪以冕服復于大祖，以乘車建綏[3]復于四郊。

2 地官司徒

2.0　惟王建國，辨方正位，體國經野，設官分職，以爲民極。乃立地官司徒，使帥其屬而掌邦教，以佐王安擾邦國。

教官之屬：

大司徒，卿一人；小司徒，中大夫二人；鄉師，下大夫四人，上士八人，中士十有六人，旅下士三十有二人，府六人，史十有二人，胥十有二人，徒百有二十人。

---

1. 褖
2. 鄭注云：古書「纁」作「竈」。
3. 鄭注云：故書「綏」爲「禭」。王引之云：從衣作「禭」者，假借字耳。鄭當依故書作「禭」，而讀爲「旞」。

鄉老，二鄉則公一人；鄉大夫，每鄉卿一人；州長，每州中大夫一人；黨正，每黨下大夫一人；族師，每族上士一人；閭胥，每閭中士一人；比長，五家下士一人。

封人，中士四人，下士八人，府二人，史四人，胥六人，徒六十人。

鼓人，中士六人，府二人，史二人，徒二十人。

舞師，下士二人，胥四人，舞徒四十人。

牧人，下士六人，府一人，史二人，徒六十人。

牛人，中士二人，下士四人，府二人，史四人，胥二十人，徒二百人。

充人，下士二人，史二人，胥四人，徒四十人。

載師，上士二人，中士四人，府二人，史四人，胥六人，徒六十人。

閭師，中士二人，史二人，徒二十人。

縣師，上士二人，中士四人，府二人，史四人，胥八人，徒八十人。

遺人，中士二人，下士四人，府二人，史四人，胥四人，徒四十人。

均人，中士二人，下士四人，府二人，史四人，胥四人，徒四十人。

師氏，中大夫一人，上士二人，府二人，史二人，胥十有二人，徒百有二十人。

保氏，下大夫一人，中士二人，府二人，史二人，胥六人，徒六十人。

司諫，中士二人，史二人，徒二十人。

司救，中士二人，史二人，徒二十人。

調人，下士二人，史二人，徒十人。

媒氏，下士二人，史二人，徒十人。

司市，下大夫二人，上士四人，中士八人，下士十有六人，府四人，史八人，胥十有二人，徒百有二十人。

質人，中士二人，下士四人，府二人，史四人，胥二人，徒二十人。

廛人，中士二人，下士四人，府二人，史四人，胥二人，徒二十人。

胥師，二十肆則一人，皆二史。賈師，二十肆則一人，皆二史。司虣，十肆則一人。司稽，五肆則一人。胥，二肆則一人。肆長，每肆則一人。

泉府，上士四人，中士八人，下士十有六人，府四人，史八人，賈八人，徒八十人。

司門，下大夫二人，上士四人，中士八人，（下士十有六人）[1]，府二人，史四人，胥四人，徒四十人。每門下士二人，府一人，史二人，徒四人。

司關，上士二人，中士四人，府二人，史四人，胥八人，徒八十人。每關下士二人，府一人，史二人，徒四人。

掌節，上士二人，中士四人，府二人，史四人，胥二人，徒二十人。

遂人，中大夫二人，遂師，下大夫四人，上士八人，中士十有六人，旅下士三十有二人，府四人，史十有二人，胥十有二人，徒百有二十人。

遂大夫，每遂中大夫一人。縣正，每縣下大夫一人。鄙師，每鄙上士一人。酇長，每酇中士一人。里宰，每里下士一人。鄰長，五家則一人。

旅師，中士四人，下士八人，府二人，史四人，胥八人，徒八十人。

---

1. 王引之云：「下士十有六人」蓋涉上文「泉府」而衍也。

稍人，下士四人，史二人，徒十有二人。

委人，中士二人，下士四人，府二人，史四人，徒四十人。

土均，上士二人，中士四人，下士八人，府二人，史四人，胥四人，徒四十人。

草人，下士四人，史二人，徒十有二人。

稻人，上士二人，中士四人，下士八人，府二人，史四人，胥十人，徒百人。

土訓，中士二人，下士四人，史二人，徒八人。

誦訓，中士二人，下士四人，史二人，徒八人。

山虞：每大山中士四人，下士八人，府二人，史四人，胥八人，徒八十人；中山下士六人，史二人，胥六人，徒六十人；小山下士二人，史一人，徒二十人。

林衡：每大林麓下士十有二人，史四人，胥十有二人，徒百有二十人；中林麓如中山之虞；小林麓如小山之虞。

川衡：每大川下士十有二人，史四人，胥十有二人，徒百有二十人；中川下士六人，史二人，胥六人，徒六十人；小川下士二人，史一人，徒二十人。

澤虞：每大澤大藪中士四人，下士八人，府二人，史四人，胥八人，徒八十人；中澤中藪如中川之衡；小澤小藪如小川之衡。

迹人，中士四人，下士八人，史二人，徒四十人。

丱人，中士二人，下士四人，府二人，史二人，胥四人，徒四十人。

角人，下士二人，府一人，徒八人。

羽人，下士二人，府一人，徒八人。

掌葛，下士二人，府一人，史一人，胥二人，徒二十人。

掌染草，下士二人，府一人，史二人，徒八人。

掌炭，下士二人，史二人，徒二十人。

掌荼，下士二人，府一人，史一人，徒二十人。

掌蜃，下士二人，府一人，史一人，徒八人。

囿人，中士四人，下士八人，府二人，胥八人，徒八十人。

場人，每場下士二人，府一人，史一人，徒二十人。

廩人，下大夫二人，上士四人，中士八人，下士十有六人，府八人，史十有六人，胥三十人，徒三百人。

舍人，上士二人，中士四人，府二人，史四人，胥四人，徒四十人。

倉人，中士四人，下士八人，府二人，史四人，胥四人，徒四十人。

司祿，中士四人，下士八人，府二人，史四人，徒四十人。

司稼，下士八人，史四人，徒四十人。

舂人，奄二人，女舂（扰）〔抌〕二人，奚五人。

饎人，奄二人，女饎八人，奚四十人。

（槀）〔槀〕人，奄八人，女（槀）〔槀〕，每奄二人，奚五人。

2.1　大司徒之職，掌建邦之土地之圖與其人民之數，以佐王安擾邦國。以天下土地之
圖，周知九州之地域、廣輪之數，辨其山林川澤丘陵墳衍原[1]隰之名物。而辨其邦國都
鄙之數，制其畿疆而溝封之，設其社稷之壝而樹之田主，各以其野之所宜木，遂以名其
社與其野。以土會之法辨五地之物生。一曰山林，其動物宜毛物，其植物宜（早）
〔皁〕物，其民毛而方。二曰川澤，其動物宜鱗物，其植物宜膏物，其民黑而津[2]。三
曰丘陵，其動物宜羽物，其植物宜覈物，其民專而長。四曰墳衍，其動物宜介物，其植
物宜莢物，其民（晢）〔皙〕而瘠。五曰原隰，其動物宜臝物，其植物宜叢物，其民豐
肉而庳。因此五物者民之常，而施十有二教焉。一曰以祀禮教敬，則民不苟；二曰以陽
禮教讓，則民不爭；三曰以陰禮教親，則民不怨；四曰以樂（禮）教和，則民不乖；五
曰以儀辨等，則民不越；六曰以俗教安，則民不偷[3]；七曰以刑教中，則民不虣；八曰
以誓教恤，則民不怠；九曰以度教節，則民知足；十曰以世事教能，則民不失職；十有
一曰以賢制爵，則民慎德；十有二曰以庸制祿，則民興功。以土宜之法辨十有二土之名
物，以相民宅，而知其利害，以阜人民，以蕃鳥獸，以毓草木，以任土事。辨十有二壤
之物，而知其種，以教稼穡樹蓺。以土均之法辨五物九等，制天下之地征，以作民職，
以令地貢，以斂財賦，以均齊天下之政。以土圭之法測土深，正日景以求地中。日南則
景短，多暑；日北則景長，多寒；日東則景夕，多風；日西則景朝，多陰。日至之景尺
有五寸，謂之地中，天地之所合也，四時之所交也，風雨之所會也，陰陽之所和也，然
則百物阜安，乃建王國焉，制其畿方千里而封樹之。凡建邦國，以土圭土其地而制其
域。諸公之地，封疆方五百里，其食者半；諸侯之地，封疆方四百里，其食者參之一；
諸伯之地，封疆方三百里，其食者參之一；諸子之地，封疆方二百里，其食者四之一；
諸男之地，封疆方百里，其食者四之一。凡造都鄙，制其地域而封溝之。以其室數制
之。不易之地家百晦，一易之地家二百晦，再易之地家三百晦。乃分地職，奠地守，制
地貢，而頒職事焉，以爲地法，而待政令。以荒政十有二聚萬民：一曰散利，二曰薄
征，三曰緩刑，四曰弛力，五曰舍禁，六曰去幾，七曰眚禮，八曰殺哀，九曰蕃樂，十
曰多昏，十有一曰索鬼神，十有二曰除盜賊。以保息六養萬民：一曰慈幼，二曰養老，
三曰振窮，四曰恤貧，五曰寬疾，六曰安富。以本俗六安萬民：一曰媺宮室，二曰族墳
墓，三曰聯兄弟，四曰聯師儒，五曰聯朋友，六曰同衣服。正月之吉，始和布教于邦國
都鄙，乃縣教象之法于象魏，使萬民觀教象，挾日而斂之，乃施教法于邦國都鄙，使
各以教其所治民。令五家爲比，使之相保；五比爲閭，使之相受；四閭爲族，使之相
葬；五族爲黨，使之相救；五黨爲州，使之相賙；五州爲鄉，使之相賓。頒職事十有二

1. 隩　　　　2. 瀳
3. 《釋文》出「不愉」云：音偷，注疏本作「偷」蓋後人據《釋文》改。

于邦國都鄙，使以登萬民。一曰稼穡，二曰樹藝[1]，三曰作材，四曰阜蕃，五曰飭材，六曰通財，七曰化材，八曰斂材，九曰生材，十曰學藝，十有一曰世事，十有二曰服事。以鄉三物教萬民而賓興之。一曰六德，知、仁、聖、義、忠、和；二曰六行，孝、友、睦、婣、任、恤；三曰六藝，禮、樂、射、御、書、數。以鄉八刑糾萬民：一曰不孝之刑，二曰不睦之刑，三曰不婣之刑，四曰不弟之刑，五曰不任之刑，六曰不恤之 [5] 刑，七曰造言之刑，八曰亂民之刑。以五禮防萬民之僞而教之中，以六樂防萬民之情而教之和。凡萬民之不服教而有獄訟者與有地治者[2]，聽而斷之，其附于刑者，歸于士。祀五帝，奉牛牲，羞其肆，享先王亦如之。大賓客，令野脩道委積。大喪，帥六鄉之衆庶，屬其六引，而治其政令。大軍旅，大田役，以旗致萬民，而治其徒庶之政令。若國有大故，則致萬民於王門，令無節者不行於天下。大荒、大札，則令邦國移民、通財、 [10] 舍禁、弛力、薄征、緩刑。歲終，則令教官正治而致事。正歲，令于教官曰：「各共爾職，脩乃事，以聽王命。其有不正，則國有常刑。」

2.2　小司徒之職，掌建邦之教法，以稽國中及四郊都鄙之夫家（九比）〔人民〕之數，以辨其貴賤、老幼、（廢）〔癈〕疾，凡征役之施舍，與其祭祀、飲食、喪紀之禁 [15] 令。乃頒比法十六鄉之大夫，使各登其鄉之衆寡、六畜、車輦，辨其物，以歲時入其數，以施政教，行徵令。及三年，則大比，大比則受邦國之比要。乃會萬民之卒伍而用之。五人爲伍，五伍爲兩，四兩爲卒，五卒爲旅，五旅爲師，五師爲軍。以起軍旅，以作田役，以比追胥，以令貢賦。乃均土地以稽其人民而周知其數。上地家七人，可任也者家三人；中地家六人，可任也者二家五人；下地家五人，可任也者家二人。凡起徒 [20] 役，毋過家一人，以其餘爲羨，唯田與追胥，竭作。凡用衆庶，則掌其政教與其戒禁，聽其辭訟，施其賞罰，誅其犯命者。凡國之大事，致民；大故，致餘子。乃經土地而井牧其田野，九夫爲井，四井爲邑，四邑爲丘，四丘爲甸，四甸爲縣，四縣爲都，以任地事而令貢賦，凡稅斂之事。乃分地域而辨其守，施其職而平其政。凡小祭祀，奉牛牲，羞其肆。小賓客，令野脩道委積。大軍旅，帥其衆庶；小軍旅，巡役，治其政令。大 [25] 喪，帥邦役，治其政教。凡建邦國，立其社稷，正其畿疆之封。凡民訟，以地比正之；地訟，以圖正之。歲終，則攷其屬官之治成而誅賞，令群吏正要會而致事。正歲，則帥其屬而觀教法之象，徇以木鐸曰：「不用法者，國有常刑。」令群吏憲禁令，脩法糾職以待邦治。及大比六鄉四郊之吏，平教治，正政事，攷夫屋及其衆寡、六畜、兵、器，以待政令。 [30]

---

1. 藝
2. 王念孫云：「有獄訟者」、「有地治者」，皆指訟者言之，非指聽訟者言之。

2.3　鄉師之職，各掌其所治鄉之教，而聽其治。以國比之法，以時稽其夫家眾寡，辨其老幼、貴賤、癈疾、馬牛之物，辨其可任者與其施舍者，掌其戒令糾禁，聽其獄訟。大役，則帥民徒而至，治其政令；既役，則受州里之役要，以攷司空之辟，以逆其役事。凡邦事，令作秩敘。大祭祀，羞牛牲，共茅蒩。大軍旅會同，正治其徒役與其輂輦，戮其犯命者。大喪用役，則帥其民而至，遂治之。及葬，執纛以與匠師御匶而治役。及窆，執斧以涖匠師。凡四時之田，前期，出田法于州里，簡其鼓鐸、旗物、兵器，脩其卒伍；及期，以司徒之大旗致眾庶，而陳之以旗物，辨鄉邑而治其政令刑禁，巡其前後之屯而戮其犯命者，斷其爭禽之訟。凡四時之徵令有常者，以木鐸徇於市朝。以歲時巡國及野，而賙萬民之艱[1]阨，以王命施惠。歲終，則攷（六）〔亓〕[2]鄉之治，以詔廢置。正歲，稽其鄉器，比共吉凶二服，閭共祭器，族共喪器，黨共射器，州共賓器，鄉共吉凶禮樂之器。若國大比，則攷教、察辭、稽器、展事，以詔誅賞。

2.4　鄉大夫之職，各掌其鄉之政教禁令。正月之吉，受教法于司徒，退而頒之于其鄉吏，使各以教其所治，以攷其德行，察其道藝。以歲時登其夫家之眾寡，辨其可任者。國中自七尺以及六十，野自六尺以及六十有五，皆征之。其舍者，國中貴者、賢者、能者、服公事者、老者、疾者皆舍。以歲時入其書。三年則大比，攷其德行道藝，而興賢者能者。

鄉老及鄉大夫帥其吏與其眾寡，以禮禮賓之。厥明，鄉老及鄉大夫、群吏獻賢能之書于王，王再拜受之，登于天府，內史貳之。退而以鄉射之禮五物詢眾庶：一曰和，二曰容，三曰主皮，四曰和容，五曰興舞。此謂使民興賢，出使長之；使民興能，入使治之。歲終，則令（六）〔亓〕[3]鄉之吏皆會政致事。正歲，令群吏攷法于司徒，以退，各憲之於其所治（之）。國大詢于眾庶，則各帥其鄉之眾寡而致於朝。國有大故，則令民各守其閭，以待政令。以旌節輔令，則達之。

2.5　州長各掌其州之教治政令之法。正月之吉，各屬其州之民而讀法，以攷其德行道藝而勸之，以糾其過惡而戒之。若以歲時祭祀州社，則屬其民而讀法，亦如之。春秋，以禮會民而射于州序。凡州之大祭祀、大喪，皆涖其事。若國作民而師田行役之事，則帥而致之，掌其戒令與其賞罰。歲終，則會其州之政令；正歲，則讀教法如初。三年大比，則大攷州里，以贊鄉大夫廢興。

---

1. 艱　　　　2. 王引之云：「亓」、古「其」字也。
3. 王引之云：「亓」、古「其」字也。

2.6　黨正各掌其黨之政令教治。及四時之孟月吉日，則屬民而讀邦法，以糾戒之。春秋祭禜，亦如之。國索鬼神而祭祀，則以禮屬民而飲酒于序，以正齒位。壹命齒于鄉里，再命齒于父族，三命而不齒。凡其黨之祭祀、喪紀、昏冠、飲酒，教其禮事，掌其戒禁。凡作民而師田、行役，則以其法治其政事。歲終，則會其黨政，帥其吏而致事。正歲，屬民讀法而書其德行道藝。以歲時涖校[1]比，及大比，亦如之。

2.7　族師各掌其族之戒令政事。月吉，則屬民而讀邦法，書其孝弟睦婣有學者。春秋祭酺，亦如之。以邦比之法，帥四閭之吏，以時屬民而校，登其族之夫家眾寡，辨其貴賤、老幼、癈疾可任者，及其六畜車輦。五家為比，十家為聯；五人為伍，十人為聯；四閭為族，八閭為聯：使之相保相受，刑罰慶賞相及相共，以受邦職，以役國事，以相葬埋[2]。若作民而師田行役，則合其卒伍，簡其兵器，以鼓鐸旗物帥而至，掌其治令、戒禁、刑罰。歲終，則會政致事。

2.8　閭胥各掌其閭之徵令。以歲時各數其閭之眾寡，辨其施舍。凡春秋之祭祀、役政、喪紀之（數）〔事〕，聚眾庶；既比，則讀法，書其敬敏任恤者。凡事，掌其比觥撻罰之事。

2.9　比長各掌其比之治。五家相受相和親，有辠[3]奇衺則相及。徙于國中及郊，則從而授之。若徙于他，則為之旌節而行之。若無授無節，則唯圜土內之。

2.10　封人掌詔王之社壝，為畿封而樹之。凡封國，設其社稷之壝，封其四疆。造都邑之封域者亦如之。令社稷之職。凡祭祀，飾其牛牲，設其楅衡，置其絼[4]，共其水（槀）〔藁〕，歌舞牲及毛炮之豚。凡喪紀、賓客、軍旅、大盟，則飾其牛牲。

2.11　鼓人掌教六鼓四金之音聲，以節聲樂，以和軍旅，以正田役。教為鼓而辨其聲用，以雷鼓鼓神祀，以靈鼓鼓社祭，以路鼓鼓鬼享，以鼖鼓鼓軍事，以鼛鼓鼓役事，以晉鼓鼓金奏，以金錞和鼓，以金鐲節鼓，以金鐃止鼓，以金鐸通鼓。凡祭祀百物之神，鼓兵舞帗舞者。凡軍旅，夜鼓鼜，軍動，則鼓其眾，田役亦如之。救日月，則詔王鼓，大喪，則詔大僕鼓。

2.12　舞師掌教兵舞，帥而舞山川之祭祀；教帗舞，帥而舞社稷之祭祀；教羽舞，帥而

---

1. 挍　　　2. 貍　　　3. 罪　　　4. 紖

舞四方之祭祀；教皇舞，帥而舞旱暵之事。凡野舞，則皆教之。凡小祭祀，則不興舞。

2.13　牧人掌牧六牲而阜蕃其物，以共祭祀之牲牷。凡陽祀，用騂牲毛之；陰祀，用黝牲毛之，望祀，各以其方之色牲毛之。凡時祀之牲，必用牷物。凡外祭毀事，用尨可也。凡祭祀，共其犧牲，以授充人繫之。凡牲不繫者，共奉之。

2.14　牛人掌養國之公牛以待國之政令。凡祭祀，共其享牛、求牛，以授職人而芻之。凡賓客之事，共其牢禮積膳之牛；饗食、賓射，共其膳羞之牛；軍事，共其犒牛；喪事，共其奠牛。凡會同、軍旅、行役，共其兵（軍）〔車〕之牛，與其牽徬，以載公任器。凡祭祀，共其牛牲之互與其盆簝，以待事。

2.15　充人掌繫祭祀之牲牷。祀五帝，則繫于牢，芻之三月。享先王，亦如之。凡散祭祀之牲，繫于國門，使養之。展牲，則告牷；碩牲，則贊。

2.16　載師掌任土之法，以物地事，授地職，而待其政令。以廛里任國中之地，以場圃任園地，以宅田、士田、賈田任近郊之地，以官田、牛田、賞田、牧田任遠郊之地，以公邑之田任甸地，以家邑之田任稍地，以小都之田任縣地，以大都之田任畺地。凡任地，國宅無征，園廛二十而一，近郊十一，遠郊二十而三，甸稍縣都皆無過十二，唯其漆林之征二十而五。凡宅不毛者，有里布；凡田不耕者，出屋粟；凡民無職事者，出夫家之征。以時徵其賦。

2.17　閭師掌國中及四郊之人民、六畜之數，以任其力，以待其政令，以時徵其賦。凡任民：任農以耕事，貢九穀；任圃以樹事，貢草木；任工以飭材事，貢器物；任商以市事，貢貨賄；任牧以畜事，貢鳥獸；任嬪以女事，貢布帛；任衡以山事，貢其物；任虞以澤事，貢其物。凡無職者出夫布。凡庶民，不畜者祭無牲，不耕者祭無盛，不樹者無椁，不蠶者不帛，不績者不衰。

2.18　縣師掌邦國都鄙稍甸郊里之地域，而辨其夫家、人民、田萊之數，及其六畜車輦之稽。三年大比，則以攷群吏而以詔廢置。若將有軍旅、會同、田役之戒，則受法于司馬，以作其衆庶及馬牛車輦，會其車人之卒伍，使皆備旗鼓兵器，以帥而至。凡造都邑，量其地，辨其物，而制其域。以歲時徵野之賦貢。

2.19　遺人掌邦之委積，以待施惠。鄉里之委積，以恤民之囏阨；門關之委積，以養老孤；郊里之委積，以待賓客；野鄙之委積，以待羈旅；縣都之委積，以待凶荒。凡賓客、會同、師役，掌其道路之委積。凡國野之道，十里有廬，廬有飲食；三十里有宿，宿有路室，路室有委；五十里有市，市有候館，候館有積。凡委積之事，巡而比之，以時頒之。

2.20　均人掌均地政，均地守，均地職，均人民、牛馬、車輦之力政。凡均力政，以歲上下。豐年則公旬用三日焉，中年則公旬用二日焉，無年則公旬用一日焉。凶札則無力政，無財賦，不收地守、地職，不均地政。三年大比，則大均。

2.21　師氏掌以媺詔王。以三德教國子：一曰至德，以為道本；二曰敏德，以為行本；三曰孝德，以知逆惡。教三行：一曰孝行，以親父母；二曰友行，以尊賢良；三曰順行，以事師長。居虎門之左，司王朝。掌國中失之事，以教國子弟。凡國之貴遊子弟，學焉。凡祭祀、賓客、會同、喪紀、軍旅，王（舉）〔與〕則從。聽治亦如之。使其屬帥四夷之隸，各以其兵服守王之門外，且蹕。朝在野外，則守內列[1]。

2.22　保氏掌諫王惡。而養國子以道：乃教之六藝，一曰五禮，二曰六樂，三曰五射，四曰五馭，五曰六書，六曰九數；乃教之六儀，一曰祭祀之容，二曰賓客之容，三曰朝廷之容，四曰喪紀之容，五曰軍旅之容，六曰車馬之容。凡祭祀、賓客、會同、喪紀、軍旅，王（舉）〔與〕則從。聽治亦如之。使其屬守王闈。

2.23　司諫掌糾萬民之德而勸之朋友，正其行而強之道藝，巡問而觀察之，以時書其德行道藝，（辦）〔辨〕其能而可任於國事者。以攷鄉里之治，以詔廢置，以行赦宥。

2.24　司救掌萬民之衺惡過失而誅讓之，以禮防禁而救之。凡民之有衺惡者，三讓〔而罰〕，三罰而士加明刑，恥諸嘉石，役諸司空。其有過失者，三讓而罰，三罰而歸於[2]圜土。凡歲時有天患民病，則以節巡國中及郊野，而以王命施惠。

2.25　調人掌司萬民之難而諧和之。凡過而殺傷人者，以民成之。鳥獸亦如之。凡和難，父之讎辟諸海外，兄弟之讎辟諸千里之外，從父兄弟之讎不同國；君之讎眡父，師長之讎眡兄弟，主友之讎眡從父兄弟。弗辟，則與之瑞節而以執之。凡殺人有反殺者，

----

1. 王引之云：「列」即「屬禁」之「屬」。　　2. 于

使邦國交讎之。凡殺人而義者，不同國，令勿讎，讎之則死。凡有鬪怒者，成之；不可成者，則書之，先動者誅之。

2.26　媒氏掌萬民之判。凡男女，自成名以上，皆書年月日名焉。令男三十而娶，女二十而嫁。凡娶判妻入子者，皆書之。中春之月，令會男女，於是時也，奔者不禁。若無故而不用令者，罰之。司男女之無夫家者而會之。凡嫁子娶妻，入幣純[1]帛，無過五兩。禁遷葬者與嫁殤者。凡男女之陰訟，聽之于勝國之社；其附于刑者，歸之于士。

2.27　司市掌市之治、教、政、刑、量度、禁令。以次敍分地而經市，以陳肆（辦）〔辨〕物而平市，以政令禁物靡而均市，以商賈阜貨而行布，以量度成賈而徵價，以質劑結信而止訟，以賈民禁僞而除詐，以刑罰禁虣而去盜，以泉府同貨而斂賒。大市，日昃而市，百族為主；朝市，朝時而市，商賈為主；夕市，夕時而市，販夫販婦為主。凡市入，則胥執鞭度守門。市之群吏平肆展成奠賈，上旌于思次以令市，市師涖焉，而聽大治大訟；胥師、賈師涖于介次，而聽小治小訟。凡萬民之期于市者，辟布者、量度者、刑戮者，各於其地之敍。凡得貨賄六畜者亦如之，三日而舉之。凡治市之貨賄、六畜、珍異，亡者使有，利者使阜，害者使亡，靡者使微。凡通貨賄，以璽節出入之。國凶荒札喪，則市無征，而作布。凡市僞飾之禁，在民者十有二，在商者十有二，在賈者十有二，在工者十有二。市刑，小刑憲罰，中刑徇罰，大刑扑罰，其附于刑者，歸于士。國君過市則刑人赦，夫人過市罰一幕，世子過市罰一帟，命夫過市罰一蓋，命婦過市罰一帷。凡會同師役，市司帥賈師而從，治其市政，掌其賣價之事。

2.28　質人掌成市之貨賄、人民、牛馬、兵器、珍異。凡賣價者質劑焉，大市以質，小市以劑。掌稽市之書契，同其度量，壹其淳制，巡而考之，犯禁者舉而罰之。凡治質劑者，國中一旬，郊二旬，野三旬，都三月，邦國朞[2]。期內聽，期外不聽。

2.29　廛人掌斂市〔之〕絘[3]布、總布、質布、罰布、廛布，而入于泉府。凡屠者，斂其皮角筋骨，入于玉府。凡珍異之有滯者，斂而入于膳府。

2.30　胥師各掌其次之政令，而平其貨賄，憲刑禁焉。察其詐僞、飾行、儥慝者，而誅罰之。聽其小治小訟而斷之。

---

1. 王念孫云：「純」者、「紽」之借字也。
2. 朞〈孫詒讓云：《釋文》「朞」當本作「期」，《朝士》「邦國朞」《釋文》作「期」，是其證也。〉　　　　　　　　3. 次

2.31 賈師各掌其次之貨賄之治，辨其物而均平之，展其成而奠其賈，然後令市。凡天患，禁貴價者，使有恒賈，四時之珍異亦如之。凡國之賣債，各帥其屬而嗣掌其月。凡師役會同，亦如之。

2.32 司虣掌憲市之禁令，禁其鬭囂者與其虣亂者，出入相陵犯者，以屬遊飲食于市者。若不可禁，則搏而戮之。 5

2.33 司稽掌巡市而察其犯禁者、與其不物者而搏之。掌執市之盜賊，以徇，且刑之。

2.34 胥各掌其所治之政，執鞭度而巡其前，掌其坐作出入之禁令，襲其不正者。凡有 10
罪者，撻戮而罰之。

2.35 肆長各掌其肆之政令，陳其貨賄，名相近者相遠也，實相近者相爾也，而平正之。斂其總布，掌其戒禁。
15

2.36 泉府掌以市之征布斂市之不售貨之滯於民用者，以其賈買之，物楬而書之，以待不時而買者。買者各從其抵，都鄙從其主，國人郊人從其有司，然後予之。凡賒者，祭祀無過旬日，喪紀無過三月。凡民之貸者，與其有司辨而授之，以國服爲之息。凡國〔事〕之財用取具焉，歲終，則會其出入而納其餘。
20

2.37 司門掌授管鍵，以啓閉國門。幾出入不物者，正其貨賄，凡財物犯禁者舉之，以其財養死政之老與其孤。祭祀之牛牲繫[1]焉，監門養之。凡歲時之門，受其餘。凡四方之賓客造焉，則以告。

2.38 司關掌國貨之節，以聯門市。司貨賄之出入者，掌其治禁與其征廛。凡貨不出於 25
關者，舉其貨，罰其人。凡所達貨賄者，則以節傳出之。國凶札，則無關門之征，猶幾。凡四方之賓客敂關，則爲之告。有外內之送令，則以節傳出內之。

2.39 掌節掌守邦節而辨其用，以輔王命。守邦國者用玉節，守都鄙者用角節。凡邦國之使節，山國用虎節，土國用人節，澤國用龍節，皆金也，以英蕩輔之。門關用符節， 30
貨賄用璽節，道路用旌節，皆有期以反節。凡通達於天下者，必有節，以傳輔之。無節

---

1. 轂

者，有幾則不達。

2.40　遂人掌邦之野。以土地之圖經田野，造縣鄙形體之法。五家爲鄰，五鄰爲里，四里爲酇，五酇爲鄙，五鄙爲縣，五縣爲遂，皆有地域，溝樹之，使各掌其政令刑禁，以歲時稽其人民，而授之田野，簡其兵器，教之稼穡。凡治野，以下劑致甿，以田里安甿，以樂昏擾甿，以土宜教甿稼穡，以興鋤利甿，以時器勸甿，以彊予任甿，以土均平政。辨其野之土，上地、中地、下地，以頒田里。上地，夫一廛，田百畮，萊五十畮，餘夫亦如之；中地，夫一廛，田百畮，萊百畮，餘夫亦如之；下地，夫一廛，田百畮，萊二百畮，餘夫亦如之。凡治野〔田〕，夫間有遂，遂上有徑；十夫有溝，溝上有畛；百夫有洫，洫上有涂；千夫有澮，澮上有道；萬（大）〔夫〕有川，川上有路，以達于畿。以歲時登其夫家之衆寡及其六畜車輦，辨其老幼廢疾與其施舍者，以頒職作事，以令貢賦，以令師田，以起政役。若起野役，則令各帥其所治之民而至，以遂之大旗致之，其不用命者誅之。凡國祭祀，共野牲，令野職。凡賓客，令脩野道而委積。大喪，帥六遂之役而致之，掌其政令。及葬，帥而屬六綍。及窆，陳役。凡事，致野役，而師田作野民，帥而至，掌其政治禁令。

2.41　遂師各掌其遂之政令戒禁。以時登其夫家之衆寡、六畜、車輦，辨其施舍與其可任者。經牧其田野，辨其可食者，周知其數而任之，以徵財征。作役事則聽其治訟。巡其稼穡，而移用其民，以救其時事。凡國祭祀，審其誓戒，共其野牲。入野職、野賦于玉府。賓客，則巡其道脩，庇[1]其委積。大喪，使帥其屬以幄帟先，道野役；及窆，抱（磨）〔歷〕，共丘籠及蜃車之役。軍旅田獵，平野民，掌其禁令，比敘其事而賞罰。

2.42　遂大夫各掌其遂之政令。以歲時稽其夫家之衆寡、六畜、田野，辨其可任者與其可施舍者，以教稼穡，以稽功事，掌其政令、戒禁，聽其治訟。令爲邑者，歲終則會政致事。正歲，簡稼器，脩稼政。三歲大比，則帥其吏而興甿，明其有功者，屬其地治者。凡爲邑者，以四達戒其功事，而誅賞廢興之。

2.43　縣正各掌其縣之政令徵比，以頒田里，以分職事，掌其治訟，趣[2]其稼事而賞罰之。若將用野民師田、行役、移執事，則帥而至，治其政令。既役，則稽功會事而誅賞。

---

1. 庇　　　　　2. 趣

2.44　鄙師各掌其鄙之政令、祭祀。凡作民，則掌其戒令。以時數其衆庶，而察其媺惡而誅賞。歲終，則會其鄙之政而致事。

2.45　酇長各掌其酇之政令，以時校登其夫家，比其衆寡，以治其喪紀、祭祀之事。若作其民而用之，則以旗鼓兵革帥而至。若歲時簡器，與有司數之。凡歲時之戒令皆聽之，趨其耕耨，稽其女功。

2.46　里宰掌比其邑之衆寡與其六畜、兵器，治其政令。以歲時合耦于鋤，以治稼穡，趨其耕耨，行其秩敘，以待有司之政令，而徵斂其財賦。

2.47　鄰長掌相糾相受。凡邑中之政相贊。徙于他邑，則從而授之。

2.48　旅師掌聚野之鋤粟、屋粟、閒粟而用之，以質劑致民，平頒其興積，施其惠，散其利，而均其政令。凡用粟，春頒而秋斂之。凡新畝之治皆聽之，使無征役，以地之媺惡爲之等。

2.49　稍人掌令丘乘之政令。若有會同、師田、行役之事，則以縣師之法作其同徒、輂輦，帥而以至，治其政令，以聽於司馬。大喪，帥蜃車與其役以至，掌其政令，以聽於司徒。

2.50　委人掌斂野之賦，斂薪芻，凡疏材、木材，凡畜聚之物。以稍聚待賓客，以甸聚待羇旅，凡其余聚以待頒賜。以式法共祭祀之薪蒸木材，賓客，共其芻薪，喪紀，共其薪蒸木材，軍旅，共其委積薪芻凡疏材，共野委兵器，與其野圃財用。凡軍旅之賓客館焉。

2.51　土均掌平土地之政，以均地守，以均地事，以均地貢。以和邦國都鄙之政令刑禁與其施舍，禮俗、喪紀、祭祀，皆以地媺惡爲輕重之法而行之，掌其禁令。

2.52　草人掌土化之法以物地，相其宜而爲之種。凡糞種，騂剛用牛，赤緹用羊，墳壤用麋，渴澤用鹿，鹹潟用貆，勃壤用狐，埴壚用豕，彊㯺[1]用蕡，輕（㯺）〔㯺〕用犬。

---

1. 壚

2.53　稻人掌稼下地。以（瀦）〔豬〕畜水，以防止水，以溝蕩水，以遂均水，以列舍水，以澮寫水，以涉揚其芟作田。凡稼澤，夏以水殄草而芟夷之。澤草所生，種之芒種。旱暵，共其雩斂。喪紀，共其葦事。

　2.54　土訓掌道地圖，以詔地事。道地慝，以辨地物而原其生，以詔地求。王巡守，則夾王車。

2.55　誦訓掌道方志，以詔觀事。掌道方慝，以詔辟忌，以知地俗。王巡守，則夾王車。

2.56　山虞掌山林之政令，物為之厲而為之守禁。仲冬斬陽木，仲夏斬陰木。凡服耜，斬季材，以時入之。令萬民時斬材，有期日。凡邦工入山林而掄材，不禁。春秋之斬木不入禁，凡竊木者，有刑罰。若祭山林，則為主，而脩除且蹕。若大田獵，則萊山田之野，及弊田，植虞旗于中，致禽而珥焉。

2.57　林衡掌巡林麓之禁令，而平其守，以時計林麓而賞罰之。若斬木材，則受法于山虞，而掌其政令。

2.58　川衡掌巡川澤之禁令，而平其守，以時舍其守，犯禁者執而誅罰之。祭祀賓客，　共川奠。

2.59　澤虞掌國澤之政令，為之厲禁，使其地之人守其財物，以時入之于玉府，頒其餘于萬民。凡祭祀賓客，共澤物之奠。喪紀，共其葦蒲之事。若大田獵，則萊澤野，及弊田，植虞旌以屬禽。

2.60　迹人掌邦田之地政，為之厲禁而守之。凡田獵者受令焉。禁麛卵者與其毒矢射者。

2.61　卝人掌金玉錫石之地，而為之厲禁以守之。若以時取之，則物其地，圖而授之。　巡其禁令。

2.62　角人掌以時徵齒角凡骨物於山澤之農，以當邦賦之政令。以度量受之，以共財

用。

2.63　羽人掌以時徵羽翮之政于山澤之農，以當邦賦之政令。凡受羽，十羽爲審，百羽爲摶，十摶爲縛。

2.64　掌葛掌以時徵絺綌之材于山農，凡葛征，徵草貢之材于澤農，以當邦賦之政令。以權度受之。

2.65　掌染草掌以春秋斂染草之物，以權量受之，以待時而頒之。

2.66　掌炭掌灰物炭物之徵令，以時入之，以權量受之，以共邦之用，凡炭灰之事。

2.67　掌荼掌以時聚荼，以共喪事。徵野疏材之物，以待邦事，凡畜聚之物。

2.68　掌蜃掌斂互物蜃物，以共闉壙之蜃。祭祀，共蜃器之蜃。共白盛之蜃。

2.69　囿人掌囿游之獸禁，牧百獸。祭祀、喪紀、賓客，共其生獸、死獸之物。

2.70　場人掌國之場圃，而樹之果蓏珍異之物，以時斂而藏之。凡祭祀、賓客，共其果蓏，享亦如之。

2.71　廩人掌九穀之數，以待國之匪頒、賙賜、稍食。以歲之上下數邦用，以知足否，以詔穀用，以治年之凶豐。凡萬民之食食者，人四鬴，上也；人三鬴，中也；人二鬴，下也。若食不能人二鬴，則令邦移民就穀，詔王殺邦用。凡邦有會同師役之事，則治其糧與其食。大祭祀，▸則共其接盛◂[1]。

2.72　舍人掌平宮中之政，分其財守，以法掌其出入。凡祭祀，共簠簋，實之，陳之。賓客，亦如之，共其禮，車米、筥米、芻禾。喪紀，共飯米、熬穀。以歲時縣穜稑之種，以共王后之春獻種。掌米粟之出入，辨其物。歲終則會計其政。

2.73　倉人掌粟入之藏。辨九穀之物，以待邦用。若穀不足，則止餘法用；有餘，則藏

---

1. 則接盛

之，以待凶而頒之。凡國之大事，共道路之穀積、食飲之具。

2.74　司祿。

2.75　司稼掌巡邦野之稼，而辨穜稑之種，周知其名與其所宜地，以爲法，而縣于邑閭。巡野觀稼，以年之上下出斂法。掌均萬民之食，而賙其急，而平其興。

2.76　舂人掌共米物。祭祀，共其齍盛之米，賓客，共其牢禮之米，凡饗，共其食米。掌凡米事。

2.77　饎人掌凡祭祀共盛。共王及后之六食。凡賓客，共其簠簋之實，饗食亦如之。

2.78　槀人掌共外內朝宂食者之食。若饗耆老孤子士庶子，共其食。掌豢祭祀之犬。

3 春官宗伯

3.0　惟王建國，辨方正位，體國經野，設官分職，以爲民極。乃立春官宗伯，使帥其屬而掌邦禮，以佐王和邦國。

禮官之屬：

大宗伯，卿一人；小宗伯，中大夫二人；肆師，下大夫四人，上士八人，中士十有六人，旅下士三十有二人，府六人，史十有二人，胥十有二人，徒百有二十人。

鬱人，下士二人，‧府二人，史一人‧[1]，徒八人。

鬯人，下士二人，府一人，史一人，徒八人。

雞人，下士一人，史一人，徒四人。

司尊彝，下士二人，‧府四人，史二人‧[2]，胥二人，徒二十人。

---

1. 王引之云：「府二人，史一人。」人數疑上下互誤。
2. 王引之云：「府四人，史二人。」人數疑上下互誤。

司几筵，下士二人，·府二人，史一人·[1]，徒八人。

天府，上士一人，中士二人，府四人，史二人，胥二人，徒二十人。

典瑞，中士二人，府二人，史二人，胥一人，徒十人。

典命，中士二人，府二人，史二人，胥一人，徒十人。

司服，中士二人，·府二人，史一人·[2]，胥一人，徒十人。

典祀，中士二人，下士四人，府二人，史二人，胥四人，徒四十人。

守祧，奄八人，女祧，每廟二人，奚四人。

世婦，每宮卿二人，下大夫四人，中士八人，女府二人，女史二人，奚十有六人。

內宗，凡內女之有爵者。

外宗，凡外女之有爵者。

冢人，下大夫二人，中士四人，府二人，史四人，胥十有二人，徒百有二十人。

墓大夫，下大夫二人，中士八人，府二人，史四人，胥二十人，徒二百人。

職喪，上士二人，中士四人，下士八人，府二人，史四人，胥四人，徒四十人。

大司樂，中大夫二人：樂師，下大夫四人，上士八人，下士十有六人，府四人，史八人，胥八人，徒八十人。

大胥，中士四人；小胥，下士八人，府二人，史四人，徒四十人。

---

1. 王引之云：「府二人，史一人。」人數疑上下互誤。
2. 王引之云：「府二人，史一人。」人數疑上下互誤。

大師，下大夫二人；小師，上士四人；瞽矇，上瞽四十人，中瞽百人，下瞽百有六十人；眡瞭三百人；府四人，史八人，胥十有二人，徒百有二十人。

典同，中士二人，府一人，史一人，胥二人，徒二十人。

磬師，中士四人，下士八人，►府四人，史二人◄¹，胥四人，徒四十人。

鍾師，中士四人，下士八人，府二人，史二人，胥六人，徒六十人。

笙師，中士二人，下士四人，府二人，史二人，胥一人，徒十人。

鎛師，中士二人，下士四人，府二人，史二人，胥二人，徒二十人。

（韎）〔韎〕師，下士二人，府一人，史一人，舞者十有六人，徒四十人。

旄人，下士四人，舞者衆寡無數，府二人，史二人，胥二人，徒二十人。

籥師，中士四人，府二人，史二人，胥二人，徒二十人。

籥章，中士二人，下士四人，府一人，史一人，胥二人，徒二十人。

鞮鞻氏，下士四人，府一人，史一人，胥二人，徒二十人。

典庸器，下士四人，►府四人，史二人◄²，胥八人，徒八十人。

司干，下士二人，府二人，史二人，徒二十人。

大卜，下大夫二人；卜師，上士四人；卜人，中士八人，下士十有六人，府二人，史二人，胥四人，徒四十人。

---

1. 王引之云：「府四人，史二人。」人數疑上下互誤。
2. 王引之云：「府四人，史二人。」人數疑上下互誤。

龜人，中士二人，府二人，史二人，工四人，胥四人，徒四十人。

菙氏，下士二人，史一人，徒八人。

占人，下士八人，府一人，史二人，徒八人。

筮人，中士二人，府一人，史二人，徒四人。

占夢，中士二人，史二人，徒四人。

眡祲，中士二人，史二人，徒四人。

大祝，下大夫二人，上士四人；小祝，中士八人，下士十有六人，府二人，史四人，胥四人，徒四十人。

喪祝，上士二人，中士四人，下士八人，府二人，史二人，胥四人，徒四十人。

甸祝，下士二人，府一人，史一人，徒四人。

詛祝，下士二人，府一人，史一人，徒四人。

司巫，中士二人，府一人，史一人，胥一人，徒十人。

男巫無數，女巫無數，其師，中士四人，府二人，史四人，胥四人，徒四十人。

大史，下大夫二人，上士四人；小史，中士八人，下士十有六人，府四人，史八人，胥四人，徒四十人。

馮相氏，中士二人，下士四人，府二人，史四人，徒八人。

保章氏，中士二人，下士四人，府二人，史四人，徒八人。

內史，中大夫一人，下大夫二人，上士四人，中士八人，下士十有六人，府四人，史八人，胥四人，徒四十人。

外史，上士四人，中士八人，下士十有六人，胥二人，徒二十人。

御史，中士八人，下士十有六人，其史百有二十人，府四人，胥四人，徒四十人。

巾車，下大夫二人，上士四人，中士八人，下士十有六人，府四人，史八人，工百人，胥五人，徒五十人。

典路，中士二人，下士四人，府二人，史二人，胥二人，徒二十人。

車僕，中士二人，下士四人，府二人，史二人，胥二人，徒二十人。

司常，中士二人，下士四人，府二人，史二人，胥四人，徒四十人。

都宗人，上士二人，中士四人，府二人，史四人，胥四人，徒四十人。

家宗人，如都宗人之數。

凡以神士者無數，以其藝爲之貴賤之等。

3.1　大宗伯之職，掌建邦之天神、人鬼、地示之禮，以佐[1]王建保邦國。以吉禮事邦國之鬼神示，以禋祀祀昊天上帝，以實柴祀日、月、星、辰，以槱燎祀司中、司命、飌師、雨師，以血祭祭社稷、五祀、五嶽，以貍沈祭山、林、川、澤，以疈辜祭四方百物，以肆獻祼享先王，以饋食享先王，以祠春享先王，以禴夏享先王，以嘗秋享先王，以烝冬享先王。以凶禮哀邦國之憂，以喪禮哀死亡，以荒禮哀凶札，以弔禮哀禍災，以禬禮哀圍敗，以恤禮哀寇亂，以賓禮親邦國。春見曰朝，夏見曰宗，秋見曰覲，冬見曰遇，時見曰會，殷見曰同。時聘曰問，殷覜曰視。以軍禮同邦國，大師之禮，用衆也；大均之禮，恤衆也；大田之禮，簡[2]衆也；大役之禮，任衆也；大封之禮，合衆也。以嘉禮親萬民，以飲食之禮，親宗族兄弟；以昏冠之禮，親成男女；以賓射之禮，親故舊

1. 左　　　　　2. 閱

朋友；以饗燕之禮，親四方之賓客；以脤膰之禮，親兄弟之國；以賀慶之禮，親異姓之國。以九儀之命，正邦國之位，壹命受職，再命受服，三命受位，四命受器，五命賜則，六命賜官，七命賜國，八命作牧，九命作伯。以玉作六瑞，以等邦國，王執鎮圭，公執桓圭，侯執信圭，伯執躬圭，子執穀璧，男執蒲璧。以禽作六摰[1]，以等諸臣，孤執皮帛，卿執羔，大夫執鴈，士執雉，庶人執鶩，工商執雞。以玉作六器，以禮天地四方，以蒼璧禮天，以黃琮禮地，以青圭禮東方，以赤璋禮南方，以白琥禮西方，以玄璜禮北方，皆有牲幣，各放其器之色。以天產作陰德，以中禮防之；以地產作陽德，以和樂防之。以禮樂合天地之化、百物之產，以事鬼神，以諧萬民，以致百物。凡祀大神，享大鬼，祭大示，帥執事而卜日，宿，眂滌濯，涖玉鬯，省[2]牲鑊，奉玉齍，詔大號，治其大禮，詔相王之大禮。若王不與祭祀，則攝位。凡大祭祀，王后不與，則攝而薦豆籩徹[3]。大賓客，則攝而載果。朝覲會同，則為上相，大喪亦如之，王哭諸侯亦如之。王命諸侯，則儐。國有大故，則旅上帝及四望。王大封，則先告后土。乃頒祀于邦國都家鄉邑。

3.2 小宗伯之職，掌建國之神位，右社稷，左宗廟。兆[4]五帝於四郊，四望四類亦如之。兆山川丘陵墳衍，各因其方。掌五禮之禁令與其用等。辨廟祧之昭[5]穆。辨吉凶之五服、車旗、宮室之禁。掌三族之別，以辨親疏。其正室皆謂之門子，掌其政令。毛六牲，辨其名物，而頒之于五官，使共奉之。辨六齍之名物與其用，使六宮之人共奉之。辨六彝之名物，以待果將。辨六尊之名物，以待祭祀、賓客。掌衣服、車旗、宮室之賞賜。掌四時祭祀之序事與其禮。若國大貞，則奉玉帛以詔號。大祭祀，省牲，眂滌濯。祭之日，逆齍，省鑊，告時于王，告備于王。凡祭祀、賓客，以時將瓚果。詔相祭祀之小禮。凡大禮，佐大宗伯。賜卿大夫士爵，則儐。小祭祀掌事，如大宗伯之禮。大賓客，受其將幣之齍。若大師，則帥有司而立軍社，奉主車。若軍將有事〔于四望〕，則與[6]祭有司將事（于四望）。若大甸[7]，則帥有司而饁獸于郊，遂頒禽。大災，及執事禱祠于上下神示。王崩，大肆以秬鬯涗；及執事涖大斂、小斂，帥異族而佐；縣衰冠之式于路門之外；及執事眂葬獻器，遂哭之；卜葬兆，甫竁，亦如之；既葬，詔相喪祭之禮；成葬而祭墓，為位。凡王之會同、軍旅、甸役之禱祠，肄儀為位。國有禍災，則亦如之。凡天地之大災，類社稷宗廟，則為位。凡國之大禮，佐大宗伯；凡小禮，掌事，如大宗伯之儀。

---

1. 贄　　　2. 眚　　　3. 薦徹豆籩　　4. 垗　　　5. 邵
6. 王引之云：「與」讀「與共」之「與」。
7. 孫詒讓云：「若大甸」者，即《大宗伯》軍禮之「大田」也。

3.3　肆師之職，掌立國祀之禮，以佐大宗伯。立大祀，用玉帛牲牷；立次祀，用牲幣；立小祀，用牲。以歲時序其祭祀及其祈珥。大祭祀，展犧牲，繫于牢，頒于職人。凡祭祀之卜日、宿、爲期，詔相其禮，眡滌濯亦如之。祭之日，表齋盛，告絜；展器陳，告備；及果，築鬻。相治小禮，誅其慢怠者。掌兆中、廟中之禁令。凡祭祀禮成，則告事畢。大賓客，涖筵几，築鬻，贊果將。大朝覲，佐儐，共設匪甕之禮，饗食，授祭。與祝侯禳于畺及郊。大喪，大渳以鬯，則築鬻；令外內命婦序哭；禁外內命男女之衰不中法者，且授之杖。凡師甸用牲于社宗，則爲位，類造上帝，封于大神，祭兵于山川，亦如之。凡師不功，則助牽主車。凡四時之大甸[1]獵，（祭）表貉，則爲位。嘗之日，涖卜來歲之芟；獮之日，涖卜來歲之戒；社之日，涖卜來歲之稼。若國有大故，則令國人祭，歲時之祭祀亦如之。凡卿大夫之喪，相其禮。凡國之大事，治其禮儀，以佐宗伯。凡國之小事，治其禮儀而掌其事，如宗伯之禮。

3.4　鬱人掌祼器。凡祭祀賓客之祼事，和鬱鬯，以實彝而陳之。凡祼玉，濯之，陳之，以贊祼事。詔祼將之儀與其節。凡祼事，沃盥。大喪之渳，共其肆器；及葬，共其祼器，遂貍之。大祭祀，與量人受舉斝之卒爵而飲之。

3.5　鬯人掌共秬鬯而飾之。凡祭祀，社壝用大罍，禜門用瓢齎，廟用脩，凡山川四方用蜃，凡祼事用概，凡疈事用散。大喪之大渳，設斗，共其肆鬯。凡王之齊事，共其秬鬯。凡王弔臨，共介鬯。

3.6　雞人掌共雞牲，辨其物。大祭祀，夜嘑旦以嘂百官。凡國之大賓客、會同、軍旅、喪紀，亦如之。凡國事爲期則告之時。凡祭祀，面禳釁，共其雞牲。

3.7　司尊彝掌六尊、六彝之位，詔其酌，辨其用與其實。春祠夏禴，祼用雞彝、鳥彝，皆有舟；其朝踐用兩獻[2]尊，其再獻用兩象尊，皆有罍，諸臣之所昨也。秋嘗冬烝，祼用斝彝、黃彝，皆有舟；其朝獻用兩著尊，其饋獻用兩壺尊，皆有罍，諸臣之所昨也。凡四時之間祀追享朝享，祼用虎彝、蜼彝，皆有舟；其朝踐用兩大尊，其再獻用兩山尊，皆有罍，諸臣之所昨也。凡六彝六尊之酌，鬱齊獻酌，醴齊縮酌，盎齊涗酌，凡酒脩酌。大喪，存奠彝，大旅亦如之。

---

1. 孫詒讓云：「甸」亦讀曰「田」。
2. 戲〈《釋文》云：本或作「戲」，注作「犧」，同素何反。〉

3.8　司几筵掌五几五席之名物，辨其用與其位。凡大朝覲、大享射、凡封國、命諸侯，王位設黼依，依前南鄉設莞筵紛純，加繅席畫純，加次席黼純，左右玉几。祀先王、昨席亦如之。諸侯祭祀席，蒲筵繢純，加莞席紛純，右彫[1]几；昨席莞筵紛純，加繅席畫純，筵國賓于牖前亦如之，左彤几。甸役則設熊席，右漆几。凡喪事，設葦席，右素几。其柏[2]席用萑黼純，諸侯則紛純，每敦一几。凡吉事變几，凶事仍几。

3.9　天府掌祖廟之守藏與其禁令。凡國之玉鎮、大寶器，藏焉。若有大祭、大喪，則出而陳之；既事，藏之。凡官府鄉州及都鄙之治中，受而藏之，以詔王察群吏之治。上春，釁寶鎮及寶器。凡吉凶之事，祖廟之中沃盥，執燭。季冬，陳玉以貞來歲之媺惡。若遷寶，則奉之。若祭天之司民、司祿而獻民數、穀數，則受而藏之。

3.10　典瑞掌玉瑞、玉器之藏，辨其名物與其用事，設其服飾。王晉大圭，執鎮圭，繅藉五采五就，以朝日。公執桓圭，侯執信主，伯執躬圭，繅皆三采三就，子執穀璧，男執蒲璧，繅皆二采再就，以朝覲宗遇會同于王。諸侯相見亦如之。瑑圭璋璧琮，繅皆二采一就，以覜聘。四圭有邸以祀天、旅上帝。兩圭有邸以祀地、旅四望。祼圭有瓚以肆先王，以祼賓客。圭璧以祀日月星辰。璋邸射以祀山川，以造贈賓客。土圭以致四時日月，封國則以土地。珍圭以徵守，以恤[3]凶荒。牙璋以起軍旅，以治兵守。璧羨以起度。駔圭璋璧琮琥璜之渠眉，疏璧琮以斂尸。穀圭以和難，以聘女。琬圭以治德，以結好。琰圭以易行，以除慝。大祭祀、大旅、凡賓客之事，共其玉器而奉之。大喪，共飯玉，含玉、贈玉。凡玉器出，則共奉之。

3.11　典命掌諸侯之五儀、諸臣之五等之命。上公九命為伯，其國家、宮室、車旗、衣服、禮儀，皆以九為節；侯伯七命，其國家、宮室、車旗、衣服、禮儀，皆以七為節；子男五命，其國家、宮室、車旗、衣服、禮儀，皆以五為節。王之三公八命，其卿六命，其大夫四命。及其出封，皆加一等。其國家、宮室、車旗、衣服、禮儀亦如之。凡諸侯之適子誓於天子，攝其君，則下其君之禮一等；未誓，則以皮帛繼子男。公之孤四命，以皮帛眂小國之君，其卿三命，其大夫再命，其士（一）〔壹〕命，其宮室、車旗、衣服、禮儀，各眂其命之數。侯伯之卿大夫士亦如之。子男之卿再命，其大夫（一）〔壹〕命，其士不命，其宮室、車旗、衣服、禮儀，各眂其命之數。

3.12　司服掌王之吉凶衣服，辨其名物與其用事。王之吉服，祀昊天、上帝，則服大裘

---

1. 雕　　　　2. 王念孫云：「柏」者、「椁」之借字。　　　　3. 卹

而冕，祀五帝亦如之。享先王則袞冕，享先公、饗、射則驚冕，祀四望、山、川則毳冕，祭社、稷、五祀則希[1]冕，祭群小祀則玄冕。凡兵事，韋弁服。眡朝，則皮弁服。凡甸[2]，冠弁服。凡凶事，服弁服。凡弔事，弁絰服。凡喪，為天王斬衰，為王后齊衰。王為三公六卿錫衰，為諸侯緦衰，為大夫士疑衰，其首服皆弁絰。大札、大荒、大災，素服。公之服，自袞冕而下如王之服；侯伯之服，自驚冕而下如公之服；子男之服，自毳冕而下如侯伯之服。孤之服，自希冕而下如子男之服，卿大夫之服，自玄冕而下如孤之服，其凶服加以大功小功；士之服，自皮弁而下如大夫之服，其凶服亦如之。其齊服有玄端素端。凡大祭祀、大賓客，共其衣服而奉之。大喪，共其復衣服、斂衣服、奠衣服、廞衣服，皆掌其陳序。

3.13　典祀掌外祀之兆守，皆有域，掌其（政）〔禁〕令。若以時祭祀，則帥其屬而脩除，徵役于司隸而役之。及祭，帥其屬而守其厲禁而蹕之。

3.14　守祧掌守先王先公之廟祧，其遺衣服藏焉。若將祭祀，則各以其服授尸。其廟，則有司脩除之；其祧，則守祧黝堊[3]之。既祭，則藏其隋與其服。

3.15　世婦掌女宮之宿戒，及祭祀，比其具，詔王后之禮事，帥六宮之人共齍盛，相外內宗之禮事。大賓客之饗食亦如之。大喪，比外內命婦之朝莫哭，不敬者而苛罰之。凡王后有操事於婦人，則詔相。凡內事有達於外官者，世婦掌之。

3.16　內宗掌宗廟之祭祀薦加豆籩，及以樂徹，則佐傳豆籩。賓客之饗食亦如之。王后有事則從。大喪，序哭者。哭諸侯亦如之。凡卿大夫之喪，掌其弔臨。

3.17　外宗掌宗廟之祭祀佐王后薦玉豆，眡豆籩，及以樂徹亦如之。王后以樂羞齍，則贊。凡（工）〔王〕后之獻亦如之。王后不與，則贊宗伯。小祭祀，掌事。賓客之事亦如之。大喪，則敘外內朝莫哭者。哭諸侯亦如之。

3.18　（冢）〔冢〕人掌公墓之地，辨其兆域而為之圖，先王之葬居中，以昭穆為左右。凡諸侯居左右以前，卿大夫士居後，各以其族。凡死於兵者，不入兆域。凡有功者居前。以爵等為丘封之度與其樹數。大喪既有日，請度甫竁，遂為之尸。及竁，以度為丘隧，共喪之窆器。及葬，言鸞車象人。及窆，執斧以涖，遂入藏凶器。正墓位，蹕墓

1. 絺　　2.《釋文》云：音田　　3. 惡

域，守墓禁。凡祭墓，爲尸。凡諸侯及諸臣葬於墓者，授之兆，爲之躑，均其禁。

3.19　墓大夫掌凡邦墓之地域，爲之圖，令國民族葬，而掌其禁令，正其位，掌其度
數，使皆有私地域。凡爭墓地者，聽其獄訟。帥其屬而巡墓厲，居其中之室以守之。

3.20　職喪掌諸侯之喪及卿大夫士凡有爵者之喪，以國之喪禮涖其禁令，序其事。凡國
有司以王命有事焉，則詔贊主人。凡其喪祭，詔其號，治其禮。凡公有司之所共，職喪
令之，趣其事。

3.21　大司樂掌成均之法，以治建國之學政，而合國之子弟焉。凡有道者有德者，使教
焉，死則以爲樂祖，祭於瞽宗。以樂德教國子中、和、祇、庸、孝、友。以樂語教國子
興、道、諷、誦、言、語。以樂舞教國子舞《雲門》、《大卷》、《大咸》、《大
磬》、《大夏》、《大濩》、《大武》。以六律、六同、五聲、八音、六舞、大合樂，
以致鬼神示，以和邦國，以諧萬民，以安賓客，以說遠人，以作動物。乃分樂而序之，
以祭，以享，以祀。乃奏黃鍾，歌大呂，舞《雲門》，以祀天神。乃奏大蔟，歌應鍾，
舞《咸池》，以祭地示。乃奏姑洗，歌南呂，舞《大磬》，以祀四望。乃奏蕤賓，歌函
鍾，舞《大夏》，以祭山川。乃奏夷則，歌小呂，舞《大濩》，以享先妣。乃奏無射，
歌夾鍾，舞《大武》，以享先祖。凡六樂者，文之以五聲，播之以八音。凡六樂者，一
變而致羽物及川澤之示，再變而致贏物及山林之示，三變而致鱗物及丘陵之示，四變而
致毛物及墳衍之示，五變而致介物及土示，六變而致象物及天神。凡樂，圜鍾爲宮，黃
鍾爲角，大蔟爲徵，姑洗爲羽，靁鼓靁鼗，孤竹之管，雲和之琴瑟，《雲門》之舞，冬
日至，於地上之圜丘奏之，若樂六變，則天神皆降，可得而禮矣。凡樂，函鍾爲宮，大
蔟爲角，姑洗爲徵，南呂爲羽，靈鼓靈鼗，孫竹之管，空桑之琴瑟，《咸池》之舞，夏
日至，於澤中之方丘奏之，若樂八變，則地示皆出，可得而禮矣。凡樂，黃鍾爲宮，大
呂爲角，大蔟爲徵，應鍾爲羽，路鼓路鼗，陰竹之管，龍門之琴瑟，《九德》之歌，
《九磬》之舞，於宗廟之中奏之，若樂九變，則人鬼可得而禮矣。凡樂事，大祭祀宿
縣，遂以聲展之，王出入則令奏《王夏》，尸出入則令奏《肆夏》，牲（出）入則令奏
《昭夏》，帥國子而舞。大饗不入牲，其他皆如祭祀。大射，王出入，令奏《王夏》；
及射，令奏《騶虞》。詔諸侯以弓矢舞。王大食，三宥[1]，皆令奏鍾鼓。王師大獻，則
令奏愷樂。凡日月食，四鎮五嶽崩，大傀異災，諸侯薨，令去樂。大札、大凶、大災、
大臣死，凡國之大憂，令弛縣。凡建國，禁其淫聲、過聲、凶聲、慢聲。大喪，涖廞樂

- -
1. 侑

器。及葬，藏樂器，亦如之。

3.22　樂師掌國學之政，以教國子小舞。凡舞，有帗舞，有羽舞，有皇舞，有旄舞，有
干舞，有人舞。教樂儀，行以《肆夏》，趨以《采薺[1]》，車亦如之，環拜以鍾[2]鼓爲
節。凡射，王以《騶虞》爲節，諸侯以《貍首》爲節，大夫以《采蘋》爲節，士以《采
蘩》爲節。凡樂，掌其序事，治其樂政。凡國之小事用樂者，令奏鍾鼓，凡樂成，則告
備。詔來瞽皋舞，（詔）及徹，帥學士而歌徹，令相。饗食諸侯，序其樂事，令奏鍾
鼓，令相，如祭之儀。燕射，帥射夫以弓矢舞，樂出入，令奏鍾鼓。凡軍大獻，教愷
歌，遂倡之。凡喪陳樂器，則帥樂官，及序哭，亦如之。凡樂官掌其政令，聽其治訟。

3.23　大胥掌學士之版，以待致諸子。春入學，舍采，合舞；秋頒學，合聲。以六樂之
會正舞位，以序出入舞者，比樂官，展樂器。凡祭祀之用樂者，以鼓徵學士。序宮中之
事。

3.24　小胥掌學士之徵令而比之，觥其不敬者。巡舞列而撻其怠慢者。正樂縣之位，王
宮縣，諸侯軒縣，卿大夫判縣，士特[3]縣，辨其聲。凡縣鍾磬，半爲堵，全爲肆。

3.25　大師掌六律六同，以合陰陽之聲。陽聲：黃鍾、大蔟、姑洗、蕤賓、夷則、無
射。陰聲：大呂、應鍾、南呂、函鍾、小呂、夾鍾。皆文之以五聲，宮、商、角、徵、
羽；皆播之以八音，金、石、土、革、絲、木、匏、竹。教六詩：曰風，曰賦，曰比，
曰興，曰雅，曰頌，以六德爲之本，以六律爲之音。大祭祀，帥瞽登歌，令奏擊拊，下
管播樂器，令奏鼓朄。大饗亦如之。大射，帥瞽而歌射節。大師，執同律以聽軍聲，而
詔吉凶。大喪，帥瞽而廞；作匶，謚。凡國之瞽矇正焉。

3.26　小師掌教鼓鼗、柷、敔、塤、簫、管、弦[4]、歌。大祭祀登歌，擊拊，下管，擊
應鼓，徹，歌。大饗亦如之。大喪，與廞。凡小祭祀小樂事，鼓朄。掌六樂聲音之節與
其和。

3.27　瞽矇掌播鼗、柷、敔、塤、簫、管、弦、歌。諷誦詩，世奠繫，鼓琴瑟。掌《九
德》、《六詩》之歌，以役大師。

---

1. 齊　　　　　　2. 鐘　　　　3. A.犆 B.□　　4. 絃

3.28　眡瞭掌凡樂事播鼗，擊頌磬、笙磬。掌大師之縣。凡樂事，相瞽。大喪，廞樂器，大旅亦如之。賓射，皆奏其鍾鼓。鼛、愷獻，亦如之。

3.29　典同掌六律六同之和、以辨天地四方陰陽之聲，以爲樂器。凡聲，高聲䃂，正聲緩，下聲肆，陂聲散，險聲斂，達聲贏，微聲韽，回聲衍，侈聲筰，弇聲鬱，薄聲甄，厚聲石。凡爲樂器，以十有二律爲之數度，以十有二聲爲之齊量。凡和樂亦如之。

3.30　磬師掌教擊磬，擊編鍾。教縵樂、燕樂之鍾磬。凡祭祀，奏縵樂。

3.31　鍾師掌金奏。凡樂事，以鍾鼓奏《九夏》：《王夏》、《肆夏》、《昭夏》、《納夏》、《章夏》、《齊¹夏》、《族夏》、《祴夏》、《驁夏》。凡祭祀、饗食，奏燕樂。凡射，王奏《騶虞》，諸侯奏《貍首》，卿大夫奏《采蘋》，士奏《采蘩》。掌鼙，鼓縵樂。

3.32　笙師掌教龡竽、笙、塤、龠、簫、（箎）〔篪〕、（篴）〔籆〕、管，舂牘、應、雅，以教祴樂。凡祭祀、饗射，共其鍾笙之樂，燕樂亦如之。大喪，廞其樂器；及葬，奉而藏之。大旅，則陳之。

3.33　鎛師掌金奏之鼓。凡祭祀，鼓其金奏之樂，饗食、賓射亦如之。軍大獻，則鼓其愷樂。凡軍之夜三鼜，皆鼓之，守鼜亦如之。大喪，廞其樂器，奉而藏之。

3.34　（韎）〔韎〕師掌教（韎）〔韎〕樂。祭祀則帥其屬而舞之。大饗亦如之。

3.35　旄人掌教舞散樂，舞夷樂，凡四方之以舞仕者屬焉。凡祭祀、賓客，舞其燕樂。

3.36　籥師掌教國子舞羽龡籥。祭祀則鼓羽籥之舞。賓客饗食，則亦如之。大喪，廞其樂器，奉而藏之。

3.37　籥章掌土鼓豳籥。中春晝擊土鼓，龡《豳詩》以逆暑。中秋夜迎寒，亦如之。凡國祈年于田祖，龡《豳雅》，擊土鼓，以樂田畯。國祭蜡，則龡《豳頌》，擊土鼓，以息老物。

1. 齊

3.38　鞮鞻氏掌四夷之樂與其聲歌。祭祀，則龡而歌之，燕亦如之。

3.39　典庸器掌藏樂器、庸器。及祭祀，帥其屬而設筍虡，陳庸器。饗食、賓射亦如之。大喪，廞筍虡。

3.40　司干掌舞器。祭祀，舞者既陳，則授舞器，既舞則受之。賓饗亦如之。大喪，廞舞器，及葬，奉而藏之。

3.41　大卜掌《三兆》之法，一曰《玉兆》，二曰《瓦兆》，三曰《原兆》。其經兆之體，皆百有二十，其頌皆千有二百。掌《三易》之法，一曰《連山》，二曰《歸藏》，三曰《周易》。其經卦皆八，其別皆六十有四。掌《三夢》之法，一曰《致夢》，二曰《觭夢》，三曰《咸陟》。其經運十，其別九十。以邦事作龜之八命，一曰征，二曰象，三曰與，四曰謀，五曰果，六曰至，七曰雨，八曰瘳。以八命者贊《三兆》、《三易》、《三夢》之占，以觀國家之吉凶，以詔救政。凡國大貞，卜立君，卜大封，則眡高作龜。大祭祀，則眡高命龜。凡小事，涖卜。國大遷、大師，則貞龜。凡旅，陳龜。凡喪事，命龜。

3.42　卜師掌開龜之四兆，一曰方兆，二曰功兆，三曰義兆，四曰弓兆。凡卜事，眡高，揚火以作龜，致其墨。凡卜，辨龜之上下左右陰陽，以授命龜者而詔相之。

3.43　龜人掌六龜之屬，各有名物。天龜曰靈屬，地龜曰繹屬，東龜曰果屬，西龜曰靁屬，南龜曰獵屬，北龜曰若屬。各以其方之色與其體辨之。凡取龜用秋時，攻龜用春時，各以其物入于龜室。上春釁龜，祭祀先卜。若有祭（祀）〔事〕，則奉龜以往。旅亦如之，喪亦如之。

3.44　菙[1]氏掌共燋契，以待卜事。凡卜，以明火爇燋，遂龡其焌契，以授卜師，遂役之。

3.45　占人掌占龜，以八簭占八頌，以八卦占簭之八故，以眡吉凶。凡卜簭，君占體，大夫占色，史占墨，卜人占坼。凡卜簭既事，則繫[2]幣以比其命；歲終，則計其占之中否。

---

1. 垂　　　　　2. 觳

3.46　簭人掌《三易》，以辨九簭之名，一曰《連山》，二曰《歸藏》，三曰《周易》。九簭之名，一曰巫更，二曰巫咸，三曰巫式，四曰巫目，五曰巫易，六曰巫比，七曰巫祠，八曰巫參，九曰巫環，以辨吉凶。凡國之大事，先簭而後卜。上春，相簭。凡國事，共簭。

3.47　占夢掌其歲時觀天地之會，辨陰陽之氣，以日、月、星、辰占六夢之吉凶。一曰正夢，二曰噩夢，三曰思夢，四曰寤夢，五曰喜夢，六曰懼夢。季冬，聘王夢，獻吉夢于王，王拜而受之；乃舍萌于四方，以贈惡夢，遂令始難（歐）〔毆〕疫。

3.48　眡祲掌十煇之法，以觀妖祥，辨吉凶。一曰祲，二曰象，三曰鑴，四曰監，五曰闇，六曰瞢，七曰彌，八曰敘，九曰隮，十曰想。掌安宅敘降。正歲則行事，歲終則弊其事。

3.49　大祝掌六祝之辭，以事鬼神示，祈福祥，求永貞。一曰順祝，二曰年祝，三曰吉祝，四曰化祝，五曰瑞祝，六曰筴祝。掌六祈，以同鬼神示，一曰類，二曰造，三曰禬，四曰禜[1]，五曰攻，六曰說。作六辭，以通上下親疏遠近，一曰祠，二曰命，三曰誥，四曰會[2]，五曰禱，六曰誄。辨六號，一曰神號，二曰鬼號，三曰示號，四曰牲號，五曰齎號，六曰幣號。辨九祭，一曰命祭，二曰衍祭，三曰炮祭，四曰周祭，五曰振祭，六曰擩祭，七曰絕祭，八曰繚祭，九曰共祭。辨九撜，一曰稽首，二曰頓首，三曰空首，四曰振動，五曰吉撜，六曰凶撜，七曰奇撜，八曰褒撜，九曰肅撜，以享右祭祀。凡大禮祀、肆享、祭示，則執明水火而號祝；隋釁、逆牲、逆尸，令鐘[3]鼓，右亦如之；來瞽，令皋舞，相尸禮；既祭，令徹。大喪，始崩，以肆鬯渳尸，相飯，贊斂，徹奠；言甸人讀禱；付、練、祥，掌國事。國有大故、天災，彌祀社稷，禱祠。大師，宜于社，造于祖，設軍社，類上帝，國將有事于四望，及軍歸獻于社，則前祝。大會同，造于廟，宜于社，過大山川，則用事焉；反行，舍奠。建邦國，先告后土，用牲幣。禁督逆祀命者。頒祭號于邦國都鄙。

3.50　小祝掌小祭祀將事侯禳禱祠之祝號，以祈福祥，順豐年，逆時雨，寧風旱，彌災兵，遠辠疾。大祭祀，逆齎盛，送逆尸，沃尸盥，贊隋，贊徹，贊奠。凡事，佐大祝。大喪，贊渳，設熬，置銘；乃葬，設道齎之奠，分禱五祀。大師，掌釁，祈號祝。有寇

1.□　　　2. 王引之云：「會」乃「譮」之假借，「譮」、古「話」字也。
3. 鍾

戎之事，則保郊，祀于社。凡外內小祭祀、小喪紀、小會同、小軍旅，掌事焉。

3.51　喪祝掌大喪勸防之事。及辟，令啟。及朝，御匶，乃奠。及祖，飾棺，乃載，遂御〔之〕。及葬，御匶，出宮乃代。及壙，說載，除飾。小喪亦如之。掌喪祭祝號。王弔，則與巫前。掌勝國邑之社稷之祝號，以祭祀禱祠焉。凡卿大夫之喪，掌事，而斂飾棺焉。

3.52　甸祝掌四時之田表貉之祝號。舍奠于祖廟，禰亦如之。師甸，致禽于虞中，乃屬禽。及郊，饁獸，舍奠于祖禰，乃斂禽。禂牲、禂馬，皆掌其祝號。

3.53　詛祝掌盟、詛、類、造、攻、說、禬、禜之祝號。作盟詛之載辭，以敘國之信用，以質邦國之劑信。

3.54　司巫掌群巫之政令。若國大旱，則帥巫而舞雩。國有大災，則帥巫而造巫恒。祭祀，則共匰主及道布及蒩館。凡祭事，守瘞。凡喪事，掌巫降之禮。

3.55　男巫掌望祀望衍授號，旁招以茅。冬堂贈，無方無筭[1]。春招弭，以除疾病。王弔，則與祝前。

3.56　女巫掌歲時祓除、釁浴。旱暵，則舞雩。若王后弔，則與祝前。凡邦之大災，歌哭而請。

3.57　大史掌建邦之六典，以逆邦國之治，掌法以逆官府之治，掌則以逆都鄙之治。凡（辨）〔辯〕法者攷焉，不信者刑之。凡邦國都鄙及萬民之有約劑者藏焉，以貳六官，六官之所登。若約劑亂，則辟法，不信者刑之。正歲年以序事，頒之于官府及都鄙，頒告朔于邦國。閏月，詔王居門終月。大祭祀，與執事卜日，戒及宿之日，與群執事讀禮書而協[2]事。祭之日，執書以次位常，（辨）〔辯〕事者攷焉，不信者誅之。大會同朝覲，以書協禮事，及將幣之日，執書以詔王。大師，抱天時，與大師同車。大遷國，抱法以前。大喪，執法以涖勸防，遣之日，讀誄。凡喪事，攷焉。小喪，賜謚。凡射事，飾中，舍筭，執其禮事。

----

1. 算　　　　　2. 協

3.58　小史掌邦國之志，奠繫世，辨昭[1]穆。若有事，則詔王之忌諱。大祭祀，讀禮法，史以書敘昭穆之俎簋。大喪、大賓客、大會同、大軍旅，佐大史。凡國事之用禮法者，掌其小事。卿大夫之喪，賜謚讀誄。

3.59　馮相氏掌十有二歲、十有二月、十有二辰、十日、二十有八星之位，（辨）〔辯〕其敘事，以會天位。冬夏致日，春秋致月，以（辨）〔辯〕四時之敘。

3.60　保章氏掌天星，以志星辰日月之變動，以觀天下之遷，辨其吉凶。以星土辨九州之地，所封封域，皆有分星，以觀妖祥。以十有二歲之相，觀天下之妖祥。以五雲之物，辨吉凶、水旱降豐荒之祲象。以十有二風，察天地之和，命乖別之妖祥。凡此五物者，以詔救政，訪序事。

3.61　內史掌王之八枋[2]之法，以詔王治。一曰爵，二曰祿，三曰廢，四曰置，五曰殺，六曰生，七曰予，八曰奪。執國法及國令之貳，以攷政事，以逆會計。掌敘事之法，受納訪以詔王聽治。凡命諸侯及孤卿大夫，則策命之。凡四方之事書，內史讀之。王制祿，則贊爲之，以方出之。賞賜亦如之。內史掌書王命，遂貳之。

3.62　外史掌書外令，掌四方之志，掌三皇五帝之書，掌達書名于四方。若以書使于四方，則書其令。

3.63　御史掌邦國都鄙及萬民之治令，以贊（冡）〔冢〕宰。凡治者受法令焉。掌贊書。﹒凡數﹒[3]從政者。

3.64　巾車掌公車之政令，辨其用與其旗物而等敘之，以治其出入。王之五路：一曰玉路，錫，樊纓十有再就，建大常，十有二斿，以祀；金路，鉤，樊纓九就，建大旂，以賓，同姓以封；象路，朱，樊纓七就，建大赤，以朝，異姓以封；革路，龍勒，條纓五就，建大白，以即戎，以封四衛；木路，前樊鵠纓，建大麾，以田，以封蕃國。王后之五路：重翟，錫面朱總；厭翟，勒面繢總；安車，彫面鷖總，皆有容蓋；翟車，貝面，組總，有握；輦[4]車，組輓，有翠，羽蓋。王之喪車五乘：木車，蒲蔽，犬襘尾韇，疏飾，小服皆疏；素車，棼蔽，犬襘素飾，小服皆素；藻車，藻蔽，鹿淺襘，革飾；駹車，藋[5]蔽，然襘，髹飾；漆車，藩蔽，豻襘，雀飾。服車五乘：孤乘夏篆[6]，卿乘夏

---

1. 邵　　　　2. 柄　　　　3. 數凡　　　　4. 連　　　　5. 萑
6. 軘

縵，大夫乘墨車，士乘棧車，庶人乘役車。凡良車、散車不在等者，其用無常。凡車之出入，歲終則會之，凡賜闕之，毀折入齎于職幣。大喪，飾遣車，遂廞之，行之；及葬，執蓋從車，持旌；及墓，嘑啓關，陳車。小喪，共匶路與其飾。歲時更續，共其（幣）〔弊〕車。大祭祀，鳴鈴以應雞人。

3.65　典路掌王及后之五路，辨其名物與其用說。若有大祭祀，則出路，贊駕說。大喪、大賓客亦如之。凡會同、軍旅、弔于四方，以路從。

3.66　車僕掌戎路之萃，廣車之萃，闕車之萃，苹車之萃，輕車之萃。凡師，共革車，各以其萃，會同亦如之。大喪，廞革車。大射，共三乏。

3.67　司常掌九旗之物名，各有屬，以待國事。日月爲常，交龍爲旂，通帛爲旃[1]，雜帛爲物，熊虎爲旗，鳥隼爲旟，龜蛇爲旐，全羽爲旞，析羽爲旌。及國之大閱，贊司馬頒旗物：王建大常，諸侯建旂，孤卿建旃，大夫士建物，（師）〔帥〕[2]都建旗，州里建旟，縣鄙建旐，道車載旞，斿[3]車載旌，皆畫其象焉，官府各象其事，州里各象其名，家各象其號。凡祭祀，各建其旗。會同、賓客亦如之，置旌門。大喪，共銘旌，建廞車之旌，及葬亦如之。凡軍事，建旌旗；及致民，置旗，弊之。旬[4]亦如之。凡射，共獲旌。歲時共更旌。

3.68　都宗人掌都（宗）〔祭〕祀之禮。凡都祭祀，致福于國。正都禮與其服。若有寇戎之事，則保群神之壝。國有大故，則令禱祠；既祭，反命于國。

3.69　家宗人掌家祭祀之禮。凡祭祀，致福。國有大故，則令禱祠，反命。祭亦如之。掌家禮與其衣服、宮室、車旗之禁令。

3.70　凡以神仕者，掌三辰之法，以猶鬼神示之居，辨其名物。以冬日至致天神人鬼，以夏日至致地示物魅，以禬國之凶荒、民之札喪。

4　夏官司馬

---

1. 旃
2. 帥
3. 游
4. 孫詒讓云：《小宗伯》《注》云：甸讀曰田。

4.0　惟王建國，辨方正位，體國經野，設官分職，以爲民極。乃立夏官司馬，使帥其屬而掌邦政，以佐王平邦國。

政官之屬：

大司馬，卿一人；小司馬，中大夫二人；軍司馬，下大夫四人；輿司馬，上士八人；行司馬，中士十有六人；旅下士三十有二人，府六人，史十有六人，胥三十有二人，徒三百有二十人。凡制軍，萬有二千五百人爲軍，王六軍，大國三軍，次國二軍，小國一軍，軍將皆命卿；二千有五百人爲師，師帥皆中大夫；五百人爲旅，旅帥皆下大夫；百人爲卒，卒長皆上士；二十〔有〕五人爲兩，兩司馬皆中士；五人爲伍，伍皆有長。一軍則二府，六史，胥十人，徒百人。

司勳，上士二人，下士四人，府二人，史四人，胥二人，徒二十人。

馬質，中士二人，府一人，史二人，賈四人，徒八人。

量人，下士二人，府一人，史四人，徒八人。

小子，下士二人，史一人，徒八人。

羊人，下士二人，史一人，賈二人，徒八人。

司爟，下士二人，徒六人。

掌固，上士二人，下士八人，府二人，史四人，胥四人，徒四十人。

司險，中士二人，下士四人，史二人，徒四十人。

掌疆，中士八人，史四人，胥十有六人，徒百有六十人。

候人，上士六人，下士十有二人，史六人，徒百有二十人。

環人，下士六人，史二人，徒十有二人。

挈壺氏，下士六人，史二人，徒十有二人。

射人，下大夫二人，上士四人，下士八人，府二人，史四人，胥二人，徒二十人。

服不氏，下士一人，徒四人。

射鳥氏，下士一人，徒四人。

羅氏，下士一人，徒八人。

掌畜，下士二人，史二人，胥二人，徒二十人。

司士，下大夫二人，中士六人，下士十有二人，府二人，史四人，胥四人，徒四十人。

諸子，下大夫二人，中士四人，府二人，史二人，胥二人，徒二十人。

司右，上士二人，下士四人，府四人，史四人，胥八人，徒八十人。

虎賁氏，下大夫二人，中士十有二人，府二人，史八人，胥八十人，虎士八百人。

旅賁氏，中士二人，下士十有六人，史二人，徒八人。

節服氏，下士八人，徒四人。

方相氏，狂夫四人。

大僕，下大夫二人；小臣，上士四人；祭僕，中士六人；御僕，下士十有二人，府二人，史四人，胥二人，徒二十人。

隸僕，下士二人，府一人，史二人，胥四人，徒四十人。

弁師，下士二人，工四人，史二人，徒四人。

司甲，下大夫二人，中士八人，府四人，史八人，胥八人，徒八十人。

司兵，中士四人，府二人，史四人，胥二人，徒二十人。 5

司戈盾，下士二人，府一人，史二人，徒四人。

司弓矢，下大夫二人，中士八人，府四人，史八人，胥八人，徒八十人。 10

繕人，上士二人，下士四人，府一人，史二人，胥二人，徒二十人。

槀人，中士四人，府二人，史四人，胥二人，徒二十人。

戎右，中大夫二人，上士二人。 15

齊右，下大夫二人。

道右，上士二人。 20

大馭，中大夫二人。

戎僕，中大夫二人。

齊僕，下大夫二人。 25

道僕，上士十有二人。

田僕，上士十有二人。 30

馭夫，中士二十人，下士四十人。

校人，中大夫二人，上士四人，下士十有六人，府四人，史八人，胥八人，徒八十人。

趣馬，下士，皁一人，徒四人。

5　巫馬，下士二人，醫四人，府一人，史二人，賈二人，徒二十人。

牧師，下士四人，胥四人，徒四十人。

廋人，下士，閑二人，史二人，徒二十人。

10　圉師，乘一人，徒二人。圉人，良馬匹一人，駑馬麗一人。

職方氏，中大夫四人，下大夫八人，中士十有六人，府四人，史十有六人，胥十有六人，徒百有六十人。

15　土方氏，上士五人，下士十人，府二人，史五人，胥五人，徒五十人。

懷方氏，中士八人，府四人，史四人，胥四人，徒四十人。

20　合方氏，中士八人，府四人，史四人，胥四人，徒四十人。

訓方氏，中士四人，府四人，史四人，胥四人，徒四十人。

形方氏，中士四人，府四人，史四人，胥四人，徒四十人。

25　山師，中士二人，下士四人，府二人，史四人，胥四人，徒四十人。

川師，中士二人，下士四人，府二人，史四人，胥四人，徒四十人。

30　邍師，中士四人，下士八人，府四人，史八人，胥八人，徒八十人。

匡人，中士四人，史四人，徒八人。

撣人，中士四人，史四人，徒八人。

都司馬，每都上士二人，中士四人，下士八人，府二人，史八人，胥八人，徒八十人。

家司馬，各使其臣，以正於公司馬。

4.1　大司馬之職，掌建邦國之九法，以佐王平邦國。制畿封國以正邦國，設儀辨位以等邦國，進賢興功以作邦國，建牧立監以維邦國，制軍詰禁以糾邦國，施貢分職以任邦國，簡稽鄉民以用邦國，均守平則以安邦國，比小事大以和邦國。以九伐之法正邦國，馮弱犯寡則眚之，賊賢害民則伐之，暴內陵外則壇之，野荒民散則削之，負固不服則侵之，賊殺其親則正之，放弒其君則殘之，犯令陵政則杜之，外內亂，鳥獸行，則滅之。正月之吉，始和布政于邦國都鄙，乃縣政象之法于象魏，使萬民觀政象，挾日而斂之。乃以九畿之籍，施邦國之政職。方千里曰國畿，其外方五百里曰侯畿，又其外方五百里曰甸畿，又其外方五百里曰男畿，又其外方五百里口采畿，又其外方五百里曰衛畿，又其外方五百里曰蠻畿，又其外方五百里曰夷畿，又其外方五百里曰鎮畿，又其外方五百里曰蕃畿。凡令賦，以地與民制之。上地食者參之二，其民可用者家三人；中地食者半，其民可用者二家五人；下地食者參之一，其民可用者家二人。中春，教振旅，司馬以旗致民，平列陳，如戰之陳。辨鼓鐸鐲鐃之用，王執路鼓，諸侯執賁鼓，軍將執晉鼓，師帥執提，旅帥執鼙，卒長執鐃，兩司馬執鐸，公司馬執鐲。以教坐作進退疾徐疏數之節，遂以蒐田，有司表貉，誓民，鼓，遂圍禁，火弊，獻禽以祭社。中夏，教茇舍，如振旅之陳。群吏撰[1]車徒，讀書契，辨號名之用，帥以門名，縣鄙各以其名，家以號名，鄉以州名，野以邑名，百官各象其事，以辨軍之夜事。其他皆如振旅。遂以苗田，如蒐之法，車弊獻禽以享礿。中秋，教治兵，如振旅之陳。辨旗物之用，王載大常，諸侯載旂，軍吏載旗，（師）〔帥〕都載旜，鄉（遂）〔家〕載物，郊野載旐，百官載旟，各書其事與其號焉。其他皆如振旅。遂以獮田，如蒐（田）之法，羅弊致禽以祀祊。中冬，教大閱：前期，群吏戒眾庶脩戰法。虞人萊所田之野，爲表，百步則一，爲三表，又五十步爲一表。田之日，司馬建旗于後表之中，群吏以旗物鼓鐸鐲鐃，各帥其民而致。質明弊旗，誅後至者。乃陳車徒如戰之陳，皆坐。群吏聽誓于陳前，斬牲以左右徇陳，曰「不用命者斬之」。中軍以鼙令鼓，鼓人皆三鼓，司馬振鐸，群吏作旗，車徒皆作；鼓行，鳴鐲，車徒皆行，及表乃止；（二）〔三〕鼓，摝鐸，群吏弊旗，車徒皆坐。又三鼓，振鐸，作旗，車徒皆作。鼓進，鳴鐲，車驟徒趨，及表乃止，坐作如

---

1. 王引之云：「撰」、讀曰「僎」。《說文》曰：「僎、具也。」

初。乃鼓，車馳徒走，及表乃止。鼓戒三闋，車三發，徒三刺。乃鼓退，鳴鐃且卻，及
表乃止，坐作如初。遂以狩田，以旌爲左右和之門，羣吏各帥其車徒以敘和出，左右陳
車徒，有司平之。旗居卒間以分地，前後有屯百步，有司巡其前後。險野，人爲主；易
野，車爲主。既陳，乃設驅逆之車，有司表貉于陳前。中軍以鼙令鼓，鼓人皆三鼓，羣
司馬振鐸，車徒皆作。遂鼓行，徒銜枚而進。大獸公之，小禽私之，獲者取左耳。及所
弊，鼓皆駴[1]，車徒皆譟。徒乃弊，致禽饁獸于郊，入獻禽以享烝。及師，大合軍，以
行禁令，以救無辜，伐有罪。若大師，則掌其戒令，涖大卜，帥執事涖釁主及軍器。及
致，建大常，比軍衆，誅後至者。及戰，巡陳，眡事而賞罰。若師有功，則左執律，右
秉鉞，以先愷樂獻于社。若師不功，則厭而奉主車。王弔勞士庶子，則相。大役，與慮
事屬其植，受其要，以待攷而賞誅。大會同，則帥士庶子而掌其政令。若大射，則合諸
侯之六耦。大祭祀、饗食，羞牲魚，授其祭。大喪，平士大夫。喪祭，奉詔馬牲。

4.2　小司馬之職，掌[2]。凡小祭祀、會同、饗射、師田、喪紀，掌其事，如大司馬之
法。

4.3　軍司馬。

4.4　輿司馬。

4.5　行司馬。

4.6　司勳掌六鄉賞地之法，以等其功。王功曰勳，國功曰功，民功曰庸，事功曰勞，
治功曰力，戰功曰多。凡有功者，銘書於王之大常，祭於大烝，司勳詔之。大功，司勳
藏其貳。掌賞地之政令，凡賞無常，輕重眡功，凡頒賞地，參之一食，（惟）〔唯〕加
田無國正。

4.7　馬質掌質馬。馬量三物，一曰戎馬，二曰田馬，三曰駑馬，皆有物賈。綱惡馬。
凡受馬於有司者，書其齒毛與其賈，馬死，則旬之內更，旬之外入馬耳，以其物更，其
外否。馬及行，則以任齊其行。若有馬訟，則聽之。禁原蠶者。

---

1. 駭
2. 鄭注云：此下字脫滅，札爛又闕，漢興，求之不得，遂無識其數者。

4.8 量人掌建國之法，以分國爲九州，營國城郭，營后宮，量市朝道巷門渠，造都邑亦如之。營軍之壘舍，量其市、朝、州、涂[1]、軍社之所里。邦國之地與天下之涂數，皆書而藏之。凡祭祀饗賓，制其從獻脯燔之數量。掌喪祭奠竁之俎實。凡宰祭，與鬱人受斝歷而皆飲之。

4.9 小子掌祭祀羞羊肆、羊殽、肉豆。而掌珥于社稷，祈于五祀。凡沈辜、侯禳，飾其牲。釁邦器及軍器。凡師田，斬牲以左右徇陳。祭祀，贊羞，受徹焉。

4.10 羊人掌羊牲。凡祭祀，飾羔。祭祀，割羊牲，登其首。凡祈珥，共其羊牲。賓客，共其法羊。凡沈辜、侯禳、釁、積，共其羊牲。若牧人無牲，則受布于司馬，使其買買牲而共之。

4.11 司爟掌行火之政令，四時變國火，以救時疾。季春出火，民咸從之；季秋內火，民亦如之。時則施火令。凡祭祀，則祭爟。凡國失火，野焚萊，則有刑罰焉。

4.12 掌固掌脩城郭、溝池、樹渠之固，頒其士庶子及其衆庶之守。設其飾器，分其財用，均其稍食，任其萬民，用其材器。凡守者受法焉，以通守政，有移甲與其役財用，唯是得通，與國有司帥之，以贊其不足者。晝三巡之，夜亦如之，夜三鼜以號戒。若造都邑，則治其固，與其守法。凡國都之竟有溝樹之固，郊亦如之。民皆有職焉。若有山川，則因之。

4.13 司險掌九州之圖，以周知其山林川澤之阻，而達其道路。設國之五溝五涂，而樹之林，以爲阻固，皆有守禁，而達其道路。國有故，則藩塞阻路而止行者，以其屬守之，唯有節者達之。

4.14 掌疆。

4.15 候人各掌其方之道治，與其禁令，以設候人。若有方治，則帥而致于朝；及歸，送之于竟。

4.16 環人掌致師，察軍慝，環四方之故，巡邦國，搏諜賊，訟敵國，揚軍旅，降圍

---

1. 涂

邑。

4.17　挈壺氏掌挈壺以令軍井，挈轡以令舍，挈畚以令糧。凡軍事，縣壺以序聚（檷）
〔檷〕；凡喪，縣壺以代哭者。皆以水火守之，分以日夜。及冬，則以火爨鼎水而沸
之，而沃之。

4.18　射人掌國之三公、孤、卿、大夫之位，三公北面，孤東面，卿、大夫西面。其
摯，三公執璧，孤執皮帛，卿執羔，大夫〔執〕鴈。諸侯在朝，則皆北面，詔相其法，
若有國事，則掌其戒令，詔相其事，掌其治達。以射法治射儀。王以六耦射三侯，三獲
三容，樂以《騶虞》，九節五正；諸侯以四耦射二侯，二獲二容，樂以《貍首》，七節
三正；孤卿大夫以三耦射一侯，一獲一容，樂以《采蘋》，五節二正；士以三耦射豻
侯，一獲一容，樂以《采蘩》，五節二正。若王大射，則以貍步張三侯。王射，則令去
侯，立于後，以矢行告，卒，令取矢。祭侯，則爲位。與大史數射中，佐司馬治射正。
祭祀，則贊射牲，相孤卿大夫之法儀。會同朝覲，作大夫介，凡有爵者。大師，令有爵
者乘王之倅車。有大賓客，則作卿大夫從，戒大史及大夫介。大喪，與僕人遷尸，作卿
大夫掌事，比其廬，不敬者苛罰之。

4.19　服不氏掌養猛獸而教擾之。凡祭祀，共猛獸。賓客之事則抗皮，射則贊張侯，以
旌居乏而待獲。

4.20　射鳥氏掌射鳥。祭祀，以弓矢毆烏鳶。凡賓客、會同、軍旅，亦如之。射則取
矢，矢在侯高，則以并夾取之。

4.21　羅氏掌羅烏鳥。蜡，則作羅襦。中春，羅春鳥，獻鳩以養國老，行羽物。

4.22　掌畜掌養鳥而阜蕃教擾之。祭祀，共卵鳥，歲時貢鳥物，共膳獻之鳥。

4.23　司士掌群臣之版，以治其政令，歲登下其損益之數，辨其年歲與其貴賤，周知邦
國都家縣鄙之（數）卿大夫士庶子之數，以詔王治，以德詔爵，以功詔祿，以能詔事，
以久奠食。（惟）〔唯〕賜無常。正朝儀之位，辨其貴賤之等。王南鄉；三公北面東
上；孤東面北上；卿大夫西面北上；王族故士、虎士在路門之右，南面東上；大僕、大
右、大僕從者在路門之左，南面西上。司士擯，孤卿特揖，大夫以其等旅揖，士旁三

揖，王還揖門左，揖門右。大僕前，王入，內朝皆退。掌國中之士治，凡其戒令。掌擯士者，膳其摯。凡祭祀，掌士之戒令，詔相其法事；及賜爵，呼昭穆而進之。帥其屬而割牲，羞俎豆。凡會同，作士從，賓客亦如之。作士適四方使，為介。大喪，作士掌事，作六軍之（事）〔士〕執披。凡士之有守者，令哭無去守。國有故，則致士而頒其守。凡邦國，三歲則稽士任，而進退其爵祿。

4.24　諸子掌國子之倅，掌其戒令與其教治，辨其等，正其位。國有大事，則帥國子而致於大子，（惟）〔唯〕所用之。若有兵甲之事，則授之車甲，合其卒伍，置其有司，以軍法治之。司馬弗正。凡國正弗及。大祭祀，正六牲之體。凡樂事，正舞位，授舞器。大喪，正群子之服位。會同、賓客，作群子從。凡國之政事，國子存遊倅，使之脩德學道，春合諸學，秋合諸射，以攷其藝而進退之。

4.25　司右掌群右之政令。凡軍旅會同，合其車之卒伍，而比其乘，屬其右。凡國之勇力之士能用五兵者屬焉，掌其政令。

4.26　虎賁氏掌先後王而趨以卒伍。軍旅、會同亦如之。舍則守王閑。王在國，則守王宮。國有大故，則守王門，大喪亦如之。及葬，從遣車而哭。適四方使，則從士大夫。若道路不通有徵事，則奉書以使於四方。

4.27　旅賁氏掌執戈盾夾王車而趨，左八人，右八人，車止則持輪。凡祭祀、會同、賓客，則服而趨。喪紀，則衰葛執戈盾。軍旅，則介而趨。

4.28　節服氏掌祭祀朝覲袞冕，六人維王之（太）〔大〕常。諸侯則四人，其服亦如之。郊祀裘冕，二人執戈，送逆尸從車。

4.29　方相氏掌蒙熊皮，黃金四目，玄衣朱裳，執戈揚盾，帥百隸而時難，以索室毆疫。大喪，先匶，及墓，入壙，以戈擊四隅，毆方良。

4.30　（太）〔大〕僕掌正王之服位，出入王之大命。掌諸侯之復逆。王眡朝，則前正位而退，入亦如之。建路鼓于大寢之門外，而掌其政。以待達窮者與遽令，聞鼓聲，則速逆御僕與御庶子。祭祀、賓客、喪紀，正王之服位，詔法儀，贊王牲事。王出入，則自左馭而前驅。凡軍旅田役，贊王鼓。救日月亦如之。大喪，始崩，戒鼓，傳達于四

方，窆亦如之。縣喪首服之法于宮門。掌三公孤卿之弔勞。王燕飲，則相其法。王射，則贊弓矢。王眡燕朝，則正位，掌擯相。王不眡朝，則辭於三公及孤卿。

4.31　小臣掌王之小命，詔相王之小法儀。掌三公及孤卿之復逆，正王之燕服位。王之燕出入，則前驅。大祭祀、朝覲，沃王盥。小祭祀、賓客、饗食、賓射掌事，如大僕之法。掌士大夫之弔勞。凡大事，佐大僕。

4.32　祭僕掌受命于王以眡祭祀，而警戒祭祀有司，糾百官之戒具。既祭，帥群有司而反命，以王命勞之，誅其不敬者。大喪，復于小廟。凡祭祀，王之所不與，則賜之禽，都家亦如之。凡祭祀致福者，展而受之。

4.33　御僕掌群吏之逆及庶民之復，與其弔勞。大祭祀，相盥而登。大喪，持翣。掌王之燕令，以序守路鼓。

4.34　隸僕掌五寢之埽除糞洒之事。祭祀，脩寢。王行，洗乘石。掌蹕宮中之事。大喪，復于小寢、大寢。

4.35　弁師掌王之五冕，皆玄冕，朱裏，延，紐，五采繅十有二就，皆五采玉十有二，玉笄，朱紘。諸侯之繅斿九就，珉玉三采，其餘如王之事。繅斿皆就，玉瑱，玉笄。王之皮弁，會五采玉璂[1]，象邸，玉笄。王之弁絰，弁而加環絰。諸侯及孤卿大夫之冕、韋弁、皮弁、弁絰、各以其等為之，而掌其禁令。

4.36　司甲。

4.37　司兵掌五兵、五盾，各辨其物與其等，以待軍事。及授兵，從司馬之法以頒之。及其受兵輸，亦如之；及其用兵，亦如之。祭祀，授舞者兵。大喪，廞五兵。軍事，建車之五兵。會同亦如之。

4.38　司戈盾掌戈盾之物而頒之。祭祀，授旅賁殳、故士戈盾，授舞者兵亦如之。軍旅、會同，授貳車戈盾，建乘車之戈盾，授旅賁及虎士戈盾。及舍，設藩盾，行則斂之。

---

1. 琪

4.39 司弓矢掌六弓四弩八矢之法，辨其名物，而掌其守藏與其出入。中春獻弓弩，中秋獻矢箙。及其頒之，王弓、弧弓以授射甲革、椹[1]質者，夾弓、庾弓以授射犴侯、鳥獸者，唐弓、大弓以授學射者、使者、勞者。其矢箙皆從其弓。凡弩，夾庾利攻守，唐大利車戰、野戰。凡矢，枉矢、絜矢利火射，用諸守城、車戰，殺矢、鍭矢用諸近射、田獵，矰矢、茀矢用諸弋射，恆矢、（痹）〔庫〕矢用諸散射。天子之弓合九而成規，諸侯合七而成規，大夫合五而成規，士合三而成規，句者謂之弊弓。凡祭祀，共射牲之弓矢。澤，共射椹質之弓矢。大射、燕射，共弓矢如數并夾。大喪，共明弓矢。凡師役、會同，頒弓弩各以其物，從授兵（至）〔甲〕之儀。田弋，充籠箙矢，共矰矢。凡亡矢者，弗用則更。

4.40 繕人掌王之用弓、弩、矢、箙、矰、弋、抉、拾。掌詔王射，贊王弓矢之事，凡乘車，充其籠箙，載其弓弩，既射則斂之。無會計。

4.41 槀人掌受財于職金，以齎其工。弓六物為三等，弩四物亦如之。矢八物皆三等，箙亦如之。春獻素，秋獻成。書其等以饗工。乘其事，試其弓弩，以下上其食而誅賞。乃入功于司弓矢及繕人。凡齎財與其出入，皆在槀人，以待會而攷之，亡者闕之。

4.42 戎右掌戎車之兵革使。詔贊王鼓。傳王命于陳中。會同，充革車，盟，則以玉敦辟盟，遂役之。贊牛耳桃茢。

4.43 齊右掌祭祀、會同、賓客、前齊車，王乘則持馬，行則陪乘。凡有牲事，則前馬。

4.44 道右掌前道車。王出入則持馬陪乘，如齊車之儀。自車上諭命于從車。詔王之車儀。王式則下，前馬，王下則以蓋從。

4.45 大馭掌馭（王）〔玉〕路以祀。及犯[2]軷，王自左馭，馭下祝，登，受轡，犯軷，遂驅之。及祭，酌僕，僕左執轡，右祭兩軹，祭軓，乃飲。凡馭路，行以《肆夏》，趨以《采薺》。凡馭路儀，以鸞和為節。

4.46 戎僕掌馭戎車。掌王倅車之政，正其服。犯軷，如玉路之儀。凡巡守及兵車之

---

1. 甚　　　　2. 範

會，亦如之。掌凡戎車之儀。

4.47　齊僕掌馭金路以賓。朝、覲、宗、遇、饗、食皆乘金路，其法儀各以其等爲車送
逆之節。

4.48　道僕掌馭象路以朝夕、燕出入，其法儀如齊車。掌貳車之政令。

4.49　田僕掌馭田路以田以鄙。掌佐車之政。設驅逆之車，令獲者植旌，及獻，比禽。
凡田，王提馬而走，諸侯晉，大夫馳。

4.50　馭夫（嘗）〔掌〕馭貳車、從車、使車。分公馬而駕治之。

4.51　校人掌王馬之政。辨六馬之屬，種馬一物，戎馬一物，齊馬一物，道馬一物，田
馬一物，駑馬一物。凡頒良馬而養乘之。乘馬一師四圉；三乘爲皁，皁一趣[1]馬；三皁
爲繫[2]，繫一馭夫；六繫爲廄，廄一僕夫；六廄成校，校有左右。駑馬三良馬之數，麗
馬一圉，八麗一師，八師一趣馬，八趣馬一馭夫。天子十有二閑，馬六種；邦國六閑，
馬四種；家四閑，馬二種。凡馬，特居四之一。春祭馬祖，執駒。夏祭先牧，頒馬攻
特。秋祭馬社，臧僕。冬祭馬步，獻馬講馭夫。凡大祭祀、朝覲、會同，毛馬而頒之，
飾幣馬，執撲而從之。凡賓客，受其幣馬。大喪，飾遣車之馬；及葬，埋[3]之。田獵，
則帥驅逆之車。凡將事于四海、山川，則飾黃駒。凡國之使者，共其幣馬。凡軍事，物
馬而頒之。等馭夫之祿、宮[4]中之稍食。

4.52　趣馬掌贊正良馬，而齊其飲食，簡其六節。掌駕說之頒，辨四時之居治，以聽馭
夫。

4.53　巫馬掌養疾馬而乘治之，相醫而藥攻馬疾，受財于校人。馬死，則使其賈粥之，
入其布于校人。

4.54　牧師掌牧地，皆有屬禁而頒之。孟春焚牧，中春通淫，掌其政令。凡田事，贊焚
萊。

---

1. 趨　　　2. 轂　　　3. 貍
4. 吳廷華云：「宮」、當爲「官」字之誤。

4.55　廋人掌十有二閑之政教，以阜馬、佚特、教駣、攻駒及祭馬祖、祭閑之先牧及執駒、散馬耳、圉馬。正校人員選。馬八尺以上為龍，七尺以上為騋，六尺以上為馬。

4.56　圉師掌教圉人養馬，春除蓐、釁廄、始牧，夏庌馬，冬獻馬。射則充椹質，茨牆則翦闡。

4.57　圉人掌養馬芻牧之事，以役圉師。凡賓客、喪紀，牽馬而入陳。廋馬亦如之。

4.58　職方氏掌天下之圖，以掌天下之地，辨其邦國、都鄙、四夷、八蠻、七閩、九貉、五戎、六狄之人民與其財用、九穀、六畜之數要，周知其利害。乃辨九州之國，使同貫利。東南曰揚[1]州，其山鎮曰會稽，其澤藪曰具區，其川三江，其浸五湖，其利金錫竹箭，其民二男五女，其畜宜鳥獸，其穀宜稻。正南曰荊州，其山鎮曰衡山，其澤藪曰雲瞢[2]，其川江漢，其浸潁湛，其利丹銀齒革，其民一男二女，其畜宜鳥獸，其穀宜稻。河南曰豫州，其山鎮曰華山，其澤藪曰圃田，其川熒雒，其浸波溠，其利林漆絲枲，其民二男三女，其畜宜六擾，其穀宜五種。正東曰青州，其山鎮曰沂山，其澤藪曰望[3]諸，其川淮泗，其浸沂沭，其利蒲魚，其民二男二女，其畜宜雞狗，其穀宜稻麥。河東曰兗州，其山鎮曰岱山，其澤藪曰大野，其川河、沛，其浸（盧）〔瀘〕、維，其利蒲、魚，其民二男三女，其畜宜六擾，其穀宜四種。正西曰雍州，其山鎮曰嶽（山），其澤藪曰弦蒲[4]，其川涇汭，其浸渭洛，其利玉石，其民三男二女，其畜宜牛馬，其穀宜黍稷。東北曰幽州，其山鎮曰醫無閭，其澤藪曰貕養，其川河沛，其浸菑時，其利魚、鹽，其民一男三女，其畜宜四擾，其穀宜三種。河內曰冀州，其山鎮曰霍山，其澤藪曰楊[5]紆，其川漳，其浸汾潞，其利松柏，其民五男三女，其畜宜牛羊，其穀宜黍稷。正北曰并州，其山鎮曰恒山，其澤藪曰昭餘[6]祁，其川虖池、嘔夷，其浸淶、易，其利布帛，其民二男三女，其畜宜五擾，其穀宜五種。乃辨九服之邦國，方千里曰王畿，其外方五百里曰侯服，又其外方五百里曰甸服，又其外方五百里曰男服，又其外方五百里曰采服，又其外方五百里曰衛服，又其外方五百里曰蠻服，又其外方五百里曰夷服，又其外方五百里曰鎮服，又其外方五百里曰藩服。凡邦國千里，封公以方五百里，則四公，方四百里則六侯，方三百里則七伯，方二百里則二十五子，方百（另）〔里〕則百男，以周知天下。凡邦國，小大相維。王設其牧，制其職，各以其所能，制其貢，各以其所有。王將巡守，則戒于四方，曰：「各脩平乃守，攷乃職事，無敢不敬

---

1. 楊　　　2. 夢　　　3. 孟　　　4. 圃　　　5. 陽
6. 余

戒，國有大刑。」及王之所行，先道，帥其屬而巡戒令。王殷國亦如之。

4.59　土方氏掌土圭之法，以致日景。以土地相宅，而建邦國都鄙。以辨土宜土化之法，而授任地者。王巡守，則樹王舍。

4.60　懷方氏掌來遠方之民，致方貢，致遠物，而送逆之，達之以節。治其委積、館舍、飲食。

4.61　合方氏掌達天下之道路，通其財利，同其數器，壹其度量，除其怨惡，同其好善。

4.62　訓方氏掌道四方之政事與其上下之志，誦四方之傳道。正歲，則布而訓四方，而觀新物。

4.63　形方氏掌制邦國之地域，而正其封疆，無有華離之地。使小國事大國，大國比小國。

4.64　山師掌山林之名，辨其物與其利害，而頒之于邦國，使致其珍異之物。

4.65　川師掌川澤之名，辨其物與其利害，而頒之于邦國，使致其珍異之物。

4.66　邍師掌四方之地名，辨其丘陵、墳衍、邍隰之名物，之[1]可以封邑者。

4.67　匡人掌達法則、匡邦國而觀其慝，使無敢反側，以聽王命。

4.68　撢人掌誦王志，道國之政事，以巡天下之邦國而語之，使萬民和說而正王面。

4.69　都司馬掌都之士庶子及其衆庶、車馬、兵甲之戒令。以國法掌其‧政學‧[2]，以聽〔於〕國司馬。

---

1. 王引之云：「之」上蓋有脫文。
2. 王引之云：政、當讀政事之政，學、當讀爲教，政學即政教也。

4.70　家司馬亦如之。

5 秋官司寇

5.0　惟王建國，辨方正位，體國經野，設官分職，以爲民極。乃立秋官司寇，使帥其屬而掌邦禁，以佐王刑邦國。

刑官之屬：

大司寇，卿一人；小司寇，中大夫二人；士師，下大夫四人；鄉士，上士八人，中士十有六人，旅下士三十有二人；府六人，史十有二人，胥十有二人，徒百有二十人。

遂士，中士十有二人，府六人，史十有二人，胥十有二人，徒百有二十人。

縣士，中士三十有二人，府八人，史十有六人，胥十有六人，徒百有六十人。

方士，中士十有六人，府八人，史十有六人，胥十有六人，徒百有六十人。

訝士，中士八人，府四人，史八人，胥八人，徒八十人。

朝士，中士六人，府三人，史六人，胥六人，徒六十人。

司民，中士六人，府三人，史六人，胥三人，徒三十人。

司刑，中士二人，府一人，史二人，胥二人，徒二十人。

司刺，下士二人，府一人，史二人，徒四人。

司約，下士二人，府一人，史二人，徒四人。

司盟，下士二人，府一人，史二人，徒四人。

職金，上士二人，下士四人，府二人，史四人，胥八人，徒八十人。

司厲，下士二人，史一人，徒十有二人。

5　犬人，下士二人，府一人，史二人，賈四人，徒十〔有〕六人。

司圜，中士六人，下士十有二人，府三人，史六人，胥十有六人，徒百有六十人。

掌囚，下士十有二人，府六人，史十有二人，徒百有二十人。

10

掌戮，下士二人，史一人，徒十有二人。

司隸，中士二人，下士十有二人，府五人，史十人，胥二十人，徒二百人。

15　罪隸，百有二十人。

蠻隸，百有二十人。

閩隸，百有二十人。

20

夷隸，百有二十人。

貉隸，百有二十人。

25　布憲，中士二人，下士四人，府二人，史四人，胥四人，徒四十人。

禁殺戮，下士二人，史一人，徒十有二人。

禁暴氏，下士六人，史三人，胥六人，徒六十人。

30

野廬氏，下士六人，胥十有二人，徒百有二十人。

蜡氏，下士四人，徒四十人。

雍氏，下士二人，徒八人。

萍氏，下士二人，徒八人。

司寤氏，下士二人，徒八人。

司烜氏，下士六人，徒十有六人。

條狼氏，下士六人，胥六人，徒六十人。

脩閭氏，下士二人，史一人，徒十有二人。

冥氏，下士二人，徒八人。

庶氏，下士一人，徒四人。

穴氏，下士一人，徒四人。

翨氏，下士二人，徒八人。

柞氏，下士八人，徒二十人。

薙氏，下士二人，徒二十人。

硩蔟氏，下士一人，徒二人。

翦氏，下士（二）〔一〕人，徒二人。

赤犮[1]氏，下士一人，徒二人。

1. 魃

蝈氏，下士一人，徒二人。

壺涿氏，下士一人，徒二人。

5 庭氏，下士一人，徒二人。

銜枚氏，下士二人，徒八人。

伊耆氏，下士一人，徒二人。

10

大行人，中大夫二人；小行人，下大夫四人；司儀，上士八人，中士十有六人；行夫，下士三十有二人；府四人，史八人，胥八人，徒八十人。

環人，中士四人，史四人，胥四人，徒四十人。

15

象胥，每翟上士一人，中士二人，下士八人，徒二十人。

掌客，上士二人，下士四人，府一人，史二人，胥二人，徒（三）〔二〕十人。

20 掌訝，中士八人，府二人，史四人，胥四人，徒四十人。

掌交，中士八人，府二人，史四人，徒三十有二人。

掌察，四方中士八人，史四人，徒十有六人。

25

掌貨賄，下士十有六人，史四人，徒三十有二人。

朝大夫，每國上士二人，下士四人，府一人，史二人，庶子八人，徒二十人。

30 都則，中士一人，下士二人，府一人，史二人，庶子四人，徒八十人。

都士，中士二人，下士四人，府二人，史四人，胥四人，徒四十人，家士亦如之。

5.1　大司寇之職，掌建邦之三典，以佐王刑邦國，詰四方，一曰刑新國用輕典，二曰刑平國用中典，三曰刑亂國用重典。以五刑糾萬民，一曰野刑，上功糾力；二曰軍刑，上命糾守；三曰鄉刑，上德糾孝；四曰官刑，上能糾職；五曰國刑，上愿糾暴。以圜土聚教罷民，凡害人者，寘之圜土而施職事焉，以明刑恥之。其能改（過）〔者〕，反于中國，不齒三年；其不能改而出圜土者，殺。以兩造禁民訟，入束矢於朝，然後聽之。以兩劑禁民獄，入鈞金，三日乃致于朝，然後聽之。以嘉石平罷民，凡萬民之有罪過而未麗於法而害於州里者，桎梏而坐諸嘉石，役諸司空。重罪旬有（三）〔二〕日坐，（基）〔朞〕役；其次九日坐，九月役；其次七日坐，七月役；其次五日坐，五月役；其下罪三日坐，三月役。使州里任之，則宥而舍之。以肺石（遠）〔達〕窮民，凡遠近惸獨老幼之欲有復於上而其長弗達者，立於肺石，三日，士聽其辭，以告於上，而罪其長。正月之吉，始和布刑于邦國都鄙，乃縣刑象之法于象魏。使萬民觀刑象，挾日而斂之。凡邦之大盟約，涖其盟書，而登之于天府，大史、內史、司會及六官皆受其貳而藏之。凡諸侯之獄訟，以邦典定之；凡卿大夫之獄訟，以邦法斷之；凡庶民之獄訟，以邦成弊之。大祭祀，奉犬牲。若禋祀五帝，則戒之日，涖誓百官，戒于百族。及納亨，前王；祭之日，亦如之。奉其明水火。凡朝覲會同，前王，大喪亦如之。大軍旅，涖戮于社。凡邦之大事，使其屬蹕[1]。

5.2　小司寇之職，掌外朝之政，以致萬民而詢焉。一曰詢國危，二曰詢國遷，三曰詢立君。其位：王南鄉，三公及州長、百姓北面，群臣西面，群吏東面。小司寇擯[2]以敘進而問焉，以眾輔志而弊謀。以五刑聽萬民之獄訟，附于刑，用情訊之。至于旬，乃弊之，讀書則用法。凡命夫命婦，不躬坐獄訟。凡王之同族有罪，不即市。以五聲聽獄訟，求民情。一曰辭聽，二曰色聽，三曰氣聽，四曰耳聽，五曰目聽。以八辟麗邦法，附刑罰：一曰議親之辟，二曰議故之辟，三曰議賢之辟，四曰議能之辟，五曰議功之辟，六曰議貴之辟，七曰議勤之辟，八曰議賓之辟。以三刺斷庶民獄訟之中：一曰訊群臣，二曰訊群吏，三曰訊萬民。聽民之所刺宥，以施上服下服之刑。及大比，登民數，自生齒以上，登于天府。內史、司會、冢宰貳之，以制國用。小祭祀，奉犬牲。凡禋祀五帝，實鑊水，納亨亦如之。大賓客，前王而辟，后、世子之喪亦如之。小師，涖戮。凡國之大事，使其屬蹕。孟多祀司民，獻民數於王，王拜受之，以圖國用而進退之。歲終，則令群士計獄弊訟，登中于天府。正歲，帥其屬而觀刑象，令以木鐸，曰：「不用法者，國有常刑」。令群士，乃宣布于四方，憲刑禁。乃命其屬入會，乃致事。

---

1. 趨　　　　2. 賓

5.3　士師之職，掌國之五禁之法，以左右刑罰，一曰宮禁，二曰官禁，三曰國禁，四曰野禁，五曰軍禁，皆以木鐸徇之于朝，書而縣于門閭。以五戒先後刑罰，毋使罪麗于民：一曰誓，用之于軍旅；二曰詰，用之于會同；三曰禁，用諸田役；四曰糾，用諸國中；五曰憲，用諸都鄙。掌鄉合州黨族閭比之聯，與其民人之什伍，使之相安相受，以比追胥之事，以施刑罰慶賞。掌官中之政令。察獄訟之辭，以詔司寇斷獄弊訟，致邦令。掌士之八成：一曰邦汋，二曰邦賊，三曰邦諜，四（者）〔曰〕犯邦令，五曰撟邦令，六曰為邦盜，七曰為邦朋，八曰為邦誣。若邦凶荒，則以荒辯之法治之，令移民、通財、糾守、緩刑。凡以財獄訟者，正之以傅別、約劑。若祭勝國之社稷，則為之尸。王燕出入，則前驅而辟。祀五帝，則沃尸及王盥，洎鑊水。凡刉[1]珥，則奉犬牲。諸侯為賓，則帥其屬而蹕于王宮；大喪亦如之。大師，帥其屬而禁逆軍旅者與犯師禁者而戮之。歲終，則令正要會。正歲，帥其屬而憲禁令于國及郊野。

5.4　鄉士掌國中，各掌其鄉之民數而糾戒之，聽其獄訟，察其辭，（辯）〔辨〕其獄訟，異其死刑之罪而要之，旬而職聽于朝。司寇聽之，斷其獄、弊其訟于朝；群士司刑皆在，各麗其法以議獄訟。獄訟成，士師受中。協[2]日刑殺，肆之三日。若欲免之，則王會其期。大祭祀、大喪紀、大軍旅、大賓客，則各掌其鄉之禁令，帥其屬夾道而蹕。三公若有邦事，則為之前驅而辟，其喪亦如之。凡國有大事，則戮其犯命者。

5.5　遂士掌四郊，各掌其遂之民數，而糾其戒令，聽其獄訟，察其辭，辨其獄訟，異其死刑之罪而要之，二旬而職聽于朝。司寇聽之，斷其獄、弊其訟于朝；群士司刑皆在，各麗其法以議獄訟。獄訟成，士師受中。協日就郊而刑殺，各於其遂，（肆）〔肆〕之三日。若欲免之，則王令三公會其期。若邦有大事聚眾庶，則各掌其遂之禁令，帥其屬而蹕。六卿若有邦事，則為之前驅而辟，其喪亦如之。凡郊有大事，則戮其犯命者。

5.6　縣士掌野，各掌其縣之民數，糾其戒令，而聽其獄訟，察其辭，辨其獄訟，異其死刑之罪而要之，三旬而職聽于朝。司寇聽之，斷其獄、弊其訟于朝；群士司刑皆在，各麗其法以議獄訟。獄訟成，士師受中。協日刑殺，各就其縣，肆之三日。若欲免之，則王命六卿會其期。若邦有大役聚眾庶，則各掌其縣之禁令。若大夫有邦事，則為之前驅而辟，其喪亦如之。凡野有大事，則戮其犯命者。

---

1. 刉　　　　2. A.協 B.汁

5.7　方士掌都家，聽其獄訟之辭，辨其死刑之罪而要之，三月而上獄訟于國。司寇聽
其成于朝，群士司刑皆在，各麗其法以議獄訟。獄訟成，士師受中，書其刑殺之成與其
聽獄訟者。凡都家之大事聚衆庶，則各掌其方之禁令。以時脩其縣法，若歲終，則省之
而誅賞焉。凡都家之士所上治，則主之。

5.8　訝士掌四方之獄訟，諭罪刑于邦國。凡四方之有治於士者，造焉。四方有亂獄，
則往而成之。邦有賓客，則與行人送逆之。入於國，則為之前驅而辟，野亦如之。居
館，則帥其屬而為之蹕，誅戮暴客者。客出入則道之，有治則贊之。凡邦之大事聚衆
庶，則讀其誓禁。

5.9　朝士掌建邦外朝之法，左九棘，孤卿大夫位焉，群士在其後；右九棘，公侯伯子
男位焉，群吏在其後；面三槐，三公位焉，州長衆庶在其後。左嘉石，平罷民焉；右肺
石，達窮民焉。帥其屬而以鞭呼趨[1]且辟。禁慢朝、錯立族談者。凡得獲貨賄、人民、
六畜者，委于[2]朝，告于士，旬而舉之，大者公之，小者庶民私之。凡士之治有期日，
國中一旬，郊二旬，野三旬，都三月，邦國朞[3]。期內之治聽，期外不聽。凡有責者，
有判書以治，則聽。凡民同貨財者，令以國法行之。犯令者，刑罰之。凡屬責者，以其
地傅，而聽其辭。凡盜賊軍鄉邑及家人，殺之無罪。凡報仇讎者，書於士，殺之無罪。
若邦凶荒、札喪、寇戎之故，則令邦國、都家、縣鄙慮刑貶。

5.10　司民掌登萬民之數，自生齒以上皆書於版，辨其國中與其都鄙及其郊野，異其男
女，歲登下其死生。及三年大比，以萬民之數詔司寇。司寇及孟冬祀司民之日獻其數于
王，王拜受之，登于天府。內史、司會、冢宰貳之，以贊王治。

5.11　司刑掌五刑之法，以麗萬民之罪。墨罪五百，劓罪五百，宮罪五百，刖罪五百，
殺罪五百。若司寇斷獄弊訟，則以五刑之法詔刑罰，而以辨罪之輕重。

5.12　司刺掌三刺、三宥、三赦之法，以贊司寇聽獄訟。壹刺曰訊群臣，再刺曰訊群
吏，三刺曰訊萬民。壹宥曰不識，再宥曰過失，三宥曰遺忘。壹赦曰幼弱，再赦曰老
旄，三赦曰憃愚。以此三法者求民情，斷民中，而施上服下服之罪，然後刑殺。

5.13　司約掌邦國及萬民之約劑，治神之約為上，治民之約次之，治地之約次之，治功

1. 趨　　　2. 於　　　3. A.期 B.□

之約次之，治器之約次之，治摯之約次之。凡大約劑，書於宗彝；小約劑，書於丹圖。若有訟者，則珥而辟藏，其不信者服墨刑。若大亂，則六官辟藏，其不信者殺。

5.14　司盟掌盟載之法。凡邦國有疑會同，則掌其盟約之載及其禮儀[1]，北面詔明神。既盟，則貳之。盟萬民之犯命者，詛其不信者亦如之。凡民之有約劑者，其貳在司盟。有獄訟者，則使之盟詛。凡盟詛，各以其地域之眾庶共其牲而致焉。既盟，則爲司盟共祈酒脯。

5.15　職金掌凡金、玉、錫、石、丹、青之戒令。受其入征者，辨其物之媺惡與其數量，楬而璽之，入其金錫于爲兵器之府，入其玉石丹青于守藏之府。入其要。掌受士之金罰、貨罰，入于司兵。旅于上帝，則共其金版，饗諸侯亦如之。凡國有大故而用金石，則掌其令。

5.16　司厲掌盜賊之任器、貨賄，辨其物，皆有數量，賈而楬之，入于司兵。其奴，男子入于罪[2]隸，女子入于舂藁。凡有爵者與七十者與未齔者，皆不爲奴。

5.17　犬人掌犬牲。凡祭祀，共犬牲，用牷物。伏、瘞亦如之。凡幾、珥、沈、辜，用駹可也。凡相犬、牽犬者屬焉，掌其政治。

5.18　司圜掌收教罷民，凡害人者，弗使冠飾而加明刑焉，任之以事而收教之。能改者，上罪三年而舍，中罪二年而舍，下罪一年而舍。其不能改而出圜土者，殺。雖出，三年不齒。凡圜土之刑人也不虧體，其罰人也不虧財。

5.19　掌囚掌守盜賊，凡囚者。上罪[3]梏拲而桎，中罪桎梏，下罪梏，王之同族拲，有爵者桎，以待弊罪。及刑殺，告刑于王，奉而適朝，士加明梏，以適市而刑殺之。凡有爵者與王之同族，奉而適甸師氏，以待刑殺。

5.20　掌戮掌斬殺賊諜而搏之。凡殺其親者，焚之；殺王之親者，辜之。凡殺人者，踣諸市，肆之三日。刑盜于市。凡罪之麗於法者，亦如之。唯王之同族與有爵者，殺之于甸師氏。凡軍旅田役斬殺刑戮，亦如之。墨者使守門，劓者使守關，宮者使守內，刖者使守囿，髡者使守積。

---

1. 義　　　　2. 辠　　　　3. 辠

5.21　司隸掌五隸之法，辨其物，而掌其政令。帥其民而搏盜賊，役國中之辱事，爲百
官積任器，凡囚執人之事。邦有祭祀、賓客、喪紀之事，則役其煩辱之事。掌帥四翟之
隸，使之皆服其邦之服，執其邦之兵，守王宮與野舍之厲禁。

5.22　罪隸掌役百官府與凡有守者，掌使令之小事。凡封國若家，〔子則取隸焉〕[1]，　　　5
（牛助爲牽徬）。（其守王宮與其厲禁者），（如蠻隸之事）。

5.23　蠻隸掌役校人養馬。其在王宮者，執其國之兵以守王宮。在野外則守厲禁。

5.24　閩隸掌役〔掌〕畜養鳥而阜蕃教擾之，掌（子則取隸焉）〔與鳥言〕，〔其守王　　　10
宮者與其守厲禁者〕，〔如蠻隸之事〕。

5.25　夷隸掌役牧人養牛，〔牛助爲牽徬〕。（馬），（與鳥言）。其守王宮者與其守
厲禁者，如蠻隸之事。
　　　　　　　　　　　　　　　　　　　　　　　　　　　　　　　　　　　　　　　15

5.26　貉隸掌役服不氏（而）養獸而教擾之，掌與獸言。其守王宮者與其守厲禁者，如
蠻隸之事。

5.27　布憲掌憲邦之刑禁。正月之吉，執旌節以宣布于四方，而憲邦之刑禁，以詰四方
邦國及其都鄙，達于四海。凡邦之大事合衆庶，則以刑禁號令。　　　　　　　　　　　20

5.28　禁殺戮掌司斬殺戮者，凡傷人見血而不以告者，攘獄者，遏訟者，以告而誅之。

5.29　禁暴氏掌禁庶民之亂暴力正者，橋誣犯禁者，作言語而不信者，以告而誅之。凡
國聚衆庶，則戮其犯禁者以徇。凡奚隸聚而出入者，則司牧之，戮其犯禁者。　　　　　25

5.30　野廬氏掌達國道路，至于四畿。比國郊及野之道路、宿息、井、樹。若有賓客，
則令守涂地之人聚（檽）〔㯂〕之，有相翔者〔則〕誅之。凡道路之‧舟車轚互者‧[2]，
敘而行之。凡有節者及有爵者至，則爲之辟。禁野之橫行徑踰者。凡國之大事，比脩除
道路者。掌凡道禁。邦之〔有〕大師，則令埽道路，且以幾禁行作不時者、不物者。　　　30

---

1. 王引之云：「子」上有脫文。　　2. 舟輿轚互者

5.31　蜡氏掌除骴。凡國之大祭祀，令州里除不蠲，禁刑者、任人及凶服者，以及郊野，大師、大賓客亦如之。若有死於道路者，則令埋而置楬焉，書其日月焉，縣其衣服任器于有地之官，以待其人。掌凡國之骴禁。

5.32　雍氏掌溝瀆澮池之禁，凡害於國稼者。春令爲阱擭溝瀆之利於民者，秋令塞阱杜擭。禁山之爲苑、澤之沈者。

5.33　萍氏掌國之水禁。幾酒，謹酒，禁川游者。

5.34　司寤氏掌夜時。以星分夜，以詔夜士夜禁。禦晨行者，禁宵行者、夜遊者。

5.35　司烜氏掌以夫遂取明火於日，以鑒取明水於月，以共祭祀之明齍、明燭，共明水。凡邦之大事，共墳燭庭燎。中春，以木鐸修火禁于國中。軍旅，修火禁。邦若屋誅，則爲明竁焉。

5.36　條狼氏掌執鞭以趨辟。王出入則八人夾道，公則六人，侯伯則四人，子男則二人。凡誓，執鞭以趨於前，且命之。誓僕右曰殺，誓馭曰車轘，誓大夫曰敢不關，鞭五百，誓師曰三百，誓邦之大（史）〔事〕曰殺，誓小（史）〔事〕曰墨。

5.37　脩閭氏掌比國中宿互（欙）〔樓〕者與其國粥，而比其追胥者而賞罰之。禁徑踰者與以兵革趨行者與馳騁於國中者。邦有故，則令守其閭互，唯執節者不幾。

5.38　冥氏掌設弧張。爲阱擭以攻猛獸，以靈鼓敺之。若得其獸，則獻其皮、革、齒、須、備。

5.39　庶氏掌除毒蠱，以攻說禬之，〔以〕嘉草[1]攻之。凡敺蠱，則令之比之。

5.40　穴氏掌攻蟄獸，各以其物火之。以時獻其珍異皮革。

5.41　蔉氏掌攻猛鳥，各以其物爲媒而捕之。以時獻其羽翮。

---

1. A.艸 B.□

5.42　柞氏掌攻草木及林麓。夏日至，令刊陽木而火之；冬日至，令剝陰木而水之。若欲其化也，則春秋變其水火。凡攻木者，掌其政令。

5.43　薙氏掌殺草。春始生而萌之，夏日至而夷之，秋繩而芟之，冬日至而耜之。若欲其化也，則以水火變之。掌凡殺草之政令。

5.44　硩蔟氏掌覆夭鳥之巢。以方書十日之號，十有二辰之號，十有二月之號，十有二歲之號，二十有八星之號，縣其巢上，則去之。

5.45　翦氏掌除蠹物，以攻禜攻之，以莽草熏之，凡庶蠱之事。

5.46　赤犮氏掌除牆屋，以蜃炭攻之，以灰洒毒之。凡隙屋，除其狸蟲。

5.47　蟈氏掌去鼃黽，焚牡蘜，以灰洒之，則死。以其煙被之，則凡水（蟲）〔蟲〕無聲。

5.48　壺涿氏掌除水蟲，以炮土之鼓敺之，以焚石投之。若欲殺其神，則以牡橭午貫象齒而沈之，則其神死，淵爲陵。

5.49　庭氏掌射國中之夭鳥。若不見其鳥獸，則以救日之弓與救月之矢〔夜〕射之。若神也，則以大陰之弓與枉矢射之。

5.50　銜枚氏掌司囂。國之大祭祀，令禁無囂。軍旅、田役，令銜枚。禁嘂呼歎鳴於國中者，行歌哭於國中之道者。

5.51　伊耆氏掌國之大祭祀共其杖咸；軍旅，授有爵者杖。共王之齒杖。

5.52　大行人掌大賓之禮及大客之儀，以親諸侯。春朝諸侯而圖天下之事，秋覲以比邦國之功，夏宗以陳天下之謨，冬遇以協諸侯之慮，時會以發四方之禁，殷同以施天下之政，時聘以結諸侯之好，殷覜以除邦國之慝，間問以諭諸侯之志，歸脤以交諸侯之福，賀慶以贊諸侯之喜，致禬以補諸侯之災。以九儀辨諸侯之命，等諸臣之爵；以同邦國之禮，而待其賓客。上公之禮，執桓圭九寸，繅藉九寸，冕服九章，建常九斿，樊纓九

就，貳車九乘，介九人，禮九牢，其朝位賓主之間九十步，立當車軹，擯者五人，廟中
將幣三享，王禮再祼而酢，饗禮九獻，食禮九舉，出入五積，三問三勞。諸侯之禮，執
信圭七寸，繅藉七寸，冕服七章，建常七斿，樊纓七就，貳車七乘，介七人，禮七牢，
朝位賓主之間七十步，立當前疾[1]，擯者四人，廟中將幣三享，王禮壹祼而酢，饗禮七
獻，食禮七舉，出入四積，再問再勞。諸伯執躬圭，其他皆如諸侯之禮。諸子執穀璧五
寸，繅藉五寸，冕服五章，建常五斿，樊纓五就，貳車五乘，介五人，禮五牢，朝位賓
主之間五十步，立當車衡，擯者三人，廟中將幣三享，王禮壹祼不酢，饗禮五獻，食禮
五舉，出入三積，壹問壹勞。諸男執蒲璧，其他皆如諸子之禮。凡大國之孤，執皮帛以
繼小國之君，出入三積，不問，壹勞，朝位當車前，不交擯，廟中無相，以酒禮之。其
他皆眡小國之君。凡諸侯之卿，其禮各下其君二等以下，及其大夫士皆如之。邦畿方千
里，其外方五百里謂之侯服，歲壹見，其貢祀物。又其外方五百里謂之甸服，二歲壹
見，其貢·嬪物·[2]。又其外方五百里謂之男服，三歲壹見，其貢器物。又其外方五百里
謂之采服，四歲壹見，其貢服物。又其外方五百里謂之衛服，五歲壹見，其貢材物。又
其外方五百里謂之要服，六歲壹見，其貢貨物。九州之外謂之蕃國，世壹見，各以其所
貴寶為摯。王之所以撫邦國諸侯者，歲徧存，三歲徧覜，五歲徧省；七歲屬象胥，諭言
語，協[3]辭命；九歲屬瞽史，諭書名，聽聲音；十有一歲達瑞節，同度量，成牢禮，同
數器，脩法則；十有二歲王巡守殷國。凡諸侯之王事，辨其位，正其等，協其禮，賓而
見之。若有大喪，則〔詔〕相諸侯之禮。若有四方之大事，則受其幣，聽其辭。凡諸侯
之邦交，歲相問也，殷相聘也，世相朝也。

5.53　小行人掌邦國賓客之禮籍，以待四方之使者。令諸侯春入貢，秋獻功，王親受
之，各以其國之籍禮之。凡諸侯入王，則逆勞于畿。及郊勞、眡館、將幣，為承而擯。
凡四方之使者，大客則擯，小客則受其幣而聽其辭。使適四方、協九儀。賓客之禮，
朝、覲、宗、遇、會、同，君之禮也；存、覜、省、聘、問，臣之禮也。達天下之六
節：山國用虎節，土國用人節，澤國用龍節，皆以金為之；道路用旌節，門關用符節，
都鄙用管節，皆以竹為之。成六瑞：王用瑱圭，公用桓圭，侯用信圭，伯用躬圭，子用
穀璧，男用蒲璧。合六幣：圭以馬，璋以皮，璧以帛，琮以錦，琥以繡，璜以黼。此六
物者，以和諸侯之好故。若國札喪，則令賻補之；若國凶荒，則令賙委之；若國師役，
則令稿襘之；若國有福事，則令慶賀之；若國有禍災，則令哀弔之。凡此五物者，治其
事故。及其萬民之利害為一書，其禮俗政事教治刑禁之逆順為一書，其悖逆暴亂作慝猶

---

1. A.軹　B.侯〈孫詒讓云：「疾」當為「侯」之譌。〉
2. 王引之云：「嬪」、當讀為「賓」。「賓物」、賓客之事所用之物也。
3. 協

犯令者爲一書，其札喪凶荒厄貧爲一書，其康樂和親安平爲一書。凡此〔五〕物者，每國辨異之，以反命于王，以周知天下之故。

5.54　司儀掌九儀之賓客擯相之禮，以詔儀容、辭令、揖讓之節。將合諸侯，則令爲壇三成，宮，旁一門。詔王儀，南鄉見諸侯，土揖庶姓，時揖異姓，天揖同姓。及其擯之，各以其禮，公於上等，侯伯於中等，子男於下等。其將幣亦如之，其禮亦如之。王燕，則諸侯毛[1]。凡諸公相爲賓，主國五積，三問，皆三辭拜受，皆旅擯；再勞，三辭，三揖，登，拜受，拜送。主君郊勞，交擯，三辭，車逆，拜辱，三揖，三辭，拜受，車送，三還，再拜。致館亦如之。致飧如致積之禮。及將幣，交擯，三辭，車逆，拜辱，賓車進，荅拜，三揖三讓，每門止一相，及廟，唯上相入。賓三揖三讓，登，再拜，授幣，賓拜送幣。每事如初，賓亦如之。及出，車送，三請三進，再拜，賓三還三辭，告辟。致饔餼、還圭、饗食、致贈、郊送，皆如將幣之儀。賓之拜禮：拜饔餼，拜饗食。賓繼主君，皆如主國之禮。諸侯、諸伯、諸子、諸男之相爲賓也各以其禮，相待也如諸公之儀。諸公之臣相爲國客，則三積，皆三辭拜受。及大夫郊勞，旅擯，三辭，拜辱，三讓，登，聽命，下拜，登受。賓使者如初之儀。及退，拜送。致館如初之儀。及將幣，旅擯，三辭，拜逆，客辟，三揖，每門止一相，及廟，唯君相入，三讓，客登，拜，客三辟，授幣，下，出，每事如初之儀。及禮、私面、私獻，皆再拜稽首，君荅拜。出，及中門之外，問君，客再拜對，君拜，客辟而對；君問大夫，客對；君勞客，客再拜稽首，君荅拜，客趨辟。致饔餼如勞之禮，饗食還圭如將幣之儀。君館客，客辟，介受命，遂送，客從，拜辱于朝。明日，客拜禮賜，遂行，如入之積。凡（諸）〔侯〕伯子男之臣，以其國之爵相爲客而相禮，其儀亦如之。凡四方之賓客禮儀、辭命、饌牢、賜獻，以二等從其爵而上下之。凡賓客，送逆同禮。凡諸侯之交，各稱其邦而爲之幣，以其幣爲之禮。凡行人之儀，不朝不夕，不正其主面，亦不背客。

5.55　行夫掌邦國傳遽之小事、媺惡而無禮者。凡其使也，必以旌節。雖道有難而不時，必達。居於其國，則掌行人之勞辱事焉，使則介之。

5.56　環人掌送逆邦國之通賓客，以路節達諸四方。舍則授館，令聚（檪）〔櫪〕，有任器，則令環之。凡門關無幾，送逆及疆。

5.57　象胥掌蠻、夷、閩、貉、戎、狄之國使，掌傳王之言而諭說焉，以和親之。若以

---

1. 毛

時入賓，則協其禮，與其辭，言傳之。凡其出入送逆之禮節幣帛辭令，而賓相之。凡國之大喪，詔相國客之禮儀而正其位。凡軍旅會同，受國客幣而賓禮之。凡作事，王之大事諸侯，次事卿，次事大夫，次事（上）士，下事庶子。

5.58　掌客掌四方賓客之牢禮、餼獻、飲食之等數與其政治。王合諸侯而饗禮，則具十有二牢，庶具百物備，諸侯長十有再獻。王巡守、殷國，則國君膳以牲犢，令百官百姓皆具。從者，三公眂上公之禮，卿眂侯伯之禮，大夫眂子男之禮，士眂諸侯之卿禮，庶子壹眂其大夫之禮。凡諸侯之禮：上公五積，皆眂飧牽，三問皆脩，群介、行人、宰、史皆有牢；飧五牢，食四十，簠十，豆四十，鉶（四）〔三〕十有二，壺四十，鼎簋十有二，牲三十有六，皆陳；饔餼九牢，其死牢如飧之陳，牽四牢，米百有二十筥，醯醢百有二十甕，車皆陳；車米眂生牢，牢十車，車（乘）〔乘〕有五籔，車禾眂死牢，牢十車，車三秅，芻薪倍禾，皆陳；乘禽日九十雙，殷膳大牢，以及歸，三饗、三食、三燕，若弗酌則以幣致之；凡介、行人、宰、史皆有飧饔餼，以其爵等為之牢禮之陳數，唯上介有禽獻；夫人致禮，八壺、八豆、八籩，膳大牢，致饗大牢，食大牢；卿皆見，以羔，膳大牢。侯伯四積，皆眂飧牽，再問皆脩；飧四牢，食三十有二，簠八，豆三十有二，鉶二十有（八）〔四〕，壺三十有二，鼎簋十有二，腥二十有七，皆陳；饔餼七牢，其死牢如飧之陳，牽三牢，米百筥，醯醢百甕，皆陳；米三十車，禾四十車，芻薪倍禾，皆陳；乘禽日七十雙，殷膳大牢，三饗、再食、再燕；凡介、行人、宰、史皆有飧饔餼，以其爵等為之禮，唯上介有禽獻；夫人致禮，八壺、八豆、八籩，膳大牢，致（饗）〔饗〕大牢；卿皆見，以羔，膳特牛。子男三積，皆眂飧牽，壹問以脩；飧三牢，食二十有四，簠六，豆二十有四，鉶十有（八）〔六〕，壺二十有四，鼎簋十有二，牲十有八，皆陳；饔餼五牢，其死牢如飧之陳，牽二牢，米八十筥，醯醢八十甕，皆陳；米二十車，禾三十車，芻薪倍禾，皆陳；乘禽日五十雙，壹饗、壹食、壹燕；凡介、行人、宰、史皆有飧饔餼，以其爵等為之禮，唯上介有禽獻；夫人致禮，六壺、六豆、六籩，膳眂致饗；親見卿皆膳特牛。凡諸侯之卿、大夫、士為國客，則如其介之禮以待之。凡禮賓客，國新殺禮，凶荒殺禮，札喪殺禮，禍災殺禮，在野在外殺禮。凡賓客死，致禮以喪用。賓客有喪，（惟）〔唯〕芻稍之受。遭主國之喪，不受饗食，受牲禮。

5.59　掌訝掌邦國之等籍，以待賓客。若將有國賓客至，則戒官脩委積，與士逆賓于疆，為前驅而入；及宿，則令聚（檽）〔檽〕；及委，則致積；至于國，賓入館，次于舍門外，待事于客；及將幣，為前驅；至于朝，詔其位，入復。及退亦如之。凡賓客之

治，令訝，訝治之。凡從者出，則使人道之。及歸，送亦如之。凡賓客，諸侯有卿訝，卿有大夫訝，大夫有士訝，士皆有訝。凡訝者，賓客至而往，詔相其事而掌其治令。

5.60　掌交掌以節與幣巡邦國之諸侯及其萬民之所聚者，道王之德意志慮，使咸知王之好惡，辟行之。使和諸侯之好，達萬民之說。掌邦國之通事而結其交好。以諭九稅之利，九禮之親，九牧之維，九禁之難，九戎之威。

5.61　掌察。

5.62　掌貨賄。

5.63　朝大夫掌都家之國治。日朝以聽國事故，以告其君長。國有政令，則令其朝大夫。凡都家之治於國者，必因其朝大夫，然後聽之；唯大事弗因。凡都家之治有不及者，則誅其朝大夫。在軍旅，則誅其有司。

5.64　都則。

5.65　都士。

5.66　家士。

6 冬官考工記

6.0　國有六職，百工與居一焉。或坐而論道，或作而行之，或審曲面埶，以飭五材，以辨民器，或通四方之珍異以資之，或飭力以長地財，或治絲麻以成之。坐而論道，謂之王公；作而行之，謂之士大夫；審曲面埶，以飭五材，以辨民器，謂之百工；通四方之珍異以資之，謂之商旅；飭力以長地財，謂之農夫；治絲麻以成之，謂之婦功。粵無鏄，燕無函，秦無盧[1]，胡無弓、車。粵之無鏄也，非無鏄也，夫人而能爲鏄也；燕之無函也，非無函也，夫人而能爲函也；秦之無盧也，非無盧也，夫人而能爲盧也；胡之無弓車也，非無弓車也，夫人而能爲弓車也。知者創物，巧者述之，守之世，謂之工。百工之事，皆聖人之作也。爍金以爲刃，凝土以爲器，作車以行陸，作舟以行水，此皆

---

1. 盧〈阮元曰：盧乃籚之訛。〉

聖人之所作也。天有時，地有氣，材有美，工有巧，合此四者，然後可以爲良。材美工
巧，然而不良，則不時、不得地氣也。橘踰淮而北爲枳，鸜¹鵒不踰濟，貉踰汶則死，
此地氣然也。鄭之刀，宋之斤，魯之削，吳粵之劍，遷乎其地，而弗能爲良，地氣然
也。燕之角，荆之幹，妢胡之笴²，吳粵之金、錫，此材之美者也。天有時以生，有時
以殺，草木有時以生，有時以死，石有時以泐，水有時以凝，有時以澤，此天時也。凡
攻木之工七，攻金之工六，攻皮之工五，設色之工五，刮摩之工五，（搏）〔摶〕埴之
工二。攻木之工，輪、輿、弓、廬、匠、車、梓。攻金之工，築、冶、鳧、㮚、（叚）
〔段〕、桃。攻皮之工，函、鮑、韗³、韋、裘。設色之工，畫、繢、鍾⁴、筐、㡛。刮
摩之工，玉楖、雕、矢、磬。（搏）〔摶〕埴之工，陶（瓬）〔瓬〕。有虞氏上陶，夏
后氏上匠，殷人上梓，周人上輿。故一器而工聚焉者，車爲多。車有六等之數：車軫四
尺，謂之一等；戈柲六尺有六寸，既建而迆，崇於軫四尺，謂之二等；人長八尺，崇於
戈四尺，謂之三等；殳長尋有四尺，崇於人四尺，謂之四等；車戟常，崇於殳四尺，謂
之五等；酋矛常有四尺，崇於戟四尺，謂之六等。車謂之六等之數。凡察車之道，必自
載於地者始也，是故察車自輪始。凡察車之道，欲其樸屬而微至。不樸屬，無以爲完久
也；不微至，無以爲戚速也。輪已崇，則人不能登也；輪已庳，則於馬終古登阤⁵也。
故兵車之輪六尺有六寸；田車之輪六尺有三寸，乘車之輪六尺有六寸。六尺有六寸之
輪，軹崇三尺有三寸也，加軫與轐焉四尺也。人長八尺，登下以爲節。

6.1　輪人爲輪，斬三材，必以其時。三材既具，巧者和之。轂也者，以爲利轉也；輻
也者，以爲直指也；牙也者，以爲固抱也。輪敝，三材不失職，謂之完。望而眡其輪，
欲其幎爾而下迆也；進而眡之，欲其微至也；無所取之，取諸圜也。望其輻，欲其掣爾
而纖也；進而眡之，欲其肉稱也；無所取之，取諸易直也。望其轂，欲其眼⁶也；進而
眡之，欲其幬之廉也；無所取之，取諸急也。眡其綆，欲其蚤之正也。察其菑蚤不齵，
則輪雖敝不匡。凡斬轂之道，必矩其陰陽。陽也者稹理而堅，陰也者疏理而柔，是故以
火養其陰而齊諸其陽，則轂雖敝⁷不蒇。轂小而長則柞，大而短則（擊）〔摯〕。是故
六分其輪崇，以其一爲之牙圍。參分其牙圍而漆其二。椁其漆內而中詘之，以爲之轂
長，以其長爲之圍。以其圍之肪捎其藪。五分其轂之長，去一以爲賢，去三以爲軹。容
轂必直，陳篆必正，施膠必厚，施筋必數，幬必負幹，既摩，革色青白，謂之轂之善。
參分其轂長，二在外，一在內，以置其輻。凡輻，量其鑿深以爲輻廣。輻廣而鑿淺，則
是以大扤，雖有良工，莫之能固。鑿深而輻小，則是固有餘而強不足也。故竑其輻廣以

---

1. 鸜　　2. 笴　　3. 韗　　4. 鍾　　5. 阤
6. 輼　　7. 弊

為之弱，則雖有重任，轂不折。參分其輻之長而殺其一，則雖有深泥，亦弗之溓也。參分其股圍，去一以為骹圍。揉輻必齊，平沈必均。直以指牙，牙得，則無槷而固。不得，則有槷，必足見也。六尺有六寸之輪，綆參分寸之二，謂之輪之固。凡為輪，行澤者欲杼，行山者欲侔。杼以行澤，則是刀以割塗也，是故塗不附。侔以行山，則是（搏）〔搏〕以行石也，是故輪雖敝，不瓶[1]於鑿。凡揉[2]牙，外不廉[3]而內不挫，旁不腫，謂之用火之善。是故規之以眂其圜也，萬之以眂其匡也，縣之以眂其輻之直也，水之以眂其平沈之均也，量其藪以黍，以眂其同也，權之以眂其輕重之侔也。故[4]可規、可萬、可水、可縣、可量、可權也，謂之國工。輪人為蓋，達常圍三寸，桯圍倍之，六寸。信其桯圍以為部廣，部廣六寸。部長二尺，桯長倍之，四尺者二。十分寸之一謂之枚，部尊一枚，弓鑿廣四枚，鑿上二枚，鑿下四枚；鑿深二寸有半，下直二枚，鑿端一枚。弓長六尺，謂之庇軹，五尺謂之庇輪，四尺謂之庇軫。參分弓長而揉其一。參分其股圍，去一以為蚤圍。參分弓長，以其一為之尊。上欲尊而宇欲卑，上尊而宇卑，則吐水疾而霤遠。蓋已崇則難為門也，蓋已（車）〔卑〕是蔽目也，是故蓋崇十尺。良蓋弗冒弗紘，殷畝而馳不隊[5]，謂之國工。

6.2　輿人為車，輪崇、車廣、衡長，參如一，謂之參稱。參分車廣，去一以為隧。參分其隧，一在前，二在後，以揉其式。以其廣之半為之式崇，以其隧之半為之較崇。六分其廣，以一為之軫圍。參分軫圍，去一以為式圍；參分式圍，去一以為較圍；參分較圍，去一以為軹圍；參分軹圍，去一以為轛圍。圜者中規，方者中矩，立者中縣，衡者中水，直者如生焉，繼者如附焉。凡居材，大與小無并，大倚小則摧，引之則絕。棧車欲弇，飾車欲侈。

6.3　輈人為輈。輈有三度，軸有三理。國馬之輈深四尺有七寸，田馬之輈深四尺，駑馬之輈深三尺有三寸。軸有三理：一者以為媺也，二者以為久也，三者以為利也。（軌）〔軓〕前十尺，而策半之。凡任木，任正者，十分其輈之長，以其一為之圍，衡任者，五分其長，以其一為之圍。小於度，謂之無任。五分其軫間，以其一為之軸圍。十分其輈之長，以其一為之當兔之圍。參分其兔圍，去一以為頸圍。五分其頸圍，去一以為踵圍。凡揉輈，欲其孫而無弧深。今夫大車之轅摯，其登又難；既克其登，其覆車也必易。此無故，唯轅直且無橈也。是故大車平地既節軒摯之任，及其登阤，不伏其轅，必縊其牛。此無故，唯轅直且無橈也。故登阤者，倍任者也，猶能以登；及其下阤也，不援其邸，必緧其牛後。此無故，唯轅直且無橈也。是故輈欲頎典；輈深則折，淺

---

1. 鄰　　　2. 煣　　　3. 嗛　　　4. 是故　　　5. 墜

則負；輮注則利準，利準則久，和則安；輮欲弧而折，經而無絕。進則與馬謀，退則與
人謀，終日馳騁，左不楗，行數千里，馬不契需，終歲御，衣衽不敝，此唯輮之和也。
勸登馬力，馬力既竭，輮猶能一取焉。良輮環灂，自伏兔不至（軌）〔軓〕七寸，
（軌）〔軓〕中有灂，謂之國輮。軫之方也，以象地也；蓋之圜也，以象天也；輪輻三
十，以象日月也；蓋弓二十有八，以象星也。龍旂九斿，以象大火也；鳥旟七斿，以象
鶉火也；熊旗六斿，以象伐也；龜（蛇）〔旐〕四斿，以象營室也；弧旌枉矢，以象弧
也。攻金之工，築氏執下齊，冶氏執上齊，鳧氏爲聲，㮚氏爲量，段氏爲鎛器，桃氏爲
刃。金有六齊：六分其金而錫居一，謂之鍾鼎之齊；五分其金而錫居一，謂之斧斤之
齊；四分其金而錫居一，謂之戈戟之齊；參分其金而錫居一，謂之大刃之齊；五分其金
而錫居二，謂之削殺矢之齊；金錫半，謂之鑒燧[1]之齊。

6.4　築氏爲削，長尺博寸，合六而成規。欲新而無窮，敝盡而無惡。

6.5　冶氏爲殺矢，刃長寸，圍寸，鋌十之，重三垸。戈廣二寸，內倍之，胡三之，援
四之。已倨則不入，已句則不決，長內則折前，短內則不疾，是故倨句外博。重三鋝。
戟廣寸有半寸，內三之，胡四之，援五之，倨句中矩，與刺重三鋝。

6.6　桃氏爲劍，臘廣二寸有半寸。兩從半之。以其臘廣爲之莖圍，長倍之。中其莖，
設其後。參分其臘廣，去一以爲首廣，而圍之。身長五其莖長，重九鋝，謂之上制，上
士服之；身長四其莖長，重七鋝，謂之中制，中士服之；身長三其莖長，重五鋝，謂之
下制，下士服之。

6.7　鳧氏爲鍾，兩欒[2]謂之銑，銑間謂之于，于上謂之鼓，鼓上謂之鉦，鉦上謂之舞；
舞上謂之甬，甬上謂之衡；鍾縣謂之旋，旋蟲謂之幹；鍾帶謂之篆，篆間謂之枚，枚謂
之景：于上之攠謂之隧。十分其銑，去二以爲鉦，以其鉦爲之銑間，去二分以爲之鼓
間；以其鼓間爲之舞脩，去二分以爲舞廣。以其鉦之長爲之甬長。以其甬長爲之圍，參
分其圍，去一以爲衡圍。參分其甬長，二在上，一在下，以設其旋。薄厚之所震動，清
濁之所由出，侈弇之所由興，有說。鍾已厚則石，已薄則播，侈則柞，弇則鬱，長甬則
震。是故大鍾十分其鼓間，以其一爲之厚；小鍾十分其鉦間，以其一爲之厚。鍾大而
短，則其聲疾而短聞；鍾小而長，則其聲舒而遠聞。爲遂，六分其厚，以其一爲之深而
圜之。

---

1. 隧　　　　　　2. 鸞

6.8　臬氏爲量，改煎金錫則不耗。不耗然後權之，權之然後準之，準之然後量之。量
之以爲鬴，深尺，內方尺而圜其外，其實一鬴；其臀一寸，其實一豆；其耳三寸，其實
一升；重一鈞；其聲中黃鍾之宮。概而不稅。其銘曰：「時文思索，允臻其極。嘉量既
成，以觀四國。永啓厥後，茲器維則。」凡鑄金之狀，金與錫，黑濁之氣竭，黃白次
之；黃白之氣竭，青白次之；青白之氣竭，青氣次之：然後可鑄也。

6.9　段氏。

6.10　函人爲甲，犀甲七屬，兕甲六屬，合甲五屬。犀甲壽百年，兕甲壽二百年，合甲
壽三百年。凡爲甲，必先爲容，然後制革。權其上旅與其下旅，而重若一，以其長爲之
圍。凡甲鍛不摯則不堅，已敝則橈。凡察革之道，眡其鑽空，欲其惌也；眡其裏，欲其
易也；眡其朕，欲其直也；櫜之，欲其約也；舉而眡之，欲其豐也；衣之，欲其無齘
也。眡其鑽空而惌，則革堅也；眡其裏而易，則材更也；眡其朕而直，則制善也；櫜之
而約，則周也；舉之而豐，則明也；衣之無齘，則變也。

6.11　鮑人之事，望而眡之，欲其荼白也；進而握之，欲其柔而滑也；〔引而信之〕，
〔欲其直也〕；卷而（搏）〔摶〕之，欲其無迆也；眡其著，欲其淺也；察其線，欲其
藏也。革欲其荼白而疾澣之，則堅；欲其柔滑而腥脂之，則需；（引而信之），（欲其
直也）。信之而直，則取材正也；信之而枉，則是一方緩、一方急也。若苟一方緩、一
方急，則及其用之也，必自其急者先裂。若苟自急者先裂，則是以博爲帴[1]也。卷而摶
之而不迆，則厚薄序也；眡其著而淺，則革信也；察其線而藏，則雖敝不甐[2]。

6.12　韗人爲皋陶，長六尺有六寸，左右端廣六寸，中尺，厚三寸，穹者三之一，上三
正。鼓長八尺，鼓四尺，中圍加三之一，謂之鼖[3]鼓。爲皋鼓，長尋有四尺，鼓四尺，
倨句，磬折。凡冒鼓，必以啓蟄之日。良鼓瑕如積環。鼓大而短，則其聲疾而短聞；鼓
小而長，則其聲舒而遠聞。

6.13　韋氏。

6.14　裘氏。

---

1. 王引之云：「帴」乃「淺」之假借。　　2. 鄰　　3. 賁

6.15　畫繢之事，雜五色，東方謂之青，南方謂之赤，西方謂之白，北方謂之黑，天謂之玄，地謂之黃。青與白相次也；赤與黑相次也；玄與黃相次也。青與赤謂之文，赤與白謂之章，白與黑謂之黼，黑與青謂之黻，五釆備謂之繡。土以黃，其象方，天時變，火以圜，山以章，水以龍，鳥獸蛇。雜四時五色之位以章之，謂之巧。凡畫繢之事，後素功。

6.16　鍾氏染羽，以朱湛丹（林）〔秫〕三月，而熾之。淳而漬之。三入為纁，五入為緅，七入為緇。

6.17　筐人。

6.18　幌氏涑絲，·以涚水漚其絲·[1]七日，去地尺暴之。晝暴諸日，夜宿諸井，七日七夜，是謂水涑。涑帛，以欄為灰，渥淳其帛，實諸澤器，淫之以蜃。清其灰而盞之，而揮之，而沃之，而盞之；而塗之，而宿之。明日，沃而盞之。晝暴諸日，夜宿諸井，七日七夜，是謂水涑。

6.19　玉人之事，鎮圭尺有二寸，天子守之；命圭九寸，謂之桓圭，公守之；命圭七寸，謂之信圭，侯守之；命圭七寸，謂之躬圭，伯守之。天子執冒[2]四寸，以朝諸侯。天子用全，上公用龍，侯用瓚，伯用將。繼子男執皮帛。天子圭中必。四圭尺有二寸，以祀天。大圭長三尺，杼上，終葵首，天子服之。土圭尺有五寸，以致日，以土地。祼圭尺有二寸，有瓚，以祀廟。琬圭九寸而繅，以象德。琰圭九寸，判規，以除慝，以易行。璧羨度尺，好三寸，以為度。圭璧五寸，以祀日月星辰。璧琮九寸，諸侯以享天子。穀圭七寸，天子以聘女。大璋、中璋九寸，邊璋七寸，射四寸，厚寸，黃金勺，青金外，朱中，鼻寸，衡四寸，有繅，天子以巡守，宗祝以前馬。大璋亦如之，諸侯以聘女。瑑圭璋八寸，璧琮八寸，以覜聘。牙璋、中璋七寸，射二寸，厚寸，以起軍旅，以治兵守。駔琮五寸，宗后以為權。大琮十有二寸，射四寸，厚寸，是謂內鎮，宗后守之。駔琮七寸，鼻寸有半寸，天子以為權。兩圭五寸，有邸，以祀地，以旅四望。瑑琮八寸，諸侯以享夫人。案十有二寸，棗栗十有二列，諸侯純九，大夫純五，夫人以勞諸侯。璋邸射，素功，以祀山川，以致稍餼。

6.20　梛[3]人。

---

1. 以涚漚其絲　　2. 瑁　　　　3. 櫛

6.21 雕人。

6.22 磬氏爲磬，倨句一矩有半。其博爲一，股爲二，鼓爲三。參分其股博，去一以爲鼓博；參分其鼓博，以其一爲之厚。已上則摩其旁，已下則摩其耑[1]。

6.23 矢人爲矢，鍭矢參分，茀矢參分，一在前，二在後。兵矢、田矢五分，二在前，三在後。殺[2]矢七分，三在前，四在後。參分其長而殺[3]其一，五分其長而羽其一，以其笴厚爲之羽深，水之以辨其陰陽，夾其陰陽以設其比，夾其比以設其羽，參分其羽以設其刃，則雖有疾風，亦弗之能憚矣。刃長寸，圍寸，鋋十之，重三垸。前弱則俛，後弱則翔，中弱則紆，中强則揚，羽豐則遲，羽殺則趮。是故夾而搖之，以眡其豐殺之節也；橈之，以眡其鴻殺之稱也。凡相笴，欲生而摶，同摶欲重，同重節欲疏，同疏欲槀。

6.24 陶人爲甗，實二鬴，厚半寸，脣寸。盆，實二鬴，厚半寸，脣寸。甑，實二鬴，厚半寸，脣寸，七穿。鬲，實五觳，厚半寸，脣寸。庾，實二觳，厚半寸，脣寸。

6.25 瓬人爲簋，實一觳，崇尺，厚半寸，脣寸，豆實三而成觳，崇尺。凡陶瓬之事，髻墾薜暴不入市。器中膞，豆中縣。膞崇四尺，方四寸。

6.26 梓人爲筍[4]虡。天下之大獸五：脂者，膏者，臝者，羽者，鱗者。宗廟之事，脂者、膏者以爲牲；臝者、羽者、鱗者以爲筍虡；外骨、內骨，卻行、仄行、連行、紆行，以脰鳴者，以注鳴者，以旁鳴者，以翼鳴者，以股鳴者，以胸[5]鳴者，謂之小蟲之屬，以爲雕琢。厚脣弇口，出目短耳，大胸燿後，大體短脰，若是者謂之臝屬，恒有力而不能走，其聲大而宏。有力而不能走，則於任重宜；大聲而宏，則於鍾宜。若是者以爲鍾虡，是故擊其所縣，而由其虡鳴。銳喙決吻，數目顧脰，小體騫腹，若是者謂之羽屬，恒無力而輕，其聲清陽而遠聞。無力而輕，則於任輕宜；其聲清陽而遠聞，於磬宜。若是者以爲磬虡，故擊其所縣，而由其虡鳴。小首而長，摶身而鴻，若是者謂之鱗屬，以爲筍。凡攫閷援簭之類，必深其爪，出其目，作其鱗之而[6]。深其爪，出其目，作其鱗之而，則於眡必撥爾而怒。苟撥爾而怒，則於任重宜。且其匪色，必似鳴矣。爪不深，目不出，鱗之而不作，則必穨爾如委矣。苟穨爾如委，則加任焉，則必如

---

1. 端   2. 䋼   3. 䋼   4. 簨
5. A.骨 B.胃
6. 王引之云：「而」、頰毛也。「之」、猶與也。「作其鱗之而」，謂起其鱗與頰毛也。

將廢措，其匪色必似不鳴矣。梓人爲飲器，勺一升，爵一升，觚三升。獻以爵而酬以觚，一獻而三酬，則一豆矣。食一豆肉，飲一豆酒，中人之食也。凡試梓，飲器鄉衡而實不盡，梓師罪之。梓人爲侯，廣與崇方，參分其廣而鵠居一焉。上兩个，與其身三，下兩个半之。上綱與下綱出舌尋，縜寸焉。張皮侯而棲鵠，則春以功；張五采之侯，則遠國屬；張獸侯，則王以息燕。祭侯之禮，以酒脯醢。其辭曰：「惟若寧侯，（母）〔毋〕或若女不寧侯不屬于王所，故抗而射女。强飲强食，詒女曾孫諸侯百福。」

6.27　廬人爲廬器，戈柲六尺有六寸，殳長尋有四尺，車戟常，酋矛常有四尺，夷矛三尋。凡兵無過三其身，過三其身，弗能用也而無已，又以害人。故攻國之兵欲短，守國之兵欲長。攻國之人眾，行地遠，食飲飢，且涉山林之阻，是故兵欲短；守國之人寡，食飲飽，行地不遠，且不涉山林之阻，是故兵欲長。凡兵，句兵欲無彈[1]，刺兵欲無蜎，是故句兵椑，刺兵摶。毄兵同强，舉圍欲細，細則校；刺兵同强，舉圍欲重，重欲傅人，傅人則密，是故侵之。凡爲殳，五分其長，以其一爲之被而圍之。參分其圍，去一以爲晉圍；五分其晉圍，去一以爲首圍。凡爲酋矛，參分其長，二在前、一在後而圍之。五分其圍，去一以爲晉圍；參分其晉圍，去一以爲刺圍。凡試廬事，置而搖之，以眡其蜎也；灸[2]諸牆，以眡其橈之均也；橫而搖之，以眡其勁也。六建既備，車不反覆，謂之國工。

6.28　匠人建國，水地以縣，置槷以縣，眡以景。爲規，識日出之景與日入之景。晝參諸日中之景，夜考之極星，以正朝夕。匠人營國，方九里，旁三門。國中九經九緯，經涂九軌。左祖右社，面朝後市，市朝一夫。夏后氏世室，堂脩二七，廣四脩一，五室，三四步，四三尺，九階，四旁兩夾，窻。白盛，門堂，三之二，室，三之一。殷人重屋，堂脩七尋，堂崇三尺，四阿，重屋。周人明堂，度九尺之筵，東西九筵，南北七筵，堂崇一筵，五室，凡室二筵。室中度以几，堂上度以筵，宮中度以尋，野度以步，涂度以軌。廟門容大扃[3]七个[4]，闈門容小扃參个，路門不容乘車之五个，應門二徹參个。內有九室，九嬪居之；外有九室，九卿朝焉。九分其國以爲九分，九卿治之。王宮門阿之制五雉，宮隅之制七雉，城隅之制九雉。經涂九軌，環涂七軌，野涂五軌。門阿之制以爲都城之制。宮隅之制以爲諸侯之城制。環涂以爲諸侯經涂，野涂以爲都經涂。匠人爲溝洫，耜[5]廣五寸，二耜[6]爲耦；一耦之伐，廣尺，深尺，謂之甽；田首倍之，廣二尺，深二尺，謂之遂[7]。九夫爲井，井間廣四尺，深四尺，謂之溝；方十里爲成，成

1. 僤　2. 久　3. 鼏　4. 箇　5. 枱
6. 枱　7. 隧

間廣八尺，深八尺，謂之洫；方百里爲同，同間廣二尋，深二仞，謂之澮。專達於川，各載其名。凡天下之地埶，兩山之間必有川焉，大川之上必有涂焉。凡溝逆地防，謂之不行；水屬不理孫，謂之不行。梢溝三十里而廣倍。凡行奠水，磬折以參伍。欲爲淵，則句於矩。凡溝必因水埶，防必因地埶，善溝者水漱之，善防者水淫之。凡爲防，廣與崇方，其絕參分去一。大防外絕。凡溝防，必一日先深之以爲式。里爲式，然後可以傅衆力。凡任，索約大汲其版，謂之無任。葺屋參分，瓦屋四分。囷、窌、倉、城，逆牆六分。堂涂十有二分。竇其崇三尺。牆厚三尺，崇三之。

6.29　車人之事，半矩謂之宣[1]，一宣有半謂之欘，一欘有半〔謂〕之柯，一柯有半謂之磬折。車人爲耒，庇長尺有一寸，中直者三尺有三寸，上句者二尺有二寸。自其庇，緣其外，以至於首，以弦其內，六尺有六寸與步相中也。堅地欲直庇，柔地欲句庇。直庇則利推，句庇則利發。倨句磬折，謂之中地。車人爲車，柯長三尺，博三寸，厚一寸有半，五分其長，以其一爲之首。轂長半柯，其圍一柯有半。輻長一柯有半，其博三寸，厚三之一。渠三柯者三。行澤者欲短轂，行山者欲長轂，短轂則利，長轂則安。行澤者反輮，行山者仄輮，反輮則易，仄輮則完。六分其輪崇，以其一爲之牙圍。柏車轂長一柯，其圍二柯，其輻一柯，其渠二柯者三，五分其輪崇，以其一爲之牙圍。大車崇三柯，綆寸，牝服二柯有參分柯之二，羊車二柯有參分柯之一，柏車二柯。凡爲轅，三其輪崇，參分其長，二在前，一在後，以鑿其鉤，徹廣六尺，鬲長六尺。

6.30　弓人爲弓，取六材必以其時。六材既聚，巧者和之。幹也者，以爲遠也；角也者，以爲疾也；筋也者，以爲深也；膠也者，以爲和也；絲也者，以爲固也；漆也者，以爲受霜露也。凡取幹之道七，柘爲上，檍次之，檿桑次之，橘次之，木瓜次之，荊次之，竹爲下。凡相幹，欲赤黑而陽聲。赤黑則鄉心，陽聲則遠根。凡析幹，射遠者用埶，射深者用直。居幹之道，菑栗不迆，則弓不發[2]。凡相角，秋絢者厚，春絢者薄；稚牛之角直而澤，老牛之角紾而昔。疢疾險中，瘃牛之角無澤。角欲青白而豐末。夫角之（末）〔本〕，蹙[3]於劀[4]而休於氣，是故柔。柔故欲其埶也。白也者，埶之徵也。夫角之中，恒當弓之畏。畏也者必橈，橈故欲其堅也。青也者，堅之徵也。夫角之末，遠於劀而不休於氣，是故脃。脃故欲其柔也。豐末也者，柔之徵也。角長二尺有五寸，三色不失理，謂之牛戴牛。凡相膠，欲朱色而昔。昔也者，深瑕而澤，紾而摶廉。鹿膠青白，馬膠赤白，牛膠火赤，鼠膠黑，魚膠餌，犀膠黃。凡昵之類不能方。凡相筋，欲小

---

1. 寡　　　　2. 王引之云：「發」、當讀爲「撥」，「撥」者、枉也。
3. 戚　　　　4. 腦

簡而長，大結而澤。小簡而長，大結而澤，則其爲獸必剽，以爲弓，則豈異於其獸。筋
欲敝之敝，漆欲測，絲欲沈。得此六材之全，然後可以爲良。凡爲弓，冬析幹而春液
角，夏治筋，秋合三材。寒奠體，冰析灂。冬析幹則易，春液角則合，夏治筋則不煩，
秋合三材則合，寒奠體則張不流，冰析灂則審環，春被弦則一年之事。析幹必倫，析角
無邪，斲目必荼。斲目不荼，則及其大脩也，筋代之受病。夫目也者必强，强者在內而
摩其筋，夫筋之所由嶦，恒由此作，故角三液而幹再液。厚其帤則木堅，薄其帤則需，
是故厚其液而節其帤。約之不皆約，疏數必侔。斲摯必中，膠之必均，斲摯不中，膠之
不均，則及其大脩也，角代之受病。夫懷膠於內而摩其角，夫角之所由挫，恒由此作。
凡居角，長者以次需。恒角而短，是謂逆橈，引之則縱，釋之則不校。恒角而達，譬[1]
如終絏，非弓之利也。今夫茭解中有變焉，故（挍）〔校〕；於挺臂中有柎焉，故剽。
恒角而達，引如終絏，非弓之利〔也〕。橋幹欲孰於火而無贏，橋角欲孰於火而無燂，
引筋欲盡而無傷其力，（鬻）〔鬻〕膠欲孰而水火相得，然則居旱亦不動，居濕亦不
動。苟有賤工，必因角幹之濕以爲之柔。善者在外，動者在內，雖善於外，必動於內，
雖善，亦弗可以爲良矣。凡爲弓，方其峻而高其柎，長其畏而薄其敝，宛之無已，應。
下柎之弓，末應將興。爲柎而發，必動於閷。弓而羽閷，末應將發。弓有六材焉，維幹
强之，張如流水；維體防之，引之中參；維角堂之，欲宛而無負弦。引之如環，釋之無
失體，如環。材美，工巧，爲之時，謂之參均。角不勝幹，幹不勝筋，·謂之參均·[2]。
量其力有三均。均者三，謂之九和。九和之弓，角與幹權，筋三侔[3]，膠三鋝，絲三
邸，漆三斞。上工以有餘，下工以不足。爲天子之弓，合九而成規；爲諸侯之弓，合七
而成規；大夫之弓，合五而成規；士之弓，合三而成規。弓長六尺有六寸，謂之上制，
上士服之；弓長六尺有三寸，謂之中制，中士服之；弓長六尺，謂之下制，下士服之。
凡爲弓，各因其君之躬志慮血氣。豐肉而短，寬緩以荼，若是者爲之危弓，危弓爲之安
矢。骨直以立，忿埶以奔，若是者爲之安弓，安弓爲之危矢。其人安，其弓安，其矢
安，則莫能以速中，且不深。其人危，其弓危，其矢危，則莫能以愿中。往體多，來體
寡，謂之夾臾之屬，利射侯與弋。往體寡，來體多，謂之王弓之屬，利射革與質。往體
來體若一，謂之唐弓之屬，利射深。大和無灂，其次筋角皆有灂而深，其次有灂而疏，
其次角無灂。合灂若背手文。角環灂，牛筋蕡灂，麋筋斥蠖灂。和弓毄摩。覆之而角
至，謂之句弓。覆之而幹至，謂之侯弓。覆之而筋至，謂之深弓。

---

1. 辟　　　　　2. 謂之不參均　　3. 桴

逐字索引

	4.0/51/9, 4.0/52/1	飲、六膳、百羞、百		下大夫○人	4.0/52/13
	4.0/52/30, 4.0/53/3	醬、○珍之齊	1.17/9/17	左○人	4.27/57/20
	5.0/63/19, 5.0/64/1	以實○尊	1.21/10/7	右○人	4.27/57/20
	5.0/66/12, 5.0/66/30	以疏布巾冪○尊	1.29/11/11	司弓矢掌六弓四弩○矢	
工○人	1.0/3/12, 1.0/5/5	司會掌邦之六典、○法		之法	4.39/59/1
徒四十有○人	1.0/3/12	、○則之貳	1.38/12/16	矢○物皆三等	4.41/59/14
徒○人	1.0/3/22, 1.0/4/5	司書掌邦之六典、○法		○麗一師	4.51/60/16
	2.0/18/11, 2.0/18/13	、○則、九職、九正		○師一趣馬	4.51/60/16
	2.0/18/31, 2.0/19/1	、九事邦中之版	1.39/12/22	○趣馬一馭夫	4.51/60/16
	2.0/19/5, 2.0/19/11	府○人	2.0/19/17	馬○尺以上為龍	4.55/61/2
	3.0/32/25, 3.0/32/27		5.0/63/15, 5.0/63/17	辨其邦國、都鄙、四夷	
	3.0/33/1, 3.0/35/3, 3.0/35/5	女饎○人	2.0/19/30	、○蠻、七閩、九貉	
	3.0/35/29, 3.0/35/31	奄○人	2.0/19/32, 3.0/33/13	、五戎、六狄之人民	
	4.0/49/15, 4.0/49/17	○曰以誓教恤	2.1/20/10	與其財用、九穀、六	
	4.0/49/19, 4.0/49/21	○曰殺哀	2.1/20/24	畜之數要	4.58/61/9
	4.0/50/11, 4.0/50/23	○曰斂材	2.1/21/2	四方中士○人	5.0/66/24
	4.0/52/32, 4.0/53/1	以鄉○刑糾萬民	2.1/21/4	庶子○人	5.0/66/28
	5.0/65/3, 5.0/65/5, 5.0/65/7	○曰亂民之刑	2.1/21/6	以○辟麗邦法	5.2/67/22
	5.0/65/15, 5.0/65/21	○閭為聯	2.7/23/10	○曰議賓之辟	5.2/67/22
	5.0/66/7	○命作牧	3.1/37/3	掌士之○成	5.3/68/6
奚○人	1.0/4/19, 1.0/4/29	王之三公○命	3.11/39/24	○曰為邦諆	5.3/68/7
女史○人	1.0/4/21	以六律、六同、五聲、		王出入則○人夾道	5.36/72/16
女御○人	1.0/4/31	○音、六舞、大合樂		二十有○星之號	5.44/73/8
女工○十人	1.0/4/31		3.21/41/13	○壺、○豆、○籩	5.58/76/14
以○法治官府	1.1/5/12	播之以○音	3.21/41/18		5.58/76/19
○曰官計	1.1/5/14	若樂○變	3.21/41/24	簠○	5.58/76/15
以○則治都鄙	1.1/5/15	皆播之以○音	3.25/42/20	鉶二十有（○）〔四〕	
○曰田役	1.1/5/17	其經卦皆○	3.41/44/11		5.58/76/16
以○柄詔王馭群臣	1.1/5/17	以邦事作龜之○命	3.41/44/12	鏐十有（○）〔六〕	5.58/76/21
○曰誅	1.1/5/19	○曰瘳	3.41/44/13	牲十有○	5.58/76/22
以○統詔王馭萬民	1.1/5/19	以○命者贊《三兆》、		米○十筥	5.58/76/22
○曰禮賓	1.1/5/20	《三易》、《三夢》		醓醢○十罋	5.58/76/22
飭化○材	1.1/5/22	之占	3.41/44/13	人長○尺	6.0/78/11, 6.0/78/17
○曰臣妾	1.1/5/22	以○筮占○頌	3.45/44/29	蓋弓二十有○	6.3/80/5
○曰山澤之賦	1.1/5/25	以○卦占筮之○故	3.45/44/29	鼓長○尺	6.12/81/24
○曰匪頒之式	1.1/5/26	○曰巫參	3.46/45/3	琰圭璋○寸	6.19/82/25
○曰斿貢	1.1/5/28	○曰敘	3.48/45/11	璧琮○寸	6.19/82/25
○曰友	1.1/6/2	○曰繚祭	3.49/45/19	琰琮○寸	6.19/82/27
掌邦之六典、○法、○		○曰褒揲	3.49/45/20	成間廣○尺	6.28/84/30
則之貳	1.2/6/15	馮相氏掌十有二歲、十		深○尺	6.28/85/1
以官府之○成經邦治	1.2/6/28	有二月、十有二辰、			
○曰聽出入以要會	1.2/6/30	十日、二十有○星之		**犮 bá**	**2**
辨其○職	1.3/7/10	位	3.59/47/5		
○曰徒	1.3/7/12	內史掌王之○枋之法	3.61/47/13	赤○氏	5.0/65/31
授○次○舍之職事	1.5/7/28	○曰奪	3.61/47/14	赤○氏掌除牆屋	5.46/73/12
珍用○物	1.6/8/2	胥○十人	4.0/50/21		
食醫掌和王之六食、六		虎士○百人	4.0/50/21		

茇 bá	**1**		3.0/32/23,3.0/33/21	封疆方○里	2.1/20/21
			3.0/34/2,4.0/49/31	不易之地家○晦	2.1/20/22
教○舍	4.1/53/20		5.0/63/11,5.0/63/13	一易之地家二○晦	2.1/20/22
			5.0/64/9,5.0/64/31	再易之地家三○晦	2.1/20/22
軷 bá	**3**	徒○人	1.0/1/20,1.0/1/22	凡祭祀○物之神	2.11/23/27
			2.0/18/9,4.0/49/11	○族爲主	2.27/26/12
及犯○	4.45/59/27	徒三○人	1.0/1/26	田○晦	2.40/28/7
犯○	4.45/59/27,4.46/59/31		1.0/1/30,2.0/19/18		2.40/28/8,2.40/28/8
		奚三○人	1.0/2/17	萊○晦	2.40/28/8
罷 bà	**4**	奚○有五十人	1.0/2/19	萊二○晦	2.40/28/9
		以統○官	1.1/5/10	○夫有洫	2.40/28/10
以圜土聚教○民	5.1/67/3	以正○官	1.1/5/11	○羽爲摶	2.63/31/3
以嘉石平○民	5.1/67/6	以刑○官	1.1/5/11	牧○獸	2.69/31/17
平○民焉	5.9/69/12	以任○官	1.1/5/12	中醫○人	3.0/34/1
司圜掌收教○民	5.18/70/20	五曰○工	1.1/5/22	下醫○有六十人	3.0/34/1
		則掌○官之誓戒	1.1/6/7	眡瞭三○人	3.0/34/2
白 bái	**20**	則戒于○官	1.1/6/10	其史○有二十人	3.0/36/6
		則令○官府各正其治	1.1/6/12	工○人	3.0/36/8
其實麷、蕡、○、黑、		以聚○物	1.2/6/25	以疈辜祭四方○物	3.1/36/25
形鹽、膴、鮑魚、鱐		以生○物	1.2/6/26	以禮樂合天地之化、○	
	1.25/10/24	令○官府共其財用	1.2/7/2	物之產	3.1/37/8
共○盛之蜃	2.68/31/15	令于○官府曰	1.2/7/6	以致○物	3.1/37/8
以○琥禮西方	3.1/37/6	掌○官府之徵令	1.3/7/10	夜嘑旦以嘂○官	3.6/38/21
建大○	3.64/47/27	掌治法以考○官府、群		皆○有二十	3.41/44/10
革色青○	6.1/78/28	都縣鄙之治	1.3/7/13	其頒皆千有二○	3.41/44/10
黄○次之	6.8/81/4	羞用○〔有〕二十品	1.6/8/2	徒三○有二十人	4.0/49/7
黄○之氣竭	6.8/81/5	醬用○有二十罋	1.6/8/2	萬有二千五○人爲軍	4.0/49/8
青○次之	6.8/81/5	辨○品味之物	1.8/8/14	二千有五○人爲師	4.0/49/9
青○之氣竭	6.8/81/5	選○羞、醬物、珍物以		五○人爲旅	4.0/49/9
欲其荼○也	6.11/81/16	羞饋	1.8/8/15	○人爲卒	4.0/49/9
革欲其荼○而疾瀚之	6.11/81/18	食醫掌和王之六食、六		徒○有六十人	4.0/49/29
西方謂之	6.15/82/1	飲、六膳、○羞、○			4.0/52/14,5.0/63/15
青與○相次也	6.15/82/2	醬、八珍之齊	1.17/9/17		5.0/63/17,5.0/64/7
赤與○謂之章	6.15/82/2	以共○事之鹽	1.28/11/8	虎士八○人	4.0/50/21
○與黑謂之黼	6.15/82/3	以共○物	1.37/12/12	其外方五○里曰侯畿	4.1/53/13
○盛	6.28/84/22	掌國之官府、郊野、縣		又其外方五○里曰甸畿	4.1/53/13
角欲青○而豐末	6.30/85/25	都之○物財用	1.38/12/18	又其外方五○里曰男畿	4.1/53/14
○也者	6.30/85/26	以周知入出○物	1.39/12/22	又其外方五○里曰采畿	4.1/53/14
鹿膠青○	6.30/85/29	遂以式法頒皮革于○工		又其外方五○里曰衛畿	4.1/53/14
馬膠赤○	6.30/85/30		1.44/13/12	又其外方五○里曰蠻畿	4.1/53/14
		徒二○人	2.0/16/12	又其外方五○里曰夷畿	4.1/53/15
百 bǎi	**162**		3.0/33/23,5.0/64/13	又其外方五○里曰鎮畿	4.1/53/15
		然則○物阜安	2.1/20/17	又其外方五○里曰蕃畿	4.1/53/15
徒○有二十人	1.0/1/9,1.0/1/15	封疆方五○里	2.1/20/19	○官各象其事	4.1/53/22
	2.0/15/29,2.0/16/26	封疆方四○里	2.1/20/19	○官載旗	4.1/53/24
	2.0/17/6,2.0/17/26	封疆方三○里	2.1/20/20	○步則一	4.1/53/26
	2.0/18/18,2.0/18/21	封疆方二○里	2.1/20/20	前後有屯○步	4.1/54/3

帥○隸而時難	4.29/57/26	又其外方五○里謂之采		客再○稽首	5.54/75/19
糾○官之戒具	4.32/58/8	服	5.52/74/12	○辱于朝	5.54/75/20
其外方五○里曰侯服	4.58/61/25	又其外方五○里謂之衛		客○禮賜	5.54/75/20
又其外方五○里曰甸服		服	5.52/74/13		
	4.58/61/25	又其外方五○里謂之要		**敗 bài**	1
又其外方五○里曰男服		服	5.52/74/13		
	4.58/61/25	庶具○物備	5.58/76/6	以繪禮哀圍○	3.1/36/27
又其外方五○里曰采服		令○官○牲皆具	5.58/76/6		
	4.58/61/25	米○有二十筥	5.58/76/10	**攴 bài**	7
又其外方五○里曰衛服		醯醢○有二十甕	5.58/76/10		
	4.58/61/26	米○筥	5.58/76/17	凡王后有○事於婦人	3.15/40/18
又其外方五○里曰蠻服		醯醢○甕	5.58/76/17	辨九○	3.49/45/19
	4.58/61/26	○工與居一焉	6.0/77/24	五曰吉○	3.49/45/20
又其外方五○里曰夷服		謂之工	6.0/77/26	六曰凶○	3.49/45/20
	4.58/61/26	○工之事	6.0/77/31	七曰奇○	3.49/45/20
又其外方五○里曰鎮服		犀甲壽○年	6.10/81/9	八曰褻○	3.49/45/20
	4.58/61/27	兕甲壽二○年	6.10/81/9	九曰肅○	3.49/45/20
又其外方五○里曰藩服		合甲壽三○年	6.10/81/9		
	4.58/61/27	詒女曾孫諸侯○福	6.26/84/6	**般 bān**	1
封公以方五○里	4.58/61/27	方○里爲同	6.28/85/1		
方四○里則六侯	4.58/61/28			馬黑脊而○臂	1.8/8/17
方三○里則七伯	4.58/61/28	**拜 bài**	33		
方二○里則二十五子	4.58/61/28			**版 bǎn**	11
方○（男）〔里〕則○		王再○受之	2.4/22/20		
男	4.58/61/28	環○以鍾鼓爲節	3.22/42/4	三曰聽閭里以○圖	1.2/6/29
○有二十人	5.0/64/15	王○而受之	3.47/45/8	爲之○以待	1.4/7/22
	5.0/64/17,5.0/64/19	王○受之 5.2/67/28,5.10/69/22		凡在○者	1.5/7/28
	5.0/64/21,5.0/64/23	皆三辭○受	5.54/75/7	凡在書契○圖者之貳	1.38/12/18
泣誓○官	5.1/67/14		5.54/75/14	司書掌邦之六典、八法	
戒于○族	5.1/67/14	○受 5.54/75/8,5.54/75/8		、八則、九職、九正	
三公及州長、○姓北面	5.2/67/19	○送 5.54/75/8,5.54/75/15		、九事邦中之○	1.39/12/22
墨罪五○	5.11/69/24	○辱	5.54/75/8	內宰掌書○圖之法	1.45/13/15
劓罪五○	5.11/69/24		5.54/75/10,5.54/75/15	大胥掌學士之○	3.23/42/11
宮罪五○	5.11/69/24	再○	5.54/75/9	司士掌群臣之○	4.23/56/28
刖罪五○	5.11/69/24		5.54/75/10,5.54/75/11	自生齒以上皆書於○	5.10/69/20
殺罪五○	5.11/69/25	荅○	5.54/75/10	則共其金○	5.15/70/11
爲○官積任器	5.21/71/1	賓○送幣	5.54/75/11	索約大汲其○	6.28/85/6
罪隸掌役○官府與凡有		賓之○禮	5.54/75/12		
守者	5.22/71/5	○饗饋	5.54/75/12	**半 bàn**	28
鞭五○	5.36/72/17	○饗食	5.54/75/12		
誓師曰三○	5.36/72/18	下○	5.54/75/15	其食者○	2.1/20/19
其外方五○里謂之侯服		○逆	5.54/75/16	○爲堵	3.24/42/16
	5.52/74/11	○	5.54/75/17	中地食者○	4.1/53/16
又其外方五○里謂之甸		皆再○稽首	5.54/75/17	鑿深二寸有○	6.1/79/10
服	5.52/74/11	君荅○ 5.54/75/17,5.54/75/19		以其廣之○爲之式崇	6.2/79/17
又其外方五○里謂之男		客再○對	5.54/75/18	以其隧之○爲之較崇	6.2/79/17
服	5.52/74/12	君○	5.54/75/18	而策○之	6.3/79/25

金錫〇	6.3/80/10	一曰〇中之賦	1.1/5/23	凡〇之賦用	1.34/11/32
戟廣寸有〇寸	6.5/80/16	三曰〇甸之賦	1.1/5/24	以待〇之大用	1.36/12/8
臘廣二寸有〇寸	6.6/80/18	五曰〇縣之賦	1.1/5/24	外府掌〇布之入出	1.37/12/12
兩從〇之	6.6/80/18	六曰〇都之賦	1.1/5/24	而待〇之用	1.37/12/12
鼻寸有〇寸	6.19/82/27	以九貢致〇國之用	1.1/5/27	凡〇之小用	1.37/12/13
倨句一矩有〇	6.22/83/3	以九兩繫〇國之（名）		司會掌〇之六典、八法	
厚〇寸　6.24/83/14,6.24/83/14		〔民〕	1.1/5/28	、八則之貳	1.38/12/16
6.24/83/15,6.24/83/15		始和布治于〇國都鄙	1.1/6/3	以逆〇國都鄙官府之治	
6.24/83/15,6.25/83/17		乃施典于〇國	1.1/6/4		1.38/12/16
下兩個〇之	6.26/84/4	以典待〇國之治	1.1/6/6	以九貢之法致〇國之財	
〇矩謂之宣	6.29/85/9	凡〇之小治	1.1/6/11	用	1.38/12/16
一宣有〇謂之欘	6.29/85/9	掌建〇之宮刑	1.2/6/15	以九式之法均節〇之財	
一欘有〇〔謂〕之柯	6.29/85/9	掌〇之六典、八法、八		用	1.38/12/17
一柯有〇謂之磬折	6.29/85/9	則之貳	1.2/6/15	司書掌〇之六典、八法	
厚〇寸有〇	6.29/85/12	以逆〇國、都鄙、官府		、八則、九職、九正	
轂長〇柯	6.29/85/13	之治	1.2/6/16	、九事〇中之版	1.39/12/22
其圍一柯有〇	6.29/85/13	執〇之九貢、九賦、九		凡〇治	1.39/12/25
輻長一柯有〇	6.29/85/13	式之貳	1.2/6/16	職內掌〇之賦入	1.40/12/28
		以均財節〇用	1.2/6/16	以逆〇之賦用	1.40/12/28
辦 bàn	**3**	以官府之六屬舉〇治	1.2/6/18	而斂其財以待〇之移用	
		掌〇治	1.2/6/19		1.40/12/29
（〇）〔辨〕其能而可		掌〇教	1.2/6/19	職歲掌〇之賦出	1.41/13/1
任於國事者	2.23/25/23	掌〇禮	1.2/6/20	職幣掌式法以斂官府都	
以陳肆（〇）〔辨〕物		掌〇政	1.2/6/21	鄙與凡用〇財者之幣	1.42/13/4
而平市	2.27/26/9	掌〇刑	1.2/6/21	凡〇之會事	1.42/13/5
〇其可任者與其可施舍		掌〇事	1.2/6/22	凡〇之皮事	1.43/13/9
者	2.42/28/23	以官府之六職辨〇治	1.2/6/23	以待〇事　1.44/13/12,2.67/31/13
		以服〇國	1.2/6/25	凡飾〇器者	1.56/14/29
邦 bāng	**241**	以官府之六聯合〇治	1.2/6/26	使帥其屬而掌〇教	2.0/15/23
		以官府之八成經〇治	1.2/6/28	以佐王安擾〇國	2.0/15/24
使帥其屬而掌〇治	1.0/1/3	凡〇之弔事	1.3/7/16		2.1/20/1
以佐王均〇國	1.0/1/4	凡〇之大事	1.4/7/25	掌建〇之土地之圖與其	
掌建〇之六典	1.1/5/9	5.1/67/16,5.35/72/13		人民之數	2.1/20/1
以佐王治〇國	1.1/5/9	凡〇之事蹕宮中廟中	1.4/7/26	而辨其〇國都鄙之數	2.1/20/2
以經〇國	1.1/5/9	若〇有大事作宮眾	1.5/7/29	凡建〇國　2.1/20/18,2.2/21/26
以安〇國　1.1/5/10,1.2/6/24		〇有大故則不舉	1.6/8/4	始和布教于〇國都鄙	2.1/20/27
以和〇國	1.1/5/10	〇饗耆老、孤子	1.9/8/22	乃施教法于〇國都鄙	2.1/20/28
1.2/6/24,3.21/41/14		掌凡〇之籍事	1.14/9/8	頒職事十有二于〇國都	
以平〇國　1.1/5/11,1.2/6/23		凡〇之有疾病者、〔有〕		鄙	2.1/20/30
以詰〇國　1.1/5/11,1.2/6/25		疕瘍者造焉	1.16/9/13	則令〇國移民、通財、	
以富〇國　1.1/5/12,1.2/6/26		孤卿有〇事	1.33/11/24	舍禁、弛力、薄征、	
以舉〇治	1.1/5/13	掌凡〇之張事	1.33/11/25	緩刑	2.1/21/10
以辨〇治	1.1/5/13	〇中之賦以待賓客	1.34/11/30	掌建〇之教法	2.2/21/14
以經〇治	1.1/5/14	〇甸之賦以待工事	1.34/11/30	大比則受〇國之比要	2.2/21/17
以正〇治	1.1/5/14	〇縣之賦以待幣帛	1.34/11/31	帥〇役	2.2/21/26
以糾〇治	1.1/5/14	〇都之賦以待祭祀	1.34/11/31	脩法糾職以待〇治	2.2/21/28
以弊〇治	1.1/5/14	凡〇國之貢以待弔用	1.34/11/32	凡〇事	2.3/22/4

秋覲以比○國之功	5.52/73/28	則○郊	3.50/46/1	**虣 bào**		5
殷覜以除○國之慝	5.52/73/30	○章氏掌天星	3.60/47/8			
以同○國之禮	5.52/73/31	則○群神之埘	3.68/48/21	司○	2.0/17/12	
○畿方千里	5.52/74/10			則民不○	2.1/20/10	
王之所以撫○國諸侯者		**飽 bǎo**		1	以刑罰禁○而去盜	2.27/26/11
	5.52/74/15				司○掌憲市之禁令	2.32/27/5
凡諸侯之○交	5.52/74/18	食飲○	6.27/84/11		禁其闖囂者與其○亂者	2.32/27/5
小行人掌○國賓客之禮						
籍	5.53/74/21	**寶 bǎo**		5	**鮑 bào**		3
各稱其○而爲之幣	5.54/75/22						
行夫掌○國傳遽之小事		凡國之玉鎮、大○器	3.9/39/7	其實麷、蕡、白、黑、		
、媺惡而無禮者	5.55/75/25	釁○鎮及○器	3.9/39/9	形鹽、膴、○魚、鱐		
環人掌送逆○國之通賓		若遷○	3.9/39/10			1.25/10/24
客	5.56/75/28	各以其所貴○爲摯	5.52/74/14	函、○、鞻、韋、裘	6.0/78/8
掌訝掌○國之等籍	5.59/76/30			○人之事	6.11/81/16	
掌交掌以節與幣巡○國		**抱 bào**		4			
之諸侯及其萬民之所					**卑 bēi**		3
聚者	5.60/77/4	○（磨）〔磿〕	2.41/28/20			
掌○國之通事而結其交		○天時	3.57/46/28	上欲尊而宇欲○	6.1/79/12
好	5.60/77/5	○法以前	3.57/46/28	上尊而宇○	6.1/79/12
		以爲固○也	6.1/78/20	蓋已（車）〔○〕是蔽	
徬 bàng		3			目也	6.1/79/13
		豹 bào		2			
與其牽○	2.14/24/9				**陂 bēi**		1
（牛助爲牽○）	5.22/71/6	則共虎侯、熊侯、○侯	1.43/13/8			
〔牛助爲牽○〕	5.25/71/13	諸侯則共熊侯、○侯	1.43/13/8	○聲散	3.29/43/5	
炮 bāo		3	**報 bào**		1	**庳 bēi**		3
歌舞牲及毛○之豚	2.10/23/23	凡○仇讎者	5.9/69/17	其民豐肉而○	2.1/20/7
三曰○祭	3.49/45/18			恒矢、（痺）〔○〕矢	
以○土之鼓歔之	5.48/73/17	**暴 bào**		12	用諸散射	4.39/59/5
					輪已○	6.0/78/15	
褒 bāo		1	春○練	1.60/15/11			
		○內陵外則壇之	4.1/53/10	**痺 bēi**		1
八曰○揱	3.49/45/20	禁○氏	5.0/64/29			
		上愿糾○	5.1/67/3	恒矢、（○）〔庳〕矢	
保 bǎo		11	誅戮○客者	5.8/69/8	用諸散射	4.39/59/5
		禁○氏掌禁庶民之亂○				
五曰○庸	1.1/5/20	力正者	5.29/71/24	**北 bēi**		17
○氏	2.0/16/28	其悖逆○亂作惡猶犯令				
以○息六養萬民	2.1/20/25	者爲一書	5.53/74/30	詔后帥外內命婦始蠶于	
使之相○	2.1/20/29	去地尺○之	6.18/82/12	○郊	1.45/13/20
使之相○相受	2.7/23/10	晝○諸日 6.18/82/12, 6.18/82/14	憲禁令于王之○宮而糾	
○氏掌諫王惡	2.22/25/17	嚳塈薜○不入市	6.25/83/18	其守	1.45/13/22
○章氏	3.0/35/31			日○則景長	2.1/20/16
以佐王建○邦國	3.1/36/23			以玄璜禮○方	3.1/37/6

○龜曰若屬	3.43/44/22	**備 bèi**	8	**比 bǐ**	64
三公○面	4.18/56/7				
則皆○面	4.18/56/8	使皆○旗鼓兵器	2.18/24/30	一曰聽政役以○居	1.2/6/28
三公○面東上	4.23/56/30	告○于王	3.2/37/21	贊小宰○官府之具	1.3/7/15
孤東面○上	4.23/56/31	告○	3.3/38/4	以時○宮中之官府次舍	
卿大夫西面○上	4.23/56/31	則告○	3.22/42/6	之衆寡	1.4/7/22
東○曰幽州	4.58/61/20	則獻其皮、革、齒、須		夕擊柝而○之	1.4/7/22
正○曰并州	4.58/61/23	、○	5.38/72/23	其○亦如之	1.4/7/23
三公及州長、百姓○面	5.2/67/19	庶具百物○	5.58/76/6	○其小大與其麤良而賞	
○面詔明神	5.14/70/4	五采○謂之繡	6.15/82/3	罰之	1.45/13/21
橘踰淮而○爲枳	6.0/78/2	六建既○	6.27/84/16	辨其苦良、○其小大而	
○方謂之黑	6.15/82/1			買之	1.55/14/24
南○七筵	6.28/84/23	**奔 bēn**	2	○長	2.0/16/2
				令五家爲○	2.1/20/29
貝 bèi	1	○者不禁	2.26/26/5	五○爲閭	2.1/20/29
		怠埶以○	6.30/86/23	以稽國中及四郊都鄙之	
○面	3.64/47/28			夫家（九○）〔人民〕	
		本 běn	6	之數	2.2/21/14
背 bèi	2			乃頒○法于六鄉之大夫	2.2/21/16
		昌○、穀鱉	1.26/10/29	則大○	2.2/21/17
亦不○客	5.54/75/23	以○俗六安萬民	2.1/20/26	大○則受邦國之○要	2.2/21/17
合瀸若○手文	6.30/86/27	以爲道○	2.21/25/11	以○追胥	2.2/21/19
		以爲行○	2.21/25/11	以地○正之	2.2/21/26
悖 bèi	1	以六德爲之○	3.25/42/21	及大○六鄉四郊之吏	2.2/21/29
		夫角之（末）〔○〕	6.30/85/25	以國○之法	2.3/22/1
其○逆暴亂作惡猶犯令				○共吉凶二服	2.3/22/10
者爲一書	5.53/74/30	**畚 běn**	1	若國大○	2.3/22/11
				三年則大○	2.4/22/16
倍 bèi	11	挈○以令糧	4.17/56/3	三年大○	2.5/22/29
					2.18/24/29, 2.20/25/9
○寺人之數	1.0/4/11	**祊 bēng**	1	以歲時涖校○	2.6/23/5
剔薪○禾	5.58/76/12			及大○	2.6/23/5, 5.2/67/25
	5.58/76/17, 5.58/76/23	羅弊致禽以祀○	4.1/53/25	以邦○之法	2.7/23/8
桯圍○之	6.1/79/8			五家爲○	2.7/23/9
桯長○之	6.1/79/9	**崩 bēng**	4	既○	2.8/23/15
○任者也	6.3/79/30			掌其○觥撻罰之事	2.8/23/15
內○之	6.5/80/14	王○	3.2/37/25	○長各掌其○之治	2.9/23/18
長○之	6.6/80/18	四鎮五嶽○	3.21/41/30	巡而○之	2.19/25/4
田首○之	6.28/84/29	始○	3.49/45/22, 4.30/57/32	○敘其事而賞罰	2.41/28/21
梢溝三十里而廣○	6.28/85/3			三歲大○	2.42/28/25
		鼻 bí	2	縣正各掌其縣之政令徵	
被 bèi	3			○	2.43/28/28
		○寸	6.19/82/24	○其衆寡	2.45/29/4
以其煙○之	5.47/73/14	○寸有半寸	6.19/82/27	里宰掌○其邑之衆寡與	
以其一爲之○而圍之	6.27/84/13			其六畜、兵器	2.46/29/8
春○弦則一年之事	6.30/86/4			○其具	3.15/40/17
				○外內命婦之朝莫哭	3.15/40/18

○樂官　3.23/42/12
小胥掌學士之徵令而○
　之　3.24/42/15
曰○　3.25/42/20
則繫幣以○其命　3.45/44/30
六曰巫○　3.46/45/2
○小事大以和邦國　4.1/53/9
○軍衆　4.1/54/8
○其廬　4.18/56/16
而○其乘　4.25/57/13
○禽　4.49/60/8
大國○小國　4.63/62/15
掌鄉合州黨族閭○之聯　5.3/68/4
以○追胥之事　5.3/68/4
及三年大○　5.10/69/21
○國郊及野之道路、宿
　息、井、樹　5.30/71/27
○脩除道路者　5.30/71/29
脩閭氏掌○國中宿互
　（樐）〔樎〕者與其
　國粥　5.37/72/20
而○其追胥者而賞罰之
　　5.37/72/20
則令之○之　5.39/72/26
秋覲以○邦國之功　5.52/73/28
夾其陰陽以設其○　6.23/83/8
夾其○以設其羽　6.23/83/8

姚 bǐ　1

以享先○　3.21/41/17

疕 bǐ　1

凡邦之有疾病者、〔有〕
　○瘍者造焉　1.16/9/13

鄙 bǐ　50

以八則治都○　1.1/5/15
始和布治于邦國都○　1.1/6/3
乃施則于都○　1.1/6/5
以則待都○之治　1.1/6/6
以逆邦國、都○、官府
　之治　1.2/6/16
掌治法以考百官府、群
　都縣○之治　1.3/7/13

凡官府都○之吏及執事
　者　1.34/11/29
以逆邦國都○官府之治
　　1.38/12/16
以貳官府都○之財入之
　數　1.40/12/28
以貳官府都○之財出賜
　之數　1.41/13/1
凡官府都○群吏之出財
　用　1.41/13/1
職幣掌式法以斂官府都
　○與凡用邦財者之幣　1.42/13/4
○師　2.0/17/28
每○上士一人　2.0/17/28
而辨其邦國都○之數　2.1/20/2
凡造都○　2.1/20/21
始和布教于邦國都○　2.1/20/27
乃施教法于邦國都○　2.1/20/28
頒職事十有二于邦國都
　○　2.1/20/30
以稽國中及四郊都○之
　夫家（九比）〔人民〕
　之數　2.2/21/14
縣師掌邦國都○稍甸郊
　里之地域　2.18/24/28
野○之委積　2.19/25/2
都○從其主　2.36/27/17
守都○者用角節　2.39/27/29
造縣○形體之法　2.40/28/3
五鄙為○　2.40/28/4
五○為縣　2.40/28/4
○師各掌其○之政令、
　祭祀　2.44/29/1
則會其○之政而致事　2.44/29/2
以和邦國都○之政令刑
　禁與其施舍　2.51/29/26
凡官府鄉州及都○之治
　中　3.9/39/8
頒祭號于邦國都○　3.49/45/26
掌則以逆都○之治　3.57/46/23
凡邦國都○及萬民之有
　約劑者藏焉　3.57/46/24
頒于官府及都○　3.57/46/25
御史掌邦國都○及萬民
　之治令　3.63/47/21
縣○建旗　3.67/48/15
始和布政于邦國都○　4.1/53/12

縣○各以其名　4.1/53/21
周知邦國都家縣○之
　（數）卿大夫士庶子
　之數　4.23/56/28
田僕掌馭田路以田以○　4.49/60/8
辨其邦國、都○、四夷
　、八蠻、七閩、九貉
　、五戎、六狄之人民
　與其財用、九穀、六
　畜之數要　4.58/61/9
而建邦國都○　4.59/62/3
始和布刑于邦國都○　5.1/67/11
用諸都○　5.3/68/4
則令邦國、都家、縣○
　慮刑貶　5.9/69/18
辨其國中與其都○及其
　郊野　5.10/69/20
以詰四方邦國及其都○
　　5.27/71/19
都○用管節　5.53/74/26

必 bǐ　47

○攷于司會　1.39/12/23
○用栓物　2.13/24/4
○有節　2.39/27/31
○以旌節　5.55/75/25
○達　5.55/75/26
○因其朝大夫　5.63/77/13
○自載於地者始也　6.0/78/13
○以其時　6.1/78/19
○矩其陰陽　6.1/78/24
容轂○直　6.1/78/27
陳篆○正　6.1/78/28
施膠○厚　6.1/78/28
施筋○數　6.1/78/28
轉○負幹　6.1/78/28
揉輻○齊　6.1/79/2
平沈○均　6.1/79/2
○足見也　6.1/79/3
其覆車也○易　6.3/79/28
○緻其牛　6.3/79/30
○繘其牛後　6.3/79/31
○先為容　6.10/81/10
○自其急者先裂　6.11/81/20
○以啟蟄之日　6.12/81/25
天子圭中○　6.19/82/19

○深其爪	6.26/83/28
則於眠○撥爾而怒	6.26/83/29
○似鳴矣	6.26/83/29
則○纘爾如委矣	6.26/83/30
則○如將廢措	6.26/83/30
其匪色○似不鳴矣	6.26/84/1
兩山之間○有川焉	6.28/85/2
大川之上○有涂焉	6.28/85/2
凡溝○因水埶	6.28/85/4
防○因地埶	6.28/85/4
○一日先深之以爲式	6.28/85/5
取六材○以其時	6.30/85/20
畏也者○橈	6.30/85/27
則其爲獸○剽	6.30/86/1
析幹○倫	6.30/86/4
眡目○苶	6.30/86/5
夫目也者○強	6.30/86/5
疏數○俟	6.30/86/7
眡摯○中	6.30/86/7
膠之○均	6.30/86/7
○因角幹之濕以爲之柔	6.30/86/13
○動於內	6.30/86/13
○動於糷	6.30/86/15

庇 bì　3

謂之○軹	6.1/79/11
五尺謂之○輪	6.1/79/11
四尺謂之○軫	6.1/79/11

柲 bì　2

戈○六尺有六寸	6.0/78/11
	6.27/84/8

閉 bì　2

以時啓○	1.47/13/30
以啓○國門	2.37/27/21

畢 bì　1

則告事○	3.3/38/5

椑 bì　1

設○枑再重	1.31/11/16

賁 bì　7

虎○氏	4.0/50/21
旅○氏	4.0/50/23
諸侯執○鼓	4.1/53/18
虎○氏掌先後王而趨以 　卒伍	4.26/57/16
旅○氏掌執戈盾夾王車 　而趨	4.27/57/20
授旅○父、故士戈盾	4.38/58/29
授旅○及虎士戈盾	4.38/58/30

敝 bì　11

輪○	6.1/78/20
則輪雖○不匡	6.1/78/24
則轂雖○不薪	6.1/78/25
是故輪雖○	6.1/79/5
衣衽不○	6.3/80/2
○盡而無惡	6.4/80/12
已○則橈	6.10/81/11
則雖○不瓻	6.11/81/21
筋欲○之	6.30/86/1
長其畏而薄其○	6.30/86/14

弊 bì　27

以○邦治	1.1/5/14
九日○餘之賦	1.1/5/25
○群吏之治	1.2/6/30
及○田	1.12/8/31
	2.56/30/14, 2.59/30/23
歲終則○其事	3.48/45/11
共其（幣）〔○〕車	3.64/48/3
○之	3.67/48/17
火○	4.1/53/20
車○獻禽以享礿	4.1/53/23
羅○致禽以祀祊	4.1/53/25
質明○旗	4.1/53/28
群吏○旗	4.1/53/30
及所○	4.1/54/5
徒乃○	4.1/54/6
句者謂之○弓	4.39/59/6

以邦成○之	5.1/67/13
以眾輔志而○謀	5.2/67/20
乃○之	5.2/67/20
則令群士計獄○訟	5.2/67/29
以詔司寇斷獄○訟	5.3/68/5
斷其獄、○其訟于朝	5.4/68/14
	5.5/68/20, 5.6/68/27
若司寇斷獄○訟	5.11/69/25
以待○罪	5.19/70/25

幣 bì　53

職○	1.0/3/28
六曰○帛之式	1.1/5/26
四曰○貢	1.1/5/27
贊玉○爵之事	1.1/6/9
贊玉○、玉獻、玉几、 　玉爵	1.1/6/10
贊（王）〔玉〕爵之 　事、祼將之事	1.2/7/3
凡受○之事	1.2/7/3
受其含襚○玉之事	1.2/7/4
與其○器財用凡所共者	1.3/7/17
邦縣之賦以待○帛	1.34/11/31
○餘之賦以待賜予	1.34/11/31
凡四方之○獻之金玉、 　齒革、兵、器	1.36/12/8
共其財用之○齎、賜予 　之財用	1.37/12/13
受其○	1.39/12/23
使入于職○	1.39/12/23
以敘與職○授之	1.41/13/2
職○掌式法以斂官府都 　鄙與凡用邦財者之○	1.42/13/4
入○純帛	2.26/26/6
皆有牲○	3.1/37/7
受其將○之齎	3.2/37/23
用牲○	3.3/38/1, 3.49/45/25
則繫○以比其命	3.45/44/30
六曰○號	3.49/45/18
及將○之日	3.57/46/28
毀折入齎于職○	3.64/48/2
共其（○）〔弊〕車	3.64/48/3
飾○馬	4.51/60/19
受其○馬	4.51/60/19
共其○馬	4.51/60/20
廟中將○三享	5.52/74/1

	5.52/74/4,5.52/74/7	則前○	1.49/14/8	**鞭** biān		6
則受其○	5.52/74/18	且○	2.21/25/15			
及郊勞、眠館、將○	5.53/74/22	而脩除且○	2.56/30/13	則胥執○度守門	2.27/26/13	
小客則受其○而聽其辭		帥其屬而守其屬禁而○		執○度而巡其前	2.34/27/10	
	5.53/74/23	之	3.13/40/12	帥其屬而以○呼趨且辟	5.9/69/13	
合六○	5.53/74/27	○墓域	3.18/40/31	條狼氏掌執○以趨辟	5.36/72/16	
其將○亦如之	5.54/75/6	爲之	3.18/41/1	執○以趨於前	5.36/72/17	
及將○	5.54/75/9	掌○宮中之事	4.34/58/15	○五百	5.36/72/17	
	5.54/75/16,5.59/76/32	使其屬○	5.1/67/16,5.2/67/28			
授○	5.54/75/11,5.54/75/17	則帥其屬而○于王宮	5.3/68/10	**邊** biān		1
賓拜送○	5.54/75/11	帥其屬夾道而○	5.4/68/16			
皆如將○之儀	5.54/75/12	帥其屬而○	5.5/68/23	○璋七寸	6.19/82/23	
饗食還圭如將○之儀	5.54/75/19	則帥其屬而爲之○	5.8/69/8			
各稱其邦而爲之○	5.54/75/22			**籩** biān		20
以其○爲之禮	5.54/75/23	**璧** bì		20		
凡其出入送逆之禮節○				○人	1.0/2/23	
帛辭令	5.57/76/1	子執穀○	3.1/37/4,3.10/39/13	女○十人	1.0/2/23	
受國客○而賓禮之	5.57/76/2	男執蒲○	3.1/37/4,3.10/39/13	○人掌四○之實	1.25/10/24	
若弗酌則以○致之	5.58/76/13	以蒼○禮天	3.1/37/6	朝事之○	1.25/10/24	
掌交掌以節與○巡邦國		琢圭璋○琮	3.10/39/14	饋食之○	1.25/10/24	
之諸侯及其萬民之所		圭○以祀日月星辰	3.10/39/16	加○之實	1.25/10/25	
聚者	5.60/77/4	○羨以起度	3.10/39/17	羞○之實	1.25/10/26	
		駔圭璋○琮琥璜之渠眉		共其○薦羞之實	1.25/10/26	
蔽 bì		6		3.10/39/18	共其薦○羞	1.25/10/27	
		疏○琮以斂尸	3.10/39/18	凡○事	1.25/10/27	
蒲○	3.64/47/29	三公執○	4.18/56/8	贊后薦徹豆○	1.50/14/11	
棼○	3.64/47/30	諸子執穀○五寸	5.52/74/5	則攝而薦豆○徹	3.1/37/10	
藻○	3.64/47/30	諸男執蒲○	5.52/74/8	內宗掌宗廟之祭祀薦加		
雚○	3.64/47/31	子用穀○	5.53/74/26	豆○	3.16/40/21	
藩○	3.64/47/31	男用蒲○	5.53/74/27	則佐傅豆○	3.16/40/21	
蓋已（車）〔卑〕是○		○以帛	5.53/74/27	眠豆○	3.17/40/24	
目也	6.1/79/13	○羨度尺	6.19/82/22	八壺、八豆、八○	5.58/76/14	
		圭○五寸	6.19/82/22		5.58/76/19	
薛 bì		1	○琮九寸	6.19/82/22	六壺、六豆、六○	5.58/76/24	
		○琮八寸	6.19/82/25			
髻墾○暴不入市	6.25/83/18			**窆** biǎn		6
		驚 bì		2			
臂 bì		2			及○	2.3/22/6,2.40/28/14	
		享先公、饗、射則○冕	3.12/40/1		2.41/28/20,3.18/40/31	
馬黑脊而般○	1.8/8/17	自○冕而下如公之服	3.12/40/5	共喪之○器	3.18/40/31	
於挻○中有柎焉	6.30/86/10			○亦如之	4.30/58/1	
		編 biān		2			
躃 bì		16			**貶** biǎn		1
		爲副、○、次	1.61/15/13			
凡邦之事○宮中廟中	1.4/7/26	擊○鍾	3.30/43/8	則令邦國、都家、縣鄙		
○宮門、廟門	1.47/14/1			慮刑○	5.9/69/18	
則爲內人○	1.49/14/7					

弁 biàn	15	○其苦良、比其小大而		○其施舍與其可任者	2.41/28/17
		買之	1.55/14/24	○其可食者	2.41/28/18
韋○服	3.12/40/2	典絲掌絲入而○其物	1.56/14/27	以○地物而原其生	2.54/30/5
則皮○服	3.12/40/2	○其物而書其數	1.56/14/28	○九穀之物	2.73/31/31
冠○服	3.12/40/3	○外內命婦之服	1.58/15/4	而○穜稑之種	2.75/32/5
服○服	3.12/40/3	○外內命夫命婦之命屨		○廟祧之昭穆	3.2/37/16
○絻服	3.12/40/3	、功屨、散屨	1.62/15/16	○吉凶之五服、車旗、	
其首服皆○絻	3.12/40/4	○其山林川澤丘陵墳衍		宮室之禁	3.2/37/16
自皮○而下如大夫之服	3.12/40/7	原隰之名物	2.1/20/2	以○親疏	3.2/37/17
○師	4.0/51/1	而○其邦國都鄙之數	2.1/20/2	○六齍之名物與其用	3.2/37/18
○師掌王之五冕	4.35/58/18	以土會之法○五地之物		○六彝之名物	3.2/37/19
王之皮○	4.35/58/19	生	2.1/20/4	○六尊之名物	3.2/37/19
王之○絻	4.35/58/20	五曰以儀○等	2.1/20/9	○其用與其實	3.7/38/24
○而加環絻	4.35/58/20	以土宜之法○十有二土		○其用與其位	3.8/39/1
諸侯及孤卿大夫之冕、		之名物	2.1/20/12	○其名物與其用事	3.10/39/12
韋○、皮○、○絻、		○十有二壤之物	2.1/20/13		3.12/39/31
各以其等爲之	4.35/58/20	以土均之法○五物九等	2.1/20/14	○其兆域而爲之圖	3.18/40/28
		以○其貴賤、老幼、		○其聲	3.24/42/16
徧 biàn	3	（廢）〔癈〕疾	2.2/21/15	典同掌六律六同之和、	
		○其物 2.2/21/16, 2.18/24/31		以○天地四方陰陽之	
歲○存	5.52/74/15	2.72/31/29, 3.6/38/21		聲	3.29/43/4
三歲○覜	5.52/74/15	5.16/70/14, 5.21/71/1		○龜之上下左右陰陽	3.42/44/19
五歲○省	5.52/74/15	乃分地域而○其守	2.2/21/24	各以其方之色與其體○	
		○其老幼、貴賤、癈疾		之	3.43/44/22
辨 biàn	129	、馬牛之物	2.3/22/1	以○九簭之名	3.46/45/1
		○其可任者與其施舍者	2.3/22/2	以○吉凶	3.46/45/3
○方正位	1.0/1/3	○鄉邑而治其政令刑禁	2.3/22/7	○陰陽之氣	3.47/45/6
2.0/15/23, 3.0/32/17		○其可任者	2.4/22/14	○吉凶	3.48/45/10
4.0/49/1, 5.0/63/5		○其貴賤、老幼、癈疾		○六號	3.49/45/17
以○邦治	1.1/5/13	可任者	2.7/23/8	○九祭	3.49/45/18
以官府之六職○邦治	1.2/6/23	○其施舍	2.8/23/14	○九𢭏	3.49/45/19
六曰廉○	1.2/7/1	教爲鼓而○其聲用	2.11/23/25	凡（○）〔辯〕法者攷	
○其八職	1.3/7/10	而○其夫家、人民、田		焉	3.57/46/23
○外內而時禁	1.4/7/23	萊之數	2.18/24/28	（○）〔辯〕事者攷焉	
○其親疏貴賤之居	1.4/7/26	（辨）〔○〕其能而可			3.57/46/27
○其名物	1.7/8/9	任於國事者	2.23/25/23	○昭穆	3.58/47/1
1.12/8/31, 3.2/37/18		以陳肆（辨）〔○〕物		（○）〔辯〕其敘事	3.59/47/5
3.70/48/26, 4.39/59/1		而平市	2.27/26/9	以（○）〔辯〕四時之	
○體名肉物	1.8/8/14	○其物而均平之	2.31/27/1	敘	3.59/47/6
○百品味之物	1.8/8/14	與其有司○而授之	2.36/27/18	○其吉凶	3.60/47/8
○腥臊羶香之不可食者	1.8/8/15	掌節掌守邦節而○其用		以星土○九州之地	3.60/47/8
○膳羞之物	1.10/8/25		2.39/27/29	○吉凶、水旱降豐荒之	
○魚物	1.13/9/4	○其野之土	2.40/28/7	祲象	3.60/47/10
○五齊之名	1.21/10/4	○其老幼癈疾與其施舍		○其用與其旗物而等敘	
○三酒之物	1.21/10/5	者	2.40/28/11	之	3.64/47/24
○四飲之物	1.21/10/6	○其施舍與其可任者	2.41/28/17	○其名物與其用說	3.65/48/6
○其財用之物而執其總				設儀○位以等邦國	4.1/53/7
	1.40/12/28				
皆○其物而奠其錄	1.42/13/4				
○其物而書其數	1.56/14/28				

○鼓鐸鐲鐃之用	4.1/53/18	**變 biàn**	18	**鱉 biē**	4
○號名之用	4.1/53/21				
以○軍之夜事	4.1/53/22	兩之以九竅之○	1.18/9/24	○人	1.0/2/1
○旗物之用	4.1/53/23	凡吉事○几	3.8/39/5	○人掌取互物	1.14/9/7
○其年歲與其貴賤	4.23/56/28	一○而致羽物及川澤之		以時籍魚○龜蜃	1.14/9/7
○其貴賤之等	4.23/56/30	示	3.21/41/18	春獻○蜃	1.14/9/7
○其等	4.24/57/7	再○而致臝物及山林之			
各○其物與其等	4.37/58/25	示	3.21/41/19	**別 bié**	6
○六馬之屬	4.51/60/13	三○而致鱗物及丘陵之			
○四時之居治	4.52/60/23	示	3.21/41/19	四曰聽稱責以傅○	1.2/6/29
○其邦國、都鄙、四夷		四○而致毛物及墳衍之		掌三族之○	3.2/37/17
、八蠻、七閩、九貉		示	3.21/41/19	其○皆六十有四	3.41/44/11
、五戎、六狄之人民		五○而致介物及土示	3.21/41/20	其○九十	3.41/44/12
與其財用、九穀、六		六○而致象物及天神	3.21/41/20	命乖○之妖祥	3.60/47/10
畜之數要	4.58/61/9	若樂六○	3.21/41/22	正之以傅○、約劑	5.3/68/8
乃○九州之國	4.58/61/10	若樂八○	3.21/41/24		
乃○九服之邦國	4.58/61/24	若樂九○	3.21/41/26	**賓 bīn**	162
以○土宜土化之法	4.59/62/3	以志星辰日月之○動	3.60/47/8		
○其物與其利害	4.64/62/18	四時○國火	4.11/55/13	八曰禮○	1.1/5/20
	4.65/62/20	則春秋○其水火	5.42/73/2	二曰○客之式	1.1/5/25
○其丘陵、墳衍、邍隰		則以水火○之	5.43/73/5	以禮待○客之治	1.1/6/7
之名物	4.66/62/22	則○也	6.10/81/14	待四方之○客之小治	1.1/6/12
（辯）〔○〕其獄訟	5.4/68/13	天時○	6.15/82/3	以懷○客	1.2/6/24
○其獄訟　5.5/68/19,5.6/68/26		今夫茭解中有○焉	6.30/86/10	二曰○客之聯事	1.2/6/27
○其死刑之罪而要之	5.7/69/1			以法掌祭祀、朝覲、會	
○其國中與其都鄙及其				同、○客之戒具	1.2/7/1
郊野	5.10/69/20	**麃 biāo**	1	凡○客　1.2/7/3,2.40/28/13	
而以○罪之輕重	5.11/69/25			2.77/32/11,4.51/60/19	
○其物之嫩惡與其數量	5.15/70/9	輕（○）〔麃〕用犬	2.52/29/30	5.54/75/22,5.59/77/1	
以九儀之諸侯之命	5.52/73/31			以待○客之令	1.3/7/10
○其位	5.52/74/17	**麃 biāo**	1	凡朝覲、會同、○客	1.3/7/15
每國○異之	5.53/75/1			掌其牢禮、委積、膳獻	
以○民器　6.0/77/25,6.0/77/26		輕（麃）〔○〕用犬	2.52/29/30	、飲食、○賜之飧牽	1.3/7/16
水之以○其陰陽	6.23/83/8			○客〔饗〕食	1.6/8/5
		表 biǎo	13	○客之禽獻	1.7/8/10
辯 biàn	6			凡○客之飧饔、饗食之	
		○齍盛	3.3/38/3	事亦如之	1.9/8/21
凡（辨）〔○〕法者攷		（祭）○貉	3.3/38/8	○客亦如之	1.10/8/26
焉	3.57/46/23	甸祝掌四時之田○貉之		1.27/11/4,4.23/57/3	
（辨）〔○〕事者攷焉		祝號	3.52/46/8	凡祭祀、喪紀、○客	1.12/9/1
	3.57/46/27	有司○貉	4.1/53/20	凡祭祀、○客、喪紀	1.13/9/4
（辨）〔○〕其敘事	3.59/47/5	爲○	4.1/53/26	○客、喪紀	1.15/9/11
以（辨）〔○〕四時之		爲三○	4.1/53/27	共○客之禮酒	1.21/10/8
敘	3.59/47/6	又五十步爲一○	4.1/53/27	共后之致飲于○客之禮	
則以荒○之法治之	5.3/68/7	司馬建旗于後○之中	4.1/53/27	醫醆糈	1.21/10/8
（○）〔辨〕其獄訟	5.4/68/13	及○乃止　4.1/53/30,4.1/53/31		共○客之禮酒、飲酒而	
			4.1/54/1,4.1/54/1	奉之	1.22/10/14
		有司○貉于陳前	4.1/54/4		

○客之陳酒亦如之	1.22/10/15	凡○客、會同、師役	2.19/25/2	祭祀、○客、喪紀	4.30/57/31
共○客之稍禮	1.23/10/17	凡祭祀、○客、會同、喪紀、		小祭祀、○客、饗食、	
共夫人致飲于○客之禮		軍旅	2.21/25/14	○射掌事	4.31/58/5
	1.23/10/17		2.22/25/19	齊右掌祭祀、會同、○	
○客	1.24/10/21	二曰○客之容	2.22/25/18	客、前齊車	4.43/59/21
	1.28/11/8,2.41/28/20	凡四方之○客造焉	2.37/27/22	齊僕掌馭金路以○	4.47/60/3
	2.50/29/22,2.72/31/28	凡四方之○客敏關	2.38/27/27	凡○客、喪紀	4.57/61/7
	2.76/32/8,4.10/55/9	以稍聚待○客	2.50/29/21	八曰議○之辟	5.2/67/24
喪事及○客之事	1.25/10/26	凡軍旅之○客館焉	2.50/29/23	諸侯爲○	5.3/68/9
○客、喪紀亦如之	1.26/11/1	祭祀○客	2.58/30/19	大祭祀、大喪紀、大軍	
○客之禮	1.26/11/2	凡祭祀○客	2.59/30/23	旅、大○客	5.4/68/16
	1.27/11/5,5.53/74/23	祭祀、喪紀、○客	2.69/31/17	邦有○客	5.8/69/7
邦中之賦以待○客	1.34/11/30	以○禮親邦國	3.1/36/28	邦有祭祀、○客、喪紀	
凡祭祀、○客、喪紀、		以○射之禮	3.1/36/31	之事	5.21/71/2
會同、軍旅	1.37/12/13	親四方之○客	3.1/37/1	大師、大○客亦如之	5.31/72/2
凡○客之祼獻、瑤爵	1.45/13/18	凡祭祀○客之祼事	3.4/38/13	大行人掌大○之禮及大	
致后之○客之禮	1.45/13/18	凡國之大○客、會同、		客之儀	5.52/73/28
若有祭祀、○客、喪紀		軍旅、喪紀	3.6/38/21	而待其○客	5.52/73/32
	1.46/13/25	筵國○于牖前亦如之	3.8/39/4	其朝位○主之間九十步	5.52/74/1
凡內人、公器、○客	1.47/13/30	以祼○客	3.10/39/16	朝位○主之間七十步	5.52/74/4
凡○客亦如之	1.47/14/1	以造贈○客	3.10/39/16	朝位○主之間五十步	5.52/74/6
若有喪紀、○客、祭祀		大祭祀、大旅、凡○客		○而見之	5.52/74/17
之事	1.48/14/3	之事	3.10/39/19	小行人掌邦國○客之禮	
若有祭祀、○客、喪紀		凡大祭祀、大○客	3.12/40/8	籍	5.53/74/21
之事	1.49/14/7	大○客之饗食亦如之	3.15/40/18	司儀掌九儀之○客擯相	
若有○客	1.50/14/11,5.30/71/27	○客之饗食亦如之	3.16/40/21	之禮	5.54/75/4
世婦掌祭祀、○客、喪		○客之事亦如之	3.17/40/25	凡諸公相爲○	5.54/75/7
紀之事	1.51/14/13	以安○客	3.21/41/14	○車進	5.54/75/10
凡祭祀、○客	1.58/15/5	乃奏蕤○	3.21/41/16	○三揖三讓	5.54/75/10
	2.70/31/19,3.2/37/21	黃鍾、大蔟、姑洗、蕤		○拜送幣	5.54/75/11
	3.35/43/24	○、夷則、無射	3.25/42/18	○亦如之	5.54/75/11
以待祭祀、○客	1.61/15/13	○射	3.28/43/2	○三還三辭	5.54/75/11
	3.2/37/19	饗食、○射亦如之	3.33/43/19	○之拜禮	5.54/75/12
使之相○	2.1/20/30		3.39/44/3	○繼主君	5.54/75/13
以鄉三物教萬民而○興		○客饗食	3.36/43/26	諸侯、諸伯、諸子、諸	
之	2.1/21/3	○饗亦如之	3.40/44/6	男之相爲○也各以其	
大○客	2.1/21/8	大喪、大○客、大會同		禮	5.54/75/13
	3.1/37/11,3.2/37/22	、大軍旅	3.58/47/2	○使者如初之儀	5.54/75/15
	3.3/38/5,5.2/67/27	以○	3.64/47/25	凡四方之○客禮儀、辭	
小○客	2.2/21/25	大喪、大○客亦如之	3.65/48/6	命、饔牢、賜獻	5.54/75/21
州共○器	2.3/22/10	會同、○客亦如之	3.67/48/16	環人掌送逆邦國之通○	
以禮禮○之	2.4/22/19	凡祭祀饗○	4.8/55/3	客	5.56/75/28
凡喪紀、○客、軍旅、		有大○客	4.18/56/15	若以時入○	5.57/75/31
大盟	2.10/23/23	○客之事則抗皮	4.19/56/18	而○相之	5.57/76/1
凡○客之事	2.14/24/8	凡○客、會同、軍旅	4.20/56/21	受國客幣而○禮之	5.57/76/2
饗食、○射	2.14/24/8	會同、○客	4.24/57/10	掌客掌四方○客之牢禮	
以待○客	2.19/25/2,5.59/76/30	凡祭祀、會同、○客	4.27/57/20	、饔獻、飲食之等數	

與其政治 5.58/76/5
凡禮○客 5.58/76/26
凡○客死 5.58/76/26
○客有喪 5.58/76/27
若將有國○客至 5.59/76/30
與士逆○于疆 5.59/76/30
○入館 5.59/76/31
凡○客之治 5.59/76/32
○客至而往 5.59/77/2

豳 bīn 4

籥章掌土鼓○籥 3.37/43/29
歙《○詩》以逆暑 3.37/43/29
歙《○雅》 3.37/43/30
則歙《○頌》 3.37/43/30

儐 bìn 3

則○ 3.1/37/12,3.2/37/22
佐○ 3.3/38/5

擯 bìn 18

則○ 1.46/13/25
司士○ 4.23/56/32
掌○士者 4.23/57/1
掌○相 4.30/58/2
小司寇○以敘進而問焉 5.2/67/19
○者五人 5.52/74/1
○者四人 5.52/74/4
○者三人 5.52/74/7
不交○ 5.52/74/9
爲承而○ 5.53/74/22
大客則○ 5.53/74/23
司儀掌九儀之賓客○相之禮 5.54/75/4
及其○之 5.54/75/5
皆旅○ 5.54/75/7
交○ 5.54/75/8,5.54/75/9
旅○ 5.54/75/14,5.54/75/16

冰 bīng 8

淩人掌○正 1.24/10/20
令斬○ 1.24/10/20
共○鑑 1.24/10/21
共○ 1.24/10/21
共夷槃○ 1.24/10/21
夏頒○ 1.24/10/21
○析濁 6.30/86/3
○析濁則審環 6.30/86/4

兵 bīng 60

玉府掌王之金玉、玩好、○、器 1.35/12/3
凡（王之）獻金玉、○、器、文織、良貨賄之物 1.35/12/5
內府掌受九貢九賦九功之貨賄、良○、良器 1.36/12/8
凡四方之幣獻之金玉、齒革、○、器 1.36/12/8
攷夫屋及其衆寡、六畜、○、器 2.2/21/29
簡其鼓鐸、旗物、○器 2.3/22/6
簡其○器 2.7/23/11,2.40/28/5
鼓○舞帗舞者 2.11/23/28
舞師掌教○舞 2.12/23/31
共其○（軍）〔車〕之牛 2.14/24/9
使皆備旗鼓○器 2.18/24/30
各以其○服守王之門外 2.21/25/15
質人掌成市之貨賄、人民、牛馬、○器、珍異 2.28/26/22
則以旗鼓○革帥而至 2.45/29/5
里宰掌比其邑之衆寡與其六畜、○器 2.46/29/8
共野委○器 2.50/29/23
祭○于山川 3.3/38/7
以治○守 3.10/39/17,6.19/82/25
凡○事 3.12/40/2
凡死於○者 3.18/40/29
彌災○ 3.50/45/28
司○ 4.0/51/5
教治○ 4.1/53/23
若有○甲之事 4.24/57/8
凡國之勇力之士能用五○者屬焉 4.25/57/13
司○掌五○、五盾 4.37/58/25
及授○ 4.37/58/25
及其受○輸 4.37/58/26
及其用○ 4.37/58/26
授舞者○ 4.37/58/26
廞五○ 4.37/58/26
建車之五○ 4.37/58/26
授舞者○亦如之 4.38/58/29
從授○（至）〔甲〕之儀 4.39/59/8
戎右掌戎車之○革使 4.42/59/18
凡巡守及○車之會 4.46/59/31
都司馬掌都之士庶子及其衆庶、車馬、○甲之戒令 4.69/62/28
入其金錫于爲○器之府 5.15/70/10
入于司○ 5.15/70/11,5.16/70/14
執其邦之○ 5.21/71/3
執其國之○以守王宮 5.23/71/8
禁徑踰者與以○革趨行者與馳騁於國中者 5.37/72/20
故○車之輪六尺有六寸 6.0/78/16
○矢、田矢五分 6.23/83/6
凡○無過三其身 6.27/84/9
故攻國之○欲短 6.27/84/9
守國之○欲長 6.27/84/9
是故○欲短 6.27/84/10
是故○欲長 6.27/84/11
凡○ 6.27/84/11
句○欲無彈 6.27/84/11
刺○欲無蜎 6.27/84/11
是故句○椑 6.27/84/12
刺○摶 6.27/84/12
轂○同强 6.27/84/12
刺○同强 6.27/84/12

秉 bǐng 2

右○鉞 4.1/54/8
車（乘）〔○〕有五籔 5.58/76/11

柄 bǐng 1

以八○詔王馭群臣 1.1/5/17

○諜賊	4.16/55/31	○師	3.0/34/28	
掌戮掌斬殺賊諜而○之		○人	3.0/34/28	
	5.20/70/28	○葬兆	3.2/37/26	
帥其民而○盜賊	5.21/71/1	凡祭祀之○日、宿、爲		
（搏）〔○〕埴之工二	6.0/78/6	期	3.3/38/3	
（搏）〔○〕埴之工	6.0/78/9	涖○來歲之芟	3.3/38/9	
則是（○）〔搏〕以行		涖○來歲之戒	3.3/38/9	
石也	6.1/79/4	涖○來歲之稼	3.3/38/9	
卷而（○）〔搏〕之	6.11/81/17	大○掌《三兆》之法	3.41/44/9	

踣 bó　　　　1

○諸市	5.20/70/28

薄 bó　　　　10

掌其厚○之齊	1.21/10/6
二曰○征	2.1/20/23
則令邦國移民、通財、	
舍禁、弛力、○征、	
緩刑	2.1/21/10
○聲甄	3.29/43/5
○厚之所震動	6.7/80/27
已○則播	6.7/80/28
則厚○序也	6.11/81/21
春稠者○	6.30/85/24
○其帤則需	6.30/86/6
長其畏而○其敝	6.30/86/14

鎛 bó　　　　7

○師	3.0/34/12
○師掌金奏之鼓	3.33/43/19
粵無○	6.0/77/27
粵之無○也	6.0/77/28
非無○也	6.0/77/28
夫人而能爲○也	6.0/77/28
段氏爲○器	6.3/80/7

轐 bú　　　　1

加軫與○焉四尺也	6.0/78/17

卜 bǔ　　　　27

帥執事而○日	1.1/6/8,3.1/37/9
大○	3.0/34/28

○立君	3.41/44/14
○大封	3.41/44/14
涖○	3.41/44/15
○師掌開龜之四兆	3.42/44/18
凡○事	3.42/44/18
凡○	3.42/44/19,3.44/44/26
祭祀先○	3.43/44/23
以待○事	3.44/44/26
以授○師	3.44/44/26
凡○簭	3.45/44/29
○人占坼	3.45/44/30
凡○簭既事	3.45/44/30
先簭而後○	3.46/45/3
與執事○日	3.57/46/26
涖大○	4.1/54/7

補 bǔ　　　　2

致禬以○諸侯之災	5.52/73/31
則令賻○之	5.53/74/28

不 bù　　　　204

○用法者	1.2/7/5
	2.2/21/28,5.2/67/29
其有○共	1.2/7/7
治○以時舉者	1.3/7/19
大喪則○舉	1.6/8/4
大荒則○舉	1.6/8/4
大札則○舉	1.6/8/4
天地有災則○舉	1.6/8/4
邦有大故則○舉	1.6/8/4
唯王及后、世子之膳○會	1.6/8/7
唯王及后之膳禽○會	1.7/8/12
辨腥臊羶香之○可食者	1.8/8/15
唯齊酒○貳	1.21/10/8
唯王及后之飲酒○會	1.21/10/11
除其○蠱	1.30/11/13

孤卿大夫○重	1.33/11/25
唯王及后之服○會	1.37/12/14
唯王之裘與其皮事○會	1.43/13/9
喪服、凶器○入宮	1.47/13/29
潛服、賊器○入宮	1.47/13/29
奇服怪民○入宮	1.47/13/29
則民○苟	2.1/20/8
則民○爭	2.1/20/9
則民○怨	2.1/20/9
則民○乖	2.1/20/9
則民○越	2.1/20/10
則民○偷	2.1/20/10
則民○虣	2.1/20/10
則民○怠	2.1/20/11
則民○失職	2.1/20/11
○易之地家百晦	2.1/20/22
一曰○孝之刑	2.1/21/4
二曰○睦之刑	2.1/21/5
三曰○婣之刑	2.1/21/5
四曰○弟之刑	2.1/21/5
五曰○任之刑	2.1/21/5
六曰○恤之刑	2.1/21/5
凡萬民之○服教而有獄		
訟者與有地治者	2.1/21/7
令無節者○行於天下	2.1/21/10
其有○正	2.1/21/12
三命而○齒	2.6/23/3
則○興舞	2.12/24/1
凡牲○繫者	2.13/24/5
凡宅○毛者	2.16/24/19
凡田○耕者	2.16/24/19
○畜者祭無牲	2.17/24/25
○耕者祭無盛	2.17/24/25
○樹者無椁	2.17/24/25
○蠶者○帛	2.17/24/26
○績者○衰	2.17/24/26
○收地守、地職	2.20/25/9
○均地政	2.20/25/9
從父兄弟之讎○同國	2.25/25/30
○同國	2.25/26/1
○可成者	2.25/26/1
奔者○禁	2.26/26/5
若無故而○用令者	2.26/26/5
期外○聽	2.28/26/24,5.9/69/15
若○可禁	2.32/27/6
司稽掌巡市而察其犯禁		
者、與其○物者而搏	

之	2.33/27/8	其○信者服墨刑	5.13/70/2	○援其邸	6.3/79/31
襲其○正者	2.34/27/10	其○信者殺	5.13/70/2	左○楗	6.3/80/2
泉府掌以市之征布斂市		詛其○信者亦如之	5.14/70/5	馬○契需	6.3/80/2
之○售貨之滯於民用		皆○爲奴	5.16/70/15	衣衽○敝	6.3/80/2
者	2.36/27/16	三年○齒	5.18/70/22	自伏兔○至（軌）〔軓〕	
以待○時而買者	2.36/27/16	凡圜土之刑人也○虧體		七寸	6.3/80/3
幾出入○物者	2.37/27/21		5.18/70/22	已倨則○入	6.5/80/15
凡貨○出於關者	2.38/27/25	其罰人也○虧財	5.18/70/22	已句則○決	6.5/80/15
有幾則○達	2.39/28/1	貉隸掌役服○氏（而）		短內則○疾	6.5/80/15
其○用命者誅之	2.40/28/13	養獸而教擾之	5.26/71/16	改煎金錫則○耗	6.8/81/1
○禁	2.56/30/12	凡傷人見血而○以告者		○耗然後權之	6.8/81/1
春秋之斬木○入禁	2.56/30/12		5.28/71/22	概而○稅	6.8/81/3
若食○能人二鬴	2.71/31/24	作言語而○信者	5.29/71/24	凡甲鍛○摯則○堅	6.10/81/11
若穀○足	2.73/31/31	且以幾禁行作○時者、		卷而搏之而○迆	6.11/81/20
若王○與祭祀	3.1/37/10	○物者	5.30/71/30	則雖敝○甋	6.11/81/21
王后○與	3.1/37/10,3.17/40/25	令州里除○蠲	5.31/72/1	薔墾薛暴○入市	6.25/83/18
禁外內命男女之衰○中		晉大夫日敢○關	5.36/72/17	恆有力而○能走	6.26/83/23
法者	3.3/38/6	唯執節者○幾	5.37/72/21	有力而○能走	6.26/83/24
凡師○功	3.3/38/8	若○見其鳥獸	5.49/73/20	爪○深	6.26/83/30
其士○命	3.11/39/29	王禮壹祼○酢	5.52/74/7	目○出	6.26/83/30
○敬者而苛罰之	3.15/40/18	○問	5.52/74/9	鱗之而○作	6.26/83/30
○入兆域	3.18/40/29	○交擯	5.52/74/9	其匪色必似○鳴矣	6.26/84/1
大饗○入牲	3.21/41/28	○朝○夕	5.54/75/23	飲器鄉衡而實○盡	6.26/84/2
舫其○敬者	3.24/42/15	○正其主面	5.54/75/23	（母）〔毋〕或若女○	
○信者刑之	3.57/46/24	亦○背客	5.54/75/23	寧侯○屬于王所	6.26/84/5
	3.57/46/25	雖道有難而○時	5.55/75/25	行地○遠	6.27/84/11
○信者誅之	3.57/46/27	○受饗食	5.58/76/27	且○涉山林之阻	6.27/84/11
凡良車、散車○在等者	3.64/48/1	凡都家之治有○及者	5.63/77/13	車○反覆	6.27/84/16
服○氏	4.0/50/7	然而○良	6.0/78/2	路門○容乘車之五个	6.28/84/25
負固○服則侵之	4.1/53/10	則○時、○得地氣也	6.0/78/2	謂之○行	6.28/85/2,6.28/85/3
曰「○用命者斬之」	4.1/53/29	鸜鵒○踰濟	6.0/78/2	水屬○理孫	6.28/85/3
若師○功	4.1/54/9	○樸屬	6.0/78/14	薔栗○池	6.30/85/24
以贊其○足者	4.12/55/18	○微至	6.0/78/15	則弓○發	6.30/85/24
○敬者苛罰之	4.18/56/16	則人○能登也	6.0/78/15	遠於剗而○休於氣	6.30/85/27
服○氏掌養猛獸而教擾		三材○失職	6.1/78/20	三色○失理	6.30/85/28
之	4.19/56/18	察其菑蚤○齺	6.1/78/23	凡昵之類○能方	6.30/85/30
若道路○通有徵事	4.26/57/18	則輪雖敝○匡	6.1/78/24	夏治筋則○煩	6.30/86/3
王○眠朝	4.30/58/2	則轂雖敝○藃	6.1/78/25	寒奠體則張○流	6.30/86/4
誅其○敬者	4.32/58/9	則是固有餘而強○足也	6.1/78/30	斲目○荼	6.30/86/5
王之所○與	4.32/58/9	轂○折	6.1/79/1	約之○皆約	6.30/86/7
無敢○敬戒	4.58/61/30	○得	6.1/79/2	斲摯○中	6.30/86/7
○齒三年	5.1/67/5	是故塗○附	6.1/79/4	膠之○均	6.30/86/7
其○能改而出圜土者	5.1/67/5	○甋於鑿	6.1/79/5	釋之則○校	6.30/86/9
	5.18/70/21	外○廉而內○挫	6.1/79/5	然則居旱亦○動	6.30/86/12
○躬坐獄訟	5.2/67/21	旁○腫	6.1/79/5	居濕亦○動	6.30/86/12
○即市	5.2/67/21	殷畝而馳○隊	6.1/79/14	角○勝幹	6.30/86/17
壹宥曰○識	5.12/69/28	○伏其轅	6.3/79/29	幹○勝筋	6.30/86/17

下工以〇足	6.30/86/19	朝位賓主之間七十〇	5.52/74/4	斬三〇	6.1/78/19
且〇深	6.30/86/24	朝位賓主之間五十〇	5.52/74/6	三〇既具	6.1/78/19
		三四〇	6.28/84/22	三〇不失職	6.1/78/20
布 bù	30	野度以〇	6.28/84/24	凡居〇	6.2/79/20
		六尺有六寸與〇相中也		則〇更也	6.10/81/13
始和〇治于邦國都鄙	1.1/6/3		6.29/85/11	則取〇正也	6.11/81/19
以疏〇巾冪八尊	1.29/11/11			取六〇必以其時	6.30/85/20
以畫〇巾冪六彝	1.29/11/11	**部 bù**	4	六〇既聚	6.30/85/20
外府掌邦〇之入出	1.37/12/12			得此六〇之全	6.30/86/2
典枲掌〇緦縷紵之麻草		信其桯圍以為〇廣	6.1/79/9	秋合三〇	6.30/86/3
之物	1.57/15/1	〇廣六寸	6.1/79/9	秋合三〇則合	6.30/86/4
始和〇教于邦國都鄙	2.1/20/27	〇長二尺	6.1/79/9	弓有六〇焉	6.30/86/15
有里〇	2.16/24/19	〇尊一枚	6.1/79/10	〇美	6.30/86/17
貢〇帛	2.17/24/24				
凡無職者出夫〇	2.17/24/25	**材 cái**	44	**財 cái**	59
以商賈阜貨而行〇	2.27/26/10				
辟〇者、量度者、刑戮		作山澤之〇	1.1/5/21	以九賦斂〇賄	1.1/5/23
者	2.27/26/14	飭化八〇	1.1/5/22	以九式均節〇用	1.1/5/25
而作〇	2.27/26/17	聚斂疏〇	1.1/5/23	以均〇節邦用	1.2/6/16
廛人掌斂市〔之〕絘〇		五曰〇貢	1.1/5/28	以節〇用	1.2/6/23
、總〇、質〇、罰〇		以式法授酒〇	1.21/10/4	令百官府共其〇用	1.2/7/2
、廛〇	2.29/26/26	衣翣柳之〇	1.59/15/8	乘其〇用之出入	1.3/7/13
斂其總〇	2.35/27/14	三曰作〇	2.1/21/1	凡失〇用、物辟名者	1.3/7/13
泉府掌以市之征〇斂市		五曰飭〇	2.1/21/1	其足用、長〇、善物者	1.3/7/14
之不售貨之滯於民用		七曰化〇	2.1/21/2	與其幣器〇用凡所共者	1.3/7/17
者	2.36/27/16	八曰斂〇	2.1/21/2	受〇用焉	1.34/11/29
則共匭主及道〇及租館		九曰生〇	2.1/21/2	凡頒〇	1.34/11/29
	3.54/46/15	任工以飭〇事	2.17/24/23	凡式貢之餘〇以共玩好	
始和〇政于邦國都鄙	4.1/53/12	凡疏〇、木〇	2.50/29/21	之用	1.34/11/32
則受〇于司馬	4.10/55/10	以式法共祭祀之薪蒸木		共其〇用之幣齎、賜予	
入其〇于校人	4.53/60/27	〇	2.50/29/22	之〇用	1.37/12/13
其利〇帛	4.58/61/24	共其薪蒸木〇	2.50/29/22	以九貢之法致邦國之〇	
則〇而訓四方	4.62/62/12	共其委積薪芻凡疏〇	2.50/29/23	用	1.38/12/16
〇憲	5.0/64/25	斬季〇	2.56/30/12	以九賦之法令田野之〇	
始和〇刑于邦國都鄙	5.1/67/11	令萬民時斬〇	2.56/30/12	用	1.38/12/17
乃宣〇于四方	5.2/67/30	凡邦工入山林而掄〇	2.56/30/12	以九功之法令民職之〇	
〇憲掌憲邦之刑禁	5.27/71/19	若斬木〇	2.57/30/16	用	1.38/12/17
執旌節以宣〇于四方	5.27/71/19	掌葛掌以時徵絺綌之〇		以九式之法均節邦之〇	
		于山農	2.64/31/6	用	1.38/12/17
步 bù	11	徵草貢之〇于澤農	2.64/31/6	掌國之官府、郊野、縣	
		徵野疏〇之物	2.67/31/13	都之百物〇用	1.38/12/18
百〇則一	4.1/53/26	用其〇器	4.12/55/17	以敘其〇	1.39/12/23
又五十〇為一表	4.1/53/27	其貢〇物	5.52/74/13	凡上之用〇（用）	1.39/12/23
前後有屯百〇	4.1/54/3	以飭五〇	6.0/77/24，6.0/77/26	以知民之〇〔用〕器械	
則以貍〇張三侯	4.18/56/12	〇有美	6.0/78/1	之數	1.39/12/24
多祭馬〇	4.51/60/18	〇美工巧	6.0/78/1	辨其〇用之物而執其總	
其朝位賓主之間九十〇	5.52/74/1	此〇之美者也	6.0/78/4		1.40/12/28

以貳官府都鄙之○入之	凡民同貨○者　5.9/69/16	**倉 cāng**　　　　3
數　1.40/12/28	其罰人也不虧○　5.18/70/22	
凡受○者　1.40/12/29	或飭力以長地○　6.0/77/25	○人　2.0/19/22
以逆職歲與官府○用之	飭力以長地○　6.0/77/27	○人掌粟入之藏　2.73/31/31
出　1.40/12/29		囷、竂、○、城　6.28/85/6
而斂其○以待邦之移用	**采 cǎi**　　　　24	
1.40/12/29		**蒼 cāng**　　　　1
以貳官府都鄙之○出賜	夏○　1.0/5/7	
之數　1.41/13/1	夏○掌大喪以冕服復于	以○璧禮天　3.1/37/6
凡官府都鄙群吏之出○	大祖　1.63/15/19	
用　1.41/13/1	繅藉五○五就　3.10/39/12	**藏 cáng**　　　　38
職幣掌式法以斂官府都	繅皆三○三就　3.10/39/13	
鄙與凡用邦○者之幣　1.42/13/4	繅皆二○再就　3.10/39/14	掌官契以治○　1.3/7/12
振掌事者之餘○　1.42/13/4	繅皆二○一就　3.10/39/14	參之以九○之動　1.18/9/24
則會其○齎　1.44/13/13	趨以《○薺》　3.22/42/4	頒其貨于受○之府　1.34/11/28
會內宮之○用　1.45/13/21	4.45/59/29	凡良貨賄之○　1.35/12/3
以斂○賦　2.1/20/15	大夫以《○蘋》爲節　3.22/42/5	受而○之　1.35/12/6,3.9/39/8
六曰通○　2.1/21/2	士以《○蘩》爲節　3.22/42/5	掌其○與其出　1.56/14/27
則令邦國移民、通○、	舍○　3.23/42/11	則受良功而○之　1.56/14/28
舍禁、弛力、薄征、	卿大夫奏《○蘋》　3.31/43/12	以其賈楬而○之　1.57/15/1
緩刑　2.1/21/10	士奏《○蘩》　3.31/43/12	以時斂而○之　2.70/31/19
無○賦　2.20/25/9	又其外方五百里曰○畿　4.1/53/14	倉人掌粟入之○　2.73/31/31
凡國〔事〕之○用取具	樂以《○蘋》　4.18/56/11	則○之　2.73/31/31
焉　2.36/27/18	樂以《○蘩》　4.18/56/12	天府掌祖廟之守○與其
凡○物犯禁者舉之　2.37/27/21	五○繅十有二就　4.35/58/18	禁令　3.9/39/7
以其○養死政之老與其	皆五○玉十有二　4.35/58/18	○焉　3.9/39/7
孤　2.37/27/21	珉玉三○　4.35/58/19	○之　3.9/39/8
以徵○征　2.41/28/18	會五○玉璊　4.35/58/20	則受而○之　3.9/39/10
而徵斂其○賦　2.46/29/9	又其外方五百里曰○服	典瑞掌玉瑞、玉器之○
與其野囿○用　2.50/29/23	4.58/61/25	3.10/39/12
使其地之人守其○物　2.59/30/22	又其外方五百里謂之○	其遺衣服○焉　3.14/40/14
以共○用　2.62/30/32	服　5.52/74/12	則○其隋與其服　3.14/40/15
分其○守　2.72/31/27	五○備謂之繡　6.15/82/3	遂入○凶器　3.18/40/31
分其○用　4.12/55/16	張五○之侯　6.26/84/4	○樂器　3.21/42/1
有移甲與其役○用　4.12/55/17		奉而○之　3.32/43/17,3.33/43/20
稟人掌受○于職金　4.41/59/14	**殘 cán**　　　　1	3.36/43/27,3.40/44/7
凡齎○與其出入　4.41/59/16		典庸器掌○樂器、庸器　3.39/44/3
受○于校人　4.53/60/26	放弒其君則○之　4.1/53/11	二曰《歸○》　3.41/44/10
辨其邦國、都鄙、四夷		3.46/45/1
、八蠻、七閩、九貉	**蠶 cán**　　　　3	凡邦國都鄙及萬民之有
、五戎、六狄之人民		約劑者○焉　3.57/46/24
與其用、九穀、六	詔后帥外內命婦始○于	司勳○其貳　4.6/54/23
畜之數要　4.58/61/9	北郊　1.45/13/20	皆書而○之　4.8/55/3
通其○利　4.61/62/9	不○者不帛　2.17/24/26	而掌其守○與其出入　4.39/59/1
令移民、通○、糾守、	禁原○者　4.7/54/29	大史、內史、司會及六
緩刑　5.3/68/7		官皆受其貳而○之　5.1/67/12
凡以○獄訟者　5.3/68/8		則珥而辟○　5.13/70/2

則六官辟○	5.13/70/2	
入其玉石丹青于守○之		
府	5.15/70/10	
欲其○也	6.11/81/17	
察其線而○	6.11/81/21	

草 cǎo　　18

毓○木	1.1/5/21
典枲掌布緦縷紵之麻○	
之物	1.57/15/1
○人	2.0/18/7
掌染○	2.0/19/5
以毓○木	2.1/20/13
貢○木	2.17/24/23
○人掌土化之法以物地	2.52/29/29
夏以水殄○而芟夷之	2.53/30/2
澤○所生	2.53/30/2
徵○貢之材于澤農	2.64/31/6
掌染○掌以春秋斂染○	
之物	2.65/31/9
〔以〕嘉○攻之	5.39/72/26
柞氏掌攻○木及林麓	5.42/73/1
薙氏掌殺○	5.43/73/4
掌凡殺○之政令	5.43/73/5
以莽○熏之	5.45/73/10
○木有時以生	6.0/78/5

側 cè　　1

使無敢反○	4.67/62/24

策 cè　　2

則○命之	3.61/47/15
而○半之	6.3/79/25

測 cè　　2

以土圭之法○土深	2.1/20/15
漆欲○	6.30/86/2

筴 cè　　1

六曰○祝	3.49/45/15

籍 cè　　2

以時○魚鱉龜蜃	1.14/9/7
掌凡邦之○事	1.14/9/8

秅 chá　　1

車三○	5.58/76/12

察 chá　　22

則攷教、○辭、稽器、	
展事	2.3/22/11
○其道藝	2.4/22/14
巡問而觀○之	2.23/25/22
○其詐偽、飾行、慝惡	
者	2.30/26/29
司稽掌巡市而○其犯禁	
者、與其不物者而搏	
之	2.33/27/8
而○其媺惡而誅賞	2.44/29/1
以詔王○群吏之治	3.9/39/8
○天地之和	3.60/47/10
○軍慝	4.16/55/31
掌○	5.0/66/24,5.61/77/8
○獄訟之辭	5.3/68/5
○其辭	5.4/68/13
	5.5/68/19,5.6/68/26
凡○車之道	6.0/78/13,6.0/78/14
是故○車自輪始	6.0/78/14
○其菑蚤不齵	6.1/78/23
凡○革之道	6.10/81/11
○其線	6.11/81/17
○其線而藏	6.11/81/21

柴 chái　　1

以實○祀日、月、星、	
辰	3.1/36/24

幨 chān　　1

夫筋之所由○	6.30/86/6

塵 chán　　9

○人	2.0/17/10

以○里任國中之地	2.16/24/15
園廛二十而一	2.16/24/18
○人掌斂市〔之〕絘布	
、總布、質布、罰布	
、○布	2.29/26/26
掌其治禁與其征○	2.38/27/25
夫一○	2.40/28/7
	2.40/28/8,2.40/28/8

產 chǎn　　3

以天○作陰德	3.1/37/7
以地○作陽德	3.1/37/7
以禮樂合天地之化、百	
物之○	3.1/37/8

昌 chāng　　1

○本、藁鞂	1.26/10/29

倡 chāng　　1

遂○之	3.22/42/9

長 cháng　　102

二曰○	1.1/6/1
而建其○	1.1/6/5
大事則從其○	1.2/6/19
	1.2/6/19,1.2/6/20,1.2/6/21
	1.2/6/22,1.2/6/22
其足用、○財、善物者	1.3/7/14
州○	2.0/16/1
比○	2.0/16/2
肆○	2.0/17/13
酇○	2.0/17/28
鄰○	2.0/17/29
其民專而○	2.1/20/6
日北則景○	2.1/20/16
出使○之	2.4/22/21
州○各掌其州之教治政	
令之法	2.5/22/26
比○各掌其比之治	2.9/23/18
以事師○	2.21/25/13
師○之賉睋兄弟	2.25/25/30
肆○各掌其肆之政令	2.35/27/13
酇○各掌其酇之政令	2.45/29/4

鄰○掌相糾相受	2.47/29/11
卒○皆上士	4.0/49/10
伍皆有○	4.0/49/10
卒○執鐸	4.1/53/19
凡遠近惸獨老幼之欲有	
復於上而其○弗達者	5.1/67/9
而罪其○	5.1/67/10
三公及州○、百姓北面	5.2/67/19
州○衆庶在其後	5.9/69/12
諸侯○十有再獻	5.58/76/6
以告其君○	5.63/77/12
或飭力以○地財	6.0/77/25
飭力以○地財	6.0/77/27
人○八尺　6.0/78/11,6.0/78/17	
妥○尋有四尺	6.0/78/12
	6.27/84/8
轂小而○則柞	6.1/78/25
以爲之轂○	6.1/78/26
以其○爲之圍	6.1/78/27
	6.10/81/10
五分其轂之○	6.1/78/27
參分其轂○	6.1/78/29
參分其輻之○而殺其一	6.1/79/1
部○二尺	6.1/79/9
桯○倍之	6.1/79/9
弓○六尺　6.1/79/11,6.30/86/21	
參分弓○而揉其一	6.1/79/11
參分弓○	6.1/79/12
輪崇、車廣、衡○	6.2/79/16
十分其輈之○	6.3/79/25
	6.3/79/27
五分其○	6.3/79/26
	6.27/84/13,6.29/85/13
○尺博寸	6.4/80/12
刃○寸　6.5/80/14,6.23/83/9	
○內則折前	6.5/80/15
○倍之	6.6/80/18
身○五其莖○	6.6/80/19
身○四其莖○	6.6/80/20
身○三其莖○	6.6/80/20
以其鋌之○爲之甬○	6.7/80/26
以其甬○爲之圍	6.7/80/26
參分其甬○	6.7/80/27
○甬則震	6.7/80/28
鍾小而○	6.7/80/30
○六尺有六寸	6.12/81/23
鼓○八尺	6.12/81/24

○尋有四尺	6.12/81/24
鼓小而○	6.12/81/25
大圭○三尺	6.19/82/20
參分其○而殺其一	6.23/83/7
五分其○而羽其一	6.23/83/7
小首而○	6.26/83/27
守國之兵欲○	6.27/84/9
是故兵欲○	6.27/84/11
參分其○　6.27/84/14,6.29/85/18	
庛○尺有一寸	6.29/85/10
柯○三尺	6.29/85/12
轂○半柯	6.29/85/13
輻○一柯有半	6.29/85/13
行山者欲○轂	6.29/85/14
○轂則安	6.29/85/14
柏車轂○一柯	6.29/85/15
鬲○六尺	6.29/85/18
角○二尺有五寸	6.30/85/28
欲小簡而○	6.30/85/30
小簡而○	6.30/86/1
○者以次需	6.30/86/9
○其畏而薄其敝	6.30/86/14
弓○六尺有六寸	6.30/86/20
弓○六尺有三寸	6.30/86/21

常 cháng	30
四曰官○	1.1/5/13
無○職	1.1/5/23
國有○刑	1.2/7/6
	2.2/21/28,5.2/67/30
掌官○以治數	1.3/7/11
因此五物者民之○	2.1/20/8
則國有○刑	2.1/21/12
凡四時之徵令有○者	2.3/22/8
司○	3.0/36/15
執書以次位○	3.57/46/27
建大○　3.64/47/25,4.1/54/8	
其用無○	3.64/48/1
司○掌九旗之物名	3.67/48/12
日月爲○	3.67/48/12
王建大○	3.67/48/14
王載大○	4.1/53/23
銘書於王之大○	4.6/54/23
凡賞無○	4.6/54/24
（惟）〔唯〕賜無○	4.23/56/30
六人維王之（太）〔大〕	

○	4.28/57/23
建○九斿	5.52/73/32
建○七斿	5.52/74/3
建○五斿	5.52/74/6
車載○　6.0/78/12,6.27/84/8	
酋矛○有四尺	6.0/78/13
	6.27/84/8
達○圍三寸	6.1/79/8

場 cháng	5
○人	2.0/19/15
每○下士二人	2.0/19/15
以○圃任園地	2.16/24/15
○人掌國之○圃	2.70/31/19

嘗 cháng	5
品○食	1.6/8/3
以○秋享先王	3.1/36/26
○之日	3.3/38/8
秋○冬烝	3.7/38/25
馭夫（○）〔掌〕馭貳	
車、從車、使車	4.50/60/11

裳 cháng	2
共含玉、復衣○、角枕	
、角柶	1.35/12/4
玄衣朱○	4.29/57/26

鬯 chàng	11
○人	3.0/32/27
淯玉○	3.1/37/9
大肆以秬○涗	3.2/37/25
大淯以○	3.3/38/6
和鬱○	3.4/38/13
○人掌共秬○而飾之	3.5/38/17
共其釁○	3.5/38/18
共其秬○	3.5/38/18
共介○	3.5/38/19
以肆○涗尸	3.49/45/22

巢 cháo	2
硩蔟氏掌覆夭鳥之○	5.44/73/7

朝位當○前	5.52/74/9
○逆	5.54/75/8,5.54/75/9
○送	5.54/75/9,5.54/75/11
賓○進	5.54/75/10
○皆陳	5.58/76/11
○米眂生牢	5.58/76/11
牢十○	5.58/76/11,5.58/76/11
○（乘）〔秉〕有五籔	5.58/76/11
○禾眂死牢	5.58/76/11
○三秅	5.58/76/12
米三十○	5.58/76/17
禾四十○	5.58/76/17
米二十○	5.58/76/23
禾三十○	5.58/76/23
胡無弓、○	6.0/77/28
胡之無弓○也	6.0/77/29
非無弓○也	6.0/77/30
夫人而能爲弓○也	6.0/77/30
作○以行陸	6.0/77/31
輪、輿、弓、廬、匠、　○、梓	6.0/78/7
○爲多	6.0/78/10
○有六等之數	6.0/78/10
○軹四尺	6.0/78/10
○戟常	6.0/78/12,6.27/84/8
○謂之六等之數	6.0/78/13
凡察○之道	6.0/78/13,6.0/78/14
是故察○自輪始	6.0/78/14
故兵○之輪六尺有六寸	6.0/78/16
田○之輪六尺有三寸	6.0/78/16
乘○之輪六尺有六寸	6.0/78/16
蓋已（○）〔卑〕是蔽　目也	6.1/79/13
輿人爲○	6.2/79/16
輪崇、○廣、衡長	6.2/79/16
參分○廣	6.2/79/16
棧○欲弇	6.2/79/20
飾○欲侈	6.2/79/21
今夫大○之轅摯	6.3/79/28
其覆○也必易	6.3/79/28
是故大○平地既節軒摯　之任	6.3/79/29
○不反覆	6.27/84/16
路門不容乘○之五个	6.28/84/25
○人之事	6.29/85/9
○人爲耒	6.29/85/10

○人爲○	6.29/85/12
柏○轂長一柯	6.29/85/15
大○崇三柯	6.29/85/16
羊○二柯有參分柯之一	6.29/85/17
柏○二柯	6.29/85/17

坼 chè　　　　1

卜人占○	3.45/44/30

硪 chè　　　　2

○蔟氏	5.0/65/27
○蔟氏掌覆夭鳥之巢	5.44/73/7

徹 chè　　　　16

以樂○于造	1.6/8/3
則○王之胙俎	1.6/8/5
○后之俎	1.46/13/26
贊后薦○豆籩	1.50/14/11
則攝而薦豆籩○	3.1/37/10
及以樂○	3.16/40/21
及以樂○亦如之	3.17/40/24
（詔）及○	3.22/42/7
帥學士而歌○	3.22/42/7
○	3.26/42/26
令○	3.49/45/22
○奠	3.49/45/23
贊○	3.50/45/29
受○焉	4.9/55/7
應門二○參个	6.28/84/25
○廣六尺	6.29/85/18

臣 chén　　　　23

內小○	1.0/4/5
以八柄詔王馭群○	1.1/5/17
八曰○妾	1.1/5/22
諸○之復	1.3/7/10
內小○掌王后之命	1.46/13/25
以等諸○	3.1/37/4
諸○之所胙也	3.7/38/25
	3.7/38/26,3.7/38/28
典命掌諸侯之五儀、諸　○之五等之命	3.11/39/22

凡諸侯及諸○葬於墓者	3.18/41/1
大札、大凶、大災、大　○死	3.21/41/30
小○	4.0/50/29
各使其○	4.0/53/5
司士掌群○之版	4.23/56/28
小○掌王之小命	4.31/58/4
群○西面	5.2/67/19
一曰訊群○	5.2/67/24
壹刺曰訊群○	5.12/69/27
等諸○之爵	5.52/73/31
○之禮也	5.53/74/24
諸公之○相爲國客	5.54/75/14
凡（諸）〔侯〕伯子男　之○	5.54/75/20

辰 chén　　　　8

以實柴祀日、月、星、　○	3.1/36/24
圭璧以祀日月星○	3.10/39/16
以日、月、星、○占六　夢之吉凶	3.47/45/6
馮相氏掌十有二歲、十　有二月、十有二○、　十日、二十有八星之　位	3.59/47/5
以志星○日月之變動	3.60/47/8
掌三○之法	3.70/48/26
十有二○之號	5.44/73/7
以祀日月星○	6.19/82/22

沈 chén　　　　10

五曰○齊	1.21/10/5
以貍○祭山、林、川、　澤	3.1/36/25
凡○辜、侯禳	4.9/55/6
凡○辜、侯禳、釁、積	4.10/55/10
凡幾、珥、○、辜	5.17/70/17
禁山之爲苑、澤之○者	5.32/72/6
則以牡橭午貫象齒而○　之	5.48/73/17
平○必均	6.1/79/2
水之以眂其平○之均也	6.1/79/6
絲欲○	6.30/86/2

晨 chén	1	5.58/76/23,5.58/76/23	以量度○買而徵價	2.27/26/10
		其死牢如飱之○ 5.58/76/10	市之群吏平肆展○奠買	
禦○行者	5.34/72/10	5.58/76/17,5.58/76/22		2.27/26/13
		車皆○ 5.58/76/11	賈人掌○市之貨賄、人	
陳 chén	57	以其爵等爲之牢禮之○	民、牛馬、兵器、珍	
		數 5.58/76/13	異	2.28/26/22
○其殷 1.1/6/4,1.1/6/5,1.1/6/6		○篆必正 6.1/78/28	展其○而奠其賈	2.31/27/1
與其○數	1.3/7/16		親○男女	3.1/36/31
則○其鼎俎	1.8/8/15	**疢 chèn** 1	○葬而祭墓	3.2/37/27
○其鼎俎	1.9/8/21		凡祭祀禮○	3.3/38/4
○其鼎俎而實之	1.9/8/23	○疾險中 6.30/85/25	大司樂掌○均之法	3.21/41/10
賓客之○酒亦如之	1.22/10/15		凡樂○	3.22/42/6
○其貨賄 1.45/13/19,2.35/27/13		**亂 chèn** 1	天子之弓合九而○規	4.39/59/5
澠○女宮之具	1.51/14/13		諸侯合七而○規	4.39/59/6
而○之以旗物	2.3/22/7	凡有爵者與七十者與未	大夫合五而○規	4.39/59/6
以○肆（辨）〔辨〕物		○者 5.16/70/15	士合三而○規	4.39/59/6
而平市	2.27/26/9		秋獻○	4.41/59/15
○役	2.40/28/14	**呈 chēng** 1	六廐○校	4.51/60/15
○之 2.72/31/27,3.4/38/13			以邦○弊之	5.1/67/13
展器○	3.3/38/3	維角○之 6.30/86/16	掌士之八○	5.3/68/6
以實彝而○之	3.4/38/13		獄訟○ 5.4/68/15,5.5/68/21	
則出而○之	3.9/39/7	**稱 chēng** 5	5.6/68/28,5.7/69/2	
○玉以貞來歲之媺惡	3.9/39/9		司寇聽其○于朝	5.7/69/1
皆掌其○序	3.12/40/9	四曰聽○責以傅別 1.2/6/29	書其刑殺之○與其聽獄	
凡喪○樂器	3.22/42/9	各○其邦而爲之幣 5.54/75/22	訟者	5.7/69/2
則○之	3.32/43/17	欲其肉○也 6.1/78/22	則往而○之	5.8/69/7
○庸器	3.39/44/3	謂之參○ 6.2/79/16	○牢禮	5.52/74/16
舞者既○	3.40/44/6	以眂其鴻殺之○也 6.23/83/11	○六瑞	5.53/74/26
○龜	3.41/44/15		則令爲壇三○	5.54/75/4
○車	3.64/48/3	**成 chéng** 53	或治絲麻以○之	6.0/77/25
平列○	4.1/53/18		治絲麻以○之	6.0/77/27
如戰之○	4.1/53/18	五曰官○ 1.1/5/14	合六而○規	6.4/80/12
如振旅之○ 4.1/53/21,4.1/53/23		以官○待萬民之治 1.1/6/7	嘉量既○	6.8/81/3
乃○車徒如戰之○	4.1/53/28	以官府之八○經邦治 1.2/6/28	豆實三而○觳	6.25/83/17
群吏聽誓于○前	4.1/53/28	掌官○以治凡 1.3/7/11	方十里爲○	6.28/84/30
斬牲以左右徇○	4.1/53/28	旬終則令正日○ 1.3/7/19	○間廣八尺	6.28/84/30
	4.9/55/7	日入其○ 1.21/10/11	合九而○規	6.30/86/19
左右○車徒	4.1/54/2	以參互攷日○ 1.38/12/19	合七而○規	6.30/86/19
既○	4.1/54/4	以月要攷月 1.38/12/19	合五而○規	6.30/86/20
有司表貉于○前	4.1/54/4	以歲會攷歲○ 1.38/12/19	合三而○規	6.30/86/20
巡○	4.1/54/8	及事○ 1.39/12/25		
傳王命于○中	4.42/59/18	則攷其屬官之治○而誅	**承 chéng** 1	
牽馬而入○	4.57/61/7	賞 2.2/21/27		
夏宗以○天下之謨	5.52/73/29	以民○之 2.25/25/29	爲○而擂	5.53/74/22
皆○ 5.58/76/10,5.58/76/12		○之 2.25/26/1		
5.58/76/16,5.58/76/17		不可○者 2.25/26/1		
5.58/76/18,5.58/76/22		自○名以上 2.26/26/4		

城 chéng 7	○禽日九十雙 5.58/76/12	雍氏掌溝瀆澮○之禁 5.32/72/5
	○禽日七十雙 5.58/76/18	
營國○郭 4.8/55/1	○禽日五十雙 5.58/76/23	持 chí 6
掌固掌脩○郭、溝池、	○車之輪六尺有六寸 6.0/78/16	
樹渠之固 4.12/55/16	路門不容○車之五个 6.28/84/25	○翣 1.52/14/17,4.33/58/12
用諸守○、車戰 4.39/59/4		○旌 3.64/48/3
○隅之制九雉 6.28/84/27	盛 chéng 11	車止則○輪 4.27/57/20
門阿之制以爲都○之制		王乘則○馬 4.43/59/21
6.28/84/27	以共齍○ 1.11/8/28	王出入則○馬陪乘 4.44/59/24
宮隅之制以爲諸侯之○	爲齍○ 1.51/14/13	
制 6.28/84/28	不耕者祭無○ 2.17/24/25	蚳 chí 2
囷、窌、倉、○ 6.28/85/6	共白○之蠶 2.68/31/15	
	則共其接○ 2.71/31/25	共蠆、蠃、○ 1.14/9/7
乘 chéng 34	共其齍○之米 2.76/32/8	蜃、○醢 1.26/10/30
	饎人掌凡祭祀共○ 2.77/32/11	
○其財用之出入 1.3/7/13	表齍 3.3/38/3	馳 chí 5
以○車建綏復于四郊 1.63/15/19	帥六宮之人共齍○ 3.15/40/17	
稍人掌令丘○之政令 2.49/29/17	逆齍○ 3.50/45/29	車○徒走 4.1/54/1
王之喪車五○ 3.64/47/29	白○ 6.28/84/22	大夫 4.49/60/9
服車五○ 3.64/47/31		禁徑踰者與以兵革趨行
孤○夏篆 3.64/47/31	騁 chěng 2	者與○騁於國中者 5.37/72/20
卿○夏縵 3.64/47/31		殷斾而○不隊 6.1/79/14
大夫○墨車 3.64/48/1	禁徑踰者與以兵革趨行	終日○騁 6.3/80/2
士○棧車 3.64/48/1	者與馳○於國中者 5.37/72/20	
庶人○役車 3.64/48/1	終日馳○ 6.3/80/2	篪 chí 1
○一人 4.0/52/11		
令有爵者○王之倅車 4.18/56/14	絺 chī 1	笙師掌教龡竽、笙、塤
而比其○ 4.25/57/13		、籥、簫、（○）
洗○石 4.34/58/15	掌葛掌以時徵○綌之材	〔篪〕、（篷）〔篴〕
建○車之戈盾 4.38/58/30	于山農 2.64/31/6	、管 3.32/43/15
凡○車 4.40/59/11		
○其事 4.41/59/15	弛 chí 4	簵 chí 1
王○則持馬 4.43/59/21		
行則陪○ 4.43/59/21	六曰斂○之聯事 1.2/6/27	○菹、鴈醢 1.26/10/31
王出入則持馬陪○ 4.44/59/24	四曰○力 2.1/20/24	
朝、覲、宗、遇、饗、	則令邦國移民、通財、	遟 chí 1
食皆○金路 4.47/60/3	舍禁、○力、薄征、	
凡頒良馬而養○之 4.51/60/14	緩刑 2.1/21/10	羽豐則○ 6.23/83/10
○馬一師四圉 4.51/60/14	令○縣 3.21/41/31	
三○爲皁 4.51/60/14		簯 chí 1
巫馬掌養疾馬而○治之	池 chí 5	
4.53/60/26		笙師掌教龡竽、笙、塤
貳車九○ 5.52/74/1	舞《咸○》 3.21/41/16	、籥、簫、（篪）
貳車七○ 5.52/74/3	《咸○》之舞 3.21/41/23	〔○〕、（篷）〔篴〕
貳車五○ 5.52/74/6	掌固掌脩城郭、溝○、	、管 3.32/43/15
車（○）〔乘〕有五籔	樹渠之固 4.12/55/16	
5.58/76/11	其川虖○、嘔夷 4.58/61/23	

尺 chǐ	80
日至之景〇有五寸	2.1/20/16
國中自七〇以及六十	2.4/22/15
野自六〇以及六十有五	2.4/22/15
馬八〇以上爲龍	4.55/61/2
七〇以上爲騋	4.55/61/2
六〇以上爲馬	4.55/61/2
車軫四〇	6.0/78/10
戈柲六〇有六寸	6.0/78/11
	6.27/84/8
崇於軫四〇	6.0/78/11
人長八〇　6.0/78/11,	6.0/78/17
崇於戈四〇	6.0/78/11
殳長尋有四〇	6.0/78/12
	6.27/84/8
崇於人四〇	6.0/78/12
崇於殳四〇	6.0/78/12
酋矛常有四〇	6.0/78/13
	6.27/84/8
崇於戟四〇	6.0/78/13
故兵車之輪六〇有六寸	6.0/78/16
田車之輪六〇有三寸	6.0/78/16
乘車之輪六〇有六寸	6.0/78/16
六〇有六寸之輪	6.0/78/16
	6.1/79/3
軹崇三〇有三寸也	6.0/78/17
加軫與轐焉四〇也	6.0/78/17
部長二〇	6.1/79/9
四〇者二	6.1/79/9
弓長六〇　6.1/79/11,	6.30/86/21
五〇謂之庇輪	6.1/79/11
四〇謂之庇軫	6.1/79/11
是故蓋崇十〇	6.1/79/13
國馬之輈深四〇有七寸	6.3/79/23
田馬之輈深四〇	6.3/79/23
駑馬之輈深三〇有三寸	6.3/79/23
（軌）〔軓〕前十〇	6.3/79/25
長〇博寸	6.4/80/12
深〇　6.8/81/2,	6.28/84/29
內方〇而圜其外	6.8/81/2
長六〇有六寸	6.12/81/23
中〇	6.12/81/23
鼓長八〇	6.12/81/24
鼓四〇　6.12/81/24,	6.12/81/24
長尋有四〇	6.12/81/24
去地〇暴之	6.18/82/12

鎭圭〇有二寸	6.19/82/17
四圭〇有二寸	6.19/82/19
大圭長三〇	6.19/82/20
土圭〇有五寸	6.19/82/20
祼圭〇有二寸	6.19/82/20
璧羨度〇	6.19/82/22
崇〇　6.25/83/17,	6.25/83/17
膞崇四〇	6.25/83/18
四三〇	6.28/84/22
堂崇三〇	6.28/84/23
度九〇之筵	6.28/84/23
廣〇	6.28/84/29
廣二〇	6.28/84/29
深二〇	6.28/84/30
井間廣四〇	6.28/84/30
深四〇	6.28/84/30
成間廣八〇	6.28/84/30
深八〇	6.28/85/1
竇其崇三〇	6.28/85/7
牆厚三〇	6.28/85/7
庇長〇有一寸	6.29/85/10
中直者三〇有三寸	6.29/85/10
上句者二〇有二寸	6.29/85/10
六〇有六寸與步相中也	
	6.29/85/11
柯長三〇	6.29/85/12
徹廣六〇	6.29/85/18
隔長六〇	6.29/85/18
角長二〇有五寸	6.30/85/28
弓長六〇有六寸	6.30/86/20
弓長六〇有三寸	6.30/86/21

侈 chǐ	4
〇聲筰	3.29/43/5
飾車欲〇	6.2/79/21
〇弇之所由興	6.7/80/28
〇則柞	6.7/80/28

恥 chǐ	2
〇諸嘉石	2.24/25/26
以明刑〇之	5.1/67/4

齒 chǐ	15
凡四方之幣獻之金玉、	

〇革、兵、器	1.36/12/8
以正〇位	2.6/23/2
壹命〇于鄉里	2.6/23/2
再命〇于父族	2.6/23/3
三命而不〇	2.6/23/3
角人掌以時徵〇角凡骨	
物於山澤之農	2.62/30/32
書其〇毛與其賈	4.7/54/28
其利丹銀〇革	4.58/61/13
不〇三年	5.1/67/5
自生〇以上	5.2/67/26
自生〇以上皆書於版	5.10/69/20
三年不〇	5.18/70/22
則獻其皮、革、〇、須	
、備	5.38/72/23
則以牡橭午貫象〇而沈	
之	5.48/73/17
共王之〇杖	5.51/73/26

斥 chì	1
蘪筋〇蠖濁	6.30/86/27

赤 chì	16
犬〇股而躁	1.8/8/16
爲〇鳥、黑鳥	1.62/15/16
〇繶、黃繶	1.62/15/16
〇緹用羊	2.52/29/29
以〇璋禮南方	3.1/37/6
建大〇	3.64/47/26
〇犮氏	5.0/65/31
〇犮氏掌除牆屋	5.46/73/12
南方謂之〇	6.15/82/1
〇與黑相次也	6.15/82/2
青與〇謂之文	6.15/82/2
〇與白謂之章	6.15/82/2
欲〇黑而陽聲	6.30/85/23
〇黑則鄉心	6.30/85/23
馬膠〇白	6.30/85/30
牛膠火〇	6.30/85/30

飭 chì	7
〇化八材	1.1/5/22
五曰〇材	2.1/21/1
任工以〇材事	2.17/24/23

以○五材	6.0/77/24, 6.0/77/26		
或○力以長地財	6.0/77/25		
○力以長地財	6.0/77/27		

翭 chì 　　2

○氏	5.0/65/21
○氏掌攻猛鳥	5.41/72/30

熾 chì 　　1

而○之	6.16/82/7

充 chōng 　　8

凡萬民之貢以○府庫	1.34/11/32
○人	2.0/16/14
以授○人繫之	2.13/24/5
○人掌繫祭祀之牲牷	2.15/24/12
○籠篏矢	4.39/59/8
○其籠篏	4.40/59/12
○革車	4.42/59/18
射則○椹質	4.56/61/4

舂 chōng 　　5

○人	2.0/19/28
女○（抚）〔抌〕二人	2.0/19/28
○人掌共米物	2.76/32/8
○犢、廏、雅	3.32/43/15
女子入于○槀	5.16/70/15

意 chōng 　　1

三赦曰○愚	5.12/69/29

崇 chóng 　　26

○於軹四尺	6.0/78/11
○於戈四尺	6.0/78/11
○於人四尺	6.0/78/12
○於殳四尺	6.0/78/12
○於戟四尺	6.0/78/13
輪已○	6.0/78/15
軹三尺有三寸也	6.0/78/17
是故六分其輪○	6.1/78/25
蓋已○則難爲門也	6.1/79/13

是故蓋○十尺	6.1/79/13
輪○、車廣、衡長	6.2/79/16
以其廣之半爲之式○	6.2/79/17
以其隧之半爲之較○	6.2/79/17
○尺	6.25/83/17, 6.25/83/17
膞○四尺	6.25/83/18
廣與○方	6.26/84/3, 6.28/85/4
堂○三尺	6.28/84/23
堂○一筵	6.28/84/24
寶其○三尺	6.28/85/7
○三之	6.28/85/7
六分其輪○	6.29/85/15
五分其輪○	6.29/85/16
大車○三柯	6.29/85/16
三其輪○	6.29/85/17

蟲 chóng 　　5

除其狸○	5.46/73/12
則凡水（蟲）〔○〕無	
聲	5.47/73/14
壺涿氏掌除水○	5.48/73/17
旋○謂之幹	6.7/80/24
謂之小○之屬	6.26/83/22

瘳 chōu 　　1

八曰○	3.41/44/13

酬 chóu 　　2

獻以爵而○以觗	6.26/84/1
一獻而三○	6.26/84/2

幬 chóu 　　2

欲其○之廉也	6.1/78/23
○必負幹	6.1/78/28

讎 chóu 　　10

父之○辟諸海外	2.25/25/30
兄弟之○辟諸千里之外	
	2.25/25/30
從父兄弟之○不同國	2.25/25/30
君之○眡父	2.25/25/30
師長之○眡兄弟	2.25/25/30

主友之○眡從父兄弟	2.25/25/31
使邦國交○之	2.25/26/1
令勿○	2.25/26/1
○之則死	2.25/26/1
凡報仇○者	5.9/69/17

臭 chòu 　　1

去其惡○	1.30/11/13

出 chū 　　83

八曰聽○入以要會	1.2/6/30
乘其財用之○入	1.3/7/13
幾其○入	1.4/7/23
其○入亦如之	1.7/8/11
酒正之○	1.21/10/11
則以貨賄之入○會之	1.34/12/1
外府掌邦布之入○	1.37/12/12
以周知入○百物	1.39/12/22
以逆職歲與官府財用之	
○	1.40/12/29
職歲掌邦之賦○	1.41/13/1
以貳官府都鄙之財○賜	
之數	1.41/13/1
凡官府都鄙群吏之○財	
用	1.41/13/1
則會其○	1.42/13/5
○其度、量、淳、制	1.45/13/19
后○入	1.46/13/25
無帥則幾其○入	1.47/13/30
凡外內命夫命婦○入	1.47/13/30
相道其○入之事而糾之	1.48/14/3
掌其藏與其○	1.56/14/27
○田法于州里	2.3/22/6
○使長之	2.4/22/21
○屋粟	2.16/24/19
○夫家之征	2.16/24/19
凡無職者○夫布	2.17/24/25
以璽節○入之	2.27/26/16
○入相陵犯者	2.32/27/5
掌其坐作○入之禁令	2.34/27/10
則會其○入而納其餘	2.36/27/19
幾○入不物者	2.37/27/21
司貨賄之○入者	2.38/27/25
凡貨不○於關者	2.38/27/25
則以節傳○之	2.38/27/26

則以節傳○內之	2.38/27/27	清濁之所由○	6.7/80/27	**笏** chú		12
以法掌其○入	2.72/31/27	○目短耳	6.26/83/23			
掌米粟之○入	2.72/31/29	○其目	6.26/83/28,6.26/83/28	七日○秫之式	1.1/5/26	
以年之上下○斂法	2.75/32/6	目不○	6.26/83/30	以授職人而○之	2.14/24/7	
則○而陳之	3.9/39/7	上綱與下綱○舌尋	6.26/84/4	○之三月	2.15/24/12	
凡玉器○	3.10/39/20	識日○之景與日入之景		斂薪○	2.50/29/21	
及其○封	3.11/39/25		6.28/84/19	共其○薪	2.50/29/22	
則地示皆○	3.21/41/24			共其委積薪○凡疏材	2.50/29/23	
王○入則令奏《王夏》		**初** chū	7	車米、筥米、○禾	2.72/31/28	
	3.21/41/27			圉人掌養馬○牧之事	4.57/61/7	
尸○入則令奏《肆夏》		則讀教法如○	2.5/22/29	○薪倍禾	5.58/76/12	
	3.21/41/27	坐作如○	4.1/53/31,4.1/54/2		5.58/76/17,5.58/76/23	
牲（○）入則令奏《昭		每事如○	5.54/75/11	（惟）〔唯〕○稍之受		
夏》	3.21/41/27	賓使者如○之儀	5.54/75/15		5.58/76/27	
王○入	3.21/41/28,4.30/57/31	致館如○之儀	5.54/75/15			
樂○入	3.22/42/8	每事如○之儀	5.54/75/17	**搊** chú		3
以序○入舞者	3.23/42/12					
○宮乃代	3.51/46/4	**除** chú	26	以興○利甿	2.40/28/6	
以方○之	3.61/47/16			以歲時合耦于○	2.46/29/8	
以治其○入	3.64/47/24	以○盜賊	1.2/6/25	旅師掌聚野之○粟、屋		
凡車之○入	3.64/48/1	○其不蠲	1.30/11/13	粟、閒粟而用之	2.48/29/13	
則○路	3.65/48/6	埒、執燭、共鑪炭	1.30/11/14			
群吏各帥其車徒以敘和		以○疾殃	1.53/14/19	**畜** chù		32
○	4.1/54/2	十有二曰○盜賊	2.1/20/25			
季春○火	4.11/55/13	以買民禁偽而○詐	2.27/26/11	庖人掌共六○、六獸、		
○入王之大命	4.30/57/29	而脩○且蹕	2.56/30/13	六禽	1.7/8/9	
王之燕○入	4.31/58/4	以○惡	3.10/39/19,6.19/82/21	以知田野夫家六○之數		
而掌其守藏與其○入	4.39/59/1	則帥其屬而脩○	3.13/40/11		1.39/12/24	
凡齎財與其○入	4.41/59/16	則有司脩○之	3.14/40/15	使各登其鄉之眾寡、六		
王○入則持馬陪乘	4.44/59/24	○飾	3.51/46/4	○、車輦	2.2/21/16	
道僕掌馭象路以朝夕、		以○疾病	3.55/46/17	攷夫屋及其眾寡、六○		
燕○入	4.48/60/6	女巫掌歲時祓○、釁浴		、兵、器	2.2/21/29	
其不能改而○圃土者	5.1/67/5		3.56/46/20	及其六○車輦	2.7/23/9	
	5.18/70/21	隸僕掌五寢之埽○糞洒		閭師掌國中及四郊之人		
王燕○入	5.3/68/9	之事	4.34/58/15	民、六○之數	2.17/24/22	
客○入則道之	5.8/69/8	春○蓐、釁廄、始牧	4.56/61/4	任牧以○事	2.17/24/24	
雖○	5.18/70/21	○其怨惡	4.61/62/9	不○者祭無牲	2.17/24/25	
凡奚隸聚而○入者	5.29/71/25	比脩○道路者	5.30/71/29	及其六○車輦之稽	2.18/24/28	
王○入則八人夾道	5.36/72/16	蜡氏掌○骴	5.31/72/1	凡得貨賄六○者亦如之		
○入五積	5.52/74/2	令州里○不蠲	5.31/72/1		2.27/26/15	
○入四積	5.52/74/5	庶氏掌○毒蠱	5.39/72/26	凡治市之貨賄、六○、		
○入三積	5.52/74/8,5.52/74/9	翦氏掌○蠹物	5.45/73/10	珍異	2.27/26/15	
及○	5.54/75/11	赤犮氏掌○牆屋	5.46/73/12	以歲時登其夫家之眾寡		
○	5.54/75/17,5.54/75/18	○其狸蟲	5.46/73/12	及其六○車輦	2.40/28/11	
凡其○入送逆之禮節幣		壺涿氏掌○水蟲	5.48/73/17	以時登其夫家之眾寡、		
帛辭令	5.57/76/1	殷槱以○邦國之惡	5.52/73/30	六○、車輦	2.41/28/17	
凡從者○	5.59/77/1			以歲時稽其夫家之眾寡		

上〇	1.45/13/22	純 chún	12	祠 cí	12
	3.9/39/8,3.46/45/3	入幣〇帛	2.26/26/6	凡內禱〇之事	1.53/14/19
〇暴練	1.60/15/11	依前南鄉設莞筵紛〇	3.8/39/2	以〇春享先王	3.1/36/26
〇秋	2.5/22/27	加繅席畫	3.8/39/2,3.8/39/3	及執事禱〇于上下神示	3.2/37/24
〇秋祭祭	2.6/23/1	加次席黼〇	3.8/39/2	凡王之會同、軍旅、甸	
〇秋祭醷	2.7/23/7	蒲筵繢〇	3.8/39/3	役之禱〇	3.2/37/27
凡〇秋之祭祀、役政、		加莞席紛〇	3.8/39/3	春〇夏禴	3.7/38/24
喪紀之（數）〔事〕	2.8/23/14	昨席莞筵紛〇	3.8/39/3	七日巫〇	3.46/45/3
中〇之月	2.26/26/5	其柏席用萑黼〇	3.8/39/5	一曰〇	3.49/45/16
〇頒而秋斂之	2.48/29/14	諸侯則紛〇	3.8/39/5	禱〇	3.49/45/23
〇秋之斬木不入禁	2.56/30/12	諸侯〇九	6.19/82/28	小祝掌小祭祀將事侯禳	
掌染草掌以〇秋斂染草		大夫〇五	6.19/82/28	禱〇之祝號	3.50/45/28
之物	2.65/31/9			以祭祀禱〇焉	3.51/46/5
以共王后之〇獻種	2.72/31/29	脣 chún	7	則令禱〇 3.68/48/21,3.69/48/23	
乃立〇官宗伯	3.0/32/17				
以祠〇享先王	3.1/36/26	〇寸	6.24/83/14,6.24/83/14	慈 cí	1
〇見曰朝	3.1/36/28		6.24/83/15,6.24/83/15		
〇祠夏禴	3.7/38/24		6.24/83/15,6.25/83/17	一曰〇幼	2.1/20/25
〇入學	3.23/42/11	厚〇弇口	6.26/83/23		
中〇晝擊土鼓	3.37/43/29			餈 cí	1
攻龜用〇時	3.43/44/22	淳 chún	4		
上〇釁龜	3.43/44/23			糗餌、粉〇	1.25/10/26
〇招弭	3.55/46/17	出其度、量、〇、制	1.45/13/19		
〇秋致月	3.59/47/6	壹其〇制	2.28/26/23	薺 cí	2
季〇出火	4.11/55/13	〇而漬之	6.16/82/7		
羅〇鳥	4.21/56/24	渥〇其帛	6.18/82/13	趏以《采〇》	3.22/42/4
〇合諸學	4.24/57/11				4.45/59/29
中〇獻弓弩	4.39/59/1	錞 chún	1		
〇獻素	4.41/59/15			辭 cí	31
〇祭馬祖	4.51/60/17	以金〇和鼓	2.11/23/27		
孟〇焚牧	4.54/60/29			聽其〇訟	2.2/21/22
中〇通淫	4.54/60/29	鶉 chún	1	則攷教、察〇、稽器、	
〇除蓐、釁廄、始牧	4.56/61/4			展事	2.3/22/11
〇令爲阱攫溝瀆之利於		以象〇火也	6.3/80/5	大祝掌六祝之〇	3.49/45/14
民者	5.32/72/5			作六〇	3.49/45/16
則〇秋變其水火	5.42/73/2	蚔 cí	2	作盟詛之載〇	3.53/46/11
〇始生而萌之	5.43/73/4			則〇於三公及孤卿	4.30/58/2
〇朝諸侯而圖天下之事		蜡氏掌除〇	5.31/72/1	士聽其〇	5.1/67/10
	5.52/73/28	掌凡國之〇禁	5.31/72/3	一曰〇聽	5.2/67/22
令諸侯〇入貢	5.53/74/21			察獄訟之〇	5.3/68/5
則〇以功	6.26/84/4	茨 cí	1	察其〇	5.4/68/13
〇裯者薄	6.30/85/24				5.5/68/19,5.6/68/26
多析幹而〇液角	6.30/86/2	〇牆則翣闓	4.56/61/4	聽其獄訟之〇	5.7/69/1
〇液角則合	6.30/86/3			而聽其〇	5.9/69/17
〇被弦則一年之事	6.30/86/4			協〇命	5.52/74/16
				聽其〇	5.52/74/18

小客則受其幣而聽其〇
　　　　　　　　5.53/74/23
以詔儀容、〇令、揖讓
　之節　　　　　5.54/75/4
皆三〇拜受　　　5.54/75/7
　　　　　　　　5.54/75/14
三〇　　　5.54/75/7, 5.54/75/8
　　　　　　5.54/75/8, 5.54/75/9
　　　　　5.54/75/14, 5.54/75/16
賓三還三〇　　　5.54/75/11
凡四方之賓客禮儀、〇
　命、籛牢、賜獻　5.54/75/21
與其〇　　　　　5.57/76/1
凡其出入送逆之禮節幣
　帛〇令　　　　5.57/76/1
其〇曰　　　　　6.26/84/5

此 cǐ　　　　　19

因〇五物者民之常　2.1/20/8
〇謂使民興賢　　2.4/22/21
凡〇五物者　　　3.60/47/10
　　　　　　　　5.53/74/29
以〇三法者求民情　5.12/69/29
〇六物者　　　　5.53/74/27
凡〇〔五〕物者　5.53/75/1
〇皆聖人之所作也　6.0/77/31
合〇四者　　　　6.0/78/1
〇地氣然也　　　6.0/78/3
〇材之美者也　　6.0/78/4
〇天時也　　　　6.0/78/5
〇無故　　　　　6.3/79/29
　　　　　　6.3/79/30, 6.3/79/31
〇唯輈之和也　　6.3/80/2
得〇六材之全　　6.30/86/2
恒由〇作　6.30/86/6, 6.30/86/8

次 cì　　　　　53

掌〇　　　　　　1.0/3/7
以時比宮中之官府〇舍
　之衆寡　　　　1.4/7/22
令于王宮之官府〇舍　1.4/7/25
授八〇八舍之職事　1.5/7/28
十失一〇之　　　1.16/9/14
十失二〇之　　　1.16/9/14
十失三〇之　　　1.16/9/14

掌〇掌王〇之法　1.33/11/22
則張大〇、小〇　1.33/11/23
　　　　　　　　1.33/11/24
張尸〇　　　　　1.33/11/25
射則張耦〇　　　1.33/11/25
設其〇　　　　　1.45/13/19
爲副、編、〇　　1.61/15/13
以〇敘分地而經市　2.27/26/9
上旌于思〇以令市　2.27/26/13
胥師、賈師涖于介〇　2.27/26/14
胥師各掌其〇之政令　2.30/26/29
賈師各掌其〇之貨賄之
　治　　　　　　2.31/27/1
立〇祀　　　　　3.3/38/1
加〇席黼純　　　3.8/39/2
執書以〇位常　　3.57/46/27
〇國二軍　　　　4.0/49/8
其〇九日坐　　　5.1/67/8
其〇七日坐　　　5.1/67/8
其〇五日坐　　　5.1/67/8
治民之約〇之　　5.13/69/31
治地之約〇之　　5.13/69/31
治功之約〇之　　5.13/69/31
治器之約〇之　　5.13/70/1
治摯之約〇之　　5.13/70/1
〇事卿　　　　　5.57/76/3
〇事大夫　　　　5.57/76/3
〇事（上）士　　5.57/76/3
〇于舍門外　　　5.59/76/31
黃白〇之　　　　6.8/81/4
青白〇之　　　　6.8/81/5
青氣〇之　　　　6.8/81/5
青與白相〇也　　6.15/82/2
赤與黑相〇也　　6.15/82/2
玄與黃相〇也　　6.15/82/2
穱〇之　　　　　6.30/85/22
壓桑〇之　　　　6.30/85/22
橘〇之　　　　　6.30/85/22
木瓜〇之　　　　6.30/85/22
荊〇之　　　　　6.30/85/22
長者以〇需　　　6.30/86/9
其〇筋角皆有澗而深　6.30/86/26
其〇有澗而疏　　6.30/86/26
其〇角無澗　　　6.30/86/27

刺 cì　　　　　14

徒三〇　　　　　4.1/54/1
司〇　　　　　　5.0/63/27
以三〇斷庶民獄訟之中　5.2/67/24
聽民之所〇宥　　5.2/67/25
司〇掌三〇、三宥、三
　赦之法　　　　5.12/69/27
壹〇曰訊群臣　　5.12/69/27
再〇曰訊群吏　　5.12/69/27
三〇曰訊萬民　　5.12/69/28
與〇重三鈞　　　6.5/80/16
〇兵欲無蜎　　　6.27/84/11
〇兵搏　　　　　6.27/84/12
〇兵同強　　　　6.27/84/12
去一以爲〇圍　　6.27/84/15

庀 cì　　　　　6

〇長尺有一寸　　6.29/85/10
自其〇　　　　　6.29/85/10
堅地欲直〇　　　6.29/85/11
柔地欲句〇　　　6.29/85/11
直〇則利推　　　6.29/85/11
句〇則利發　　　6.29/85/12

紽 cì　　　　　1

廛人掌斂市〔之〕〇布
　、總布、質布、罰布
　、廛布　　　　2.29/26/26

賜 cì　　　　　32

掌其牢禮、委積、膳獻
　、飲食、賓之飧牽　1.3/7/16
凡肉脩之頒〇皆掌之　1.6/8/6
凡王之好〇肉脩　　1.8/8/18
則掌共其獻、〇脯肉之
　事　　　　　　1.9/8/23
掌酒之〇頒　　　1.21/10/10
幣餘之賦以待〇予　1.34/11/31
凡王之好〇　　　1.35/12/6
凡王及冢宰之好〇予　1.36/12/9
共其財用之幣齎、〇予
　之財用　　　　1.37/12/13
以貳官府都鄙之財出〇

廣車之○	3.66/48/9	六○	6.1/79/9	兩圭五○	6.19/82/27
闕車之○	3.66/48/9	部廣六○	6.1/79/9	琢琮八○	6.19/82/27
苹車之○	3.66/48/9	十分○之一謂之枚	6.1/79/9	案十有二○	6.19/82/28
輕車之○	3.66/48/9	鑿深二○有半	6.1/79/10	厚半	6.24/83/14,6.24/83/14
各以其○	3.66/48/10	國馬之輈深四尺有七○	6.3/79/23		6.24/83/15,6.24/83/15
		駑馬之輈深三尺有三○	6.3/79/23		6.24/83/15,6.25/83/17

毳 cuì　　　4

羊泠毛而○	1.8/8/16	自伏兔不至（軌）〔軓〕		臂○	6.24/83/14,6.24/83/14
共其○毛爲氈	1.44/13/12	七○	6.3/80/3		6.24/83/15,6.24/83/15
祀四望、山、川則○冕	3.12/40/1	長尺博○	6.4/80/12		6.24/83/15,6.25/83/17
自○冕而下如侯伯之服	3.12/40/6	刃長○	6.5/80/14,6.23/83/9	方四○	6.25/83/18
		圍○	6.5/80/14,6.23/83/9	緟○焉	6.26/84/4

竁 cuì　　　5

		戈廣二○	6.5/80/14	粗廣五○	6.28/84/29
甫○	3.2/37/26	戟廣○有半○	6.5/80/16	庇長尺有一○	6.29/85/10
請度甫○	3.18/40/30	臘廣二○有半○	6.6/80/18	中直者三尺有三○	6.29/85/10
及○	3.18/40/30	其臀一○	6.8/81/2	上句者二尺有二○	6.29/85/10
掌喪祭奠○之俎實	4.8/55/3	其耳三○	6.8/81/2	六尺有六○與步相中也	
則爲明○焉	5.35/72/14	長六尺有六○	6.12/81/23		6.29/85/11
		左右端廣六○	6.12/81/23	博三○	6.29/85/12

存 cún　　　4

		厚三○	6.12/81/23	厚一○有半	6.29/85/12
○奠彝	3.7/38/29	鎮圭尺有二○	6.19/82/17	其博三○	6.29/85/13
國子○遊倅	4.24/57/10	命圭九○	6.19/82/17	綆	6.29/85/17
歲徧○	5.52/74/15	命圭七○	6.19/82/17,6.19/82/18	角長二尺有五○	6.30/85/28
○、覜、省、聘、問	5.53/74/24	天子執冒四○	6.19/82/18	弓長六尺有六○	6.30/86/20
		四圭有二○	6.19/82/19	弓長六尺有三○	6.30/86/21

寸 cùn　　　100

		土圭有五○	6.19/82/20		
日至之景尺有五○	2.1/20/16	祼圭尺有二○	6.19/82/20	**挫 cuò**　　　2	
執桓圭九○	5.52/73/32	琬圭九○而繅	6.19/82/21		
繅藉九○	5.52/73/32	琰圭九○	6.19/82/21	外不廉而內不○	6.1/79/5
執信圭七○	5.52/74/2	好三○	6.19/82/22	夫角之所由○	6.30/86/8
繅藉七○	5.52/74/3	圭璧五○	6.19/82/22		
諸子執穀璧五○	5.52/74/5	璧琮九○	6.19/82/22	**措 cuò**　　　1	
繅藉五○	5.52/74/6	穀圭七○	6.19/82/23		
戈柲六尺有六○	6.0/78/11	大璋、中璋九寸	6.19/82/23	則必如將廢○	6.26/83/30
	6.27/84/8	邊璋七○	6.19/82/23		
故兵車之輪六尺有六○	6.0/78/16	射四○	6.19/82/23,6.19/82/26	**錯 cuò**　　　1	
田車之輪六尺有三○	6.0/78/16	厚○			
乘車之輪六尺有六○	6.0/78/16		6.19/82/25,6.19/82/26	禁慢朝、○立族談者	5.9/69/13
六尺有六○之輪	6.0/78/16	鼻○	6.19/82/24		
	6.1/79/3	衡四○	6.19/82/24	**荅 dá**　　　3	
軹崇三尺有三○也	6.0/78/17	琢圭璋八○	6.19/82/25		
綆參分○之二	6.1/79/3	璧琮八○	6.19/82/25	○拜	5.54/75/10
達常圍三○	6.1/79/8	牙璋、中璋七○	6.19/82/25	君○拜	5.54/75/17,5.54/75/19
		射二○	6.19/82/25		
		駔琮五○	6.19/82/26	**達 dá**　　　39	
		大琮十有二○	6.19/82/26		
		駔琮七○	6.19/82/27	七曰○吏	1.1/5/20
		鼻○有半○	6.19/82/27	小事則專○	1.2/6/19

	1.2/6/20,1.2/6/20,1.2/6/21	下○夫四人	1.0/1/8,1.0/3/19	○事則從其長　1.2/6/19
	1.2/6/22,1.2/6/22		2.0/15/28,2.0/17/25	1.2/6/19,1.2/6/20,1.2/6/21
則○之	2.4/22/24		3.0/32/22,3.0/33/15	1.2/6/22,1.2/6/22
凡所○貨賄者	2.38/27/26		3.0/33/27,4.0/49/6	則國有○刑　1.2/7/7
凡通○於天下者	2.39/27/31		5.0/63/10,5.0/66/11	以正王及三公、六卿、
有幾則不○	2.39/28/1	○府	1.0/3/9	○夫、群吏之位　1.3/7/9
以○于畿	2.40/28/10	下○夫二人	1.0/3/9	從○宰而眂滌濯　1.3/7/15
以四○戒其功事	2.42/28/26		1.0/4/3,2.0/17/5,2.0/17/17	○喪小喪　1.3/7/17
凡內事有○於外官者	3.15/40/19		2.0/19/17,3.0/33/21	凡諸○夫之喪　1.3/7/18
○聲贏	3.29/43/5		3.0/33/23,3.0/34/1	凡邦之○事　1.4/7/25
掌○書名于四方	3.62/47/18		3.0/34/28,3.0/35/13	5.1/67/16,5.35/72/13
而○其道路	4.13/55/22		3.0/35/26,3.0/36/1	若邦有○事作宮眾　1.5/7/29
	4.13/55/23		3.0/36/8,4.0/50/5	○喪則不舉　1.6/8/4
唯有節者○之	4.13/55/24		4.0/50/15,4.0/50/17	○荒則不舉　1.6/8/4
掌其治○	4.18/56/9		4.0/50/21,4.0/50/29	○札則不舉　1.6/8/4
以待○窮者與遽令	4.30/57/30		4.0/51/3,4.0/51/9	邦有○故則不舉　1.6/8/4
傳○于四方	4.30/57/32		4.0/51/17,4.0/51/25	共○羹、鉶羹　1.10/8/25
○之以節	4.60/62/6	○宰之職	1.1/5/9	○祭三貳　1.21/10/7
合方氏掌○天下之道路	4.61/62/9	祀○神示亦如之	1.1/6/9	三公及卿○夫之喪　1.32/11/20
匡人掌○法則、匡邦國		○朝覲會同	1.1/6/10	王○旅上帝　1.33/11/22
而觀其慝	4.67/62/24	○喪	1.1/6/10,1.4/7/26	則張○次、小次　1.33/11/23
以肺石（遠）〔○〕窮			1.24/10/21,1.32/11/20	1.33/11/24
民	5.1/67/9		1.35/12/4,1.43/13/9	孤卿○夫不重　1.33/11/25
凡遠近惸獨老幼之欲有			1.50/14/11,1.52/14/16	○府掌九貢、九賦、九
復於上而其長弗○者	5.1/67/9		2.1/21/8,2.2/21/25	功之貳　1.34/11/28
○窮民焉	5.9/69/13		2.11/23/29,2.40/28/13	以待邦之○用　1.36/12/8
○于四海	5.27/71/20		2.41/28/20,2.49/29/18	司裘掌為○裘　1.43/13/7
野廬氏掌○國道路	5.30/71/27		3.3/38/6,3.7/38/29	王○射　1.43/13/8
十有一歲○瑞節	5.52/74/16		3.10/39/19,3.12/40/8	卿○夫則共麋侯　1.43/13/8
○天下之六節	5.53/74/24		3.15/40/18,3.16/40/22	○祭祀　1.45/13/17,2.3/22/4
必○	5.55/75/26		3.17/40/26,3.21/41/31	2.71/31/25,3.2/37/20
以路節○諸四方	5.56/75/28		3.25/42/23,3.26/42/26	3.3/38/2,3.4/38/15
○萬民之說	5.60/77/5		3.28/43/1,3.32/43/16	3.6/38/21,3.25/42/21
○常圍三寸	6.1/79/8		3.33/43/20,3.36/43/26	3.41/44/15,3.50/45/29
專○於川	6.28/85/1		3.39/44/4,3.40/44/6	3.57/46/26,3.58/47/1
恒角而○　6.30/86/9,6.30/86/11			3.49/45/22,3.50/45/30	3.64/48/4,4.24/57/9
			3.57/46/29,3.64/48/2	4.33/58/12,5.1/67/14
大 dà	583		3.66/48/10,3.67/48/16	比其小○與其氫良而賞
			4.1/54/11,4.18/56/15	罰之　1.45/13/21
○宰	1.0/1/8		4.23/57/3,4.24/57/10	有好令於卿○夫　1.46/13/27
中○夫二人	1.0/1/8		4.29/57/27,4.30/57/32	○祭祀、喪紀之事　1.47/14/1
	1.0/3/19,2.0/15/28		4.32/58/9,4.33/58/12	掌弔臨于卿○夫之喪　1.51/14/14
	2.0/17/25,3.0/32/22		4.34/58/15,4.37/58/26	從世婦而弔于卿○夫之
	3.0/33/27,4.0/49/6		4.39/59/7,4.51/60/19	喪　1.52/14/17
	4.0/51/15,4.0/51/21	作○事	1.1/6/10	辨其苦良、比其小○而
	4.0/51/23,4.0/52/1	則○計群吏之治	1.1/6/13	賈之　1.55/14/24
	5.0/63/10,5.0/66/11		1.39/12/24	夏采掌○喪以冕服復于

○祖	1.63/15/19	三年○比	2.5/22/29
○司徒	2.0/15/28		2.18/24/29,2.20/25/9
鄉○夫	2.0/16/1	則○攽州里	2.5/22/30
每州中○夫一人	2.0/16/1	以贊鄉○夫廢興	2.5/22/30
每黨下○夫一人	2.0/16/1	及○比	2.6/23/5,5.2/67/25
中○夫一人 2.0/16/26,3.0/36/1		凡喪紀、賓客、軍旅、	
下○夫一人	2.0/16/28	○盟	2.10/23/23
遂○夫	2.0/17/28	則詔○僕鼓	2.11/23/29
每遂中○夫一人	2.0/17/28	以○都之田任畺地	2.16/24/17
每縣下○夫一人	2.0/17/28	則○均	2.20/25/9
每○山中士四人	2.0/18/15	○市	2.27/26/11
每○林麓下士十有二人	2.0/18/18	而聽○治○訟	2.27/26/13
每○川下士十有二人	2.0/18/21	○刑扑罰	2.27/26/18
每○澤○藪中士四人	2.0/18/24	○市以質	2.28/26/22
○司徒之職	2.1/20/1	萬（○）〔夫〕有川	2.40/28/10
○賓客	2.1/21/8	以遂之○旗致之	2.40/28/12
	3.1/37/11,3.2/37/22	遂○夫各掌其遂之政令	
	3.3/38/5,5.2/67/27		2.42/28/23
○軍旅	2.1/21/9	三歲○比	2.42/28/25
	2.2/21/25,5.1/67/15	若○田獵 2.56/30/13,2.59/30/23	
○田役	2.1/21/9	○宗伯	3.0/32/22
若國有○故 2.1/21/9,3.3/38/9		墓○夫	3.0/33/23
○荒、○札	2.1/21/10	○司樂	3.0/33/27
乃頒比法于六鄉之○夫 2.2/21/16		○胥	3.0/33/30
則○比	2.2/21/17	○師	3.0/34/1
○比則受邦國之比要	2.2/21/17		3.25/42/22,3.49/45/23
凡國之○事 2.2/21/22,2.73/32/1			3.50/45/30,3.57/46/28
	3.3/38/10,3.46/45/3		4.18/56/14,5.3/68/10
	5.2/67/28,5.30/71/29	○卜	3.0/34/28
○故	2.2/21/22	○祝	3.0/35/13
及○比六鄉四郊之吏	2.2/21/29	○史	3.0/35/26
○役	2.3/22/3,4.1/54/9	○宗伯之職	3.1/36/23
○軍旅會同	2.3/22/4	○師之禮	3.1/36/29
○喪用役	2.3/22/5	○均之禮	3.1/36/30
以司徒之○旗致眾庶	2.3/22/7	○田之禮	3.1/36/30
若國○比	2.3/22/11	○役之禮	3.1/36/30
鄉○夫之職	2.4/22/13	○封之禮	3.1/36/30
三年則○比	2.4/22/16	○夫執鴈	3.1/37/5
鄉老及鄉○夫帥其吏與		凡祀○神	3.1/37/8
其眾寡	2.4/22/19	享○鬼	3.1/37/9
鄉老及鄉○夫、群吏獻		祭○示	3.1/37/9
賢能之書于王	2.4/22/19	詔○號	3.1/37/9
國○詢于眾庶	2.4/22/23	治其○禮	3.1/37/10
國有○故	2.4/22/23	詔相王之○禮	3.1/37/10
	3.1/37/12,3.68/48/21	凡○祭祀	3.1/37/10
	3.69/48/23,4.26/57/17	○喪亦如之	3.1/37/11
凡州之○祭祀、○喪 2.5/22/28			4.26/57/17,5.1/67/15

	5.3/68/10
王○封	3.1/37/12
若國○貞	3.2/37/20
凡○禮	3.2/37/22
佐○宗伯 3.2/37/22,3.2/37/28	
賜卿○夫士爵	3.2/37/22
如○宗伯之禮	3.2/37/22
若○師	3.2/37/23,4.1/54/7
若○甸	3.2/37/24
○災	3.2/37/24
○肆以秬鬯涗	3.2/37/25
及執事泲○斂、小斂	3.2/37/25
凡天地之○災	3.2/37/28
凡國之○禮	3.2/37/28
如○宗伯之儀	3.2/37/29
以佐○宗伯	3.3/38/1
立○祀	3.3/38/1
○朝覲	3.3/38/5
○涗以盎	3.3/38/6
封于○神	3.3/38/7
凡四時之○甸獵	3.3/38/8
凡卿○夫之喪	3.3/38/10
	3.16/40/22,3.51/46/5
○喪之涗	3.4/38/14
社壝用○蠱	3.5/38/17
○喪之○涗	3.5/38/18
凡國之○賓客、會同、	
軍旅、喪紀	3.6/38/21
其朝踐用兩○尊	3.7/38/27
○旅亦如之 3.7/38/29,3.28/43/2	
凡○朝覲、○享射、凡	
封國、命諸侯	3.8/39/1
凡國之玉鎮、○寶器	3.9/39/7
若有○祭、○喪	3.9/39/7
王晉○圭	3.10/39/12
○祭祀、○旅、凡賓客	
之事	3.10/39/19
其○夫四命	3.11/39/25
其○夫再命	3.11/39/27
侯伯之卿○夫士亦如之	
	3.11/39/28
其○夫（一）〔壹〕命	
	3.11/39/28
則服○裘而冕	3.12/39/31
爲○夫士疑衰	3.12/40/4
○札、○荒、○災	3.12/40/4
卿○夫之服	3.12/40/6

其凶服加以○功小功	3.12/40/7		3.26/42/26,3.34/43/22	○僕	4.0/50/29
自皮弁而下如○夫之服	3.12/40/7	○祭祀登歌	3.26/42/25	○馭	4.0/51/21
凡○祭祀、○賓客	3.12/40/8	以役○師	3.27/42/30	中○夫四人	4.0/52/13
○賓客之饗食亦如之	3.15/40/18	掌○師之縣	3.28/43/1	下○夫八人	4.0/52/13
卿○夫士居後	3.18/40/29	卿○夫奏《采蘋》	3.31/43/12	○司馬之職	4.1/53/7
○喪既有日	3.18/40/30	○旅	3.32/43/17	比小事○以和邦國	4.1/53/9
墓○夫掌凡邦墓之地域	3.19/41/3	軍○獻	3.33/43/19	王載○常	4.1/53/23
職喪掌諸侯之喪及卿○		○卜掌《三兆》之法	3.41/44/9	教○閲	4.1/53/26
夫士凡有爵者之喪	3.20/41/6	凡國○貞	3.41/44/14	○獸公之	4.1/54/5
○司樂掌成均之法	3.21/41/10	卜○封	3.41/44/14	○合軍	4.1/54/6
以樂舞教國子舞《雲門》		國○遷、○師	3.41/44/15	涖○卜	4.1/54/7
、《○卷》、《○咸》		○夫占色	3.45/44/30	若○射	4.1/54/10
、《○磬》、《○夏》		○祝掌六祝之辭	3.49/45/14	○祭祀、饗食	4.1/54/11
、《○濩》、《○武》		凡○禋祀、肆享、祭示		平士○夫	4.1/54/11
	3.21/41/12		3.49/45/21	如○司馬之法	4.2/54/13
以六律、六同、五聲、		國有○故、天災	3.49/45/23	銘書於王之○常	4.6/54/23
八音、六舞、○合樂		○會同　　3.49/45/24,4.1/54/10		祭於○烝	4.6/54/23
	3.21/41/13	過○山川	3.49/45/25	○功	4.6/54/23
歌○呂	3.21/41/15	佐○祝	3.50/45/29	射人掌國之三公、孤、	
乃奏○蔟	3.21/41/15	喪祝掌○喪勸防之事	3.51/46/3	卿、○夫之位	4.18/56/7
舞《○磬》	3.21/41/16	若國○旱	3.54/46/14	卿、○夫西面	4.18/56/7
舞《○夏》	3.21/41/17	國有○災	3.54/46/14	○夫〔執〕鴈	4.18/56/8
舞《○濩》	3.21/41/17	凡邦之○災	3.56/46/20	孤卿○夫以三耦射一侯	
舞《○武》	3.21/41/18	○史掌建邦之六典	3.57/46/23		4.18/56/11
○蔟爲徵　3.21/41/21,3.21/41/25		○會同朝覲	3.57/46/27	若王○射	4.18/56/12
○蔟爲角	3.21/41/22	與○師同車	3.57/46/28	與○史數射中	4.18/56/13
○呂爲角	3.21/41/24	○還國	3.57/46/28	相孤卿○夫之法儀	4.18/56/14
○祭祀宿縣	3.21/41/26	○喪、○賓客、○會同		作○夫介	4.18/56/14
○饗不入牲	3.21/41/28	、○軍旅	3.58/47/2	有○賓客	4.18/56/15
○射	3.21/41/28	佐○史	3.58/47/2	則作卿○夫從	4.18/56/15
	3.25/42/22,3.66/48/10	卿○夫之喪	3.58/47/3	戒○史及○夫介	4.18/56/15
王○食	3.21/41/29	凡命諸侯及孤卿○夫	3.61/47/15	作卿○夫掌事	4.18/56/15
王師○獻	3.21/41/29	建○常　　3.64/47/25,4.1/54/8		周知邦國都家縣鄙之	
○襘異災	3.21/41/30	建○旂	3.64/47/25	（數）卿○夫士庶子	
○札、○凶、○災、○		建○赤	3.64/47/26	之數	4.23/56/28
臣死	3.21/41/30	建○白	3.64/47/27	卿○夫西面北上	4.23/56/31
凡國之○憂	3.21/41/31	建○麾	3.64/47/27	○僕、○右、○僕從者	
○夫以《采蘋》爲節	3.22/42/5	○夫乘墨車	3.64/48/1	在路門之左	4.23/56/31
凡軍○獻	3.22/42/8	若有○祭祀	3.65/48/6	○夫以其等旅揖	4.23/56/32
○胥掌學士之版	3.23/42/11	○喪、○賓客亦如之	3.65/48/6	○僕前	4.23/57/1
卿○夫判縣	3.24/42/16	及國之○閲	3.67/48/13	國有○事	4.24/57/7
○師掌六律六同	3.25/42/18	王建○常	3.67/48/14	則帥國子而致於○子	4.24/57/7
黃鍾、○蔟、姑洗、蕤		○夫士建物	3.67/48/14	則從士○夫	4.26/57/17
賓、夷則、無射	3.25/42/18	○司馬	4.0/49/6	六人維王之（太）〔○〕	
○呂、應鍾、南呂、函		○國三軍	4.0/49/8	常	4.28/57/23
鍾、小呂、夾鍾	3.25/42/19	師帥皆中○夫	4.0/49/9	（太）〔○〕僕掌正王	
○饗亦如之	3.25/42/22	旅帥皆下○夫	4.0/49/9	之服位	4.30/57/29

出入王之〇命 4.30/57/29
建路鼓于〇寢之門外 4.30/57/30
〇祭祀、朝覲 4.31/58/5
如〇僕之法 4.31/58/5
掌士〇夫之弔勞 4.31/58/6
凡〇事 4.31/58/6
佐〇僕 4.31/58/6
復于小寢、〇寢 4.34/58/16
諸侯及孤卿〇夫之冕、韋弁、皮弁、弁経、各以其等爲之 4.35/58/20
唐弓、〇弓以授學射者、使者、勞者 4.39/59/3
唐〇利車戰、野戰 4.39/59/3
〇夫合五而成規 4.39/59/6
〇射、燕射 4.39/59/7
〇馭掌馭（王）〔玉〕路以祀 4.45/59/27
〇夫馳 4.49/60/9
凡〇祭祀、朝覲、會同 4.51/60/18
其澤藪曰〇野 4.58/61/17
小〇相維 4.58/61/29
國有〇刑 4.58/62/1
使小國事〇國 4.63/62/15
〇國比小國 4.63/62/15
〇司寇 5.0/63/10
〇行人 5.0/66/11
朝〇夫 5.0/66/28
〇司寇之職 5.1/67/1
凡邦之〇盟約 5.1/67/12
〇史、內史、司會及六官皆受其貳而藏之 5.1/67/12
凡卿〇夫之獄訟 5.1/67/13
〇祭祀、〇喪紀、〇軍旅、〇賓客 5.4/68/16
凡國有〇事 5.4/68/17
若邦有〇事聚衆庶 5.5/68/22
凡郊有〇事 5.5/68/23
若邦有〇役聚衆庶 5.6/68/29
若〇夫有邦事 5.6/68/29
凡野有〇事 5.6/68/30
凡都家之〇事聚衆庶 5.7/69/3
凡邦之〇事聚衆庶 5.8/69/8
孤卿〇夫位焉 5.9/69/11
〇者公之 5.9/69/14
及三年〇比 5.10/69/21
凡〇約劑 5.13/70/1
若〇亂 5.13/70/2
凡國有〇故而用金石 5.15/70/11
凡邦之〇事合衆庶 5.27/71/20
邦之〔有〕〇師 5.30/71/30
凡國之〇祭祀 5.31/72/1
〇師、〇賓客亦如之 5.31/72/2
誓〇夫曰敢不關 5.36/72/17
誓邦之〇（史）〔事〕曰殺 5.36/72/18
則以〇陰之弓與枉矢射之 5.49/73/21
國之〇祭祀 5.50/73/23
伊耆氏掌國之〇祭祀共其杖咸 5.51/73/26
〇行人掌〇賓之禮及〇客之儀 5.52/73/28
凡〇國之孤 5.52/74/8
及其〇夫士皆如之 5.52/74/10
若有〇喪 5.52/74/18
若有四方之〇事 5.52/74/18
〇客則擯 5.53/74/23
及〇夫郊勞 5.54/75/14
君問〇夫 5.54/75/18
凡國之〇喪 5.57/76/1
王之〇事諸侯 5.57/76/2
次事〇夫 5.57/76/3
〇夫眡子男之禮 5.58/76/7
庶子壹眡其〇夫之禮 5.58/76/7
殷膳〇牢 5.58/76/12,5.58/76/18
膳〇牢 5.58/76/14
5.58/76/15,5.58/76/19
致饗〇牢 5.58/76/14
食〇牢 5.58/76/14
致（饔）〔饗〕〇牢 5.58/76/19
凡諸侯之卿、〇夫、士爲國客 5.58/76/25
卿有〇夫訝 5.59/77/2
〇夫有士訝 5.59/77/2
朝〇夫掌都家之國治 5.63/77/12
則令其朝〇夫 5.63/77/12
必因其朝〇夫 5.63/77/13
唯〇事弗因 5.63/77/13
則誅其朝〇夫 5.63/77/14
謂之士〇夫 6.0/77/26
〇而短則（摯）〔摯〕 6.1/78/25
則是以〇抏 6.1/78/29
〇與小無并 6.2/79/20
〇倚小則摧 6.2/79/20
今夫〇車之轅摯 6.3/79/28
是故〇車平地既節軒摯之任 6.3/79/29
以象〇火也 6.3/80/5
謂之〇刃之齊 6.3/80/9
是故〇鍾十分其鼓間 6.7/80/29
鍾〇而短 6.7/80/29
鼓〇而短 6.12/81/25
〇圭長三尺 6.19/82/20
〇璋、中璋九寸 6.19/82/23
〇璋亦如之 6.19/82/24
〇琮十有二寸 6.19/82/26
〇夫純五 6.19/82/28
天下之〇獸五 6.26/83/20
〇胸燿後 6.26/83/23
〇體短脰 6.26/83/23
其聲〇而宏 6.26/83/24
〇聲而宏 6.26/83/24
廟門容〇扃七个 6.28/84/25
〇川之上必有涂焉 6.28/85/2
〇防外綱 6.28/85/5
索約〇汲其版 6.28/85/6
〇車崇三柯 6.29/85/16
〇結而澤 6.30/86/1,6.30/86/1
則及其〇脩也 6.30/86/5
6.30/86/8
〇夫之弓 6.30/86/20
〇和無濟 6.30/86/26

代 dài 5

〇王受眚災 1.11/8/29
出宮乃〇 3.51/46/4
縣壺以〇哭者 4.17/56/4
筋〇之受病 6.30/86/5
角〇之受病 6.30/86/8

岱 dài 1

其山鎮曰〇山 4.58/61/17

待 dài 74

以典〇邦國之治 1.1/6/6
以則〇都鄙之治 1.1/6/6

以法○官府之治	1.1/6/7	以○不時而買者	2.36/27/16	丹 dān	5
以官成○萬民之治	1.1/6/7	以稍聚○賓客	2.50/29/21		
以禮○賓客之治	1.1/6/7	以甸聚○羈旅	2.50/29/21	其利○銀齒革	4.58/61/13
○四方之賓客之小治	1.1/6/12	凡其余聚以○頒賜	2.50/29/22	書於○圖	5.13/70/1
○乃事	1.2/7/7	以○時而頒之	2.65/31/9	職金掌凡金、玉、錫、	
以○賓客之令	1.3/7/10	以○國之匪頒、賙賜、		石、○、青之戒令	5.15/70/9
爲之版以○	1.4/7/22	稍食	2.71/31/22	入其玉石○青于守藏之	
以○共膳	1.8/8/18	以○邦用	2.73/31/31	府	5.15/70/10
饗鹽以○戒令	1.28/11/9	以○凶而頒之	2.73/32/1	以朱湛○（林）〔秫〕	
以○張事	1.33/11/22	以○果將	3.2/37/19	三月	6.16/82/7
關市之賦以○王之膳服		以○致諸子	3.23/42/11		
	1.34/11/29	以○卜事	3.44/44/26	匰 dān	1
邦中之賦以○賓客	1.34/11/30	以○國事	3.67/48/12		
四郊之賦以○稍秣	1.34/11/30	以○攷而賞誅	4.1/54/10	則共○主及道布及繢館	
家削之賦以○匪頒	1.34/11/30	以旗居乏而○獲	4.19/56/18		3.54/46/15
邦甸之賦以○工事	1.34/11/30	以○達窮者與遽令	4.30/57/30		
邦縣之賦以○幣帛	1.34/11/31	以○軍事	4.37/58/25	扰 dǎn	1
邦都之賦以○祭祀	1.34/11/31	以○會而攷之	4.41/59/16		
山澤之賦以○喪紀	1.34/11/31	以○弊罪	5.19/70/25	女舂（○）〔扰〕二人	2.0/19/28
幣餘之賦以○賜予	1.34/11/31	以○刑殺	5.19/70/26		
凡邦國之貢以○㪅用	1.34/11/32	以○其人	5.31/72/3	旦 dàn	1
以○邦之大用	1.36/12/8	而○其賓客	5.52/73/32		
而○邦之用	1.37/12/12	以○四方之使者	5.53/74/21	夜嘑○以嘂百官	3.6/38/21
而敘其財以○邦之移用		相○也如諸公之儀	5.54/75/13		
	1.40/12/29	則如其介之禮以○之	5.58/76/25	彈 dàn	1
以○會計而攷之	1.41/13/1	○事于客	5.59/76/32		
以○頒賜	1.43/13/7			句兵欲無○	6.27/84/11
以○邦事　1.44/13/12，2.67/31/13		怠 dài	4		
以○興功之時	1.56/14/27			憚 dàn	1
以○有司之政令	1.56/14/29	去其淫○與其奇袤之民	1.4/7/24		
	2.46/29/9	則民不○	2.1/20/11	亦弗之能○矣	6.23/83/9
以○時頒功而授齎	1.57/15/1	誅其慢○者	3.3/38/4		
以○時頒	1.57/15/2	巡舞列而撻其○慢者	3.24/42/15	當 dāng	9
以○祭祀、賓客	1.61/15/13				
	3.2/37/19	帶 dài	1	以○邦賦之政令	2.62/30/32
而○政令	2.1/20/23				2.63/31/3，2.64/31/6
脩法糾職以○邦治	2.2/21/28	鍾○謂之篆	6.7/80/24	立○車軹	5.52/74/1
以○政令　2.2/21/30，2.4/22/24				立○前疾	5.52/74/4
牛人掌養國之公牛以○		貸 dài	1	立○車衡	5.52/74/7
國之政令	2.14/24/7			朝位○車前	5.52/74/9
以○事	2.14/24/10	凡民之○者	2.36/27/18	以其一爲之○兔之圜	6.3/79/27
而○其政令	2.16/24/15			恒○弓之畏	6.30/85/27
以○其政令	2.17/24/22	戴 dài	1		
以○施惠	2.19/25/1			黨 dǎng	10
以○賓客　2.19/25/2，5.59/76/30		謂之牛○牛	6.30/85/29		
以○羈旅	2.19/25/2			○正	2.0/16/1
以○凶荒	2.19/25/2			每○下大夫一人	2.0/16/1

其禮各下其君二〇以下		○車	3.64/47/28	掌建邦之土〇之圖與其	
	5.52/74/10	每〇上士一人	5.0/66/16	人民之數	2.1/20/1
正其〇	5.52/74/17	掌帥四〇之隸	5.21/71/2	以天下土〇之圖	2.1/20/1
公於上〇	5.54/75/6			周知九州之〇域、廣輪	
侯伯於中〇	5.54/75/6	**滌 dí**	**5**	之數	2.1/20/2
子男於下〇	5.54/75/6			以土會之法辨五〇之物	
以二〇從其爵而上下之		眠〇濯	1.1/6/8	生	2.1/20/4
	5.54/75/22		3.1/37/9,3.2/37/20	制天下之〇征	2.1/20/14
掌客掌四方賓客之牢禮		從大宰而眠〇濯	1.3/7/15	以令〇貢	2.1/20/15
、餼獻、飲食之〇數		眠〇濯亦如之	3.3/38/3	正日景以求〇中	2.1/20/15
與其政治	5.58/76/5			謂之〇中	2.1/20/17
以其爵〇為之牢禮之陳		**敵 dí**	**1**	天〇之所合也	2.1/20/17
數	5.58/76/13			以土圭土其〇而制其域	2.1/20/18
以其爵〇為之禮	5.58/76/19	訟〇國	4.16/55/31	諸公之〇	2.1/20/19
	5.58/76/24			諸侯之〇	2.1/20/19
掌訝掌邦國之〇籍	5.59/76/30	**篴 dí**	**1**	諸伯之〇	2.1/20/20
車有六〇之數	6.0/78/10			諸子之〇	2.1/20/20
謂之一〇	6.0/78/11	笙師掌教龡竽、笙、塤		諸男之〇	2.1/20/21
謂之二〇	6.0/78/11	、籥、簫、（箎）		制其〇域而封溝之	2.1/20/21
謂之三〇	6.0/78/12	〔篪〕、（篴）〔〇〕		不易之〇家百畮	2.1/20/22
謂之四〇	6.0/78/12	、管	3.32/43/15	一易之〇家二百畮	2.1/20/22
謂之五〇	6.0/78/12			再易之〇家三百畮	2.1/20/22
謂之六〇	6.0/78/13	**邸 dǐ**	**9**	乃分〇職	2.1/20/22
車謂之六〇之數	6.0/78/13			奠〇守	2.1/20/22
		設皇〇	1.33/11/22	制〇貢	2.1/20/22
鞮 dī	**2**	四圭有〇以祀天、旅上		以為〇法	2.1/20/23
		帝	3.10/39/15	凡萬民之不服教而有獄	
〇鞮氏	3.0/34/22	兩圭有〇以祀地、旅四		訟者與有〇治者	2.1/21/7
〇鞮氏掌四夷之樂與其		望	3.10/39/15	乃均土〇以稽其人民而	
聲歌	3.38/44/1	璋〇射以祀山川	3.10/39/16	周知其數	2.2/21/19
		象〇	4.35/58/20	上〇家七人	2.2/21/19
狄 dí	**4**	不援其〇	6.3/79/31	中〇家六人	2.2/21/20
		有〇	6.19/82/27	下〇家五人	2.2/21/20
揄〇	1.58/15/4	璋〇射	6.19/82/29	乃經土〇而井牧其田野	2.2/21/22
闕〇	1.58/15/4	絲三〇	6.30/86/18	以任〇事而令貢賦	2.2/21/23
辨其邦國、都鄙、四夷				乃分〇域而辨其守	2.2/21/24
、八蠻、七閩、九貉		**抵 dǐ**	**1**	以比〇正之	2.2/21/26
、五戎、六〇之人民				〇訟	2.2/21/27
與其財用、九穀、六		買者各從其〇	2.36/27/17	以物〇事	2.16/24/15
畜之數要	4.58/61/9			授〇職	2.16/24/15
象胥掌蠻、夷、閩、貉		**地 dì**	**152**	以廛里任國中之〇	2.16/24/15
、戎、〇之國使	5.57/75/31			以場圃任園〇	2.16/24/15
		以〇得民	1.1/6/1	以宅田、士田、賈田任	
翟 dí	**5**	二曰〇官	1.2/6/19	近郊之〇	2.16/24/16
		天〇有災則不舉	1.6/8/4	以官田、牛田、賞田、	
重〇	3.64/47/28	土〇之圖	1.39/12/22	牧田任遠郊之〇	2.16/24/16
厭〇	3.64/47/28	乃立〇官司徒	2.0/15/23	以公邑之田任甸〇	2.16/24/16

凡邦國之貢以待○用	1.34/11/32		5.58/76/16,5.58/76/21
凡內人○臨于外	1.48/14/4	謂之鍾○之齊	6.3/80/8
掌○臨于卿大夫之喪	1.51/14/14		
從世婦而○于卿大夫之		**定 dìng**	**1**
喪	1.52/14/17		
以○禮哀禍災	3.1/36/27	以邦典○之	5.1/67/13
凡王○臨	3.5/38/19		
凡○事	3.12/40/3	**鋌 dìng**	**2**
掌其○臨	3.16/40/22		
王○	3.51/46/4,3.55/46/17	○十之	6.5/80/14,6.23/83/9
若王后○	3.56/46/20		
凡會同、軍旅、○于四		**冬 dōng**	**29**
方	3.65/48/7		
王○勞士庶子	4.1/54/9	六曰○官	1.2/6/22
掌三公孤卿之○勞	4.30/58/1	○行鱻羽	1.7/8/12
掌士大夫之○勞	4.31/58/6	○獻狼	1.12/8/31
與其○勞	4.33/58/12	飲齊眡○時	1.17/9/18
則令哀○之	5.53/74/29	○多鹹	1.17/9/18
		○時有（漱）〔嗽〕上	
絰 dié	**6**	氣疾	1.18/9/23
		○斂革	1.44/13/12
共笄○	1.61/15/14	○獻功	1.60/15/11
弁○服	3.12/40/3	仲○斬陽木	2.56/30/11
其首服皆弁○	3.12/40/4	以烝○享先王	3.1/36/27
王之弁○	4.35/58/20	○見曰遇	3.1/36/28
弁而加環○	4.35/58/20	秋嘗○烝	3.7/38/25
諸侯及孤卿大夫之冕、		季○	3.9/39/9,3.47/45/7
韋弁、皮弁、弁○、		○日至	3.21/41/21,5.42/73/1
各以其等為之	4.35/58/20	○堂贈	3.55/46/17
		○夏致日	3.59/47/6
諜 dié	**3**	以○日至致天神人鬼	3.70/48/26
		中○	4.1/53/26
搏○賊	4.16/55/31	及○	4.17/56/4
三曰邦○	5.3/68/6	○祭馬步	4.51/60/18
掌戮掌斬殺賊○而搏之		○獻馬	4.56/61/4
	5.20/70/28	孟○祀司民	5.2/67/28
		司寇及孟○祀司民之日	
鼎 dǐng	**10**	獻其數于王	5.10/69/21
		○日至而耜之	5.43/73/4
○十有二	1.6/8/2	○遇以協諸侯之慮	5.52/73/29
則陳其○俎	1.8/8/15	○析幹而春液角	6.30/86/2
陳其○俎	1.9/8/21	○析幹則易	6.30/86/3
陳其○俎而實之	1.9/8/23		
亨人掌共○鑊以給水火		**東 dōng**	**14**
之齊	1.10/8/25		
則以火爨○水而沸之	4.17/56/4	日○則景夕	2.1/20/16
○簋十有二	5.58/76/9	以青圭禮○方	3.1/37/6

○龜曰果屬	3.43/44/21
孤○面	4.18/56/7
三公北面○上	4.23/56/30
孤○面北上	4.23/56/31
南面○上	4.23/56/31
○南曰揚州	4.58/61/11
正○曰青州	4.58/61/15
河○曰兗州	4.58/61/17
○北曰幽州	4.58/61/20
群吏○面	5.2/67/19
○方謂之青	6.15/82/1
○西九筵	6.28/84/23

動 dòng	**18**
參之以九藏之○	1.18/9/24
以○其氣	1.20/9/31
其○物宜毛物	2.1/20/4
其○物宜鱗物	2.1/20/5
其○物宜羽物	2.1/20/6
其○物宜介物	2.1/20/6
其○物宜臝物	2.1/20/7
軍○	2.11/23/28
先○者誅之	2.25/26/2
以作○物	3.21/41/14
四曰振○	3.49/45/20
以志星辰日月之變○	3.60/47/8
薄厚之所震○	6.7/80/27
然則居旱亦不○	6.30/86/12
居濕亦不○	6.30/86/12
○者在內	6.30/86/13
必○於內	6.30/86/13
必○於網	6.30/86/15

斗 dǒu	**1**
設○	3.5/38/18

豆 dòu	**27**
共○脯	1.15/9/10
醢人掌四○之實	1.26/10/29
朝事之○	1.26/10/29
饋食之○	1.26/10/30
加○之實	1.26/10/30
羞○之實	1.26/10/31
共薦羞之○實	1.26/11/1

贊后薦徹○籩	1.50/14/11	之治	1.2/6/16	頒祭號于邦國○鄙	3.49/45/26
則攝而薦○籩徹	3.1/37/10	掌治法以考百官府、群		掌則以逆○鄙之治	3.57/46/23
內宗掌宗廟之祭祀薦加		○縣鄙之治	1.3/7/13	凡邦國○鄙及萬民之有	
○籩	3.16/40/21	凡官府○鄙之吏及執事		約劑者藏焉	3.57/46/24
則佐傳○籩	3.16/40/21	者	1.34/11/29	頒之于官府及○鄙	3.57/46/25
外宗掌宗廟之祭祀佐王		邦○之賦以待祭祀	1.34/11/31	御史掌邦國○鄙及萬民	
后薦玉○	3.17/40/24	以逆邦國○鄙官府之治		之治令	3.63/47/21
眡○籩	3.17/40/24		1.38/12/16	（師）〔帥〕○建旗	3.67/48/14
小子掌祭祀羞羊肆、羊		掌國之官府、郊野、縣		○宗人掌○（宗）〔祭〕	
殽、肉○	4.9/55/6	○之百物財用	1.38/12/18	祀之禮	3.68/48/20
羞俎○	4.23/57/3	以貳官府○鄙之財入之		凡○祭祀	3.68/48/20
○四十	5.58/76/9	數	1.40/12/28	正○禮與其服	3.68/48/20
八壺、八○、八籩	5.58/76/14	以貳官府○鄙之財出賜		○司馬	4.0/53/3
	5.58/76/19	之數	1.41/13/1	每○上士二人	4.0/53/3
○三十有二	5.58/76/15	凡官府○鄙群吏之出財		始和布政于邦國○鄙	4.1/53/12
○二十有四	5.58/76/21	用	1.41/13/1	（師）〔帥〕○載壚	4.1/53/24
六壺、六○、六籩	5.58/76/24	職幣掌式法以斂官府○		造○邑亦如之	4.8/55/1
其實一○	6.8/81/2	鄙與凡用邦財者之幣	1.42/13/4	若造○邑	4.12/55/18
○實三而成觳	6.25/83/17	而辨其邦國○鄙之數	2.1/20/2	凡國○之竟有溝樹之固	
○中縣	6.25/83/18	凡造○鄙	2.1/20/21		4.12/55/19
則一○矣	6.26/84/2	始和布教于邦國○鄙	2.1/20/27	周知邦國○家縣鄙之	
食一○肉	6.26/84/2	乃施教法于邦國○鄙	2.1/20/28	（數）卿大夫士庶子	
飲一○酒	6.26/84/2	頒職事十有二于邦國○		之數	4.23/56/28
		鄙	2.1/20/30	○家亦如之	4.32/58/10
脰 dòu	**3**	以稽國中及四郊○鄙之		辨其邦國、○鄙、四夷	
		夫家（九比）〔人民〕		、八蠻、七閩、九貉	
以○鳴者	6.26/83/22	之數	2.2/21/14	、五戎、六狄之人民	
大體短○	6.26/83/23	四縣為○	2.2/21/23	與其財用、九穀、六	
數目顧○	6.26/83/25	造○邑之封域者亦如之		畜之數要	4.58/61/9
			2.10/23/21	而建邦國○鄙	4.59/62/3
竇 dòu	**1**	以小○之田任縣地	2.16/24/17	○司馬掌之士庶子及	
		以大○之田任畺地	2.16/24/17	其眾庶、車馬、兵甲	
○其崇三尺	6.28/85/7	旬稍縣○皆無過十二	2.16/24/18	之戒令	4.69/62/28
		縣師掌邦國○鄙稍甸郊		○則	5.0/66/30,5.64/77/16
鬭 dòu	**2**	里之地域	2.18/24/28	○士	5.0/66/32,5.65/77/18
		凡造○邑	2.18/24/30	始和布刑于邦國○鄙	5.1/67/11
凡有○怒者	2.25/26/1	縣○之委積	2.19/25/2	用諸○鄙	5.3/68/4
禁其○囂者與其虣亂者	2.32/27/5	○三月	2.28/26/24,5.9/69/15	方士掌○家	5.7/69/1
		○鄙從其主	2.36/27/17	凡○家之大事聚眾庶	5.7/69/3
都 dū	**79**	守○鄙者用角節	2.39/27/29	凡○家之士所上治	5.7/69/4
		以和邦國○鄙之政令刑		則令邦國、○家、縣鄙	
以八則治○鄙	1.1/5/15	禁與其施舍	2.51/29/26	慮刑貶	5.9/69/18
六曰邦○之賦	1.1/5/24	○宗人	3.0/36/17	辨其國中與其○鄙及其	
始和布治于邦國○鄙	1.1/6/3	如○宗人之數	3.0/36/19	郊野	5.10/69/20
乃施則于○鄙	1.1/6/5	乃頒祀于邦國○家鄉邑	3.1/37/12	以詰四方邦國及其○鄙	
以則待○鄙之治	1.1/6/6	凡官府鄉州及○鄙之治			5.27/71/19
以逆邦國、○鄙、官府		中	3.9/39/8	○鄙用管節	5.53/74/26

朝大夫掌○家之國治	5.63/77/12
凡○家之治於國者	5.63/77/13
凡○家之治有不及者	5.63/77/13
門阿之制以爲○城之制	
	6.28/84/27
野涂以爲○經涂	6.28/84/28

督 dū 　1

禁○逆祀命者	3.49/45/26

毒 dú 　5

聚○藥以共醫事	1.16/9/13
以五○攻之	1.19/9/27
禁矐卵者與其○矢射者	
	2.60/30/26
庶氏掌除○蠱	5.39/72/26
以灰洒○之	5.46/73/12

獨 dú 　1

凡遠近惸○老幼之欲有	
復於上而其長弗達者	5.1/67/9

瀆 dú 　2

雍氏掌溝○澮池之禁	5.32/72/5
春令爲阱擭溝○之利於	
民者	5.32/72/5

牘 dú 　1

春○、應、雅	3.32/43/15

犢 dú 　2

秋行○癵	1.7/8/11
則國君膳以牲○	5.58/76/6

讀 dú 　16

各屬其州之民而○法	2.5/22/26
則屬其民而○法	2.5/22/27
則○教法如初	2.5/22/29
則屬民而○邦法	2.6/23/1
	2.7/23/7

屬民○法而書其德行道	
藝	2.6/23/5
則○法	2.8/23/15
言甸人○禱	3.49/45/23
與群執事○禮書而協事	
	3.57/46/26
○誄	3.57/46/29
○禮法	3.58/47/1
賜諡○誄	3.58/47/3
內史○之	3.61/47/15
○書契	4.1/53/21
○書則用法	5.2/67/21
則○其誓禁	5.8/69/9

堵 dǔ 　1

半爲○	3.24/42/16

杜 dù 　2

犯令陵政則○之	4.1/53/11
秋令塞阱○擭	5.32/72/5

度 dù 　28

出其○、量、淳、制	1.45/13/19
九曰以○教節	2.1/20/11
司市掌市之治、教、政	
、刑、量○、禁令	2.27/26/9
以量○成賈而徵價	2.27/26/10
則胥執鞭○守門	2.27/26/13
辟布者、量○者、刑戮	
者	2.27/26/14
同其○量	2.28/26/23
執鞭○而巡其前	2.34/27/10
以○量受之	2.62/30/32
以權○受之	2.64/31/7
璧羨以起○	3.10/39/17
以爵等爲丘封之○與其	
樹數	3.18/40/30
請○甫竁	3.18/40/30
以○爲丘隧	3.18/40/30
掌其○數	3.19/41/3
以十有二律爲之數○	3.29/43/6
壹其○量	4.61/62/9
同○量	5.52/74/16
輈有三○	6.3/79/23

小於○	6.3/79/26
璧羨○尺	6.19/82/22
以爲○	6.19/82/22
○九尺之筵	6.28/84/23
室中○以几	6.28/84/24
堂上○以筵	6.28/84/24
宮中○以尋	6.28/84/24
野○以步	6.28/84/24
涂○以軌	6.28/84/25

蠹 dù 　1

翦氏掌除○物	5.45/73/10

耑 duān 　1

已下則摩其○	6.22/83/4

端 duān 　4

其齊服有玄○素	3.12/40/8
繫○一枚	6.1/79/11
左右○廣六寸	6.12/81/23

短 duǎn 　15

日南則景○	2.1/20/15
大而○則（摯）〔蟄〕	6.1/78/25
○內則不疾	6.5/80/15
鍾大而○	6.7/80/29
則其聲疾而○聞	6.7/80/30
	6.12/81/25
鼓大而○	6.12/81/25
出目○耳	6.26/83/23
大體○脰	6.26/83/23
故攻國之兵欲○	6.27/84/9
是故兵欲○	6.27/84/10
行澤者欲○轂	6.29/85/14
○轂則利	6.29/85/14
恒角而○	6.30/86/9
豐肉而○	6.30/86/22

段 duàn 　3

築、冶、鳧、㮚、（段）	
〔○〕、桃	6.0/78/7
○氏爲鑄器	6.3/80/7

○氏	6.9/81/7

鍛 duàn　　　1

凡甲○不擊則不堅	6.10/81/11

斷 duàn　　　11

聽而○之	2.1/21/7
○其爭禽之訟	2.3/22/8
聽其小治小訟而○之	2.30/26/30
以邦法○之	5.1/67/13
以三刺○庶民獄訟之中	5.2/67/24
以詔司寇○獄弊訟	5.3/68/5
○其獄、弊其訟于朝	5.4/68/14
	5.5/68/20, 5.6/68/27
若司寇○獄弊訟	5.11/69/25
○民中	5.12/69/29

隊 duì　　　1

殷畝而馳不○	6.1/79/14

對 duì　　　3

客再拜○	5.54/75/18
客辟而○	5.54/75/18
客○	5.54/75/18

敦 dūn　　　3

則共珠槃、玉○	1.35/12/5
每○一几	3.8/39/5
則以玉○辟盟	4.42/59/18

盾 dùn　　　12

司戈○	4.0/51/7
旅賁氏掌執戈○夾王車	
而趨	4.27/57/20
則衰葛執戈○	4.27/57/21
執戈揚○	4.29/57/26
司兵掌五兵、五○	4.37/58/25
司戈○掌戈○之物而頒	
之	4.38/58/29
授旅賁殳、故士戈○	4.38/58/29
授貳車戈○	4.38/58/30

建乘車之戈○	4.38/58/30
授旅賁及虎士戈○	4.38/58/30
設藩○	4.38/58/30

頓 dùn　　　1

二曰○首	3.49/45/19

多 duō　　　13

春○酸	1.17/9/18
夏○苦	1.17/9/18
秋○辛	1.17/9/18
冬○鹹	1.17/9/18
○暑	2.1/20/16
○寒	2.1/20/16
○風	2.1/20/16
○陰	2.1/20/16
十曰○昏	2.1/20/24
戰功曰○	4.6/54/23
車爲○	6.0/78/10
往體○	6.30/86/24
來體○	6.30/86/25

奪 duó　　　2

六曰○	1.1/5/18
八曰○	3.61/47/14

鐸 duó　　　17

徇以木○	1.2/7/5
春秋以木○脩火禁	1.4/7/25
徇以木○曰	2.2/21/28
簡其鼓○、旗物、兵器	2.3/22/6
以木○徇於市朝	2.3/22/8
以鼓○旗物帥而至	2.7/23/11
以金○通鼓	2.11/23/27
辨鼓○鐲鐃之用	4.1/53/18
兩司馬執○	4.1/53/19
群吏以旗物鼓○鐲鐃	4.1/53/27
司馬振○	4.1/53/29
摝○	4.1/53/30
振○	4.1/53/31
群司馬振○	4.1/54/4
令以木○	5.2/67/29
皆以木○徇之于朝	5.3/68/2

以木○修火禁于國中	5.35/72/13

阿 ē　　　3

四○	6.28/84/23
王宮門○之制五雉	6.28/84/26
門○之制以爲都城之制	
	6.28/84/27

厄 è　　　1

其札喪凶荒○貧爲一書	5.53/75/1

陀 è　　　2

而賙萬民之囏○	2.3/22/9
以恤民之囏○	2.19/25/1

堊 è　　　1

則守桃勦○之	3.14/40/15

惡 è　　　18

以發其○	1.20/10/1
去其○臭	1.30/11/13
以糾其過○而戒之	2.5/22/27
以知逆○	2.21/25/12
保氏掌諫王○	2.22/25/17
司救掌萬民之衺○過失	
而誅讓之	2.24/25/25
凡民之有衺○者	2.24/25/25
而察其媺○而誅賞	2.44/29/1
以地之媺○爲之等	2.48/29/14
皆以地媺○爲輕重之法	
而行之	2.51/29/27
陳玉以貞來歲之媺○	3.9/39/9
以贈○夢	3.47/45/8
綱○馬	4.7/54/27
除其怨○	4.61/62/9
辨其物之媺○與其數量	5.15/70/9
行夫掌邦國傳遽之小事	
、媺○而無禮者	5.55/75/25
使咸知王之好○	5.60/77/4
斂盡而無○	6.4/80/12

春頒○秋斂之	2.48/29/14	自驚冕○下如公之服 3.12/40/5
帥○以至	2.49/29/18	自毳冕○下如侯伯之服 3.12/40/6

| 春頒○秋斂之 | 2.48/29/14 |
| 帥○以至 | 2.49/29/18 |
| 皆以地媺惡爲輕重之法 |
○行之	2.51/29/27
相其宜○爲之種	2.52/29/29
夏以水殄草○芟夷之	2.53/30/2
以辨地物○原其生	2.54/30/5
物爲之屬○爲之守禁	2.56/30/11
凡邦工入山林○掄材	2.56/30/12
○脩除且蹕	2.56/30/13
致禽○珥焉	2.56/30/14
○平其守 2.57/30/16,2.58/30/19
以時計林麓○賞罰之	2.57/30/16
○掌其政令	2.57/30/17
	5.21/71/1
犯禁者執○誅罰之	2.58/30/19
爲之屬禁○守之	2.60/30/26
○爲之屬禁以守之	2.61/30/29
圖○授之	2.61/30/29
以待時○頒之	2.65/31/9
○樹之果蓏珍異之物	2.70/31/19
以時斂○藏之	2.70/31/19
以待凶○頒之	2.73/32/1
○辨穜稑之種	2.75/32/5
○縣于邑閭	2.75/32/5
○賙其急	2.75/32/6
○平其興	2.75/32/6
使帥其屬○掌邦禮	3.0/32/17
則攝○薦豆籩徹	3.1/37/10
則攝○載果	3.1/37/11
○頒之于五官	3.2/37/18
則帥有司○立軍社	3.2/37/23
則帥有司○鉶獸于郊	3.2/37/24
帥異族○佐	3.2/37/25
成葬○祭墓	3.2/37/27
治其禮儀○掌其事	3.3/38/11
以實彝○陳之	3.4/38/13
與量人受舉斝之卒爵○
飲之	3.4/38/15
甸人掌共秬鬯○飾之	3.5/38/17
則出○陳之	3.9/39/7
若祭天之司民、司祿○
獻民數、穀數	3.9/39/10
則受○藏之	3.9/39/10
共其玉器○奉之	3.10/39/19
則服大裘○冕	3.12/39/31
自袞冕○下如王之服	3.12/40/5

自驚冕○下如公之服	3.12/40/5
自毳冕○下如侯伯之服	3.12/40/6
自希冕○下如子男之服	3.12/40/6
自玄冕○下如孤之服	3.12/40/6
自皮弁○下如大夫之服	3.12/40/7
共其衣服○奉之	3.12/40/8
則帥其屬○脩除	3.13/40/11
徵役于司隸○役之	3.13/40/12
帥其屬○守其屬禁○蹕
之	3.13/40/12
不敬者○苛罰之	3.15/40/18
辨其兆域○爲之圖	3.18/40/28
○掌其禁令	3.19/41/3
帥其屬○巡墓厲	3.19/41/4
○合國之子弟焉	3.21/41/10
乃分樂○序之	3.21/41/14
一變○致羽物及川澤之
示	3.21/41/18
再變○致臝物及山林之
示	3.21/41/19
三變○致鱗物及丘陵之
示	3.21/41/19
四變○致毛物及墳衍之
示	3.21/41/19
五變○致介物及土示	3.21/41/20
六變○致象物及天神	3.21/41/20
可得○禮矣	3.21/41/22
	3.21/41/24
則人鬼可得○禮矣	3.21/41/26
帥國子○舞	3.21/41/28
帥學士○歌徹	3.22/42/7
小胥掌學士之徵令○比
之	3.24/42/15
巡舞列○撻其怠慢者	3.24/42/15
帥瞽○歌射節	3.25/42/22
○詔吉凶	3.25/42/22
帥瞽○廞	3.25/42/23
奉○藏之 3.32/43/17,3.33/43/20
	3.36/43/27,3.40/44/7
祭祀則帥其屬○舞之	3.34/43/22
則獻○歌之	3.38/44/1
帥其屬○設筍虡	3.39/44/3
以授命龜者○詔相之	3.42/44/19
先簭○後卜	3.46/45/3
王拜○受之	3.47/45/8
則執明水火○號祝	3.49/45/21

○斂飾棺焉	3.51/46/5
則帥巫○舞雩	3.54/46/14
則帥巫○造巫恒	3.54/46/14
歌哭○請	3.56/46/20
與群執事讀禮書○協事
	3.57/46/26
辨其用與其旗物○等敘
之	3.64/47/24
使帥其屬○掌邦政	4.0/49/1
各帥其民○致	4.1/53/27
徒銜枚○進	4.1/54/5
眡事○賞罰	4.1/54/8
則厭○奉主車	4.1/54/9
以待攻○賞誅	4.1/54/10
則帥士庶子○掌其政令 4.1/54/10
皆書○藏之	4.8/55/3
與鬱人受斝歷○皆飲之 4.8/55/3
○掌珥于社稷	4.9/55/6
使其賈買牲○共之	4.10/55/10
○達其道路	4.13/55/22
	4.13/55/23
○樹之林	4.13/55/22
則藩塞阻路○止行者	4.13/55/23
則帥○致于朝	4.15/55/28
則以火爨鼎水○沸之	4.17/56/4
○沃之 4.17/56/5,6.18/82/14
服不氏掌養猛獸○教擾
之	4.19/56/18
以旌居乏○待獲	4.19/56/18
掌畜掌養鳥○阜蕃教擾
之	4.22/56/26
呼昭穆○進之	4.23/57/2
帥其屬○割牲	4.23/57/2
則致士○頒其守	4.23/57/4
○進退其爵祿	4.23/57/5
則帥國子○致於大子	4.24/57/7
以攷其藝○進退之	4.24/57/11
○比其乘	4.25/57/13
虎賁氏掌先後王○趨以
卒伍	4.26/57/16
從遣車○哭	4.26/57/17
旅賁氏掌執戈盾夾王車
○趨	4.27/57/20
則服○趨	4.27/57/21
則介○趨	4.27/57/21
帥百隸○時難	4.29/57/26
則前正位○退	4.30/57/29

○掌其政	4.30/57/30	於法○害於州里者	5.1/67/6	則珥○辟藏	5.13/70/2
則自左馭○前驅	4.30/57/31	桎梏○坐諸嘉石	5.1/67/7	各以其地域之衆庶共其	
○警戒祭祀有司	4.32/58/8	則宥○舍之	5.1/67/9	牲○致焉	5.14/70/6
帥群有司○反命	4.32/58/8	凡遠近惸獨老幼之欲有		楬○璽之	5.15/70/10
展○受之	4.32/58/10	復於上○其長弗達者	5.1/67/9	凡國有大故○用金石	5.15/70/11
相盥○登	4.33/58/12	○罪其長	5.1/67/10	賈○楬之	5.16/70/14
弁○加環絰	4.35/58/20	○登之于天府	5.1/67/12	弗使冠飾○加明刑焉	5.18/70/20
司戈盾掌戈盾之物○頒		大史、內史、司會及六		任之以事○收教之	5.18/70/20
之	4.38/58/29	官皆受其貳○藏之	5.1/67/12	上罪三年○舍	5.18/70/21
○掌其守藏與其出入	4.39/59/1	以致萬民○詢焉	5.2/67/18	中罪二年○舍	5.18/70/21
天子之弓合九○成規	4.39/59/5	小司寇擯以叙進○問焉	5.2/67/19	下罪一年○舍	5.18/70/21
諸侯合七○成規	4.39/59/6	以衆輔志○弊謀	5.2/67/20	上罪梏拲○桎	5.19/70/24
大夫合五○成規	4.39/59/6	前王○辟	5.2/67/27	奉○適朝	5.19/70/25
士合三○成規	4.39/59/6	以圖國用○進退之	5.2/67/28	以適市○刑殺之	5.19/70/25
以下上其食○誅賞	4.41/59/15	帥其屬○觀刑象	5.2/67/29	奉○適甸師氏	5.19/70/26
以待會○攷之	4.41/59/16	書○縣于門閭	5.3/68/2	掌戮掌斬殺賊諜○搏之	
王提馬○走	4.49/60/9	則前驅○辟	5.3/68/9		5.20/70/28
分公馬○駕治之	4.50/60/11	則帥其屬○躋于王宮	5.3/68/10	帥其民○搏盜賊	5.21/71/1
凡頒良馬○養乘之	4.51/60/14	帥其屬○禁逆軍旅者與		閩隸掌役〔掌〕畜養鳥	
毛馬○頒之	4.51/60/18	犯師禁者○戮之	5.3/68/10	○阜蕃教擾之	5.24/71/10
執扑○從之	4.51/60/19	帥其屬○憲禁令于國及		貉隸掌役服不氏（○）	
物馬○頒之	4.51/60/20	郊野	5.3/68/11	養獸○教擾之	5.26/71/16
○齊其飲食	4.52/60/23	各掌其鄉之民數○糾戒		○憲邦之刑禁	5.27/71/19
巫馬掌養疾馬○乘治之		之	5.4/68/13	凡傷人見血○不以告者	
	4.53/60/26	異其死刑之罪○要之	5.4/68/14		5.28/71/22
相醫○藥攻馬疾	4.53/60/26		5.5/68/19,5.6/68/26	作言語○不信者	5.29/71/24
皆有屬禁○頒之	4.54/60/29	旬○職聽于朝	5.4/68/14	凡奚隸聚○出入者	5.29/71/25
牽馬○入陳	4.57/61/7	帥其屬○夾道而躋	5.4/68/16	敘○行之	5.30/71/29
帥其屬○巡戒令	4.58/62/1	則爲之前驅○辟	5.4/68/17	則令埋○置楬焉	5.31/72/2
○建邦國都鄙	4.59/62/3		5.5/68/23,5.6/68/29	○比其追胥者○賞罰之	
○授任地者	4.59/62/4		5.8/69/7		5.37/72/20
○送逆之	4.60/62/6	○糾其戒令	5.5/68/19	各以其物爲媒○掎之	5.41/72/30
則布○訓四方	4.62/62/12	二旬○職聽于朝	5.5/68/20	令刊陽木○火之	5.42/73/1
○觀新物	4.62/62/12	協日就郊○刑殺	5.5/68/21	令剝陰木○水之	5.42/73/1
○正其封疆	4.63/62/15	帥其屬○躋	5.5/68/23	春始生○萌之	5.43/73/4
○頒之于邦國	4.64/62/18	○聽其獄訟	5.6/68/26	夏日至○夷之	5.43/73/4
	4.65/62/20	三旬○職聽于朝	5.6/68/27	秋繩○芟之	5.43/73/4
匡人掌達法則、匡邦國		辨其死刑之罪○要之	5.7/69/1	冬日至○耜之	5.43/73/4
○觀其慝	4.67/62/24	三月○上獄訟于國	5.7/69/1	則以牡橭午貫象齒○沈	
以巡天下之邦國○語之		則省○誅賞焉	5.7/69/3	之	5.48/73/17
	4.68/62/26	則往○成之	5.8/69/7	春朝諸侯○圖天下之事	
使萬民和說○正王面	4.68/62/26	則帥其屬○爲之躋	5.8/69/8		5.52/73/28
使帥其屬○掌邦禁	5.0/63/5	帥其屬○以鞭呼趨且辟	5.9/69/13	○待其賓客	5.52/73/32
寅之圜土○施職事焉	5.1/67/4	旬○舉之	5.9/69/14	王禮再祼○酢	5.52/74/2
其不能改○出圜土者	5.1/67/5	○聽其辭	5.9/69/17	王禮壹祼○酢	5.52/74/4
	5.18/70/21	○以辨罪之輕重	5.11/69/25	賓○見之	5.52/74/17
凡萬民之有罪過○未麗		○施上服下服之罪	5.12/69/29	爲承○擯	5.53/74/22

小客則受其幣○聽其辭 5.53/74/23
客辟○對 5.54/75/18
以其國之爵相爲客○相 禮 5.54/75/21
以二等從其爵○上下之 5.54/75/22
各稱其邦○爲之幣 5.54/75/22
行夫掌邦國傳遽之小事 、媺惡○無禮者 5.55/75/25
雖道有難○不時 5.55/75/25
掌傳王之言○諭說焉 5.57/75/31
○賓相之 5.57/76/1
詔相國客之禮儀○正其 位 5.57/76/2
受國客幣○賓禮之 5.57/76/2
王合諸侯○饗禮 5.58/76/5
爲前驅○入 5.59/76/31
賓客至○往 5.59/77/2
詔相其事○掌其治令 5.59/77/2
掌邦國之通事○結其交 好 5.60/77/5
或坐○論道 6.0/77/24
或作○行之 6.0/77/24
坐○論道 6.0/77/25
作○行之 6.0/77/26
夫人○能爲鎛也 6.0/77/28
夫人○能爲函也 6.0/77/29
夫人○能爲廬也 6.0/77/29
夫人○能爲弓車也 6.0/77/30
然○不良 6.0/78/2
橘踰淮○北爲枳 6.0/78/2
○弗能爲良 6.0/78/3
故一器○工聚焉者 6.0/78/10
既建○迤 6.0/78/11
欲其樸屬○微至 6.0/78/14
望○眡其輪 6.1/78/20
欲其幀爾○下迆也 6.1/78/21
進○眡之 6.1/78/21
 6.1/78/22,6.1/78/22
欲其掣爾○纖也 6.1/78/21
陽也者稹理○堅 6.1/78/24
陰也者疏理○柔 6.1/78/24
是故以火養其陰○齊諸 其陽 6.1/78/24
轂小○長則柞 6.1/78/25
大○短則（摯）〔摯〕 6.1/78/25

參分其牙圍○漆其二 6.1/78/26
椁其漆內○中詘之 6.1/78/26
輻廣○鑿淺 6.1/78/29
鑿深○輻小 6.1/78/30
則是固有餘○强不足也 6.1/78/30
參分其輻之長○殺其一 6.1/79/1
則無軶○固 6.1/79/2
外不廉○內不挫 6.1/79/5
參分弓長○揉其一 6.1/79/11
上欲尊○宇欲卑 6.1/79/12
上尊○宇卑 6.1/79/12
則吐水疾○霤遠 6.1/79/13
殷畝○馳不隊 6.1/79/14
○策半之 6.3/79/25
欲其孫○無弧深 6.3/79/28
輈欲弧○折 6.3/80/1
經○無絕 6.3/80/1
六分其金○錫居一 6.3/80/8
五分其金○錫居一 6.3/80/8
四分其金○錫居一 6.3/80/9
參分其金○錫居一 6.3/80/9
五分其金○錫居二 6.3/80/9
合六○成規 6.4/80/12
欲新○無窮 6.4/80/12
斂盡○無惡 6.4/80/12
○圜之 6.6/80/19
鍾大○短 6.7/80/29
則其聲疾○短聞 6.7/80/30
 6.12/81/25
鍾小○長 6.7/80/30
則其聲舒○遠聞 6.7/80/30
 6.12/81/26
以其一爲之深○圜之 6.7/80/30
內方尺○圜其外 6.8/81/2
概○不稅 6.8/81/3
○重若一 6.10/81/10
舉○眡之 6.10/81/12
眡其鑽空○惄 6.10/81/13
眡其裏○易 6.10/81/13
眡其朕○直 6.10/81/13
橐之○約 6.10/81/13
舉之○豐 6.10/81/14
望○眡之 6.11/81/16
進○握之 6.11/81/16
欲其柔○滑也 6.11/81/16
〔引○信之〕 6.11/81/16
卷○（搏）〔摶〕之 6.11/81/17

革欲其荼白○疾澣之 6.11/81/18
欲其柔滑○腥脂之 6.11/81/18
（引○信之） 6.11/81/18
信之○直 6.11/81/19
信之○枉 6.11/81/19
卷○摶之○不迤 6.11/81/20
眡其著○淺 6.11/81/21
察其線○藏 6.11/81/21
鼓大○短 6.12/81/25
鼓小○長 6.12/81/25
○熾之 6.16/82/7
淳○漬之 6.16/82/7
清其灰○盝之 6.18/82/13
○揮之 6.18/82/13
○盝之 6.18/82/14
○涂之 6.18/82/14
○宿之 6.18/82/14
沃○盝之 6.18/82/14
琬圭九寸○繅 6.19/82/21
參分其長○殺其一 6.23/83/7
五分其長○羽其一 6.23/83/7
是故夾○搖之 6.23/83/10
欲生○搏 6.23/83/11
豆實三○成觳 6.25/83/17
恒有力○不能走 6.26/83/23
其聲大○宏 6.26/83/24
有力○不能走 6.26/83/24
大聲○宏 6.26/83/24
○由其虛鳴 6.26/83/25
 6.26/83/27
恒無力○輕 6.26/83/26
其聲清陽○遠聞 6.26/83/26
 6.26/83/26
無力○輕 6.26/83/26
小首○長 6.26/83/27
搏身○鴻 6.26/83/27
作其鱗之○ 6.26/83/28
 6.26/83/29
則於眡必撥爾○怒 6.26/83/29
苟撥爾○怒 6.26/83/29
鱗之○不作 6.26/83/30
獻以爵○酬以觚 6.26/84/1
一獻○三酬 6.26/84/2
飲器鄉衡○實不盡 6.26/84/2
參分其廣○觓居一焉 6.26/84/3
張皮侯○棲鵠 6.26/84/4
故抗○射女 6.26/84/6

弗能用也○無已 6.27/84/9
以其一爲之被○圍之 6.27/84/13
二在前、一在後○圍之 6.27/84/14
置○搖之 6.27/84/15
横○搖之 6.27/84/16
梢溝三十里○廣倍 6.28/85/3
欲赤黑○陽聲 6.30/85/23
牸牛之角直○澤 6.30/85/25
老牛之角紾○昔 6.30/85/25
角欲青白○豐末 6.30/85/25
蹙於剬○休於氣 6.30/85/26
遠於剬○不休於氣 6.30/85/27
欲朱色○昔 6.30/85/29
深瑕○澤 6.30/85/29
紾○摶廉 6.30/85/29
欲小簡○長 6.30/85/30
大結○澤 6.30/86/1,6.30/86/1
小簡○長 6.30/86/1
冬析幹○春液角 6.30/86/2
强者在內○摩其筋 6.30/86/5
故角三液○幹再液 6.30/86/6
是故厚其液○節其帑 6.30/86/7
夫懷膠於內○摩其角 6.30/86/8
恒角○短 6.30/86/9
恒角○達 6.30/86/9,6.30/86/11
撟幹欲孰於火○無贏 6.30/86/11
撟角欲孰於火○無燂 6.30/86/11
引筋欲盡○無傷其力 6.30/86/12
（鬻）〔鬻〕膠欲孰○水火相得 6.30/86/12
方其峻○高其柎 6.30/86/14
長其畏○薄其敝 6.30/86/14
爲柎○發 6.30/86/15
弓○羽綱 6.30/86/15
欲宛○無負弦 6.30/86/16
合九○成規 6.30/86/19
合七○成規 6.30/86/19
合五○成規 6.30/86/20
合三○成規 6.30/86/20
豐肉○短 6.30/86/22
其次筋角皆有瀶○深 6.30/86/26
其次有瀶○疏 6.30/86/26
覆之○角至 6.30/86/27
覆之○幹至 6.30/86/28
覆之○筋至 6.30/86/28

耳 ěr 7

獲者取左○ 4.1/54/5
旬之外入馬○ 4.7/54/28
贊牛○桃茢 4.42/59/19
以皁馬、佚特、教駣、攻駒及祭馬祖、祭閑之先牧及執駒、散馬○、圉馬 4.55/61/1
四曰○聽 5.2/67/22
其○三寸 6.8/81/2
出目短○ 6.26/83/23

珥 ěr 7

致禽而○焉 2.56/30/14
以歲時序其祭祀及其祈○ 3.3/38/2
而掌○于社稷 4.9/55/6
凡祈○ 4.10/55/9
凡刏○ 5.3/68/9
則○而辟藏 5.13/70/2
凡幾、○、沈、辜 5.17/70/17

爾 ěr 8

各共○職 2.1/21/11
實相近者相○也 2.35/27/13
欲其幎○而下迆也 6.1/78/21
欲其掔○而纖也 6.1/78/21
則於眡必撥○而怒 6.26/83/29
苟撥○而怒 6.26/83/29
則必積○如委矣 6.26/83/30
苟積○如委 6.26/83/30

餌 ěr 2

糗○、粉餈 1.25/10/26
魚膠○ 6.30/85/30

二 èr 763

中大夫○人 1.0/1/8
1.0/3/19,2.0/15/28
2.0/17/25,3.0/32/22
3.0/33/27,4.0/49/6
4.0/51/15,4.0/51/21
4.0/51/23,4.0/52/1
5.0/63/10,5.0/66/11
旅下士三十有○人 1.0/1/8
2.0/15/29,2.0/17/25
3.0/32/23,4.0/49/7
5.0/63/11
史十有○人 1.0/1/9
2.0/15/29,2.0/17/26
3.0/32/23,5.0/63/11
5.0/63/13,5.0/64/9
胥十有○人 1.0/1/9,1.0/1/15
2.0/15/29,2.0/16/26
2.0/17/5,2.0/17/26
2.0/18/18,2.0/18/21
3.0/32/23,3.0/33/21
3.0/34/2,5.0/63/11
5.0/63/13,5.0/64/31
徒百有○十人 1.0/1/9,1.0/1/15
2.0/15/29,2.0/16/26
2.0/17/6,2.0/17/26
2.0/18/18,2.0/18/21
3.0/32/23,3.0/33/21
3.0/34/2,4.0/49/31
5.0/63/11,5.0/63/13
5.0/64/9,5.0/64/31
上士○人 1.0/1/11
1.0/1/15,1.0/2/5,1.0/3/12
1.0/3/22,1.0/3/24,1.0/3/28
2.0/16/16,2.0/16/20
2.0/16/26,2.0/17/20
2.0/17/23,2.0/18/5
2.0/18/9,2.0/19/20
3.0/33/25,3.0/35/16
3.0/36/17,4.0/49/13
4.0/49/25,4.0/50/19
4.0/51/11,4.0/51/15
4.0/51/19,5.0/64/1
5.0/66/18
府○人 1.0/1/11
1.0/1/15,1.0/1/18,1.0/1/20
1.0/1/22,1.0/1/28,1.0/1/30
1.0/2/1,1.0/2/3,1.0/2/5
1.0/2/15,1.0/2/21,1.0/3/1
1.0/3/3,1.0/3/5,1.0/3/12
1.0/3/22,1.0/3/28,1.0/3/30
1.0/4/1,1.0/4/23,1.0/4/25
1.0/4/27,1.0/5/1,2.0/16/4

	2.0/19/11,3.0/32/25	○曰四郊之賦	1.1/5/23	一易之地家○百畮	2.1/20/22
	3.0/32/27,3.0/32/31	○曰賓客之式	1.1/5/25	以荒政十有○聚萬民	2.1/20/23
	3.0/33/1,3.0/34/14	○曰嬪貢	1.1/5/27	○曰薄征	2.1/20/23
	3.0/34/26,3.0/35/3	○曰長	1.1/6/1	十有○曰除盜賊	2.1/20/25
	3.0/35/18,3.0/35/20	○曰以敘進其治	1.2/6/17	○曰養老	2.1/20/25
	4.0/49/17,4.0/49/19	○曰地官	1.2/6/19	○曰族墳墓	2.1/20/26
	4.0/49/21,4.0/49/23	○曰教職	1.2/6/23	頒職事十有○于邦國都	
	4.0/50/13,4.0/50/32	○曰賓客之聯事	1.2/6/27	鄙	2.1/20/30
	4.0/51/1,4.0/51/7,4.0/52/5	○曰聽師田以簡稽	1.2/6/28	○曰樹藝	2.1/21/1
	5.0/63/27,5.0/63/29	○曰廉能	1.2/6/30	十有○曰服事	2.1/21/2
	5.0/63/31,5.0/64/3	○曰師	1.3/7/11	○曰六行	2.1/21/3
	5.0/64/5,5.0/64/11	差用百〔有〕○十品	1.6/8/2	○曰不睦之刑	2.1/21/5
	5.0/64/27,5.0/65/3	醬用百有○十罋	1.6/8/2	可任也者○家五人	2.2/21/20
	5.0/65/5,5.0/65/7	鼎十有○	1.6/8/2	可任也者家○人	2.2/21/20
	5.0/65/13,5.0/65/15	十失○次之	1.16/9/14	比共吉凶○服	2.3/22/10
	5.0/65/21,5.0/65/25	○醴齊	1.21/10/5	○曰容	2.4/22/20
	5.0/66/7,5.0/66/30	○曰昔酒	1.21/10/5	園廛○十而一	2.16/24/18
奚○十人	1.0/2/23,1.0/2/31	○曰醫	1.21/10/6	遠郊○十而三	2.16/24/18
女醢○十人	1.0/2/25	歲十有○月	1.24/10/20	甸稍縣都皆無過十○	2.16/24/18
奄○人	1.0/2/27	使各有屬以作（○）		唯其漆林之征○十而五	
	1.0/2/29,1.0/4/31	〔三〕事	1.45/13/16		2.16/24/18
	2.0/19/28,2.0/19/30	○鄉則公一人	2.0/16/1	中年則公旬用○曰焉	2.20/25/8
女醢○十人	1.0/2/27	胥○十人	2.0/16/12	○曰敏德	2.21/25/11
女鹽○十人	1.0/2/29		3.0/33/23,5.0/64/13	○曰友行	2.21/25/12
下大夫○人	1.0/3/9	徒○百人	2.0/16/12	○曰六樂	2.22/25/17
	1.0/4/3,2.0/17/5,2.0/17/17		3.0/33/23,5.0/64/13	○曰賓客之容	2.22/25/18
	2.0/19/17,3.0/33/21	○十肆則一人	2.0/17/12	女○十而嫁	2.26/26/4
	3.0/33/23,3.0/34/1		2.0/17/12	在民者十有○	2.27/26/17
	3.0/34/28,3.0/35/13	皆○史 2.0/17/12,2.0/17/12		在商者十有○	2.27/26/17
	3.0/35/26,3.0/36/1	○肆則一人	2.0/17/13	在賈者十有○	2.27/26/17
	3.0/36/8,4.0/50/5	每門下士○人	2.0/17/18	在工者十有○	2.27/26/18
	4.0/50/15,4.0/50/17	每關下士○人	2.0/17/20	郊○旬 2.28/26/24,5.9/69/15	
	4.0/50/21,4.0/50/29	小山下士○人	2.0/18/16	萊○百畮	2.40/28/9
	4.0/51/3,4.0/51/9	每大林麓下士十有○人	2.0/18/18	人○鬴	2.71/31/23
	4.0/51/17,4.0/51/25	每大川下士十有○人	2.0/18/21	若食不能人○鬴	2.71/31/24
徒十有○人	1.0/4/25,2.0/18/1	小川下士○人	2.0/18/22	每廟○人	3.0/33/13
	2.0/18/7,4.0/50/1,4.0/50/3	每場下士○人	2.0/19/15	每宮卿○人	3.0/33/15
	5.0/64/3,5.0/64/11	女舂（抌）〔抎〕○人	2.0/19/28	女府○人	3.0/33/15
	5.0/64/27,5.0/65/13	每奄○人	2.0/19/32	女史○人	3.0/33/15
女御○人	1.0/4/29	○曰川澤	2.1/20/5	其史百有○十人	3.0/36/6
工○人	1.0/5/3	而施十有○教焉	2.1/20/8	繅皆○采再就	3.10/39/14
○曰教典	1.1/5/10	○曰以陽禮教讓	2.1/20/8	繅皆○采一就	3.10/39/14
○曰官職	1.1/5/13	十有○曰以庸制祿	2.1/20/12	以十有○律爲之數度	3.29/43/6
○曰法則	1.1/5/15	以土宜之法辨十有○土		以十有○聲爲之齊量	3.29/43/6
○曰祿	1.1/5/17,3.61/47/13	之名物	2.1/20/12	○曰《瓦兆》	3.41/44/9
○曰敬故	1.1/5/19	辨十有○壤之物	2.1/20/13	皆百有○十	3.41/44/10
○曰圜圖	1.1/5/21	封疆方○百里	2.1/20/20	其頌皆千有○百	3.41/44/10

○曰《歸藏》	3.41/44/10	○曰田馬	4.7/54/27
	3.46/45/1	諸侯以四耦射○侯	4.18/56/10
○曰《觭夢》	3.41/44/11	○獲○容	4.18/56/10
○曰象	3.41/44/12,3.48/45/10	五節○正	4.18/56/11,4.18/56/12
○曰功兆	3.42/44/18	○人執戈	4.28/57/24
○曰巫咸	3.46/45/2	五采繅十有○就	4.35/58/18
○曰噩夢	3.47/45/7	皆五采玉十有○	4.35/58/18
○曰年祝	3.49/45/14	天子十有○閑	4.51/60/16
○曰造	3.49/45/15	馬○種	4.51/60/17
○曰命	3.49/45/16	廋人掌十有○閑之政教	4.55/61/1
○曰鬼號	3.49/45/17	其民○男五女	4.58/61/12
○曰衍祭	3.49/45/18	其民一男○女	4.58/61/13
○曰頓首	3.49/45/19	其民○男三女	4.58/61/15
馮相氏掌十有○歲、十			4.58/61/18,4.58/61/24
有○月、十有○辰、		其民○男○女	4.58/61/16
十日、○十有八星之		其民三男○女	4.58/61/19
位	3.59/47/5	方○百里則○十五子	4.58/61/28
以十有○歲之相	3.60/47/9	中士三十有○人	5.0/63/15
以十有○風	3.60/47/10	徒｜人	5.0/63/25
十有○斿	3.64/47/25	百有○十人	5.0/64/15
胥三｜有○人	4.0/49/7		5.0/64/17,5.0/64/19
徒三百有○十人	4.0/49/7		5.0/64/21,5.0/64/23
萬有○千五百人爲軍	4.0/49/8	下士（○）〔一〕人	5.0/65/29
次國○軍	4.0/49/8	下士三十有○人	5.0/66/12
○千五百人爲師	4.0/49/9	徒（三）〔○〕十人	5.0/66/18
○十〔有〕五人爲兩	4.0/49/10	徒三十有○人	5.0/66/22
一軍則○府	4.0/49/10		5.0/66/26
賈○人	4.0/49/21,4.0/52/5	每國上士○人	5.0/66/28
下士十有○人	4.0/49/31	○曰刑平國用中典	5.1/67/1
	4.0/50/15,4.0/50/29	○曰軍刑	5.1/67/2
	5.0/64/7,5.0/64/9	重罪旬有（三）〔○〕	
	5.0/64/13	日坐	5.1/67/7
中士十有○人	4.0/50/21	○曰詢國遷	5.2/67/18
	5.0/63/13	○曰色聽	5.2/67/22
上士十有○人	4.0/51/27	○曰議故之辟	5.2/67/23
	4.0/51/29	○曰訊群吏	5.2/67/25
中士○十人	4.0/51/31	○曰官禁	5.3/68/1
閑○人	4.0/52/9	○曰詰	5.3/68/3
徒○人	4.0/52/11	○曰邦賊	5.3/68/6
	5.0/65/27,5.0/65/29	○旬而職聽于朝	5.5/68/20
	5.0/65/31,5.0/66/1	中罪○年而舍	5.18/70/21
	5.0/66/3,5.0/66/5,5.0/66/9	子男則○人	5.36/72/16
每都上士○人	4.0/53/3	十有○辰之號	5.44/73/7
上地食者參之○	4.1/53/16	十有○月之號	5.44/73/7
其民可用者○家五人	4.1/53/17	十有○歲之號	5.44/73/7
其民可用者家○人	4.1/53/17	○十有八星之號	5.44/73/8
（○）〔三〕鼓	4.1/53/30	其禮各下其君○等以下	

	5.52/74/10
○歲壹見	5.52/74/11
十有○歲王巡守殷國	5.52/74/17
以○等從其爵而上下之	
	5.54/75/22
則具十有○牢	5.58/76/5
鉶（四）〔三〕十有○	5.58/76/9
鼎簋十有○	5.58/76/9
	5.58/76/16,5.58/76/21
米百有○十筥	5.58/76/10
醯醢百有○十甕	5.58/76/10
食三十有○	5.58/76/15
豆三十有○	5.58/76/15
鉶○十有（八）〔四〕	
	5.58/76/16
壺三十有○	5.58/76/16
腥○十有七	5.58/76/16
食○十有四	5.58/76/21
豆○十有四	5.58/76/21
壺○十有四	5.58/76/21
牽○牢	5.58/76/22
米○十車	5.58/76/23
（摶）〔摶〕埴之工○	6.0/78/6
謂之○等	6.0/78/11
參分其牙圍而漆其○	6.1/78/26
○在外	6.1/78/29
緱參分寸之○	6.1/79/3
部長○尺	6.1/79/9
四尺者○	6.1/79/9
鑿上○枚	6.1/79/10
鑿深○寸有半	6.1/79/10
下直○枚	6.1/79/10
○在後	6.2/79/17,6.23/83/6
○者以爲久也	6.3/79/24
蓋弓○十有八	6.3/80/5
五分其金而錫居○	6.3/80/9
戈廣○寸	6.5/80/14
朡廣○寸有半寸	6.6/80/18
去○以爲鉳	6.7/80/25
去○分以爲之鼓間	6.7/80/25
去○分以爲舞廣	6.7/80/26
○在上	6.7/80/27
兒甲壽○百年	6.10/81/9
鎮圭尺有○寸	6.19/82/17
四圭尺有○寸	6.19/82/19
祼圭尺有○寸	6.19/82/20
射○寸	6.19/82/25

其○人也不虧財　　　5.18/70/22
而比其追胥者而賞○之
　　　　　　　　5.37/72/20

法 fǎ   151

以八○治官府　　　　1.1/5/12
六曰官○　　　　　　1.1/5/14
二曰○則　　　　　　1.1/5/15
乃縣治象之○于象魏　1.1/6/3
乃施○于官府　　　　1.1/6/5
以○待官府之治　　　1.1/6/7
掌邦之六典、八○、八
　則之貳　　　　　　1.2/6/15
五曰廉○　　　　　　1.2/7/1
以○掌祭祀、朝覲、會
　同、賓客之戒具　　1.2/7/1
帥治官之屬而觀治象之○ 1.2/7/5
不用○者　　　　　　1.2/7/5
　　　　2.2/21/28、5.2/67/29
攷乃○　　　　　　　1.2/7/6
掌治朝之○　　　　　1.3/7/9
掌官○以治要　　　　1.3/7/11
掌官○以治目　　　　1.3/7/11
掌治○以考百官府、群
　都縣鄙之治　　　　1.3/7/13
以式○掌祭祀之戒具與
　其薦羞　　　　　　1.3/7/14
以牢禮之○　　　　　1.3/7/16
則以○警戒群吏　　　1.3/7/20
以○授之　　　　　　1.7/8/10
以式○授酒材　　　　1.21/10/4
以○共五齊三酒　　　1.21/10/7
皆有○以行之　　　　1.21/10/10
掌次掌王次之○　　　1.33/11/22
以式○授之　　　　　1.34/11/29
凡有○者　　　　　　1.37/12/12
司會掌邦之六典、八○
　、八則之貳　　　　1.38/12/16
以九貢之○致邦國之財
　用　　　　　　　　1.38/12/16
以九賦之○令田野之財
　用　　　　　　　　1.38/12/17
以九功之○令民職之財
　用　　　　　　　　1.38/12/17
以九式之○均節邦之財
　用　　　　　　　　1.38/12/17

司書掌邦之六典、八○
　、八則、九職、九正
　、九事邦中之版　　1.39/12/22
掌事者受○焉　　　　1.39/12/25
受式○于職歲　　　　1.41/13/2
以式○贊逆會　　　　1.41/13/2
職幣式○以斂官府都
　鄙與凡用邦財者之幣　1.42/13/4
以式○贊之　　　　　1.42/13/5
遂以式○頒皮革于百工
　　　　　　　　　　1.44/13/12
內宰掌書版圖之○　　1.45/13/15
以婦職之○教九御　　1.45/13/16
九嬪掌婦學之○　　　1.50/14/10
典婦功掌婦式之○　　1.55/14/24
以土會之○辨五地之物
　生　　　　　　　　2.1/20/4
以土宜之○辨十有二土
　之名物　　　　　　2.1/20/12
以土均之○辨五物九等　2.1/20/14
以土圭之○測土深　　2.1/20/15
以為地　　　　　　　2.1/20/23
乃縣教象之○于象魏　2.1/20/28
乃施教○于邦國都鄙　2.1/20/28
掌建邦之教○　　　　2.2/21/14
乃頒比○于六鄉之大夫　2.2/21/16
則帥其屬而觀教○之象　2.2/21/27
脩○糾職以待邦治　　2.2/21/28
以國比之○　　　　　2.3/22/1
出田○于州里　　　　2.3/22/6
受教○于司徒　　　　2.4/22/13
令群吏攷○于司徒　　2.4/22/22
州長各掌其州之教治政
　令之○　　　　　　2.5/22/26
各屬其州之民而讀○　2.5/22/26
則屬其民而讀○　　　2.5/22/27
則讀教○如初　　　　2.5/22/29
則屬民而讀邦○　　　2.6/23/1
　　　　　　　　　　2.7/23/7
則以其○治其政事　　2.6/23/4
屬民讀○而書其德行道
　藝　　　　　　　　2.6/23/5
以邦比之○　　　　　2.7/23/8
則讀○　　　　　　　2.8/23/15
載師掌任土之○　　　2.16/24/15
則受○于司馬　　　　2.18/24/29
造縣鄙形體之○　　　2.40/28/3

則以縣師之○作其同徒
　、輂輦　　　　　　2.49/29/17
以式○共祭祀之薪蒸木
　材　　　　　　　　2.50/29/22
皆以地媺惡為輕重之○
　而行之　　　　　　2.51/29/27
草人掌土化之○以物地
　　　　　　　　　　2.52/29/29
則受○于山虞　　　　2.57/30/16
以○掌其出入　　　　2.72/31/27
則止餘○用　　　　　2.73/31/31
以為○　　　　　　　2.75/32/5
以年之上下出斂○　　2.75/32/6
禁外內命男女之衣不中
　○者　　　　　　　3.3/38/6
大司樂掌成均之○　　3.21/41/10
大卜掌《三兆》之○　3.41/44/9
掌《三易》之○　　　3.41/44/10
掌《三夢》之○　　　3.41/44/11
眡祲掌十煇之○　　　3.48/45/10
掌○以逆官府之治　　3.57/46/23
凡（辨）〔辯〕○者攷
　焉　　　　　　　　3.57/46/23
則辟○　　　　　　　3.57/46/25
抱○以前　　　　　　3.57/46/28
執○以涖勸防　　　　3.57/46/29
讀禮○　　　　　　　3.58/47/1
凡國事之用禮○者　　3.58/47/2
內史掌王之八枋之○　3.61/47/13
執國○及國令之貳　　3.61/47/14
掌敘事之○　　　　　3.61/47/14
凡治者受○令焉　　　3.63/47/21
掌三辰之○　　　　　3.70/48/26
掌建邦國之九○　　　4.1/53/7
以九伐之○正邦國　　4.1/53/9
乃縣政象之○于象魏　4.1/53/12
如蒐之○　　　　　　4.1/53/23
如蒐（田）之○　　　4.1/53/25
群吏戒眾庶脩戰○　　4.1/53/26
如大司馬之○　　　　4.2/54/13
司勳掌六鄉賞地之○　4.6/54/22
量人掌建國之○　　　4.8/55/1
共其○羊　　　　　　4.10/55/10
凡守者受○焉　　　　4.12/55/17
與其守○　　　　　　4.12/55/19
詔相其○　　　　　　4.18/56/8
以射○治射儀　　　　4.18/56/9

○王巾	1.29/11/11		3.8/39/4,3.41/44/16	○祭祀百物之神	2.11/23/27
○寢中之事	1.30/11/13	○建國	1.45/13/19,3.21/41/31	○軍旅	2.11/23/28
○勞事	1.30/11/14	○內人、公器、賓客	1.47/13/30	○野舞	2.12/24/1
○舍事	1.31/11/17	○外內命夫命婦出入	1.47/13/30	○陽祀	2.13/24/3
○朝覲、會同、軍旅、		○賓客亦如之	1.47/14/1	○時祀之牲	2.13/24/4
田役、祭祀	1.32/11/19	○內人弔臨于外	1.48/14/4	○外祭毀事	2.13/24/4
○喪	1.33/11/24	○小事	1.49/14/7,3.41/44/15	○牲不繫者	2.13/24/5
	3.12/40/3,4.17/56/4	○內羞之物	1.51/14/14	○賓客之事	2.14/24/8
掌○邦之張事	1.33/11/25	○內禱祠之事	1.53/14/19	○會同、軍旅、行役	2.14/24/9
○官府都鄙之吏及執事		○后之事	1.54/14/21	○散祭祀之牲	2.15/24/12
者	1.34/11/29	○授嬪婦功	1.55/14/24	○任地	2.16/24/17
○頒財	1.34/11/29	○飾邦器者	1.56/14/29	○宅不毛者	2.16/24/19
○邦國之貢以待弔用	1.34/11/32	○祭祀、賓客	1.58/15/5	○田不耕者	2.16/24/19
○萬民之貢以充府庫	1.34/11/32		2.70/31/19,3.2/37/21	○民無職事者	2.16/24/19
○式貢之餘財以共玩好			3.35/43/24	○任民	2.17/24/22
之用	1.34/11/32	及九嬪世婦○命婦	1.58/15/5	○無職者出夫布	2.17/24/25
○邦之賦用	1.34/11/32	○內具之物	1.58/15/6	○庶民	2.17/24/25
○良貨賄之藏	1.35/12/3	掌○內之縫事	1.59/15/9	○造都邑	2.18/24/30
○褻器	1.35/12/5	○染	1.60/15/11	○賓客、會同、師役	2.19/25/2
○（王之）獻金玉、兵		掌○染事	1.60/15/11	○國野之道	2.19/25/3
、器、文織、良貨賄		○四時之祭祀	1.62/15/17	○委積之事	2.19/25/4
之物	1.35/12/5	○建邦國	2.1/20/18,2.2/21/26	○均力政	2.20/25/7
○王之好賜	1.35/12/6	○造都鄙	2.1/20/21	○國之貴遊子弟	2.21/25/13
○四方之幣獻之金玉、		○萬民之不服教而有獄		○祭祀、賓客、會同、喪紀、	
齒革、兵、器	1.36/12/8	訟者與有地治者	2.1/21/7	軍旅	2.21/25/14
○良貨賄入焉	1.36/12/9	○征役之施舍	2.2/21/15		2.22/25/19
○適四方使者	1.36/12/9	○起徒役	2.2/21/20	○民之有衺惡者	2.24/25/25
○王及冢宰之好賜予	1.36/12/9	○用眾庶	2.2/21/21	○歲時有天患民病	2.24/25/27
○有法者	1.37/12/12	○國之大事	2.2/21/22,2.73/32/1	○過而殺傷人者	2.25/25/29
○祭祀、賓客、喪紀、			3.3/38/10,3.46/45/3	○和難	2.25/25/29
會同、軍旅	1.37/12/13		5.2/67/28,5.30/71/29	○殺人有反殺者	2.25/25/31
○邦之小用	1.37/12/13	○稅斂之事	2.2/21/24	○殺人而義者	2.25/26/1
○在書契版圖者之貳	1.38/12/18	○小祭祀	2.2/21/24,2.12/24/1	○有鬭怒者	2.25/26/1
○上之用財（用）	1.39/12/23	○民訟	2.2/21/26	○男女	2.26/26/4
○稅斂	1.39/12/25	○邦事	2.3/22/4	○娶判妻入子者	2.26/26/5
○邦治	1.39/12/25	○四時之田	2.3/22/6	○嫁子娶妻	2.26/26/6
○受財者	1.40/12/29	○四時之徵令有常者	2.3/22/8	○男女之陰訟	2.26/26/7
○官府都鄙群吏之出財		○州之大祭祀、大喪	2.5/22/28	○市入	2.27/26/12
用	1.41/13/1	○其黨之祭祀、喪紀、		○萬民之期于市者	2.27/26/14
○上之賜予	1.41/13/2	昏冠、飲酒	2.6/23/3	○得貨賄六畜者亦如之	
	1.56/14/28	○作民而師田、行役	2.6/23/4		2.27/26/15
職幣掌式法以斂官府都		○春秋之祭祀、役政、		○治市之貨賄、六畜、	
鄙與○用邦財者之幣	1.42/13/4	喪紀之（數）〔事〕	2.8/23/14	珍異	2.27/26/15
○邦之會事	1.42/13/5	○封國	2.10/23/21	○通貨賄	2.27/26/16
○邦之皮事	1.43/13/9	○喪紀、賓客、軍旅、		○市偽飾之禁	2.27/26/17
○賓客之裸獻、瑤爵	1.45/13/18	大盟	2.10/23/23	○會同師役	2.27/26/20
○喪事	1.45/13/18			○賣價者質劑焉	2.28/26/22

○治質劑者	2.28/26/23	
○屠者	2.29/26/26	
○珍異之有滯者	2.29/26/27	
○天患	2.31/27/1	
○國之賣價	2.31/27/2	
○師役會同	2.31/27/2	
○有罪者	2.34/27/10	
○賒者	2.36/27/17	
○民之貸者	2.36/27/18	
○國〔事〕之財用取具		
焉	2.36/27/18	
○財物犯禁者舉之	2.37/27/21	
○歲時之門	2.37/27/22	
○四方之賓客造焉	2.37/27/22	
○貨不出於關者	2.38/27/25	
○所達貨賄者	2.38/27/26	
○四方之賓客敏關	2.38/27/27	
○邦國之使節	2.39/27/29	
○通達於天下者	2.39/27/31	
○治野	2.40/28/5	
○治野〔田〕	2.40/28/9	
○國祭祀	2.40/28/13,2.41/28/19	
○爲邑者	2.42/28/26	
○作民	2.44/29/1	
○歲時之戒令皆聽之	2.45/29/5	
○邑中之政相贊	2.47/29/11	
○用粟	2.48/29/14	
○新畝之治皆聽之	2.48/29/14	
○疏材、木材	2.50/29/21	
○畜聚之物	2.50/29/21	
	2.67/31/13	
○其余聚以待頒賜	2.50/29/22	
共其委積薪芻○疏材	2.50/29/23	
○軍旅之賓客館焉	2.50/29/23	
○糞種	2.52/29/29	
○稼澤	2.53/30/2	
○服粗	2.56/30/11	
○邦工入山林而掄材	2.56/30/12	
○竊木者	2.56/30/13	
○祭祀賓客	2.59/30/23	
○田獵者受令焉	2.60/30/26	
角人掌以時徵齒角○骨		
物於山澤之農	2.62/30/32	
○受羽	2.63/31/3	
○葛征	2.64/31/6	
○炭灰之事	2.66/31/11	
○萬民之食食者	2.71/31/23	

○邦有會同師役之事	2.71/31/24	
○饗	2.76/32/8	
掌○米事	2.76/32/9	
饎人掌○祭祀共盛	2.77/32/11	
○內女之有爵者	3.0/33/17	
○外女之有爵者	3.0/33/19	
○以神士者無數	3.0/36/21	
○祀大神	3.1/37/8	
○大祭祀	3.1/37/10	
○大禮	3.2/37/22	
○王之會同、軍旅、甸		
役之禱祠	3.2/37/27	
○天地之大災	3.2/37/28	
○國之大禮	3.2/37/28	
○小禮	3.2/37/28	
○祭祀之卜日、宿、爲		
期	3.3/38/3	
○祭祀禮成	3.3/38/4	
○師甸用牲于社宗	3.3/38/7	
○師不功	3.3/38/8	
○四時之大甸獵	3.3/38/8	
○卿大夫之喪	3.3/38/10	
	3.16/40/22,3.51/46/5	
○國之小事	3.3/38/11	
○祭祀賓客之祼事	3.4/38/13	
○祼玉	3.4/38/13	
○祼事	3.4/38/14	
○山川四方用蜃	3.5/38/17	
○祼事用概	3.5/38/18	
○醴事用散	3.5/38/18	
○王之齊事	3.5/38/18	
○王弔臨	3.5/38/19	
○國之大賓客、會同、		
軍旅、喪紀	3.6/38/21	
○國事爲期則告之時	3.6/38/22	
○四時之間祀追享朝享	3.7/38/27	
○六彝六尊之酌	3.7/38/28	
○酒脩酌	3.7/38/29	
○大朝覲、大享射、○		
封國、命諸侯	3.8/39/1	
○吉事變几	3.8/39/5	
○國之玉鎮、大寶器	3.9/39/7	
○官府鄉州及都鄙之治		
中	3.9/39/8	
○吉凶之事	3.9/39/9	
大祭祀、大旅、○賓客		
之事	3.10/39/19	

○玉器出	3.10/39/20	
○諸侯之適子誓於天子		
	3.11/39/25	
○兵事	3.12/40/2	
○甸	3.12/40/3	
○凶事	3.12/40/3	
○弔事	3.12/40/3	
○大祭祀、大賓客	3.12/40/8	
○王后有褧事於婦人	3.15/40/18	
○內事有達於外官者	3.15/40/19	
○（工）〔王〕后之獻		
亦如之	3.17/40/25	
○諸侯居左右以前	3.18/40/29	
○死於兵者	3.18/40/29	
○有功者居前	3.18/40/29	
○祭墓	3.18/41/1	
○諸侯及諸臣葬於墓者	3.18/41/1	
墓大夫掌○邦墓之地域	3.19/41/3	
○爭墓地者	3.19/41/4	
職喪掌諸侯之喪及卿大		
夫士○有爵者之喪	3.20/41/6	
○國有司以王命有事焉	3.20/41/6	
○其喪祭	3.20/41/7	
○公有司之所共	3.20/41/7	
○有道者有德者	3.21/41/10	
○六樂者	3.21/41/18,3.21/41/18	
○樂	3.21/41/20,3.21/41/22	
	3.21/41/24,3.22/42/6	
○樂事	3.21/41/26,3.28/43/1	
	3.31/43/10,4.24/57/9	
○日月食	3.21/41/30	
○國之大憂	3.21/41/31	
○舞	3.22/42/3	
○射	3.22/42/5	
	3.31/43/12,3.67/48/17	
○國之小事用樂者	3.22/42/6	
○樂成	3.22/42/6	
○軍大獻	3.22/42/8	
○喪陳樂器	3.22/42/9	
○樂官掌其政令	3.22/42/9	
○祭祀之用樂者	3.23/42/12	
○縣鍾磬	3.24/42/16	
○國之瞽矇正焉	3.25/42/23	
○小祭祀小樂事	3.26/42/26	
眡瞭掌○樂事播鼗	3.28/43/1	
○聲	3.29/43/4	
○爲樂器	3.29/43/6	

○和樂亦如之	3.29/43/6	○有功者	4.6/54/23	○將事于四海、山川	4.51/60/20
○祭祀、饗食	3.31/43/11	○賞無常	4.6/54/24	○國之使者	4.51/60/20
○祭祀、饗射	3.32/43/16	○頒賞地	4.6/54/24	○田事	4.54/60/29
○軍之夜三鼜	3.33/43/20	○受馬於有司者	4.7/54/28	○賓客、喪紀	4.57/61/7
○四方之以舞仕者屬焉		○祭祀饗賓	4.8/55/3	○邦國千里	4.58/61/27
	3.35/43/24	○宰祭	4.8/55/3	○害人者　　5.1/67/4,5.18/70/20
○國祈年于田祖	3.37/43/29	○沈辜、侯禳	4.9/55/6	○萬民之有罪過而未麗
○國大貞	3.41/44/14	○師田	4.9/55/7	於法而害於州里者	5.1/67/6
○旅	3.41/44/15	○祈珥	4.10/55/9	○遠近惸獨老幼之欲有
○卜事	3.42/44/18	○沈辜、侯禳、釁、積		復於上而其長弗達者	5.1/67/9
○卜　　3.42/44/19,3.44/44/26			4.10/55/10	○邦之大盟約	5.1/67/12
○取龜用秋時	3.43/44/22	○國失火	4.11/55/14	○諸侯之獄訟	5.1/67/13
○卜筮	3.45/44/29	○守者受法焉	4.12/55/17	○卿大夫之獄訟	5.1/67/13
○卜筮既事	3.45/44/30	○國都之竟有溝樹之固		○庶民之獄訟	5.1/67/13
○國事	3.46/45/4		4.12/55/19	○朝覲會同	5.1/67/15
○大禋祀、肆享、祭示		○有爵者	4.18/56/14	○命夫命婦	5.2/67/21
	3.49/45/21	○賓客、會同、軍旅	4.20/56/21	○王之同族有罪	5.2/67/21
○外內小祭祀、小喪紀		○其戒令	4.23/57/1	○禋祀五帝	5.2/67/26
、小會同、小軍旅	3.50/46/1	○會同	4.23/57/3	○以財獄訟者	5.3/68/8
○祭事	3.54/46/15	○士之有守者	4.23/57/4	○刉珥	5.3/68/9
○邦之大災	3.56/46/20	○邦國　　4.23/57/5,4.58/61/29		○國有大事	5.4/68/17
○（辨）〔辯〕法者攷		○國正弗及	4.24/57/9	○郊有大事	5.5/68/23
焉	3.57/46/23	○國之政事	4.24/57/10	○野有大事	5.6/68/30
○邦國都鄙及萬民之有		○軍旅會同	4.25/57/13	○都家之大事聚衆庶	5.7/69/3
約劑者藏焉	3.57/46/24		5.57/76/2	○都家之士所上治	5.7/69/4
○射事	3.57/46/29	○國之勇力之士能用五		○四方之有治於士者	5.8/69/6
○國事之用禮法者	3.58/47/2	兵者屬焉	4.25/57/13	○邦之大事聚衆庶	5.8/69/8
○此五物者	3.60/47/10	○祭祀、會同、賓客	4.27/57/20	○得獲貨賄、人民、六
	5.53/74/29	○軍旅田役	4.30/57/32	畜者	5.9/69/13
○命諸侯及孤卿大夫	3.61/47/15	○大事	4.31/58/6	○士之治有期日	5.9/69/14
○四方之事書	3.61/47/15	○祭祀致福者	4.32/58/10	○有責者	5.9/69/15
○治者受法令焉	3.63/47/21	○弩	4.39/59/3	○民同貨財者	5.9/69/16
○數從政者	3.63/47/22	○矢	4.39/59/4	○屬責者	5.9/69/16
○良車、散車不在等者	3.64/48/1	○師役、會同	4.39/59/7	○盜賊軍鄉邑及家人	5.9/69/17
○車之出入	3.64/48/1	○亡矢者	4.39/59/8	○報仇讎者	5.9/69/17
○賜闕之	3.64/48/2	○乘車	4.40/59/11	○大約劑	5.13/70/1
○會同、軍旅、弔于四		○齎財與其出入	4.41/59/16	○邦國有疑會同	5.14/70/4
方	3.65/48/7	○有牲事	4.43/59/21	○民之有約劑者	5.14/70/5
○師	3.66/48/9	○馭路	4.45/59/28	○盟詛	5.14/70/6
○軍事	3.67/48/17	○馭路儀	4.45/59/29	職金掌○金、玉、錫、
4.17/56/3,4.51/60/20		○巡守及兵車之會	4.46/59/31	石、丹、青之戒令	5.15/70/9
○都祭祀	3.68/48/20	掌○戎車之儀	4.46/60/1	○國有大故而用金石	5.15/70/11
○以神仕者	3.70/48/26	○田	4.49/60/9	○有爵者與七十者與未
○制軍	4.0/49/8	○頒良馬而養乘之	4.51/60/14	齔者	5.16/70/15
○令賦	4.1/53/16	○馬	4.51/60/17	○幾、珥、沈、辜	5.17/70/17
○小祭祀、會同、饗射		○大祭祀、朝覲、會同		○相犬、牽犬者屬焉	5.17/70/18
、師田、喪紀	4.2/54/13		4.51/60/18	○圜土之刑人也不虧體	

	5.18/70/22	帛辭令　5.57/76/1	○任　6.28/85/6

○囚者　5.19/70/24
○有爵者與王之同族　5.19/70/25
○殺其親者　5.20/70/28
○殺人者　5.20/70/28
○罪之麗於法者　5.20/70/29
○軍旅田役斬殺刑戮　5.20/70/30
○囚執人之事　5.21/71/2
罪隸掌役百官府與○有
　守者　5.22/71/5
○封國若家　5.22/71/5
○邦之大事合衆庶　5.27/71/20
○傷人見血而不以告者
　5.28/71/22
○國聚衆庶　5.29/71/24
○奚隸聚而出入者　5.29/71/25
○道路之舟車繫互者　5.30/71/28
○有節者及有爵者至　5.30/71/29
掌○道禁　5.30/71/30
○國之大祭祀　5.31/72/1
掌○國之馭禁　5.31/72/3
○害於國稼者　5.32/72/5
○誓　5.36/72/17
○毆蠱　5.39/72/26
○攻木者　5.42/73/2
掌○殺草之政令　5.43/73/5
○庶蠱之事　5.45/73/10
○隙屋　5.46/73/12
則○水（蠱）〔蟲〕無
　聲　5.47/73/14
○大國之孤　5.52/74/8
○諸侯之卿　5.52/74/10
○諸侯之王事　5.52/74/17
○諸侯之邦交　5.52/74/18
○諸侯入王　5.53/74/22
○四方之使者　5.53/74/23
○此〔五〕物者　5.53/75/1
○諸公相爲賓　5.54/75/7
○（諸）〔侯〕伯子男
　之臣　5.54/75/20
○四方之賓客禮儀、辭
　命、饔牢、賜獻　5.54/75/21
○諸侯之交　5.54/75/22
○行人之儀　5.54/75/23
○其使也　5.55/75/25
○門關無幾　5.56/75/29
○其出入送逆之禮節幣

○國之大喪　5.57/76/1
○作事　5.57/76/2
○諸侯之禮　5.58/76/8
○介、行人、宰、史皆有飧饔
　餼　5.58/76/13
　5.58/76/18,5.58/76/23
○諸侯之卿、大夫、士
　爲國客　5.58/76/25
○禮賓客　5.58/76/26
○賓客死　5.58/76/26
○賓客之治　5.59/76/32
○從者出　5.59/77/1
○訝者　5.59/77/2
○都家之治於國者　5.63/77/13
○都家之治有不及者　5.63/77/13
○攻木之工七　6.0/78/5
○察車之道　6.0/78/13,6.0/78/14
○斬轂之道　6.1/78/24
○輻　6.1/78/29
○爲輪　6.1/79/3
○揉牙　6.1/79/5
○居材　6.2/79/20
○任木　6.3/79/25
○揉輈　6.3/79/28
○鑄金之狀　6.8/81/4
○爲甲　6.10/81/10
○甲鍛不摯則不堅　6.10/81/11
○察革之道　6.10/81/11
○冒鼓　6.12/81/25
○畫繢之事　6.15/82/4
○相笴　6.23/83/11
○陶瓬之事　6.25/83/17
○攫閷援簭之類　6.26/83/28
○試梓　6.26/84/2
○兵無過三其身　6.27/84/9
○兵　6.27/84/11
○爲殳　6.27/84/13
○爲酋矛　6.27/84/14
○試廬事　6.27/84/15
○室二筵　6.28/84/24
○天下之地埶　6.28/85/2
○溝逆地防　6.28/85/2
○行奠水　6.28/85/3
○溝必因水埶　6.28/85/4
○爲防　6.28/85/4
○溝防　6.28/85/5

○爲轐　6.29/85/17
○取幹之道七　6.30/85/22
○相幹　6.30/85/23
○析幹　6.30/85/23
○相角　6.30/85/24
○相膠　6.30/85/29
○昵之類不能方　6.30/85/30
○相筋　6.30/85/30
○爲弓　6.30/86/2
　6.30/86/14,6.30/86/22
○居角　6.30/86/9

煩 fán　2

則役其○辱之事　5.21/71/2
夏治筋則不○　6.30/86/3

樊 fán　7

○纓十有再就　3.64/47/25
○纓九就　3.64/47/25,5.52/73/32
○纓七就　3.64/47/26,5.52/74/3
前○鵠纓　3.64/47/27
○纓五就　5.52/74/6

蕃 fán　10

養○鳥獸　1.1/5/21
以○鳥獸　2.1/20/13
九曰○樂　2.1/20/24
四曰阜○　2.1/21/1
牧人掌牧六牲而阜○其
　物　2.13/24/3
以封○國　3.64/47/27
又其外方五百里曰○畿　4.1/53/15
掌畜掌養鳥而阜○教擾
　之　4.22/56/26
閭隸掌役〔掌〕畜養鳥
　而阜○教擾之　5.24/71/10
九州之外謂之○國　5.52/74/14

膰 fán　1

以脤○之禮　3.1/37/1

又其外○五百里曰衛畿 4.1/53/14
又其外○五百里曰蠻畿 4.1/53/14
又其外○五百里曰夷畿 4.1/53/15
又其外○五百里曰鎮畿 4.1/53/15
又其外○五百里曰蕃畿 4.1/53/15
候人各掌其○之道治 4.15/55/28
若有○治 4.15/55/28
環四○之故 4.16/55/31
作士適四○使 4.23/57/3
適四○使 4.26/57/17
則奉書以使於四○ 4.26/57/18
○相氏掌蒙熊皮 4.29/57/26
毆○良 4.29/57/27
傳達于四○ 4.30/57/32
職○氏掌天下之圖 4.58/61/9
○千里曰王畿 4.58/61/24
其外○五百里曰侯服 4.58/61/25
又其外○五百里曰甸服 4.58/61/25
又其外○五百里曰男服 4.58/61/25
又其外○五百里曰采服 4.58/61/25
又其外○五百里曰衛服 4.58/61/26
又其外○五百里曰蠻服 4.58/61/26
又其外○五百里曰夷服 4.58/61/26
又其外○五百里曰鎮服 4.58/61/27
又其外○五百里曰藩服 4.58/61/27
封公以○五百里 4.58/61/27
○四百里則六侯 4.58/61/28
○三百里則七伯 4.58/61/28
○二百里則二十五子 4.58/61/28
○百（另）〔里〕則百男 4.58/61/28
則戒于四○ 4.58/61/30
土○氏掌土圭之法 4.59/62/3
懷○氏掌來遠○之民 4.60/62/6
致○貢 4.60/62/6
合○氏掌達天下之道路 4.61/62/9
訓○氏掌道四○之政事 與其上下之志 4.62/62/12
誦四○之傳道 4.62/62/12

則布而訓四○ 4.62/62/12
形○氏掌制邦國之地域 4.63/62/15
邌師掌四○之地名 4.66/62/22
○士 5.0/63/17
四○中士八人 5.0/66/24
詰四○ 5.1/67/1
乃宣布于四○ 5.2/67/30
○士掌都家 5.7/69/1
則各掌其○之禁令 5.7/69/3
訝士掌四○之獄訟 5.8/69/6
凡四○之有治於士者 5.8/69/6
四○有亂獄 5.8/69/6
執旌節以宣布于四○ 5.27/71/19
以詰四○邦國及其都鄙 5.27/71/19
以○書十日之號 5.44/73/7
時會以發四○之禁 5.52/73/29
邦畿○千里 5.52/74/10
其外○五百里謂之侯服 5.52/74/11
又其外○五百里謂之甸服 5.52/74/11
又其外○五百里謂之男服 5.52/74/12
又其外○五百里謂之采服 5.52/74/12
又其外○五百里謂之衛服 5.52/74/13
又其外○五百里謂之要服 5.52/74/13
若有四○之大事 5.52/74/18
以待四○之使者 5.53/74/21
凡四○之使者 5.53/74/23
使適四○、協九儀 5.53/74/23
凡四○之賓客禮儀、辭命、餼牢、賜獻 5.54/75/21
以路節達諸四○ 5.56/75/28
掌客掌四○賓客之牢禮、餼獻、飲食之等數與其政治 5.58/76/5
或通四○之珍異以資之 6.0/77/25
通四○之珍異以資之 6.0/77/26
○者中矩 6.2/79/19
軫之○也 6.3/80/4
內○尺而圜其外 6.8/81/2
則是一○緩、一○急也 6.11/81/19

若苟一○緩、一○急 6.11/81/19
東○謂之青 6.15/82/1
南○謂之赤 6.15/82/1
西○謂之白 6.15/82/1
北○謂之黑 6.15/82/1
其象○ 6.15/82/3
○四寸 6.25/83/18
廣與崇○ 6.26/84/3,6.28/85/4
○九里 6.28/84/20
○十里爲成 6.28/84/30
○百里爲同 6.28/85/1
凡昵之類不能○ 6.30/85/30
○其峻而高其柎 6.30/86/14

枋 fāng　　1

內史掌王之八○之法 3.61/47/13

防 fáng　　14

以五禮○萬民之僞而教之中 2.1/21/6
以六樂○萬民之情而教之和 2.1/21/6
以禮○禁而救之 2.24/25/25
以○止水 2.53/30/1
以中禮○之 3.1/37/7
以和樂○之 3.1/37/7
喪祝掌大喪勸○之事 3.51/46/3
執法以涖勸○ 3.57/46/29
○必因地埶 6.28/85/4
善○者水淫之 6.28/85/4
凡爲○ 6.28/85/4
大○外綱 6.28/85/5
凡溝○ 6.28/85/5
維體○之 6.30/86/16

瓬 fǎng　　3

陶（瓬）〔○〕 6.0/78/9
○人爲簋 6.25/83/17
凡陶○之事 6.25/83/17

訪 fǎng　　2

○序事 3.60/47/11

受納○以詔王聽治　　3.61/47/15

旗 fǎng　　1

陶（○）〔旗〕　　6.0/78/9

放 fàng　　3

凡君子之食恒○焉　　1.17/9/19
各○其器之色　　3.1/37/7
○弑其君則殘之　　4.1/53/11

非 fēi　　6

○無鐸也　　6.0/77/28
○無函也　　6.0/77/29
○無廬也　　6.0/77/29
○無弓車也　　6.0/77/30
○弓之利也　　6.30/86/10
○弓之利〔也〕　　6.30/86/11

匪 fěi　　6

八曰○頒之式　　1.1/5/26
家削之賦以待○頒　　1.34/11/30
以待國之○頒、賙賜、
　稍食　　2.71/31/22
共設○壅之禮　　3.3/38/5
且其○色　　6.26/83/29
其○色必似不鳴矣　　6.26/84/1

沸 fèi　　1

則以火爨鼎水而○之　　4.17/56/4

肺 fèi　　3

以○石（遠）〔達〕窮
　民　　5.1/67/9
立於○石　　5.1/67/10
右○石　　5.9/69/12

廢 fèi　　12

三曰○置　　1.1/5/15
七曰○　　1.1/5/19
而詔王○置　　1.1/6/12

以詔王及冢宰○置　　1.38/12/19
以辨其貴賤、老幼、
　（○）〔癈〕疾　　2.2/21/15
以詔○置　　2.3/22/10,2.23/25/23
以贊鄉大夫○興　　2.5/22/30
則以攷群吏而以詔○置
　　2.18/24/29
而誅賞○興之　　2.42/28/26
三曰○　　3.61/47/13
則必如將○措　　6.26/83/30

癈 fèi　　4

以辨其貴賤、老幼、
　（廢）〔○〕疾　　2.2/21/15
辨其老幼、貴賤、○疾
　、馬牛之物　　2.3/22/1
辨其貴賤、老幼、○疾
　可任者　　2.7/23/8
辨其老幼○疾與其施舍
　者　　2.40/28/11

分 fēn　　90

設官○職　　1.0/1/3
　　2.0/15/23,3.0/32/17
　　4.0/49/1,5.0/63/5
則使醫○而治之　　1.16/9/13
○而治之　　1.18/9/24
○其人民以居之　　1.45/13/15
乃○地職　　2.1/20/22
乃○地域而辨其守　　2.2/21/24
以次敘○地而經市　　2.27/26/9
以○職事　　2.43/28/28
○其財守　　2.72/31/27
乃○樂而序之　　3.21/41/14
○禱五祀　　3.50/45/30
皆有○星　　3.60/47/9
施貢○職以任邦國　　4.1/53/8
旗居卒間以○地　　4.1/54/3
以○國爲九州　　4.8/55/1
○其財用　　4.12/55/16
○以日夜　　4.17/56/4
○公馬而駕治之　　4.50/60/11
以星○夜　　5.34/72/10
是故六○其輪崇　　6.1/78/25
參○其牙圍而漆其二　　6.1/78/26

五○其轂之長　　6.1/78/27
參○其轂長　　6.1/78/29
參○其輻之長而殺其一　　6.1/79/1
參○其股圍　　6.1/79/1,6.1/79/12
綆參○寸之二　　6.1/79/3
十○寸之一謂之枚　　6.1/79/9
參○弓長而揉其一　　6.1/79/11
參○弓長　　6.1/79/12
參○車廣　　6.2/79/16
參○其隧　　6.2/79/16
六○其廣　　6.2/79/17
參○其軫圍　　6.2/79/18
參○式圍　　6.2/79/18
參○較圍　　6.2/79/18
參○軹圍　　6.2/79/19
十○其軸之長　　6.3/79/25
　　6.3/79/27
五○其長　　6.3/79/26
　　6.27/84/13,6.29/85/13
五○其軹間　　6.3/79/26
參○其兔圍　　6.3/79/27
五○其頸圍　　6.3/79/27
六○其金而錫居一　　6.3/80/8
五○其金而錫居一　　6.3/80/8
四○其金而錫居一　　6.3/80/9
參○其金而錫居一　　6.3/80/9
五○其金而錫居二　　6.3/80/9
參○其臄廣　　6.6/80/19
十○其銑　　6.7/80/25
去二○以爲之鼓間　　6.7/80/25
去二○以爲舞廣　　6.7/80/26
參○其圍　　6.7/80/26,6.27/84/13
參○其甬長　　6.7/80/27
是故大鍾十○其鼓間　　6.7/80/29
小鍾十○其鉦間　　6.7/80/29
六○其厚　　6.7/80/30
參○其股博　　6.22/83/3
參○其鼓博　　6.22/83/4
鍭矢參○　　6.23/83/6
茀矢參○　　6.23/83/6
兵矢、田矢五○　　6.23/83/6
殺矢七○　　6.23/83/7
參○其長而殺其一　　6.23/83/7
五○其長而羽其一　　6.23/83/7
參○其羽以設其刃　　6.23/83/8
參○其廣而鵠居一焉　　6.26/84/3
五○其晉圍　　6.27/84/14

糞 fèn	2
凡〇種	2.52/29/29
隸僕掌五寢之埽除〇洒	
之事	4.34/58/15

封 fēng	34
〇人	2.0/16/4
制其畿疆而溝〇之	2.1/20/3
制其畿方千里而〇樹之	2.1/20/18
〇疆方五百里	2.1/20/19
〇疆方四百里	2.1/20/19
〇疆方三百里	2.1/20/20
〇疆方二百里	2.1/20/20
〇疆方百里	2.1/20/21
制其地域而〇溝之	2.1/20/21
正其畿疆之〇	2.2/21/26
〇人掌詔王之社壝	2.10/23/21
爲畿〇而樹之	2.10/23/21
凡〇國	2.10/23/21
〇其四疆	2.10/23/21
造都邑之〇域者亦如之	
	2.10/23/21
大〇之禮	3.1/36/30
王大〇	3.1/37/12
〇于大神	3.3/38/7
凡大朝覲、大享射、凡	
〇國、命諸侯	3.8/39/1
〇國則以土地	3.10/39/17
及其出〇	3.11/39/25
以爵等爲丘〇之度與其	
樹數	3.18/40/30
卜大〇	3.41/44/14
所〇〇域	3.60/47/9
同姓以〇	3.64/47/26
異姓以〇	3.64/47/26
以〇四衛	3.64/47/27
以〇蕃國	3.64/47/27
制畿〇國以正邦國	4.1/53/7
〇公以方五百里	4.58/61/27
而正其〇疆	4.63/62/15
之可以〇邑者	4.66/62/22
凡〇國若家	5.22/71/5

風 fēng	6
多〇	2.1/20/16
〇雨之所會也	2.1/20/17
曰〇	3.25/42/20
寧〇旱	3.50/45/28
以十有二〇	3.60/47/10
則雖有疾〇	6.23/83/9

豐 fēng	12
其民〇肉而庳	2.1/20/7
〇年則公旬用三日焉	2.20/25/8
以治年之凶〇	2.71/31/23
順〇年	3.50/45/28
辨吉凶、水旱降〇荒之	
祲象	3.60/47/10
欲其〇也	6.10/81/12
舉之而〇	6.10/81/14
羽〇則遲	6.23/83/10
以眡其〇殺之節也	6.23/83/10
角欲青白而〇末	6.30/85/25
〇末也者	6.30/85/28
〇肉而短	6.30/86/22

飆 fēng	1
以槱燎祀司中、司命、	
〇師、雨師	3.1/36/24

豔 fēng	1
其實〇、蕡、白、黑、	
形鹽、膴、鮑魚、鱐	
	1.25/10/24

馮 féng	3
〇相氏	3.0/35/29
〇相氏掌十有二歲、十	
有二月、十有二辰、	
十日、二十有八星之	
位	3.59/47/5
〇弱犯寡則眚之	4.1/53/10

縫 féng	6
〇人	1.0/4/31
〇人掌王宮之〇線之事	1.59/15/8
以〇王及后之衣服	1.59/15/8
〇棺飾焉	1.59/15/8
掌凡內之〇事	1.59/15/9

諷 fěng	2
以樂語教國子興、道、	
〇、誦、言、語	3.21/41/11
〇誦詩	3.27/42/29

奉 fèng	33
則〇膳贊祭	1.6/8/5
皆使其士〇之	1.21/10/9
酒正〇之	1.21/10/9
祭祀則共〇之	1.22/10/14
共賓客之禮酒、飲酒而	
〇之	1.22/10/14
而〇之	1.23/10/18
共其所受之物而〇之	1.36/12/9
〇牛牲	2.1/21/8,2.2/21/24
共〇之	2.13/24/5
〇玉齍	3.1/37/9
使共〇之	3.2/37/18
使六宮之人共〇之	3.2/37/18
則〇玉帛以詔號	3.2/37/20
〇主車	3.2/37/23
則〇之	3.9/39/10
共其玉器而〇之	3.10/39/19
則共〇之	3.10/39/20
共其衣服而〇之	3.12/40/8
〇而藏之	3.32/43/17,3.33/43/20
	3.36/43/27,3.40/44/7
則〇龜以往	3.43/44/23
則厭而〇主車	4.1/54/9
〇詔馬牲	4.1/54/11
則〇書以使於四方	4.26/57/18
〇犬牲	5.1/67/14,5.2/67/26
〇其明水火	5.1/67/15
則〇犬牲	5.3/68/9
〇而適朝	5.19/70/25
〇而適甸師氏	5.19/70/26

否 fǒu	3
以知足〇	2.71/31/22
則計其占之中〇	3.45/44/30
其外〇	4.7/54/28

夫 fū	207
中大〇二人	1.0/1/8
	1.0/3/19,2.0/15/28
	2.0/17/25,3.0/32/22
	3.0/33/27,4.0/49/6
	4.0/51/15,4.0/51/21
	4.0/51/23,4.0/52/1
	5.0/63/10,5.0/66/11
宰〇	1.0/1/8
下大〇四人	1.0/1/8,1.0/3/19
	2.0/15/28,2.0/17/25
	3.0/32/22,3.0/33/15
	3.0/33/27,4.0/49/6
	5.0/63/10,5.0/66/11
膳〇	1.0/1/15
下大〇二人	1.0/3/9
	1.0/4/3,2.0/17/5,2.0/17/17
	2.0/19/17,3.0/33/21
	3.0/33/23,3.0/34/1
	3.0/34/28,3.0/35/13
	3.0/35/26,3.0/36/1
	3.0/36/8,4.0/50/5
	4.0/50/15,4.0/50/17
	4.0/50/21,4.0/50/29
	4.0/51/3,4.0/51/9
	4.0/51/17,4.0/51/25
宰〇之職	1.3/7/9
以正王及三公、六卿、	
大〇、群吏之位	1.3/7/9
凡諸大〇之喪	1.3/7/18
膳〇掌王之食飲膳羞	1.6/8/1
膳〇授祭	1.6/8/3
共〇人致飲于賓客之禮	
	1.23/10/17
三公及卿大〇之喪	1.32/11/20
孤卿大〇不重	1.33/11/25
以知田野〇家六畜之數	
	1.39/12/24
卿大〇則共臡侯	1.43/13/8
有好令於卿大〇	1.46/13/27

凡外內命〇命婦出入	1.47/13/30
掌弔臨于卿大〇之喪	1.51/14/14
從世婦而弔于卿大〇之	
喪	1.52/14/17
辨外內命〇命婦之命屨	
、功屨、散屨	1.62/15/16
鄉大〇	2.0/16/1
每州中大〇一人	2.0/16/1
每黨下大〇一人	2.0/16/1
中大〇一人	2.0/16/26,3.0/36/1
下大〇一人	2.0/16/28
遂大〇	2.0/17/28
每遂中大〇一人	2.0/17/28
每縣下大〇一人	2.0/17/28
以稽國中及四郊都鄙之	
〇家（九比）〔人民〕	
之數	2.2/21/14
乃頒比法于六鄉之大〇	2.2/21/16
九〇為井	2.2/21/23,6.28/84/30
攷〇屋及其眾寡、六畜	
、兵、器	2.2/21/29
以時稽其〇家眾寡	2.3/22/1
鄉大〇之職	2.4/22/13
以歲時登其〇家之眾寡	2.4/22/14
鄉老及鄉大〇帥其吏與	
其眾寡	2.4/22/19
鄉老及鄉大〇、群吏獻	
賢能之書于王	2.4/22/19
以贊鄉大〇廢興	2.5/22/30
登其族之〇家眾寡	2.7/23/8
出〇家之征	2.16/24/19
凡無職者出〇布	2.17/24/25
而辨其〇家、人民、田	
萊之數	2.18/24/28
司男女之無〇家者而會	
之	2.26/26/6
販〇販婦為主	2.27/26/12
〇人過市罰一幕	2.27/26/19
命〇過市罰一蓋	2.27/26/19
〇一廛	2.40/28/7
	2.40/28/8,2.40/28/8
餘〇亦如之	2.40/28/8
	2.40/28/8,2.40/28/9
〇間有遂	2.40/28/9
十〇有溝	2.40/28/9
百〇有洫	2.40/28/10
千〇有澮	2.40/28/10

萬（大）〔〇〕有川	2.40/28/10
以歲時登其〇家之眾寡	
及其六畜車輦	2.40/28/11
以時登其〇家之眾寡、	
六畜、車輦	2.41/28/17
遂大〇各掌其遂之政令	
	2.42/28/23
以歲時稽其〇家之眾寡	
、六畜、田野	2.42/28/23
以時校登其〇家	2.45/29/4
墓大〇	3.0/33/23
大〇執贊	3.1/37/5
賜卿大〇士爵	3.2/37/22
凡卿大〇之喪	3.3/38/10
	3.16/40/22,3.51/46/5
其大〇四命	3.11/39/25
其大〇再命	3.11/39/27
侯伯之卿大〇士亦如之	
	3.11/39/28
其大〇（一）〔壹〕命	
	3.11/39/28
為大〇士疑衰	3.12/40/4
卿大〇之服	3.12/40/6
自皮弁而下如大〇之服	3.12/40/7
卿大〇士居後	3.18/40/29
墓大〇掌凡邦墓之地域	3.19/41/3
職喪掌諸侯之喪及卿大	
〇士凡有爵者之喪	3.20/41/6
大〇以《采蘋》為節	3.22/42/5
帥射〇以弓矢舞	3.22/42/8
卿大〇判縣	3.24/42/16
卿大〇奏《采蘋》	3.31/43/12
大〇占色	3.45/44/30
卿大〇之喪	3.58/47/3
凡命諸侯及孤卿大〇	3.61/47/15
大〇乘墨車	3.64/48/1
大〇士建物	3.67/48/14
師帥皆中大〇	4.0/49/9
旅帥皆下大〇	4.0/49/9
狂〇四人	4.0/50/27
馭〇	4.0/51/31
中大〇四人	4.0/52/13
下大〇八人	4.0/52/13
平士大〇	4.1/54/11
射人掌國之三公、孤、	
卿、大〇之位	4.18/56/7
卿、大〇西面	4.18/56/7

大○〔執〕鷹	4.18/56/8
孤卿大○以三耦射一侯	4.18/56/11
相孤卿大○之法儀	4.18/56/14
作大○介	4.18/56/14
則作卿大○從	4.18/56/15
戒大史及大○介	4.18/56/15
作卿大○掌事	4.18/56/15
周知邦國都家縣鄙之（數）卿大○士庶子之數	4.23/56/28
卿大○西面北上	4.23/56/31
大○以其等旅揖	4.23/56/32
則從士大○	4.26/57/17
掌士大○之弔勞	4.31/58/6
諸侯及孤卿大○之冕、韋弁、皮弁、弁絰、各以其等爲之	4.35/58/20
大○合五而成規	4.39/59/6
大○馳	4.49/60/9
馭○（嘗）〔掌〕馭貳車、從車、使車	4.50/60/11
繁一馭○	4.51/60/15
廄一僕○	4.51/60/15
八趣馬一馭○	4.51/60/16
獻馬講馭○	4.51/60/18
等馭○之祿、宮中之稍食	4.51/60/21
以聽馭○	4.52/60/23
行○	5.0/66/11
朝大○	5.0/66/28
凡卿大○之獄訟	5.1/67/13
凡命○命婦	5.2/67/21
若大○有邦事	5.6/68/29
孤卿大○位焉	5.9/69/11
司烜氏掌以○遂取明火於日	5.35/72/12
誓大○曰敢不關	5.36/72/17
及其大○士皆如之	5.52/74/10
及大○郊勞	5.54/75/14
君問大○	5.54/75/18
行○掌邦國傳遽之小事、媺惡而無禮者	5.55/75/25
次事大○	5.57/76/3
大○眡子男之禮	5.58/76/7
庶子壹眡其大○之禮	5.58/76/7
○人致禮	5.58/76/14

	5.58/76/19,5.58/76/24
凡諸侯之卿、大○、士爲國客	5.58/76/25
卿有大○訝	5.59/77/2
大○有士訝	5.59/77/2
朝大○掌都家之國治	5.63/77/12
則令其朝大○	5.63/77/12
必因其朝大○	5.63/77/13
則誅其朝大○	5.63/77/14
謂之士大○	6.0/77/26
謂之農○	6.0/77/27
○人而能爲鎛也	6.0/77/28
○人而能爲函也	6.0/77/29
○人而能爲廬也	6.0/77/29
○人而能爲弓車也	6.0/77/30
今○大車之轅摯	6.3/79/28
諸侯以享○人	6.19/82/28
大○純五	6.19/82/28
○人以勞諸侯	6.19/82/28
市朝一○	6.28/84/21
○角之（末）〔本〕	6.30/85/25
○角之中	6.30/85/26
○角之末	6.30/85/27
○目也者必強	6.30/86/5
○筋之所由惰	6.30/86/6
○懷膠於內而摩其角	6.30/86/8
○角之所由挫	6.30/86/8
今○菱解中有變焉	6.30/86/10
大○之弓	6.30/86/20

柎 fū　　　　4

於梃臂中有○焉	6.30/86/10
方其峻而高其○	6.30/86/14
下○之弓	6.30/86/15
爲○而發	6.30/86/15

弗 fú　　　　15

○辟	2.25/25/31
司馬○正	4.24/57/9
凡國正○及	4.24/57/9
○用則更	4.39/59/9
凡遠近惸獨老幼之欲有復於上而其長○達者	5.1/67/9
○使冠飾而加明刑焉	5.18/70/20
若○酌則以幣致之	5.58/76/13

唯大事○因	5.63/77/13
而○能爲良	6.0/78/3
亦○之濂也	6.1/79/1
良蓋○冒絃	6.1/79/14
亦○之能憚矣	6.23/83/9
○能用也而無已	6.27/84/9
亦○可以爲良矣	6.30/86/14

伏 fú　　　　3

○、瘞亦如之	5.17/70/17
不○其轅	6.3/79/29
自○兔不至（軌）〔軏〕七寸	6.3/80/3

服 fú　　　　141

內司○	1.0/4/29
四曰羞○之式	1.1/5/26
七曰貢○	1.1/5/28
以○邦國	1.2/6/25
關市之賦以待王之膳○	1.34/11/29
共王之○玉、佩玉、珠玉	1.35/12/3
掌王之燕衣○、衽、席、床、第	1.35/12/4
共王及后、世子之衣○之用	1.37/12/12
唯王及后之○不會	1.37/12/14
以共王祀天之○	1.43/13/7
正其○	1.45/13/16,4.46/59/31
正后之○位而詔其禮樂之儀	1.45/13/17
正其○位	1.45/13/19,1.46/13/25
以爲祭○	1.45/13/20
喪○、凶器不入宮	1.47/13/29
潛○、賊器不入宮	1.47/13/29
奇○、怪民不入宮	1.47/13/29
頒衣○	1.57/15/2
內司○掌王后之六○	1.58/15/4
辨外內命婦之○	1.58/15/4
共后之衣○	1.58/15/5
共其衣○	1.58/15/6,1.58/15/6
以縫王及后之衣○	1.59/15/8
追師掌王后之首○	1.61/15/13
爲九嬪及外內命婦之首	

○	1.61/15/13	孤之○	3.12/40/6		4.58/61/26
屨人掌王及后之○屨	1.62/15/16	自希冕而下如子男之○	3.12/40/6	又其外方五百里曰夷○	
以宜○之	1.62/15/17	卿大夫之○	3.12/40/6		4.58/61/26
夏采掌大喪以冕○復于		自玄冕而下如孤之○	3.12/40/6	又其外方五百里曰鎮○	
大祖	1.63/15/19	其凶○加以大功小功	3.12/40/7		4.58/61/27
六曰同衣○	2.1/20/27	士之○	3.12/40/7	又其外方五百里曰藩○	
十有二曰○事	2.1/21/2	自皮弁而下如大夫之○	3.12/40/7		4.58/61/27
凡萬民之不○教而有獄		其凶○亦如之	3.12/40/7	以施上○下○之刑	5.2/67/25
訟者與有地治者	2.1/21/7	其齊○有玄端素端	3.12/40/8	而施上○下○之罪	5.12/69/29
比共吉凶二○	2.3/22/10	共其衣○而奉之	3.12/40/8	其不信者○墨刑	5.13/70/2
國中貴者、賢者、能者		共其復衣○、斂衣○、		使之皆○其邦之○	5.21/71/3
、○公事者、老者、		奠衣○、廞衣○	3.12/40/8	貉隸掌役○不氏（而）	
疾者皆舍	2.4/22/15	其遺衣○藏焉	3.14/40/14	養獸而教擾之	5.26/71/16
各以其兵○守王之門外		則各以其○授尸	3.14/40/14	禁刑者、任人及凶○者	5.31/72/1
	2.21/25/15	則藏其隋與其○	3.14/40/15	縣其衣○任器于有地之	
以國○爲之息	2.36/27/18	小○皆疏	3.64/47/30	官	5.31/72/2
凡○粗	2.56/30/11	小○皆素	3.64/47/30	冕○九章	5.52/73/32
司○	3.0/33/9	○車五乘	3.64/47/31	冕○七章	5.52/74/3
再命受○	3.1/37/2	正都禮與其○	3.68/48/20	冕○五章	5.52/74/6
辨吉凶之五○、車旗、		掌家禮與其衣○、宮室		其外方五百里謂之侯○	
宮室之禁	3.2/37/16	、車旗之禁令	3.69/48/24		5.52/74/11
掌衣○、車旗、宮室之		○不氏	4.0/50/7	又其外方五百里謂之甸	
賞賜	3.2/37/19	節○氏	4.0/50/25	○	5.52/74/11
設其○飾	3.10/39/12	負固不○則侵之	4.1/53/10	又其外方五百里謂之男	
其國家、宮室、車旗、衣○、		○不氏掌養猛獸而教擾		○	5.52/74/12
禮儀	3.11/39/22	之	4.19/56/18	又其外方五百里謂之采	
	3.11/39/23,3.11/39/24	正群子之○位	4.24/57/10	○	5.52/74/12
其國家、宮室、車旗、		則○而趨	4.27/57/21	其貢○物	5.52/74/13
衣○、禮儀亦如之	3.11/39/25	節○氏掌祭祀朝覲袞冕		又其外方五百里謂之衛	
其宮室、車旗、衣○、禮儀			4.28/57/23	○	5.52/74/13
	3.11/39/27,3.11/39/29	其○亦如之	4.28/57/23	又其外方五百里謂之要	
司○掌王之吉凶衣○	3.12/39/31	（太）〔大〕僕掌正王		○	5.52/74/13
王之吉○	3.12/39/31	之○位	4.30/57/29	上士○之	6.6/80/19,6.30/86/21
則○大裘而冕	3.12/39/31	正王之○位	4.30/57/31	中士○之	6.6/80/20,6.30/86/21
韋弁○	3.12/40/2	縣喪首○之法于宮門	4.30/58/1	下士○之	6.6/80/21,6.30/86/21
則皮弁○	3.12/40/2	正王之燕○位	4.31/58/4	天子○之	6.19/82/20
冠弁○	3.12/40/3	乃辨九○之邦國	4.58/61/24	牝○二柯有參分柯之二	
○弁○	3.12/40/3	其外方五百里曰侯○	4.58/61/25		6.29/85/17
弁絰○	3.12/40/3	又其外方五百里曰甸○			
其首○皆弁絰	3.12/40/4		4.58/61/25	**帗 fú**	**3**
素○	3.12/40/5	又其外方五百里曰男○			
公之○	3.12/40/5		4.58/61/25	鼓兵舞○舞者	2.11/23/28
自袞冕而下如王之○	3.12/40/5	又其外方五百里曰采○		教○舞	2.12/23/31
侯伯之○	3.12/40/5		4.58/61/25	有○舞	3.22/42/3
自鷩冕而下如公之○	3.12/40/5	又其外方五百里曰衛○			
子男之○	3.12/40/5		4.58/61/26		
自毳冕而下如侯伯之○	3.12/40/6	又其外方五百里曰蠻○			

茀 fú　　　2	充籠○矢　　　4.39/59/8	1.0/4/27,1.0/5/1,2.0/16/4
	繕人掌王之用弓、弩、	2.0/16/6,2.0/16/12
矰矢、○矢用諸弋射　4.39/59/5	矢、○、矰、弋、抉	2.0/16/16,2.0/16/20
○矢參分　　　6.23/83/6	、拾　　　4.40/59/11	2.0/16/22,2.0/16/24
	充其籠○　　　4.40/59/12	2.0/16/26,2.0/16/28
祓 fú　　　1	○亦如之　　　4.41/59/15	2.0/17/8,2.0/17/10
		2.0/17/17,2.0/17/20
女巫掌歲時○除、釁浴	**輻 fú**　　　14	2.0/17/23,2.0/17/31
3.56/46/20		2.0/18/3,2.0/18/5,2.0/18/9
	○也者　　　6.1/78/19	2.0/18/15,2.0/18/24
符 fú　　　2	望其○　　　6.1/78/21	2.0/18/29,2.0/19/13
	以置其○　　　6.1/78/29	2.0/19/20,2.0/19/22
門關用○節　　　2.39/27/30	凡○　　　6.1/78/29	2.0/19/24,3.0/32/25
5.53/74/25	量其鑿深以爲○廣　6.1/78/29	3.0/33/1,3.0/33/5,3.0/33/7
	○廣而鑿淺　　　6.1/78/29	3.0/33/9,3.0/33/11
楅 fú　　　1	鑿深而○小　　　6.1/78/30	3.0/33/21,3.0/33/23
	故竑其○廣以爲之弱　6.1/78/30	3.0/33/25,3.0/33/30
設其○衡　　　2.10/23/22	參分其○之長而殺其一　6.1/79/1	3.0/34/8,3.0/34/10
	揉○必齊　　　6.1/79/2	3.0/34/12,3.0/34/16
尳 fú　　　3	縣之以眡其○之直也　6.1/79/6	3.0/34/18,3.0/34/26
	輪○三十　　　6.3/80/4	3.0/34/28,3.0/35/1
築、冶、○、臬、（段）	○長一柯有半　　　6.29/85/13	3.0/35/13,3.0/35/16
〔段〕、桃　　　6.0/78/7	其○一柯　　　6.29/85/16	3.0/35/24,3.0/35/29
○氏爲聲　　　6.3/80/7		3.0/35/31,3.0/36/11
○氏爲鍾　　　6.7/80/23	**黻 fú**　　　1	3.0/36/13,3.0/36/15
		3.0/36/17,4.0/49/13
綍 fú　　　1	黑與青謂之○　　　6.15/82/3	4.0/49/25,4.0/50/5
		4.0/50/15,4.0/50/17
帥而屬六○　　　2.40/28/14	**甫 fǔ**　　　2	4.0/50/21,4.0/50/29
		4.0/51/5,4.0/51/13
福 fú　　　10	○竂　　　3.2/37/26	4.0/52/16,4.0/52/26
	請度○竂　　　3.18/40/30	4.0/52/28,4.0/53/3
以馭其○　　　1.1/5/18		5.0/64/1,5.0/64/25
凡祭祀之致○者　　　1.6/8/6	**府 fǔ**　　　250	5.0/66/20,5.0/66/22
祈○祥　　　3.49/45/14		5.0/66/32
以祈○祥　　　3.50/45/28	○六人　　　1.0/1/9	○一人　1.0/1/13,1.0/1/24
致○于國　　　3.68/48/20	2.0/15/29,3.0/32/23	1.0/1/26,1.0/3/15,1.0/3/17
致○　　　3.69/48/23	4.0/49/7,5.0/63/11	1.0/5/3,1.0/5/5,2.0/16/10
凡祭祀致○者　　　4.32/58/10	5.0/63/13,5.0/64/9	2.0/17/18,2.0/17/20
歸脤以交諸侯之○　5.52/73/30	○二人　　　1.0/1/11	2.0/18/31,2.0/19/1
若國有○事　　　5.53/74/29	1.0/1/15,1.0/1/18,1.0/1/20	2.0/19/3,2.0/19/5,2.0/19/9
詒女曾孫諸侯百○　6.26/84/6	1.0/1/22,1.0/1/28,1.0/1/30	2.0/19/11,2.0/19/15
	1.0/2/1,1.0/2/3,1.0/2/5	3.0/32/27,3.0/34/4
簠 fú　　　6	1.0/2/15,1.0/2/21,1.0/3/1	3.0/34/14,3.0/34/20
	1.0/3/3,1.0/3/5,1.0/3/12	3.0/34/22,3.0/35/5
中秋獻矢○　　　4.39/59/1	1.0/3/22,1.0/3/28,1.0/3/30	3.0/35/7,3.0/35/18
其矢○皆從其弓　4.39/59/3	1.0/4/1,1.0/4/23,1.0/4/25	3.0/35/20,3.0/35/22

	4.0/49/15,4.0/49/17	以時比宮中之官〇次舍		天〇	3.0/33/3
	4.0/50/32,4.0/51/7	之衆寡	1.4/7/22	女〇二人	3.0/33/15
	4.0/51/11,4.0/52/5	令于王宮之官〇次舍	1.4/7/25	天〇掌祖廟之守藏與其	
	5.0/63/25,5.0/63/27	皮毛筋角入于玉〇	1.12/9/1	禁令	3.9/39/7
	5.0/63/29,5.0/63/31	入于玉〇 1.13/9/5,2.29/26/27		凡官〇鄉州及都鄙之治	
	5.0/64/5,5.0/66/18	共酒而入于酒〇	1.22/10/15	中	3.9/39/8
	5.0/66/28,5.0/66/30	入于酒〇	1.23/10/17	掌法以逆官〇之治	3.57/46/23
〇四人	1.0/3/7,1.0/3/9	大〇掌九貢、九賦、九		頒之于官〇及都鄙	3.57/46/25
	1.0/3/19,1.0/3/24,1.0/3/26	功之貳	1.34/11/28	官〇各象其事	3.67/48/15
	1.0/4/3,2.0/17/5,2.0/17/15	頒其貨于受藏之〇	1.34/11/28	一軍則二〇	4.0/49/10
	2.0/17/26,3.0/32/31	頒其賄于受用之〇	1.34/11/28	〇三人	5.0/63/21
	3.0/33/3,3.0/33/27	凡官〇都鄙之吏及執事			5.0/63/23,5.0/64/7
	3.0/34/2,3.0/34/6	者	1.34/11/29	〇五人	5.0/64/13
	3.0/34/24,3.0/35/26	凡萬民之貢以充〇庫	1.34/11/32	而登之于天〇	5.1/67/12
	3.0/36/1,3.0/36/6,3.0/36/8	玉〇掌王之金玉、玩好		登中于天〇	5.2/67/29
	4.0/50/19,4.0/51/3	、兵、器	1.35/12/3	入其金錫于爲兵器之〇	
	4.0/51/9,4.0/52/1	內〇受九貢九賦九功			5.15/70/10
	4.0/52/13,4.0/52/18	之貨賄、良兵、良器 1.36/12/8		入其玉石丹青于守藏之	
	4.0/52/20,4.0/52/22	外〇掌邦布之入出	1.37/12/12	〇	5.15/70/10
	4.0/52/24,4.0/52/30	以逆邦國都鄙官〇之治		罪隸掌役百官〇與凡有	
	5.0/63/19,5.0/66/12		1.38/12/16	守者	5.22/71/5
大〇	1.0/3/9	掌國之官〇、郊野、縣			
玉〇	1.0/3/12	都之百物財用	1.38/12/18	**斧 fǔ**	3
內〇	1.0/3/15	以貳官〇都鄙之財入之			
外〇	1.0/3/17	數	1.40/12/28	執〇以涖匠師	2.3/22/6
以治官〇	1.1/5/9	以逆職歲與官〇財用之		執〇以涖	3.18/40/31
以教官〇	1.1/5/10	出	1.40/12/29	謂之〇斤之齊	6.3/80/8
以八法治官〇	1.1/5/12	以貳官〇都鄙之財出賜			
乃施法于官〇	1.1/6/5	之數	1.41/13/1	**拊 fǔ**	2
以法待官〇之治	1.1/6/7	凡官〇都鄙群吏之出財			
則令百官〇各正其治	1.1/6/12	用	1.41/13/1	令奏擊〇	3.25/42/21
以逆邦國、都鄙、官〇		職幣掌式法以斂官〇都		擊〇	3.26/42/25
之治	1.2/6/16	鄙與凡用邦財者之幣 1.42/13/4			
以官〇之六敘正群吏	1.2/6/17	頒之于內〇	1.55/14/25	**脯 fǔ**	12
以官〇之六屬舉邦治	1.2/6/18	泉〇	2.0/17/15		
以官〇之六職辨邦治	1.2/6/23	〇八人	2.0/19/17	設薦〇醢	1.6/8/5
以官〇之六聯合邦治	1.2/6/26		5.0/63/15,5.0/63/17	共其〇、脩、刑、膴	1.9/8/21
以官〇之八成經邦治	1.2/6/28	登于天〇	2.4/22/20	則掌共其獻、賜〇肉之	
以聽官〇之六計	1.2/6/30		5.2/67/26,5.10/69/22	事	1.9/8/23
令百官〇共其財用	1.2/7/2	以泉〇同貨而斂賒	2.27/26/11	凡田獸之〇臘膴胖之事	1.15/9/10
則以官〇之敘受群吏之要	1.2/7/4	而入于泉〇	2.29/26/26	共豆〇	1.15/9/10
令于百官〇曰	1.2/7/6	斂而入于膳〇	2.29/26/27	薦〇、膴、胖	1.15/9/10
掌百官〇之徵令	1.3/7/10	泉〇掌以市之征布斂市		共其〇臘	1.15/9/11
五曰〇	1.3/7/12	之不售貨之滯於民用		（薐）〔薐〕、芡、臭、〇	
掌治法以考百官〇、群		者	2.36/27/16		1.25/10/25,1.25/10/25
都縣鄙之治	1.3/7/13	入野職、野賦于玉〇	2.41/28/19	制其從獻〇燔之數量	4.8/55/3
贊小宰比官〇之具	1.3/7/15	以時入之于玉〇	2.59/30/22	則爲司盟共祈酒〇	5.14/70/6

以酒○醴	6.26/84/5

輔 fǔ 8

置其○	1.1/6/5,1.1/6/5,1.1/6/6
以旌節○令	2.4/22/24
以○王命	2.39/27/29
以英蕩○之	2.39/27/30
以傳○之	2.39/27/31
以衆○志而弊謀	5.2/67/20

撫 fǔ 1

王之所以○邦國諸侯者	
	5.52/74/15

䵇 fǔ 9

人四○	2.71/31/23
人三○	2.71/31/23
人二○	2.71/31/23
若食不能人二○	2.71/31/24
量之以爲○	6.8/81/1
其實一○	6.8/81/2
實二○	6.24/83/14
	6.24/83/14,6.24/83/14

簠 fǔ 5

共○簋	2.72/31/27
共其○簋之實	2.77/32/11
○十	5.58/76/9
○八	5.58/76/15
○六	5.58/76/21

黼 fǔ 7

皆○	1.29/11/11
共○畫組就之物	1.56/14/29
王位設○依	3.8/39/2
加次席○純	3.8/39/2
其柏席用萑○純	3.8/39/5
璜以○	5.53/74/27
白與黑謂之○	6.15/82/3

父 fù 6

再命齒于○族	2.6/23/3
以親○母	2.21/25/12
○之讎辟諸海外	2.25/25/30
從○兄弟之讎不同國	2.25/25/30
君之讎眡	2.25/25/30
主友之讎眡從○兄弟	2.25/25/31

付 fù 1

○、練、祥	3.49/45/23

附 fù 7

其○于刑者	2.1/21/7
	2.26/26/7,2.27/26/18
○于刑	5.2/67/20
○刑罰	5.2/67/23
是故塗不○	6.1/79/4
繼者如○焉	6.2/79/20

阜 fù 10

○通貨賄	1.1/5/22
以○人民	2.1/20/13
然則百物○安	2.1/20/17
四曰○蕃	2.1/21/1
牧人掌牧六牲而○蕃其物	2.13/24/3
以商賈○貨而行布	2.27/26/10
利者使○	2.27/26/16
掌畜掌養鳥而○蕃教擾之	4.22/56/26
以○馬、佚特、教駣、攻駒及祭馬祖、祭閑之先牧及執駒、散馬耳、圉馬	4.55/61/1
閻隸掌役〔掌〕畜養鳥而○蕃教擾之	5.24/71/10

負 fù 4

○固不服則侵之	4.1/53/10
犉必○幹	6.1/78/28
淺則○	6.3/79/31
欲宛而無○弦	6.30/86/16

婦 fù 36

世○	1.0/4/15,3.0/33/15
典○功	1.0/4/23
七日嬪○	1.1/5/22
以役世○	1.22/10/14
以○職之法教九御	1.45/13/16
佐后使治外內命○	1.45/13/18
詔后帥外內命○始薦于北郊	1.45/13/20
凡外內命夫命○出入	1.47/13/30
佐世○治禮事	1.48/14/4
九嬪掌○學之法	1.50/14/10
以教九御○德、○言、○容、○功	1.50/14/10
世○掌祭祀、賓客、喪紀之事	1.51/14/13
贊世○	1.52/14/16
從世○而弔于卿大夫之喪	1.52/14/17
典○功掌○式之法	1.55/14/24
以授嬪○及內人女功之事齎	1.55/14/24
凡授嬪○功	1.55/14/24
辨外內命○之服	1.58/15/4
及九嬪世○凡命○	1.58/15/5
爲九嬪及外內命○之首服	1.61/15/13
辨外內命夫命○之命屨、功屨、散屨	1.62/15/16
販夫販○爲主	2.27/26/12
命○過市罰一帷	2.27/26/19
令外內命○序哭	3.3/38/6
世○掌女宮之宿戒	3.15/40/17
比外內命○之朝莫哭	3.15/40/18
凡王后有操事於○人	3.15/40/18
世○掌之	3.15/40/19
凡命夫命○	5.2/67/21
謂之○功	6.0/77/27

副 fù 1

爲○、編、次	1.61/15/13

富 fù 5

以○邦國	1.1/5/12,1.2/6/26

以馭其〇	1.1/5/17	六曰邦都之〇	1.1/5/24	**覆 fù**	6
以〇得民	1.1/6/3	七曰關市之〇	1.1/5/24		
六曰安〇	2.1/20/26	八曰山澤之〇	1.1/5/25	碧蔟氏掌〇夭鳥之巢	5.44/73/7
		九曰弊餘之〇	1.1/5/25	其〇車也必易	6.3/79/28
復 fù	12	執邦之九貢、九〇、九		車不反〇	6.27/84/16
		式之貳	1.2/6/16	〇之而角至	6.30/86/27
諸臣之〇	1.3/7/10	大府掌九貢、九〇、九		〇之而幹至	6.30/86/28
共含玉、〇衣裳、角枕		功之貳	1.34/11/28	〇之而筋至	6.30/86/28
、角柶	1.35/12/4	關市之〇以待王之膳服			
夏采掌大喪以冕服〇于			1.34/11/29	**祴 gāi**	2
大祖	1.63/15/19	邦中之〇以待賓客	1.34/11/30		
以乘車建綏〇于四郊	1.63/15/19	四郊之〇以待稍秣	1.34/11/30	《王夏》、《肆夏》、	
共其〇衣服、斂衣服、		家削之〇以待匪頒	1.34/11/30	《昭夏》、《納夏》	
奠衣服、廞衣服	3.12/40/8	邦甸之〇以待工事	1.34/11/30	、《章夏》、《齊夏》	
掌諸侯之〇逆	4.30/57/29	邦縣之〇以待幣帛	1.34/11/31	、《族夏》、《〇夏》	
掌三公及孤卿之〇逆	4.31/58/4	邦都之〇以待祭祀	1.34/11/31	、《驁夏》	3.31/43/10
〇于小廟	4.32/58/9	山澤之〇以待喪紀	1.34/11/31	以教〇樂	3.32/43/16
御僕掌群吏之逆及庶民		幣餘之〇以待賜予	1.34/11/31		
之〇	4.33/58/12	凡邦之〇用	1.34/11/32	**改 gǎi**	5
〇于小寢、大寢	4.34/58/16	內府掌受九貢九〇九功			
凡遠近惸獨老幼之欲有		之貨賄、良兵、良器	1.36/12/8	其能〇（過）〔者〕	5.1/67/4
〇於上而其長弗達者	5.1/67/9	以九〇之法令田野之財		其不能〇而出圜土者	5.1/67/5
入〇	5.59/76/32	用	1.38/12/17		5.18/70/21
		職內掌邦之〇入	1.40/12/28	能〇者	5.18/70/20
傅 fù	7	以逆邦國之〇用	1.40/12/28	〇煎金錫則不耗	6.8/81/1
		職歲掌邦之〇出	1.41/13/1		
〇其伍	1.1/6/4	以斂財〇	2.1/20/15	**蓋 gài**	12
四曰聽稱責以〇別	1.2/6/29	以令貢〇	2.2/21/19, 2.40/28/11		
正之以〇別、約劑	5.3/68/8	以任地事而令貢〇	2.2/21/23	命夫過市罰一〇	2.27/26/19
以其地〇	5.9/69/16	以時徵其〇	2.16/24/20	皆有容〇	3.64/47/28
重欲〇人	6.27/84/12		2.17/24/22	羽〇	3.64/47/29
〇人則密	6.27/84/13	以歲時徵野之〇貢	2.18/24/31	執〇從車	3.64/48/3
然後可以〇衆力	6.28/85/5	無財〇	2.20/25/9	王下則以〇從	4.44/59/25
		入野職、野〇于玉府	2.41/28/19	輪人爲〇	6.1/79/8
腹 fù	1	而徵斂其財〇	2.46/29/9	〇已崇則難爲門也	6.1/79/13
		委人掌斂野之〇	2.50/29/21	〇已（車）〔卑〕是蔽	
小體騫〇	6.26/83/25	以當邦〇之政令	2.62/30/32	目也	6.1/79/13
			2.63/31/3, 2.64/31/6	是故〇崇十尺	6.1/79/13
賦 fù	44	曰〇	3.25/42/20	良〇弗冒弗紘	6.1/79/14
		凡令〇	4.1/53/16	〇之圜也	6.3/80/4
五曰〇貢	1.1/5/16			〇弓二十有八	6.3/80/5
以九〇斂財賄	1.1/5/23	**賻 fù**	1		
一曰邦中之〇	1.1/5/23			**摡 gài**	1
二曰四郊之〇	1.1/5/23	則令〇補之	5.53/74/28		
三曰邦甸之〇	1.1/5/24			帥女宮而濯〇	1.51/14/13
四曰家削之〇	1.1/5/24				
五曰邦縣之〇	1.1/5/24				

概 gài	2	剛 gāng	1	鼛 gāo	1
凡祼事用○	3.5/38/18	駽○用牛	2.52/29/29	以○鼓鼓役事	2.11/23/26
○而不梲	6.8/81/3				

干 gān	3	綱 gāng	3	槔 gāo	2
司○	3.0/34/26	○惡馬	4.7/54/27	共其○牛	2.14/24/8
有○舞	3.22/42/3	上○與下○出舌尋	6.26/84/4	則令○檜之	5.53/74/29
司○掌舞器	3.40/44/6				

甘 gān	2	羔 gāo	6	櫜 gāo	8
調以滑○	1.17/9/18	春行○豚	1.7/8/11	（○）〔橐〕人	2.0/19/32
以○養肉	1.19/9/29	卿執○	3.1/37/5、4.18/56/8	女（○）〔橐〕	2.0/19/32
		飾○	4.10/55/9	共其水（○）〔橐〕	2.10/23/22
		以○	5.58/76/15、5.58/76/20	○人掌共外內朝冗食者	

敢 gǎn	3			之食	2.78/32/13
無○不敬戒	4.58/61/30	皋 gāo	4	○人	4.0/51/13
使無○反側	4.67/62/24	詔來瞽○舞	3.22/42/7	○人掌受財于職金	4.41/59/14
誓大夫曰○不關	5.36/72/17	令○舞	3.49/45/22	皆在○人	4.41/59/16
		韗人爲○陶	6.12/81/23	女子入于春○	5.16/70/15
		爲○鼓	6.12/81/24		

幹 gàn	19	高 gāo	6	槁 gǎo	3
荊之○	6.0/78/4	○聲硻	3.29/43/4	（橐）〔○〕人	2.0/19/32
幬必負○	6.1/78/28	則眂○作龜	3.41/44/14	女（橐）〔○〕	2.0/19/32
旋蟲謂之○	6.7/80/24	則眂○命龜	3.41/44/15	共其水（橐）〔○〕	2.10/23/22
○也者	6.30/85/20	眂○	3.42/44/18		
凡取○之道七	6.30/85/22	矢在侯○	4.20/56/22	告 gào	24
凡相○	6.30/85/23	方其峻而○其栒	6.30/86/14	以○而誅之	1.3/7/19
凡析○	6.30/85/23				5.28/71/22、5.29/71/24
居○之道	6.30/85/24	膏 gāo	7	而以○于上	1.3/7/20
多析○而春液角	6.30/86/2	膳○香	1.7/8/11	則○牷	2.15/24/13
多析○則易	6.30/86/3	膳○臊	1.7/8/11	則以○	2.37/27/23
析○必倫	6.30/86/4	膳○腥	1.7/8/12	則爲之○	2.38/27/27
故角三液而○再液	6.30/86/6	膳○羶	1.7/8/12	則先○后土	3.1/37/12
撟○欲孰於火而無嬴	6.30/86/11	其植物宜○物	2.1/20/5	○時于王	3.2/37/21
必因角○之濕以爲之柔		○者	6.26/83/20	○備于王	3.2/37/21
	6.30/86/13	脂者、○者以爲牲	6.26/83/20	○絜	3.3/38/3
維○强之	6.30/86/15			○備	3.3/38/4
角不勝○	6.30/86/17	纛 gāo	3	則○事畢	3.3/38/5
○不勝筋	6.30/86/17	犬褾尾○	3.64/47/29	凡國事爲期則○之時	3.6/38/22
角與○權	6.30/86/18	○之	6.10/81/12	則○備	3.22/42/6
覆之而○至	6.30/86/28	○之而約	6.10/81/13	先○后土	3.49/45/25
				頒○朔于邦國	3.57/46/25
				以矢行○	4.18/56/13
				以○於上	5.1/67/10

○于士 5.9/69/14
○刑于王 5.19/70/25
凡傷人見血而不以○者 5.28/71/22
○辟 5.54/75/12
以○其君長 5.63/77/12

誥 gào 2

三曰○ 3.49/45/16
二曰○ 5.3/68/3

戈 gē 17

司○盾 4.0/51/7
旅賁氏掌執○盾夾王車而趨 4.27/57/20
則衰葛執○盾 4.27/57/21
二人執○ 4.28/57/24
執○揚盾 4.29/57/26
以○擊四隅 4.29/57/27
司○盾掌○盾之物而頒之 4.38/58/29
授旅賁殳、故士○盾 4.38/58/29
授貳車○盾 4.38/58/30
建乘車之○盾 4.38/58/30
授旅賁及虎士○盾 4.38/58/30
○柲六尺有六寸 6.0/78/11
6.27/84/8
崇於○四尺 6.0/78/11
謂之○戟之齊 6.3/80/9
○廣二寸 6.5/80/14

割 gē 7

內饔掌王及后、世子膳羞之○亨煎和之事 1.8/8/14
掌○亨之事 1.8/8/17
外饔掌外祭祀之○亨 1.9/8/21
則掌其○亨之事 1.9/8/22
○羊牲 4.10/55/9
帥其屬而○牲 4.23/57/2
則是刀以○塗也 6.1/79/4

歌 gē 21

○舞牲及毛炮之豚 2.10/23/23
○大呂 3.21/41/15
○應鍾 3.21/41/15
○南呂 3.21/41/16
○函鍾 3.21/41/16
○小呂 3.21/41/17
○夾鍾 3.21/41/18
《九德》之○ 3.21/41/25
帥學士而○徹 3.22/42/7
教愷○ 3.22/42/8
帥瞽登○ 3.25/42/21
帥瞽而○射節 3.25/42/22
小師掌教鼓鼗、柷、敔、塤、簫、管、弦、○ 3.26/42/25
大祭祀登○ 3.26/42/25
○ 3.26/42/26
瞽矇掌播鼗、柷、敔、塤、簫、管、弦、○ 3.27/42/29
掌《九德》、《六詩》之○ 3.27/42/29
鞮鞻氏掌四夷之樂與其聲○ 3.38/44/1
則歙而○之 3.38/44/1
○哭而請 3.56/46/20
行○哭於國中之道者 5.50/73/24

革 gé 23

凡四方之幣獻之金玉、齒○、兵、器 1.36/12/8
冬斂○ 1.44/13/12
遂以式法頒皮○于百工 1.44/13/12
則以旗鼓兵○帥而至 2.45/29/5
金、石、土、○、絲、木、匏、竹 3.25/42/20
○路 3.64/47/26
○飾 3.64/47/30
共○車 3.66/48/9
廞○車 3.66/48/10
王弓、弧弓以授射甲○、椹質者 4.39/59/2
戎右掌戎車之兵○使 4.42/59/18
充○車 4.42/59/18
其利丹銀齒○ 4.58/61/13
禁徑踰者與以兵○趨行者與馳騁於國中者 5.37/72/20
則獻其皮、○、齒、須、備 5.38/72/23
以時獻其珍異皮○ 5.40/72/28
○色青白 6.1/78/28
然後制○ 6.10/81/10
凡察○之道 6.10/81/11
則○堅也 6.10/81/13
○欲其荼白而疾澣之 6.11/81/18
則○信也 6.11/81/21
利射○與質 6.30/86/25

葛 gé 5

○屨 1.62/15/16
掌○ 2.0/19/3
掌○掌以時徵絺綌之材于山農 2.64/31/6
凡○征 2.64/31/6
則衰○執戈盾 4.27/57/21

笴 gě 3

妢胡之○ 6.0/78/4
以其○厚爲之羽深 6.23/83/7
凡相○ 6.23/83/11

个 gè 6

上兩○ 6.26/84/3
下兩○半之 6.26/84/4
廟門容大扃七○ 6.28/84/25
闈門容小扃參○ 6.28/84/25
路門不容乘車之五○ 6.28/84/25
應門二徹參○ 6.28/84/25

各 gè 93

則令百官府○正其治 1.1/6/12
○脩乃職 1.2/7/6
則○書其所以 1.18/9/24
使○有屬以作（二）〔三〕事 1.45/13/16
○帥其屬而以時御敘于王所 1.50/14/10
則○以其物會之 1.56/14/30
1.57/15/2

○以其野之所宜木	2.1/20/3	○眠其命之數	3.11/39/28	○以其物火之	5.40/72/28
使之○以教其所治民	2.1/20/28		3.11/39/29	○以其物爲媒而掎之	5.41/72/30
○共爾職	2.1/21/11	則○以其服授尸	3.14/40/14	其禮○下其君二等以下	
使○登其鄉之衆寡、六		○以其族	3.18/40/29		5.52/74/10
畜、車輦	2.2/21/16	○有名物	3.43/44/21	○以其所貴寶爲摯	5.52/74/14
○掌其所治鄉之教	2.3/22/1	○以其方之色與其體辨		○以其國之籍禮之	5.53/74/22
○掌其鄉之政教禁令	2.4/22/13	之	3.43/44/22	○以其禮	5.54/75/6
使○以教其所治	2.4/22/14	○以其物入于龜室	3.43/44/23	諸侯、諸伯、諸子、諸	
○憲之於其所治（之）	2.4/22/23	○以其萃	3.66/48/10	男之相爲賓也○以其	
則○帥其鄉之衆寡而致		○有屬	3.67/48/12	禮	5.54/75/13
於朝	2.4/22/23	官府○象其事	3.67/48/15	○稱其邦而爲之幣	5.54/75/22
則令民○守其閭	2.4/22/23	州里○象其名	3.67/48/15	○載其名	6.28/85/2
州長○掌其州之教治政		家○象其號	3.67/48/16	○因其君之躬志慮血氣	
令之法	2.5/22/26	○建其旗	3.67/48/16		6.30/86/22
○屬其州之民而讀法	2.5/22/26	○使其臣	4.0/53/5		
黨正○掌其黨之政令教		縣鄙○以其名	4.1/53/21	**根** gēn　　　　　1	
治	2.6/23/1	百官○象其事	4.1/53/22		
族師○掌其族之戒令政		○書其事與其號焉	4.1/53/25	陽聲則遠○	6.30/85/23
事	2.7/23/7	○帥其民而致	4.1/53/27		
閭胥○掌其閭之徵令	2.8/23/14	群吏○帥其車徒以敘和		**更** gēng　　　　　7	
以歲時○數其閭之衆寡	2.8/23/14	出	4.1/54/2		
比長○掌其比之治	2.9/23/18	候人○掌其方之道治	4.15/55/28	一曰巫○	3.46/45/2
○以其方之色牲毛之	2.13/24/4	諸侯及孤卿大夫之冕、		歲時○續	3.64/48/3
○以其兵服守王之門外		韋弁、皮弁、弁絰、		歲時共○旌	3.67/48/18
	2.21/25/15	○以其等爲之	4.35/58/20	則旬之內○	4.7/54/28
○於其地之敘	2.27/26/15	○辨其物與其等	4.37/58/25	以其物○	4.7/54/28
胥師○掌其次之政令	2.30/26/29	頒弓弩○以其物	4.39/59/8	弗用則○	4.39/59/9
賈師○掌其次之貨賄之		其法儀○以其等爲車送		則材○也	6.10/81/13
治	2.31/27/1	逆之節	4.47/60/3		
○帥其屬而嗣掌其月	2.31/27/2	○以其所能	4.58/61/29	**耕** gēng　　　　　6	
胥○掌其所治之政	2.34/27/10	○以其所有	4.58/61/30		
肆長○掌其肆之政令	2.35/27/13	○脩平乃守	4.58/61/30	甸師掌帥其屬而○耨王	
賈者○從其抵	2.36/27/17	○掌其鄉之民數而糾戒		藉	1.11/8/28
使○掌其政令刑禁	2.40/28/4	之	5.4/68/13	凡田不○者	2.16/24/19
則令○帥其所治之民而		○麗其法以議獄訟	5.4/68/15	任農以○事	2.17/24/23
至	2.40/28/12		5.5/68/21,5.6/68/28	不○者祭無盛	2.17/24/25
遂師○掌其遂之政令戒			5.7/69/2	趨其○耨	2.45/29/6,2.46/29/9
禁	2.41/28/17	則○掌其鄉之禁令	5.4/68/16		
遂大夫○掌其遂之政令		○掌其遂之民數	5.5/68/19	**羹** gēng　　　　　3	
	2.42/28/23	○於其遂	5.5/68/21		
縣正○掌其縣之政令徵		則○掌其遂之禁令	5.5/68/22	共大○、鉶○	1.10/8/25
比	2.43/28/28	○掌其縣之民數	5.6/68/26	○齊眠夏時	1.17/9/17
鄙師○掌其鄙之政令、		○就其縣	5.6/68/28		
祭祀	2.44/29/1	則○掌其縣之禁令	5.6/68/29	**梗** gěng　　　　　1	
鄼長○掌其鄼之政令	2.45/29/4	則○掌其方之禁令	5.7/69/3		
○放其器之色	3.1/37/7	○以其地域之衆庶共其		掌以時招、○、襘、禳	
○因其方	3.2/37/16	牲而致焉	5.14/70/6	之事	1.53/14/19

綆 gěng 3

眡其○ 6.1/78/23
○參分寸之二 6.1/79/3
○寸 6.29/85/17

工 gōng 48

○八人 1.0/3/12,1.0/5/5
○四人 1.0/4/23
3.0/35/1,4.0/51/1
女○八十人 1.0/4/31
○二人 1.0/5/3
五曰百○ 1.1/5/22
五曰○事之式 1.1/5/26
邦甸之賦以待○事 1.34/11/30
遂以式法頒皮革于百○
1.44/13/12
頒絲于外內○ 1.56/14/27
任○以飭材事 2.17/24/23
在○者十有二 2.27/26/18
凡邦○入山林而掄材 2.56/30/12
○百人 3.0/36/8
○商執雞 3.1/37/5
凡（○）〔王〕后之獻
亦如之 3.17/40/25
以齎其○ 4.41/59/14
書其等以饗○ 4.41/59/15
百○與居一焉 6.0/77/24
謂之百○ 6.0/77/26
謂之○ 6.0/77/30
百○之事 6.0/77/31
○有巧 6.0/78/1
材美○巧 6.0/78/1
凡攻木之○七 6.0/78/5
攻金之○六 6.0/78/6
攻皮之○五 6.0/78/6
設色之○五 6.0/78/6
刮摩之○五 6.0/78/6
（摶）〔摶〕埴之○二 6.0/78/6
攻木之○ 6.0/78/7
攻金之○ 6.0/78/7,6.3/80/7
攻皮之○ 6.0/78/8
設色之○ 6.0/78/8
刮摩之○ 6.0/78/8
（摶）〔摶〕埴之○ 6.0/78/9
故一器而○聚焉者 6.0/78/10
雖有良○ 6.1/78/30
謂之國○ 6.1/79/8
6.1/79/14,6.27/84/17
苟有賤○ 6.30/86/13
○巧 6.30/86/17
上○以有餘 6.30/86/19
下○以不足 6.30/86/19

弓 gōng 74

詔諸侯以○矢舞 3.21/41/29
帥射夫以○矢舞 3.22/42/8
四曰○兆 3.42/44/18
司○矢 4.0/51/9
以○矢敺烏鳶 4.20/56/21
則贊○矢 4.30/58/2
司○矢掌六○四弩八矢
之法 4.39/59/1
中春獻○弩 4.39/59/1
王○、弧○以授射甲革
、椹質者 4.39/59/2
夾○、庾○以授射豻侯
、鳥獸者 4.39/59/2
唐○、大○以授學射者
、使者、勞者 4.39/59/3
其矢箙皆從其○ 4.39/59/3
天子之○合九而成規 4.39/59/5
句者謂之弊○ 4.39/59/6
共射牲之○矢 4.39/59/6
共射椹質之○矢 4.39/59/7
共○矢如數并夾 4.39/59/7
共明○矢 4.39/59/7
頒○弩各以其物 4.39/59/8
繕人掌王之用○、弩、
矢、箙、矰、弋、抉
、拾 4.40/59/11
贊王○矢之事 4.40/59/11
載其○弩 4.40/59/12
○六物爲三等 4.41/59/14
試其○弩 4.41/59/15
乃入功于司○矢及繕人
4.41/59/16
則以救日之○與救月之
矢〔夜〕射之 5.49/73/20
則以大陰之○與枉矢射
之 5.49/73/21
胡無○、車 6.0/77/28
胡之無○車也 6.0/77/29
非無○車也 6.0/77/30
夫人而能爲○車也 6.0/77/30
輪、輿、○、廬、匠、
車、梓 6.0/78/7
○鑿廣四枚 6.1/79/10
○長六尺 6.1/79/11,6.30/86/21
參分○長而揉其一 6.1/79/11
參分○長 6.1/79/12
蓋○二十有八 6.3/80/5
○人爲○ 6.30/85/20
則○不發 6.30/85/24
恒當○之畏 6.30/85/27
以爲○ 6.30/86/1
凡爲○ 6.30/86/2
6.30/86/14,6.30/86/22
非○之利也 6.30/86/10
非○之利〔也〕 6.30/86/11
下柎之○ 6.30/86/15
○而羽閷 6.30/86/15
○有六材焉 6.30/86/15
九和之○ 6.30/86/18
爲天子之○ 6.30/86/19
爲諸侯之○ 6.30/86/19
大夫之○ 6.30/86/20
士之○ 6.30/86/20
○長六尺有六寸 6.30/86/20
○長六尺有三寸 6.30/86/21
若是者爲之危○ 6.30/86/22
危○爲之安矢 6.30/86/22
若是者爲之安○ 6.30/86/23
安○爲之危矢 6.30/86/23
其○安 6.30/86/23
其○危 6.30/86/24
謂之王○之屬 6.30/86/25
謂之唐○之屬 6.30/86/26
和○轂摩 6.30/86/27
謂之句○ 6.30/86/28
謂之侯○ 6.30/86/28
謂之深○ 6.30/86/28

公 gōng 59

以正王及三○、六卿、
大夫、群吏之位 1.3/7/9
三○、六卿之喪 1.3/7/17
凡爲○酒者亦如之 1.21/10/4

三〇及卿大夫之喪	1.32/11/20	大者〇之	5.9/69/14
凡內人、〇器、賓客	1.47/13/30	〇則六人	5.36/72/16
二鄉則〇一人	2.0/16/1	上〇之禮	5.52/73/32
諸〇之地	2.1/20/19	〇用桓圭	5.53/74/26
國中貴者、賢者、能者		〇於上等	5.54/75/6
、服〇事者、老者、		凡諸〇相爲賓	5.54/75/7
疾者皆舍	2.4/22/15	相待也如諸〇之儀	5.54/75/13
牛人掌養國之〇牛以待		諸〇之臣相爲國客	5.54/75/14
國之政令	2.14/24/7	三〇眡上〇之禮	5.58/76/7
以載〇任器	2.14/24/9	上〇五積	5.58/76/8
以〇邑之田任甸地	2.16/24/16	謂之王〇	6.0/77/25
豐年則〇旬用三日焉	2.20/25/8	〇守之	6.19/82/17
中年則〇旬用二日焉	2.20/25/8	上〇用龍	6.19/82/19
無年則〇旬用一日焉	2.20/25/8		
〇執桓圭	3.1/37/4,3.10/39/13	**功 gōng**	**60**
上〇九命爲伯	3.11/39/22		
王之三〇八命	3.11/39/24	典婦〇	1.0/4/23
〇之孤四命	3.11/39/26	稽其〇緒	1.4/7/23
享先〇、饗、射則驚冕	3.12/40/1	大府掌九貢、九賦、九	
王爲三〇六卿錫衰	3.12/40/4	〇之貳	1.34/11/28
〇之服	3.12/40/5	內府掌受九貢九賦九〇	
自驚冕而下如〇之服	3.12/40/5	之貨賄、良兵、良器	1.36/12/8
守祧掌守先王先〇之廟		以九〇之法令民職之財	
祧	3.14/40/14	用	1.38/12/17
（冢）〔冢〕人掌〇墓		獻〇裘	1.43/13/7
之地	3.18/40/28	展其〇緒	1.45/13/17
凡〇有司之所共	3.20/41/7	稽其〇事	1.45/13/21
巾車掌〇車之政令	3.64/47/24	佐后而受獻〇者	1.45/13/21
以正於〇司馬	4.0/53/5	施其〇事	1.45/13/22
〇司馬執鐲	4.1/53/19	以教九御婦德、婦言、	
大獸〇之	4.1/54/5	婦容、婦〇	1.50/14/10
射人掌國之三〇、孤、		以歲時獻〇事	1.52/14/16
卿、大夫之位	4.18/56/7	典婦〇掌婦式之法	1.55/14/24
三〇北面	4.18/56/7	以授嬪婦及內人女〇之	
三〇執璧	4.18/56/8	事齎	1.55/14/24
三〇北面東上	4.23/56/30	凡授嬪婦〇	1.55/14/24
掌三〇孤卿之弔勞	4.30/58/1	及秋獻〇	1.55/14/24
則辭於三〇及孤卿	4.30/58/2	以待興〇之時	1.56/14/27
掌三〇及孤卿之復逆	4.31/58/4	及獻〇	1.56/14/28,1.57/15/1
分〇馬而駕治之	4.50/60/11	則受良〇而藏之	1.56/14/28
封〇以方五百里	4.58/61/27	以待時頒〇而授齎	1.57/15/1
則四〇	4.58/61/28	受苦〇	1.57/15/1
三〇及州長、百姓北面	5.2/67/19	冬獻〇	1.60/15/11
三〇若有邦事	5.4/68/17	辨外內命夫命婦之命屨	
則王令三〇會其期	5.5/68/22	、〇屨、散屨	1.62/15/16
〇侯伯子男位焉	5.9/69/11	則民興〇	2.1/20/12
三〇位焉	5.9/69/12	以稽〇事	2.42/28/24

明其有〇者	2.42/28/25
以四達戒其〇事	2.42/28/26
則稽〇會而誅賞	2.43/28/29
稽其女〇	2.45/29/6
凡師不〇	3.3/38/8
其凶服加以大〇小〇	3.12/40/7
凡有〇者居前	3.18/40/29
二曰〇兆	3.42/44/18
進賢興〇以作邦國	4.1/53/8
若師有〇	4.1/54/8
若師不〇	4.1/54/9
以等其〇	4.6/54/22
王〇曰勳	4.6/54/22
國〇曰〇	4.6/54/22
民〇曰庸	4.6/54/22
事〇曰勞	4.6/54/22
治〇曰力	4.6/54/22
戰〇曰多	4.6/54/23
凡有〇者	4.6/54/23
大〇	4.6/54/23
輕重眡〇	4.6/54/24
以〇詔祿	4.23/56/29
乃入〇于司弓矢及繕人	4.41/59/16
上〇糾力	5.1/67/2
五曰議〇之辟	5.2/67/23
治〇之約次之	5.13/69/31
秋觀以比邦國之〇	5.52/73/28
秋獻〇	5.53/74/21
謂之婦〇	6.0/77/27
後素〇	6.15/82/4
素〇	6.19/82/29
則春以〇	6.26/84/4

攻 gōng	**27**
以五毒〇之	1.19/9/27
〇龜用春時	3.43/44/22
五曰〇	3.49/45/16
詛祝掌盟、詛、類、造	
、〇、說、禬、禜之	
祝號	3.53/46/11
夾庚利〇守	4.39/59/3
頒馬〇特	4.51/60/17
相醫而藥〇馬疾	4.53/60/26
以阜馬、佚特、教駣、	
〇駒及祭馬祖、祭閑	

之先牧及執駒、散馬		其守	1.45/13/22	等馭夫之祿、○中之稍	
耳、圉馬	4.55/61/1	詔王后帥六○之人而生		食	4.51/60/21
爲阱擭以○猛獸	5.38/72/23	稑稑之種	1.45/13/22	一曰○禁	5.3/68/1
以○說檜之	5.39/72/26	閽人掌守王○之中門之		則帥其屬而躏于王○	5.3/68/10
〔以〕嘉草○之	5.39/72/26	禁	1.47/13/29	○罪五百	5.11/69/24
穴氏掌○蟄獸	5.40/72/28	喪服、凶器不入○	1.47/13/29	○者使守內	5.20/70/30
翨氏掌○猛鳥	5.41/72/30	潛服、賊器不入○	1.47/13/29	守王○與野舍之屬禁	5.21/71/3
柞氏掌○草木及林麓	5.42/73/1	奇服怪民不入○	1.47/13/29	（其守王○與其屬禁者）	
凡○木者	5.42/73/2	躏○門、廟門	1.47/14/1		5.22/71/6
以○禁○之	5.45/73/10	寺人掌王之內人及女○		其在王○者	5.23/71/8
以蜃炭○之	5.46/73/12	之戒令	1.48/14/3	執其國之兵以守王○	5.23/71/8
凡○木之工七	6.0/78/5	則帥女○而致於有司	1.48/14/4	〔其守王○者與其守屬	
○金之工六	6.0/78/6	王后之喪遷于○中	1.49/14/7	禁者〕	5.24/71/10
○皮之工五	6.0/78/6	帥女○而濯摡	1.51/14/13	其守王○者與其守屬禁者	
○木之工	6.0/78/7	沱陳女○之具	1.51/14/13		5.25/71/13,5.26/71/16
○金之工	6.0/78/7,6.3/80/7	逆內○	1.54/14/21	○	5.54/75/5
○皮之工	6.0/78/8	縫人掌王○之縫線之事	1.59/15/8	其聲中黃鍾之○	6.8/81/3
故○國之兵欲短	6.27/84/9	一曰嬪○室	2.1/20/26	○中度以尋	6.28/84/24
○國之人眾	6.27/84/10	舍人掌平○中之政	2.72/31/27	王○門阿之制五雉	6.28/84/26
		每○卿二人	3.0/33/15	○隅之制七雉	6.28/84/27
宮 gōng	83	辨吉凶之五服、車旗、		○隅之制以爲諸侯之城	
		○室之禁	3.2/37/16	制	6.28/84/28
○正	1.0/1/11	使六○之人共奉之	3.2/37/18		
○伯	1.0/1/13	掌衣服、車旗、○室之		**躬 gōng**	7
○人	1.0/3/1	賞賜	3.2/37/19		
王○每門四人	1.0/4/7	其國家、○室、車旗、衣服、		伯執○圭	3.1/37/4,3.10/39/13
掌建邦之○刑	1.2/6/15	禮儀	3.11/39/22	不○坐獄訟	5.2/67/21
以治王○之政令	1.2/6/15		3.11/39/23,3.11/39/24	諸伯執○圭	5.52/74/5
凡○之糾禁	1.2/6/15	其國家、○室、車旗、		伯用○圭	5.53/74/26
以○刑憲禁于王○	1.2/7/6	衣服、禮儀亦如之	3.11/39/25	謂之○圭	6.19/82/18
令脩○中之職事	1.3/7/20	其○室、車旗、衣服、禮儀		各因其君之○志慮血氣	
○正掌王○之戒令、糾			3.11/39/27,3.11/39/29		6.30/86/22
禁	1.4/7/22	世婦掌女○之宿戒	3.15/40/17		
以時比○中之官府次舍		帥六○之人共齍盛	3.15/40/17	**觥 gōng**	2
之眾寡	1.4/7/22	圜鍾爲○	3.21/41/20		
令于王○官府次舍	1.4/7/25	函鍾爲○	3.21/41/22	掌其比○撻罰之事	2.8/23/15
凡邦之事躏○中廟中	1.4/7/26	黃鍾爲○	3.21/41/24	○其不敬者	3.24/42/15
○伯掌王○之士庶子	1.5/7/28	序○中之事	3.23/42/12		
若邦有大事作○眾	1.5/7/29	王○縣	3.24/42/15	**拲 gǒng**	2
○人掌王之六寢之脩	1.30/11/13	○、商、角、徵、羽	3.25/42/19		
設車○、轅門	1.31/11/16	出○乃代	3.51/46/4	上罪桎○而桎	5.19/70/24
爲壇壝○	1.31/11/16	掌家禮與其衣服、○室		王之同族○	5.19/70/24
爲帷○	1.31/11/16	、車旗之禁令	3.69/48/24		
無○則共人門	1.31/11/17	嘗后○	4.8/55/1	**共 gòng**	199
以陰禮教六○	1.45/13/15	則守王○	4.26/57/16		
會內○之財用	1.45/13/21	縣喪首服之法于○門	4.30/58/1	令百官府○其財用	1.2/7/2
憲禁令于王之北○而糾		掌躏○中之事	4.34/58/15	其有不○	1.2/7/7

與其幣器財用凡所○者	1.3/7/17	○夷槃冰	1.24/10/21	○其蟲毛爲氈	1.44/13/12
庖人掌○六畜、六獸、		○其籩薦羞之實	1.25/10/26	以○王及后之用	1.55/14/25
六禽	1.7/8/9	○其薦籩羞籩	1.25/10/27	○繡畫組就之物	1.56/14/29
以○王之膳與其薦羞之		爲王及后世子○其內羞		○其絲纊組文之物	1.56/14/29
物及后、世子之膳羞	1.7/8/9		1.25/10/27	○后之衣服	1.58/15/5
○祭祀之好羞	1.7/8/10	○薦羞之豆實	1.26/11/1	○其衣服	1.58/15/6, 1.58/15/6
○喪紀之庶羞	1.7/8/10	爲王及后、世子○其內		○喪衰亦如之	1.58/15/6
○后及世子之膳羞	1.8/8/15	羞	1.26/11/1	○弁絰	1.61/15/14
凡掌○羞、脩、刑、膴		則○醢六十罋	1.26/11/1	各○爾職	2.1/21/11
、胖、骨、鱐	1.8/8/18	○醢五十罋	1.26/11/2	○茅蒩	2.3/22/4
以待○膳	1.8/8/18	○醢	1.26/11/2	比○吉凶二服	2.3/22/10
則饔人○之	1.8/8/18	醢人掌○五齊七菹	1.27/11/4	閭○祭器	2.3/22/10
○其脯、脩、刑、膴	1.9/8/21	以○祭祀之齊菹	1.27/11/4	族○喪器	2.3/22/10
則掌○其獻、賜脯肉之		則○齊菹醯物六十罋	1.27/11/5	黨○射器	2.3/22/10
事	1.9/8/23	○醢五十罋	1.27/11/5	州○賓器	2.3/22/10
亨人掌○鼎鑊以給水火		○醢	1.27/11/5	鄉○吉凶禮樂之器	2.3/22/11
之齊	1.10/8/25	以○百事之鹽	1.28/11/8	刑罰慶賞相及相○	2.7/23/10
○大羹、鈃羹	1.10/8/25	○其苦鹽、散鹽	1.28/11/8	○其水（槀）〔橐〕	2.10/23/22
以○齍盛	1.11/8/28	○其形鹽、散鹽	1.28/11/8	以○祭祀之牲牷	2.13/24/3
○蕭茅	1.11/8/28	○飴鹽	1.28/11/9	○其犧牲	2.13/24/5
○野果蓏之薦	1.11/8/28	冪人掌○巾冪	1.29/11/11	○奉之	2.13/24/5
○其死獸生獸	1.12/9/1	○王之沐浴	1.30/11/13	○其享牛、求牛	2.14/24/7
以○王膳羞	1.13/9/4	埽除、執燭、○鑪炭	1.30/11/14	○其牢禮積膳之牛	2.14/24/8
○其魚之鱐蕎	1.13/9/5	無宮則○人門	1.31/11/17	○其膳羞之牛	2.14/24/8
○鱐、蠃、蚳	1.14/9/7	○其帷幕幄帟綬	1.32/11/19	○其槁牛	2.14/24/8
○豆脯	1.15/9/10	○帷幕帟綬	1.32/11/20	○其奠牛	2.14/24/9
○其脯腊	1.15/9/11	○其帟	1.32/11/20	○其兵（軍）〔車〕之	
聚毒藥以○醫事	1.16/9/13	凡式貢之餘財以○玩好		牛	2.14/24/9
以○王之四飲三酒之饌	1.21/10/6	之用	1.34/11/32	○其牛牲之互與其盆簝	
以法○五齊三酒	1.21/10/7	○王之服玉、佩玉、珠			2.14/24/10
○賓客之禮酒	1.21/10/8	玉	1.35/12/3	○野牲	2.40/28/13
○后之致飲于賓客之禮		則○食玉	1.35/12/4	○其野牲	2.41/28/19
醫醆精	1.21/10/8	○含玉、復衣裳、角枕		○丘籠及蜃車之役	2.41/28/21
○其計	1.21/10/9	、角柶	1.35/12/4	以式法○祭祀之薪蒸木	
皆○其酒	1.21/10/10	則○珠槃、玉敦	1.35/12/5	材	2.50/29/22
祭祀則○奉之	1.22/10/14	○其貨賄	1.35/12/6	○其芻薪	2.50/29/22
○賓客之禮酒、飲酒而		○其所受之物而奉之	1.36/12/9	○其薪蒸木材	2.50/29/22
奉之	1.22/10/14	則○之	1.36/12/10	○其委積薪芻凡疏材	2.50/29/23
○酒而入于酒府	1.22/10/15	以○百物	1.37/12/12	○野委兵器	2.50/29/23
○酒以往	1.22/10/15	○王及后、世子之衣服		○其雩斂	2.53/30/3
漿人掌○王之六飲	1.23/10/17	之用	1.37/12/12	○其葦事	2.53/30/3
○賓客之稍禮	1.23/10/17	○其財用之幣齎、賜予		○川奠	2.58/30/20
○夫人致飲于賓客之禮		之財用	1.37/12/13	○澤物之奠	2.59/30/23
	1.23/10/17	以○王祀天之服	1.43/13/7	○其葦蒲之事	2.59/30/23
○之	1.23/10/18	則○虎侯、熊侯、豹侯	1.43/13/8	以○財用	2.62/30/32
○冰鑑	1.24/10/21	諸侯則○熊侯、豹侯	1.43/13/8	以○邦之用	2.66/31/11
○冰	1.24/10/21	卿大夫則○麋侯	1.43/13/8	以○喪事	2.67/31/13

是故○兵椑	6.27/84/12	○瀆爾如委	6.26/83/30	**苽** gū		1
則○於矩	6.28/85/4	○有賤工	6.30/86/13	魚宜○		1.17/9/19
上○者二尺有二寸	6.29/85/10					
柔地欲○庫	6.29/85/11	**孤** gū		28	**辜** gū		6
○庫則利發	6.29/85/12					
倨○磬折	6.29/85/12	邦饗耆老、○子	1.9/8/22	以疈○祭四方百物	3.1/36/25
謂之○弓	6.30/86/28	饗耆老○子	1.21/10/10	以救無○	4.1/54/7
		○卿有邦事	1.33/11/24	凡沈○、侯禳	4.9/55/6
鉤 gōu		2	○卿大夫不重	1.33/11/25	凡沈○、侯禳、疈、積	
		以養老○	2.19/25/1			4.10/55/10
○	3.64/47/25	以其財養死政之老與其		凡幾、珥、沈、○	5.17/70/17
以鑿其○	6.29/85/18	○	2.37/27/21	○之	5.20/70/28
		若饗耆老○子士庶子	2.78/32/13			
溝 gōu		18	○執皮帛	3.1/37/4,4.18/56/8	**觚** gū		2
		公之○四命	3.11/39/26			
制其畿疆而○封之	2.1/20/3	○之服	3.12/40/6	○三升	6.26/84/1
制其地域而封○之	2.1/20/21	自玄冕而下如○之服	3.12/40/6	獻以爵而酬以○	6.26/84/1
○樹之	2.40/28/4	○竹之管	3.21/41/21			
十夫有○	2.40/28/9	凡命諸侯及○卿大夫	3.61/47/15	**樟** gū		1
○上有畛	2.40/28/9	○乘夏篆	3.64/47/31			
以○蕩水	2.53/30/1	○卿建旜	3.67/48/14	則以牡○午貫象齒而沈	
掌固掌脩城郭、○池、		射人掌國之三公、○、		之	5.48/73/17
樹渠之固	4.12/55/16	卿、大夫之位	4.18/56/7			
凡國都之竟有○樹之固		○東面	4.18/56/7	**古** gǔ		1
	4.12/55/19	○卿大夫以三耦射一侯				
設國之五○五涂	4.13/55/22		4.18/56/11	則於馬終○登阤也	6.0/78/15
雍氏掌○瀆澮池之禁	5.32/72/5	相○卿大夫之法儀	4.18/56/14			
春令爲阱擭○瀆之利於		○東面北上	4.23/56/31	**股** gǔ		6
民者	5.32/72/5	○卿特揖	4.23/56/32			
匠人爲○洫	6.28/84/29	掌三公○卿之弔勞	4.30/58/1	犬赤○而躁	1.8/8/16
謂之○	6.28/84/30	則辭於三公及○卿	4.30/58/2	參分其○圍	6.1/79/1,6.1/79/12
凡○逆地阞	6.28/85/2	掌三公及○卿之復逆	4.31/58/4	○爲二	6.22/83/3
梢○三十里而廣倍	6.28/85/3	諸侯及○卿大夫之冕、		參分其○博	6.22/83/3
凡○必因水埶	6.28/85/4	韋弁、皮弁、弁絰、		以○鳴者	6.26/83/22
善○者水漱之	6.28/85/4	各以其等爲之	4.35/58/20			
凡○防	6.28/85/5	○卿大夫位焉	5.9/69/11	**罟** gǔ		2
		凡大國之○	5.52/74/8			
狗 gǒu		1			獸人掌○田獸	1.12/8/31
		姑 gū		4	則守○	1.12/8/31
其畜宜雞○	4.58/61/16					
		乃奏○洗	3.21/41/16	**骨** gǔ		7
苟 gōu		6	○洗爲羽	3.21/41/21			
		○洗爲徵	3.21/41/23	凡掌共羞、脩、刑、膴	
則民不○	2.1/20/8	黃鍾、大蔟、○洗、蕤		、胖、○、鱐	1.8/8/18
若○一方緩、一方急	6.11/81/19	賓、夷則、無射	3.25/42/18	以酸養○	1.19/9/28
若○自急者先裂	6.11/81/20			斂其皮角筋○	2.29/26/26
○撥爾而怒	6.26/83/29					

以五味、五〇、五藥養		行山者欲長〇	6.29/85/14	莫之能〇	6.1/78/30
其病	1.18/9/23	短〇則利	6.29/85/14	則是〇有餘而强不足也	6.1/78/30
貢九〇	2.17/24/23	長〇則安	6.29/85/14	則無藥而〇	6.1/79/2
廩人掌九〇之數	2.71/31/22	柏車〇長一柯	6.29/85/15	謂之輪之〇	6.1/79/3
以詔〇用	2.71/31/23			以爲〇也	6.30/85/21
則令邦移民就〇	2.71/31/24	**鹽 gǔ**	**1**		
共飯米、熬〇	2.72/31/28			**故 gù**	**65**
辨九〇之物	2.73/31/31	鬻〇以待戒令	1.28/11/9		
若〇不足	2.73/31/31			二曰敬〇	1.1/5/19
共道路之〇積、食飲之		**瞽 gǔ**	**14**	國有〇	1.4/7/23
具	2.73/32/1				4.13/55/23,4.23/57/4
子執〇璧 3.1/37/4,3.10/39/13		〇矇	3.0/34/1	邦有大〇則不舉	1.6/8/4
若祭天之司民、司祿而		上〇四十人	3.0/34/1	若國有大〇 2.1/21/9,3.3/38/9	
獻民數、〇數	3.9/39/10	中〇百人	3.0/34/1	大〇	2.2/21/22
〇圭以和難	3.10/39/18	下〇百有六十人	3.0/34/1	國有大〇	2.4/22/23
辨其邦國、都鄙、四夷		祭於〇宗	3.21/41/11		3.1/37/12,3.68/48/21
、八蠻、七閩、九貉		詔來〇皋舞	3.22/42/7		3.69/48/23,4.26/57/17
、五戎、六狄之人民		帥〇登歌	3.25/42/21	若無〇而不用令者	2.26/26/5
與其財用、九〇、六		帥〇而歌射節	3.25/42/22	親〇舊朋友	3.1/36/31
畜之數要	4.58/61/9	帥〇而廞	3.25/42/23	以八卦占筮之八〇	3.45/44/29
其〇宜稻 4.58/61/12,4.58/61/13		凡國之〇矇正焉	3.25/42/23	國有大〇、天災	3.49/45/23
其〇宜五種	4.58/61/15	〇矇掌播鼗、柷、敔、		環四方之〇	4.16/55/31
	4.58/61/24	塤、簫、管、弦、歌		王族〇士、虎士在路門	
其〇宜稻麥	4.58/61/16		3.27/42/29	之右	4.23/56/31
其〇宜四種	4.58/61/18	相〇	3.28/43/1	授旅賁殳、〇士戈盾	4.38/58/29
其〇宜黍稷	4.58/61/20	來〇	3.49/45/22	二曰議〇之辟	5.2/67/23
	4.58/61/22	九歲屬〇史	5.52/74/16	若邦凶荒、札喪、寇戎	
其〇宜三種	4.58/61/21			之〇	5.9/69/18
諸子執〇璧五寸	5.52/74/5	**蠱 gǔ**	**4**	凡國有大〇而用金石	5.15/70/11
子用〇璧	5.53/74/26			邦有〇	5.37/72/21
〇圭七寸	6.19/82/23	庶氏掌除毒〇	5.39/72/26	以和諸侯之好〇	5.53/74/28
		凡敺〇	5.39/72/26	治其事〇	5.53/74/29
轂 gǔ	**17**	凡庶〇之事	5.45/73/10	以周知天下之〇	5.53/75/2
		則凡水（〇）〔蠱〕無		日朝以聽國事〇	5.63/77/12
〇也者	6.1/78/19	聲	5.47/73/14	〇一器而工聚焉者	6.0/78/10
望其〇	6.1/78/22			是〇察車自輪始	6.0/78/14
凡斬〇之道	6.1/78/24	**固 gù**	**13**	〇兵車之輪六尺有六寸	6.0/78/16
則〇雖敝不藃	6.1/78/25			是〇以火養其陰而齊諸	
〇小而長則柞	6.1/78/25	掌〇	4.0/49/25	其陽	6.1/78/24
以爲之〇長	6.1/78/26	負〇不服則侵之	4.1/53/10	是〇六分其輪崇	6.1/78/25
五分其〇之長	6.1/78/27	掌〇掌脩城郭、溝池、		〇竑其輻廣以爲之弱	6.1/78/30
容〇必直	6.1/78/27	樹渠之〇	4.12/55/16	是〇塗不附	6.1/79/4
謂之〇之善	6.1/78/28	則治其〇	4.12/55/19	是〇輪雖敝	6.1/79/5
參分其〇長	6.1/78/29	凡國都之竟有溝樹之〇		是〇規之以眂其圜也	6.1/79/6
〇不折	6.1/79/1		4.12/55/19	〇可規、可萬、可水、	
〇長半柯	6.29/85/13	以爲阻〇	4.13/55/23	可縣、可量、可權也	6.1/79/7
行澤者欲短〇	6.29/85/14	以爲〇抱也	6.1/78/20	是〇蓋崇十尺	6.1/79/13

此無○	6.3/79/29	瘍、折瘍之祝藥○殺		怪 guài	1
	6.3/79/30,6.3/79/31	之齊	1.19/9/27		
是○大車平地既節軒摯		灌而○之	1.20/10/1	奇服○民不入宮	1.47/13/29
之任	6.3/79/29				
○登阤者	6.3/79/30	寡 guǎ	19	官 guān	111
是○輈欲頎典	6.3/79/31				
是○倨句外博	6.5/80/15	以時比宮中之官府次舍		設○分職	1.0/1/3
是○大鍾十分其鼓間	6.7/80/29	之眾○	1.4/7/22		2.0/15/23,3.0/32/17
是○夾而搖之	6.23/83/10	使各登其鄉之眾○、六			4.0/49/1,5.0/63/5
是○擊其所縣	6.26/83/25	畜、車輦	2.2/21/16	乃立天○冢宰	1.0/1/3
○擊其所縣	6.26/83/27	攷夫屋及其眾○、六畜		治○之屬	1.0/1/6
○抗而射女	6.26/84/6	、兵、器	2.2/21/29	以治○府	1.1/5/9
○攻國之兵欲短	6.27/84/9	以時稽其夫家眾○	2.3/22/1	以教○府	1.1/5/10
是○兵欲短	6.27/84/10	以歲時登其夫家之眾○	2.4/22/14	以統百○	1.1/5/10
是○兵欲長	6.27/84/11	鄉老及鄉大夫帥其吏與		以正百○	1.1/5/11
是○句兵椑	6.27/84/12	其眾○	2.4/22/19	以刑百○	1.1/5/11
是○侵之	6.27/84/13	則各帥其鄉之眾○而致		以任百○	1.1/5/12
是○柔	6.30/85/26	於朝	2.4/22/23	以八法治○府	1.1/5/12
柔○欲其摯也	6.30/85/26	登其族之夫家眾○	2.7/23/8	一曰○屬	1.1/5/12
橈○欲其堅也	6.30/85/27	以歲時各數其閭之眾○	2.8/23/14	二曰○職	1.1/5/13
是○胑	6.30/85/28	以歲時登其夫家之眾○		三曰○聯	1.1/5/13
胑○欲其柔也	6.30/85/28	及其六畜車輦	2.40/28/11	以會○治	1.1/5/13
○角三液而幹再液	6.30/86/6	以時登其夫家之眾○、		四曰○常	1.1/5/13
是○厚其液而節其帤	6.30/86/7	六畜、車輦	2.41/28/17	以聽○治	1.1/5/13
○〔捝〕〔校〕	6.30/86/10	以歲時稽其夫家之眾○		五曰○成	1.1/5/14
○劋	6.30/86/10	、六畜、田野	2.42/28/23	六曰○法	1.1/5/14
		比其眾○	2.45/29/4	七曰○刑	1.1/5/14
梏 gù	5	里宰掌比其邑之眾○與		八曰○計	1.1/5/14
		其六畜、兵器	2.46/29/8	以馭其○	1.1/5/15
桎○而坐諸嘉石	5.1/67/7	舞者眾○無數	3.0/34/16	乃施法于○府	1.1/6/5
上罪○拳而桎	5.19/70/24	馮弱犯○則眚之	4.1/53/10	以法待○府之治	1.1/6/7
中罪桎○	5.19/70/24	守國之人○	6.27/84/10	以○成待萬民之治	1.1/6/7
下罪○	5.19/70/24	來體○	6.30/86/24	則掌百○之誓戒	1.1/6/7
士加明○	5.19/70/25	往體○	6.30/86/25	則戒于百○	1.1/6/10
				則令百○府各正其治	1.1/6/12
瓜 guā	1	卦 guà	2	以逆邦國、都鄙、○府	
				之治	1.2/6/16
木○次之	6.30/85/22	其經○皆八	3.41/44/11	以○府之六敘正群吏	1.2/6/17
		以八○占簭之八故	3.45/44/29	以○府之六屬舉邦治	1.2/6/18
刮 guā	2			一曰天○	1.2/6/18
		乖 guāi	2	二曰地○	1.2/6/19
○摩之工五	6.0/78/6			三曰春○	1.2/6/20
○摩之工	6.0/78/8	則民不○	2.1/20/9	四曰夏○	1.2/6/20
		命○別之妖祥	3.60/47/10	五曰秋○	1.2/6/21
劀 guā	2			六曰冬○	1.2/6/22
				以○府之六職辨邦治	1.2/6/23
瘍醫掌腫瘍、潰瘍、金				以○府之六聯合邦治	1.2/6/26

以○府之八成經邦治	1.2/6/28	牧田任遠郊之地	2.16/24/16	**棺** guān		3
以聽○府之六計	1.2/6/30	乃立春○宗伯	3.0/32/17			
令百○府共其財用	1.2/7/2	禮○之屬	3.0/32/20	縫○飾焉		1.59/15/8
則以○府之敘受群吏之要	1.2/7/4	六命賜○	3.1/37/3	飾○		3.51/46/3
帥治○之屬而觀治象之法	1.2/7/5	而頒之于五○	3.2/37/18	而斂飾○焉		3.51/46/5
令于百○府曰	1.2/7/6	夜嘑旦以嘂百○	3.6/38/21			
掌百○府之徵令	1.3/7/10	凡○府鄉州及都鄙之治		**關** guān		15
掌○法以治要	1.3/7/11	中	3.9/39/8			
掌○成以治凡	1.3/7/11	凡內事有達於外○者	3.15/40/19	七曰○市之賦		1.1/5/24
掌○法以治目	1.3/7/11	則帥樂○	3.22/42/9	○市之賦以待王之膳服		
掌○常以治數	1.3/7/11	凡樂○掌其政令	3.22/42/9			1.34/11/29
掌○契以治藏	1.3/7/12	比樂○	3.23/42/12	司○		2.0/17/20
掌○書以贊治	1.3/7/12	掌法以逆○府之治	3.57/46/23	每○下士二人		2.0/17/20
掌○敘以治敘	1.3/7/12	以貳六○	3.57/46/24	門之委積		2.19/25/1
掌○令以徵令	1.3/7/13	六○之所登	3.57/46/25	司○掌國貨之節		2.38/27/25
掌治法以考百○府、群		頒之于○府及都鄙	3.57/46/25	凡貨不出於○者		2.38/27/25
都縣鄙之治	1.3/7/13	○府各象其事	3.67/48/15	則無○門之征		2.38/27/26
以○刑詔冢宰而誅之	1.3/7/14	乃立夏○司馬	4.0/49/1	凡四方之賓客敂○		2.38/27/27
贊小宰比○府之具	1.3/7/15	政○之屬	4.0/49/4	門○用符節		2.39/27/30
掌小○之戒令	1.3/7/17	百○各象其事	4.1/53/22			5.53/74/25
與職喪帥○有司而治之	1.3/7/18	百○載旗	4.1/53/24	嘑啓○		3.64/48/3
以時比宮中之○府次舍		糾百○之戒具	4.32/58/8	剮者使守○		5.20/70/30
之眾寡	1.4/7/22	乃立秋○司寇	5.0/63/5	誓大夫曰敢不○		5.36/72/17
令于王宮之○府次舍	1.4/7/25	刑○之屬	5.0/63/8	凡門○無幾		5.56/75/29
凡○府都鄙之吏及執事		四曰○刑	5.1/67/3			
者	1.34/11/29	大史、內史、司會及六		**觀** guān		20
以逆邦國都鄙○府之治		○皆受其貳而藏之	5.1/67/12			
	1.38/12/16	涖晉百○	5.1/67/14	使萬民○治象		1.1/6/4
掌國之○府、郊野、縣		二曰○禁	5.3/68/1	帥治官之屬而○治象之法		1.2/7/5
都之百物財用	1.38/12/18	掌○中之政令	5.3/68/5	○其所發而養之		1.20/9/31
以貳○府都鄙之財入之		則六○辟藏	5.13/70/2	使萬民○教象		2.1/20/28
數	1.40/12/28	為百○積任器	5.21/71/1	則帥其屬而○教法之象		2.2/21/27
以逆職歲與○府財用之		罪隸掌役百○府與凡有		巡問而○察之		2.23/25/22
出	1.40/12/29	守者	5.22/71/5	以詔○事		2.55/30/8
以貳○府都鄙之財出賜		縣其衣服任器于有地之		巡野○稼		2.75/32/6
之數	1.41/13/1	○	5.31/72/2	以○國家之吉凶		3.41/44/14
凡○府都鄙群吏之出財		令百○百姓皆具	5.58/76/6	占夢掌其歲時○天地之		
用	1.41/13/1	則戒○脩委積	5.59/76/30	會		3.47/45/6
職幣掌式法以斂○府都				以○妖祥　3.48/45/10, 3.60/47/9		
鄙與凡用邦財者之幣	1.42/13/4	**冠** guān		5	以○天下之遷		3.60/47/8
乃立地○司徒	2.0/15/23				○天下之妖祥		3.60/47/9
教○之屬	2.0/15/26	凡其黨之祭祀、喪紀、		使萬民○政象		4.1/53/12
則令教○正治而致事	2.1/21/11	昏○、飲酒	2.6/23/3	而○新物		4.62/62/12
令于教○曰	2.1/21/11	以昏○之禮	3.1/36/31	匡人掌達法則、匡邦國		
則攷其屬○之治成而誅		縣袞○之式于路門之外	3.2/37/25	而○其慝		4.67/62/24
賞	2.2/21/27	○弁服	3.12/40/3	使萬民○刑象		5.1/67/11
以○田、牛田、賞田、		弗使○飾而加明刑焉	5.18/70/20	帥其屬而○刑象		5.2/67/29

以○四國	6.8/81/4	○人掌金玉錫石之地	2.61/30/29	**灌** guàn	2

莞 guǎn　　3

依前南鄉設○筵紛純	3.8/39/2
加○席紛純	3.8/39/3
昨席○筵紛純	3.8/39/3

管 guǎn　　10

司門掌授○鍵	2.37/27/21
孤竹之○	3.21/41/21
孫竹之○	3.21/41/23
陰竹之○	3.21/41/25
下○播樂器	3.25/42/21
小師掌教鼓鼗、柷、敔 　、塤、簫、○、弦、 　歌	3.26/42/25
下○	3.26/42/25
瞽矇掌播鼗、柷、敔、 　塤、簫、○、弦、歌	3.27/42/29
笙師掌教龡竽、笙、塤 　、籥、簫、（篪） 　〔箎〕、（箋）〔籈〕 　、○	3.32/43/15
都鄙用○節	5.53/74/26

館 guǎn　　12

市有候○	2.19/25/4
候○有積	2.19/25/4
凡軍旅之賓客○焉	2.50/29/23
則共匣主及道布及蒩○	3.54/46/15
治其委積、○舍、飲食	4.60/62/6
居○	5.8/69/7
及郊勞、眂○、將幣	5.53/74/22
致○亦如之	5.54/75/9
致○如初之儀	5.54/75/15
君○客	5.54/75/19
舍則授○	5.56/75/28
賓入○	5.59/76/31

丱 guàn　　2

○人	2.0/18/29

貫 guàn　　2

使同○利	4.58/61/10
則以牡橭午○象齒而沈 　之	5.48/73/17

祼 guàn　　22

贊（王）〔玉〕幣爵之 　事、○將之事	1.2/7/3
贊○	1.2/7/3
后○獻	1.45/13/17
凡賓客之○獻、瑤爵	1.45/13/18
以肆獻○享先王	3.1/36/26
鬱人掌○器	3.4/38/13
凡祭祀賓客之○事	3.4/38/13
凡○玉	3.4/38/13
以贊○事	3.4/38/14
詔○將之儀與其節	3.4/38/14
凡○事	3.4/38/14
共其○器	3.4/38/14
凡○事用概	3.5/38/18
○用雞彝、鳥彝	3.7/38/24
○用斝彝、黃彝	3.7/38/26
○用虎彝、蜼彝	3.7/38/27
○圭有瓚以肆先王	3.10/39/15
以○賓客	3.10/39/16
王禮再○而酢	5.52/74/2
王禮壹○而酢	5.52/74/4
王禮壹○不酢	5.52/74/7
○圭尺有二寸	6.19/82/20

盥 guàn　　6

沃○	3.4/38/14
祖廟之中沃○	3.9/39/9
沃尸○	3.50/45/29
沃王○	4.31/58/5
相○而登	4.33/58/12
則沃尸及王○	5.3/68/9

雚 guàn　　1

○蔽	3.64/47/31

○而行之以節之	1.20/9/31
○而劃之	1.20/10/1

爟 guàn　　3

司○	4.0/49/23
司○掌行火之政令	4.11/55/13
則祭○	4.11/55/14

廣 guǎng　　32

周知九州之地域、○輪 　之數	2.1/20/2
○車之萃	3.66/48/9
量其鑿深以爲輻○	6.1/78/29
輻○而鑿淺	6.1/78/29
故竑其輻○以爲之弱	6.1/78/30
信其桯圍以爲部	6.1/79/9
部○六寸	6.1/79/9
弓鑿○四枚	6.1/79/10
輪崇、車○、衡長	6.2/79/16
參分車○	6.2/79/16
以其○之半爲之式崇	6.2/79/17
六分其○	6.2/79/17
戈○二寸	6.5/80/14
戟○寸有半寸	6.5/80/16
膊○二寸有半寸	6.6/80/18
以其膊○爲之莖圍	6.6/80/18
參分其膊○	6.6/80/19
去一以爲首○	6.6/80/19
去二分以爲舞○	6.7/80/26
左右端○六寸	6.12/81/23
○與崇方	6.26/84/3, 6.28/85/4
參分其○而鵠居一焉	6.26/84/3
○四脩一	6.28/84/21
粗○五寸	6.28/84/29
○尺	6.28/84/29
○二尺	6.28/84/29
井間○四尺	6.28/84/30
成間○八尺	6.28/84/30
同間○二尋	6.28/85/1
梢溝三十里而○倍	6.28/85/3
徹○六尺	6.29/85/18

以致○神示	3.21/41/14	、攻、說、○、禜之		以九貢致邦○之用	1.1/5/27
則人○可得而禮矣	3.21/41/26	祝號	3.53/46/11	以九兩繫邦○之（名）	
以事○神示	3.49/45/14	以○國之凶荒、民之札		〔民〕	1.1/5/28
以同○神示	3.49/45/15	喪	3.70/48/27	始和布治于邦○都鄙	1.1/6/3
二曰○號	3.49/45/17	以攻說○之	5.39/72/26	乃施典于邦○	1.1/6/4
以猶○神示之居	3.70/48/26	致○以補諸侯之災	5.52/73/31	以典待邦○之治	1.1/6/6
以冬日至致天神人○	3.70/48/26	則令檮○之	5.53/74/29	以逆邦○、都鄙、官府	

簋 guǐ　　　　　　　　7

		袞 gǔn　　　　　3		之治	1.2/6/16
共簋○	2.72/31/27			以服邦○	1.2/6/25
共其簋○之實	2.77/32/11	享先王則○冕	3.12/40/1	○有常刑	1.2/7/6
史以書敘昭穆之俎○	3.58/47/2	自○冕而下如王之服	3.12/40/5		2.2/21/28,5.2/67/30
鼎○十有二	5.58/76/9	節服氏掌祭祀朝覲○冕		則○有大刑	1.2/7/7
	5.58/76/16,5.58/76/21		4.28/57/23	○有故	1.4/7/23
瓬人爲○	6.25/83/17				4.13/55/23,4.23/57/4

貴 guì　　　　　　　15

		硍 gǔn　　　　　1		凡邦○之貢以待弔用	1.34/11/32
以馭其○	1.1/5/17			以逆邦○都鄙官府之治	
六曰尊○	1.1/5/20	高聲○	3.29/43/4		1.38/12/16
以○得民	1.1/6/1			以九貢之法致邦○之財	
辨其親疏○賤之居	1.4/7/26	**郭 guō　　　　　2**		用	1.38/12/16
以辨其○賤、老幼、				掌○之官府、郊野、縣	
（廢）〔癈〕疾	2.2/21/15	營國城○	4.8/55/1	都之百物財用	1.38/12/18
辨其老幼、○賤、癈疾		掌固掌脩城○、溝池、		以周知四○之治	1.38/12/19
、馬牛之物	2.3/22/1	樹渠之固	4.12/55/16	以逆邦○之賦用	1.40/12/28
國中○者、賢者、能者				凡建○	1.45/13/19,3.21/41/31
、服公事者、老者、		**蟈 guō　　　　　2**		以佐王安擾邦○	2.0/15/24
疾者皆舍	2.4/22/15				2.1/20/1
辨其○賤、老幼、癈疾		○氏	5.0/66/1	而辨其邦○都鄙之數	2.1/20/2
可任者	2.7/23/8	○氏掌去䵷黽	5.47/73/14	乃建王○焉	2.1/20/18
凡國之○遊子弟	2.21/25/13			凡建邦○	2.1/20/18,2.2/21/26
禁○儥者	2.31/27/2	**國 guó　　　　　381**		始和布教于邦○都鄙	2.1/20/27
以其藝爲之○賤之等	3.0/36/21			乃施教法于邦○都鄙	2.1/20/28
辨其年歲與其○賤	4.23/56/28	惟王建○	1.0/1/3	頒職事十有二于邦○都	
辨其○賤之等	4.23/56/30		2.0/15/23,3.0/32/17	鄙	2.1/20/30
六曰議○之辟	5.2/67/24		4.0/49/1,5.0/63/5	若○有大故	2.1/21/9,3.3/38/9
各以其所○寶爲摰	5.52/74/14	體○經野	1.0/1/3	則令邦○移民、通財、	
			2.0/15/23,3.0/32/17	舍禁、弛力、薄征、	

襘 guì　　　　　　　8

			4.0/49/1,5.0/63/5	緩刑	2.1/21/10
		以佐王均邦○	1.0/1/4	則○有常刑	2.1/21/12
掌以時招、梗、○、禳		以佐王治邦○	1.1/5/9	以稽○中及四郊都鄙之	
之事	1.53/14/19	以經邦○	1.1/5/9	夫家（九比）〔人民〕	
以○禮哀圍敗	3.1/36/27	以安邦○	1.1/5/10,1.2/6/24	之數	2.2/21/14
三曰○	3.49/45/15	以和邦○	1.1/5/10	大比則受邦○之比要	2.2/21/17
詛祝掌盟、詛、類、造			1.2/6/24,3.21/41/14	凡○之大事	2.2/21/22,2.73/32/1
		以平邦○	1.1/5/11,1.2/6/23		3.3/38/10,3.46/45/3
		以詰邦○	1.1/5/11,1.2/6/25		5.2/67/28,5.30/71/29
		以富邦○	1.1/5/12,1.2/6/26	以○比之法	2.3/22/1
				以歲時巡○及野	2.3/22/9

若○大比	2.3/22/11	司關掌○貨之節	2.38/27/25	其○家、宮室、車旗、	
○中自七尺以及六十	2.4/22/15	○凶札	2.38/27/26	衣服、禮儀亦如之	3.11/39/25
○中貴者、賢者、能者		守邦○者用玉節	2.39/27/29	以皮帛眂小○之君	3.11/39/27
、服公事者、老者、		凡邦○之使節	2.39/27/29	令○民族葬	3.19/41/3
疾者皆舍	2.4/22/15	山○用虎節	2.39/27/30	以○之喪禮涖其禁令	3.20/41/6
○大詢于衆庶	2.4/22/23		5.53/74/25	凡○有司以王命有事焉	3.20/41/6
○有大故	2.4/22/23	土○用人節	2.39/27/30	以治建○之學政	3.21/41/10
	3.1/37/12,3.68/48/21		5.53/74/25	而合○之子弟焉	3.21/41/10
	3.69/48/23,4.26/57/17	澤○用龍節	2.39/27/30	以樂德教○子中、和、	
若○作民而師田行役之			5.53/74/25	祗、庸、孝、友	3.21/41/11
事	2.5/22/28	凡○祭祀	2.40/28/13,2.41/28/19	以樂語教○子興、道、	
○索鬼神而祭祀	2.6/23/2	以和邦○都鄙之政令刑		諷、誦、言、語	3.21/41/11
以○役事	2.7/23/10	禁與其施舍	2.51/29/26	以樂舞教○子舞《雲門》	
徙于○中及郊	2.9/23/18	澤虞掌○澤之政令	2.59/30/22	、《大卷》、《大咸》	
凡封○	2.10/23/21	場人掌○之場圃	2.70/31/19	、《大磬》、《大夏》	
牛人掌養○之公牛以待		以待○之匪頒、賙賜、		、《大濩》、《大武》	
○之政令	2.14/24/7	稍食	2.71/31/22		3.21/41/12
繫于○門	2.15/24/13	以佐王和邦○	3.0/32/18	帥○子而舞	3.21/41/28
以廛里任○中之地	2.16/24/15	以佐王建保邦○	3.1/36/23	凡○之大憂	3.21/41/31
○宅無征	2.16/24/18	以吉禮事邦○之鬼神示	3.1/36/23	樂師掌○學之政	3.22/42/3
閭師掌○中及四郊之人		以凶禮哀邦○之憂	3.1/36/27	以教○子小舞	3.22/42/3
民、六畜之數	2.17/24/22	以賓禮親邦○	3.1/36/28	凡○之小事用樂者	3.22/42/6
縣師掌邦○都鄙稍甸郊		以軍禮同邦○	3.1/36/29	凡○之瞽矇正焉	3.25/42/23
里之地域	2.18/24/28	親兄弟之○	3.1/37/1	籥師掌教○子舞羽龡籥	
凡○野之道	2.19/25/3	親異姓之○	3.1/37/1		3.36/43/26
以三德教○子	2.21/25/11	正邦○之位	3.1/37/2	凡○祈年于田祖	3.37/43/29
掌○中失之事	2.21/25/13	七命賜○	3.1/37/3	○祭蜡	3.37/43/30
以教○子弟	2.21/25/13	以等邦○	3.1/37/3	以觀○家之吉凶	3.41/44/14
凡○之貴遊子弟	2.21/25/13	乃頒祀于邦○都家鄉邑	3.1/37/12	凡○大貞	3.41/44/14
而養○子以道	2.22/25/17	掌建○之神位	3.2/37/15	○大遷、大師	3.41/44/15
（辨）〔辨〕其能而可		若○大貞	3.2/37/20	凡○事	3.46/45/4
任於○事者	2.23/25/23	○有禍災	3.2/37/27	掌○事	3.49/45/23
則以節巡○中及郊野	2.24/25/27	凡○之大禮	3.2/37/28	○有大故、天災	3.49/45/23
從父兄弟之讎不同○	2.25/25/30	掌立○祀之禮	3.3/38/1	○將有事于四望	3.49/45/24
使邦○交讎之	2.25/26/1	則令○人祭	3.3/38/9	建邦○	3.49/45/25
不同○	2.25/26/1	凡○之小事	3.3/38/11	頒祭號于邦○都鄙	3.49/45/26
聽之于勝○之社	2.26/26/7	凡○之大賓客、會同、		掌勝○邑之社稷之祝號	3.51/46/5
○凶荒札喪	2.27/26/16	軍旅、喪紀	3.6/38/21	以敘○之信用	3.53/46/11
○君過市則刑人赦	2.27/26/19	凡○事爲期則告之時	3.6/38/22	以質邦○之劑信	3.53/46/12
○中一旬	2.28/26/24,5.9/69/15	凡大朝覲、大享射、凡		若○大旱	3.54/46/14
邦○暮	2.28/26/24,5.9/69/15	封○、命諸侯	3.8/39/1	○有大災	3.54/46/14
凡○之賣價	2.31/27/2	筵○賓于牖前亦如之	3.8/39/4	以逆邦○之治	3.57/46/23
○人郊人從其有司	2.36/27/17	凡○之玉鎮、大寶器	3.9/39/7	凡邦○都鄙及萬民之有	
以○服爲之息	2.36/27/18	封○則以土地	3.10/39/17	約劑者藏焉	3.57/46/24
凡○〔事〕之財用取具		其○家、宮室、車旗、衣服、		頒告朔于邦○	3.57/46/25
焉	2.36/27/18	禮儀	3.11/39/22	大遷○	3.57/46/28
以啓閉○門	2.37/27/21		3.11/39/23,3.11/39/24	小史掌邦○之志	3.58/47/1

凡○事之用禮法者	3.58/47/2	獻鳩以養○老	4.21/56/24	反于中○	5.1/67/4
執○法及○令之貳	3.61/47/14	周知邦○都家縣鄙之		始和布刑于邦○都鄙	5.1/67/11
御史掌邦○都鄙及萬民		（數）卿大夫士庶子		一曰詢○危	5.2/67/18
之治令	3.63/47/21	之數	4.23/56/28	二曰詢○遷	5.2/67/18
以封蕃○	3.64/47/27	掌○中之士治	4.23/57/1	以制○用	5.2/67/26
以待○事	3.67/48/12	凡邦○	4.23/57/5,4.58/61/29	以圖○用而進退之	5.2/67/28
及○之大閱	3.67/48/13	諸子掌○子之倅	4.24/57/7	掌○之五禁之法	5.3/68/1
致福于○	3.68/48/20	○有大事	4.24/57/7	三曰○禁	5.3/68/1
反命于○	3.68/48/21	則帥○子而致於大子	4.24/57/7	用諸○中	5.3/68/3
以檜○之凶荒、民之札		凡○正弗及	4.24/57/9	若祭勝○之社稷	5.3/68/8
喪	3.70/48/27	凡○之政事	4.24/57/10	帥其屬而憲禁令于○及	
以佐王平邦○	4.0/49/2,4.1/53/7	○子存遊倅	4.24/57/10	郊野	5.3/68/11
大○三軍	4.0/49/8	凡○之勇力之士能用五		鄉士掌○中	5.4/68/13
次○二軍	4.0/49/8	兵者屬焉	4.25/57/13	凡○有大事	5.4/68/17
小○一軍	4.0/49/8	王在○	4.26/57/16	三月而上獄訟于○	5.7/69/1
掌建邦○之九法	4.1/53/7	邦○六閑	4.51/60/16	諭罪刑于邦○	5.8/69/6
制畿封○以正邦○	4.1/53/7	凡○之使者	4.51/60/20	入於○	5.8/69/7
設儀辨位以等邦○	4.1/53/7	辨其邦○、都鄙、四夷		令以○法行之	5.9/69/16
進賢興功以作邦○	4.1/53/8	、八蠻、七閩、九貉		則令邦○、都家、縣鄙	
建牧立監以維邦○	4.1/53/8	、五戎、六狄之人民		慮刑貶	5.9/69/18
制軍詰禁以糾邦○	4.1/53/8	與其財用、九穀、六		辨其○中與其都鄙及其	
施貢分職以任邦○	4.1/53/8	畜之數要	4.58/61/9	郊野	5.10/69/20
簡稽鄉民以用邦○	4.1/53/9	乃辨九州之○	4.58/61/10	司約掌邦○及萬民之約	
均守平則以安邦○	4.1/53/9	乃辨九服之邦○	4.58/61/24	劑	5.13/69/31
比小事大以和邦○	4.1/53/9	凡邦○千里	4.58/61/27	凡邦○有疑會同	5.14/70/4
以九伐之法正邦○	4.1/53/9	○有大刑	4.58/62/1	凡○有大故而用金石	5.15/70/11
始和布政于邦○都鄙	4.1/53/12	王殷○亦如之	4.58/62/1	役○中之辱事	5.21/71/1
施邦○之政職	4.1/53/13	而建邦○都鄙	4.59/62/3	凡封○若家	5.22/71/5
方千里曰○畿	4.1/53/13	形方氏掌制邦○之地域		執其○之兵以守王宮	5.23/71/8
○功曰功	4.6/54/22		4.63/62/15	以詰四方邦○及其都鄙	
（惟）〔唯〕加田無○		使小○事大○	4.63/62/15		5.27/71/19
正	4.6/54/24	大○比小○	4.63/62/15	凡聚眾庶	5.29/71/24
量人掌建○之法	4.8/55/1	而頒之于邦○	4.64/62/18	野廬氏掌達○道路	5.30/71/27
以分○為九州	4.8/55/1		4.65/62/20	比○郊及野之道路、宿	
營○城郭	4.8/55/1	匡人掌達法則、匡邦○		息、井、樹	5.30/71/27
邦○之地與天下之涂數	4.8/55/2	而觀其惡	4.67/62/24	凡○之大祭祀	5.31/72/1
四時變○火	4.11/55/13	道○之政事	4.68/62/26	掌凡○之斂禁	5.31/72/3
凡○失火	4.11/55/14	以巡天下之邦○而語之		凡害於○稼者	5.32/72/5
與○有司帥之	4.12/55/18		4.68/62/26	萍氏掌○之水禁	5.33/72/8
凡○都之竟有溝樹之固		以○法掌其政學	4.69/62/28	以木鐸修火禁于○中	5.35/72/13
	4.12/55/19	以聽〔於〕○司馬	4.69/62/28	脩閭氏掌比○中宿互	
設○之五溝五涂	4.13/55/22	以佐王刑邦○	5.0/63/6,5.1/67/1	（樗）〔檹〕者與其	
巡邦○	4.16/55/31	每○上士二人	5.0/66/28	○粥	5.37/72/20
訟敵○	4.16/55/31	一曰刑新○用輕典	5.1/67/1	禁徑踰者與以兵革趨行	
射人掌○之三公、孤、		二曰刑平○用中典	5.1/67/1	者與馳騁於○中者	5.37/72/20
卿、大夫之位	4.18/56/7	三曰刑亂○用重典	5.1/67/2	庭氏掌射○中之夭鳥	5.49/73/20
若有○事	4.18/56/9	五曰○刑	5.1/67/3	○之大祭祀	5.50/73/23

禁嘂呼歎鳴於○中者	5.50/73/23	至于○	5.59/76/31	毋○家一人	2.2/21/21
行歌哭於○中之道者	5.50/73/24	掌交掌以節與幣巡邦○		以糾其○惡而戒之	2.5/22/27
伊耆氏掌○之大祭祀共		之諸侯及其萬民之所		甸稍縣都皆無○十二	2.16/24/18
其杖咸	5.51/73/26	聚者	5.60/77/4	司救掌萬民之衺惡○失	
秋覲以比邦○之功	5.52/73/28	掌邦○之通事而結其交		而誅讓之	2.24/25/25
殷覜以除邦○之惡	5.52/73/30	好	5.60/77/5	其有○失者	2.24/25/26
以同邦○之禮	5.52/73/31	朝大夫掌都家之○治	5.63/77/12	凡○而殺傷人者	2.25/25/29
凡大○之孤	5.52/74/8	日朝以聽○事故	5.63/77/12	無○五兩	2.26/26/6
執皮帛以繼小○之君	5.52/74/8	○有政令	5.63/77/12	國君○市則刑人赦	2.27/26/19
其他皆眡小○之君	5.52/74/9	凡都家之治於○者	5.63/77/13	夫人○市罰一幕	2.27/26/19
九州之外謂之蕃○	5.52/74/14	○有六職	6.0/77/24	世子○市罰一帟	2.27/26/19
王之所以撫邦○諸侯者		謂之○工	6.1/79/8	命夫○市罰一蓋	2.27/26/19
	5.52/74/15		6.1/79/14,6.27/84/17	命婦○市罰一帷	2.27/26/19
十有二歲王巡守殷○	5.52/74/17	○馬之輈深四尺有七寸	6.3/79/23	祭祀無○旬日	2.36/27/17
小行人掌邦○賓客之禮		謂之○輈	6.3/80/4	喪紀無○三月	2.36/27/18
籍	5.53/74/21	以觀四○	6.8/81/4	禁其淫聲、○聲、凶聲	
各以其○之籍禮之	5.53/74/22	則遠○屬	6.26/84/4	、慢聲	3.21/41/31
若○札喪	5.53/74/28	故攻○之兵欲短	6.27/84/9	○大山川	3.49/45/25
若○凶荒	5.53/74/28	守○之兵欲長	6.27/84/9	其能改（○）〔者〕	5.1/67/4
若○師役	5.53/74/28	攻○之人衆	6.27/84/10	凡萬民之有罪○而未麗	
若○有福事	5.53/74/29	守○之人寡	6.27/84/10	於法而害於州里者	5.1/67/6
若○有禍災	5.53/74/29	匠人建○	6.28/84/19	再宥曰○失	5.12/69/28
每○辨異之	5.53/75/1	匠人營○	6.28/84/20	凡兵無○三其身	6.27/84/9
主○五積	5.54/75/7	○中九經九緯	6.28/84/20	○三其身	6.27/84/9
皆如主○之禮	5.54/75/13	九分其○以爲九分	6.28/84/26		
諸公之臣相爲○客	5.54/75/14			**海** hǎi	**3**
以其○之爵相爲客而相		**果** guǒ	**10**		
禮	5.54/75/21			父之讎辟諸○外	2.25/25/30
行夫掌邦○傳遽之小事		共野○蓏之薦	1.11/8/28	凡將事于四○、山川	4.51/60/20
、媺惡而無禮者	5.55/75/25	而樹之○蓏珍異之物	2.70/31/19	達于四○	5.27/71/20
居於其○	5.55/75/26	共其○蓏	2.70/31/19		
環人掌送逆邦○之通賓		則攝而載○	3.1/37/11	**醢** hǎi	**22**
客	5.56/75/28	以待○將	3.2/37/19		
象胥掌蠻、夷、閩、貉		以時將瓚○	3.2/37/21	○人	1.0/2/25
、戎、狄之○使	5.57/75/31	及○	3.3/38/4	女○二十人	1.0/2/25
凡○之大喪	5.57/76/1	贊○將	3.3/38/5	設薦脯○	1.6/8/5
詔相○客之禮儀而正其		五曰○	3.41/44/13	以授○人	1.14/9/8
位	5.57/76/2	東龜曰○屬	3.43/44/21	○人掌四豆之實	1.26/10/29
受○客幣而賓禮之	5.57/76/2			其實韭菹、醓○	1.26/10/29
王巡守、殷○	5.58/76/6	**椁** guǒ	**2**	其實葵菹、蠃○	1.26/10/30
則○君膳以牲犢	5.58/76/6			脾析、蠯○	1.26/10/30
凡諸侯之卿、大夫、士		不樹者無○	2.17/24/25	蜃、蚳○	1.26/10/30
爲○客	5.58/76/25	○其漆內而中詘之	6.1/78/26	豚拍、魚○	1.26/10/30
○新殺禮	5.58/76/26			芹菹、兔○	1.26/10/31
遭主○之喪	5.58/76/27	**過** guò	**22**	深蒲、醓○	1.26/10/31
掌訝掌邦○之等籍	5.59/76/30			箈菹、鴈○	1.26/10/31
若將有○賓客至	5.59/76/30	以馭其○	1.1/5/19	筍菹、魚○	1.26/10/31

則共〇六十罋	1.26/11/1	寒 hán	5	小祝掌小祭祀將事侯禳		
以五齊、七〇、七菹、				禱祠之祝〇	3.50/45/28	
三臡實之	1.26/11/2	秋時有瘧〇疾	1.18/9/22	祈〇祝	3.50/45/30	
共〇五十罋	1.26/11/2	多〇	2.1/20/16	掌喪祭祝〇	3.51/46/4	
共〇	1.26/11/2	中秋夜迎〇	3.37/43/29	掌勝國邑之社稷之祝〇	3.51/46/5	
醢〇百有二十罋	5.58/76/10	〇奠體	6.30/86/3	甸祝掌四時之田表貉之		
醢〇百罋	5.58/76/17	〇奠體則張不流	6.30/86/4	祝	3.52/46/8	
醢〇八十罋	5.58/76/22			皆掌其祝	3.52/46/9	
以酒脯〇	6.26/84/5	旱 hàn	7	詛祝掌盟、詛、類、造		
				、攻、說、襘、禜之		
害 hài	12	帥而舞〇暵之事	2.12/24/1	祝	3.53/46/11	
		〇暵	2.53/30/3,3.56/46/20	男巫掌望祀望衍授〇	3.55/46/17	
而知其利〇	2.1/20/13	寧風〇	3.50/45/28	家各象其〇	3.67/48/16	
〇者使亡	2.27/26/16	若國大〇	3.54/46/14	辨〇名之用	4.1/53/21	
賊賢〇民則伐之	4.1/53/10	辨吉凶、水〇降豐荒之		家以〇名	4.1/53/21	
周知其利〇	4.58/61/10	祲象	3.60/47/10	各書其事與其〇焉	4.1/53/25	
辨其物與其利〇	4.64/62/18	然則居〇亦不動	6.30/86/12	夜三鑿以〇戒	4.12/55/18	
	4.65/62/20			則以刑禁〇令	5.27/71/20	
凡〇人者	5.1/67/4,5.18/70/20	漢 hàn	1	以方書十日之〇	5.44/73/7	
凡萬民之有罪過而未麗				十有二辰之〇	5.44/73/7	
於法而〇於州里者	5.1/67/6	其川江〇	4.58/61/13	十有二月之〇	5.44/73/7	
凡〇於國稼者	5.32/72/5			十有二歲之〇	5.44/73/7	
及其萬民之利〇爲一書		暵 hàn	3	二十有八星之〇	5.44/73/8	
	5.53/74/30					
又以〇人	6.27/84/9	帥而舞旱〇之事	2.12/24/1	好 hǎo	17	
		旱〇	2.53/30/3,3.56/46/20			
含 hán	4			九曰〇用之式	1.1/5/27	
		蒿 hāo	3	共祭祀之〇羞	1.7/8/10	
贊贈玉、〇玉	1.1/6/10			凡王之〇賜肉脩	1.8/8/18	
受其〇襚幣玉之事	1.2/7/4	凡其死生鱻〇之物	1.7/8/9	凡式貢之餘財以共玩〇		
共〇玉、復衣裳、角枕		爲鱐〇	1.13/9/4	之用	1.34/11/32	
、角柶	1.35/12/4	共其魚之鱻〇	1.13/9/5	玉府掌王之金玉、玩〇		
〇玉、贈玉	3.10/39/20			、兵、器	1.35/12/3	
		號 háo	31	凡王之〇賜	1.35/12/6	
函 hán	9			凡王及冢宰之〇賜予	1.36/12/9	
		詔大〇	3.1/37/9	后有〇事于四方	1.46/13/26	
歌〇鍾	3.21/41/16	則奉玉帛以詔〇	3.2/37/20	有〇令於卿大夫	1.46/13/27	
〇鍾爲宮	3.21/41/22	詔其〇	3.20/41/7	以結〇	3.10/39/18	
大呂、應鍾、南呂、〇		辨六〇	3.49/45/17	同其〇善	4.61/62/9	
鍾、小呂、夾鍾	3.25/42/19	一曰神〇	3.49/45/17	時聘以結諸侯之〇	5.52/73/30	
燕無〇	6.0/77/28	二曰鬼〇	3.49/45/17	以和諸侯之〇故	5.53/74/28	
燕之無〇也	6.0/77/28	三曰示〇	3.49/45/17	使咸知王之〇惡	5.60/77/4	
非無〇也	6.0/77/29	四曰牲〇	3.49/45/17	使和諸侯之〇	5.60/77/5	
夫人而能爲〇也	6.0/77/29	五曰齍〇	3.49/45/18	掌邦國之通事而結其交		
〇、鮑、䩜、韋、裘	6.0/78/8	六曰幣〇	3.49/45/18	〇	5.60/77/5	
〇人爲甲	6.10/81/9	則執明水火而〇祝	3.49/45/21	〇三寸	6.19/82/22	
		頒祭〇于邦國都鄙	3.49/45/26			

昊 hào 2

以禋祀祀〇天上帝 3.1/36/24
祀〇天、上帝 3.12/39/31

秏 hào 2

改煎金錫則不〇 6.8/81/1
不〇然後權之 6.8/81/1

禾 hé 7

車米、筥米、芻〇 2.72/31/28
車〇眡死牢 5.58/76/11
芻薪倍〇 5.58/76/12
5.58/76/17,5.58/76/23
〇四十車 5.58/76/17
〇三十車 5.58/76/23

合 hé 43

以官府之六聯〇邦治 1.2/6/26
〇諸侯亦如之 1.33/11/23
若〇諸侯 1.35/12/5
天地之所〇也 2.1/20/17
則〇其卒伍 2.7/23/11
以歲時〇耦于耡 2.46/29/8
〇衆也 3.1/36/30
以禮樂〇天地之化、百物之產 3.1/37/8
而〇國之子弟焉 3.21/41/10
以六律、六同、五聲、八音、六舞、大〇樂 3.21/41/13
〇舞 3.23/42/11
〇聲 3.23/42/11
以〇陰陽之聲 3.25/42/18
〇方氏 4.0/52/20
大〇軍 4.1/54/6
則〇諸侯之六耦 4.1/54/10
〇其卒伍 4.24/57/8
春〇諸學 4.24/57/11
秋〇諸射 4.24/57/11
〇其車之卒伍 4.25/57/13
天子之弓〇九而成規 4.39/59/5
諸侯〇七而成規 4.39/59/6
大夫〇五而成規 4.39/59/6
士〇三而成規 4.39/59/6
〇方氏掌達天下之道路 4.61/62/9
掌鄉〇州黨族閭比之聯 5.3/68/4
凡邦之大事〇衆庶 5.27/71/20
〇六幣 5.53/74/27
將〇諸侯 5.54/75/4
王〇諸侯而饗禮 5.58/76/5
〇此四者 6.0/78/1
〇六而成規 6.4/80/12
〇甲五屬 6.10/81/9
〇甲壽三百年 6.10/81/9
秋〇三材 6.30/86/3
春液角則〇 6.30/86/3
秋〇三材則〇 6.30/86/4
〇九而成規 6.30/86/19
〇七而成規 6.30/86/19
〇五而成規 6.30/86/20
〇三而成規 6.30/86/20
〇灂若背手文 6.30/86/27

和 hé 50

以〇邦國 1.1/5/10
1.2/6/24,3.21/41/14
始〇布治于邦國都鄙 1.1/6/3
內饔掌王及后、世子膳羞之割亨煎〇之事 1.8/8/14
食醫掌〇王之六食、六飲、六膳、百羞、百醬、八珍之齊 1.17/9/17
凡〇 1.17/9/18
四曰以樂（禮）教〇 2.1/20/9
陰陽之所〇也 2.1/20/17
始〇布教于邦國都鄙 2.1/20/27
知、仁、聖、義、忠、〇 2.1/21/3
以六樂防萬民之情而教之〇 2.1/21/6
一曰〇 2.4/22/20
四曰〇容 2.4/22/21
五家相受相〇親 2.9/23/18
以〇軍旅 2.11/23/25
以金錞〇鼓 2.11/23/27
調人掌司萬民之難而諧〇之 2.25/25/29
凡〇難 2.25/25/29
以〇邦國都鄙之政令刑禁與其施舍 2.51/29/26
以佐王〇邦國 3.0/32/18
以〇樂防之 3.1/37/7
〇鬱鬯 3.4/38/13
穀圭以〇難 3.10/39/18
以樂德教國子中、〇、祗、庸、孝、友 3.21/41/11
雲〇之琴瑟 3.21/41/21
掌六樂聲音之節與其〇 3.26/42/26
典同掌六律六同之〇、以辨天地四方陰陽之聲 3.29/43/4
凡〇樂亦如之 3.29/43/6
察天地之〇 3.60/47/10
比小事大以〇邦國 4.1/53/9
始〇布政于邦國都鄙 4.1/53/12
以旌爲左右〇之門 4.1/54/2
群吏各帥其車徒以敘〇出 4.1/54/2
以鸞〇爲節 4.45/59/29
使萬民〇說而正王面 4.68/62/26
始〇布刑于邦國都鄙 5.1/67/11
以〇諸侯之好故 5.53/74/28
其康樂〇親安平爲一書 5.53/75/1
以〇親之 5.57/75/31
使〇諸侯之好 5.60/77/5
巧者〇之 6.1/78/19,6.30/85/20
〇則安 6.3/80/1
此唯輈之〇也 6.3/80/2
以爲〇也 6.30/85/21
謂之九〇 6.30/86/18
九〇之弓 6.30/86/18
大〇無灂 6.30/86/26
〇弓轂摩 6.30/86/27

河 hé 5

〇南曰豫州 4.58/61/14
〇東曰兗州 4.58/61/17
其川〇、泲 4.58/61/17
其川〇泲 4.58/61/20
〇內曰冀州 4.58/61/21

貉 hé 9

（祭）表〇 3.3/38/8

諸○之地	2.1/20/19		4.18/56/11	以和諸○之好故	5.53/74/28
○執信圭	3.1/37/4、3.10/39/13	士以三耦射豻○	4.18/56/11	將合諸○	5.54/75/4
王哭諸○亦如之	3.1/37/11	則以狸步張三○	4.18/56/12	南鄉見諸○	5.54/75/5
王命諸○	3.1/37/12	則令去○	4.18/56/12	○伯於中等	5.54/75/6
與祝○襐于壇及郊	3.3/38/6	祭○	4.18/56/13	則諸○毛	5.54/75/7
凡大朝覲、大享射、凡		射則贊張○	4.19/56/18	諸○、諸伯、諸子、諸	
封國、命諸○	3.8/39/1	矢在○高	4.20/56/22	男之相爲賓也各以其	
諸○祭祀席	3.8/39/3	諸○則四人	4.28/57/23	禮	5.54/75/13
諸○則紛純	3.8/39/5	掌諸○之復逆	4.30/57/29	凡（諸）〔○〕伯子男	
諸○相見亦如之	3.10/39/14	諸○之繅斿九就	4.35/58/19	之臣	5.54/75/20
典命掌諸○之五儀、諸		諸○及孤卿大夫之冕、		凡諸○之交	5.54/75/22
臣之五等之命	3.11/39/22	韋弁、皮弁、弁絰、		王之大事諸○	5.57/76/2
○伯七命	3.11/39/23	各以其等爲之	4.35/58/20	王合諸○而饗禮	5.58/76/5
凡諸○之適子誓於天子		夾弓、庾弓以授射豻○		諸○長十有再獻	5.58/76/6
	3.11/39/25	、鳥獸者	4.39/59/2	卿眡○伯之禮	5.58/76/7
○伯之卿大夫士亦如之		諸○合七而成規	4.39/59/6	士眡諸○之卿禮	5.58/76/7
	3.11/39/28	諸○晉	4.49/60/9	凡諸○之禮	5.58/76/8
爲諸○緦衰	3.12/40/4	其外方五百里曰○服	4.58/61/25	○伯四積	5.58/76/15
○伯之服	3.12/40/5	方四百里則六○	4.58/61/28	凡諸○之卿、大夫、士	
自鷩冕而下如○伯之服	3.12/40/6	凡諸○之獄訟	5.1/67/13	爲國客	5.58/76/25
哭諸○亦如之	3.16/40/22	諸○爲賓	5.3/68/9	諸○有卿訝	5.59/77/1
	3.17/40/26	公○伯子男位焉	5.9/69/11	掌交掌以節與幣巡邦國	
凡諸○居左右以前	3.18/40/29	饗諸○亦如之	5.15/70/11	之諸○及其萬民之所	
凡諸○及諸臣葬於墓者	3.18/41/1	○伯則四人	5.36/72/16	聚者	5.60/77/4
職喪掌諸○之喪及卿大		以親諸○	5.52/73/28	使和諸○之好	5.60/77/5
夫士凡有爵者之喪	3.20/41/6	春朝諸○而圖天下之事		○守之	6.19/82/18
詔○○以弓矢舞	3.21/41/29		5.52/73/28	以朝諸○	6.19/82/18
諸○蕝	3.21/41/30	多遇以協諸○之慮	5.52/73/29	○用瓚	6.19/82/19
諸○以《狸首》爲節	3.22/42/5	時聘以結諸○之好	5.52/73/30	諸○以享天子	6.19/82/22
饗食諸○	3.22/42/7	間問以諭諸○之志	5.52/73/30	諸○以聘女	6.19/82/24
諸○軒縣	3.24/42/16	歸脤以交諸○之福	5.52/73/30	諸○以享夫人	6.19/82/28
諸○奏《狸首》	3.31/43/12	賀慶以贊諸○之喜	5.52/73/31	諸○純九	6.19/82/28
小祝掌小祭祀將事○襐		致襘以補諸○之災	5.52/73/31	夫人以勞諸○	6.19/82/28
禱祠之祝號	3.50/45/28	以九儀辨諸○之命	5.52/73/31	梓人爲○	6.26/84/3
凡命諸○及孤卿大夫	3.61/47/15	諸○之禮	5.52/74/2	張皮○而棲鵠	6.26/84/4
諸○建旂	3.67/48/14	其他皆如諸○之禮	5.52/74/5	張五采之○	6.26/84/4
其外方五百里曰○畿	4.1/53/13	凡諸○之卿	5.52/74/10	張獸○	6.26/84/5
諸○執貴鼓	4.1/53/18	其外方五百里謂之○服		祭○之禮	6.26/84/5
諸○載旂	4.1/53/24		5.52/74/11	惟若寧○	6.26/84/5
則合諸○之六耦	4.1/54/10	王之所以撫邦國諸○者		（母）〔毋〕或若女不	
凡沈辜、○襐	4.9/55/6		5.52/74/15	寧○不屬于王所	6.26/84/5
凡沈辜、○襐、釁、積		凡諸○之王事	5.52/74/17	詒女曾孫諸○百福	6.26/84/6
	4.10/55/10	則〔詔〕相諸○之禮	5.52/74/18	宮隅之制以爲諸○之城	
諸○在朝	4.18/56/8	凡諸○之邦交	5.52/74/18	制	6.28/84/28
王以六耦射三○	4.18/56/9	令諸○春入貢	5.53/74/21	環涂以爲諸○經涂	6.28/84/28
諸○以四耦射二○	4.18/56/10	凡諸○入王	5.53/74/22	爲諸○之弓	6.30/86/19
孤卿大夫以三耦射一○		○用信圭	5.53/74/26	利射○與弋	6.30/86/25

權之然○準之	6.8/81/1	
準之然○量之	6.8/81/1	
永啓厥○	6.8/81/4	
然○可鑄也	6.8/81/5	
然○制革	6.10/81/10	
○素功	6.15/82/4	
三在○	6.23/83/7	
四在○	6.23/83/7	
○弱則翔	6.23/83/9	
大胸燿○	6.26/83/23	
二在前、一在○而圍之		
	6.27/84/14	
面朝○市	6.28/84/21	
然○可以傅衆力	6.28/85/5	
一在○	6.29/85/18	

候 hòu　5

市有○館	2.19/25/4
○館有積	2.19/25/4
○人	4.0/49/31
○人各掌其方之道治	4.15/55/28
以設○人	4.15/55/28

乎 hū　1

遷○其地	6.0/78/3

呼 hū　3

○昭穆而進之	4.23/57/2
帥其屬而以鞭○趨且辟	5.9/69/13
禁嘂○歎鳴於國中者	5.50/73/23

虖 hū　1

其川○池、嘔夷	4.58/61/23

嘑 hū　2

夜○旦以嘂百官	3.6/38/21
○啓關	3.64/48/3

膴 hū　5

凡掌共羞、脩、刑、○	
、胖、骨、鱐	1.8/8/18

共其脯、脩、刑、○	1.9/8/21
凡田獸之脯腊○胖之事	1.15/9/10
薦脯、○、胖	1.15/9/10
其實麷、蕡、白、黑、	
形鹽、○、鮑魚、鱐	
	1.25/10/24

狐 hú　1

勃壤用○	2.52/29/30

弧 hú　6

王弓、○弓以授射甲革	
、椹質者	4.39/59/2
冥氏掌設○張	5.38/72/23
欲其孫而無○深	6.3/79/28
輖欲○而折	6.3/80/1
○旌枉矢	6.3/80/6
以象○也	6.3/80/6

胡 hú　5

○無弓、車	6.0/77/28
○之無弓車也	6.0/77/29
妢○之筍	6.0/78/4
○三之	6.5/80/14
○四之	6.5/80/16

壺 hú　14

其饋獻用兩○尊	3.7/38/26
挈○氏	4.0/50/3
挈○氏掌挈○以令軍井	4.17/56/3
縣○以序聚（橐）〔橐〕	
	4.17/56/3
縣○以代哭者	4.17/56/4
○涿氏	5.0/66/3
○涿氏掌除水蟲	5.48/73/17
○四十	5.58/76/9
八○、八豆、八籩	5.58/76/14
	5.58/76/19
○三十有二	5.58/76/16
○二十有四	5.58/76/21
六○、六豆、六籩	5.58/76/24

湖 hú　1

其浸五○	4.58/61/11

觳 hú　4

實五○	6.24/83/15
實二○	6.24/83/15
實一○	6.25/83/17
豆實三而成○	6.25/83/17

鵠 hú　5

設其○	1.43/13/8
皆設其○	1.43/13/9
前樊○纓	3.64/47/27
參分其廣而○居一焉	6.26/84/3
張皮侯而棲○	6.26/84/4

虎 hǔ　11

則共○侯、熊侯、豹侯	1.43/13/8
居○門之左	2.21/25/13
山國用○節	2.39/27/30
	5.53/74/25
裸用○彝、蜼彝	3.7/38/27
熊○爲旗	3.67/48/13
○賁氏	4.0/50/21
○士八百人	4.0/50/21
王族故士、○士在路門	
之右	4.23/56/31
○賁氏掌先後王而趨以	
卒伍	4.26/57/16
授旅賁及○士戈盾	4.38/58/30

琥 hǔ　3

以白○禮西方	3.1/37/6
駔圭璋璧琮○璜之渠眉	
	3.10/39/18
○以繢	5.53/74/27

互 hù　7

繫人掌取○物	1.14/9/7
以參○攷日成	1.38/12/19
共其牛牲之○與其盆簝	

	2.14/24/10
掌蜃掌斂○物蜃物	2.68/31/15
凡道路之舟車鑿○者	5.30/71/28
脩閭氏掌比國中宿○	
（橝）〔橝〕者與其	
國粥	5.37/72/20
則令守其閭○	5.37/72/21

枑 hù 1

設梐○再重	1.31/11/16

華 huá 2

其山鎮曰○山	4.58/61/14
無有○離之地	4.63/62/15

滑 huá 4

調以○甘	1.17/9/18
以○養竅	1.19/9/29
欲其柔而○也	6.11/81/16
欲其柔○而腥脂之	6.11/81/18

化 huà 9

飭○八材	1.1/5/22
○治絲枲	1.1/5/22
七曰○材	2.1/21/2
草人掌土○之法以物地	2.52/29/29
以禮樂合天地之○、百	
物之產	3.1/37/8
四曰○祝	3.49/45/15
以辨土宜土○之法	4.59/62/3
若欲其○也	5.42/73/1,5.43/73/4

畫 huà 8

以○布巾冪六彝	1.29/11/11
共輴○組就之物	1.56/14/29
加繢席○純	3.8/39/2,3.8/39/3
皆○其象焉	3.67/48/15
○、繢、鍾、筐、㡛	6.0/78/8
○繢之事	6.15/82/1
凡○繢之事	6.15/82/4

淮 huái 2

其川○泗	4.58/61/16
橘踰○而北為枳	6.0/78/2

槐 huái 1

面三○	5.9/69/12

懷 huái 4

以○賓客	1.2/6/24
○方氏	4.0/52/18
○方氏掌來遠方之民	4.60/62/6
夫○膠於內而摩其角	6.30/86/8

桓 huán 5

公執○圭	3.1/37/4,3.10/39/13
執○圭九寸	5.52/73/32
公用○圭	5.53/74/26
謂之○圭	6.19/82/17

垸 huán 2

重三○	6.5/80/14,6.23/83/9

狟 huán 1

鹹潟用○	2.52/29/30

還 huán 5

王○揖門左	4.23/57/1
三○	5.54/75/9
賓三○三辭	5.54/75/11
致饔餼、○圭、饔食、	
致贈、郊送	5.54/75/12
饔食○圭如將幣之儀	5.54/75/19

環 huán 17

○拜以鍾鼓為節	3.22/42/4
九曰巫○	3.46/45/3
○人	4.0/50/1,5.0/66/14
○人掌致師	4.16/55/31
○四方之故	4.16/55/31
弁而加○絰	4.35/58/20
○人掌送逆邦國之通賓	
客	5.56/75/28
則令○之	5.56/75/29
良輈○灂	6.3/80/3
良鼓瑕如積○	6.12/81/25
○涂七軌	6.28/84/27
○涂以為諸侯經涂	6.28/84/28
冰析灂則審○	6.30/86/4
引之如○	6.30/86/16
如○	6.30/86/17
角○灂	6.30/86/27

緩 huǎn 7

三曰○刑	2.1/20/24
則令邦國移民、通財、	
舍禁、弛力、薄征、	
○刑	2.1/21/10
正聲○	3.29/43/4
令移民、通財、糾守、	
○刑	5.3/68/7
則是一方○、一方急也	
	6.11/81/19
若苟一方○、一方急	6.11/81/19
寬○以荼	6.30/86/22

澣 huǎn 1

革欲其荼白而疾○之	6.11/81/18

患 huàn 2

凡歲時有天○民病	2.24/25/27
凡天○	2.31/27/1

豢 huàn 1

掌○祭祀之犬	2.78/32/13

輨 huàn 1

暬馭曰車○	5.36/72/17

皇 huāng 4

設○邸	1.33/11/22

教○舞	2.12/24/1	則飾○駒	4.51/60/20	毀 huǐ	2
有○舞	3.22/42/3	其聲中○鍾之宮	6.8/81/3		
掌三○五帝之書	3.62/47/18	○白次之	6.8/81/4	凡外祭○事	2.13/24/4
		○白之氣竭	6.8/81/5	○折入齎于職幣	3.64/48/2
帿 huāng	2	地謂之○	6.15/82/2		
		玄與○相次也	6.15/82/2	**惠 huì**	4
畫、繢、鍾、筐、○	6.0/78/8	土以○	6.15/82/3		
○氏湅絲	6.18/82/12	○金勺	6.19/82/23	以王命施○	2.3/22/9
		犀膠○	6.30/85/30	以待施○	2.19/25/1
荒 huāng	21			而以王命施○	2.24/25/27
		璜 huáng	3	施其○	2.48/29/13
三曰喪○之式	1.1/5/26				
三曰喪○之聯事	1.2/6/27	以玄○禮北方	3.1/37/6	**喙 huì**	1
軍旅、田役、喪○亦如之	1.2/7/2	駔圭璋璧琮琥○之渠眉			
喪○	1.2/7/4		3.10/39/18	銳○決吻	6.26/83/25
大○則不舉	1.6/8/4	○以龢	5.53/74/27		
以○政十有二聚萬民	2.1/20/23			**會 huì**	123
大○、大札	2.1/21/10	**灰 huī**	6		
以待凶○	2.19/25/2			司○	1.0/3/19
國凶○札喪	2.27/26/16	掌炭掌○物炭物之徵令		以○官治	1.1/5/13
以○禮哀凶札	3.1/36/27		2.66/31/11	大朝覲○同	1.1/6/10
以恤凶○	3.10/39/17	凡炭○之事	2.66/31/11	受其○	1.1/6/12
大札、大○、大災	3.12/40/4	以○洒毒之	5.46/73/12	五曰以敘受其○	1.2/6/18
辨吉凶、水旱降豐○之		以○洒之	5.47/73/14	八曰聽出入以要○	1.2/6/30
祲象	3.60/47/10	以欄爲○	6.18/82/13	以法掌祭祀、朝覲、○	
以檜國之凶○、民之札		清其○而盎之	6.18/82/13	同、賓客之戒具	1.2/7/1
喪	3.70/48/27			贊冢宰受歲○	1.2/7/4
野○民散則削之	4.1/53/10	**揮 huī**	1	凡朝覲、○同、賓客	1.3/7/15
若邦凶○	5.3/68/7			歲終則令群吏正歲○	1.3/7/18
則以○辯之法治之	5.3/68/7	而○之	6.18/82/13	○其什伍而教之道（義）	
若邦凶○、札喪、寇戎				〔藝〕	1.4/7/24
之故	5.9/69/18	**煇 huī**	1	月終則○其稍食	1.4/7/24
若國凶○	5.53/74/28			歲終則○其行事	1.4/7/25
其札喪凶○厄貧爲一書	5.53/75/1	眂祲掌十○之法	3.48/45/10	歲終則○	1.6/8/7、1.7/8/12
凶○殺禮	5.58/76/26				1.21/10/11、1.43/13/9
		褘 huī	1	唯王及后、世子之膳不○	1.6/8/7
黃 huáng	17			唯王及后之膳禽不○	1.7/8/12
		○衣	1.58/15/4	凡○膳食之宜	1.17/9/19
赤繶、○繶	1.62/15/16			唯王及后之飲酒不○	1.21/10/11
以○琮禮地	3.1/37/6	**麾 huī**	1	掌舍掌王之○同之舍	1.31/11/16
祼用斝彝、○彝	3.7/38/26			凡朝覲、○同、軍旅、	
乃奏○鍾	3.21/41/15	建大○	3.64/47/27	田役、祭祀	1.32/11/19
○鍾爲角	3.21/41/20			諸侯朝覲○同	1.33/11/23
○鍾爲宮	3.21/41/24	**回 huí**	1	則以貨賄之入出○之	1.34/12/1
○鍾、大蔟、姑洗、蕤				凡祭祀、賓客、喪紀、	
賓、夷則、無射	3.25/42/18	○聲衍	3.29/43/5	○同、軍旅	1.37/12/13
○金四目	4.29/57/26			則○	1.37/12/14

○其女功	2.45/29/6	良鼓瑕如○環	6.12/81/25	以○其工	4.41/59/14
一曰○首	3.49/45/19			凡○財與其出入	4.41/59/16
簡○鄉民以用邦國	4.1/53/9	**隮 jī**	1		
三歲則○士任	4.23/57/5			**羈 jī**	2
其山鎮曰會○	4.58/61/11	九曰○	3.48/45/11		
皆再拜○首	5.54/75/17			以待○旅	2.19/25/2
客再拜○首	5.54/75/19	**續 jī**	1	以旬聚待○旅	2.50/29/21

積 jī　　36

不○者不衰　2.17/24/26

及 jí　　212

掌其牢禮、委○、膳獻		**擊 jī**	13	○執事	1.1/6/8
、飲食、賓賜之飧牽	1.3/7/16			○納亨	1.1/6/8,5.1/67/14
令野脩道委○	2.1/21/8	夕○柝而比之	1.4/7/22	○祀之日	1.1/6/9
	2.2/21/25	令奏○拊	3.25/42/21	以正王○三公、六卿、	
共其牢禮○膳之牛	2.14/24/8	○拊	3.26/42/25	大夫、群吏之位	1.3/7/9
遺人掌邦之委○	2.19/25/1	○應鼓	3.26/42/25	以養王○后、世子	1.6/8/1
鄉里之委○	2.19/25/1	○頌磬、笙磬	3.28/43/1	掌后○世子之膳羞	1.6/8/6
門關之委○	2.19/25/1	磬師掌教○磬	3.30/43/8	唯王○后、世子之膳不會	1.6/8/7
郊里之委○	2.19/25/2	○編鍾	3.30/43/8	以共王○膳與其薦羞之	
野鄙之委○	2.19/25/2	中春晝○土鼓	3.37/43/29	物○后、世子之膳羞	1.7/8/9
縣都之委○	2.19/25/2	○土鼓	3.37/43/30,3.37/43/30	唯王○后之膳禽不會	1.7/8/12
掌其道路之委○	2.19/25/3	以戈○四隅	4.29/57/27	內饔掌王○后、世子膳	
候館有○	2.19/25/4	是故○其所縣	6.26/83/25	羞之割亨煎和之事	1.8/8/14
凡委○之事	2.19/25/4	故○其所縣	6.26/83/27	共后○世子之膳羞	1.8/8/15
令脩野道而委○	2.40/28/13			○弊田	1.12/8/31
庀其委○	2.41/28/20	**雞 jī**	8		2.56/30/14,2.59/30/23
平頒其興○	2.48/29/13			○后、世子之飲與其酒	1.21/10/7
共其委○薪芻凡疏材	2.50/29/23	○人	3.0/32/29	唯王○后之飲酒不會	1.21/10/11
共道路之穀○、食飲之		工商執○	3.1/37/5	喪事○賓客之事	1.25/10/26
具	2.73/32/1	○人掌共○牲	3.6/38/21	爲王○后世子共其內羞	
凡沈辜、侯禳、釁、○		共其○牲	3.6/38/22		1.25/10/27
	4.10/55/10	祼用○彝、鳥彝	3.7/38/24	爲王○后、世子共其內	
治其委○、館舍、飲食	4.60/62/6	鳴鈴以應○人	3.64/48/4	羞	1.26/11/1
髳者使守○	5.20/70/31	其畜宜○狗	4.58/61/16	其后○世子之醬齊菹	1.27/11/5
爲百官○任器	5.21/71/1			后○世子亦如之	1.28/11/9
出入五○	5.52/74/2	**齎 jī**	10	三公○卿大夫之喪	1.32/11/20
出入四○	5.52/74/5			凡官府都鄙之吏○執事	
出入三○	5.52/74/8,5.52/74/9	共其財用之幣○、賜予		者	1.34/11/29
主國五○	5.54/75/7	之財用	1.37/12/13	凡王○家宰之好賜予	1.36/12/9
致飧如致○之禮	5.54/75/9	則會其財○	1.44/13/13	共王○后、世子之衣服	
則三○	5.54/75/14	以授嬪婦及內人女功之		之用	1.37/12/12
如入之○	5.54/75/20	事○	1.55/14/24	唯王○后之服不會	1.37/12/14
上公五○	5.58/76/8	以待時頒功而授○	1.57/15/1	以詔王○家宰廢置	1.38/12/19
侯伯四○	5.58/76/15	受其將幣之○	3.2/37/23	○事成	1.39/12/25
子男三○	5.58/76/20	禁門用瓛○	3.5/38/17	○會	1.40/12/29,1.41/13/2
則戒官脩委○	5.59/76/30	設道○之奠	3.50/45/30	寺人掌王之內人○女宮	
則致○	5.59/76/31	毀折入○于職幣	3.64/48/2	之戒令	1.48/14/3

○葬	1.49/14/8,2.3/22/5	以歲時登其夫家之衆寡		頒之于官府○都鄙	3.57/46/25
	2.40/28/14,3.4/38/14	○其六畜車輦	2.40/28/11	戒○宿之日	3.57/46/26
	3.18/40/31,3.21/42/1	共丘籠○蜃車之役	2.41/28/21	○將幣之日	3.57/46/28
	3.32/43/16,3.40/44/7	共王○后之六食	2.77/32/11	執國法○國令之貳	3.61/47/14
	3.51/46/4,3.64/48/2	則旅上帝○四望	3.1/37/12	凡命諸侯○孤卿大夫	3.61/47/15
	4.26/57/17,4.51/60/19	○執事禱祠于上下神示	3.2/37/24	御史掌邦國都鄙○萬民	
○祭之日	1.51/14/13	○執事泲大斂、小斂	3.2/37/25	之治令	3.63/47/21
以授嬪婦○內人女功之		○執事眂葬獻器	3.2/37/26	○墓	3.64/48/3,4.29/57/27
事齎	1.55/14/24	以歲時序其祭祀○其祈		典路掌王○后之五路	3.65/48/6
○秋獻功	1.55/14/24	珥	3.3/38/2	○國之大閱	3.67/48/13
以共王○后之用	1.55/14/25	○果	3.3/38/4	○葬亦如之	3.67/48/17
○獻功	1.56/14/28,1.57/15/1	與祝侯禳于畺○郊	3.3/38/6	○致民	3.67/48/17
○九嬪世婦凡命婦	1.58/15/5	凡官府鄉州○都鄙之治		○表乃止	4.1/53/30,4.1/53/31
以縫王○后之衣服	1.59/15/8	中	3.9/39/8		4.1/54/1,4.1/54/1
爲九嬪○外內命婦之首		釁寶鎮○寶器	3.9/39/9	○所弊	4.1/54/5
服	1.61/15/13	○其出封	3.11/39/25	○師	4.1/54/6
履人掌王○后之服履	1.62/15/16	○祭	3.13/40/12,4.45/59/28	帥執事泲釁主○軍器	4.1/54/7
以稽國中○四郊都鄙之		○祭祀	3.15/40/17,3.39/44/3	○致	4.1/54/7
夫家（九比）〔人民〕		○以樂徹	3.16/40/21	○戰	4.1/54/8
之數	2.2/21/14	○以樂徹亦如之	3.17/40/24	馬○行	4.7/54/29
○三年	2.2/21/17	○竁	3.18/40/30	釁邦器○軍器	4.9/55/7
○大比六鄉四郊之吏	2.2/21/29	凡諸侯○諸臣葬於墓者	3.18/41/1	頒其士庶子○其衆庶之	
攷夫屋○其衆寡、六畜		職喪掌諸侯之喪○卿大		守	4.12/55/16
、兵、器	2.2/21/29	夫士凡有爵者之喪	3.20/41/6	○歸	4.15/55/28,5.59/77/1
○竁	2.3/22/6,2.40/28/14	一變而致羽物○川澤之		○多	4.17/56/4
	2.41/28/20,3.18/40/31	示	3.21/41/18	戒大史○大夫介	4.18/56/15
○期	2.3/22/7	再變而致嬴物○山林之		○賜爵	4.23/57/2
以歲時巡國○野	2.3/22/9	示	3.21/41/19	凡國正弗○	4.24/57/9
國中自七尺以○六十	2.4/22/15	三變而致鱗物○丘陵之		則辭於三公○孤卿	4.30/58/2
野自六尺以○六十有五	2.4/22/15	示	3.21/41/19	掌三公○孤卿之復逆	4.31/58/4
鄉老○鄉大夫帥其吏與		四變而致毛物○墳衍之		御僕掌群吏之逆○庶民	
其衆寡	2.4/22/19	示	3.21/41/19	之復	4.33/58/12
鄉老○鄉大夫、群吏獻		五變而致介物○土示	3.21/41/20	諸侯○孤卿大夫之冕、	
賢能之書于王	2.4/22/19	六變而致象物○天神	3.21/41/20	韋弁、皮弁、弁絰、	
○四時之孟月吉日	2.6/23/1	○射	3.21/41/29	各以其等爲之	4.35/58/20
○大比	2.6/23/5,5.2/67/25	（詔）○徹	3.22/42/7	○授兵	4.37/58/25
○其六畜車輦	2.7/23/9	○序哭	3.22/42/9	○其受兵輸	4.37/58/26
刑罰慶賞相○相共	2.7/23/10	○軍歸獻于社	3.49/45/24	○其用兵	4.37/58/26
有辠奇衺則相○	2.9/23/18	○辟	3.51/46/3	授旅賁○虎士戈盾	4.38/58/30
徙于國中○郊	2.9/23/18	○朝	3.51/46/3	○舍	4.38/58/30
歌舞牲○毛炮之豚	2.10/23/23	○祖	3.51/46/3	○其頒之	4.39/59/2
閭師掌國中○四郊之人		○壙	3.51/46/4	乃入功于司弓矢○繕人	
民、六畜之數	2.17/24/22	○郊	3.52/46/9		4.41/59/16
○其六畜車輦之稽	2.18/24/28	則共匶主○道布○蒩館		○犯軷	4.45/59/27
以作其衆庶○馬牛車輦			3.54/46/15	凡巡守○兵車之會	4.46/59/31
	2.18/24/30	凡邦國都鄙○萬民之有		○獻	4.49/60/8
則以節巡國中○郊野	2.24/25/27	約劑者藏焉	3.57/46/24	以阜馬、佚特、教駣、	

攻駒○祭馬祖、祭閑
之先牧○執駒、散馬
耳、圉馬　4.55/61/1
○王之所行　4.58/62/1
都司馬掌都之士庶子○
其衆庶、車馬、兵甲
之戒令　4.69/62/28
大史、內史、司會○六
官皆受其貳而藏之　5.1/67/12
三公○州長、百姓北面　5.2/67/19
則沃尸○王盥　5.3/68/9
帥其屬而憲禁令于國○
郊野　5.3/68/11
凡盜賊軍鄉邑○家人　5.9/69/17
辨其國中與其都鄙○其
郊野　5.10/69/20
○三年大比　5.10/69/21
司寇○孟冬祀司民之日
獻其數于王　5.10/69/21
司約掌邦國○萬民之約
劑　5.13/69/31
則掌其盟約之載○其禮
儀　5.14/70/4
○刑殺　5.19/70/25
以詰四方邦國○其都鄙　5.27/71/19
比國郊○野之道路、宿
息、井、樹　5.30/71/27
凡有節者○有爵者至　5.30/71/29
禁刑者、任人○凶服者至　5.31/72/1
以○郊野　5.31/72/1
柞氏掌攻草木○林麓　5.42/73/1
大行人掌大賓之禮○大
客之儀　5.52/73/28
○其大夫士皆如之　5.52/74/10
○郊勞、眂館、將幣　5.53/74/22
○其萬民之利害爲一書　5.53/74/30
○其擯之　5.54/75/5
○將幣　5.54/75/9
　5.54/75/16,5.59/76/32
○廟　5.54/75/10,5.54/75/16
○出　5.54/75/11
○大夫郊勞　5.54/75/14
○退　5.54/75/15
○禮、私面、私獻　5.54/75/17
○中門之外　5.54/75/18

送逆○疆　5.56/75/29
以○歸　5.58/76/12
○宿　5.59/76/31
○委　5.59/76/31
○退亦如之　5.59/76/32
掌交掌以節與幣巡邦國
之諸侯○其萬民之所
聚者　5.60/77/4
凡都家之治有不○者　5.63/77/13
○其登阤　6.3/79/29
○其下阤也　6.3/79/30
則○其用之也　6.11/81/20
則○其大脩也　6.30/86/5
　6.30/86/8

汲 jí　1
索約大○其版　6.28/85/6

即 jí　2
以○戎　3.64/47/27
不○市　5.2/67/21

急 jí　6
而購其○　2.75/32/6
取諸○也　6.1/78/23
則是一方緩、一方○也　6.11/81/19
若苟一方緩、一方○　6.11/81/19
必自其○者先裂　6.11/81/20
若苟自○者先裂　6.11/81/20

疾 jí　32
○醫　1.0/2/9
凡邦之有○病者、〔有〕
疕瘍者造焉　1.16/9/13
○醫掌養萬民之○病　1.18/9/22
四時皆有癘○　1.18/9/22
春時有痟首○　1.18/9/22
夏時有痒疥○　1.18/9/22
秋時有瘧寒○　1.18/9/22
冬時有（漱）〔嗽〕上
氣○　1.18/9/23
凡民之有○病者　1.18/9/24

以除○殃　1.53/14/19
五曰寬○　2.1/20/26
以辨其貴賤、老幼、
（廢）〔癈〕○　2.2/21/15
辨其老幼、貴賤、癈○
、馬牛之物　2.3/22/1
國中貴者、賢者、能者
、服公事者、老者、
○者皆舍　2.4/22/15
辨其貴賤、老幼、癈○
可任者　2.7/23/8
辨其老幼癈○與其施舍
者　2.40/28/11
遠辠○　3.50/45/29
以除○病　3.55/46/17
以教坐作進退○徐疏數
之節　4.1/53/19
以救時○　4.11/55/13
巫馬掌養○馬而乘治之
　4.53/60/26
相醫而藥攻馬○　4.53/60/26
立當前○　5.52/74/4
則吐水○而霤遠　6.1/79/13
短內則不○　6.5/80/15
則其聲○而短聞　6.7/80/30
　6.12/81/25
革欲其荼白而○澣之　6.11/81/18
則雖有○風　6.23/83/9
以爲○也　6.30/85/21
疢○險中　6.30/85/25

棘 jí　3
○門　1.31/11/16
左九○　5.9/69/11
右九○　5.9/69/11

極 jí　7
以爲民○　1.0/1/3
　2.0/15/23,3.0/32/17
　4.0/49/1,5.0/63/5
允臻其○　6.8/81/3
夜考之○星　6.28/84/20

瘠 jí	2
其民（哲）〔晢〕而〇	2.1/20/7
〇牛之角無澤	6.30/85/25

鑿 jí	1
凡道路之舟車〇互者	5.30/71/28

籍 jí	4
乃以九畿之〇	4.1/53/13
小行人掌邦國賓客之禮	
〇	5.53/74/21
各以其國之〇禮之	5.53/74/22
掌訝掌邦國之等〇	5.59/76/30

沛 jí	2
其川河、〇	4.58/61/17
其川河〇	4.58/61/20

脊 jí	1
馬黑〇而般臂	1.8/8/17

掎 jí	1
各以其物爲媒而〇之	5.41/72/30

戟 jí	5
車〇常	6.0/78/12,6.27/84/8
崇於〇四尺	6.0/78/13
謂之戈〇之齊	6.3/80/9
〇廣寸有半寸	6.5/80/16

幾 jí	11
〇其出入	1.4/7/23
無帥則〇其出入	1.47/13/30
六曰去〇	2.1/20/24
〇出入不物者	2.37/27/21
猶〇	2.38/27/26
有〇則不達	2.39/28/1
凡〇、珥、沈、辜	5.17/70/17
且以〇禁行作不時者、	

不物者	5.30/71/30
〇酒	5.33/72/8
唯執節者不〇	5.37/72/21
凡門關無〇	5.56/75/29

給 jí	1
亨人掌共鼎鑊以〇水火	
之齊	1.10/8/25

吉 jí	28
正月之〇	1.1/6/3
	2.1/20/27,2.4/22/13
	2.5/22/26,4.1/53/12
	5.1/67/11,5.27/71/19
比共〇凶二服	2.3/22/10
鄉共〇凶禮樂之器	2.3/22/11
及四時之孟月〇日	2.6/23/1
月〇	2.7/23/7
以〇禮事邦國之鬼神示	3.1/36/23
辨〇凶之五服、車旗、	
宮室之禁	3.2/37/16
凡〇事變凡	3.8/39/5
凡〇凶之事	3.9/39/9
司服掌王之〇凶衣服	3.12/39/31
王之〇服	3.12/39/31
而詔〇凶	3.25/42/22
以觀國家之〇凶	3.41/44/14
以眂〇凶	3.45/44/29
以辨〇凶	3.46/45/3
以日、月、星、辰占六	
夢之〇凶	3.47/45/6
獻〇夢于王	3.47/45/7
辨〇凶	3.48/45/10
三曰〇祝	3.49/45/14
五曰〇襚	3.49/45/20
辨其〇凶	3.60/47/8
辨〇凶、水旱降豐荒之	
祲象	3.60/47/10

忌 jí	2
以詔辟〇	2.55/30/8
則詔王之〇諱	3.58/47/1

季 jí	6
〇秋	1.43/13/7
斬〇材	2.56/30/12
〇冬	3.9/39/9,3.47/45/7
〇春出火	4.11/55/13
〇秋內火	4.11/55/13

計 jí	14
八曰官〇	1.1/5/14
則大〇群吏之治	1.1/6/13
	1.39/12/24
以聽官府之六〇	1.2/6/30
死則〇其數	1.20/10/2
共其〇	1.21/10/9
而聽其會〇	1.38/12/18
以待會〇而攷之	1.41/13/1
以時〇林麓而賞罰之	2.57/30/16
歲終則會〇其政	2.72/31/29
則〇其占之中否	3.45/44/30
以逆會〇	3.61/47/14
無會〇	4.40/59/12
則令群士〇獄弊訟	5.2/67/29

洎 jí	1
〇鑊水	5.3/68/9

紀 jí	39
以〇萬民	1.1/5/9
共喪〇之庶羞	1.7/8/10
凡小喪〇	1.9/8/23
凡祭祀、喪〇、賓客	1.12/9/1
凡祭祀、賓客、喪〇	1.13/9/4
賓客、喪〇	1.15/9/11
賓客、喪〇亦如之	1.26/11/1
山澤之賦以待喪〇	1.34/11/31
凡祭祀、賓客、喪〇、	
會同、軍旅	1.37/12/13
若有祭祀、賓客、喪〇	
	1.46/13/25
大祭祀、喪〇之事	1.47/14/1
若有喪〇、賓客、祭祀	
之事	1.48/14/3
若有祭祀、賓客、喪〇	

共弓矢如數幷○	4.39/59/7	
帥其屬○道而蹕	5.4/68/16	
王出入則八人○道	5.36/72/16	
○其陰陽以設其比	6.23/83/8	
○其比以設其羽	6.23/83/8	
是故○而搖之	6.23/83/10	
四旁兩○	6.28/84/22	
謂之○臾之屬	6.30/86/25	

家 jiā　　　　64

四曰○削之賦	1.1/5/24
○削之賦以待匪頒	1.34/11/30
以知田野夫○六畜之數	
	1.39/12/24
五○下士一人	2.0/16/2
五○則一人	2.0/17/29
不易之地○百晦	2.1/20/22
一易之地○二百晦	2.1/20/22
再易之地○三百晦	2.1/20/22
令五○爲比	2.1/20/29
以稽國中及四郊都鄙之	
夫○（九比）〔人民〕	
之數	2.2/21/14
上地○七人	2.2/21/19
可任也者○三人	2.2/21/19
中地○六人	2.2/21/20
可任也者二○五人	2.2/21/20
下地○五人	2.2/21/20
可任也者○二人	2.2/21/20
毋過○一人	2.2/21/21
以時稽其夫○衆寡	2.3/22/1
以歲時登其夫○之衆寡	2.4/22/14
登其族之夫○衆寡	2.7/23/8
五○爲比	2.7/23/9
十○爲聯	2.7/23/9
五○相受相和親	2.9/23/18
以○邑之田任稍地	2.16/24/17
出夫○之征	2.16/24/19
而辨其夫○、人民、田	
萊之數	2.18/24/28
司男女之無夫○者而會	
之	2.26/26/6
五○爲鄰	2.40/28/3
以歲時登其夫○之衆寡	
及其六畜車輦	2.40/28/11
以時登其夫○之衆寡、	

六畜、車輦	2.41/28/17
以歲時稽其夫○之衆寡	
、六畜、田野	2.42/28/23
以時校登其夫○	2.45/29/4
○宗人	3.0/36/19
乃頒祀于邦國都○鄉邑	3.1/37/12
其國○、宮室、車旗、衣服、	
禮儀	3.11/39/22
	3.11/39/23,3.11/39/24
其國○、宮室、車旗、	
衣服、禮儀亦如之	3.11/39/25
以觀國○之吉凶	3.41/44/14
○各象其號	3.67/48/16
○宗人掌○祭祀之禮	3.69/48/23
掌○禮與其衣服、宮室	
、車旗之禁令	3.69/48/24
○司馬	4.0/53/5
其民可用者○三人	4.1/53/16
其民可用者二○五人	4.1/53/17
其民可用者○二人	4.1/53/17
○以號名	4.1/53/21
鄉（遂）〔○〕載物	4.1/53/24
周知邦國都○縣鄙之	
（數）卿大夫士庶子	
之數	4.23/56/28
都○亦如之	4.32/58/10
○四閭	4.51/60/17
○司馬亦如之	4.70/63/1
○士亦如之	5.0/66/32
方士掌都○	5.7/69/1
凡都○之大事聚衆庶	5.7/69/3
凡都○之士所上治	5.7/69/4
凡盜賊軍鄉邑及○人	5.9/69/17
則令邦國、都○、縣鄙	
慮刑貶	5.9/69/18
凡封國若○	5.22/71/5
朝大夫掌都○之國治	5.63/77/12
凡都○之治於國者	5.63/77/13
凡都○之治有不及者	5.63/77/13
○士	5.66/77/20

嘉 jiā　　　　7

恥諸○石	2.24/25/26
以○禮親萬民	3.1/36/30
以○石平罷民	5.1/67/6
桎梏而坐諸○石	5.1/67/7

左○石	5.9/69/12
〔以〕○草攻之	5.39/72/26
○量既成	6.8/81/3

莢 jiá　　　　1

其植物宜○物	2.1/20/6

甲 jiǎ　　　　17

司○	4.0/51/3,4.36/58/23
有移○與其役財用	4.12/55/17
若有兵○之事	4.24/57/8
則授之車○	4.24/57/8
王弓、弧弓以授射○革	
、椹質者	4.39/59/2
從授兵（至）〔○〕之	
儀	4.39/59/8
都司馬掌都之士庶子及	
其衆庶、車馬、兵○	
之戒令	4.69/62/28
函人爲○	6.10/81/9
犀○七屬	6.10/81/9
兕○六屬	6.10/81/9
合○五屬	6.10/81/9
犀○壽百年	6.10/81/9
兕○壽二百年	6.10/81/9
合○壽三百年	6.10/81/9
凡爲○	6.10/81/10
凡○鍛不摯則不堅	6.10/81/11

叚 jiǎ　　　　1

築、冶、鳧、臬、（○）	
〔叚〕、桃	6.0/78/7

斝 jiǎ　　　　3

與量人受舉○之卒爵而	
飲之	3.4/38/15
裸用○彝、黃彝	3.7/38/26
與鬱人受○歷而皆飲之	4.8/55/3

嫁 jià　　　　3

女二十而○	2.26/26/4
凡○子娶妻	2.26/26/6

禁遷葬者與○殤者	2.26/26/7	其朝位賓主之○九十步	5.52/74/1	○其鼓鐸、旗物、兵器	2.3/22/6
		朝位賓主之○七十步	5.52/74/4	○其兵器	2.7/23/11,2.40/28/5
稼 jià	18	朝位賓主之○五十步	5.52/74/6	○稼器	2.42/28/25
		五分其軫○	6.3/79/26	若歲時○器	2.45/29/5
司○	2.0/19/26	銑○謂之于	6.7/80/23	○衆也	3.1/36/30
以教○穡樹蓺	2.1/20/14	篆○謂之枚	6.7/80/24	○稽鄉民以用邦國	4.1/53/9
一曰○穡	2.1/21/1	以其鉦爲之銑○	6.7/80/25	○其六節	4.52/60/23
教之○穡	2.40/28/5	去二分以爲之鼓○	6.7/80/25	欲小○而長	6.30/85/30
以土宜教甿○穡	2.40/28/6	以其鼓○爲之舞脩	6.7/80/26	小○而長	6.30/86/1
巡其○穡	2.41/28/18	是故大鍾十分其鼓○	6.7/80/29		
以教○穡	2.42/28/24	小鍾十分其鉦○	6.7/80/29	**見** jiàn	23
簡○器	2.42/28/25	井○廣四尺	6.28/84/30		
脩○政	2.42/28/25	成○廣八尺	6.28/84/30	以摯○者亦如之	1.6/8/7
趣其○事而賞罰之	2.43/28/28	同○廣二尋	6.28/85/1	春○曰朝	3.1/36/28
以治○穡	2.46/29/8	兩山之○必有川焉	6.28/85/2	夏○曰宗	3.1/36/28
稻人掌○下地	2.53/30/1			秋○曰覲	3.1/36/28
凡○澤	2.53/30/2	**煎** jiān	2	冬○曰遇	3.1/36/28
司○掌巡邦野之○	2.75/32/5			時○曰會	3.1/36/29
巡野觀○	2.75/32/6	內饔掌王及后、世子膳		殷○曰同	3.1/36/29
沰卜來歲之○	3.3/38/9	羞之割亨○和之事	1.8/8/14	諸侯相○亦如之	3.10/39/14
凡害於國○者	5.32/72/5	改○金錫則不耗	6.8/81/1	凡傷人○血而不以告者	
					5.28/71/22
駕 jià	3	**監** jiān	4	若个○其鳥獸	5.49/73/20
				歲壹○	5.52/74/11
贊○說	3.65/48/6	立其○	1.1/6/4	二歲壹○	5.52/74/11
分公馬而○治之	4.50/60/11	○門養之	2.37/27/22	三歲壹○	5.52/74/12
掌○說之頒	4.52/60/23	四曰○	3.48/45/10	四歲壹○	5.52/74/13
		建牧立○以維邦國	4.1/53/8	五歲壹○	5.52/74/13
堅 jiān	8			六歲壹○	5.52/74/14
		韉 jiān	2	世壹○	5.52/74/14
陽也者積理而○	6.1/78/24			賓而○之	5.52/74/17
凡甲鍛不摯則不○	6.10/81/11	而賙萬民之○阨	2.3/22/9	南鄉○諸侯	5.54/75/5
則革○也	6.10/81/13	以恤民之○阨	2.19/25/1	卿皆○	5.58/76/14,5.58/76/20
則○	6.11/81/18			親○卿皆膳特牛	5.58/76/25
○地欲直庇	6.29/85/11	**幓** jiǎn	1	必足○也	6.1/79/3
橈故欲其○也	6.30/85/27				
○之徵也	6.30/85/27	則是以博爲○也	6.11/81/20	**建** jiàn	56
厚其帤則木○	6.30/86/6				
		翦 jiǎn	3	惟王○國	1.0/1/3
間 jiān	20				2.0/15/23,3.0/32/17
		茨牆則○閣	4.56/61/4		4.0/49/1,5.0/63/5
夫○有遂	2.40/28/9	○氏	5.0/65/29	掌○邦之六典	1.1/5/9
旅師掌聚野之鋤粟、屋		○氏掌除蠹物	5.45/73/10	而○其牧	1.1/6/4
粟、○粟而用之	2.48/29/13			而○其長	1.1/6/5
凡四時之○祀追享朝享	3.7/38/27	**簡** jiǎn	11	而○其正	1.1/6/6
旗居卒○以分地	4.1/54/3			掌○邦之宮刑	1.2/6/15
○問以諭諸侯之志	5.52/73/30	二曰聽師田以○稽	1.2/6/28	凡○國	1.45/13/19,3.21/41/31

以乘車〇綏復于四郊	1.63/15/19	楗 jiàn	1	〇脯、臟、胖	1.15/9/10	
掌〇邦之土地之圖與其				共其籩〇羞之實	1.25/10/26	
人民之數	2.1/20/1	左不〇	6.3/80/2	共其〇籩羞籩	1.25/10/27	
乃〇王國焉	2.1/20/18			共〇羞之豆實	1.26/11/1	
凡〇邦國	2.1/20/18,2.2/21/26	賤 jiàn	8	贊后〇徹豆籩	1.50/14/11	
掌〇邦之教法	2.2/21/14			則攝而〇豆籩徹	3.1/37/10	
掌〇邦之天神、人鬼、		辨其親疏貴〇之居	1.4/7/26	內宗掌宗廟之祭祀〇加		
地示之禮	3.1/36/23	以辨其貴〇、老幼、		豆籩	3.16/40/21	
以佐王〇保邦國	3.1/36/23	（廢）〔癈〕疾	2.2/21/15	外宗掌宗廟之祭祀佐王		
掌〇國之神位	3.2/37/15	辨其老幼、貴〇、癈疾		后〇玉豆	3.17/40/24	
以治〇國之學政	3.21/41/10	、馬牛之物	2.3/22/1			
〇邦國	3.49/45/25	辨其貴〇、老幼、癈疾		鍵 jiàn	1	
大史掌〇邦之六典	3.57/46/23	可任者	2.7/23/8			
〇大常	3.64/47/25,4.1/54/8	以其藝爲之貴〇之等	3.0/36/21	司門掌授管〇	2.37/27/21	
〇大旂	3.64/47/25	辨其年歲與其貴〇	4.23/56/28			
〇大赤	3.64/47/26	辨其貴〇之等	4.23/56/30	㽅 jiàn	1	
〇大白	3.64/47/27	茍有〇工	6.30/86/13			
〇大麾	3.64/47/27			彊〇用蕢	2.52/29/30	
王〇大常	3.67/48/14	踐 jiàn	2			
諸侯〇旂	3.67/48/14			鑑 jiàn	3	
孤卿〇旜	3.67/48/14	其朝〇用兩獻尊	3.7/38/25			
大夫士〇物	3.67/48/14	其朝〇用兩大尊	3.7/38/27	春始治〇	1.24/10/20	
（師）〔帥〕都〇旗	3.67/48/14			〇焉	1.24/10/20	
州里〇旟	3.67/48/14	劍 jiàn	2	共冰〇	1.24/10/21	
縣鄙〇旐	3.67/48/15					
各〇其旗	3.67/48/16	吳粵之〇	6.0/78/3	鑒 jiàn	2	
〇廞車之旌	3.67/48/16	桃氏爲〇	6.6/80/18			
〇旌旗	3.67/48/17			以〇取明水於月	5.35/72/12	
掌〇邦國之九法	4.1/53/7	箭 jiàn	1	謂之〇燧之齊	6.3/80/10	
〇牧立監以維邦國	4.1/53/8					
司馬〇旗于後表之中	4.1/53/27	其利金錫竹〇	4.58/61/11	江 jiāng	2	
量人掌〇國之法	4.8/55/1					
〇路鼓于大寢之門外	4.30/57/30	諫 jiàn	3	其川三〇	4.58/61/11	
〇車之五兵	4.37/58/26			其川〇漢	4.58/61/13	
〇乘車之戈盾	4.38/58/30	司〇	2.0/16/30			
而〇邦國都鄙	4.59/62/3	保氏掌〇王惡	2.22/25/17	將 jiāng	34	
掌〇邦之三典	5.1/67/1	司〇掌糾萬民之德而勸				
朝士掌〇邦外朝之法	5.9/69/11	之朋友	2.23/25/22	贊（王）〔玉〕幣爵之		
〇常九斿	5.52/73/32			事、祼〇之事	1.2/7/3	
〇常七斿	5.52/74/3	薦 jiàn	12	若〇有軍旅、會同、田		
〇常五斿	5.52/74/6			役之戒	2.18/24/29	
既〇而迤	6.0/78/11	以式法掌祭祀之戒具與		若〇用野民師田、行役		
六〇既備	6.27/84/16	其〇羞	1.3/7/14	、移執事	2.43/28/29	
匠人〇國	6.28/84/19	設〇脯醢	1.6/8/5	以待果〇	3.2/37/19	
		以共王之膳與其〇羞之		以時〇瓚果	3.2/37/21	
		物及后、世子之膳羞	1.7/8/9	受其〇幣之齎	3.2/37/23	
		共野果蓏之〇	1.11/8/28	若軍〇有事〔于四望〕	3.2/37/23	

則與祭有司○事（于四望）	3.2/37/23	封○方四百里	2.1/20/19	**交 jiāo**	13
贊果○	3.3/38/5	封○方三百里	2.1/20/20	豕盲眡而○睫	1.8/8/17
詔祼○之儀與其節	3.4/38/14	封○方二百里	2.1/20/20	四時之所○也	2.1/20/17
若○祭祀	3.14/40/14	封○方百里	2.1/20/21	使邦國○讎之	2.25/26/1
國○有事于四望	3.49/45/24	正其畿○之封	2.2/21/26	○龍爲旂	3.67/48/12
小祝掌小祭祀○事侯禳禱祠之祝號	3.50/45/28	封其四○	2.10/23/21	掌○	5.0/66/22
及○幣之日	3.57/46/28	掌○	4.0/49/29,4.14/55/26	歸脤以○諸侯之福	5.52/73/30
軍○皆命卿	4.0/49/9	而正其封○	4.63/62/15	不○擯	5.52/74/9
軍○執晉鼓	4.1/53/18	送逆及○	5.56/75/29	凡諸侯之邦○	5.52/74/18
凡○事于四海、山川	4.51/60/20	與士逆賓于○	5.59/76/30	○擯	5.54/75/8,5.54/75/9
王○巡守	4.58/61/30			凡諸侯之○	5.54/75/22
廟中○幣三享	5.52/74/1	**講 jiǎng**	1	掌○掌以節與幣巡邦國之諸侯及其萬民之所聚者	5.60/77/4
	5.52/74/4,5.52/74/7	獻馬○馭夫	4.51/60/18	掌邦國之通事而結其○好	5.60/77/5
及郊勞、眡館、○幣	5.53/74/22				
○合諸侯	5.54/75/4	**匠 jiàng**	7	**郊 jiāo**	39
其○幣亦如之	5.54/75/6	執蕠以與○師御匵而治役	2.3/22/5	二曰四○之賦	1.1/5/23
及○幣	5.54/75/9	執斧以涖○師	2.3/22/6	四○之賦以待稍秣	1.34/11/30
	5.54/75/16,5.59/76/32	輪、輿、弓、廬、○、車、梓	6.0/78/7	掌國之官府、○野、縣都之百物財用	1.38/12/18
皆如○幣之儀	5.54/75/12	夏后氏上○	6.0/78/9	詔后帥外內命婦始蠶于北○	1.45/13/20
饗食還圭如○幣之儀	5.54/75/19	○人建國	6.28/84/19	以乘車建綏復于四○	1.63/15/19
若○有國賓客至	5.59/76/30	○人營國	6.28/84/20	以稽國中及四○都鄙之夫家（九比）〔人民〕之數	2.2/21/14
伯用○	6.19/82/19	○人爲溝洫	6.28/84/29	及大比六鄉四○之吏	2.2/21/29
則必如○廢措	6.26/83/30			徙于國中及○	2.9/23/18
末應○興	6.30/86/15	**降 jiàng**	5	以宅田、士田、賈田任近○之地	2.16/24/16
末應○發	6.30/86/15	則天神皆○	3.21/41/22	以官田、牛田、賞田、牧田任遠○之地	2.16/24/16
		掌安宅敘○	3.48/45/11	近○十一	2.16/24/18
畺 jiāng	2	掌巫○之禮	3.54/46/15	遠○二十而三	2.16/24/18
以大都之田任○地	2.16/24/17	辨吉凶、水旱○豐荒之祲象	3.60/47/10	閭師掌國中及四○之人民、六畜之數	2.17/24/22
與祝侯禳于○及郊	3.3/38/6	○圍邑	4.16/55/31	縣師掌邦國都鄙稍甸○里之地域	2.18/24/28
				○里之委積	2.19/25/2
漿 jiāng	6	**醬 jiàng**	6	則以節巡國中及○野	2.24/25/27
○人	1.0/2/19	○用百有二十罋	1.6/8/2	○二旬	2.28/26/24,5.9/69/15
女○十有五人	1.0/2/19	選百羞、○物、珍物以俟饋	1.8/8/15	國人○人從其有司	2.36/27/17
三曰○	1.21/10/6	食醫掌和王之六食、六飲、六膳、百羞、百○、八珍之齊	1.17/9/17	兆五帝於四○	3.2/37/15
○人掌共王之六飲	1.23/10/17	○齊眡秋時	1.17/9/18		
水、○、醴、涼、醫、酏	1.23/10/17	凡醢○之物	1.27/11/4		
凡酒○之酒醴亦如之	1.24/10/21	其后及世子之○齊菹	1.27/11/5		
疆 jiāng	13				
制其畿○而溝封之	2.1/20/3				
封○方五百里	2.1/20/19				

則帥有司而饁獸于○	3.2/37/24
與祝侯禳于豐及○	3.3/38/6
則保○	3.50/46/1
及○	3.52/46/9
○野載旟	4.1/53/24
致禽饁獸于○	4.1/54/6
○亦如之	4.12/55/19
○祀裘冕	4.28/57/24
帥其屬而憲禁令于國及	
○野	5.3/68/11
遂士掌四○	5.5/68/19
協日就○而刑殺	5.5/68/21
凡○有大事	5.5/68/23
辨其國中與其都鄙及其	
○野	5.10/69/20
比國○及野之道路、宿	
息、井、樹	5.30/71/27
以及○野	5.31/72/1
及○勞、眡館、將幣	5.53/74/22
主君○勞	5.54/75/8
致饔餼、還圭、饗食、	
致贈、○送	5.54/75/12
及大夫○勞	5.54/75/14

茭 jiāo 　　　　　　　　1

今夫○解中有變焉	6.30/86/10

膠 jiāo 　　　　　　　　14

施○必厚	6.1/78/28
○也者	6.30/85/21
凡相○	6.30/85/29
鹿○青白	6.30/85/29
馬○赤白	6.30/85/30
牛○火赤	6.30/85/30
鼠○黑	6.30/85/30
魚○餌	6.30/85/30
犀○黃	6.30/85/30
○之必均	6.30/86/7
○之不均	6.30/86/7
夫懷○於內而摩其角	6.30/86/8
（鬻）〔鬻〕○欲孰而	
水火相得	6.30/86/12
○三鋝	6.30/86/18

燋 jiāo 　　　　　　　　2

菙氏掌共○契	3.44/44/26
以明火爇○	3.44/44/26

撟 jiāo 　　　　　　　　4

五曰○邦令	5.3/68/6
○誣犯禁者	5.29/71/24
○幹欲孰於火而無嬴	6.30/86/11
○角欲孰於火而無燂	6.30/86/11

挍 jiāo 　　　　　　　　1

故（○）〔校〕	6.30/86/10

校 jiāo 　　　　　　　　14

以歲時涖○比	2.6/23/5
以時屬民而○	2.7/23/8
以時○登其夫家	2.45/29/4
○人	4.0/52/1
○人掌王馬之政	4.51/60/13
六廄成○	4.51/60/15
○有左右	4.51/60/15
受財于○人	4.53/60/26
入其布于○人	4.53/60/27
正○人員選	4.55/61/2
蠻隸掌役○人養馬	5.23/71/8
細則○	6.27/84/12
釋之則不○	6.30/86/9
故（挍）〔○〕	6.30/86/10

笅 jiāo 　　　　　　　　1

囷、○、倉、城	6.28/85/6

教 jiāo 　　　　　　　　97

二曰○典	1.1/5/10
以○官府	1.1/5/10
掌邦○	1.2/6/19
二曰○職	1.2/6/23
會其什伍而○之道（義）	
〔藝〕	1.4/7/24
以陰禮○六宮	1.45/13/15
以陰禮○九嬪	1.45/13/16

以婦職之法○九御	1.45/13/16
以○九御婦德、婦言、	
婦容、婦功	1.50/14/10
使帥其屬而掌邦○	2.0/15/23
○官之屬	2.0/15/26
而施十有二○焉	2.1/20/8
一曰以祀禮○敬	2.1/20/8
二曰以陽禮○讓	2.1/20/8
三曰以陰禮○親	2.1/20/9
四曰以樂（禮）○和	2.1/20/9
六曰以俗○安	2.1/20/10
七曰以刑○中	2.1/20/10
八曰以誓○恤	2.1/20/10
九曰以度○節	2.1/20/11
十曰以世事○能	2.1/20/11
以○稼穡樹藝	2.1/20/14
始和布○于邦國都鄙	2.1/20/27
乃縣○象之法于象魏	2.1/20/28
使萬民觀○象	2.1/20/28
乃施○法于邦國都鄙	2.1/20/28
使之各以○其所治民	2.1/20/28
以鄉三物○萬民而賓興	
之	2.1/21/3
以五禮防萬民之偽而○	
之中	2.1/21/6
以六樂防萬民之情而○	
之和	2.1/21/6
凡萬民之不服○而有獄	
訟者與有地治者	2.1/21/7
則令○官正治而致事	2.1/21/11
令于○官曰	2.1/21/11
掌建邦之○法	2.2/21/14
以施政○	2.2/21/17
則掌其政○與其戒禁	2.2/21/21
治其政○	2.2/21/26
則帥其屬而觀○法之象	2.2/21/27
平○治	2.2/21/29
各掌其所治鄉之○	2.3/22/1
則攷○、察辭、稽器、	
展事	2.3/22/11
各掌其鄉之政○禁令	2.4/22/13
受○法于司徒	2.4/22/13
使各以○其所治	2.4/22/14
州長各掌其州之○治政	
令之法	2.5/22/26
則讀○法如初	2.5/22/29
黨正各掌其黨之政令○	

治	2.6/23/1	翰師掌○國子舞羽獻翰		○有器量	1.21/10/8
○其禮事	2.6/23/3		3.36/43/26	○使其士奉之	1.21/10/9
鼓人掌○六鼓四金之音		○振旅	4.1/53/17	○共其酒	1.21/10/10
聲	2.11/23/25	以○坐作進退疾徐疏數		○有法以行之	1.21/10/10
○爲鼓而辨其聲用	2.11/23/25	之節	4.1/53/19	○禴	1.29/11/11
舞師掌○兵舞	2.12/23/31	○茇舍	4.1/53/20	○受焉	1.37/12/14
○帗舞	2.12/23/31	○治兵	4.1/53/23	○辨其物而奠其錄	1.42/13/4
○羽舞	2.12/23/31	○大閱	4.1/53/26	○設其鵠	1.43/13/9
○皇舞	2.12/24/1	服不氏掌養猛獸而○擾		○贊	1.45/13/18
則皆○之	2.12/24/1	之	4.19/56/18	○以物授之	1.56/14/28
以三德○國子	2.21/25/11	掌畜掌養鳥而阜蕃○擾		○二史	2.0/17/12,2.0/17/12
○三行	2.21/25/12		4.22/56/26	○征之	2.4/22/15
以○國子弟	2.21/25/13	掌其戒令與其○治	4.24/57/7	國中貴者、賢者、能者	
乃○之六藝	2.22/25/17	庾人掌十有二閑之政○	4.55/61/1	、服公事者、老者、	
乃○之六儀	2.22/25/18	以阜馬、佚特、○駣、		疾者○舍	2.4/22/15
司市掌市之治、○、政		攻駒及祭馬祖、祭閑		則令（六）〔亓〕鄉之	
、刑、量度、禁令	2.27/26/9	之先牧及執駒、散馬		吏○會政致事	2.4/22/22
○之稼穡	2.40/28/5	耳、圉馬	4.55/61/1	○涖其事	2.5/22/28
以土宜○甿稼穡	2.40/28/6	圉師掌○圉人養馬	4.56/61/4	則○教之	2.12/24/1
以○稼穡	2.42/28/24	以圓土聚○罷民	5.1/67/3	甸稍縣都○無過十二	2.16/24/18
使○焉	3.21/41/10	司圜掌收○罷民	5.18/70/20	使○備旗鼓兵器	2.18/24/30
以樂德○國子中、和、		任之以事而收○之	5.18/70/20	○書年月日名焉	2.26/26/4
祗、庸、孝、友	3.21/41/11	閽隸掌役〔掌〕畜養鳥		○書之	2.26/26/5
以樂語○國子興、道、		而阜蕃○擾之	5.24/71/10	○金也	2.39/27/30
諷、誦、言、語	3.21/41/11	貉隸掌役服不氏（而）		○有期以反節	2.39/27/31
以樂舞○國子舞《雲門》		養獸而○擾之	5.26/71/16	○有地域	2.40/28/4
、《大卷》、《大咸》		其禮俗政事○治刑禁之		凡歲時之戒令○聽之	2.45/29/5
、《大磬》、《大夏》		逆順爲一書	5.53/74/30	凡新甿之治○聽之	2.48/29/14
、《大濩》、《大武》				○以地嫩惡爲輕重之法	
	3.21/41/12	**較 jiào**	3	而行之	2.51/29/27
以○國子小舞	3.22/42/3			○有牲幣	3.1/37/7
○樂儀	3.22/42/4	以其隧之半爲之○崇	6.2/79/17	其正室○謂之門子	3.2/37/17
○愷歌	3.22/42/8	去一以爲○圍	6.2/79/18	○有舟	3.7/38/25
○六詩	3.25/42/20	參分○圍	6.2/79/18		3.7/38/26,3.7/38/27
小師掌○鼓鼗、柷、敔				○有蠱	3.7/38/25
、塤、簫、管、弦、		**劋 jiào**	2		3.7/38/26,3.7/38/28
歌	3.26/42/25			纁○三采三就	3.10/39/13
磬師掌○擊磬	3.30/43/8	夜嘷旦以○百官	3.6/38/21	纁○二采再就	3.10/39/14
○縵樂、燕樂之鍾磬	3.30/43/8	禁○呼歎鳴於國中者	5.50/73/23	纁○二采一就	3.10/39/14
笙師掌○歙竽、笙、塤				○以九爲節	3.11/39/23
、翰、簫、（筂）		**皆 jiē**	152	○以七爲節	3.11/39/23
〔筂〕、（篷）〔篷〕				○以五爲節	3.11/39/24
、管	3.32/43/15	凡小事○有聯	1.2/6/28	○加一等	3.11/39/25
以○祴樂	3.32/43/16	物○有俎	1.6/8/2	其首服○弁絰	3.12/40/4
（韎）〔韎〕師掌○		凡肉脩之頒賜○掌之	1.6/8/6	○掌其陳序	3.12/40/9
（韎）〔韎〕樂	3.34/43/22	四時○有癘疾	1.18/9/22	○有域	3.13/40/11
旄人掌○舞散樂	3.35/43/24	○有酌數	1.21/10/8	使○有私地域	3.19/41/4

則天神○降	3.21/41/22	○在槀人	4.41/59/16	其次筋角○有漅而深 6.30/86/26
則地示○出	3.21/41/24	朝、覲、宗、遇、饗、		
其他○如祭祀	3.21/41/28	食○乘金路	4.47/60/3	**接** jiē 1
○令奏鍾鼓	3.21/41/29	○有屬禁而頒之	4.54/60/29	
○文之以五聲	3.25/42/19	大史、內史、司會及六		則共其○盛 2.71/31/25
○播之以八音	3.25/42/20	官○受其貳而藏之	5.1/67/12	
○奏其鍾鼓	3.28/43/2	○以木鐸徇之于朝	5.3/68/2	**階** jiē 1
○鼓之	3.33/43/20	群士司刑○在	5.4/68/14	
○百有二十	3.41/44/10		5.5/68/20,5.6/68/27	九○ 6.28/84/22
其頌○千有二百	3.41/44/10		5.7/69/2	
其經卦○八	3.41/44/11	自生齒以上○書於版	5.10/69/20	**結** jié 6
其別○六十有四	3.41/44/11	○有數量	5.16/70/14	
○掌其祝號	3.52/46/9	○不爲奴	5.16/70/15	以質劑○信而止訟 2.27/26/10
○有分星	3.60/47/9	使之○服其邦之服	5.21/71/3	以○好 3.10/39/18
○有容蓋	3.64/47/28	其他○如諸侯之禮	5.52/74/5	時聘以○諸侯之好 5.52/73/30
小服○疏	3.64/47/30	其他○如諸子之禮	5.52/74/8	掌邦國之通事而○其交	
小服○素	3.64/47/30	其他○眠小國之君	5.52/74/9	好 5.60/77/5
○畫其象焉	3.67/48/15	及其大夫士○如之	5.52/74/10	大○而澤 6.30/86/1,6.30/86/1
軍將○命卿	4.0/49/9	○以金爲之	5.53/74/25	
師帥○中大夫	4.0/49/9	○以竹爲之	5.53/74/26	**絜** jié 2
旅帥○下大夫	4.0/49/9	○三辭拜受	5.54/75/7	
卒長○上士	4.0/49/10		5.54/75/14	告○ 3.3/38/3
兩司馬○中士	4.0/49/10	○旅擯	5.54/75/7	枉矢、○矢利火射 4.39/59/4
伍○有長	4.0/49/10	○如將幣之儀	5.54/75/12	
其他○如振旅	4.1/53/22	○如主國之禮	5.54/75/13	**節** jié 78
	4.1/53/25	○再拜稽首	5.54/75/17	
○坐	4.1/53/28	令百官百牲○具	5.58/76/6	以九式均○財用 1.1/5/25
鼓人○三鼓 4.1/53/29,4.1/54/4		○眠飱牽	5.58/76/8	以均財○邦用 1.2/6/16
車徒○作	4.1/53/30		5.58/76/15,5.58/76/20	以○財用 1.2/6/23
	4.1/53/31,4.1/54/5	三問○脩	5.58/76/8	以五味○之 1.19/9/28
車徒○行	4.1/53/30	群介、行人、宰、史○		灌而行之以○之 1.20/9/31
車徒○坐	4.1/53/30	有牢	5.58/76/8	以九式之法均○邦之財	
鼓○駥	4.1/54/6	○陳 5.58/76/10,5.58/76/12		用 1.38/12/17
車徒○謀	4.1/54/6		5.58/76/16,5.58/76/17	掌○ 2.0/17/23
○有物賈	4.7/54/27		5.58/76/18,5.58/76/22	九曰以度教○ 2.1/20/11
○書而藏之	4.8/55/3		5.58/76/23,5.58/76/23	令無○者不行於天下 2.1/21/10
與鬱人受斝歷而○飲之 4.8/55/3		車○陳	5.58/76/11	以旌○輔令 2.4/22/24
民○有職焉	4.12/55/19	凡介、行人、宰、史○有飱饗		則爲之旌○而行之 2.9/23/19
○有守禁	4.13/55/23	餼	5.58/76/13	若無授無○ 2.9/23/19
○以水火守之	4.17/56/4		5.58/76/18,5.58/76/23	以○聲樂 2.11/23/25
則○北面	4.18/56/8	卿○見 5.58/76/14,5.58/76/20		以金鐲○鼓 2.11/23/27
內朝○退	4.23/57/1	再問○脩	5.58/76/15	則以○巡國中及郊野 2.24/25/27
○玄冕	4.35/58/18	親見卿○膳特牛	5.58/76/25	則與之瑞○而以執之 2.25/25/31
○五采玉十有二	4.35/58/18	士○有訝	5.59/77/2	以璽○出入之 2.27/26/16
繅斿○就	4.35/58/19	○聖人之作也	6.0/77/31	司關掌國貨之○ 2.38/27/25
其矢箙○從其弓	4.39/59/3	此○聖人之所作也	6.0/77/31	則以○傳出之 2.38/27/26
矢八物○三等	4.41/59/14	約之不○約	6.30/86/7	則以○傳出內之 2.38/27/27

寺人掌王之內人及女宮

 之○令 1.48/14/3

則掌其政教與其○禁 2.2/21/21

掌其○令糾禁 2.3/22/2

以糾其過惡而○之 2.5/22/27

掌其○令與其賞罰 2.5/22/29

以糾○之 2.6/23/1

掌其○禁 2.6/23/3,2.35/27/14

族師各掌其族之○令政

 事 2.7/23/7

掌其治令、○禁、刑罰 2.7/23/11

若將有軍旅、會同、田

 役之○ 2.18/24/29

遂師各掌其遂之政令○

 禁 2.41/28/17

審其誓○ 2.41/28/19

掌其政令、○禁 2.42/28/24

以四達○其功事 2.42/28/26

則掌其○令 2.44/29/1

 4.1/54/7,4.18/56/9

凡歲時之○令皆聽之 2.45/29/5

沿卜來歲之○ 3.3/38/9

世婦掌女宮之宿○ 3.15/40/17

○及宿之日 3.57/46/26

群吏○眾庶脩戰法 4.1/53/26

鼓○三闋 4.1/54/1

夜三鼜以號○ 4.12/55/18

○大史及大夫介 4.18/56/15

凡其○令 4.23/57/1

掌士之○令 4.23/57/2

掌其○令與其教治 4.24/57/7

○鼓 4.30/57/32

而鼜○祭祀有司 4.32/58/8

糾百官之○具 4.32/58/8

則○于四方 4.58/61/30

無敢不敬○ 4.58/61/30

帥其屬而巡○令 4.58/62/1

都司馬掌都之士庶子及

 其眾庶、車馬、兵甲

 之○令 4.69/62/28

則○之日 5.1/67/14

○于百族 5.1/67/14

以五○先後刑罰 5.3/68/2

各掌其鄉之民數而糾○

 之 5.4/68/13

而糾其○令 5.5/68/19

糾其○令 5.6/68/26

職金掌凡金、玉、錫、

 石、丹、青之○令 5.15/70/9

則○官脩委積 5.59/76/30

疥 jiè 1

夏時有痒○疾 1.18/9/22

藉 jiè 5

甸師掌帥其屬而耕耨王

 ○ 1.11/8/28

繅○五采五就 3.10/39/12

繅○九寸 5.52/73/32

繅○七寸 5.52/74/3

繅○五寸 5.52/74/6

巾 jīn 6

幂人掌共○幂 1.29/11/11

以疏布○幂八尊 1.29/11/11

以畫布○幂六彝 1.29/11/11

凡王○ 1.29/11/11

○車 3.0/36/8

○車掌公車之政令 3.64/47/24

斤 jīn 2

宋之○ 6.0/78/3

謂之斧○之齊 6.3/80/8

今 jīn 2

○夫大車之轅摯 6.3/79/28

○夫荼解中有變焉 6.30/86/10

金 jīn 48

瘍醫掌腫瘍、潰瘍、○

 瘍、折瘍之祝藥劀殺

 之齊 1.19/9/27

玉府掌王之○玉、玩好

 、兵、器 1.35/12/3

凡（王之）獻○玉、兵

 、器、文織、良貨賄

 之物 1.35/12/5

凡四方之幣獻之○玉、

 齒革、兵、器 1.36/12/8

鼓人掌教六鼓四○之音

 聲 2.11/23/25

以晉鼓鼓○奏 2.11/23/26

以○錞和鼓 2.11/23/27

以○鐲節鼓 2.11/23/27

以○鐃止鼓 2.11/23/27

以○鐸通鼓 2.11/23/27

皆○也 2.39/27/30

丱人掌○玉錫石之地 2.61/30/29

○、石、土、革、絲、

 木、匏、竹 3.25/42/20

鍾師掌○奏 3.31/43/10

鎛師掌○奏之鼓 3.33/43/19

鼓其○奏之樂 3.33/43/19

○路 3.64/47/25

黃○四目 4.29/57/26

稾人掌受財于職○ 4.41/59/14

齊僕掌馭○路以賓 4.47/60/3

朝、覲、宗、遇、饗、

 食皆乘○路 4.47/60/3

其利○錫竹箭 4.58/61/11

職○ 5.0/64/1

入鈞○ 5.1/67/6

職○掌凡○、玉、錫、

 石、丹、青之戒令 5.15/70/9

入其○錫于為兵器之府

  5.15/70/10

掌受士之○罰、貨罰 5.15/70/10

則共其○版 5.15/70/11

凡國有大故而用○石 5.15/70/11

皆以○為之 5.53/74/25

爍○以為刃 6.0/77/31

吳粵之○、錫 6.0/78/4

攻○之工六 6.0/78/6

攻○之工 6.0/78/7,6.3/80/7

○有六齊 6.3/80/8

六分其○而錫居一 6.3/80/8

五分其○而錫居一 6.3/80/8

四分其○而錫居一 6.3/80/9

參分其○而錫居一 6.3/80/9

五分其○而錫居二 6.3/80/9

○錫半 6.3/80/10

改煎○錫則不耗 6.8/81/1

凡鑄○之狀 6.8/81/4

○與錫 6.8/81/4

黃○勺 6.19/82/23

青〇外	6.19/82/23

津 jīn　　　　1

其民黑而〇	2.1/20/5

筋 jīn　　　　19

皮毛〇角入于玉府	1.12/9/1
以辛養〇	1.19/9/28
斂其皮角〇骨	2.29/26/26
施〇必數	6.1/78/28
〇也者	6.30/85/21
凡相〇	6.30/85/30
〇欲敝之敝	6.30/86/1
夏治〇	6.30/86/3
夏治〇則不煩	6.30/86/3
〇代之受病	6.30/86/5
強者在內而摩其〇	6.30/86/5
夫〇之所由憺	6.30/86/6
引〇欲盡而無傷其力	6.30/86/12
幹不勝〇	6.30/86/17
〇三侔	6.30/86/18
其次〇角皆有溼而深	6.30/86/26
牛〇蕡瀹	6.30/86/27
麋〇斥蠖瀹	6.30/86/27
覆之而〇至	6.30/86/28

襟 jīn　　　　4

眂〇	3.0/35/11
眂〇掌十煇之法	3.48/45/10
一曰〇	3.48/45/10
辨吉凶、水旱降豐荒之　〇象	3.60/47/10

錦 jǐn　　　　1

琮以〇	5.53/74/27

謹 jǐn　　　　1

〇酒	5.33/72/8

近 jìn　　　　7

以宅田、士田、賈田任	

〇郊之地	2.16/24/16
〇郊十一	2.16/24/18
名相〇者相遠也	2.35/27/13
實相〇者相爾也	2.35/27/13
以通上下親疏遠〇	3.49/45/16
殺矢、鍭矢用諸〇射、　田獵	4.39/59/4
凡遠〇惸獨老幼之欲有　復於上而其長弗達者	5.1/67/9

晉 jìn　　　　8

以〇鼓鼓金奏	2.11/23/26
王〇大圭	3.10/39/12
軍將執〇鼓	4.1/53/18
諸侯〇	4.49/60/9
去一以爲〇圍	6.27/84/13
	6.27/84/15
五分其〇圍	6.27/84/14
參分其〇圍	6.27/84/15

浸 jìn　　　　9

其〇五湖	4.58/61/11
其〇潁湛	4.58/61/13
其〇波溠	4.58/61/14
其〇沂沭	4.58/61/16
其〇（盧）〔廬〕、維	4.58/61/17
其〇渭洛	4.58/61/19
其〇菑時	4.58/61/20
其〇汾潞	4.58/61/22
其〇淶、易	4.58/61/23

進 jìn　　　　19

三曰〇賢	1.1/5/20
二曰以敘〇其治	1.2/6/17
以〇退之	1.20/10/2
〇賢興功以作邦國	4.1/53/8
以教坐作〇退疾徐疏數　之節	4.1/53/19
鼓	4.1/53/31
徒銜枚而〇	4.1/54/5
呼昭穆而〇之	4.23/57/2
而〇退其爵祿	4.23/57/5
以攷其藝而〇退之	4.24/57/11

小司寇擯以敘〇而問焉	5.2/67/19
以圖國用而〇退之	5.2/67/28
賓車〇	5.54/75/10
三請三〇	5.54/75/11
〇而眂之	6.1/78/21
	6.1/78/22, 6.1/78/22
〇則與馬謀	6.3/80/1
〇而握之	6.11/81/16

禁 jìn　　　　136

凡宮之糾〇	1.2/6/15
以宮刑憲〇于王宮	1.2/7/6
掌其〇令	1.3/7/9
	2.41/28/21, 2.51/29/27
宮正掌王宮之戒令、糾　〇	1.4/7/22
辨外內而時〇	1.4/7/23
春秋以木鐸脩火〇	1.4/7/25
〇其奇衺	1.45/13/16
憲〇令于王之北宮而糾　其守	1.45/13/22
閽人掌守王宮之中門之　〇	1.47/13/29
掌內人之〇令	1.48/14/4
五曰舍〇	2.1/20/24
則令邦國移民、通財、　舍〇、弛力、薄征、　緩刑	2.1/21/10
與其祭祀、飲食、喪紀　之〇令	2.2/21/15
則掌其政教與其戒〇	2.2/21/21
令群吏憲〇令	2.2/21/28
掌其戒令糾〇	2.3/22/2
辨鄉邑而治其政令刑〇	2.3/22/7
各掌其鄉之政教〇令	2.4/22/13
掌其戒〇　2.6/23/3, 2.35/27/14	
掌其治令、戒〇、刑罰	2.7/23/11
以禮防〇而救之	2.24/25/25
奔者不〇	2.26/26/5
〇遷葬者與嫁殤者	2.26/26/7
司市掌市之治、教、政　、刑、量度、〇令	2.27/26/9
以政令〇物靡而均市	2.27/26/10
以賈民〇僞而除詐	2.27/26/11
以刑罰〇虣而去盜	2.27/26/11
凡市僞飾之〇	2.27/26/17

凡大朝○、大享射、凡	令獲者植○	4.49/60/8
封國、命諸侯　3.8/39/1	執○節以宣布于四方	5.27/71/19
以朝○宗遇會同于王　3.10/39/14	必以○節	5.55/75/25
大會同朝○　3.57/46/27	弧○枉矢	6.3/80/6
會同朝○　4.18/56/14		

莖 jīng　5

節服氏掌祭祀朝○衮冕	以其臘廣爲之○圍　6.6/80/18
4.28/57/23	中其○　6.6/80/18
大祭祀、朝○　4.31/58/5	身長五其○長　6.6/80/19
朝、○、宗、遇、饗、	身長四其○長　6.6/80/20
食皆乘金路　4.47/60/3	身長三其○長　6.6/80/20
凡大祭祀、朝○、會同	

菁 jīng　1

4.51/60/18	○菹、鹿臡　1.26/10/29
凡朝○會同　5.1/67/15	
秋○以比邦國之功　5.52/73/28	

經 jīng　21

朝、○、宗、遇、會、	體國○野　1.0/1/3
同　5.53/74/24	2.0/15/23、3.0/32/17
	4.0/49/1、5.0/63/5

涇 jīng　1

	以○邦國　1.1/5/9
其川○汭　4.58/61/19	以○邦治　1.1/5/14
	以官府之八成○邦治　1.2/6/28

荆 jīng　3

	乃○土地而井牧其田野　2.2/21/22
正南曰○州　4.58/61/12	以次敘分地而○市　2.27/26/9
○之幹　6.0/78/4	以土地之圖○田野　2.40/28/3
○次之　6.30/85/22	○牧其田野　2.41/28/18
	其○兆之體　3.41/44/9

旌 jīng　22

	其○卦皆八　3.41/44/11
設○門　1.31/11/17	其○運十　3.41/44/12
以○節輔令　2.4/22/24	○而無絕　6.3/80/1
則爲之○節而行之　2.9/23/19	國中九○九緯　6.28/84/20
上○于思次以令市　2.27/26/13	○涂九軌　6.28/84/20、6.28/84/27
道路用○節　2.39/27/31	環涂以爲諸侯○涂　6.28/84/28
5.53/74/25	野涂以爲都○涂　6.28/84/28
植虞○以屬禽　2.59/30/24	
持○　3.64/48/3	

井 jīng　10

析羽爲○　3.67/48/13	爲其○匽　1.30/11/13
斿車載○　3.67/48/15	乃經土地而○牧其田野　2.2/21/22
置○門　3.67/48/16	九夫爲○　2.2/21/23、6.28/84/30
共銘○　3.67/48/16	四○爲邑　2.2/21/23
建廞車之○　3.67/48/16	挈壺氏掌挈壺以令軍○　4.17/56/3
建○旗　3.67/48/17	比國郊及野之道路、宿
共獲○　3.67/48/18	息、○、樹　5.30/71/27
歲時共更○　3.67/48/18	
以○爲左右和之門　4.1/54/2	
以○居乏而待獲　4.19/56/18	

夜宿諸○　6.18/82/12、6.18/82/14	
○間廣四尺　6.28/84/30	

阱 jǐng　3

春令爲○擭溝瀆之利於	
民者　5.32/72/5	
秋令塞○杜擭　5.32/72/5	
爲○擭以攻猛獸　5.38/72/23	

景 jǐng　12

正日○以求地中　2.1/20/15	
日南則○短　2.1/20/15	
日北則○長　2.1/20/16	
日東則○夕　2.1/20/16	
日西則○朝　2.1/20/16	
日至之○尺有五寸　2.1/20/16	
以致日○　4.59/62/3	
枚謂之○　6.7/80/24	
眡以○　6.28/84/19	
識日出之○與日入之○	
6.28/84/19	
晝參諸日中之○　6.28/84/19	

頸 jǐng　2

去一以爲○圍　6.3/79/27	
五分其○圍　6.3/79/27	

警 jǐng　2

則以法○戒群吏　1.3/7/20	
而○戒祭祀有司　4.32/58/8	

勁 jìng　1

以眡其○也　6.27/84/16	

徑 jìng　3

遂上有○　2.40/28/9	
禁野之橫行○踰者　5.30/71/29	
禁○踰者與以兵革趨行	
者與馳騁於國中者　5.37/72/20	

竟 jìng 2

凡國都之〇有溝樹之固 4.12/55/19
送之于〇 4.15/55/29

敬 jìng 9

二曰〇故 1.1/5/19
三曰廉〇 1.2/7/1
一曰以祀禮教〇 2.1/20/8
書其〇敏任恤者 2.8/23/15
不〇者而苛罰之 3.15/40/18
觥其不〇者 3.24/42/15
不〇者苛罰之 4.18/56/16
誅其不〇者 4.32/58/9
無敢不〇戒 4.58/61/30

扃 jiōng 2

廟門容大〇七个 6.28/84/25
闈門容小〇參个 6.28/84/25

糾 jiū 28

以〇萬民 1.1/5/12,1.2/6/25
以〇邦治 1.1/5/14
凡宮之〇禁 1.2/6/15
宮正掌王宮之戒令、〇禁 1.4/7/22
〇其德行 1.4/7/23
憲禁令于王之北宮而〇其守 1.45/13/22
相道其出入之事而〇之 1.48/14/3
以鄉八刑〇萬民 2.1/21/4
脩法〇職以待邦治 2.2/21/28
掌其戒令〇禁 2.3/22/2
以〇其過惡而戒之 2.5/22/27
以〇戒之 2.6/23/1
司諫掌〇萬民之德而勸之朋友 2.23/25/22
鄰長掌相〇相受 2.47/29/11
制軍詰禁以〇邦國 4.1/53/8
〇百官之戒具 4.32/58/8
以五刑〇萬民 5.1/67/2
上功〇力 5.1/67/2
上命〇守 5.1/67/3
上德〇孝 5.1/67/3
上能〇職 5.1/67/3
上愿〇暴 5.1/67/3
四曰〇 5.3/68/3
令移民、通財、〇守、緩刑 5.3/68/7
各掌其鄉之民數而〇戒之 5.4/68/13
而〇其戒令 5.5/68/19
〇其戒令 5.6/68/26

鳩 jiū 1

獻〇以養國老 4.21/56/24

九 jiǔ 137

〇嬪 1.0/4/13
以〇職任萬民 1.1/5/20
生〇穀 1.1/5/21
〇曰閒民 1.1/5/23
以〇賦斂財賄 1.1/5/23
〇曰弊餘之賦 1.1/5/25
以〇式均節財用 1.1/5/25
〇曰好用之式 1.1/5/27
以〇貢致邦國之用 1.1/5/27
〇曰物貢 1.1/5/28
以〇兩繫邦國之（名）〔民〕 1.1/5/28
〇曰藪 1.1/6/3
執邦之〇貢、〇賦、〇式之貳 1.2/6/16
兩之以〇竅之變 1.18/9/24
參之以〇藏之動 1.18/9/24
大府掌〇貢、〇賦、〇功之貳 1.34/11/28
內府掌受〇貢〇賦〇功之貨賄、良兵、良器 1.36/12/8
以〇貢之法致邦國之財用 1.38/12/16
以〇賦之法令田野之財用 1.38/12/17
以〇功之法令民職之財用 1.38/12/17
以〇式之法均節邦之財用 1.38/12/17
司書掌邦之六典、八法、八則、〇職、〇正、〇事邦中之版 1.39/12/22
以陰禮教〇嬪 1.45/13/16
以婦職之法教〇御 1.45/13/16
贊〇嬪之禮事 1.45/13/18
相〇嬪之禮事 1.46/13/26
〇嬪掌婦學之法 1.50/14/10
以教〇御婦德、婦言、婦容、婦功 1.50/14/10
及〇嬪世婦凡命婦 1.58/15/5
爲〇嬪及外內命婦之首服 1.61/15/13
周知〇州之地域、廣輪之數 2.1/20/2
〇曰以度教節 2.1/20/11
以土均之法辨五物〇等 2.1/20/14
〇曰蕃樂 2.1/20/24
〇曰生材 2.1/21/2
以稽國中及四郊都鄙之夫家（〇比）〔人民〕之數 2.2/21/14
〇夫爲井 2.2/21/23,6.28/84/30
貢〇穀 2.17/24/23
六曰〇數 2.22/25/18
廩人掌〇穀之數 2.71/31/22
辨〇穀之物 2.73/31/31
以〇儀之命 3.1/37/2
〇命作伯 3.1/37/3
上公〇命爲伯 3.11/39/22
皆以〇爲節 3.11/39/23
《〇德》之歌 3.21/41/25
《〇磬》之舞 3.21/41/26
若樂〇變 3.21/41/26
掌《〇德》、《六詩》之歌 3.27/42/29
以鍾鼓奏《〇夏》 3.31/43/10
其別〇十 3.41/44/12
以辨〇簭之名 3.46/45/1
〇簭之名 3.46/45/2
〇曰巫環 3.46/45/3
〇曰隮 3.48/45/11
辨〇祭 3.49/45/18
〇曰共祭 3.49/45/19
辨〇㩇 3.49/45/19
〇曰肅㩇 3.49/45/20
以星土辨〇州之地 3.60/47/8
樊纓〇就 3.64/47/25,5.52/73/32

司常掌○旗之物名	3.67/48/12	琰圭○寸	6.19/82/21	二曰昔○	1.21/10/5
掌建邦國之○法	4.1/53/7	璧琮○寸	6.19/82/22	三曰清○	1.21/10/5
以○伐之法正邦國	4.1/53/9	大璋、中璋○寸	6.19/82/23	以共王之四飲三○之饌	1.21/10/6
乃以○畿之籍	4.1/53/13	諸侯純○	6.19/82/28	及后、世子之飲與其○	1.21/10/7
以分國爲○州	4.8/55/1	方○里	6.28/84/20	以法共五齊三○	1.21/10/7
司險掌○州之圖	4.13/55/22	國中○經○緯	6.28/84/20	唯齊○不貳	1.21/10/8
○節五正	4.18/56/10	經涂○軌	6.28/84/20,6.28/84/27	共賓客之禮○	1.21/10/8
諸侯之繅斿○就	4.35/58/19	○陼	6.28/84/22	凡王之燕飲○	1.21/10/9
天子之弓合○而成規	4.39/59/5	度○尺之筵	6.28/84/23	○正奉之	1.21/10/9
辨其邦國、都鄙、四夷		東西○筵	6.28/84/23	皆共其○	1.21/10/10
、八蠻、七閩、○貉		內有○室	6.28/84/26	掌○之賜頒	1.21/10/10
、五戎、六狄之人民		○嬪居之	6.28/84/26	凡有秩○者	1.21/10/10
與其財用、○穀、六		外有○室	6.28/84/26	○正之出	1.21/10/11
畜之數要	4.58/61/9	○卿朝焉	6.28/84/26	唯王及后之飲○不會	1.21/10/11
乃辨○州之國	4.58/61/10	○分其國以爲○分	6.28/84/26	以○式誅賞	1.21/10/11
乃辨○服之邦國	4.58/61/24	○卿治之	6.28/84/26	○人掌爲五齊三○	1.22/10/14
其次○日坐	5.1/67/8	城隅之制○雉	6.28/84/27	共賓客之禮○、飲○而	
○月役	5.1/67/8	謂之○和	6.30/86/18	奉之	1.22/10/14
左○棘	5.9/69/11	○和之弓	6.30/86/18	共○而人于○府	1.22/10/15
右○棘	5.9/69/11	合○而成規	6.30/86/19	共○以往	1.22/10/15
以○儀辨諸侯之命	5.52/73/31			賓客之陳○亦如之	1.22/10/15
執桓圭○寸	5.52/73/32	**久 jiǔ**	**4**	入于○府	1.23/10/17
繅藉○寸	5.52/73/32			凡○漿之○醴亦如之	1.24/10/21
冕服○章	5.52/73/32	以○奠食	4.23/56/30	則以禮屬民而飲○于序	2.6/23/2
建常○斿	5.52/73/32	無以爲完○也	6.0/78/14	凡其黨之祭祀、喪紀、	
貳車○乘	5.52/74/1	二者以爲○也	6.3/79/24	昏冠、飲○	2.6/23/3
介○人	5.52/74/1	利準則○	6.3/80/1	凡○脩酌	3.7/38/29
禮○牢	5.52/74/1			則爲司盟共祈○脯	5.14/70/6
其朝位賓主之間○十步	5.52/74/1			幾○	5.33/72/8
饗禮○獻	5.52/74/2	**灸 jiǔ**	**1**	謹○	5.33/72/8
食禮○舉	5.52/74/2			以○禮之	5.52/74/9
○州之外謂之蕃國	5.52/74/14	○諸牆	6.27/84/16	飲一豆○	6.26/84/2
○歲屬瞽史	5.52/74/16			以○脯醢	6.26/84/5
使適四方、協○儀	5.53/74/23	**韭 jiǔ**	**1**		
司儀掌○儀之賓客擯相				**救 jiù**	**13**
之禮	5.54/75/4	其實○菹、醓醢	1.26/10/29		
饔餼○牢	5.58/76/10			司○	2.0/16/32
乘禽日○十雙	5.58/76/12	**酒 jiǔ**	**45**	使之相○	2.1/20/30
以諭○稅之利	5.60/77/5			○日月	2.11/23/28
○禮之親	5.60/77/6	○正	1.0/2/15	司○掌萬民之衺惡過失	
○牧之維	5.60/77/6	○人	1.0/2/17	而誅讓之	2.24/25/25
○禁之難	5.60/77/6	女○三十人	1.0/2/17	以禮防禁而○之	2.24/25/25
○戎之威	5.60/77/6	王燕飲○	1.6/8/5	以○其時事	2.41/28/19
龍旂○斿	6.3/80/5	○正掌○之政令	1.21/10/4	以詔○政	3.41/44/14,3.60/47/11
重○鋝	6.6/80/19	以式法授○材	1.21/10/4	以○無辜	4.1/54/7
命圭○寸	6.19/82/17	凡爲公○者亦如之	1.21/10/4	以○時疾	4.11/55/13
琬圭○寸而繅	6.19/82/21	辨三○之物	1.21/10/5	○日月亦如之	4.30/57/32
		一曰事○	1.21/10/5		

三日而○之 2.27/26/15
犯禁者○而罰之 2.28/26/23
凡財物犯禁者○之 2.37/27/21
○其貨 2.38/27/26
與量人受○斝之卒爵而飲之 3.4/38/15
旬而○之 5.9/69/14
食禮九○ 5.52/74/2
食禮七○ 5.52/74/5
食禮五○ 5.52/74/7
○而眡之 6.10/81/12
○之而豐 6.10/81/14
○圍欲細 6.27/84/12
○圍欲重 6.27/84/12

具 jù 16

與其○脩 1.1/6/8
以法掌祭祀、朝覲、會同、賓客之戒○ 1.2/7/1
以式法掌祭祀之戒○與其薦羞 1.3/7/14
贊小宰比官府之○ 1.3/7/15
取○焉 1.34/12/1
涖陳女宮之○ 1.51/14/13
凡內○之物 1.58/15/6
凡國〔事〕之財用取○焉 2.36/27/18
共道路之穀積、食飲之○ 2.73/32/1
比其○ 3.15/40/17
糾百官之戒○ 4.32/58/8
其澤藪曰○區 4.58/61/11
則○十有二牢 5.58/76/5
庶○百物備 5.58/76/6
令百官百牲皆○ 5.58/76/6
三材既○ 6.1/78/19

倨 jù 6

已○則不入 6.5/80/15
是故○句外博 6.5/80/15
○句中矩 6.5/80/16
○句 6.12/81/25
○句一矩有半 6.22/83/3
○句磬折 6.29/85/12

秬 jù 3

大肆以○鬯渳 3.2/37/25
鬯人掌共○鬯而飾之 3.5/38/17
共其○鬯 3.5/38/18

聚 jù 26

○斂疏材 1.1/5/23
以○百物 1.2/6/25
○毒藥以共醫事 1.16/9/13
以荒政十有二○萬民 2.1/20/23
○衆庶 2.8/23/15
旅師掌○野之耡粟、屋粟、間粟而用之 2.48/29/13
凡畜○之物 2.50/29/21
2.67/31/13
以稍○待賓客 2.50/29/21
以甸○待羇旅 2.50/29/21
凡其余○以待頒賜 2.50/29/22
掌荼掌以時○荼 2.67/31/13
縣壺以序○（欜）〔欜〕 4.17/56/3
以圜土○教罷民 5.1/67/3
若邦有大事○衆庶 5.5/68/22
若邦有大役○衆庶 5.6/68/29
凡都家之大事○衆庶 5.7/69/3
凡邦之大事○衆庶 5.8/69/8
凡國○衆庶 5.29/71/24
凡奚隸○而出入者 5.29/71/25
則令守涂地之人○（欜）〔欜〕之 5.30/71/28
令○（欜）〔欜〕 5.56/75/28
則令○（欜）〔欜〕 5.59/76/31
掌交掌以節與幣巡邦國之諸侯及其萬民之所○者 5.60/77/4
故一器而工○焉者 6.0/78/10
六材既○ 6.30/85/20

虡 jù 8

帥其屬而設筍○ 3.39/44/3
廞筍○ 3.39/44/4
梓人爲筍○ 6.26/83/20
鸁者、羽者、鱗者以爲筍○ 6.26/83/21
若是者以爲鍾○ 6.26/83/24
而由其○鳴 6.26/83/25
6.26/83/27
若是者以爲磬○ 6.26/83/27

屨 jù 8

○人 1.0/5/5
○人掌王及后之服○ 1.62/15/16
素○ 1.62/15/16
葛○ 1.62/15/16
辨外內命夫命婦之命○、功○、散○ 1.62/15/16

遽 jù 2

以待達窮者與○令 4.30/57/30
行夫掌邦國傳○之小事、媺惡而無禮者 5.55/75/25

懼 jù 1

六曰○夢 3.47/45/7

蠲 juān 2

除其不○ 1.30/11/13
令州里除不○ 5.31/72/1

卷 juàn 3

以樂舞教國子舞《雲門》、《大○》、《大咸》、《大謦》、《大夏》、《大濩》、《大武》 3.21/41/12
○而（搏）〔摶〕之 6.11/81/17
○而摶之而不迆 6.11/81/20

決 jué 2

已句則不○ 6.5/80/15
銳喙○吻 6.26/83/25

抉 jué 1

繕人掌王之用弓、弩、

矢、箙、矰、弋、○
　、拾　　　　　　　4.40/59/11

角 jué　　　　　　43

皮毛筋○入于玉府　　1.12/9/1
共含玉、復衣裳、○枕
　、○柶　　　　　　1.35/12/4
○人　　　　　　　2.0/18/31
斂其皮○筋骨　　　2.29/26/26
守都鄙者用○節　　2.39/27/29
○人掌以時徵齒○凡骨
　物於山澤之農　2.62/30/32
黃鍾爲○　　　　　3.21/41/20
大蔟爲○　　　　　3.21/41/22
大呂爲○　　　　　3.21/41/24
宮、商、○、徵、羽　3.25/42/19
燕之○　　　　　　6.0/78/4
○也者　　　　　　6.30/85/20
凡相○　　　　　　6.30/85/24
稺牛之○直而澤　　6.30/85/25
老牛之○紾而昔　　6.30/85/25
瘠牛之○無澤　　　6.30/85/25
○欲青白而豐末　　6.30/85/25
夫○之（末）〔本〕　6.30/85/25
夫○之中　　　　　6.30/85/26
夫○之末　　　　　6.30/85/27
○長二尺有五寸　　6.30/85/28
多析幹而春液○　　6.30/86/2
春液○則合　　　　6.30/86/3
析○無邪　　　　　6.30/86/4
故○三液而幹再液　6.30/86/6
○代之受病　　　　6.30/86/8
夫懷膠於內而摩其○　6.30/86/8
夫○之所由挫　　　6.30/86/8
凡居○　　　　　　6.30/86/9
恒○而短　　　　　6.30/86/9
恒○而達　6.30/86/9,6.30/86/11
撟○欲孰於火而無燂　6.30/86/11
必因○幹之濕以爲之柔
　　　　　　　　6.30/86/13
維○堂之　　　　　6.30/86/16
○不勝幹　　　　　6.30/86/17
○與幹權　　　　　6.30/86/18
其次筋○皆有㳿而深　6.30/86/26
其次○無㳿　　　　6.30/86/27
○環㳿　　　　　　6.30/86/27

覆之而○至　　　　6.30/86/27

厥 jué　　　　　　2

○明　　　　　　　2.4/22/19
永啓○後　　　　　6.8/81/4

絕 jué　　　　　　3

七日○祭　　　　　3.49/45/19
引之則○　　　　　6.2/79/20
經而無○　　　　　6.3/80/1

爵 jué　　　　　　35

一曰○　1.1/5/17,3.61/47/13
贊玉幣○之事　　　1.1/6/9
贊玉几玉○　　　　1.1/6/9
贊玉幣、玉獻、玉几、
　玉○　　　　　　1.1/6/10
贊（王）〔玉〕幣○之
　事、祼將之事　　1.2/7/3
凡受○之事　　　　1.2/7/3
瑤○亦如之　　　　1.45/13/17
凡賓客之祼獻、瑤○　1.45/13/18
十有一曰以賢制○　2.1/20/11
凡內女之有○者　　3.0/33/17
凡外女之有○者　　3.0/33/19
賜卿大夫士○　　　3.2/37/22
與量人受擧嬰之卒而
　飲之　　　　　　3.4/38/15
以○等爲丘封之度與其
　樹數　　　　　　3.18/40/30
職喪掌諸侯之喪及卿大
　夫士凡有○者之喪　3.20/41/6
凡有○者　　　　　4.18/56/14
令有○者乘王之倅車　4.18/56/14
以德詔○　　　　　4.23/56/29
及賜○　　　　　　4.23/57/2
而進退其祿　　　　4.23/57/5
凡有○者與七十者與未
　齔者　　　　　　5.16/70/15
有○者桎　　　　　5.19/70/24
凡有○者與王之同族　5.19/70/25
唯王之同族與有○者　5.20/70/29
凡有節者及有○者至　5.30/71/29
授有○者杖　　　　5.51/73/26

等諸臣之○　　　　5.52/73/31
以其國之○相爲客而相
　禮　　　　　　　5.54/75/21
以二等從其○而上下之
　　　　　　　　5.54/75/22
以其○等爲之牢禮之陳
　數　　　　　　　5.58/76/13
以其○等爲之禮　　5.58/76/19
　　　　　　　　5.58/76/24
○一升　　　　　　6.26/84/1
獻以○而酬以觚　　6.26/84/1

攫 jué　　　　　　1

凡○糷援簭之類　　6.26/83/28

君 jūn　　　　　　27

凡○子之食恒放焉　1.17/9/19
○之讎眂父　　　　2.25/25/30
國○過市則刑人赦　2.27/26/19
攝其○　　　　　　3.11/39/26
則下其○之禮一等　3.11/39/26
以皮帛眂小國之○　3.11/39/27
卜立○　　　　　　3.41/44/14
○占體　　　　　　3.45/44/29
放弒其○則殘之　　4.1/53/11
三曰詢立○　　　　5.2/67/18
執皮帛以繼小國之○　5.52/74/8
其他皆眂小國之○　5.52/74/9
其禮各下其○二等以下
　　　　　　　　5.52/74/10
○之禮也　　　　　5.53/74/24
主○郊勞　　　　　5.54/75/8
賓繼主○　　　　　5.54/75/13
唯○相入　　　　　5.54/75/16
○荅拜　5.54/75/17,5.54/75/19
問○　　　　　　　5.54/75/18
○拜　　　　　　　5.54/75/18
○問大夫　　　　　5.54/75/18
○勞客　　　　　　5.54/75/18
○館客　　　　　　5.54/75/19
則國○膳以牲犢　　5.58/76/6
以告其○長　　　　5.63/77/12
各因其○之躬志慮血氣
　　　　　　　　6.30/86/22

均 jūn	48
以佐王○邦國	1.0/1/4
以○萬民	1.1/5/11,1.2/6/23
以九式○節財用	1.1/5/25
以○財節邦用	1.2/6/16
○其稍食	1.4/7/24,1.45/13/15
	1.45/13/22,4.12/55/17
月終則○秩	1.5/7/29
歲終則○敘	1.5/7/29
以九式之法○節邦之財	
用	1.38/12/17
○人	2.0/16/24
土○	2.0/18/5
以土○之法辨五物九等	2.1/20/14
以○齊天下之政	2.1/20/15
乃○土地以稽其人民而	
周知其數	2.2/21/19
○人掌○地政	2.20/25/7
○地守	2.20/25/7
○地職	2.20/25/7
○人民、牛馬、車輦之	
力政	2.20/25/7
凡○力政	2.20/25/7
不○地政	2.20/25/9
則大○	2.20/25/9
以政令禁物靡而○市	2.27/26/10
辨其物而○平之	2.31/27/1
以土○平政	2.40/28/6
而○其政令	2.48/29/14
土○掌平土地之政	2.51/29/26
以○地守	2.51/29/26
以○地事	2.51/29/26
以○地貢	2.51/29/26
以遂○水	2.53/30/1
掌○萬民之食	2.75/32/6
大○之禮	3.1/36/30
○其禁	3.18/41/1
大司樂掌成○之法	3.21/41/10
○守平則以安邦國	4.1/53/9
平沈必○	6.1/79/2
水之以眂其平沈之○也	6.1/79/6
以眂其橈之○也	6.27/84/16
膠之必○	6.30/86/7
膠之不○	6.30/86/7
謂之參○	6.30/86/17,6.30/86/17
量其力有三○	6.30/86/18

○者三	6.30/86/18

軍 jūn	92
四曰○旅之聯事	1.2/6/27
○旅、田役、喪荒亦如之	1.2/7/2
凡朝覲、會同、○旅、	
田役、祭祀	1.32/11/19
凡祭祀、賓客、喪紀、	
會同、○旅	1.37/12/13
大○旅	2.1/21/9
	2.2/21/25,5.1/67/15
五師爲○	2.2/21/18
以起○旅	2.2/21/18,6.19/82/25
小○旅	2.2/21/25
大○旅會同	2.3/22/4
凡喪紀、賓客、○旅、	
大盟	2.10/23/23
以和○旅	2.11/23/25
以鼗鼓鼓○事	2.11/23/26
凡○旅	2.11/23/28
○動	2.11/23/28
○事	2.14/24/8,4.37/58/26
凡會同、○旅、行役	2.14/24/9
共其兵（○）〔車〕之	
牛	2.14/24/9
若將有○旅、會同、田	
役之戒	2.18/24/29
凡祭祀、賓客、會同、喪紀、	
○旅	2.21/25/14
	2.22/25/19
五曰○旅之容	2.22/25/19
○旅田獵	2.41/28/21
○旅	2.50/29/23,4.27/57/21
	5.35/72/13,5.51/73/26
凡○旅之賓客館焉	2.50/29/23
以○禮同邦國	3.1/36/29
則帥有司而立○社	3.2/37/23
若○將有事〔于四望〕	3.2/37/23
凡王之會同、○旅、甸	
役之禱祠	3.2/37/27
凡國之大賓客、會同、	
○旅、喪紀	3.6/38/21
牙璋以起○旅	3.10/39/17
凡○大獻	3.22/42/8
執同律以聽○聲	3.25/42/22
○大獻	3.33/43/19

凡○之夜三鼜	3.33/43/20
設○社	3.49/45/24
及○歸獻于社	3.49/45/24
凡外內小祭祀、小喪紀	
、小會同、小○旅	3.50/46/1
大喪、大賓客、大會同	
、大○旅	3.58/47/2
凡會同、○旅、弔于四	
方	3.65/48/7
凡○事	3.67/48/17
	4.17/56/3,4.51/60/20
○司馬	4.0/49/6,4.3/54/16
凡制○	4.0/49/8
萬有二千五百人爲○	4.0/49/8
王六	4.0/49/8
大國三○	4.0/49/8
次國二○	4.0/49/8
小國一○	4.0/49/8
○將皆命卿	4.0/49/9
一○則二府	4.0/49/10
制○詰禁以糾邦國	4.1/53/8
○將執晉鼓	4.1/53/18
以辨○之夜事	4.1/53/22
○吏載旗	4.1/53/24
中○以聲令鼓	4.1/53/29
	4.1/54/4
大合○	4.1/54/6
帥執事涖釁主及○器	4.1/54/7
比○衆	4.1/54/8
營○之壘舍	4.8/55/2
量其市、朝、州、涂、	
○社之所里	4.8/55/2
釁邦器及○器	4.9/55/7
察○慝	4.16/55/31
揚○旅	4.16/55/31
挈壺氏掌挈壺以令○井	4.17/56/3
凡賓客、會同、○旅	4.20/56/21
作六○之（事）〔士〕	
執披	4.23/57/4
以○法治之	4.24/57/9
凡○旅會同	4.25/57/13
	5.57/76/2
○旅、會同亦如之	4.26/57/16
凡○旅田役	4.30/57/32
以待○事	4.37/58/25
○旅、會同	4.38/58/29
二曰○刑	5.1/67/2

辨其施舍與其〇任者	2.41/28/17		1.27/11/4,4.23/57/3	大盟	2.10/23/23
辨其〇食者	2.41/28/18	凡祭祀、喪紀、賓〇	1.12/9/1	凡賓〇之事	2.14/24/8
辦其〇任者與其〇施舍		凡祭祀、賓〇、喪紀	1.13/9/4	以待賓〇	2.19/25/2,5.59/76/30
者	2.42/28/23	賓〇、喪紀	1.15/9/11	凡賓〇、會同、師役	2.19/25/2
〇得而禮矣	3.21/41/22	共賓〇之禮酒	1.21/10/8	凡祭祀、賓〇、會同、喪紀、	
	3.21/41/24	共后之致飲于賓〇之禮		軍旅	2.21/25/14
則人鬼〇得而禮矣	3.21/41/26	醫酏糟	1.21/10/8		2.22/25/19
其民〇用者家三人	4.1/53/16	共賓〇之禮酒、飲酒而		二曰賓〇之容	2.22/25/18
其民〇用者二家五人	4.1/53/17	奉之	1.22/10/14	凡四方之賓〇造焉	2.37/27/22
其民〇用者家二人	4.1/53/17	賓〇之陳酒亦如之	1.22/10/15	凡四方之賓〇敏關	2.38/27/27
之〇以封邑者	4.66/62/22	共賓〇之稍禮	1.23/10/17	以稍聚待賓〇	2.50/29/21
用聰〇也	5.17/70/17	共夫人致飲于賓〇之禮		凡軍旅之賓〇館焉	2.50/29/23
然後〇以爲良	6.0/78/1		1.23/10/17	祭祀賓〇	2.58/30/19
	6.30/86/2	賓〇	1.24/10/21	凡祭祀賓〇	2.59/30/23
故〇規、〇萬、〇水、			1.28/11/8,2.41/28/20	祭祀、喪紀、賓〇	2.69/31/17
〇縣、〇量、〇權也	6.1/79/7		2.50/29/22,2.72/31/28	親四方之賓〇	3.1/37/1
然後〇鑄也	6.8/81/5		2.76/32/8,4.10/55/9	凡祭祀賓〇之祼事	3.4/38/13
然後〇以傅衆力	6.28/85/5	喪事及賓〇之事	1.25/10/26	凡國之大賓〇、會同、	
亦弗〇以爲良矣	6.30/86/14	賓〇、喪紀亦如之	1.26/11/1	軍旅、喪紀	3.6/38/21
		賓〇之禮	1.26/11/2	以祼賓〇	3.10/39/16
渴 kě	**1**		1.27/11/5,5.53/74/23	以造贈賓〇	3.10/39/16
		邦中之賦以待賓〇	1.34/11/30	大祭祀、大旅、凡賓〇	
〇澤用鹿	2.52/29/30	凡祭祀、賓〇、喪紀、		之事	3.10/39/19
		會同、軍旅	1.37/12/13	凡大祭祀、大賓〇	3.12/40/8
克 kè	**1**	凡賓〇之祼獻、瑤爵	1.45/13/18	大賓〇之饗食亦如之	3.15/40/18
		致后之賓〇之禮	1.45/13/18	賓〇之饗食亦如之	3.16/40/21
既〇其登	6.3/79/28	若有祭祀、賓〇、喪紀		賓〇之事亦如之	3.17/40/25
			1.46/13/25	以安賓〇	3.21/41/14
客 kè	**147**	凡內人、公器、賓〇	1.47/13/30	賓〇饗食	3.36/43/26
		凡賓〇亦如之	1.47/14/1	大喪、大賓〇、大會同	
二曰賓〇之式	1.1/5/25	若有喪紀、賓〇、祭祀		、大軍旅	3.58/47/2
以禮待賓〇之治	1.1/6/7	之事	1.48/14/3	大喪、大賓〇亦如之	3.65/48/6
待四方之賓〇之小治	1.1/6/12	若有祭祀、賓〇、喪紀		會同、賓〇亦如之	3.67/48/16
以懷賓〇	1.2/6/24	之事	1.49/14/7	有大賓〇	4.18/56/15
二曰賓〇之聯事	1.2/6/27	若有賓〇	1.50/14/11,5.30/71/27	賓〇之事則抗皮	4.19/56/18
以法掌祭祀、朝覲、會		世婦掌祭祀、賓〇、喪		凡賓〇、會同、軍旅	4.20/56/21
同、賓〇之戒具	1.2/7/1	紀之事	1.51/14/13	會同、賓〇	4.24/57/10
凡賓〇	1.2/7/3,2.40/28/13	凡祭祀、賓〇	1.58/15/5	凡祭祀、會同、賓〇	4.27/57/20
	2.77/32/11,4.51/60/19		2.70/31/19,3.2/37/21	祭祀、賓〇、喪紀	4.30/57/31
	5.54/75/22,5.59/77/1		3.35/43/24	小祭祀、賓〇、饗食、	
以待賓〇之令	1.3/7/10	以待祭祀、賓〇	1.61/15/13	賓射掌事	4.31/58/5
凡朝覲、會同、賓〇	1.3/7/15		3.2/37/19	齊右掌祭祀、會同、賓	
賓〇〔饗〕食	1.6/8/5	大賓〇	2.1/21/8	〇、前齊車	4.43/59/21
賓〇之禽獻	1.7/8/10		3.1/37/11,3.2/37/22	凡賓〇、喪紀	4.57/61/7
凡賓〇之飧饔、饗食之			3.3/38/5,5.2/67/27	掌〇	5.0/66/18
事亦如之	1.9/8/21	小賓〇	2.2/21/25	大祭祀、大喪紀、大軍	
賓〇亦如之	1.10/8/26	凡喪紀、賓〇、軍旅、		旅、大賓〇	5.4/68/16

邦有賓〇	5.8/69/7
誅戮暴〇者	5.8/69/8
〇出入則道之	5.8/69/8
邦有祭祀、賓〇、喪紀	
之事	5.21/71/2
大師、大賓〇亦如之	5.31/72/2
大行人掌大賓之禮及大	
〇之儀	5.52/73/28
而待其賓〇	5.52/73/32
小行人掌邦國賓〇之禮	
籍	5.53/74/21
大〇則擯	5.53/74/23
小〇則受其幣而聽其辭	
	5.53/74/23
司儀掌九儀之賓〇擯相	
之禮	5.54/75/4
諸公之臣相爲國〇	5.54/75/14
〇辟	5.54/75/16,5.54/75/20
〇登	5.54/75/16
〇三辟	5.54/75/17
〇再拜對	5.54/75/18
〇辟而對	5.54/75/18
〇對	5.54/75/18
君勞〇	5.54/75/18
〇再拜稽首	5.54/75/19
〇趨辟	5.54/75/19
君館〇	5.54/75/19
〇從	5.54/75/20
〇拜禮賜	5.54/75/20
以其國之爵相爲〇而相	
禮	5.54/75/21
凡四方之賓〇禮儀、辭	
命、饔牢、賜獻	5.54/75/21
亦不背〇	5.54/75/23
環人掌送逆邦國之通賓	
〇	5.56/75/28
詔相國〇之禮儀而正其	
位	5.57/76/2
受國〇幣而賓禮之	5.57/76/2
掌〇掌四方賓〇之牢禮	
、饔獻、飲食之等數	
與其政治	5.58/76/5
凡諸侯之卿、大夫、士	
爲國〇	5.58/76/25
凡禮賓〇	5.58/76/26
凡賓〇死	5.58/76/26
賓〇有喪	5.58/76/27

若將有國賓〇至	5.59/76/30
待事于〇	5.59/76/32
凡賓〇之治	5.59/76/32
賓〇至而往	5.59/77/2

墾 kěn　　　　1

礬〇薛暴不入市	6.25/83/18

空 kōng　　　　7

以攷司〇之辟	2.3/22/3
役諸司〇	2.24/25/26,5.1/67/7
〇桑之琴瑟	3.21/41/23
三曰〇首	3.49/45/19
眡其鑽〇	6.10/81/11
眡其鑽〇而愿	6.10/81/13

口 kǒu　　　　1

厚脣弅〇	6.26/83/23

敂 kòu　　　　1

凡四方之賓客〇關	2.38/27/27

寇 kòu　　　　19

以恤禮哀〇亂	3.1/36/28
有〇戎之事	3.50/45/30
若有〇戎之事	3.68/48/20
乃立秋官司〇	5.0/63/5
大司〇	5.0/63/10
小司〇	5.0/63/10
大司〇之職	5.1/67/1
小司〇之職	5.2/67/18
小司〇擯以敘進而問焉	5.2/67/19
以詔司〇斷獄弊訟	5.3/68/5
司〇聽之	5.4/68/14
	5.5/68/20,5.6/68/27
司〇聽其成于朝	5.7/69/1
若邦凶荒、札喪、〇戎	
之故	5.9/69/18
以萬民之數詔司〇	5.10/69/21
司〇及孟冬祀司民之日	
獻其數于王	5.10/69/21
若司〇斷獄弊訟	5.11/69/25

以贊司〇聽獄訟	5.12/69/27

哭 kū　　　　15

帥敘〇者亦如之	1.50/14/11
王〇諸侯亦如之	3.1/37/11
遂〇之	3.2/37/26
令外內命婦序〇	3.3/38/6
比外內命婦之朝莫〇	3.15/40/18
序〇者	3.16/40/22
〇諸侯亦如之	3.16/40/22
	3.17/40/26
則敘外內朝莫〇者	3.17/40/26
及序〇	3.22/42/9
歌〇而請	3.56/46/20
縣壺以代〇者	4.17/56/4
令〇無去守	4.23/57/4
從遣車而〇	4.26/57/17
行歌〇於國中之道者	5.50/73/24

苦 kǔ　　　　5

夏多〇	1.17/9/18
以〇養氣	1.19/9/28
共其〇鹽、散鹽	1.28/11/8
辨其〇良、比其小大而	
賈之	1.55/14/24
受〇功	1.57/15/1

庫 kù　　　　1

凡萬民之貢以充府〇	1.34/11/32

澮 kuài　　　　5

千夫有〇	2.40/28/10
〇上有道	2.40/28/10
以〇寫水	2.53/30/2
雍氏掌溝瀆〇池之禁	5.32/72/5
謂之〇	6.28/85/1

寬 kuān　　　　2

五曰〇疾	2.1/20/26
〇緩以荼	6.30/86/22

匡 kuāng　5

○人　4.0/52/32
○人掌達法則、○邦國
　而觀其惡　4.67/62/24
則輪雖敝不○　6.1/78/24
萬之以眡其○也　6.1/79/6

筐 kuāng　2

畫、繢、鍾、○、杭　6.0/78/8
○人　6.17/82/10

狂 kuáng　1

○夫四人　4.0/50/27

壙 kuàng　3

以共闠○之蜃　2.68/31/15
及○　3.51/46/4
入○　4.29/57/27

纊 kuàng　1

共其絲○組文之物　1.56/14/29

虧 kuī　2

凡圜土之刑人也不○體
　　5.18/70/22
其罰人也不○財　5.18/70/22

葵 kuí　2

其實○菹、蠃醢　1.26/10/30
終○首　6.19/82/20

潰 kuì　1

瘍醫掌腫瘍、○瘍、金
　瘍、折瘍之祝藥劀殺
　之齊　1.19/9/27

饋 kuì　6

凡王之○　1.6/8/1

選百羞、醬物、珍物以
　俟○　1.8/8/15
○食之籩　1.25/10/24
○食之豆　1.26/10/30
以○食享先王　3.1/36/26
其○獻用兩壺尊　3.7/38/26

髡 kūn　1

○者使守積　5.20/70/31

髺 kuò　1

○墾薜暴不入市　6.25/83/18

臘 là　3

○廣二寸有半寸　6.6/80/18
以其○廣爲之蚤圍　6.6/80/18
參分其○廣　6.6/80/19

淶 lái　1

其浸○、易　4.58/61/23

萊 lái　9

而辨其夫家、人民、田
　○之數　2.18/24/28
○五十畮　2.40/28/7
○百畮　2.40/28/8
○二百畮　2.40/28/9
則○山田之野　2.56/30/13
則○澤野　2.59/30/23
虞人○所田之野　4.1/53/26
野焚○　4.11/55/14
贊焚○　4.54/60/29

騋 lái　1

七尺以上爲○　4.55/61/2

來 lài　10

涖卜○歲之芟　3.3/38/9
涖卜○歲之戒　3.3/38/9
涖卜○歲之稼　3.3/38/9

陳玉以貞○歲之媺惡　3.9/39/9
詔○瞽皋舞　3.22/42/7
○瞽　3.49/45/22
懷方氏掌○遠方之民　4.60/62/6
○體寡　6.30/86/24
○體多　6.30/86/25
往體○體若一　6.30/86/25

狼 láng　3

夕獻○　1.12/8/31
條○氏　5.0/65/11
條○氏掌執鞭以趨辟　5.36/72/16

牢 láo　39

以○禮之法　1.3/7/16
掌其○禮、委積、膳獻
　、飲食、賓賜之飧牽　1.3/7/16
共其○禮積膳之牛　2.14/24/8
則繫于○　2.15/24/12
共其○禮之米　2.76/32/8
繫于○　3.3/38/2
禮九○　5.52/74/1
禮七○　5.52/74/3
禮五○　5.52/74/6
成○禮　5.52/74/16
凡四方之賓客禮儀、辭
　命、餼○、賜獻　5.54/75/21
掌客掌四方賓客之○禮
　、餼獻、飲食之等數
　與其政治　5.58/76/5
則具十有二○　5.58/76/5
群介、行人、宰、史皆
　有○　5.58/76/8
飧五○　5.58/76/9
饔餼九○　5.58/76/10
其死○如飧之陳　5.58/76/10
　　5.58/76/17,5.58/76/22
牽四○　5.58/76/10
車米眡生○　5.58/76/11
○十車　5.58/76/11,5.58/76/11
車禾眡死○　5.58/76/11
殷膳大○　5.58/76/12,5.58/76/18
以其爵等爲之○禮之陳
　數　5.58/76/13
膳大○　5.58/76/14

	5.58/76/15,5.58/76/19
致饗大○	5.58/76/14
食大○	5.58/76/14
飧四○	5.58/76/15
饔餼七○	5.58/76/16
牽三○	5.58/76/17
致（饗）〔饔〕大○	5.58/76/19
飧三○	5.58/76/20
饔餼五○	5.58/76/22
牽二○	5.58/76/22

勞 láo 21

凡○事	1.30/11/14
王弓○士庶子	4.1/54/9
事功曰○	4.6/54/22
掌三公孤卿之弓○	4.30/58/1
掌士大夫之弓○	4.31/58/6
以王命○之	4.32/58/9
與其弓○	4.33/58/12
唐弓、大弓以授學射者	
、使者、○者	4.39/59/3
三問三○	5.52/74/2
再問再○	5.52/74/5
壹問壹○	5.52/74/8
壹○	5.52/74/9
則逆○于畿	5.53/74/22
及郊○、眠館、將幣	5.53/74/22
再○	5.54/75/7
主君郊○	5.54/75/8
及大夫郊○	5.54/75/14
君○客	5.54/75/18
致饔餼如○之禮	5.54/75/19
則掌行人之○辱事焉	5.55/75/26
夫人以○諸侯	6.19/82/28

老 lǎo 19

邦饗耆○、孤子	1.9/8/22
饗耆○孤子	1.21/10/10
鄉○	2.0/16/1
二曰養○	2.1/20/25
以辨其貴賤、○幼、	
（廢）〔癈〕疾	2.2/21/15
辨其○幼、貴賤、癈疾	
、馬牛之物	2.3/22/1
國中貴者、賢者、能者	

、服公事者、○者、	
疾者皆舍	2.4/22/15
鄉○及鄉大夫帥其吏與	
其衆寡	2.4/22/19
鄉○及鄉大夫、群吏獻	
賢能之書于王	2.4/22/19
辨其貴賤、○幼、癈疾	
可任者	2.7/23/8
以養○孤	2.19/25/1
以其財養死政之○與其	
孤	2.37/27/21
辨其○幼癈疾與其施舍	
者	2.40/28/11
若饗耆○孤子士庶子	2.78/32/13
以息○物	3.37/43/30
獻鳩以養國○	4.21/56/24
凡遠近惸獨○幼之欲有	
復於上而其長弗達者	5.1/67/9
再赦曰○旄	5.12/69/28
○牛之角診而昔	6.30/85/25

薪 láo 1

其實棗、栗、桃、乾○	
、榛實	1.25/10/25

防 lè 2

以其圍之○捎其藪	6.1/78/27
凡溝逆地○	6.28/85/2

泐 lè 1

石有時以○	6.0/78/5

勒 lè 2

龍○	3.64/47/26
○面績總	3.64/47/28

雷 léi 1

以○鼓鼓神祀	2.11/23/26

蠹 léi 4

社壝用大○	3.5/38/17

皆有○	3.7/38/25
	3.7/38/26,3.7/38/28

羸 léi 3

○鼓○鼗	3.21/41/21
西龜曰○屬	3.43/44/21

耒 lěi 1

車人為○	6.29/85/10

誄 lěi 3

六曰○	3.49/45/17
讀○	3.57/46/29
賜謚讀○	3.58/47/3

礧 lěi 1

營軍之○舍	4.8/55/2

類 lèi 8

四望四○亦如之	3.2/37/15
○社稷宗廟	3.2/37/28
○造上帝	3.3/38/7
一曰○	3.49/45/15
○上帝	3.49/45/24
詛祝掌盟、詛、○、造	
、攻、說、禬、禜之	
祝號	3.53/46/11
凡攬耨授簎之○	6.26/83/28
凡昵之○不能方	6.30/85/30

貍 lí 9

○	1.8/8/17
凡○物	1.14/9/7
以○沈祭山、林、川、	
澤	3.1/36/25
遂○之	3.4/38/15
諸侯以《○首》為節	3.22/42/5
諸侯奏《○首》	3.31/43/12
樂以《○首》	4.18/56/10
則以○步張三侯	4.18/56/12
除其○蟲	5.46/73/12

贊九嬪之○事	1.45/13/18	大役之○	3.1/36/30	詔王后之○事	3.15/40/17
致后之賓客之○	1.45/13/18	大封之○	3.1/36/30	相外內宗之○事	3.15/40/17
祭之以陰○	1.45/13/20	以嘉○親萬民	3.1/36/30	以國之喪○涖其禁令	3.20/41/6
詔后之○事	1.46/13/26	以飲食之○	3.1/36/31	治其○	3.20/41/7
相九嬪之○事	1.46/13/26	以昏冠之○	3.1/36/31	可得而○矣	3.21/41/22
正內人之○事	1.46/13/26	以賓射之○	3.1/36/31		3.21/41/24
佐世婦治○事	1.48/14/4	以饗燕之○	3.1/37/1	則人鬼可得而○矣	3.21/41/26
女史掌王后之○職	1.54/14/21	以脤膰之○	3.1/37/1	相尸○	3.49/45/22
以○從	1.54/14/22	以賀慶之○	3.1/37/1	掌巫降之○	3.54/46/15
一曰以祀○教敬	2.1/20/8	以○天地四方	3.1/37/5	與群執事讀○書而協事	
二曰以陽○教讓	2.1/20/8	以蒼璧○天	3.1/37/6		3.57/46/26
三曰以陰○教親	2.1/20/9	以黃琮○地	3.1/37/6	以書協○事	3.57/46/28
四曰以樂（○）教和	2.1/20/9	以青圭○東方	3.1/37/6	執其○事	3.57/46/30
七曰昔○	2.1/20/24	以赤璋○南方	3.1/37/6	讀○法	3.58/47/1
○、樂、射、御、書、		以白琥○西方	3.1/37/6	凡國事之用○法者	3.58/47/2
數	2.1/21/4	以玄璜○北方	3.1/37/6	都宗人掌都（宗）〔祭〕	
以五○防萬民之僞而教		以中○防之	3.1/37/7	祀之○	3.68/48/20
之中	2.1/21/6	以○樂合天地之化、百		正都○與其服	3.68/48/20
鄉共吉凶○樂之器	2.3/22/11	物之產	3.1/37/8	家宗人掌家祭祀之○	3.69/48/23
以○○賓之	2.4/22/19	治其大○	3.1/37/10	掌家○與其衣服、宮室	
退而以鄉射之○五物詢		詔相王之大○	3.1/37/10	、車旗之禁令	3.69/48/24
衆庶	2.4/22/20	掌五○之禁令與其用等	3.2/37/16	則掌其盟約之載及其○	
以○會民而射于州序	2.5/22/28	掌四時祭祀之序事與其		儀	5.14/70/4
則以○屬民而飲酒于序	2.6/23/2	○	3.2/37/20	大行人掌大賓之○及大	
教其○事	2.6/23/3	詔相祭祀之小○	3.2/37/21	客之儀	5.52/73/28
共其牢○積膳之牛	2.14/24/8	凡大○	3.2/37/22	以同邦國之○	5.52/73/31
一曰五○	2.22/25/17	如大宗伯之○	3.2/37/22	上公之○	5.52/73/32
以○防禁而救之	2.24/25/25	詔相喪祭之○	3.2/37/26	○九牢	5.52/74/1
○俗、喪紀、祭祀	2.51/29/27	凡國之大○	3.2/37/28	王○再祼而酢	5.52/74/2
共其○	2.72/31/28	凡小○	3.2/37/28	饗○九獻	5.52/74/2
共其牢○之米	2.76/32/8	掌立國祀之○	3.3/38/1	食○九舉	5.52/74/2
使帥其屬而掌邦○	3.0/32/17	詔相其○	3.3/38/3	諸侯之○	5.52/74/2
○官之屬	3.0/32/20	相治小○	3.3/38/4	○七牢	5.52/74/3
掌建邦之天神、人鬼、		凡祭祀○成	3.3/38/4	王○壹祼而酢	5.52/74/4
地示之○	3.1/36/23	共設匪甕之○	3.3/38/5	饗○七獻	5.52/74/4
以吉○事邦國之鬼神示	3.1/36/23	相其○	3.3/38/10	食○七舉	5.52/74/5
以凶○哀邦國之憂	3.1/36/27	治其○儀	3.3/38/10	其他皆如諸侯之○	5.52/74/5
以喪○哀死亡	3.1/36/27	治其○儀而掌其事	3.3/38/11	○五牢	5.52/74/6
以荒○哀凶札	3.1/36/27	如宗伯之○	3.3/38/11	王○壹祼不酢	5.52/74/7
以弔○哀禍災	3.1/36/27	其國家、宮室、車旗、衣服、		饗○五獻	5.52/74/7
以襘○哀圍敗	3.1/36/27	○儀	3.11/39/22	食○五舉	5.52/74/7
以恤○哀寇亂	3.1/36/28	3.11/39/23,3.11/39/24		其他皆如諸子之○	5.52/74/8
以賓○親邦國	3.1/36/28	其國家、宮室、車旗、		以酒○之	5.52/74/9
以軍○同邦國	3.1/36/29	衣服、○儀亦如之	3.11/39/25	其○各下其君二等以下	
大師之○	3.1/36/29	則下其君之○一等	3.11/39/26		5.52/74/10
大均之○	3.1/36/30	其宮室、車旗、衣服、○儀		成牢○	5.52/74/16
大田之○	3.1/36/30	3.11/39/27,3.11/39/29		協其○	5.52/74/17

塵人掌○市〔之〕紋布	
、總布、質布、罰布	
、塵布	2.29/26/26
○其皮角筋骨	2.29/26/26
○而入于膳府	2.29/26/27
○其總布	2.35/27/14
泉府掌以市之征布○市	
之不售貨之滯於民用	
者	2.36/27/16
而徵○其財賦	2.46/29/9
春頒而秋○之	2.48/29/14
委人掌○野之賦	2.50/29/21
○薪芻	2.50/29/21
共其雰○	2.53/30/3
掌染草掌以春秋○染草	
之物	2.65/31/9
掌蜃掌○互物蜃物	2.68/31/15
以時○而藏之	2.70/31/19
以年之上下出○法	2.75/32/6
及執事泣大○、小○	3.2/37/25
疏璧琮以○尸	3.10/39/18
共其復衣服、○衣服、	
奠衣服、廞衣服	3.12/40/8
險聲○	3.29/43/5
贊○	3.49/45/22
而○飾棺焉	3.51/46/5
乃○禽	3.52/46/9
行則○之	4.38/58/30
既射則○之	4.40/59/12

涷 liàn　　4

帆氏○絲	6.18/82/12
是謂水○	6.18/82/13, 6.18/82/15
○帛	6.18/82/13

練 liàn　　2

春暴○	1.60/15/11
付、○、祥	3.49/45/23

欄 liàn　　1

以○爲灰	6.18/82/13

良 liáng　　26

書其能者與其○者	1.3/7/20
凡○貨賄之藏	1.35/12/3
凡（王之）獻金玉、兵	
、器、文織、○貨賄	
之物	1.35/12/5
內府掌受九貢九賦九功	
之貨賄、○兵、○器	1.36/12/8
凡○貨賄入焉	1.36/12/9
中秋獻○裘	1.43/13/7
比其小大與其麤○而賞	
罰之	1.45/13/21
辨其苦○、比其小大而	
賈之	1.55/14/24
則受○功而藏之	1.56/14/28
以尊賢○	2.21/25/12
凡○車、散車不在等者	3.64/48/1
○馬匹一人	4.0/52/11
毆方○	4.29/57/27
凡頒○馬而養乘之	4.51/60/14
駑馬三○馬之數	4.51/60/15
趣馬掌贊正○馬	4.52/60/23
然後可以爲○	6.0/78/1
	6.30/86/2
然而不○	6.0/78/2
而弗能爲○	6.0/78/3
雖有○工	6.1/78/30
○蓋弗冒弗紘	6.1/79/14
○輈環澌	6.3/80/3
○鼓瑕如積環	6.12/81/25
亦弗可以爲○矣	6.30/86/14

梁 liáng　　1

廝人掌以時廞爲○	1.13/9/4

涼 liáng　　1

水、漿、醴、○、醫、	
酏	1.23/10/17

粱 liáng　　1

犬宜○	1.17/9/19

糧 liáng　　2

則治其○與其食	2.71/31/24
挈畚以令○	4.17/56/3

兩 liǎng　　26

以九○繫邦國之（名）	
〔民〕	1.1/5/28
立其○	1.1/6/5
○之以九竅之變	1.18/9/24
五伍爲○	2.2/21/18
四○爲卒	2.2/21/18
無過五○	2.26/26/6
其朝踐用○獻尊	3.7/38/25
其再獻用○象尊	3.7/38/25
其朝獻用○著尊	3.7/38/26
其饋獻用○壺尊	3.7/38/26
其朝踐用○大尊	3.7/38/27
其再獻用○山尊	3.7/38/27
○圭有邸以祀地、旅四	
望	3.10/39/15
二十〔有〕五人爲○	4.0/49/10
○司馬皆中士	4.0/49/10
○司馬執鐸	4.1/53/19
右祭○軹	4.45/59/28
以○造禁民訟	5.1/67/5
以○劑禁民獄	5.1/67/6
○從半之	6.6/80/18
○欒謂之銑	6.7/80/23
○圭五寸	6.19/82/27
上○个	6.26/84/3
下○个半之	6.26/84/4
四旁○夾	6.28/84/22
○山之間必有川焉	6.28/85/2

量 liàng　　31

皆有器○	1.21/10/8
出其度、○、淳、制	1.45/13/19
○其地	2.18/24/31
司市掌市之治、教、政	
、刑、○度、禁令	2.27/26/9
以○度成賈而徵價	2.27/26/10
辟布者、○度者、刑戮	
者	2.27/26/14
同其度○	2.28/26/23

若是者謂之○屬	6.26/83/27	1.25/10/25，1.25/10/25	○斬冰　　　　1.24/10/20
作其○之而	6.26/83/28		鹽人掌鹽之政○　1.28/11/8
	6.26/83/29	**靈 líng　　　　5**	饗鹽以待戒○　　1.28/11/9
○之而不作	6.26/83/30		以九賦之法○田野之財
		以○鼓鼓社祭　2.11/23/26	用　　　　　1.38/12/17
廩 lǐn　　　　2		○鼓○罄　　　3.21/41/23	以九功之法○民職之財
		天龜曰○屬　　3.43/44/21	用　　　　　1.38/12/17
○人	2.0/19/17	以○鼓毆之　　5.38/72/23	以逆群吏之徵○　1.39/12/25
○人掌九穀之數	2.71/31/22		受其貳○而書之　1.40/12/29
		另 lìng　　　　1	以治王內之政○　1.45/13/15
瓶 lín　　　　2			憲禁○于王之北宮而糾
		方百（○）〔里〕則百	其守　　　　1.45/13/22
不○於鑒	6.1/79/5	男　　　　　4.58/61/28	有好○於卿大夫　1.46/13/27
則雖敝不○	6.11/81/21		掌王之陰事陰　　1.46/13/27
		令 lìng　　　274	寺人掌王之內人及女宮
冷 líng　　　　1			之戒○　　　　1.48/14/3
		則○百官府各正其治　1.1/6/12	掌內人之禁○　　1.48/14/4
羊○毛而毳	1.8/8/16	以治王宮之政○　1.2/6/15	內豎掌內外之通○　1.49/14/7
		○百官府共其財用　1.2/7/2	書內○　　　　　1.54/14/21
凌 líng　　　　3		則○群吏致事　　1.2/7/5	以待有司之政○　1.56/14/29
		○于百官府曰　　1.2/7/6	2.46/29/9
○人	1.0/2/21	掌其禁○　　　　1.3/7/9	以○地貢　　　　2.1/20/15
○人掌冰正	1.24/10/20	2.41/28/21，2.51/29/27	而待政○　　　　2.1/20/23
三其○	1.24/10/20	以待賓客之○　　1.3/7/10	○五家為比　　　2.1/20/29
		掌百官府之徵○　1.3/7/10	○野脩道委積　　2.1/21/8
陵 líng　　　　9		掌官○以徵　　　1.3/7/13	2.2/21/25
		掌其戒○　　　　1.3/7/17	而治其政○　　　2.1/21/9
辨其山林川澤丘○墳衍		掌小官之戒○　　1.3/7/17	而治其徒庶之政○　2.1/21/9
原隰之名物	2.1/20/2	歲終則○群吏正歲會　1.3/7/18	○無節者不行於天下　2.1/21/10
三曰丘○	2.1/20/5	月終則○正月要　　1.3/7/19	則○邦國移民、通財、
出入相○犯者	2.32/27/5	旬終則○正日成　　1.3/7/19	舍禁、弛力、薄征、
兆山川丘○墳衍	3.2/37/16	○脩宮中之職事　　1.3/7/20	緩刑　　　　　2.1/21/10
三變而致鱗物及丘○之		宮正掌王宮之戒○、糾	則○教官正治而致事　2.1/21/11
示	3.21/41/19	禁　　　　　　1.4/7/22	○于教官曰　　　2.1/21/11
暴內○外則壇之	4.1/53/10	則○宿　　　　　1.4/7/23	與其祭祀、飲食、喪紀
犯令○政則杜之	4.1/53/11	○于王宮之官府次舍　1.4/7/25	之禁○　　　　2.2/21/15
辨其丘○、墳衍、邍隰		無去守而聽政○　1.4/7/25	行徵○　　　　　2.2/21/17
之名物	4.66/62/22	掌其政○　　　　1.5/7/28	以○貢賦　2.2/21/19，2.40/28/11
淵為○	5.48/73/18	1.12/9/2，1.13/9/5	以任地事而○貢賦　2.2/21/23
		2.40/28/14，2.49/29/18	治其政○　　　　2.2/21/25
鈴 líng　　　　1		3.2/37/17，4.25/57/14	2.3/22/3，2.43/28/29
		4.54/60/29，5.42/73/2	2.46/29/8，2.49/29/18
鳴○以應雞人	3.64/48/4	則○之　　　　　1.5/7/29	○群吏正要會而致事　2.2/21/27
		凡○禽獻　　　　1.7/8/10	○群吏憲禁　　　2.2/21/28
薐 líng　　　　2		○禽注于虞中　　1.12/9/1	以待政○　2.2/21/30，2.4/22/24
		醫師掌醫之政○　1.16/9/13	掌其戒○糾禁　　2.3/22/2
（薐）〔○〕、茨、臬、脯		酒正掌酒之政○　1.21/10/4	○作秩敘　　　　2.3/22/4

螻 lóu	1
○	1.8/8/17

鞻 lóu	2
鞮○氏	3.0/34/22
鞮○氏掌四夷之樂與其	
聲歌	3.38/44/1

盧 lú	1
其浸（盧）〔○〕、維	
	4.58/61/17

廬 lú	15
則授○舍	1.4/7/26
十里有○	2.19/25/3
○有飲食	2.19/25/3
比其○	4.18/56/16
其浸（○）〔盧〕、維	
	4.58/61/17
野○氏	5.0/64/31
野○氏掌達國道路	5.30/71/27
秦無○	6.0/77/28
秦之無○也	6.0/77/29
非無○也	6.0/77/29
夫人而能爲○也	6.0/77/29
輪、輿、弓、○、匠、	
車、梓	6.0/78/7
○人爲○器	6.27/84/8
凡試○事	6.27/84/15

壚 lú	1
埴○用豕	2.52/29/30

鑪 lú	1
埽除、執燭、共○炭	1.30/11/14

魯 lǔ	1
○之削	6.0/78/3

陸 lù	1
作車以行○	6.0/77/31

鹿 lù	4
菁菹、○臡	1.26/10/29
渴澤用○	2.52/29/30
○淺幭	3.64/47/30
○膠青白	6.30/85/29

路 lù	51
以○鼓鼓鬼享	2.11/23/26
掌其道○之委積	2.19/25/3
宿有○室	2.19/25/4
○室有委	2.19/25/4
道○用旌節	2.39/27/31
	5.53/74/25
川上有○	2.40/28/10
共道○之穀積、食飲之	
具	2.73/32/1
典○	3.0/36/11
縣衰冠之式于○門之外	3.2/37/25
○鼓、鼟	3.21/41/25
王之五○	3.64/47/24
一曰玉○	3.64/47/24
金○	3.64/47/25
象○	3.64/47/26
革○	3.64/47/26
木○	3.64/47/27
王后之五○	3.64/47/27
共匱○與其飾	3.64/48/3
典○掌王及后之五○	3.65/48/6
則出○	3.65/48/6
以○從	3.65/48/7
車僕掌戎○之萃	3.66/48/9
王執○鼓	4.1/53/18
而達其道○	4.13/55/22
	4.13/55/23
則藩塞阻○而止行者	4.13/55/23
王族故士、虎士在○門	
之右	4.23/56/31
大僕、大右、大僕從者	
在○門之左	4.23/56/31
若道○不通有徵事	4.26/57/18
建○鼓于大寢之門外	4.30/57/30

以序守○鼓	4.33/58/13
大馭掌馭（王）〔玉〕	
○以祀	4.45/59/27
凡馭○	4.45/59/28
凡馭○儀	4.45/59/29
如玉○之儀	4.46/59/31
齊僕掌馭金○以賓	4.47/60/3
朝、覲、宗、遇、饗、	
食皆乘金○	4.47/60/3
道僕掌馭象○以朝夕、	
燕出入	4.48/60/6
田僕掌馭田○以田以鄙	4.49/60/8
合方氏掌達天下之道○	4.61/62/9
野廬氏掌達國道○	5.30/71/27
比國郊及野之道○、宿	
息、井、樹	5.30/71/27
凡道○之舟車轚互者	5.30/71/28
比脩除道○者	5.30/71/29
則令埽道○	5.30/71/30
若有死於道○者	5.31/72/2
以○節達諸四方	5.56/75/28
○門不容乘車之五个	6.28/84/25

祿 lù	12
四曰○位	1.1/5/16
二曰○	1.1/5/17,3.61/47/13
五曰聽○位以禮命	1.2/6/29
司○	2.0/19/24,2.74/32/3
十有二曰以庸制○	2.1/20/12
若祭天之司民、司○而	
獻民數、穀數	3.9/39/10
王制○	3.61/47/16
以功詔○	4.23/56/29
而進退其爵○	4.23/57/5
等馭夫之○、宮中之稍	
食	4.51/60/21

盝 lù	3
清其灰而○之	6.18/82/13
而○之	6.18/82/14
沃而○之	6.18/82/14

稑 lù	3
詔王后帥六宮之人而生	

帝	3.10/39/15	權其上○與其下○	6.10/81/10	**亂 luàn**		10
兩圭有邸以祀地、○四		以○四望	6.19/82/27			
望	3.10/39/15			八曰○民之刑	2.1/21/6	
牙璋以起軍○	3.10/39/17	**縷 lǚ**	1	禁其鬭囂者與其虣○者	2.32/27/5	
大祭祀、大○、凡賓客				以恤禮哀寇○	3.1/36/28	
之事	3.10/39/19	典枲掌布緦○紵之麻草		若約劑○	3.57/46/25	
大○	3.32/43/17	之物	1.57/15/1	外內○	4.1/53/11	
凡○	3.41/44/15			三曰刑○國用重典	5.1/67/2	
○亦如之	3.43/44/23	**律 lǜ**	7	四方有○獄	5.8/69/6	
凡外內小祭祀、小喪紀				若大○	5.13/70/2	
、小會同、小軍○	3.50/46/1	以六○、六同、五聲、		禁暴氏掌禁庶民之○暴		
大喪、大賓客、大會同		八音、六舞、大合樂		力正者	5.29/71/24	
、大軍○	3.58/47/2		3.21/41/13	其悖逆暴○作慝猶犯令		
凡會同、軍○、弔于四		大師掌六○六同	3.25/42/18	者爲一書	5.53/74/30	
方	3.65/48/7	以六○爲之音	3.25/42/21			
五百人爲○	4.0/49/9	執同○以聽軍聲	3.25/42/22	**倫 lún**		1
○帥皆下大夫	4.0/49/9	典同掌六○六同之和、				
○貳氏	4.0/50/23	以辨天地四方陰陽之		析幹必○	6.30/86/4	
教振○	4.1/53/17	聲	3.29/43/4			
○帥執鼜	4.1/53/19	以十有二○爲之數度	3.29/43/6	**掄 lún**		1
如振○之陳	4.1/53/21,4.1/53/23	則左執○	4.1/54/8			
其他皆如振○	4.1/53/22			凡邦工入山林而○材	2.56/30/12	
	4.1/53/25	**慮 lǜ**	5			
揚軍○	4.16/55/31			**輪 lún**		27
凡賓客、會同、軍○	4.20/56/21	與○事屬其植	4.1/54/9			
大夫以其等○揖	4.23/56/32	則令邦國、都家、縣鄙		周知九州之地域、廣○		
凡軍○會同	4.25/57/13	○刑貶	5.9/69/18	之數	2.1/20/2	
	5.57/76/2	冬遇以協諸侯之○	5.52/73/29	車止則持○	4.27/57/20	
軍○、會同亦如之	4.26/57/16	道王之德意志○	5.60/77/4	○、輿、弓、廬、匠、		
○貳氏掌執戈盾夾王車		各因其君之躬志○血氣		車、梓	6.0/78/7	
而趨	4.27/57/20		6.30/86/22	是故察車自○始	6.0/78/14	
凡軍○田役	4.30/57/32			○已崇	6.0/78/15	
授○貳叟、故士戈盾	4.38/58/29	**欒 luán**	1	○已庳	6.0/78/15	
軍○、會同	4.38/58/29			故兵車之○六尺有六寸	6.0/78/16	
授○貳及虎士戈盾	4.38/58/30	兩○謂之銑	6.7/80/23	田車之○六尺有三寸	6.0/78/16	
用之于軍○	5.3/68/3			乘車之○六尺有六寸	6.0/78/16	
帥其屬而禁逆軍○者與		**鸞 luán**	2	六尺有六寸之○	6.0/78/16	
犯師禁者而戮之	5.3/68/10				6.1/79/3	
大祭祀、大喪紀、大軍		言○車象人	3.18/40/31	○人爲○	6.1/78/19	
○、大賓客	5.4/68/16	以○和爲節	4.45/59/29	○敝	6.1/78/20	
○于上帝	5.15/70/11			望而眡其○	6.1/78/20	
凡軍○田役斬殺刑戮	5.20/70/30	**卵 luǎn**	2	則○雖敝不匡	6.1/78/24	
軍○、田役	5.50/73/23			是故六分其○崇	6.1/78/25	
皆○攢	5.54/75/7	禁靈○者與其毒矢射者		謂之○之固	6.1/79/3	
○攢	5.54/75/14,5.54/75/16		2.60/30/26	凡爲○	6.1/79/3	
在軍○	5.63/77/14	共○鳥	4.22/56/26	是故○雖敝	6.1/79/5	
謂之商○	6.0/77/27			○人爲蓋	6.1/79/8	

五尺謂之庇○	6.1/79/11	**雒** luò	1	良○匹一人	4.0/52/11	
○崇、車廣、衡長	6.2/79/16			驚○麗一人	4.0/52/11	
○輻三十	6.3/80/4	其川滎○	4.58/61/14	都司○	4.0/53/3	
六分其○崇	6.29/85/15			家司○	4.0/53/5	
五分其○崇	6.29/85/16	**銤** lüè	6	以正於公司○	4.0/53/5	
三其○崇	6.29/85/17			大司○之職	4.1/53/7	
		重三○	6.5/80/15	司○以旗致民	4.1/53/17	
論 lùn	2	與刺重三○	6.5/80/16	兩司○執鐸	4.1/53/19	
		重九○	6.6/80/19	公司○執鐲	4.1/53/19	
或坐而○道	6.0/77/24	重七○	6.6/80/20	司○建旗于後表之中	4.1/53/27	
坐而○道	6.0/77/25	重五○	6.6/80/20	司○振鐸	4.1/53/29	
		膠三○	6.30/86/18	群司○振鐸	4.1/54/4	
羅 luó	6			奉詔○牲	4.1/54/11	
		麻 má	3	小司○之職	4.2/54/13	
○氏	4.0/50/11			如大司○之法	4.2/54/13	
○弊致禽以祀祊	4.1/53/25	典枲掌布緦縷紵之○草		○賈掌賈○	4.7/54/27	
○氏掌○鳥鳥	4.21/56/24	之物	1.57/15/1	○量三物	4.7/54/27	
則作○襦	4.21/56/24	或治絲○以成之	6.0/77/25	一曰戎	4.7/54/27	
○春鳥	4.21/56/24	治絲○以成之	6.0/77/27	二曰田○	4.7/54/27	
				三曰駑○	4.7/54/27	
苂 luǒ	3	**馬** mǎ	127	綱惡	4.7/54/27	
				凡受○於有司者	4.7/54/28	
共野果○之薦	1.11/8/28	○黑脊而般臂	1.8/8/17	○死　4.7/54/28, 4.53/60/26		
而樹之果○珍異之物	2.70/31/19	辨其老幼、貴賤、癈疾		旬之外入○耳	4.7/54/28	
共其果○	2.70/31/19	、○牛之物	2.3/22/1	○及行	4.7/54/29	
		則受法于司○	2.18/24/29	若有○訟	4.7/54/29	
贏 luǒ	2	以作其眾庶及○牛車輦		則受布于司○	4.10/55/10	
			2.18/24/30	佐司○治射正	4.18/56/13	
共蠃、○、蚳	1.14/9/7	均人民、牛○、車輦之		司○弗正	4.24/57/9	
其實葵菹、○醢	1.26/10/30	力政	2.20/25/7	從司○之法以頒之	4.37/58/25	
		六曰車○之容	2.22/25/19	王乘則持○	4.43/59/21	
蠃 luǒ	5	賈人掌成市之貨賄、人		則前○	4.43/59/21	
		民、牛○、兵器、珍		王出入則持○陪乘	4.44/59/24	
其動物宜○物	2.1/20/7	異	2.28/26/22	前○	4.44/59/25	
再變而致○物及山林之		以聽於司○	2.49/29/18	王提○而走	4.49/60/9	
示	3.21/41/19	禂牲、禂○	3.52/46/9	分公○而駕治之	4.50/60/11	
○者	6.26/83/20	贊司○頒旗物	3.67/48/13	校人掌王○之政	4.51/60/13	
○者、羽者、鱗者以爲		乃立夏官司○	4.0/49/1	辨六○之屬	4.51/60/13	
筍虡	6.26/83/21	大司○	4.0/49/6	種○一物	4.51/60/13	
若是者謂之○屬	6.26/83/23	小司○	4.0/49/6	戎○一物	4.51/60/13	
		軍司○　4.0/49/6, 4.3/54/16		齊○一物	4.51/60/13	
洛 luò	1	輿司○　4.0/49/6, 4.4/54/18		道○一物	4.51/60/13	
		行司○　4.0/49/6, 4.5/54/20		田○一物	4.51/60/13	
其浸渭○	4.58/61/19	兩司○皆中士	4.0/49/10	駑○一物	4.51/60/14	
		○質	4.0/49/15	凡頒良○而養乘之	4.51/60/14	
		趣○	4.0/52/3	乘○一師四圉	4.51/60/14	
		巫○	4.0/52/5	阜一趣○	4.51/60/14	

驚○三良○之數	4.51/60/15
麗○一圉	4.51/60/15
八師一趣○	4.51/60/16
八趣○一馭夫	4.51/60/16
○六種	4.51/60/16
○四種	4.51/60/17
○二種	4.51/60/17
凡○	4.51/60/17
春祭○祖	4.51/60/17
頒○攻特	4.51/60/17
秋祭○社	4.51/60/18
冬祭○步	4.51/60/18
獻○講馭夫	4.51/60/18
毛○而頒之	4.51/60/18
飾幣○	4.51/60/19
受其幣○	4.51/60/19
飾遣車之○	4.51/60/19
共其幣○	4.51/60/20
物○而頒之	4.51/60/20
趣○掌贊正良○	4.52/60/23
巫○掌養疾○而乘治之	4.53/60/26
相醫而藥攻○疾	4.53/60/26
以阜○、佚特、教駣、	
攻駒及祭○祖、祭閑	
之先牧及執駒、散○	
耳、圉○	4.55/61/1
○八尺以上為龍	4.55/61/2
六尺以上為○	4.55/61/2
圉師掌教圉人養○	4.56/61/4
夏庌○	4.56/61/4
冬獻○	4.56/61/4
圉人掌養○芻牧之事	4.57/61/7
牽○而入陳	4.57/61/7
廄亦如之	4.57/61/7
其畜宜牛○	4.58/61/19
都司○掌都之士庶子及	
其眾庶、車○、兵甲	
之戒令	4.69/62/28
以聽〔於〕國司○	4.69/62/28
家司○亦如之	4.70/63/1
蠻隸掌役校人養○	5.23/71/8
（○）	5.25/71/13
圭以○	5.53/74/27
則於○終古登陁也	6.0/78/15
國○之輈深四尺有七寸	6.3/79/23
田○之輈深四尺	6.3/79/23
驚○之輈深三尺有三寸	6.3/79/23
進則與○謀	6.3/80/1
○不契需	6.3/80/2
勸登○力	6.3/80/3
○力既竭	6.3/80/3
宗祝以前○	6.19/82/24
○膠赤白	6.30/85/30

埋 mái　3

以相葬○	2.7/23/10
○之	4.51/60/19
則令○而置楬焉	5.31/72/2

買 mǎi　5

七日聽賣○以質劑	1.2/6/30
以其買○之	2.36/27/16
以待不時而○者	2.36/27/16
○者各從其抵	2.36/27/17
使其買○牲而共之	4.10/55/10

脈 mài　1

以鹹養○	1.19/9/28

麥 mài　2

鷹宜○	1.17/9/19
其穀宜稻○	4.58/61/16

賣 mài　4

七日聽○買以質劑	1.2/6/30
掌其○價之事	2.27/26/20
凡○價者質劑焉	2.28/26/22
凡國之○價	2.31/27/2

蠻 mán　10

又其外方五百里曰○畿	4.1/53/14
辨其邦國、都鄙、四夷	
、八○、七閩、九貉	
、五戎、六狄之人民	
與其財用、九穀、六	
畜之數要	4.58/61/9
又其外方五百里曰○服	
	4.58/61/26
○隸	5.0/64/17
（如○隸之事）	5.22/71/6
○隸掌役校人養馬	5.23/71/8
〔如○隸之事〕	5.24/71/11
如○隸之事	5.25/71/14
	5.26/71/16
象胥掌○、夷、閩、貉	
、戎、狄之國使	5.57/75/31

慢 màn　4

誅其○怠者	3.3/38/4
禁其淫聲、過聲、凶聲	
、○聲	3.21/41/31
巡舞列而撻其怠○者	3.24/42/15
禁○朝、錯立族談者	5.9/69/13

縵 màn　4

教○樂、燕樂之鍾磬	3.30/43/8
奏○樂	3.30/43/8
鼓○樂	3.31/43/13
卿乘夏○	3.64/47/31

芒 máng　1

種之○種	2.53/30/2

尨 máng　1

用○可也	2.13/24/4

盲 máng　1

豕○眡而交睫	1.8/8/17

矇 máng　2

○車	3.64/47/30
用○可也	5.17/70/17

莽 mǎng　1

以○草熏之	5.45/73/10

毛 máo	15
羊泠○而毳	1.8/8/16
皮○筋角入于玉府	1.12/9/1
共其毳○爲氈	1.44/13/12
其動物宜○物	2.1/20/4
其民○而方	2.1/20/5
歌舞牲及○炮之豚	2.10/23/23
用騂牲○之	2.13/24/3
用黝牲○之	2.13/24/3
各以其方之色牲○之	2.13/24/4
凡宅不○者	2.16/24/19
○六牲	3.2/37/17
四變而致○物及墳衍之	
示	3.21/41/19
書其齒○與其賈	4.7/54/28
○馬而頒之	4.51/60/18
則諸侯○	5.54/75/7

矛 máo	4
酋○常有四尺	6.0/78/13
	6.27/84/8
夷○三尋	6.27/84/8
凡爲酋○	6.27/84/14

茅 máo	3
共蕭○	1.11/8/28
共○蒩	2.3/22/4
旁招以○	3.55/46/17

旄 máo	4
○人	3.0/34/16
有○舞	3.22/42/3
○人掌教舞散樂	3.35/43/24
再赦曰老○	5.12/69/28

茆 mǎo	1
○菹、鴈醢	1.26/10/29

冒 mào	3
良蓋弗○弗紘	6.1/79/14
凡○鼓	6.12/81/25

天子執○四寸	6.19/82/18

枚 méi	13
徒衘○而進	4.1/54/5
衘○氏	5.0/66/7
衘○氏掌司囂	5.50/73/23
令衘○	5.50/73/23
十分寸之一謂之○	6.1/79/9
部尊一○	6.1/79/10
弓鑿廣四○	6.1/79/10
鑿上二○	6.1/79/10
鑿下四○	6.1/79/10
下直二○	6.1/79/10
鑿端一○	6.1/79/11
篆間謂之○	6.7/80/24
○謂之景	6.7/80/24

眉 méi	1
駔圭璋璧琮琥璜之渠○	
	3.10/39/18

媒 méi	3
○氏	2.0/17/3
○氏掌萬民之判	2.26/26/4
各以其物爲○而椅之	5.41/72/30

每 měi	31
王宮○門四人	1.0/4/7
○鄉卿一人	2.0/16/1
○州中大夫一人	2.0/16/1
○黨下大夫一人	2.0/16/1
○族上士一人	2.0/16/2
○閭中士一人	2.0/16/2
○肆則一人	2.0/17/13
○門下士二人	2.0/17/18
○關下士二人	2.0/17/20
○遂中大夫一人	2.0/17/28
○縣下大夫一人	2.0/17/28
○鄙上士一人	2.0/17/28
○酇中士一人	2.0/17/28
○里下士一人	2.0/17/29
○大山中士四人	2.0/18/15
○大林麓下士十有二人	2.0/18/18

○大川下士十有二人	2.0/18/21
○大澤大藪中士四人	2.0/18/24
○場下士二人	2.0/19/15
○奄二人	2.0/19/32
○廟二人	3.0/33/13
○宮卿二人	3.0/33/15
○敦一几	3.8/39/5
○都上士二人	4.0/53/3
○瞿上士一人	5.0/66/16
○國上士二人	5.0/66/28
○國辨異之	5.53/75/1
○門止一相	5.54/75/10
	5.54/75/16
○事如初	5.54/75/11
○事如初之儀	5.54/75/17

美 měi	4
材有○	6.0/78/1
材○工巧	6.0/78/1
此材之○者也	6.0/78/4
材○	6.30/86/17

媺 měi	9
一曰○宮室	2.1/20/26
師氏掌以○詔王	2.21/25/11
而察其○惡而誅賞	2.44/29/1
以地之○惡爲之等	2.48/29/14
皆以地○惡爲輕重之法	
而行之	2.51/29/27
陳玉以貞來歲之○惡	3.9/39/9
辨其物之○惡與其數量	5.15/70/9
行夫掌邦國傳遽之小事	
、○惡而無禮者	5.55/75/25
一者以爲○也	6.3/79/24

彽 mèi	1
以夏日至致地示物○	3.70/48/27

靺 mèi	3
（○）〔靺〕師	3.0/34/14
（○）〔靺〕師掌教	
（○）〔靺〕樂	3.34/43/22

門 mén	62
王宮每○四人	1.0/4/7
設車宮、轓○	1.31/11/16
棘○	1.31/11/16
設旌○	1.31/11/17
無宮則共人○	1.31/11/17
閽人掌守王宮之中○之	
禁	1.47/13/29
掌埽○庭	1.47/14/1
設○燎	1.47/14/1
躍宮○、廟○	1.47/14/1
司○	2.0/17/17
每○下士二人	2.0/17/18
則致萬民於王○	2.1/21/10
繫于國○	2.15/24/13
○關之委積	2.19/25/1
居虎○之左	2.21/25/13
各以其兵服守王之○外	
	2.21/25/15
則胥執鞭度守○	2.27/26/13
司○掌授管鍵	2.37/27/21
以啓閉國○	2.37/27/21
監○養之	2.37/27/22
凡歲時之○	2.37/27/22
以聯○市	2.38/27/25
則無關○之征	2.38/27/26
○關用符節	2.39/27/30
	5.53/74/25
其正室皆謂之○子	3.2/37/17
縣衰冠之式于路○之外	3.2/37/25
禜○用瓟齎	3.5/38/17
以樂舞教國子舞《雲○》	
、《大卷》、《大咸》	
、《大磬》、《大夏》	
、《大濩》、《大武》	
	3.21/41/12
舞《雲○》	3.21/41/15
《雲○》之舞	3.21/41/21
龍○之琴瑟	3.21/41/25
詔王居○終月	3.57/46/26
置旌○	3.67/48/16
帥以○名	4.1/53/21
以旌爲左右和之○	4.1/54/2
量市朝道巷○渠	4.8/55/1
王族故士、虎士在路○	
之右	4.23/56/31

大僕、大右、大僕從者	
在路○之左	4.23/56/31
王還揖○左	4.23/57/1
揖○右	4.23/57/1
則守王○	4.26/57/17
建路鼓于大寢之○外	4.30/57/30
縣喪首服之法于宮○	4.30/58/1
書而縣于○閭	5.3/68/2
墨者使守○	5.20/70/30
旁一○	5.54/75/5
每○止一相	5.54/75/10
	5.54/75/16
及中○之外	5.54/75/18
凡○關無幾	5.56/75/29
次于舍○外	5.59/76/31
蓋已崇則難爲○也	6.1/79/13
旁三○	6.28/84/20
○堂	6.28/84/22
廟○容大扃七个	6.28/84/25
闈○容小扃參个	6.28/84/25
路○不容乘車之五个	6.28/84/25
應○二徹參个	6.28/84/25
王宮○阿之制五雉	6.28/84/26
○阿之制以爲都城之制	
	6.28/84/27

吒 méng	9
以下劑致○	2.40/28/5
以田里安○	2.40/28/5
以樂昬擾○	2.40/28/6
以土宜教○稼穡	2.40/28/6
以興耡利○	2.40/28/6
以時器勸○	2.40/28/6
以彊予任○	2.40/28/6
則帥其吏而興○	2.42/28/25
凡新○之治皆聽之	2.48/29/14

冢 méng	2
（○）〔冢〕人掌公墓	
之地	3.18/40/28
以贊（○）〔冢〕宰	3.63/47/21

萌 méng	2
乃舍○于四方	3.47/45/8

春始生而○之	5.43/73/4

盟 méng	18
凡喪紀、賓客、軍旅、	
大○	2.10/23/23
詛祝掌○、詛、類、造	
、攻、說、檜、禜之	
祝號	3.53/46/11
作○詛之載辭	3.53/46/11
○	4.42/59/18
則以玉敦辟○	4.42/59/18
司○	5.0/63/31
凡邦之大○約	5.1/67/12
涖其○書	5.1/67/12
司○掌○載之法	5.14/70/4
則掌其○約之載及其禮	
儀	5.14/70/4
既○	5.14/70/5、5.14/70/6
○萬民之犯命者	5.14/70/5
其貳在司○	5.14/70/5
則使之○詛	5.14/70/6
凡○詛	5.14/70/6
則爲司○共祈酒脯	5.14/70/6

蒙 méng	1
方相氏掌○熊皮	4.29/57/26

瞢 méng	2
六曰○	3.48/45/11
其澤藪曰雲○	4.58/61/12

矇 méng	3
瞽○	3.0/34/1
凡國之瞽○正焉	3.25/42/23
瞽○掌播鼗、柷、敔、	
塤、簫、管、弦、歌	
	3.27/42/29

猛 měng	4
服不氏掌養○獸而教擾	
之	4.19/56/18
共○獸	4.19/56/18

爲阱攉以攻〇獸	5.38/72/23	昌本、〇饗	1.26/10/29	**麛 mǐ**	2
蟈氏掌攻〇鳥	5.41/72/30	卿大夫則共〇侯	1.43/13/8		
		墳壤用〇	2.52/29/29	以政令禁物〇而均市	2.27/26/10
黽 měng	1	〇筋斥蠸澌	6.30/86/27	〇者使微	2.27/26/16
蟈氏掌去鼃〇	5.47/73/14	**麋 mí**	2	**密 mì**	1
孟 mèng	4	秋行犢〇	1.7/8/11	傅人則〇	6.27/84/13
		禁〇卵者與其毒矢射者			
及四時之〇月吉日	2.6/23/1		2.60/30/26	**冪 mì**	6
〇春焚牧	4.54/60/29				
〇多祀司民	5.2/67/28	**䍘 mí**	1	〇人	1.0/2/31
司寇及〇多祀司民之日				女〇十人	1.0/2/31
獻其數于王	5.10/69/21	于上之〇謂之隧	6.7/80/25	〇人掌共巾〇	1.29/11/11
				以疏布巾〇八尊	1.29/11/11
夢 mèng	16	**米 mǐ**	15	以畫布巾〇六彝	1.29/11/11
占〇	3.0/35/9	車〇、筥〇、芻禾	2.72/31/28	**幎 mì**	1
掌《三〇》之法	3.41/44/11	共飯〇、熬穀	2.72/31/28		
一曰《致〇》	3.41/44/11	掌〇粟之出入	2.72/31/29	欲其〇爾而下迆也	6.1/78/21
二曰《觭〇》	3.41/44/11	舂人掌共〇物	2.76/32/8		
以八命者贊《三兆》、		共其齍盛之〇	2.76/32/8	**禖 mì**	5
《三易》、《三〇》		共其牢禮之〇	2.76/32/8		
之占	3.41/44/13	共其食〇	2.76/32/8	犬〇尾橐	3.64/47/29
占〇掌其歲時觀天地之		掌凡〇事	2.76/32/9	犬〇素飾	3.64/47/30
會	3.47/45/6	〇百有二十筥	5.58/76/10	鹿淺〇	3.64/47/30
以日、月、星、辰占六		車〇眡生牢	5.58/76/11	然〇	3.64/47/31
〇之吉凶	3.47/45/6	〇百筥	5.58/76/17	豻〇	3.64/47/31
一曰正〇	3.47/45/6	〇三十車	5.58/76/17		
二曰噩〇	3.47/45/7	〇八十筥	5.58/76/22	**免 miǎn**	3
三曰思〇	3.47/45/7	〇二十車	5.58/76/23		
四曰寤〇	3.47/45/7			若欲〇之	5.4/68/15
五曰喜〇	3.47/45/7	**弭 mǐ**	1		5.5/68/22,5.6/68/28
六曰懼〇	3.47/45/7				
聘王〇	3.47/45/7	春招〇	3.55/46/17	**俛 miǎn**	1
獻吉〇于王	3.47/45/7				
以贈惡〇	3.47/45/8	**洣 mǐ**	6	前弱則〇	6.23/83/9
彌 mí	3	大肆以秬鬯〇	3.2/37/25	**冕 miǎn**	20
		大〇以鬯	3.3/38/6		
七曰〇	3.48/45/11	大喪之〇	3.4/38/14	夏采掌大喪以〇服復于	
〇祀社稷	3.49/45/23	大喪之大〇	3.5/38/18	大祖	1.63/15/19
〇災兵	3.50/45/28	以肆鬯〇尸	3.49/45/22	則服大裘而〇	3.12/39/31
		贊〇	3.50/45/30	享先王則衮〇	3.12/40/1
麋 mí	5			享先公、饗、射則驚〇	3.12/40/1
				祀四望、山、川則毳〇	3.12/40/1
夏獻〇	1.12/8/31			祭社、稷、五祀則希〇	3.12/40/2

其○二男五女	4.58/61/12	司寇及孟冬祀司○之日		**名 míng**	41
其○一男二女	4.58/61/13	獻其數于王	5.10/69/21		
其○二男三女	4.58/61/15	以麗萬○之罪	5.11/69/24	以九兩繫邦國之（○）	
	4.58/61/18,4.58/61/24	三刺曰訊萬○	5.12/69/28	〔民〕	1.1/5/28
其○二男二女	4.58/61/16	以此三法者求○情	5.12/69/29	凡失財用、物辟○者	1.3/7/13
其○三男二女	4.58/61/19	斷○中	5.12/69/29	辨其○物	1.7/8/9
其○一男三女	4.58/61/21	司約掌邦國及萬○之約			1.12/8/31,3.2/37/18
其○五男三女	4.58/61/22	劑	5.13/69/31		3.70/48/26,4.39/59/1
懷方氏掌來遠方之○	4.60/62/6	治○之約次之	5.13/69/31	辨體○肉物	1.8/8/14
使萬○和說而正王面	4.68/62/26	盟萬○之犯命者	5.14/70/5	辨五齊之○	1.21/10/4
司○	5.0/63/23	凡○之有約劑者	5.14/70/5	辨其山林川澤丘陵墳衍	
以五刑糾萬○	5.1/67/2	司厲掌收教罷○	5.18/70/20	原隰之○物	2.1/20/2
以圜土聚教罷○	5.1/67/3	帥其○而搏盜賊	5.21/71/1	遂以○其社與其野	2.1/20/3
以兩造禁○訟	5.1/67/5	禁暴氏掌禁庶○之亂暴		以土宜之法辨十有二土	
以兩劑禁○獄	5.1/67/6	力正者	5.29/71/24	之○物	2.1/20/12
以嘉石平罷○	5.1/67/6	春令爲阱擭溝瀆之利於		自成○以上	2.26/26/4
凡萬○之有罪過而未麗		○者	5.32/72/5	皆書年月日○焉	2.26/26/4
於法而害於州里者	5.1/67/6	及其萬○之利害爲一書		○相近者相遠也	2.35/27/13
以肺石（遠）〔達〕窮			5.53/74/30	周知其○與其所宜地	2.75/32/5
○	5.1/67/9	掌交掌以節與幣巡邦國		辨六齍之○物與其用	3.2/37/18
使萬○觀刑象	5.1/67/11	之諸侯及其萬○之所		辨六彝之○物	3.2/37/19
凡庶○之獄訟	5.1/67/13	聚者	5.60/77/4	辨六尊之○物	3.2/37/19
以致萬○而詢焉	5.2/67/18	達萬○之說	5.60/77/5	司几筵掌五几五席之○	
以五刑聽萬○之獄訟	5.2/67/20	以辨○器	6.0/77/25,6.0/77/26	物	3.8/39/1
求○情	5.2/67/22			辨其○物與其用事	3.10/39/12
以三刺斷庶○獄訟之中	5.2/67/24	**珉 mín**	1		3.12/39/31
三曰訊萬○	5.2/67/25			各有○物	3.43/44/21
聽○之所刺宥	5.2/67/25	○玉三采	4.35/58/19	以辨九簠之○	3.46/45/1
登○數	5.2/67/25			九簠之○	3.46/45/2
孟冬祀司○	5.2/67/28	**閩 mín**	4	掌達書○于四方	3.62/47/18
獻○數於王	5.2/67/28			辨其○物與其用說	3.65/48/6
毌使罪麗于○	5.3/68/2	辨其邦國、都鄙、四夷		司常掌九旗之物○	3.67/48/12
與其○人之什伍	5.3/68/4	、八蠻、七○、九貉		州里各象其○	3.67/48/15
令移○、通財、糾守、		、五戎、六狄之人民		辨號○之用	4.1/53/21
緩刑	5.3/68/7	與其財用、九穀、六		帥以門○	4.1/53/21
各掌其鄉之○數而糾戒		畜之數要	4.58/61/9	縣鄙各以其○	4.1/53/21
之	5.4/68/13	○隸	5.0/64/19	家以號○	4.1/53/21
各掌其遂之○數	5.5/68/19	○隸掌役〔掌〕畜養鳥		鄉以州○	4.1/53/22
各掌其縣之○數	5.6/68/26	而阜蕃教擾之	5.24/71/10	野以邑○	4.1/53/22
平罷○焉	5.9/69/12	象胥掌蠻、夷、○、貉		山師掌山林之○	4.64/62/18
達窮○焉	5.9/69/13	、戎、狄之國使	5.57/75/31	川師掌川澤之○	4.65/62/20
凡得獲貨賄、人○、六				邍師掌四方之地○	4.66/62/22
畜者	5.9/69/13	**敏 mǐn**	2	辨其丘陵、墳衍、邍隰	
小者庶○私之	5.9/69/14			之○物	4.66/62/22
凡○同貨財者	5.9/69/16	書其敬○任恤者	2.8/23/15	論書○	5.52/74/16
司○掌登萬○之數	5.10/69/20	二曰○德	2.21/25/11	各載其○	6.28/85/2
以萬○之數詔司寇	5.10/69/21				

明 míng 22

厥〇 2.4/22/19
三罰而士加〇刑 2.24/25/26
〇其有功者 2.42/28/25
以〇火爇燋 3.44/44/26
則執〇水火而號祝 3.49/45/21
置〇弊旗 4.1/53/28
共〇弓矢 4.39/59/7
以〇刑恥之 5.1/67/4
奉其〇水火 5.1/67/15
北面詔〇神 5.14/70/4
弗使冠飾而加〇刑焉 5.18/70/20
士加〇梏 5.19/70/25
司烜氏掌以夫遂取〇火於日 5.35/72/12
以鑒取〇水於月 5.35/72/12
以共祭祀之〇齍、〇燭 5.35/72/12
共〇水 5.35/72/12
則爲〇竁焉 5.35/72/14
〇日 5.54/75/20,6.18/82/14
則〇也 6.10/81/14
周人〇堂 6.28/84/23

冥 míng 2

〇氏 5.0/65/15
〇氏掌設弧張 5.38/72/23

鳴 míng 16

牛夜〇則庮 1.8/8/16
鳥皫色而沙〇 1.8/8/16
〇鈴以應雞人 3.64/48/4
〇鐲 4.1/53/30,4.1/53/31
〇鐃且卻 4.1/54/1
以脰〇者 6.26/83/22
以注〇者 6.26/83/22
以旁〇者 6.26/83/22
以翼〇者 6.26/83/22
以股〇者 6.26/83/22
以胸〇者 6.26/83/22
而由其虡〇 6.26/83/25
 6.26/83/27
必似〇矣 6.26/83/29
其匪色必似不〇矣 6.26/84/1

銘 míng 4

置〇 3.50/45/30
共〇旌 3.67/48/16
〇書於王之大常 4.6/54/23
其〇曰 6.8/81/3

命 mìng 106

贊王〇 1.1/6/11
五曰聽祿位以禮〇 1.2/6/29
以聽王〇 1.2/7/7
 2.1/21/12,4.67/62/24
佐后使治外內〇婦 1.45/13/18
詔后帥外內〇婦始蠶于北郊 1.45/13/20
內小臣掌王后之〇 1.46/13/25
凡外內〇夫〇婦出入 1.47/13/30
辨外內〇婦之服 1.58/15/4
及九嬪世婦凡〇婦 1.58/15/5
爲九嬪及外內〇婦之首服 1.61/15/13
辨外內〇夫〇婦之〇屨、功屨、散屨 1.62/15/16
誅其犯〇者 2.2/21/22
戮其犯〇者 2.3/22/5
巡其前後之屯而戮其犯〇者 2.3/22/8
以王〇施惠 2.3/22/9
壹〇齒于鄉里 2.6/23/2
再〇齒于父族 2.6/23/3
三〇而不齒 2.6/23/3
而以王〇施惠 2.24/25/27
〇夫過市罰一蓋 2.27/26/19
〇婦過市罰一帷 2.27/26/19
以輔王〇 2.39/27/29
其不用〇者誅之 2.40/28/13
典〇 3.0/33/7
以槱燎祀司中、司〇、飌師、雨師 3.1/36/24
以九儀之〇 3.1/37/2
壹〇受職 3.1/37/2
再〇受服 3.1/37/2
三〇受位 3.1/37/2
四〇受器 3.1/37/2
五〇賜則 3.1/37/2
六〇賜官 3.1/37/3
七〇賜國 3.1/37/3
八〇作牧 3.1/37/3
九〇作伯 3.1/37/3
王〇諸侯 3.1/37/12
令外內〇婦序哭 3.3/38/6
禁外內〇男女之衰不中法者 3.3/38/6
凡大朝覲、大享射、凡封國、〇諸侯 3.8/39/1
典〇掌諸侯之五儀、諸臣之五等之〇 3.11/39/22
上公九〇爲伯 3.11/39/22
侯伯七〇 3.11/39/23
子男五〇 3.11/39/24
王之三公八〇 3.11/39/24
其卿六〇 3.11/39/24
其大夫四〇 3.11/39/25
公之孤四〇 3.11/39/26
其卿三〇 3.11/39/27
其大夫再〇 3.11/39/27
其士(一)〔壹〕〇 3.11/39/27
各眡其〇之數 3.11/39/28
 3.11/39/29
子男之卿再〇 3.11/39/28
其大夫(一)〔壹〕〇 3.11/39/28
其士不〇 3.11/39/29
比外內〇婦之朝莫哭 3.15/40/18
凡國有司以王〇有事焉 3.20/41/6
以邦事作龜之八〇 3.41/44/12
以八〇者贊《三兆》、《三易》、《三夢》之占 3.41/44/13
則眡高〇龜 3.41/44/15
〇龜 3.41/44/16
以授〇龜者而詔相之 3.42/44/19
則繫幣以比其〇 3.45/44/30
二曰〇 3.49/45/16
一曰〇祭 3.49/45/18
禁督逆祀〇者 3.49/45/26
〇乖別之妖祥 3.60/47/10
凡〇諸侯及孤卿大夫 3.61/47/15
則策〇之 3.61/47/15
內史掌書王〇 3.61/47/16
反〇于國 3.68/48/21
反〇 3.69/48/23
軍將皆〇卿 4.0/49/9

曰「不用○者斬之」	4.1/53/29	末 mò	6	謀 móu	4
出入王之大○	4.30/57/29			四曰○	3.41/44/13
小臣掌王之小○	4.31/58/4	角欲青白而豐○	6.30/85/25	以衆輔志而弊○	5.2/67/20
祭僕掌受○于王以眡祭		夫角之（○）〔本〕	6.30/85/25	進則與馬○	6.3/80/1
祀	4.32/58/8	夫角之○	6.30/85/27	退則與人○	6.3/80/1
帥群有司而反○	4.32/58/8	豐○也者	6.30/85/28		
以王○勞之	4.32/58/9	○應將興	6.30/86/15	母 mǔ	2
傳王○于陳中	4.42/59/18	○應將發	6.30/86/15		
自車上諭○于從車	4.44/59/24			以親父○	2.21/25/12
上○糾守	5.1/67/3	秣 mò	2	（○）〔毋〕或若女不	
凡○夫○婦	5.2/67/21			寧侯不屬于王所	6.26/84/5
乃○其屬入會	5.2/67/30	七日斂○之式	1.1/5/26		
則戮其犯○者	5.4/68/17	四郊之賦以待稍○	1.34/11/30	牡 mǔ	2
5.5/68/23,5.6/68/30					
則王○六卿會其期	5.6/68/29	莫 mò	5	焚○麷	5.47/73/14
盟萬民之犯○者	5.14/70/5			則以○橭午貫象齒而沈	
且之	5.36/72/17	比外內命婦之朝○哭	3.15/40/18	之	5.48/73/17
以九儀辨諸侯之○	5.52/73/31	則敘外內朝○哭者	3.17/40/26		
協辭○	5.52/74/16	○之能固	6.1/78/30	畝 mǔ	1
以反○于王	5.53/75/2	則○能以速中	6.30/86/24		
聽○	5.54/75/15	則○能以願中	6.30/86/24	殷○而馳不隊	6.1/79/14
介受○	5.54/75/20				
凡四方之賓客禮儀、辭		鏌 mò	3	畮 mǔ	9
○、饔牢、賜獻	5.54/75/21				
○圭九寸	6.19/82/17	（鏌）〔○〕師	3.0/34/14	不易之地家百○	2.1/20/22
○圭七寸　6.19/82/17,6.19/82/18		（鏌）〔○〕師掌教		一易之地家二百○	2.1/20/22
		（鏌）〔○〕樂	3.34/43/22	再易之地家三百○	2.1/20/22
摩 mó	8			田百○	2.40/28/7
		墨 mò	7	2.40/28/8,2.40/28/8	
刮○之工五	6.0/78/6			萊五十○	2.40/28/7
刮○之工	6.0/78/8	致其○	3.42/44/19	萊百○	2.40/28/8
既○	6.1/78/28	史占○	3.45/44/30	萊二百○	2.40/28/9
已上則○其旁	6.22/83/4	大夫乘○車	3.64/48/1		
已下則○其耑	6.22/83/4	○罪五百	5.11/69/24	木 mù	32
强者在內而○其筋	6.30/86/5	其不信者服○刑	5.13/70/2		
夫懷膠於內而○其角	6.30/86/8	○者使守門	5.20/70/30	毓草○	1.1/5/21
和弓鬻○	6.30/86/27	誓小（史）〔事〕曰○		徇以○鐸	1.2/7/5
			5.36/72/18	春秋以○鐸脩火禁	1.4/7/25
磨 mó	1			各以其野之所宜○	2.1/20/3
		侔 móu	5	以毓草○	2.1/20/13
抱（○）〔麿〕	2.41/28/20			徇以○鐸曰	2.2/21/28
		行山者欲○	6.1/79/4	以○鐸徇於市朝	2.3/22/8
謨 mó	1	○以行山	6.1/79/4	貢草○	2.17/24/23
		權之以眡其輕重之○也	6.1/79/7	凡疏材、○材	2.50/29/21
夏宗以陳天下之○	5.52/73/29	疏數必○	6.30/86/7	以式法共祭祀之薪蒸○	
		筋三○	6.30/86/18	材	2.50/29/22

共其薪蒸○材	2.50/29/22	牧 mù	26	則張○設案	1.33/11/24
仲多斬陽○	2.56/30/11				1.33/11/24
仲夏斬陰○	2.56/30/11	四曰藪○	1.1/5/21	張其旅○	1.33/11/25
春秋之斬○不入禁	2.56/30/12	一曰○	1.1/6/1	夫人過市罰一○	2.27/26/19
凡竊○者	2.56/30/13	而建其○	1.1/6/4		
若斬○材	2.57/30/16	○人	2.0/16/10	墓 mù	15
金、石、土、革、絲、		乃經土地而井○其田野	2.2/21/22		
○、匏、竹	3.25/42/20	○人掌○六牲而阜蕃其		二曰族墳○	2.1/20/26
○路	3.64/47/27	物	2.13/24/3	○大夫	3.0/33/23
○車	3.64/47/29	以官田、牛田、賞田、		成葬而祭○	3.2/37/27
令以○鐸	5.2/67/29	○田任遠郊之地	2.16/24/16	（冢）〔冢〕人掌公○	
皆以○鐸徇之于朝	5.3/68/2	任○以畜事	2.17/24/24	之地	3.18/40/28
以○鐸修火禁于國中	5.35/72/13	經○其田野	2.41/28/18	正○位	3.18/40/31
柞氏掌攻草○及林麓	5.42/73/1	○百獸	2.69/31/17	躔○域	3.18/40/31
令刊陽○而火之	5.42/73/1	八命作○	3.1/37/3	守○禁	3.18/41/1
令剝陰○而水之	5.42/73/1	○師	4.0/52/7	凡祭○	3.18/41/1
凡攻○者	5.42/73/2	建○立監以維邦國	4.1/53/8	凡諸侯及諸臣葬於○者	3.18/41/1
草○有時以生	6.0/78/5	若○人無牲	4.10/55/10	○大夫掌凡邦○之地域	3.19/41/3
凡攻○之工七	6.0/78/5	夏祭先○	4.51/60/17	凡爭○地者	3.19/41/4
攻○之工	6.0/78/7	○師掌○地	4.54/60/29	帥其屬而巡○厲	3.19/41/4
凡任○	6.3/79/25	孟春焚○	4.54/60/29	及○	3.64/48/3,4.29/57/27
○瓜次之	6.30/85/22	以阜馬、佚特、教駣、			
厚其帤則○堅	6.30/86/6	攻駒及祭馬祖、祭閑		穆 mù	5
		之先○及執駒、散馬			
目 mù	13	耳、圉馬	4.55/61/1	辨廟祧之昭○	3.2/37/16
		春除蓐、釁廄、始○	4.56/61/4	以昭○爲左右	3.18/40/28
掌官法以治○	1.3/7/11	圉人掌養馬芻○之事	4.57/61/7	辨昭○	3.58/47/1
四曰巫○	3.46/45/2	王設其○	4.58/61/29	史以書敍昭○之俎簋	3.58/47/2
黃金四○	4.29/57/26	夷隸掌役○人養牛	5.25/71/13	呼昭○而進之	4.23/57/2
五曰○聽	5.2/67/22	則司○之	5.29/71/25		
蓋已（車）〔畢〕是蔽		九○之維	5.60/77/6	納 nà	6
○也	6.1/79/13				
出○短耳	6.26/83/23	睦 mù	3	及○亨	1.1/6/8,5.1/67/14
數○顧脰	6.26/83/25			則會其出入而○其餘	2.36/27/19
出其○	6.26/83/28,6.26/83/28	孝、友、○、婣、任、		《王夏》、《肆夏》、	
○不出	6.26/83/30	恤	2.1/21/3	《昭夏》、《○夏》	
斸○必荼	6.30/86/5	二曰不○之刑	2.1/21/5	、《章夏》、《齊夏》	
斸○不荼	6.30/86/5	書其孝弟○婣有學者	2.7/23/7	、《族夏》、《祴夏》	
夫○也者必强	6.30/86/5			、《驁夏》	3.31/43/10
		幕 mù	10	受○訪以詔王聽治	3.61/47/15
沐 mù	2			○亨亦如之	5.2/67/27
		○人	1.0/3/5		
共王之○浴	1.30/11/13	○人掌帷○幄帟綬之事		乃 nǎi	65
掌○浴	1.52/14/16		1.32/11/19		
		共其帷○幄帟綬	1.32/11/19	○立天官冢宰	1.0/1/3
		共帷○帟綬	1.32/11/20	○縣治象之法于象魏	1.1/6/3
		則張○	1.33/11/23	○施典于邦國	1.1/6/4

疫	3.47/45/8
帥百隸而時○	4.29/57/26
雖道有○而不時	5.55/75/25
九禁之○	5.60/77/6
蓋已崇則○爲門也	6.1/79/13
其登又○	6.3/79/28

橈 náo　　9

唯轅直且無○也	6.3/79/29
	6.3/79/30, 6.3/79/31
已敝則○	6.10/81/11
○之	6.23/83/11
以眠其○之均也	6.27/84/16
畏也者必○	6.30/85/27
○故欲其堅也	6.30/85/27
是謂逆○	6.30/86/9

鐃 náo　　5

以金○止鼓	2.11/23/27
辨鼓鐸鐲○之用	4.1/53/18
卒長執○	4.1/53/19
群吏以旗物鼓鐸鐲○	4.1/53/27
鳴○且卻	4.1/54/1

剗 nǎo　　2

蠡於○而休於氣	6.30/85/26
遠於○而不休於氣	6.30/85/27

內 nèi　　97

○饔	1.0/1/20
○府	1.0/3/15
職○	1.0/3/24
○宰	1.0/4/3
○小臣	1.0/4/5
王之正○五人	1.0/4/9
○豎	1.0/4/11
○司服	1.0/4/29
辨外○而時禁	1.4/7/23
○饔掌王及后、世子膳	
羞之割亨煎和之事	1.8/8/14
職外○饔之饗亨（煮）	1.10/8/25
帥其徒以薪蒸役外○饔	
之事	1.11/8/29

凡外○饔之膳羞	1.24/10/20
爲王及后世子共其○羞	
	1.25/10/27
爲王及后、世子共其○	
羞	1.26/11/1
○府掌受九貢九賦九功	
之貨賄、良兵、良器	1.36/12/8
職○掌邦之賦入	1.40/12/28
○宰掌書版圖之法	1.45/13/15
以治王○之政令	1.45/13/15
佐后使治外○命婦	1.45/13/18
詔后帥外○命婦始蠶于	
北郊	1.45/13/20
則會○人之稍食	1.45/13/21
會○宮之財用	1.45/13/21
○小臣掌王后之命	1.46/13/25
正○人之禮事	1.46/13/26
凡○人、公器、賓客	1.47/13/30
凡外○命夫命婦出入	1.47/13/30
寺人掌王之○人及女宮	
之戒令	1.48/14/3
掌○人之禁令	1.48/14/4
凡○人弔臨于外	1.48/14/4
○豎掌○外之通令	1.49/14/7
則爲○人蹕	1.49/14/7
凡○羞之物	1.51/14/14
女祝掌王后之○祭祀	1.53/14/19
凡○禱祠之事	1.53/14/19
掌○治之貳	1.54/14/21
以詔后治○政	1.54/14/21
逆○宮	1.54/14/21
書○令	1.54/14/21
以授嬪婦及○人女功之	
事齎	1.55/14/24
頒之于○府	1.55/14/25
頒絲于外○工	1.56/14/27
○司服掌王后之六服	1.58/15/4
辨外○命婦之服	1.58/15/4
凡○具之物	1.58/15/6
掌凡○之縫事	1.59/15/9
爲九嬪及外○命婦之首	
服	1.61/15/13
辨外○命夫命婦之命屨	
、功屨、散屨	1.62/15/16
○史貳之	2.4/22/20
則唯圜土○之	2.9/23/19
則守○列	2.21/25/15

期○聽	2.28/26/24
有外○之送令	2.38/27/27
則以節傳出○之	2.38/27/27
槀人掌共外○朝冗食者	
之食	2.78/32/13
○宗	3.0/33/17
凡○女之有爵者	3.0/33/17
○史	3.0/36/1
令外○命婦序哭	3.3/38/6
禁外○命男女之衰不中	
法者	3.3/38/6
相外○宗之禮事	3.15/40/17
比外○命婦之朝莫哭	3.15/40/18
凡○事有達於外官者	3.15/40/19
○宗掌宗廟之祭祀薦加	
豆籩	3.16/40/21
則敘外○朝莫哭者	3.17/40/26
凡外○小祭祀、小喪紀	
、小會同、小軍旅	3.50/46/1
○史掌王之八枋之法	3.61/47/13
○史讀之	3.61/47/15
○史掌書王命	3.61/47/16
暴○陵外則壇之	4.1/53/10
外○亂	4.1/53/11
則旬之○更	4.7/54/28
季秋○火	4.11/55/13
○朝皆退	4.23/57/1
河○曰冀州	4.58/61/21
大史、○史、司會及六	
官皆受其貳而藏之	5.1/67/12
○史、司會、冢宰貳之	5.2/67/26
	5.10/69/22
期○之治聽	5.9/69/15
宮者使守○	5.20/70/30
椁其漆○而中詘之	6.1/78/26
一在○	6.1/78/29
外不廉而○不挫	6.1/79/5
○倍之	6.5/80/14
長○則折前	6.5/80/15
短○則不疾	6.5/80/15
○三之	6.5/80/16
○方尺而圜其外	6.8/81/2
是謂○鎮	6.19/82/26
外骨、○骨	6.26/83/21
○有九室	6.28/84/26
以弦其○	6.29/85/11
強者在○而摩其筋	6.30/86/5

夫懷膠於○而摩其角	6.30/86/8	**泥 ní**	1	以○會計	3.61/47/14
動者在○	6.30/86/13			乃設驅○之車	4.1/54/4
必動於○	6.30/86/13	則雖有深○	6.1/79/1	送○尸從車	4.28/57/24
				掌諸侯之復○	4.30/57/29
能 néng	35	**聳 ní**	4	則速○御僕與御庶子	4.30/57/30
				掌三公及孤卿之復○	4.31/58/4
四曰使○	1.1/5/20	昌本、麋○	1.26/10/29	御僕掌群吏之○及庶民	
二曰廉○	1.2/6/30	菁菹、鹿○	1.26/10/29	之復	4.33/58/12
書其○者與其良者	1.3/7/20	茆菹、麋○	1.26/10/29	其法儀各以其等爲車送	
十曰以世事教○	2.1/20/11	以五齊、七醢、七菹、		○之節	4.47/60/3
國中貴者、賢者、○者		三○實之	1.26/11/2	設驅○之車	4.49/60/8
、服公事者、老者、				則帥驅○之車	4.51/60/20
疾者皆舍	2.4/22/15	**襧 ní**	2	而送○之	4.60/62/6
而興賢者○者	2.4/22/16			帥其屬而禁○軍旅者與	
鄉老及鄉大夫、群吏獻		○亦如之	3.52/46/8	犯師禁者而戮之	5.3/68/10
賢○之書于王	2.4/22/19	舍奠于祖○	3.52/46/9	則與行人送○之	5.8/69/7
使民興○	2.4/22/21			則○勞于畿	5.53/74/22
（辦）〔辨〕其○而可		**昵 nì**	1	其禮俗政事教治刑禁之	
任於國事者	2.23/25/23			○順爲一書	5.53/74/30
若食不○人二鬴	2.71/31/24	凡○之類不能方	6.30/85/30	其悖○暴亂作慝猶犯令	
以○詔事	4.23/56/29			者爲一書	5.53/74/30
凡國之勇力之士○用五		**逆 nì**	49	車○	5.54/75/8,5.54/75/9
兵者屬焉	4.25/57/13			拜○	5.54/75/16
各以其所○	4.58/61/29	以○邦國、都鄙、官府		送○同禮	5.54/75/22
上○糾職	5.1/67/3	之治	1.2/6/16	環人掌送○邦國之通賓	
其○改（過）〔者〕	5.1/67/4	萬民之○	1.3/7/10	客	5.56/75/28
其不○改而出圜土者	5.1/67/5	以○邦國都鄙官府之治		送○及疆	5.56/75/29
	5.18/70/21		1.38/12/16	凡其出入送○之禮節幣	
四曰議○之辟	5.2/67/23	以○群吏之治	1.38/12/18	帛辭令	5.57/76/1
○改者	5.18/70/20	以○群吏之徵令	1.39/12/25	與士○賓于疆	5.59/76/30
夫人而○爲鎛也	6.0/77/28	以○邦國之賦用	1.40/12/28	凡溝○地防	6.28/85/2
夫人而○爲函也	6.0/77/29	以○職歲與官府財用之		○牆六分	6.28/85/6
夫人而○爲廬也	6.0/77/29	出	1.40/12/29	是謂○橅	6.30/86/9
夫人而○爲弓車也	6.0/77/30	以式法贊○會	1.41/13/2		
而弗○爲良	6.0/78/3	○內宮	1.54/14/21	**年 nián**	26
則人不○登也	6.0/78/15	以○其役事	2.3/22/3		
莫之○固	6.1/78/30	以知○惡	2.21/25/12	及三○	2.2/21/17
猶○以登	6.3/79/30	○齎	3.2/37/21	三○則大比	2.4/22/16
輈猶○一取焉	6.3/80/3	歙《豳詩》以○暑	3.37/43/29	三○大比	2.5/22/29
亦弗之○憚矣	6.23/83/9	隋釁、○牲、○尸	3.49/45/21		2.18/24/29,2.20/25/9
恒有力而不○走	6.26/83/23	禁督○祀命者	3.49/45/26	豐○則公用三日焉	2.20/25/8
有力而不○走	6.26/83/24	○時雨	3.50/45/28	中○則公旬用二日焉	2.20/25/8
弗○用也而無已	6.27/84/9	○齎盛	3.50/45/29	無○則公旬用一日焉	2.20/25/8
凡昵之類不○方	6.30/85/30	送○尸	3.50/45/29	皆書○月日名焉	2.26/26/4
則莫○以速中	6.30/86/24	以○邦國之治	3.57/46/23	以治之凶豐	2.71/31/23
則莫○以愿中	6.30/86/24	掌法以○官府之治	3.57/46/23	以○之上下出斂法	2.75/32/6
		掌則以○都鄙之治	3.57/46/23	凡國祈○于田祖	3.37/43/29

二曰○祝	3.49/45/14	羅春○	4.21/56/24
順豐○	3.50/45/28	掌畜掌養○而阜蕃教擾	
正歲○以序事	3.57/46/25	之	4.22/56/26
辨其○歲與其貴賤	4.23/56/28	共卵○	4.22/56/26
不齒三○	5.1/67/5	歲時貢○物	4.22/56/26
及三○大比	5.10/69/21	共膳獻之○	4.22/56/26
上罪三○而舍	5.18/70/21	夾弓、庾弓以授射犴侯	
中罪二○而舍	5.18/70/21	、○獸者	4.39/59/2
下罪一○而舍	5.18/70/21	其畜宜○獸	4.58/61/12
三○不齒	5.18/70/22		4.58/61/13
犀甲壽百○	6.10/81/9	閽隸掌役〔掌〕畜養○	
兕甲壽二百○	6.10/81/9	而阜蕃教擾之	5.24/71/10
合甲壽三百○	6.10/81/9	掌（子則取隸焉）〔與	
春被弦則一○之事	6.30/86/4	○言〕	5.24/71/10
		（與○言）	5.25/71/13
輦 niǎn	**10**	翨氏掌攻猛○	5.41/72/30
		硩蔟氏掌覆夭○之巢	5.44/73/7
使各登其鄉之眾寡、六		庭氏掌射國中之夭○	5.49/73/20
畜、車○	2.2/21/16	若不見其○獸	5.49/73/20
正治其徒役與其輦○	2.3/22/4	○旗七斿	6.3/80/5
及其六畜車○	2.7/23/9	○獸蛇	6.15/82/4
及其六畜車○之稽	2.18/24/28		
以作其眾庶及馬牛車○		**糵 niè**	**3**
	2.18/24/30		
均人民、牛馬、車○之		則無○而固	6.1/79/2
力政	2.20/25/7	則有○	6.1/79/3
以歲時登其夫家之眾寡		置○以縣	6.28/84/19
及其六畜車○	2.40/28/11		
以時登其夫家之眾寡、		**摯 niè**	**1**
六畜、車○	2.41/28/17		
則以縣師之法作其同徒		大而短則（○）〔摯〕	6.1/78/25
、輦○	2.49/29/17		
○車	3.64/47/29	**寧 níng**	**4**
鳥 niǎo	**29**	以○萬民	1.2/6/24
		○風旱	3.50/45/28
養蕃○獸	1.1/5/21	惟若○侯	6.26/84/5
○鷩色而沙鳴	1.8/8/16	（母）〔毋〕或若女不	
以蕃○獸	2.1/20/13	○侯不屬于王所	6.26/84/5
貢○獸	2.17/24/24		
○獸亦如之	2.25/25/29	**凝 níng**	**2**
裸用雞彝、○彝	3.7/38/24		
○隼為旗	3.67/48/13	○土以為器	6.0/77/31
射○氏	4.0/50/9	水有時以○	6.0/78/5
○獸行	4.1/53/11		
射○氏掌射○	4.20/56/21		
羅氏掌羅鳥○	4.21/56/24		

牛 niú	**42**
○夜鳴則庮	1.8/8/16
○宜稌	1.17/9/19
○人	2.0/16/12
奉○牲	2.1/21/8, 2.2/21/24
辨其老幼、貴賤、癈疾	
、馬○之物	2.3/22/1
羞○牲	2.3/22/4
飾其○牲	2.10/23/22
則飾其○牲	2.10/23/23
○人掌養國之公○以待	
國之政令	2.14/24/7
共其享○、求○	2.14/24/7
共其牢禮積膳之○	2.14/24/8
共其膳羞之○	2.14/24/8
共其槁○	2.14/24/8
共其奠○	2.14/24/8
共其兵（軍）〔車〕之	
○	2.14/24/9
共其○牲之互與其盆簝	
	2.14/24/10
以官田、○田、賞田、	
牧田任遠郊之地	2.16/24/16
以作其眾庶及馬○車輦	
	2.18/24/30
均人民、○馬、車輦之	
力政	2.20/25/7
賈人掌成市之貨賄、人	
民、○馬、兵器、珍	
異	2.28/26/22
祭祀之○牲繫焉	2.37/27/22
騂剛用○	2.52/29/29
贊○耳桃茢	4.42/59/19
其畜宜○馬	4.58/61/19
其畜宜○羊	4.58/61/22
（○助為牽徬）	5.22/71/6
夷隸掌役牧人養○	5.25/71/13
〔○助為牽徬〕	5.25/71/13
膳特○	5.58/76/20
親見卿皆膳特○	5.58/76/25
必繶其○	6.3/79/30
必繢其○後	6.3/79/31
㸚○之角直而澤	6.30/85/25
老○之角紾而昔	6.30/85/25
瘠○之角無澤	6.30/85/25
謂之○戴○	6.30/85/29

○膠火赤	6.30/85/30	矢、箙、矰、弋、抉		之	2.26/26/6
○筋蒉灂	6.30/86/27	、拾	4.40/59/11	凡男○之陰訟	2.26/26/7
		載其弓○	4.40/59/12	稽其○功	2.45/29/6
紐 niǔ	**1**	○四物亦如之	4.41/59/14	○桃	3.0/33/13
		試其弓○	4.41/59/15	○府二人	3.0/33/15
○	4.35/58/18			○史二人	3.0/33/15
		怒 nù	**3**	凡內○之有爵者	3.0/33/17
農 nóng	**7**			凡外○之有爵者	3.0/33/19
		凡有鬭○者	2.25/26/1	○巫無數	3.0/35/24
一日三○	1.1/5/21	則於眠必撥爾而○	6.26/83/29	親成男○	3.1/36/31
任○以耕事	2.17/24/23	苟撥爾而○	6.26/83/29	禁外內命男○之衰不中	
角人掌以時徵齒角凡骨				法者	3.3/38/6
物於山澤之○	2.62/30/32	**女 nǚ**	**59**	以聘○	3.10/39/18
羽人掌以時徵羽翮之政				世婦掌○宮之宿戒	3.15/40/17
于山澤之○	2.63/31/3	○酒三十人	1.0/2/17	○巫掌歲時祓除、釁浴	
掌葛掌以時徵絺綌之材		○漿十有五人	1.0/2/19		3.56/46/20
于山○	2.64/31/6	○籩十人	1.0/2/23	其民二男五○	4.58/61/12
徵草貢之材于澤○	2.64/31/6	○醢二十人	1.0/2/25	其民一男二○	4.58/61/13
謂之○夫	6.0/77/27	○醯二十人	1.0/2/27	其民二男三○	4.58/61/15
		○鹽二十人	1.0/2/29		4.58/61/18,4.58/61/24
耨 nòu	**3**	○幂十人	1.0/2/31	其民二男二○	4.58/61/16
		○御	1.0/4/17	其民三男二○	4.58/61/19
甸師掌帥其屬而耕○王		○祝四人	1.0/4/19	其民一男三○	4.58/61/21
藉	1.11/8/28	○史八人	1.0/4/21	其民五男三○	4.58/61/22
趨其耕○	2.45/29/6,2.46/29/9	○御二人	1.0/4/29	異其男○	5.10/69/20
		○御八人	1.0/4/31	○子入于舂槀	5.16/70/15
奴 nú	**2**	○工八十人	1.0/4/31	天子以聘○	6.19/82/23
		寺人掌王之內人及○宮		諸侯以聘○	6.19/82/24
其○	5.16/70/14	之戒令	1.48/14/3	（母）〔毋〕或若○不	
皆不爲○	5.16/70/15	則帥○宮而致於有司	1.48/14/4	寧侯不屬于王所	6.26/84/5
		帥○宮而濯摡	1.51/14/13	故抗而射○	6.26/84/6
駑 nú	**5**	涖陳○宮之具	1.51/14/13	詒○曾孫諸侯百福	6.26/84/6
		○御掌御敘于王之燕寢			
○馬麗一人	4.0/52/11		1.52/14/16	**瘧 nüè**	**1**
三曰○馬	4.7/54/27	○祝掌王后之內祭祀	1.53/14/19		
○馬一物	4.51/60/14	○史掌王后之禮職	1.54/14/21	秋時有○寒疾	1.18/9/22
○馬三良馬之數	4.51/60/15	以授嬪婦及內人○功之			
○馬之輈深三尺有三寸	6.3/79/23	事齎	1.55/14/24	**嘔 ōu**	**1**
		以役○御	1.59/15/8		
弩 nǔ	**8**	○舂（抁）〔抗〕二人	2.0/19/28	其川虖池、○夷	4.58/61/23
		○饎八人	2.0/19/30		
司弓矢掌六弓四○八矢		○（橐）〔槀〕	2.0/19/32	**齵 óu**	**1**
之法	4.39/59/1	任嬪以○事	2.17/24/24		
中春獻弓○	4.39/59/1	凡男○	2.26/26/4	察其菑蕃不○	6.1/78/23
凡○	4.39/59/3	○二十而嫁	2.26/26/4		
頒弓○各以其物	4.39/59/8	令會男○	2.26/26/5		
繕人掌王之用弓、○、		司男○之無夫家者而會			

耦 ǒu		9	**旁** páng		8	司諫掌糾萬民之德而勸	
射則張○次		1.33/11/25	○招以茅		3.55/46/17	之○友	2.23/25/22
以歲時合○于耡		2.46/29/8	士○三揖		4.23/56/32	親故舊○友	3.1/36/31
則合諸侯之六○		4.1/54/10	○一門		5.54/75/5	七曰爲邦○	5.3/68/7
王以六○射三侯		4.18/56/9	○不腫		6.1/79/5		
諸侯以四○射二侯		4.18/56/10	已上則摩其○		6.22/83/4	**披** pī	1
孤卿大夫以三○射一侯			以○鳴者		6.26/83/22		
		4.18/56/11	○三門		6.28/84/20	作六軍之（事）〔士〕	
士以三○射犴侯		4.18/56/11	四○兩夾		6.28/84/22	執○	4.23/57/4
二粗爲○		6.28/84/29					
一○之伐		6.28/84/29	**庖** páo		2	**皮** pí	28
			○人		1.0/1/18	掌○	1.0/4/1
歐 ǒu		1	○人掌共六畜、六獸、			○毛筋角入于玉府	1.12/9/1
遂令始難（○）〔敺〕			六禽		1.7/8/9	飾○車	1.43/13/9
疫		3.47/45/8				凡邦之○事	1.43/13/9
			匏 páo		1	唯王之裘與其○事不會	1.43/13/9
漚 òu		1	金、石、土、革、絲、			掌○掌秋斂○	1.44/13/12
以涗水○其絲七日		6.18/82/12	木、○、竹		3.25/42/20	遂以式法頒○革于百工	
							1.44/13/12
拍 pāi		1	**陪** péi		2	三曰主○	2.4/22/21
豚○、魚醢		1.26/10/30	行則○乘		4.43/59/21	斂其○角筋骨	2.29/26/26
			王出入則持馬○乘		4.44/59/24	孤執○帛	3.1/37/4,4.18/56/8
槃 pán		2				則以○帛繼子男	3.11/39/26
共夷○冰		1.24/10/21	**佩** pèi		1	以○帛眠小國之君	3.11/39/27
則共珠○、玉敦		1.35/12/5	共王之服玉、○玉、珠			則○弁服	3.12/40/2
			玉		1.35/12/3	自○弁而下如大夫之服	3.12/40/7
判 pàn		5				賓客之事則抗○	4.19/56/18
媒氏掌萬民之○		2.26/26/4	**轡** pèi		3	方相氏掌蒙熊○	4.29/57/26
凡娶○妻入子者		2.26/26/5	犂○以令舍		4.17/56/3	王之○弁	4.35/58/19
卿大夫○縣		3.24/42/16	受○		4.45/59/27	諸侯及孤卿大夫之冕、	
有○書以治		5.9/69/16	僕左執○		4.45/59/28	韋弁、○弁、弁絰、	
○規		6.19/82/21				各以其等爲之	4.35/58/20
			盆 pén		2	則獻其○、革、齒、須	
胖 pàn		3	共其牛牲之互與其○簝			、備	5.38/72/23
凡掌共羞、脩、刑、膴					2.14/24/10	以時獻其珍異○革	5.40/72/28
、○、骨、鱐		1.8/8/18	○		6.24/83/14	執○帛以繼小國之君	5.52/74/8
凡田獸之脯腊膴○之事		1.15/9/10				璋以○	5.53/74/27
薦脯、膴、○		1.15/9/10	**朋** péng		4	攻○之工五	6.0/78/6
						攻○之工	6.0/78/8
			五曰聯○友		2.1/20/27	繼子男執○帛	6.19/82/19
						張○侯而棲鵠	6.26/84/4
						脾 pí	1
						○析、蠯醢	1.26/10/30

椑 pí	1
是故句兵〇	6.27/84/12

罊 pí	4
掌〇	3.31/43/13
旅帥執〇	4.1/53/19
中軍以〇令鼓	4.1/53/29
	4.1/54/4

廬 pí	2
共〇、蠃、蚳	1.14/9/7
脾析、〇醢	1.26/10/30

匹 pǐ	1
良馬〇一人	4.0/52/11

庀 pǐ	1
〇其委積	2.41/28/20

辟 pì	37
凡失財用、物〇名者	1.3/7/13
以攷司空之〇	2.3/22/3
父之讎〇諸海外	2.25/25/30
兄弟之讎〇諸千里之外	
	2.25/25/30
弗〇	2.25/25/31
〇布者、量度者、刑戮	
者	2.27/26/14
以詔〇忌	2.55/30/8
及〇	3.51/46/3
則〇法	3.57/46/25
則以玉敦〇盟	4.42/59/18
以八〇麗邦法	5.2/67/22
一曰議親之〇	5.2/67/23
二曰議故之〇	5.2/67/23
三曰議賢之〇	5.2/67/23
四曰議能之〇	5.2/67/23
五曰議功之〇	5.2/67/23
六曰議貴之〇	5.2/67/24
七曰議勤之〇	5.2/67/24
八曰議賓之〇	5.2/67/24

前王而〇	5.2/67/27
則前驅而〇	5.3/68/9
則爲之前驅而〇	5.4/68/17
	5.5/68/23、5.6/68/29
	5.8/69/7
帥其屬而以鞭呼趨且〇	5.9/69/13
則珥而〇藏	5.13/70/2
則六官〇藏	5.13/70/2
則爲之〇	5.30/71/29
條狼氏掌執鞭以趨〇	5.36/72/16
告〇	5.54/75/12
客〇	5.54/75/16、5.54/75/20
客三〇	5.54/75/17
客〇而對	5.54/75/18
客趨〇	5.54/75/19
〇行之	5.60/77/5

鸊 pì	2
以〇辜祭四方百物	3.1/36/25
凡〇事用散	3.5/38/18

甓 pì	1
〇如終緇	6.30/86/9

闢 pì	1
則爲之〇	1.47/13/30

瓢 piáo	1
禜門用〇齎	3.5/38/17

皫 piǎo	1
鳥〇色而沙鳴	1.8/8/16

剽 piào	2
則其爲獸必〇	6.30/86/1
故〇	6.30/86/10

貧 pín	3
以馭其〇	1.1/5/18
四曰恤〇	2.1/20/26

其札喪凶荒厄〇爲一書	5.53/75/1

嬪 pín	14
九〇	1.0/4/13
七曰〇婦	1.1/5/22
二曰〇貢	1.1/5/27
以陰禮教九〇	1.45/13/16
贊九〇之禮事	1.45/13/18
相九〇之禮事	1.46/13/26
九〇掌婦學之法	1.50/14/10
以授〇婦及內人女功之	
事齎	1.55/14/24
凡授〇婦功	1.55/14/24
及九〇世婦凡命婦	1.58/15/5
爲九〇及外內命婦之首	
服	1.61/15/13
任〇以女事	2.17/24/24
其貢〇物	5.52/74/12
九〇居之	6.28/84/26

蘋 pín	3
大夫以《采〇》爲節	3.22/42/5
卿大夫奏《采〇》	3.31/43/12
樂以《采〇》	4.18/56/11

品 pǐn	3
羞用百〔有〕二十〇	1.6/8/2
〇嘗食	1.6/8/3
辨百〇味之物	1.8/8/14

牝 pìn	1
〇服二柯有參分柯之二	
	6.29/85/17

聘 pìn	10
時〇曰問	3.1/36/29
以覜〇	3.10/39/15、6.19/82/25
以〇女	3.10/39/18
〇王夢	3.47/45/7
時〇以結諸侯之好	5.52/73/30
殷相〇也	5.52/74/19
存、覜、省、〇、問	5.53/74/24

天子以○女	6.19/82/23	扑 pū	2	共其葦○之事	2.59/30/23	
諸侯以○女	6.19/82/24			男執○璧	3.1/37/4,3.10/39/13	
		大刑○罰	2.27/26/18	○筵繢純	3.8/39/3	
平 píng	31	執○而從之	4.51/60/19	○藏	3.64/47/29	
				其利○魚	4.58/61/16	
以○邦國	1.1/5/11,1.2/6/23	僕 pú	31	其利○、魚	4.58/61/17	
施其職而○其政	2.2/21/24			其澤藪曰弦○	4.58/61/19	
○教治	2.2/21/29	則詔大○鼓	2.11/23/29	諸男執○璧	5.52/74/8	
以陳肆（辦）〔辨〕物		車○	3.0/36/13	男用○璧	5.53/74/27	
而○市	2.27/26/9	車○掌戎路之萃	3.66/48/9			
市之群吏○肆展成奠賈		大○	4.0/50/29	酺 pú	1	
	2.27/26/13	祭○	4.0/50/29			
而○其貨賄	2.30/26/29	御○	4.0/50/29	春秋祭○	2.7/23/7	
辨其物而均○之	2.31/27/1	隸○	4.0/50/32			
而○正之	2.35/27/13	戎○	4.0/51/23	圃 pǔ	5	
以土均○政	2.40/28/6	齊○	4.0/51/25			
○野民	2.41/28/21	道○	4.0/51/27	二曰園○	1.1/5/21	
○頒其興積	2.48/29/13	田○	4.0/51/29	以場○任園地	2.16/24/15	
土均掌○土地之政	2.51/29/26	與○人遷尸	4.18/56/15	任○以樹事	2.17/24/23	
而○其守	2.57/30/16,2.58/30/19	大○、大右、大○從者		場人掌國之場○	2.70/31/19	
舍人掌○宮中之政	2.72/31/27	在路門之左	4.23/56/31	其澤藪曰○田	4.58/61/14	
而○其興	2.75/32/6	大○前	4.23/57/1			
以佐王○邦國	4.0/49/2,4.1/53/7	（太）〔大〕○掌正王		樸 pǔ	2	
均守○則以安邦國	4.1/53/9	之服位	4.30/57/29			
○列陳	4.1/53/18	則速逆御○與御庶子	4.30/57/30	欲其○屬而微至	6.0/78/14	
有司○之	4.1/54/3	如大○之法	4.31/58/5	不○屬	6.0/78/14	
○士大夫	4.1/54/11	佐大○	4.31/58/6			
各脩○乃守	4.58/61/30	祭○掌受命于王以眠祭		七 qī	84	
二曰刑○國用中典	5.1/67/1	祀	4.32/58/8			
以嘉石○罷民	5.1/67/6	御○掌群吏之逆及庶民		○曰官刑	1.1/5/14	
○罷民焉	5.9/69/12	之復	4.33/58/12	○曰刑賞	1.1/5/16	
其康樂和親安○爲一書	5.53/75/1	隸○掌五寢之埽除糞洒		○曰廢	1.1/5/19	
○沈必均	6.1/79/2	之事	4.34/58/15	○曰達吏	1.1/5/20	
水之以眠其○沈之均也	6.1/79/6	酌○	4.45/59/28	○曰嬪婦	1.1/5/22	
是故大車○地既節軒摯		○左執轡	4.45/59/28	○曰關市之賦	1.1/5/24	
之任	6.3/79/29	戎○掌馭戎車	4.46/59/31	○曰芻秣之式	1.1/5/26	
		齊○掌馭金路以賓	4.47/60/3	○曰服貢	1.1/5/28	
莩 píng	1	道○掌馭象路以朝夕、		○曰吏	1.1/6/2	
		燕出入	4.48/60/6	○曰聽賣買以質劑	1.2/6/30	
○車之萃	3.66/48/9	田○掌馭田路以田以鄙	4.49/60/8	○事者	1.2/7/2	
		廄一○夫	4.51/60/15	○曰胥	1.3/7/12	
萍 píng	2	臧○	4.51/60/18	以五齊、○醢、○菹、		
		誓○右曰殺	5.36/72/17	三臡實之	1.26/11/2	
○氏	5.0/65/5			醢人掌共五齊、○菹	1.27/11/4	
○氏掌國之水禁	5.33/72/8	蒲 pú	11	○曰以刑教中	2.1/20/10	
				○曰眚禮	2.1/20/24	
		深○、醢醢	1.26/10/31	○曰化材	2.1/21/2	

○曰造言之刑	2.1/21/6	重○鈴	6.6/80/20	則王會其○	5.4/68/15
上地家○人	2.2/21/19	犀甲○屬	6.10/81/9	則王令三公會其○	5.5/68/22
國中自○尺以及六十	2.4/22/15	○入爲緅	6.16/82/8	則王命六卿會其○	5.6/68/29
○命賜國	3.1/37/3	以涗水漚其絲○日	6.18/82/12	凡士之治有○曰	5.9/69/14
侯伯○命	3.11/39/23	○日○夜	6.18/82/12,6.18/82/14	○內之治聽	5.9/69/15
皆以○爲節	3.11/39/23	命圭○寸	6.19/82/17,6.19/82/18		
○曰雨	3.41/44/13	穀圭○寸	6.19/82/23	**漆** qī	9
○曰巫祠	3.46/45/3	邊璋○寸	6.19/82/23		
○曰彌	3.48/45/11	牙璋、中璋○寸	6.19/82/25	唯其○林之征二十而五	
○曰絕祭	3.49/45/19	駔琮○寸	6.19/82/27		2.16/24/18
○曰奇捄	3.49/45/20	殺矢○分	6.23/83/7	右○几	3.8/39/4
○曰予	3.61/47/14	○穿	6.24/83/15	○車	3.64/47/31
樊纓○就	3.64/47/26,5.52/74/3	堂脩二○	6.28/84/21	其利林○絲臬	4.58/61/14
○節三正	4.18/56/10	堂脩○尋	6.28/84/23	參分其牙圍而○其二	6.1/78/26
諸侯合○而成規	4.39/59/6	南北○筵	6.28/84/23	椁其○內而中詘之	6.1/78/26
○尺以上爲棘	4.55/61/2	廟門容大扃○个	6.28/84/25	○也者	6.30/85/21
辨其邦國、都鄙、四夷		宮隅之制○雉	6.28/84/27	○欲測	6.30/86/2
、八蠻、○閩、九貉		環涂○軌	6.28/84/27	○三斛	6.30/86/19
、五戎、六狄之人民		凡取幹之道○	6.30/85/22		
與其財用、九穀、六		合○而成規	6.30/86/19	**觭** qī	1
畜之數要	4.58/61/9				
方三百里則○伯	4.58/61/28	**妻** qī	2	二曰《○夢》	3.41/44/11
其次○曰坐	5.1/67/8				
○月役	5.1/67/8	凡娶判○入子者	2.26/26/5	**亓** qī	2
○曰議勤之辟	5.2/67/24	凡嫁子娶○	2.26/26/6		
○曰爲邦朋	5.3/68/7			則攷（六）〔○〕鄉之	
凡有爵者與○十者與未		**戚** qī	1	治	2.3/22/9
亂者	5.16/70/15			則令（六）〔○〕鄉之	
執信圭○寸	5.52/74/2	無以爲○速也	6.0/78/15	吏皆會政致事	2.4/22/22
繅藉○寸	5.52/74/3				
冕服○章	5.52/74/3	**樓** qī	1	**奇** qī	5
建常○斿	5.52/74/3				
貳車○乘	5.52/74/3	張皮侯而○鵠	6.26/84/4	去其淫怠與其○衺之民	1.4/7/24
介○人	5.52/74/3			禁其○衺	1.45/13/16
禮○牢	5.52/74/3	**期** qī	17	○服怪民不入宮	1.47/13/29
朝位賓主之間○十步	5.52/74/4			有晕○衺則相及	2.9/23/18
饗禮○獻	5.52/74/4	前○十日	1.1/6/8	七曰○捄	3.49/45/20
食禮○舉	5.52/74/5	前○	2.3/22/6,4.1/53/26		
○歲屬象胥	5.52/74/15	及○	2.3/22/7	**其** qí	1404
腥二十有○	5.58/76/16	凡萬民之○于市者	2.27/26/14		
饔餼○牢	5.58/76/16	○內聽	2.28/26/24	使帥○屬而掌邦治	1.0/1/3
乘禽日○十雙	5.58/76/18	○外不聽	2.28/26/24,5.9/69/15	以馭○神	1.1/5/15
凡攻木之工○	6.0/78/5	皆有○以反節	2.39/27/31	以馭○官	1.1/5/15
國馬之輈深四尺有○寸	6.3/79/23	有○日	2.56/30/12	以馭○吏	1.1/5/15
自伏兔不至（軌）〔軓〕		凡祭祀之卜日、宿、爲		以馭○士	1.1/5/16
○寸	6.3/80/3	○	3.3/38/3	以馭○用	1.1/5/16
鳥旟○斿	6.3/80/5	凡國事爲○則告之時	3.6/38/22	以馭○民	1.1/5/16

張○旅幕	1.33/11/25	賈之	1.55/14/24	以○室數制之	2.1/20/21
以受○貨賄之入	1.34/11/28	典絲掌絲入而辨○物	1.56/14/27	使之各以教○所治民	2.1/20/28
頒○貨于受藏之府	1.34/11/28	以○賈楬之	1.56/14/27	○附于刑者	2.1/21/7
頒○賄于受用之府	1.34/11/28	掌○藏與○出	1.56/14/27		2.26/26/7,2.27/26/18
共○貨賄	1.35/12/6	辨○物而書○數	1.56/14/28	羞○肆	2.1/21/8,2.2/21/25
共○所受之物而奉之	1.36/12/9	共○絲纊組文之物	1.56/14/29	屬○六引	2.1/21/9
共○財用之幣齎、賜予		則各以○物會之	1.56/14/30	而治○政令	2.1/21/9
之財用	1.37/12/13		1.57/15/2	而治○徒庶之政令	2.1/21/9
而聽○會計	1.38/12/18	以○賈楬而藏之	1.57/15/1	○有不正	2.1/21/12
以敘○財	1.39/12/23	共○衣服	1.58/15/6,1.58/15/6	以辨○貴賤、老幼、	
受○幣	1.39/12/23	使帥○屬而掌邦教	2.0/15/23	（廢）〔癈〕疾	2.2/21/15
辨○財用之物而執○總		掌建邦之土地之圖與○		與○祭祀、飲食、喪紀	
	1.40/12/28	人民之數	2.1/20/1	之禁令	2.2/21/15
受○貳令而書之	1.40/12/29	辨○山林川澤丘陵墳衍		使各登○鄉之眾寡、六	
而敘○財以待邦之移用		原隰之名物	2.1/20/2	畜、車輦	2.2/21/16
	1.40/12/29	而辨○邦國都鄙之數	2.1/20/2	辨○物	2.2/21/16,2.18/24/31
皆辨○物而奠○錄	1.42/13/4	制○畿疆而溝封之	2.1/20/3		2.72/31/29,3.6/38/21
則會○出	1.42/13/5	設○社稷之壝而樹之田			5.16/70/14,5.21/71/1
設○鵠	1.43/13/8	主	2.1/20/3	以歲時入○數	2.2/21/16
皆設○鵠	1.43/13/9	各以○野之所宜木	2.1/20/3	乃均土地以稽○人民而	
唯王之裘與○皮事不會	1.43/13/9	遂以名○社與○野	2.1/20/3	周知○數	2.2/21/19
共○毳毛為氈	1.44/13/12	○動物宜毛物	2.1/20/4	以○餘為羨	2.2/21/21
則會○財齎	1.44/13/13	○植物宜（早）〔皁〕		則掌○政教與○戒禁	2.2/21/21
分○人民以居之	1.45/13/15	物	2.1/20/4	聽○辭訟	2.2/21/22
正○服	1.45/13/16,4.46/59/31	○民毛而方	2.1/20/5	施○賞罰	2.2/21/22
禁○奇衺	1.45/13/16	○動物宜鱗物	2.1/20/5	誅○犯命者	2.2/21/22
展○功緒	1.45/13/17	○植物宜膏物	2.1/20/5	乃經土地而井牧○田野	2.2/21/22
正后之服位而詔○禮樂		○民黑而津	2.1/20/5	乃分地域而辨○守	2.2/21/24
之儀	1.45/13/17	○動物宜羽物	2.1/20/6	施○職而平○政	2.2/21/24
正○服位	1.45/13/19,1.46/13/25	○植物宜覈物	2.1/20/6	帥○眾庶	2.2/21/25
設○次	1.45/13/19	○民專而長	2.1/20/6	治○政令	2.2/21/25
置○敘	1.45/13/19	○動物宜介物	2.1/20/6		2.3/22/3,2.43/28/29
正○肆	1.45/13/19	○植物宜莢物	2.1/20/6		2.46/29/8,2.49/29/18
陳○貨賄	1.45/13/19,2.35/27/13	○民（晢）〔皙〕而瘠	2.1/20/7	治○政教	2.2/21/26
出○度、量、淳、制	1.45/13/19	○動物宜臝物	2.1/20/7	立○社稷	2.2/21/26
稽○功事	1.45/13/21	○植物宜叢物	2.1/20/7	正○畿疆之封	2.2/21/26
比○小大與○麤良而賞		○民豐肉而庳	2.1/20/7	則攷○屬官之治成而誅	
罰之	1.45/13/21	而知○利害	2.1/20/13	賞	2.2/21/27
施○功事	1.45/13/22	而知○種	2.1/20/14	則帥○屬而觀教法之象	2.2/21/27
憲禁令于王之北宮而糾		制○畿方千里而封樹之	2.1/20/18	攷夫屋及○眾寡、六畜	
○守	1.45/13/22	以土圭土○地而制○域	2.1/20/18	、兵、器	2.2/21/29
無帥則幾○出入	1.47/13/30	○食者半	2.1/20/19	各掌○所治鄉之教	2.3/22/1
相道○出入之事而糾之	1.48/14/3	○食者參之一	2.1/20/19	而聽○治	2.3/22/1
立于○前而詔相之	1.48/14/5		2.1/20/20	以時稽○夫家眾寡	2.3/22/1
各帥○屬而以時御敘于		○食者四之一	2.1/20/20	辨○老幼、貴賤、癈疾	
王所	1.50/14/10		2.1/20/21	、馬牛之物	2.3/22/1
辨○苦良、比○小大而		制○地域而封溝之	2.1/20/21	辨○可任者與○施舍者	2.3/22/2

以○買賈之	2.36/27/16	、六畜、田野	2.42/28/23	以辨地物而原○生	2.54/30/5
買者各從○抵	2.36/27/17	辨○可任者與○可施舍		而平○守 2.57/30/16,2.58/30/19	
都鄙從○主	2.36/27/17	者	2.42/28/23	而掌○政令	2.57/30/17
國人郊人從○有司	2.36/27/17	掌○政令、戒禁	2.42/28/24		5.21/71/1
與○有司辨而授之	2.36/27/18	則帥○吏而興甿	2.42/28/25	以時舍○守	2.58/30/19
則會○出入而納○餘	2.36/27/19	明○有功者	2.42/28/25	使○地之人守○財物	2.59/30/22
正○貨賄	2.37/27/21	屬○地治者	2.42/28/25	頒○餘于萬民	2.59/30/22
以○財養死政之老與○		以四達戒○功事	2.42/28/26	共○葦蒲之事	2.59/30/23
孤	2.37/27/21	縣正各掌○縣之政令徵		禁麝卵者與○毒矢射者	
受○餘	2.37/27/22	比	2.43/28/28		2.60/30/26
掌○治禁與○征廛	2.38/27/25	掌○治訟	2.43/28/28	則物○地	2.61/30/29
舉○貨	2.38/27/26	趨○稼事而賞罰之	2.43/28/28	巡○禁令	2.61/30/30
罰○人	2.38/27/26	鄙師各掌○鄙之政令、		共○生獸、死獸之物	2.69/31/17
掌節掌守邦節而辨○用		祭祀	2.44/29/1	共○果蓏	2.70/31/19
	2.39/27/29	則掌○戒令	2.44/29/1	則治○糧與○食	2.71/31/24
使各掌○政令刑禁	2.40/28/4		4.1/54/7,4.18/56/9	則共○接盛	2.71/31/25
以歲時稽○人民	2.40/28/4	以時數○衆庶	2.44/29/1	分○財守	2.72/31/27
辨○野之土	2.40/28/7	而察○嫩惡而誅賞	2.44/29/1	以法掌○出入	2.72/31/27
以歲時登○夫家之衆寡		則會○鄙之政而致事	2.44/29/2	共○禮	2.72/31/28
及○六畜車輦	2.40/28/11	酇長各掌○酇之政令	2.45/29/4	歲終則會計○政	2.72/31/29
辨○老幼癈疾與○施舍		以時校登○夫家	2.45/29/4	周知○名與○所宜地	2.75/32/5
者	2.40/28/11	比○衆寡	2.45/29/4	而贈○急	2.75/32/6
則令各帥○所治之民而		以治○喪紀、祭祀之事	2.45/29/4	而平○興	2.75/32/6
至	2.40/28/12	若作○民而用之	2.45/29/4	共○齍盛之米	2.76/32/8
○不用命者誅之	2.40/28/13	趨○耕耨	2.45/29/6,2.46/29/9	共○牢禮之米	2.76/32/8
掌○政治禁令	2.40/28/15	稽○女功	2.45/29/6	共○食米	2.76/32/8
遂師各掌○遂之政令戒		里宰掌比○邑之衆寡與		共○簠簋之實	2.77/32/11
禁	2.41/28/17	○六畜、兵器	2.46/29/8	共○食	2.78/32/13
以時登○夫家之衆寡、		而徵斂○財賦	2.46/29/9	使帥○屬而掌邦禮	3.0/32/17
六畜、車輦	2.41/28/17	平頒○興積	2.48/29/13	○師	3.0/35/24
辨○施舍與○可任者	2.41/28/17	施○惠	2.48/29/13	○史百有二十人	3.0/36/6
經牧○田野	2.41/28/18	散○利	2.48/29/13	以○藝爲之貴賤之等	3.0/36/21
辨○可食者	2.41/28/18	而均○政令	2.48/29/14	各放○器之色	3.1/37/7
周知○數而任之	2.41/28/18	則以縣師之法作○同徒		治○大禮	3.1/37/10
作役事則聽○治訟	2.41/28/18	、輂輦	2.49/29/17	各因○方	3.2/37/16
巡○稼穡	2.41/28/18	帥蜃車與○役以至	2.49/29/18	掌五禮之禁令與○用等	3.2/37/16
而移用○民	2.41/28/19	凡○余聚以待頒賜	2.50/29/22	○正室皆謂之門子	3.2/37/17
以救○時事	2.41/28/19	共○芻薪	2.50/29/22	辨六齍之名物與○用	3.2/37/18
審○誓戒	2.41/28/19	共○薪蒸木材	2.50/29/22	掌四時祭祀之序事與○	
共○野牲	2.41/28/19	共○委積薪芻凡疏材	2.50/29/23	禮	3.2/37/20
則巡○道脩	2.41/28/20	與○野圉財用	2.50/29/23	受○將幣之齎	3.2/37/23
庀○委積	2.41/28/20	以和邦國都鄙之政令刑		以歲時序○祭祀及○祈	
使帥○屬以幄帟先	2.41/28/20	禁與○施舍	2.51/29/26	珥	3.3/38/2
比敘○事而賞罰	2.41/28/21	相○宜耳爲之種	2.52/29/29	詔相○禮	3.3/38/3
遂大夫各掌○遂之政令		以涉揚○芟作田	2.53/30/2	誅○慢怠者	3.3/38/4
	2.42/28/23	共○雩斂	2.53/30/3	相○禮	3.3/38/10
以歲時稽○夫家之衆寡		共○葦事	2.53/30/3	治○禮儀	3.3/38/10

治○禮儀而掌○事	3.3/38/11	共○衣服而奉之	3.12/40/8		3.33/43/20,3.36/43/26
詔祼將之儀與○節	3.4/38/14	共○復衣服、斂衣服、		鼓○金奏之樂	3.33/43/19
共○肆器	3.4/38/14	奠衣服、厰衣服	3.12/40/8	則鼓○愷樂	3.33/43/19
共○祼器	3.4/38/14	皆掌○陳序	3.12/40/9	祭祀則帥○屬而舞之	3.34/43/22
共○彝㠯	3.5/38/18	掌○（政）〔禁〕令	3.13/40/11	舞○燕樂	3.35/43/24
共○秬㠯	3.5/38/18	則帥○屬而脩除	3.13/40/11	鞮鞻氏掌四夷之樂與○	
共○雞牲	3.6/38/22	帥○屬而守○屬禁而蹕		聲歌	3.38/44/1
詔○酌	3.7/38/24	之	3.13/40/12	帥○屬而設筍虡	3.39/44/3
辨○用與○實	3.7/38/24	○遺衣服藏焉	3.14/40/14	○經兆之體	3.41/44/9
○朝踐用兩獻尊	3.7/38/25	則各以○服授尸	3.14/40/14	○頌皆千有二百	3.41/44/10
○再獻用兩象尊	3.7/38/25	○廟	3.14/40/14	○經卦皆八	3.41/44/11
○朝獻用兩著尊	3.7/38/26	○祧	3.14/40/15	○別皆六十有四	3.41/44/11
○饋獻用兩壺尊	3.7/38/26	則藏○隋與○服	3.14/40/15	○經運十	3.41/44/12
○朝踐用兩大尊	3.7/38/27	比○具	3.15/40/17	○別九十	3.41/44/12
○再獻用兩山尊	3.7/38/27	掌○弔臨	3.16/40/22	致○墨	3.42/44/19
辨○用與○位	3.8/39/1	辨○兆域而爲之圖	3.18/40/28	各以○方之色與○體辨	
○柏席用萑黼純	3.8/39/5	各以○族	3.18/40/29	之	3.43/44/22
天府掌祖廟之守藏與○		以爵等爲丘封之度與○		各以○物入于龜室	3.43/44/23
禁令	3.9/39/7	樹數	3.18/40/30	遂歈○焌契	3.44/44/26
辨○名物與○用事	3.10/39/12	均○禁	3.18/41/1	則繫幣以比○命	3.45/44/30
	3.12/39/31	而掌○禁令	3.19/41/3	則計○占之中否	3.45/44/30
設○服飾	3.10/39/12		4.35/58/21	占夢掌○歲時觀天地之	
共○玉器而奉之	3.10/39/19	正○位	3.19/41/3,4.24/57/7	會	3.47/45/6
○國家、宮室、車旗、衣服、		掌○度數	3.19/41/3	歲終則弊○事	3.48/45/11
禮儀	3.11/39/22	帥○屬而巡墓厲	3.19/41/4	皆掌○祝號	3.52/46/9
	3.11/39/23,3.11/39/24	居○中之室以守之	3.19/41/4	執○禮事	3.57/46/30
○卿六命	3.11/39/24	以國之喪禮涖○禁令	3.20/41/6	掌○小事	3.58/47/3
○大夫四命	3.11/39/25	序○事	3.20/41/6	（辨）〔辯〕○敘事	3.59/47/5
及○出封	3.11/39/25	凡○喪祭	3.20/41/7	辨○吉凶	3.60/47/8
○國家、宮室、車旗、		詔○號	3.20/41/7	則書○令	3.62/47/19
衣服、禮儀亦如之	3.11/39/25	治○禮	3.20/41/7	辨○用與○旗物而等敘	
攝○君	3.11/39/26	趨○事	3.20/41/8	之	3.64/47/24
則下○君之禮一等	3.11/39/26	○他皆如祭祀	3.21/41/28	以治○出入	3.64/47/24
○卿三命	3.11/39/27	禁○淫聲、過聲、凶聲		○用無常	3.64/48/1
○大夫再命	3.11/39/27	、慢聲	3.21/41/31	共○匶路與○飾	3.64/48/3
○士（一）〔壹〕命	3.11/39/27	掌○序事	3.22/42/6	共○（幣）〔弊〕車	3.64/48/3
○宮室、車旗、衣服、禮儀		治○樂政	3.22/42/6	辨○名物與○用說	3.65/48/6
	3.11/39/27,3.11/39/29	序○樂事	3.22/42/7	各以○萃	3.66/48/10
各眡○命之數	3.11/39/28	凡樂官掌○政令	3.22/42/9	皆畫○象焉	3.67/48/15
	3.11/39/29	舷○不敬者	3.24/42/15	官府各象○事	3.67/48/15
○大夫（一）〔壹〕命		巡舞列而撻○怠慢者	3.24/42/15	州里各象○名	3.67/48/15
	3.11/39/28	辨○聲	3.24/42/16	家各象○號	3.67/48/16
○士不命	3.11/39/29	掌六樂聲音之節與○和		各建○旗	3.67/48/16
○首服皆弁絰	3.12/40/4		3.26/42/26	正都禮與○服	3.68/48/20
○凶服加以大功小功	3.12/40/7	皆奏○鍾鼓	3.28/43/2	掌家禮與○衣服、宮室	
○凶服亦如之	3.12/40/7	共○鍾笙之樂	3.32/43/16	、車旗之禁令	3.69/48/24
○齊服有玄端素端	3.12/40/8	厰○樂器	3.32/43/16	使帥○屬而掌邦政	4.0/49/1

各使○臣	4.0/53/5	任○萬民	4.12/55/17	及○受兵輸	4.37/58/26
賊殺○親則正之	4.1/53/11	用○材器	4.12/55/17	及○用兵	4.37/58/26
放弒○君則殘之	4.1/53/11	有移甲與○役財用	4.12/55/17	而掌○守藏與○出入	4.39/59/1
○外方五百里曰侯畿	4.1/53/13	以贊○不足者	4.12/55/18	及○頒之	4.39/59/2
又○外方五百里曰甸畿	4.1/53/13	則治○固	4.12/55/19	○矢箙皆從○弓	4.39/59/3
又○外方五百里曰男畿	4.1/53/14	與○守法	4.12/55/19	頒弓弩各以○物	4.39/59/8
又○外方五百里曰采畿	4.1/53/14	以周知○山林川澤之阻		充○籠箙	4.40/59/12
又○外方五百里曰衛畿	4.1/53/14		4.13/55/22	載○弓弩	4.40/59/12
又○外方五百里曰蠻畿	4.1/53/14	而達○道路	4.13/55/22	以齎○工	4.41/59/14
又○外方五百里曰夷畿	4.1/53/15		4.13/55/23	書○等以饗工	4.41/59/15
又○外方五百里曰鎮畿	4.1/53/15	以○屬守之	4.13/55/23	乘○事	4.41/59/15
又○外方五百里曰蕃畿	4.1/53/15	候人各掌○方之道治	4.15/55/28	試○弓弩	4.41/59/15
○民可用者家三人	4.1/53/16	與○禁令	4.15/55/28	以下上○食而誅賞	4.41/59/15
○民可用者二家五人	4.1/53/17	○摯	4.18/56/7	凡齎財與○出入	4.41/59/16
○民可用者家二人	4.1/53/17	詔相○法	4.18/56/8	○法儀各以○等爲車送	
縣鄙各以○名	4.1/53/21	詔相○事	4.18/56/9	逆之節	4.47/60/3
百官各象○事	4.1/53/22	掌○治達	4.18/56/9	○法儀如齊車	4.48/60/6
○他皆如振旅	4.1/53/22	比○廬	4.18/56/16	受○幣馬	4.51/60/19
	4.1/53/25	以治○政令	4.23/56/28	共○幣馬	4.51/60/20
各書○事與○號焉	4.1/53/25	歲登下○損益之數	4.23/56/28	而齊○飲食	4.52/60/23
各帥○民而致	4.1/53/27	辨○年歲與○貴賤	4.23/56/28	簡○六節	4.52/60/23
群吏各帥○車徒以敘和		辨○貴賤之等	4.23/56/30	則使○賈粥之	4.53/60/26
出	4.1/54/2	大夫以○等旅揖	4.23/56/32	入○布于校人	4.53/60/27
有司巡○前後	4.1/54/3	凡○戒令	4.23/57/1	辨○邦國、都鄙、四夷	
與慮事屬○植	4.1/54/9	膳○摯	4.23/57/2	、八蠻、七閩、九貉	
受○要	4.1/54/10	詔相○法事	4.23/57/2	、五戎、六狄之人民	
則帥士庶子而掌○政令	4.1/54/10	帥○屬而割牲	4.23/57/2	與○財用、九穀、六	
授○祭	4.1/54/11	則致士而頒○守	4.23/57/4	畜之數要	4.58/61/9
掌○事	4.2/54/13	而進退○爵祿	4.23/57/5	周知○利害	4.58/61/10
以等○功	4.6/54/22	掌○戒令與○教治	4.24/57/7	○山鎮曰會稽	4.58/61/11
司勳藏○貳	4.6/54/23	辨○等	4.24/57/7	○澤藪曰具區	4.58/61/11
書○齒毛與○賈	4.7/54/28	合○卒伍	4.24/57/8	○川三江	4.58/61/11
以○物更	4.7/54/28	置○有司	4.24/57/8	○浸五湖	4.58/61/11
○外否	4.7/54/28	以攷○藝而進退之	4.24/57/11	○利金錫竹箭	4.58/61/11
則以任齊○行	4.7/54/29	合○車之卒伍	4.25/57/13	○民二男五女	4.58/61/12
量○市、朝、州、涂、		而比○乘	4.25/57/13	○畜宜鳥獸	4.58/61/12
軍社之所里	4.8/55/2	屬○右	4.25/57/13		4.58/61/13
制○從獻脯燔之數量	4.8/55/3	○服亦如之	4.28/57/23	○穀宜稻 4.58/61/12,4.58/61/13	
飾○牲	4.9/55/6	而掌○政	4.30/57/30	○山鎮曰衡山	4.58/61/12
登○首	4.10/55/9	則相○法	4.30/58/1	○澤藪曰雲瞢	4.58/61/12
共○羊牲 4.10/55/9,4.10/55/10		誅○不敬者	4.32/58/9	○川江漢	4.58/61/13
共○法羊	4.10/55/10	與○弔勞	4.33/58/12	○浸潁湛	4.58/61/13
使○賈買牲而共之	4.10/55/10	○餘如王之事	4.35/58/19	○利丹銀齒革	4.58/61/13
頒○士庶子及○衆庶之		諸侯及孤卿大夫之冕、		○民一男二女	4.58/61/13
守	4.12/55/16	韋弁、皮弁、弁経、		○山鎮曰華山	4.58/61/14
設○飾器	4.12/55/16	各以○等爲之	4.35/58/20	○澤藪曰圃田	4.58/61/14
分○財用	4.12/55/16	各辨○物與○等	4.37/58/25	○川熒雒	4.58/61/14

○浸波溠	4.58/61/14	○山鎮曰恒山	4.58/61/23
○利林漆絲枲	4.58/61/14	○澤藪曰昭餘祁	4.58/61/23
○民二男三女	4.58/61/15	○川虖池、嘔夷	4.58/61/23
	4.58/61/18,4.58/61/24	○浸淶、易	4.58/61/23
○畜宜六擾	4.58/61/15	○利布帛	4.58/61/24
	4.58/61/18	○畜宜五擾	4.58/61/24
○穀宜五種	4.58/61/15	○外方五百里曰侯服	4.58/61/25
	4.58/61/24	又○外方五百里曰甸服	
○山鎮曰沂山	4.58/61/15		4.58/61/25
○澤藪曰望諸	4.58/61/15	又○外方五百里曰男服	
○川淮泗	4.58/61/16		4.58/61/25
○浸沂沭	4.58/61/16	又○外方五百里曰采服	
○利蒲魚	4.58/61/16		4.58/61/25
○民二男二女	4.58/61/16	又○外方五百里曰衛服	
○畜宜雞狗	4.58/61/16		4.58/61/26
○穀宜稻麥	4.58/61/16	又○外方五百里曰蠻服	
○山鎮曰岱山	4.58/61/17		4.58/61/26
○澤藪曰大野	4.58/61/17	又○外方五百里曰夷服	
○川河、泲	4.58/61/17		4.58/61/26
○浸（盧）〔盧〕、維		又○外方五百里曰鎮服	
	4.58/61/17		4.58/61/27
○利蒲、魚	4.58/61/17	又○外方五百里曰藩服	
○穀宜四種	4.58/61/18		4.58/61/27
○山鎮曰嶽（山）	4.58/61/18	王設○牧	4.58/61/29
○澤藪曰弦蒲	4.58/61/19	制○職	4.58/61/29
○川涇汭	4.58/61/19	各以○所能	4.58/61/29
○浸渭洛	4.58/61/19	制○貢	4.58/61/29
○利玉石	4.58/61/19	各以○所有	4.58/61/30
○民三男二女	4.58/61/19	帥○屬而巡戒令	4.58/62/1
○畜宜牛馬	4.58/61/19	治○委積、館舍、飲食	4.60/62/6
○穀宜黍稷	4.58/61/20	通○財利	4.61/62/9
	4.58/61/22	同○數器	4.61/62/9
○山鎮曰醫無閭	4.58/61/20	壹○度量	4.61/62/9
○澤藪曰貕養	4.58/61/20	除○怨惡	4.61/62/9
○川河泲	4.58/61/20	同○好善	4.61/62/9
○浸菑時	4.58/61/20	訓方氏掌道四方之政事	
○利魚、鹽	4.58/61/21	與○上下之志	4.62/62/12
○民一男三女	4.58/61/21	而正○封疆	4.63/62/15
○畜宜四擾	4.58/61/21	辨○物與○利害	4.64/62/18
○穀宜三種	4.58/61/21		4.65/62/20
○山鎮曰霍山	4.58/61/21	使致○珍異之物	4.64/62/18
○澤藪曰楊紆	4.58/61/22		4.65/62/20
○川漳	4.58/61/22	辨○丘陵、墳衍、邍隰	
○浸汾潞	4.58/61/22	之名物	4.66/62/22
○利松柏	4.58/61/22	匡人掌達法則、匡邦國	
○民五男三女	4.58/61/22	而觀○慝	4.67/62/24
○畜宜牛羊	4.58/61/22	都司馬掌都之士庶子及	

○眾庶、車馬、兵甲	
之戒令	4.69/62/28
以國法掌○政學	4.69/62/28
使帥○屬而掌邦禁	5.0/63/5
○能改（過）〔者〕	5.1/67/4
○不能改而出圜土者	5.1/67/5
	5.18/70/21
○次九日坐	5.1/67/8
○次七日坐	5.1/67/8
○次五日坐	5.1/67/8
○下罪三日坐	5.1/67/9
凡遠近惸獨老幼之欲有	
復於上而○長弗達者	5.1/67/9
士聽○辭	5.1/67/10
而罪○長	5.1/67/10
涖○盟書	5.1/67/12
大史、內史、司會及六	
官皆受○貳而藏之	5.1/67/12
奉○明水火	5.1/67/15
使○屬蹕	5.1/67/16,5.2/67/28
○位	5.2/67/19
帥○屬而觀刑象	5.2/67/29
乃命○屬入會	5.2/67/30
與○民人之什伍	5.3/68/4
則帥○屬而蹕于王宮	5.3/68/10
帥○屬而禁逆軍旅者與	
犯師禁者而戮之	5.3/68/10
帥○屬而憲禁令于國及	
郊野	5.3/68/11
各掌○鄉之民數而糾戒	
之	5.4/68/13
察○辭	5.4/68/13
	5.5/68/19,5.6/68/26
（辯）〔辨〕○獄訟	5.4/68/13
異○死刑之罪而要之	5.4/68/14
	5.5/68/19,5.6/68/26
斷○獄、弊○訟于朝	5.4/68/14
	5.5/68/20,5.6/68/27
各麗○法以議獄訟	5.4/68/15
	5.5/68/21,5.6/68/28
	5.7/69/2
則王會○期	5.4/68/15
則各掌○鄉之禁令	5.4/68/16
帥○屬夾道而蹕	5.4/68/16
○喪亦如之	5.4/68/17
	5.5/68/23,5.6/68/30
則戮○犯命者	5.4/68/17

○札喪凶荒厄貧爲一書	5.53/75/1
○康樂和親安平爲一書	5.53/75/1
及○擯之	5.54/75/5
各以○禮	5.54/75/6
○將幣亦如之	5.54/75/6
○禮亦如之	5.54/75/6
諸侯、諸伯、諸子、諸	
男之相爲賓也各以○	
禮	5.54/75/13
以○國之爵相爲客而相	
禮	5.54/75/21
○儀亦如之	5.54/75/21
以二等從○爵而上下之	
	5.54/75/22
各稱○邦而爲之幣	5.54/75/22
以○幣爲之禮	5.54/75/23
不正○主面	5.54/75/23
凡○使也	5.55/75/25
居於○國	5.55/75/26
則協○禮	5.57/76/1
與○辭	5.57/76/1
凡○出入送逆之禮節幣	
帛辭令	5.57/76/1
詔相國客之禮儀而正○	
位	5.57/76/2
掌客掌四方賓客之牢禮	
、饔獻、飲食之等數	
與○政治	5.58/76/5
庶子壹眡○大夫之禮	5.58/76/7
○死牢如飱之陳	5.58/76/10
	5.58/76/17,5.58/76/22
以○爵等爲之牢禮之陳	
數	5.58/76/13
以○爵等爲之禮	5.58/76/19
	5.58/76/24
則如○介之禮以待之	5.58/76/25
詔○位	5.59/76/32
詔相○事而掌○治令	5.59/77/2
掌交掌以節與幣巡邦國	
之諸侯及○萬民之所	
聚者	5.60/77/4
掌邦國之通事而結○交	
好	5.60/77/5
以告○君長	5.63/77/12
則令○朝大夫	5.63/77/12
必因○朝大夫	5.63/77/13
則誅○朝大夫	5.63/77/14

則誅○有司	5.63/77/14
遷乎○地	6.0/78/3
欲○樸屬而微至	6.0/78/14
必以○時	6.1/78/19
望而眡○輪	6.1/78/20
欲○幠爾而下迤也	6.1/78/21
欲○微至也	6.1/78/21
望○輻	6.1/78/21
欲○掣爾而纖也	6.1/78/21
欲○肉稱也	6.1/78/22
望○轂	6.1/78/22
欲○眼也	6.1/78/22
欲○幬之廉也	6.1/78/23
眡○綆	6.1/78/23
欲○蚤之正也	6.1/78/23
察○菑蚤不齵	6.1/78/23
必矩○陰陽	6.1/78/24
是故以火養○陰而齊諸	
○陽	6.1/78/24
是故六分○輪崇	6.1/78/25
以○一爲之牙圍	6.1/78/26
	6.29/85/15,6.29/85/16
參分○牙圍而漆○二	6.1/78/26
椁○漆內而中詘之	6.1/78/26
以○長爲之圍	6.1/78/27
	6.10/81/10
以○圍之防捎○藪	6.1/78/27
五分○轂之長	6.1/78/27
參分○轂長	6.1/78/29
以置○輻	6.1/78/29
量○鑿深以爲輻廣	6.1/78/29
故竑○輻廣以爲之弱	6.1/78/30
參分○輻之長而殺○一	6.1/79/1
參分○股圍	6.1/79/1,6.1/79/12
是故規之以眡○圜也	6.1/79/6
萬之以眡○匡也	6.1/79/6
縣之以眡○輻之直也	6.1/79/6
水之以眡○平沈之均也	6.1/79/6
量○藪以黍	6.1/79/7
以眡○同也	6.1/79/7
權之以眡○輕重之侔也	6.1/79/7
信○㮚圍以爲部廣	6.1/79/9
參分弓長而揉○一	6.1/79/11
以○一爲之尊	6.1/79/12
參分○隧	6.2/79/16
以揉○式	6.2/79/17
以○廣之半爲之式崇	6.2/79/17

以○隧之半爲之較崇	6.2/79/17
六分○廣	6.2/79/17
十分○軹之長	6.3/79/25
	6.3/79/27
以○一爲之圍	6.3/79/25
	6.3/79/26
五分○長	6.3/79/26
	6.27/84/13,6.29/85/13
五分○軹間	6.3/79/26
以○一爲之軸圍	6.3/79/26
以○一爲之當兔之圍	6.3/79/27
參分○兔圍	6.3/79/27
五分○頸圍	6.3/79/27
欲○孫而無弧深	6.3/79/28
○登又難	6.3/79/28
既克○登	6.3/79/28
○覆車也必易	6.3/79/28
及○登阤	6.3/79/29
不伏○轅	6.3/79/29
必縊○牛	6.3/79/30
及○下阤也	6.3/79/30
不援○邸	6.3/79/31
必縊○牛後	6.3/79/31
六分○金而錫居一	6.3/80/8
五分○金而錫居一	6.3/80/8
四分○金而錫居一	6.3/80/9
參分○金而錫居一	6.3/80/9
五分○金而錫居二	6.3/80/9
以○臘廣爲之莖圍	6.6/80/18
中○莖	6.6/80/18
設○後	6.6/80/19
參分○臘廣	6.6/80/19
身長五○莖長	6.6/80/19
身長四○莖長	6.6/80/20
身長三○莖長	6.6/80/20
十分○銑	6.7/80/25
以○鉦爲之銑間	6.7/80/25
以○鼓間爲之舞脩	6.7/80/26
以○鉦之長爲之甬長	6.7/80/26
以○甬長爲之圍	6.7/80/26
參分○圍	6.7/80/26,6.27/84/13
參分○甬長	6.7/80/27
以設○旋	6.7/80/27
是故大鍾十分○鼓間	6.7/80/29
以○一爲之厚	6.7/80/29
	6.7/80/29,6.22/83/4
小鍾十分○鉦間	6.7/80/29

則○聲疾而短聞	6.7/80/30	○博爲一	6.22/83/3	緣○外	6.29/85/11
	6.12/81/25	參分○股博	6.22/83/3	以弦○內	6.29/85/11
則○聲舒而遠聞	6.7/80/30	參分○鼓博	6.22/83/4	以○一爲之首	6.29/85/13
	6.12/81/26	已上則摩○旁	6.22/83/4	○圍一柯有半	6.29/85/13
六分○厚	6.7/80/30	已下則摩○耑	6.22/83/4	○博三寸	6.29/85/13
以○一爲之深而圜之	6.7/80/30	參分○長而殺○一	6.23/83/7	六分○輪崇	6.29/85/15
內方尺而圜○外	6.8/81/2	五分○長而羽○一	6.23/83/7	○圍二柯	6.29/85/16
○實一䚢	6.8/81/2	以○笴厚爲之羽深	6.23/83/7	○輻一柯	6.29/85/16
○臀一寸	6.8/81/2	水之以辨○陰陽	6.23/83/8	○渠二柯者三	6.29/85/16
○實一豆	6.8/81/2	夾○陰陽以設○比	6.23/83/8	五分○輪崇	6.29/85/16
○耳三寸	6.8/81/2	夾○比以設○羽	6.23/83/8	三○輪崇	6.29/85/17
○實一升	6.8/81/2	參分○羽以設○刃	6.23/83/8	以鑿○鉤	6.29/85/18
○聲中黃鍾之宮	6.8/81/3	以眠○豐殺之節也	6.23/83/10	取六材必以○時	6.30/85/20
○銘曰	6.8/81/3	以眠○鴻殺之稱也	6.23/83/11	柔故欲○埶也	6.30/85/26
允臻○極	6.8/81/3	○聲大而宏	6.26/83/24	橈故欲○堅也	6.30/85/27
權○上旅與○下旅	6.10/81/10	是故擊○所縣	6.26/83/25	胝故欲○柔也	6.30/85/28
眠○鑽空	6.10/81/11	而由○廋鳴	6.26/83/25	則○爲獸必剽	6.30/86/1
欲○惌也	6.10/81/11		6.26/83/27	則豈異於○獸	6.30/86/1
眠○裏	6.10/81/11	○聲清陽而遠聞	6.26/83/26	則及○大脩也	6.30/86/5
欲○易也	6.10/81/11		6.26/83/26		6.30/86/8
眠○朕	6.10/81/12	故擊○所縣	6.26/83/27	強者在內而摩○筋	6.30/86/5
欲○直也	6.10/81/12	必深○爪	6.26/83/28	厚○帤則木堅	6.30/86/6
欲○約也	6.10/81/12	出○目 6.26/83/28,6.26/83/28		薄○帤則需	6.30/86/6
欲○豐也	6.10/81/12	作○鱗之而	6.26/83/28	是故厚○液而節○帤	6.30/86/7
欲○無齓也	6.10/81/12		6.26/83/29	夫懷膠於內而摩○角	6.30/86/8
眠○鑽空而惌	6.10/81/13	深○爪	6.26/83/28	引筋欲盡而無傷○力	6.30/86/12
眠○裏而易	6.10/81/13	且○匪色	6.26/83/29	方○峻而高○柎	6.30/86/14
眠○朕而直	6.10/81/13	○匪色必似不鳴矣	6.26/84/1	長○畏而薄○敝	6.30/86/14
欲○荼白也	6.11/81/16	參分○廣而鵠居一焉	6.26/84/3	量○力有三均	6.30/86/18
欲○柔而滑也	6.11/81/16	與○身三	6.26/84/3	各因○躬志慮血氣	
〔欲○直也〕	6.11/81/17	○辭曰	6.26/84/5		6.30/86/22
欲○無迆也	6.11/81/17	凡兵無過三○身	6.27/84/9	○人安	6.30/86/23
眠○著	6.11/81/17	過三○身	6.27/84/9	○弓安	6.30/86/23
欲○淺也	6.11/81/17	以○一爲之被而圍之	6.27/84/13	○矢安	6.30/86/23
察○線	6.11/81/17	五分○晉圍	6.27/84/14	○人危	6.30/86/24
欲○藏也	6.11/81/17	參分○長 6.27/84/14,6.29/85/18		○弓危	6.30/86/24
革欲○荼白而疾澣之	6.11/81/18	五分○圍	6.27/84/15	○矢危	6.30/86/24
欲○柔滑而腥脂之	6.11/81/18	參分○晉圍	6.27/84/15	○次筋角皆有潃而深	6.30/86/26
（欲○直也）	6.11/81/18	以眠○蜎也	6.27/84/15	○次有潃而疏	6.30/86/26
則及○用之也	6.11/81/20	以眠○橈之均也	6.27/84/16	○次角無潃	6.30/86/27
必自○急者先裂	6.11/81/20	以眠○勁也	6.27/84/16		
眠○著而淺	6.11/81/21	九分○國以爲九分	6.28/84/26	**祁 qí**	1
察○線而藏	6.11/81/21	各載○名	6.28/85/2		
○象方	6.15/82/3	○綱參分去一	6.28/85/5	其澤藪曰昭餘○	4.58/61/23
以涗水漚○絲七日	6.18/82/12	索約大汲○版	6.28/85/6		
涅淳○帛	6.18/82/13	寶○崇三尺	6.28/85/7		
清○灰而盝之	6.18/82/13	自○庇	6.29/85/10		

祈 qí	9
以歲時序其祭祀及其○	
珥	3.3/38/2
凡國○年于田祖	3.37/43/29
○福祥	3.49/45/14
掌六○	3.49/45/15
以○福祥	3.50/45/28
○號祝	3.50/45/30
○于五祀	4.9/55/6
凡○珥	4.10/55/9
則爲司盟共○酒脯	5.14/70/6

耆 qí	5
邦饗○老、孤子	1.9/8/22
饗○老孤子	1.21/10/10
若饗○老孤子士庶子	2.78/32/13
伊○氏	5.0/66/9
伊○氏掌國之大祭祀共	
其杖咸	5.51/73/26

旂 qí	5
建大○	3.64/47/25
交龍爲○	3.67/48/12
諸侯建○	3.67/48/14
諸侯載○	4.1/53/24
龍○九斿	6.3/80/5

頎 qí	1
是故軹欲○典	6.3/79/31

齊 qí	55
王○	1.6/8/3,1.35/12/3
亨人掌共鼎鑊以給水火	
之○	1.10/8/25
食醫掌和王之六食、六	
飲、六膳、百羞、百	
醬、八珍之○	1.17/9/17
凡食○眠春時	1.17/9/17
羹○眠夏時	1.17/9/17
醬○眠秋時	1.17/9/18
飲○眠冬時	1.17/9/18
瘍醫掌腫瘍、潰瘍、金	

瘍、折瘍之祝藥劀殺	
之○	1.19/9/27
辨五○之名	1.21/10/4
一曰泛○	1.21/10/4
二曰醴○	1.21/10/5
三曰盎○	1.21/10/5
四曰緹○	1.21/10/5
五曰沈○	1.21/10/5
掌其厚薄之○	1.21/10/6
以法共五○三酒	1.21/10/7
唯○酒不貳	1.21/10/8
酒人掌爲五○三酒	1.22/10/14
以五○、七醢、七菹、	
三臡實之	1.26/11/2
醢人掌共五○七菹	1.27/11/4
以共祭祀之○菹	1.27/11/4
則共○菹醢物六十罋	1.27/11/5
其后及世子之醬○菹	1.27/11/5
凡○事	1.28/11/9
以均○天下之政	2.1/20/15
凡王之○事	3.5/38/18
鬱○獻酌	3.7/38/28
醴○縮酌	3.7/38/28
盎○涗酌	3.7/38/28
爲王后○衰	3.12/40/3
其○服有玄端素端	3.12/40/8
以十有二聲爲之○量	3.29/43/6
《王夏》、《肆夏》、	
《昭夏》、《納夏》	
、《章夏》、《○夏》	
、《族夏》、《祴夏》	
、《驁夏》	3.31/43/10
○右	4.0/51/17
○僕	4.0/51/25
則以任○其行	4.7/54/29
○右掌祭祀、會同、賓	
客、前○車	4.43/59/21
如○車之儀	4.44/59/24
○僕掌馭金路以賓	4.47/60/3
其法儀如○車	4.48/60/6
○馬一物	4.51/60/13
而○其飲食	4.52/60/23
是故以火養其陰而○諸	
其陽	6.1/78/24
揉輻必○	6.1/79/2
築氏執下○	6.3/80/7
冶氏執上○	6.3/80/7

金有六○	6.3/80/8
謂之鍾鼎之○	6.3/80/8
謂之斧斤之○	6.3/80/8
謂之戈戟之○	6.3/80/9
謂之大刃之○	6.3/80/9
謂之削殺矢之○	6.3/80/10
謂之鑒燧之○	6.3/80/10

旗 qí	37
以○致萬民	2.1/21/9
簡其鼓鐸、○物、兵器	2.3/22/6
以司徒之大○致衆庶	2.3/22/7
而陳之以○物	2.3/22/7
以鼓鐸○物帥而至	2.7/23/11
使皆備○鼓兵器	2.18/24/30
以遂之大○致之	2.40/28/12
則以○鼓兵革帥而至	2.45/29/5
植虞○于中	2.56/30/14
辨吉凶之五服、車○、	
宮室之禁	3.2/37/16
掌衣服、車○、宮室之	
賞賜	3.2/37/19
其國家、宮室、車○、衣服、	
禮儀	3.11/39/22
	3.11/39/23,3.11/39/24
其國家、宮室、車○、	
衣服、禮儀亦如之	3.11/39/25
其宮室、車○、衣服、禮儀	
	3.11/39/27,3.11/39/29
辨其用與其○物而等敍	
之	3.64/47/24
司常掌九○之物名	3.67/48/12
熊虎爲○	3.67/48/13
贊司馬頒○物	3.67/48/13
（師）〔帥〕都建○	3.67/48/14
各建其○	3.67/48/16
建旌○	3.67/48/17
置○	3.67/48/17
掌家禮與其衣服、宮室	
、車○之禁令	3.69/48/24
司馬以○致民	4.1/53/17
辨○物之用	4.1/53/23
軍吏載○	4.1/53/24
司馬建○于後表之中	4.1/53/27
群吏以○物鼓鐸鐲鐃	4.1/53/27
賈明弊○	4.1/53/28

群吏作〇	4.1/53/29	〇疾	1.18/9/23	攽夫屋及其眾寡、六畜	
群吏弊〇	4.1/53/30	以五〇、五聲、五色眡		、兵〇、	2.2/21/29
作〇	4.1/53/31	其死生	1.18/9/23	簡其鼓鐸、旗物、兵〇	2.3/22/6
〇居卒間以分地	4.1/54/3	以五〇養之	1.19/9/27	稽其鄉〇	2.3/22/10
熊〇六斿	6.3/80/6	以苦養〇	1.19/9/28	閭共祭〇	2.3/22/10
		以動其〇	1.20/9/31	族共喪〇	2.3/22/10
璂 qí	**1**	辨陰陽之〇	3.47/45/6	黨共射〇	2.3/22/10
		三曰〇聽	5.2/67/22	州共賓〇	2.3/22/10
會五采玉〇	4.35/58/20	地有〇	6.0/78/1	鄉共吉凶禮樂之〇	2.3/22/11
		則不時、不得地〇也	6.0/78/2	則攽教、察辭、稽〇、	
起 qí	**7**	此地〇然也	6.0/78/3	展事	2.3/22/11
		地〇然也	6.0/78/3	簡其兵〇　2.7/23/11,2.40/28/5	
以〇軍旅　2.2/21/18,6.19/82/25		黑濁之〇竭	6.8/81/4	以載公任〇	2.14/24/9
凡〇徒役	2.2/21/20	黃白之〇竭	6.8/81/5	貢〇物	2.17/24/23
以〇政役	2.40/28/12	青白之〇竭	6.8/81/5	使皆備旗鼓兵〇	2.18/24/30
若〇野役	2.40/28/12	青〇次之	6.8/81/5	質人掌成市之貨賄、人	
牙璋以〇軍旅	3.10/39/17	蠲於刉而休於〇	6.30/85/26	民、牛馬、兵〇、珍	
璧羨以〇度	3.10/39/17	遠於刉而不休於〇	6.30/85/27	異	2.28/26/22
		各因其君之躬志慮血〇		以時〇勸甿	2.40/28/6
豈 qǐ	**1**		6.30/86/22	簡稼〇	2.42/28/25
				若歲時簡〇	2.45/29/5
則〇異於其獸	6.30/86/1	**葺 qì**	**1**	里宰掌比其邑之眾寡與	
				其六畜、兵〇	2.46/29/8
啟 qǐ	**6**	〇屋參分	6.28/85/6	共野委兵〇	2.50/29/23
				共蜃〇之蜃	2.68/31/15
以時〇閉	1.47/13/30	**器 qì**	**95**	典庸〇	3.0/34/24
以〇閉國門	2.37/27/21			四命受〇	3.1/37/2
令〇	3.51/46/3	三曰〇貢	1.1/5/27	以玉作六〇	3.1/37/5
嘽〇關	3.64/48/3	與其幣〇財用凡所共者	1.3/7/17	各放其〇之色	3.1/37/7
永〇厥後	6.8/81/4	皆有〇量	1.21/10/8	及執事眂葬獻〇	3.2/37/26
必以〇蟄之日	6.12/81/25	玉府掌王之金玉、玩好		展〇陳	3.3/38/3
		、兵、〇	1.35/12/3	鬱人掌祼〇	3.4/38/13
契 qì	**9**	凡裘〇	1.35/12/5	共其肆〇	3.4/38/14
		凡（王之）獻金玉、兵		共其祼〇	3.4/38/14
六曰聽取予以書〇	1.2/6/29	、〇、文織、良貨賄		凡國之玉鎮、大寶〇	3.9/39/7
掌官〇以治藏	1.3/7/12	之物	1.35/12/5	贊寶鎮及寶〇	3.9/39/9
以書〇授之	1.21/10/10	內府掌受九貢九賦九功		典瑞掌玉瑞、玉〇之藏	
凡在書〇版圖者之貳	1.38/12/18	之貨賄、良兵、良〇	1.36/12/8		3.10/39/12
掌稽市之書〇	2.28/26/23	凡四方之幣獻之金玉、		共其玉〇而奉之	3.10/39/19
萒氏掌共燋〇	3.44/44/26	齒革、兵、〇	1.36/12/8	凡玉〇出	3.10/39/20
遂龡其焌〇	3.44/44/26	以知民之財〔用〕〇械		共喪之奠〇	3.18/40/31
讀書〇	4.1/53/21	之數	1.39/12/24	遂入藏凶〇	3.18/40/31
馬不〇需	6.3/80/2	喪服、凶〇不入宮	1.47/13/29	沍廞樂〇	3.21/41/31
		潛服、賊〇不入宮	1.47/13/29	藏樂〇	3.21/42/1
氣 qì	**18**	凡內人、公〇、賓客	1.47/13/30	凡喪陳樂〇	3.22/42/9
		執褻〇以從遣車	1.49/14/8	展樂〇	3.23/42/12
冬時有（漱）〔嗽〕上		凡飾邦〇者	1.56/14/29	下管播樂〇	3.25/42/21

廠樂○	3.28/43/1	千 qiān	11	騫 qiān	1	
以爲樂○	3.29/43/4					
凡爲樂○	3.29/43/6	制其畿方○里而封樹之	2.1/20/18	小體○腹	6.26/83/25	
廠其樂○	3.32/43/16	兄弟之讎辟諸○里之外				
	3.33/43/20,3.36/43/26		2.25/25/30	前 qián	53	
典庸○掌藏樂○、庸○	3.39/44/3	○夫有滄	2.40/28/10			
陳庸○	3.39/44/3	其頌皆○有二百	3.41/44/10	○期十日	1.1/6/8	
司干掌舞○	3.40/44/6	萬有二○五百人爲軍	4.0/49/8	則○驅	1.46/13/25,4.31/58/5	
則授舞○	3.40/44/6	二○有五百人爲師	4.0/49/9	立于其○而詔相之	1.48/14/5	
廠舞○	3.40/44/6	方○里曰國畿	4.1/53/13	則○蹕	1.49/14/8	
帥執事涖釁主及軍○	4.1/54/7	方○里曰王畿	4.58/61/24	○期	2.3/22/6,4.1/53/26	
釁邦○及軍○	4.9/55/7	凡邦國○里	4.58/61/27	巡其○後之屯而戮其犯		
設其飾○	4.12/55/16	邦畿方○里	5.52/74/10	命者	2.3/22/8	
用其材○	4.12/55/17	行數○里	6.3/80/2	執鞭度而巡其○	2.34/27/10	
授舞○	4.24/57/9			依○南鄉設莞筵紛純	3.8/39/2	
同其數○	4.61/62/9	牽 qiān	13	筵國賓于牖○亦如之	3.8/39/4	
治○之約次之	5.13/70/1			凡諸侯居左右以○	3.18/40/29	
入其金錫于爲兵○之府		掌其牢禮、委積、膳獻		凡有功者居○	3.18/40/29	
	5.15/70/10	、飲食、賓賜之飧○	1.3/7/16	則○祝	3.49/45/24	
司屬掌盜賊之任○、貨		與其○筲	2.14/24/9	則與巫○	3.51/46/5	
賄	5.16/70/14	則助○主車	3.3/38/8	則與祝○	3.55/46/18,3.56/46/20	
爲百官積任○	5.21/71/1	○馬而入陳	4.57/61/7	抱法以○	3.57/46/28	
縣其衣服任○于有地之		凡相犬、○犬者屬焉	5.17/70/18	○樊鵠纓	3.64/47/27	
官	5.31/72/2	（牛助爲○筲）	5.22/71/6	群吏聽誓于陳○	4.1/53/28	
其貢○物	5.52/74/12	〔牛助爲○筲〕	5.25/71/13	○後有屯百步	4.1/54/3	
同數○	5.52/74/16	皆眠飧○	5.58/76/8	有司巡其○後	4.1/54/3	
有任○	5.56/75/28		5.58/76/15,5.58/76/20	有司表貉于陳○	4.1/54/4	
以辨民○	6.0/77/25,6.0/77/26	○四牢	5.58/76/10	大僕○	4.23/57/1	
凝土以爲○	6.0/77/31	○三牢	5.58/76/17	則○正位而退	4.30/57/29	
故一○而工聚焉者	6.0/78/10	○二牢	5.58/76/22	則自左馭而○驅	4.30/57/31	
段氏爲鎛○	6.3/80/7			齊右掌祭祀、會同、賓		
茲○維則	6.8/81/4	遷 qiān	9	客、○齊車	4.43/59/21	
實諸澤○	6.18/82/13			則○馬	4.43/59/21	
○中膊	6.25/83/18	王后之喪○于宮中	1.49/14/7	道右掌○道車	4.44/59/24	
梓人爲飲○	6.26/84/1	禁○葬者與嫁殤者	2.26/26/7	○馬	4.44/59/25	
飲○鄉衡而實不盡	6.26/84/2	若○寶	3.9/39/10	○王	5.1/67/14,5.1/67/15	
廬人爲廬○	6.27/84/8	國大○、大師	3.41/44/15	○王而辟	5.2/67/27	
		大○國	3.57/46/28	則○驅而辟	5.3/68/9	
鑿 qì	5	以觀天下之○	3.60/47/8	則爲之○驅而辟	5.4/68/17	
		與僕人○尸	4.18/56/15		5.5/68/23,5.6/68/29	
夜鼓○	2.11/23/28	二曰詢國○	5.2/67/18		5.8/69/7	
○、愷獻	3.28/43/2	○乎其地	6.0/78/3	執鞭以趨於○	5.36/72/17	
凡軍之夜三○	3.33/43/20			立當○疾	5.52/74/4	
守○亦如之	3.33/43/20	顧 qiān	1	朝位當車○	5.52/74/9	
夜三○以號戒	4.12/55/18			爲○驅而入	5.59/76/31	
		數目○脰	6.26/83/25	爲○驅	5.59/76/32	
				一在○	6.2/79/17,6.23/83/6	

（軌）〔軋〕○十尺	6.3/79/25	**强 qiáng**	10	而脩除○蹕	2.56/30/13
長內則折○	6.5/80/15			○授之杖	3.3/38/7
宗祝以○馬	6.19/82/24	正其行而○之道藝	2.23/25/22	鳴鐶○卻	4.1/54/1
二在○	6.23/83/6,6.29/85/18	則是固有餘而○不足也	6.1/78/30	帥其屬而以鞭呼趨○辟	5.9/69/13
三在○	6.23/83/7	中○則揚	6.23/83/10	○以幾禁行作不時者、	
○弱則俢	6.23/83/9	○飲○食	6.26/84/6	不物者	5.30/71/30
二在○、一在後而圍之		殼兵同○	6.27/84/12	○命之	5.36/72/17
	6.27/84/14	刺兵同○	6.27/84/12	唯轅直而無橈也	6.3/79/29
		夫目也者必○	6.30/86/5		6.3/79/30,6.3/79/31
乾 qián	3	○者在內而摩其筋	6.30/86/5	○其匪色	6.26/83/29
		維幹○之	6.30/86/15	○涉山林之阻	6.27/84/10
腊人掌○肉	1.15/9/10			○不涉山林之阻	6.27/84/11
凡○肉之事	1.15/9/11	**彊 qiáng**	2	○不深	6.30/86/24
其實棗、臬、桃、○蓘					
、榛實	1.25/10/25	以○予任甿	2.40/28/6	**妾 qiè**	1
		○檠用蕢	2.52/29/30		
潛 qián	1			八曰臣○	1.1/5/22
		牆 qiáng	5		
○服、賊器不入宮	1.4//13/29			**挈 qiè**	5
		茨○則翦闔	4.56/61/4		
燂 qián	1	赤犮氏掌除○屋	5.46/73/12	○壺氏	4.0/50/3
		炙諸○	6.27/84/16	○壺氏掌○壺以令軍井	4.17/56/3
撟角欲孰於火而無○	6.30/86/11	逆○六分	6.28/85/6	○轡以令舍	4.17/56/3
		○厚三尺	6.28/85/7	○畚以令糧	4.17/56/3
淺 qiǎn	5				
		骹 qiāo	1	**竊 qiè**	1
鹿○幎	3.64/47/30				
輻廣而鑿○	6.1/78/29	去一以爲○圍	6.1/79/2	凡○木者	2.56/30/13
○則負	6.3/79/31				
欲其○也	6.11/81/17	**巧 qiǎo**	7	**侵 qīn**	2
眡其著而○	6.11/81/21				
		○者述之	6.0/77/30	負固不服則○之	4.1/53/10
		工有○	6.0/78/1	是故○之	6.27/84/13
遣 qiǎn	5	材美工○	6.0/78/1		
		○者和之	6.1/78/19,6.30/85/20	**親 qīn**	26
執褻器以從○車	1.49/14/8	謂之○	6.15/82/4		
○之日	3.57/46/29	工○	6.30/86/17	一曰○○	1.1/5/19
飾○車	3.64/48/2			辨其○疏貴賤之居	1.4/7/26
從○車而哭	4.26/57/17	**竅 qiào**	2	三曰以陰禮教○	2.1/20/9
飾○車之馬	4.51/60/19			五家相受相和○	2.9/23/18
		兩之以九○之變	1.18/9/24	以○父母	2.21/25/12
芡 qiàn	2	以滑養○	1.19/9/29	以賓禮○邦國	3.1/36/28
				以嘉禮○萬民	3.1/36/30
（薆）〔薂〕、○、臬、脯		**且 qiě**	15	○宗族兄弟	3.1/36/31
1.25/10/25,1.25/10/25				○成男女	3.1/36/31
		○蹕	2.21/25/15	○故舊朋友	3.1/36/31
		○刑之	2.33/27/8	○四方之賓客	3.1/37/1

○兄弟之國	3.1/37/1	以○作六摯	3.1/37/4	黑與○謂之黻	6.15/82/3
○異姓之國	3.1/37/1	遂頒○	3.2/37/24	○金外	6.19/82/23
以辨○疏	3.2/37/17	致○于虞中	3.52/46/8	角欲○白而豐末	6.30/85/25
以通上下○疏遠近	3.49/45/16	乃屬○	3.52/46/8	○也者	6.30/85/27
賊殺其○則正之	4.1/53/11	乃斂○	3.52/46/9	鹿膠○白	6.30/85/29
一曰議○之辟	5.2/67/23	獻○以祭社	4.1/53/20		
凡殺其○者	5.20/70/28	車弊獻○以享礿	4.1/53/23	**卿 qīng**	**66**
殺王之○者	5.20/70/28	羅弊致○以祀祊	4.1/53/25		
以○諸侯	5.52/73/28	小○私之	4.1/54/5	○一人	1.0/1/8
王○受之	5.53/74/21	致○饍獸于郊	4.1/54/6		2.0/15/28,3.0/32/22
其康樂和○安平爲一書	5.53/75/1	入獻○以享烝	4.1/54/6		4.0/49/6,5.0/63/10
以和○之	5.57/75/31	則賜之○	4.32/58/9	以正王及三公、六○、	
○見卿皆膳特牛	5.58/76/25	比○	4.49/60/8	大夫、群吏之位	1.3/7/9
九禮之○	5.60/77/6	乘○日九十雙	5.58/76/12	三公、六○之喪	1.3/7/17
		唯上介有○獻	5.58/76/14	三公及○大夫之喪	1.32/11/20
芹 qín	**1**		5.58/76/19,5.58/76/24	孤○有邦事	1.33/11/24
		乘○日七十雙	5.58/76/18	孤○大夫不重	1.33/11/25
○菹、兔醢	1.26/10/31	乘○日五十雙	5.58/76/23	○大夫則共糬侯	1.43/13/8
				有好令於○大夫	1.46/13/27
				掌弔臨于○大夫之喪	1.51/14/14
秦 qín	**2**	**寢 qǐn**	**8**	從世婦而弔于○大夫之	
				喪	1.52/14/17
○無廬	6.0/77/28	宮人掌王之六○之脩	1.30/11/13	每鄉○一人	2.0/16/1
○之無廬也	6.0/77/29	凡○中之事	1.30/11/13	每宮○二人	3.0/33/15
		女御掌御敘于王之燕○		○執羔	3.1/37/5,4.18/56/8
琴 qín	**4**		1.52/14/16	賜○大夫士爵	3.2/37/22
		建路鼓于大○之門外	4.30/57/30	凡○大夫之喪	3.3/38/10
雲和之○瑟	3.21/41/21	隸僕掌五○之埽除糞洒			3.16/40/22,3.51/46/5
空桑之○瑟	3.21/41/23	之事	4.34/58/15	其○六命	3.11/39/24
龍門之○瑟	3.21/41/25	脩○	4.34/58/15	其○三命	3.11/39/27
鼓○瑟	3.27/42/29	復于小○、大○	4.34/58/16	侯伯之○大夫士亦如之	
					3.11/39/28
勤 qín	**1**	**青 qīng**	**17**	子男之○再命	3.11/39/28
				王爲三公六○錫衰	3.12/40/4
七曰議○之辟	5.2/67/24	○句	1.62/15/16	○大夫之服	3.12/40/6
		以○圭禮東方	3.1/37/6	○大夫士居後	3.18/40/29
		正東曰○州	4.58/61/15	職喪掌諸侯之喪及大	
禽 qín	**28**	職金掌凡金、玉、錫、		夫士凡有爵者之喪	3.20/41/6
		石、丹、○之戒令	5.15/70/9	○大夫判縣	3.24/42/16
庖人掌共六畜、六獸、		入其玉石丹○于守藏之		○大夫奏《采蘋》	3.31/43/12
六○	1.7/8/9	府	5.15/70/10	○大夫之喪	3.58/47/3
賓客之○獻	1.7/8/10	革色○白	6.1/78/28	凡命諸侯及孤○大夫	3.61/47/15
凡令○獻	1.7/8/10	○白次之	6.8/81/5	○乘夏縵	3.64/47/31
凡用○獻	1.7/8/11	○白之氣竭	6.8/81/5	孤○建旝	3.67/48/14
唯王及后之膳○不會	1.7/8/12	○氣次之	6.8/81/5	軍將皆命○	4.0/49/9
令○注于虞中	1.12/9/1	東方謂之○	6.15/82/1	射人掌國之三公、孤、	
斷其爭○之訟	2.3/22/8	○與白相次也	6.15/82/2	○、大夫之位	4.18/56/7
致○而珥焉	2.56/30/14	○與赤謂之文	6.15/82/2		
植虞旌以屬○	2.59/30/24				

○、大夫西面	4.18/56/7	**輕** qīng	10	於○宜	6.26/83/26
孤○大夫以三耦射一侯				若是者以爲○虞	6.26/83/27
	4.18/56/11	皆以地嫩惡爲○重之法		○折以參伍	6.28/85/3
相孤○大夫之法儀	4.18/56/14	而行之	2.51/29/27	一柯有半謂之○折	6.29/85/9
則作○大夫從	4.18/56/15	○（麋）〔麋〕用犬	2.52/29/30	倨句○折	6.29/85/12
作○大夫掌事	4.18/56/15	○車之萃	3.66/48/9		
周知邦國都家縣鄙之		○重眠功	4.6/54/24	**穹** qiōng	1
（數）○大夫士庶子		一曰刑新國用○典	5.1/67/1		
之數	4.23/56/28	而以辨罪之○重	5.11/69/25	○者三之一	6.12/81/23
○大夫西面北上	4.23/56/31	權之以眠其○重之侔也	6.1/79/7		
孤○特揖	4.23/56/32	恒無力而○	6.26/83/26	**惸** qióng	1
掌三公孤○之弔勞	4.30/58/1	無力而○	6.26/83/26		
則辭於三公及孤○	4.30/58/2	則於任○宜	6.26/83/26	凡遠近○獨老幼之欲有	
掌三公及孤○之復逆	4.31/58/4			復於上而其長弗達者	5.1/67/9
諸侯及孤○大夫之冕、		**情** qíng	5		
韋弁、皮弁、弁経、				**窮** qióng	5
各以其等爲之	4.35/58/20	六曰以敘聽其○	1.2/6/18		
凡○大夫之獄訟	5.1/67/13	以六樂防萬民之○而教		三曰振○	2.1/20/26
六○若有邦事	5.5/68/23	之和	2.1/21/6	以待達○者與遽令	4.30/57/30
則王命六○會其期	5.6/68/29	用○訊之	5.2/67/20	以肺石（遠）〔達〕○	
孤○大夫位焉	5.9/69/11	求民○	5.2/67/22	民	5.1/67/9
凡諸侯之○	5.52/74/10	以此三法者求民○	5.12/69/29	達○民焉	5.9/69/13
次事○	5.57/76/3			欲新而無○	6.4/80/12
○眠侯伯之禮	5.58/76/7	**請** qǐng	3		
士眠諸侯之○禮	5.58/76/7			**丘** qiū	13
○皆見　5.58/76/14,5.58/76/20		○度甫竁	3.18/40/30		
親見○皆膳特牛	5.58/76/25	歌哭而○	3.56/46/20	辨其山林川澤○陵墳衍	
凡諸侯之○、大夫、士		三○三進	5.54/75/11	原隰之名物	2.1/20/2
爲國客	5.58/76/25			三曰○陵	2.1/20/5
諸侯有○訝	5.59/77/1	**慶** qìng	5	四邑爲○	2.2/21/23
○有大夫訝	5.59/77/2			四○爲甸	2.2/21/23
九○朝焉	6.28/84/26	刑罰○賞相及相共	2.7/23/10	共○籠及蜃車之役	2.41/28/21
九○治之	6.28/84/26	以賀○之禮	3.1/37/1	稍人掌令○乘之政令	2.49/29/17
		以施刑罰○賞	5.3/68/5	兆山川○陵墳衍	3.2/37/16
清 qīng	8	賀○以贊諸侯之喜	5.52/73/31	以爵等爲○封之度與其	
		則令○賀之	5.53/74/29	樹數	3.18/40/30
飲用六○	1.6/8/1			以度爲○隧	3.18/40/30
三曰○酒	1.21/10/5	**磬** qìng	16	三變而致鱗物及○陵之	
一曰○	1.21/10/6			示	3.21/41/19
○醴醫酏糟	1.23/10/18	○師	3.0/34/6	於地上之圜○奏之	3.21/41/22
○濁之所由出	6.7/80/27	凡縣鍾○	3.24/42/16	於澤中之方○奏之	3.21/41/24
○其灰而盎之	6.18/82/13	擊頌○、笙○	3.28/43/1	辨其○陵、墳衍、邍隰	
其聲○陽而遠聞	6.26/83/26	○師掌教擊○	3.30/43/8	之名物	4.66/62/22
	6.26/83/26	教縵樂、燕樂之鍾○	3.30/43/8		
		玉棚、雕、矢、○	6.0/78/9	**秋** qiū	43
		○折	6.12/81/25		
		○氏爲○	6.22/83/3	五曰○官	1.2/6/21

春○以木鐸脩火禁	1.4/7/25	
○行犢羜	1.7/8/11	
春○獻獸物	1.12/8/31	
○獻龜魚	1.14/9/7	
醫齊眡○時	1.17/9/18	
○多辛	1.17/9/18	
○時有瘖寒疾	1.18/9/22	
○	1.24/10/22	
中○獻良裘	1.43/13/7	
季○	1.43/13/7	
掌皮掌○斂皮	1.44/13/12	
及○獻功	1.55/14/24	
○染夏	1.60/15/11	
春○	2.5/22/27	
春○祭禜	2.6/23/1	
春○祭醡	2.7/23/7	
凡春○之祭祀、役政、喪紀之（數）〔事〕	2.8/23/14	
春頒而○斂之	2.48/29/14	
春○之斬木不入禁	2.56/30/12	
掌染草掌以春○斂染草之物	2.65/31/9	
以嘗○享先王	3.1/36/26	
○見曰覲	3.1/36/28	
○嘗多禐	3.7/38/25	
○頒學	3.23/42/11	
中○夜迎寒	3.37/43/29	
凡取龜用○時	3.43/44/22	
春○致月	3.59/47/6	
中○	4.1/53/23	
季○內火	4.11/55/13	
○合諸射	4.24/57/11	
中○獻矢箙	4.39/59/1	
○獻成	4.41/59/15	
○祭馬社	4.51/60/18	
乃立○官司寇	5.0/63/5	
○令塞阱杜擭	5.32/72/5	
則春○變其水火	5.42/73/2	
○繩而芟之	5.43/73/4	
○觀以比邦國之功	5.52/73/28	
○獻功	5.53/74/21	
○繃者厚	6.30/85/24	
○合三材	6.30/86/3	
○合三材則合	6.30/86/4	

繡 qiū　1

必○其牛後	6.3/79/31

仇 qiú　1

凡報○讐者	5.9/69/17

囚 qiú　4

掌○	5.0/64/9
掌○掌守盜賊	5.19/70/24
凡○者	5.19/70/24
凡○執人之事	5.21/71/2

求 qiú　6

正日景以○地中	2.1/20/15
共其享牛、○牛	2.14/24/7
以詔地○	2.54/30/5
○永貞	3.49/45/14
○民情	5.2/67/22
以此三法者○民情	5.12/69/29

酋 qiú　3

○矛常有四尺	6.0/78/13
	6.27/84/8
凡為○矛	6.27/84/14

裘 qiú　12

司○	1.0/3/30
以時頒其衣○	1.5/7/29
司○掌為大○	1.43/13/7
中秋獻良○	1.43/13/7
獻功○	1.43/13/7
廞○	1.43/13/9
唯王之○與其皮事不會	1.43/13/9
則服大○而冕	3.12/39/31
郊祀○冕	4.28/57/24
函、鮑、韗、韋、○	6.0/78/8
○氏	6.14/81/30

糗 qiǔ　1

○餌、粉粢	1.25/10/26

曲 qū　2

或審○面埶	6.0/77/24
審○面埶	6.0/77/26

區 qū　1

其澤藪曰具○	4.58/61/11

詘 qū　1

椁其漆內而中○之	6.1/78/26

敺 qū　7

遂令始難（敺）〔○〕疫	3.47/45/8
以弓矢○烏鳶	4.20/56/21
以索室○疫	4.29/57/26
○方良	4.29/57/27
以靈鼓○之	5.38/72/23
凡○蠱	5.39/72/26
以炮土之鼓○之	5.48/73/17

趨 qū　15

○其稼事而賞罰之	2.43/28/28
○其耕耨	2.45/29/6,2.46/29/9
○以《采薺》	3.22/42/4
	4.45/59/29
車驟徒○	4.1/53/31
虎賁氏掌先後王而○以卒伍	4.26/57/16
旅賁氏掌執戈盾夾王車而○	4.27/57/20
則服而○	4.27/57/21
則介而○	4.27/57/21
帥其屬而以鞭呼○且辟	5.9/69/13
條狼氏掌執鞭以○辟	5.36/72/16
執鞭以○於前	5.36/72/17
禁徑踰者與以兵革○行者與馳騁於國中者	5.37/72/20
客○辟	5.54/75/19

驅 qū　14

則前○	1.46/13/25,4.31/58/5

乃設○逆之車 4.1/54/4
則自左馭而前○ 4.30/57/31
遂○之 4.45/59/28
設○逆之車 4.49/60/8
則帥○逆之車 4.51/60/20
則前○而辟 5.3/68/9
則爲之前○而辟 5.4/68/17
5.5/68/23,5.6/68/29
5.8/69/7
爲前○而入 5.59/76/31
爲前○ 5.59/76/32

渠 qú 5

駔圭璋璧琮琥璜之○眉
3.10/39/18
量市朝道巷門○ 4.8/55/1
掌固掌脩城郭、溝池、
樹○之固 4.12/55/16
○三柯者三 6.29/85/14
其○二柯者三 6.29/85/16

鸜 qú 1

○鵒不踰濟 6.0/78/2

取 qǔ 24

六曰聽○予以書契 1.2/6/29
縶人掌○互物 1.14/9/7
○具焉 1.34/12/1
凡國〔事〕之財用○具
焉 2.36/27/18
若以時○之 2.61/30/29
凡○龜用秋時 3.43/44/22
獲者○左耳 4.1/54/5
令○矢 4.18/56/13
射則○矢 4.20/56/21
則以并夾○之 4.20/56/22
〔子則○隸焉〕 5.22/71/5
掌（子則○隸焉）〔與
鳥言〕 5.24/71/10
司烜氏掌以夫遂○明火
於日 5.35/72/12
以鑒○明水於月 5.35/72/12
無所○之 6.1/78/21
6.1/78/22,6.1/78/23
○諸圜也 6.1/78/21
○諸易直也 6.1/78/22
○諸急也 6.1/78/23
輈猶能一○焉 6.3/80/3
則○材正也 6.11/81/19
○六材必以其時 6.30/85/20
凡○幹之道七 6.30/85/22

娶 qǔ 3

令男三十而○ 2.26/26/4
凡○判妻入子者 2.26/26/5
凡嫁子○妻 2.26/26/6

去 qù 33

○其淫怠與其奇衺之民 1.4/7/24
無○守而聽政令 1.4/7/25
○其惡臭 1.30/11/13
六曰○幾 2.1/20/24
以刑罰禁虣而○盜 2.27/26/11
令○樂 3.21/41/30
則令○倸 4.18/56/12
令哭無○守 4.23/57/4
則○之 5.44/73/8
蟈氏掌○鼃黽 5.47/73/14
○一以爲賢 6.1/78/27
○三以爲軹 6.1/78/27
○一以爲轂圍 6.1/79/2
○一以爲蚤圍 6.1/79/12
○一以爲隧 6.2/79/16
○一以爲式圍 6.2/79/18
○一以爲較圍 6.2/79/18
○一以爲軹圍 6.2/79/19
○一以爲轛圍 6.2/79/19
○一以爲頸圍 6.3/79/27
○一以爲踵圍 6.3/79/27
○一以爲首廣 6.6/80/19
○二以爲鉦 6.7/80/25
○二分以爲之鼓間 6.7/80/25
○二分以爲舞廣 6.7/80/26
○一以爲衡圍 6.7/80/27
○地尺暴之 6.18/82/12
○一以爲鼓博 6.22/83/3
○一以爲晉圍 6.27/84/13
6.27/84/15
○一以爲首圍 6.27/84/14
○一以爲刺圍 6.27/84/15
其紃參分○一 6.28/85/5

趣 qù 6

○其事 3.20/41/8
○馬 4.0/52/3
皁一○馬 4.51/60/14
八師一○馬 4.51/60/16
八○馬一馭夫 4.51/60/16
○馬掌贊正良馬 4.52/60/23

全 quán 5

十○爲上 1.16/9/14
○爲肆 3.24/42/16
○羽爲旞 3.67/48/13
天子用○ 6.19/82/19
得此六材之○ 6.30/86/2

泉 quán 4

○府 2.0/17/15
以○府同貨而斂賖 2.27/26/11
而入于○府 2.29/26/26
○府掌以市之征布斂市
之不售貨之滯於民用
者 2.36/27/16

牷 quán 6

以共祭祀之牲○ 2.13/24/3
必用○物 2.13/24/4
充人掌繫祭祀之牲○ 2.15/24/12
則告○ 2.15/24/13
用玉帛牲○ 3.3/38/1
用○物 5.17/70/17

權 quán 11

以○度受之 2.64/31/7
以○量受之 2.65/31/9
2.66/31/11
○之以眡其輕重之侔也 6.1/79/7
故可規、可萬、可水、
可縣、可量、可○也 6.1/79/7
不秏然後○之 6.8/81/1

○而不良	6.0/78/2	**讓 ràng** 9	3.0/33/15,3.0/33/27
此地氣○也	6.0/78/3		4.0/49/6,5.0/63/10
地氣○也	6.0/78/3	二曰以陽禮教○ 2.1/20/8	上士八○ 1.0/1/8
不耗○後權之	6.8/81/1	司救掌萬民之衺惡過失	1.0/3/19,2.0/15/28
權之○後準之	6.8/81/1	而誅○之 2.24/25/25	2.0/17/25,3.0/32/22
準之○後量之	6.8/81/1	三○〔而罰〕 2.24/25/25	3.0/33/27,4.0/49/6
○後可鑄也	6.8/81/5	三○而罰 2.24/25/26	5.0/63/10,5.0/66/11
○後制革	6.10/81/10	以詔儀容、辭令、揖○	中士十有六○ 1.0/1/8,1.0/3/19
○後可以傅衆力	6.28/85/5	之節 5.54/75/4	2.0/15/28,2.0/17/25
○則居旱亦不動	6.30/86/12	三揖三○ 5.54/75/10	3.0/32/22,4.0/49/7
		賓三揖三○ 5.54/75/10	4.0/52/13,5.0/63/10
染 rǎn 10		三○ 5.54/75/15,5.54/75/16	5.0/63/17,5.0/66/11
			旅下士三十有二○ 1.0/1/8
○人	1.0/5/1	**擾 rǎo** 12	2.0/15/29,2.0/17/25
○人掌○絲帛	1.60/15/11		3.0/32/23,4.0/49/7
凡○	1.60/15/11	以○萬民 1.1/5/10	5.0/63/11
秋○夏	1.60/15/11	以佐王安○邦國 2.0/15/24	府六○ 1.0/1/9
掌凡○事	1.60/15/11	2.1/20/1	2.0/15/29,3.0/32/23
掌○草	2.0/19/5	以樂昏○眂 2.40/28/6	4.0/49/7,5.0/63/11
掌○草掌以春秋斂○草		服不氏掌養猛獸而教○	5.0/63/13,5.0/64/9
之物	2.65/31/9	之 4.19/56/18	史十有二○ 1.0/1/9
鍾氏○羽	6.16/82/7	掌畜掌養鳥而阜蕃教○	2.0/15/29,2.0/17/26
		之 4.22/56/26	3.0/32/23,5.0/63/11
攘 ráng 1		其畜宜六○ 4.58/61/15	5.0/63/13,5.0/64/9
		4.58/61/18	胥十有二○ 1.0/1/9,1.0/1/15
○獄者	5.28/71/22	其畜宜四○ 4.58/61/21	2.0/15/29,2.0/16/26
		其畜宜五○ 4.58/61/24	2.0/17/5,2.0/17/26
禳 ráng 6		閩隸掌役〔掌〕畜養鳥	2.0/18/18,2.0/18/21
		而阜蕃教○之 5.24/71/10	3.0/32/23,3.0/33/21
掌以時招、梗、禬、○		貉隸掌役服不氏（而）	3.0/34/2,5.0/63/11
之事	1.53/14/19	養獸而教○之 5.26/71/16	5.0/63/13,5.0/64/31
與祝侯○于疆及郊	3.3/38/6		徒百有二十○ 1.0/1/9,1.0/1/15
面○釁	3.6/38/22	**人 rén** 1695	2.0/15/29,2.0/16/26
小祝掌小祭祀將事侯○			2.0/17/6,2.0/17/26
禱祠之祝號	3.50/45/28	卿一○ 1.0/1/8	2.0/18/18,2.0/18/21
凡沈辜、侯○	4.9/55/6	2.0/15/28,3.0/32/22	3.0/32/23,3.0/33/21
凡沈辜、侯○、釁、積		4.0/49/6,5.0/63/10	3.0/34/2,4.0/49/31
	4.10/55/10	中大夫二○ 1.0/1/8	5.0/63/11,5.0/63/13
		1.0/3/19,2.0/15/28	5.0/64/9,5.0/64/31
壤 rǎng 3		2.0/17/25,3.0/32/22	上士二○ 1.0/1/11
		3.0/33/27,4.0/49/6	1.0/1/15,1.0/2/5,1.0/3/12
辨十有二○之物	2.1/20/13	4.0/51/15,4.0/51/21	1.0/3/22,1.0/3/24,1.0/3/28
墳○用麋	2.52/29/29	4.0/51/23,4.0/52/1	2.0/16/16,2.0/16/20
勃○用狐	2.52/29/30	5.0/63/10,5.0/66/11	2.0/16/26,2.0/17/20
		下大夫四○ 1.0/1/8	2.0/17/23,2.0/18/5
		1.0/3/19,2.0/15/28	2.0/18/9,2.0/19/20
		2.0/17/25,3.0/32/22	3.0/33/25,3.0/35/16

3.0/36/17,4.0/49/13	1.0/3/22,1.0/3/28,1.0/3/30	2.0/17/20,2.0/17/23
4.0/49/25,4.0/50/19	1.0/4/1,1.0/4/23,1.0/4/25	2.0/17/31,2.0/18/3
4.0/51/11,4.0/51/15	1.0/4/27,1.0/5/1,2.0/16/4	2.0/18/5,2.0/18/9
4.0/51/19,5.0/64/1	2.0/16/6,2.0/16/12	2.0/18/15,2.0/18/18
5.0/66/18	2.0/16/16,2.0/16/20	2.0/18/21,2.0/18/24
中士四○　　　1.0/1/11	2.0/16/22,2.0/16/24	2.0/19/20,2.0/19/22
1.0/1/15,1.0/1/18,1.0/1/20	2.0/16/26,2.0/16/28	2.0/19/24,2.0/19/26
1.0/1/22,1.0/1/28,1.0/2/15	2.0/17/8,2.0/17/10	3.0/33/21,3.0/33/23
1.0/3/1,1.0/3/12,1.0/3/22	2.0/17/17,2.0/17/20	3.0/33/25,3.0/33/30
1.0/3/24,1.0/3/28,2.0/16/4	2.0/17/23,2.0/17/31	3.0/35/13,3.0/35/24
2.0/16/16,2.0/16/20	2.0/18/3,2.0/18/5,2.0/18/9	3.0/35/29,3.0/35/31
2.0/17/20,2.0/17/23	2.0/18/15,2.0/18/24	3.0/36/17,4.0/49/13
2.0/17/31,2.0/18/5	2.0/18/29,2.0/19/13	4.0/49/17,4.0/49/25
2.0/18/9,2.0/18/27	2.0/19/20,2.0/19/22	4.0/49/29,4.0/50/5
2.0/19/13,2.0/19/20	2.0/19/24,3.0/32/25	4.0/50/15,4.0/50/19
2.0/19/22,2.0/19/24	3.0/33/1,3.0/33/5,3.0/33/7	4.0/50/30,4.0/51/5
3.0/33/21,3.0/33/25	3.0/33/9,3.0/33/11	4.0/51/13,4.0/52/18
3.0/33/30,3.0/34/6	3.0/33/21,3.0/33/23	4.0/52/20,4.0/52/22
3.0/34/8,3.0/34/18	3.0/33/25,3.0/33/30	4.0/52/24,4.0/52/26
3.0/35/16,3.0/35/24	3.0/34/8,3.0/34/10	4.0/52/28,4.0/52/32
3.0/36/17,4.0/50/17	3.0/34/12,3.0/34/16	4.0/53/1,5.0/64/1
4.0/51/5,4.0/51/13	3.0/34/18,3.0/34/26	5.0/64/25,5.0/66/14
4.0/52/22,4.0/52/24	3.0/34/28,3.0/35/1	5.0/66/20,5.0/66/22
4.0/52/30,4.0/52/32	3.0/35/13,3.0/35/16	5.0/66/24,5.0/66/26
4.0/53/1,4.0/53/3	3.0/35/24,3.0/35/29	5.0/66/32
5.0/66/14	3.0/35/31,3.0/36/11	胥四○　　　1.0/1/11
下士八○　1.0/1/11,1.0/1/15	3.0/36/13,3.0/36/15	1.0/1/18,1.0/1/28,1.0/3/12
1.0/1/18,1.0/1/20,1.0/1/22	3.0/36/17,4.0/49/13	2.0/16/8,2.0/16/14
1.0/1/28,1.0/2/11,1.0/2/15	4.0/49/25,4.0/50/5	2.0/16/22,2.0/16/24
1.0/3/1,1.0/3/9,2.0/16/4	4.0/50/15,4.0/50/17	2.0/17/17,2.0/18/5
2.0/17/31,2.0/18/5	4.0/50/21,4.0/50/29	2.0/18/29,2.0/19/20
2.0/18/9,2.0/18/15	4.0/51/5,4.0/51/13	2.0/19/22,3.0/33/11
2.0/18/24,2.0/18/27	4.0/52/16,4.0/52/26	3.0/33/25,3.0/34/6
2.0/19/13,2.0/19/22	4.0/52/28,4.0/53/3	3.0/34/29,3.0/35/1
2.0/19/24,2.0/19/26	5.0/64/1,5.0/64/25	3.0/35/13,3.0/35/16
3.0/33/25,3.0/33/30	5.0/66/20,5.0/66/22	3.0/35/24,3.0/35/26
3.0/34/6,3.0/34/8,3.0/35/5	5.0/66/32	3.0/36/2,3.0/36/6
3.0/35/16,4.0/49/25	史四○　　　1.0/1/11	3.0/36/15,3.0/36/17
4.0/50/5,4.0/50/25	1.0/1/15,1.0/1/18,1.0/1/20	4.0/49/25,4.0/50/15
4.0/52/30,4.0/53/3	1.0/1/22,1.0/1/28,1.0/1/30	4.0/50/32,4.0/52/7
5.0/65/23,5.0/66/16	1.0/3/1,1.0/3/3,1.0/3/22	4.0/52/18,4.0/52/20
府二○　　　1.0/1/11	1.0/3/24,1.0/3/28,1.0/3/30	4.0/52/22,4.0/52/24
1.0/1/15,1.0/1/18,1.0/1/20	1.0/4/1,1.0/4/23,2.0/16/4	4.0/52/26,4.0/52/28
1.0/1/22,1.0/1/28,1.0/1/30	2.0/16/12,2.0/16/16	5.0/64/25,5.0/66/14
1.0/2/1,1.0/2/3,1.0/2/5	2.0/16/20,2.0/16/22	5.0/66/20,5.0/66/32
1.0/2/15,1.0/2/21,1.0/3/1	2.0/16/24,2.0/17/8	徒四十○　　　1.0/1/11
1.0/3/3,1.0/3/5,1.0/3/12	2.0/17/10,2.0/17/17	1.0/1/18,1.0/3/3,1.0/3/5

1.0/3/30,1.0/4/1,2.0/16/14	1.0/1/30,1.0/2/1,1.0/2/3	2.0/16/14,2.0/16/18
2.0/16/22,2.0/16/24	1.0/2/5,1.0/2/13,1.0/3/3	2.0/16/26,2.0/16/28
2.0/17/18,2.0/18/3	1.0/3/7,1.0/3/30,1.0/4/1	2.0/16/30,2.0/16/32
2.0/18/5,2.0/18/27	1.0/4/23,1.0/5/7,2.0/16/12	2.0/17/1,2.0/17/3
2.0/18/29,2.0/19/20	2.0/16/22,2.0/16/24	2.0/17/18,2.0/17/21
2.0/19/22,2.0/19/24	2.0/17/8,2.0/17/10	2.0/18/1,2.0/18/7
2.0/19/26,3.0/33/11	2.0/18/1,2.0/18/3,2.0/18/7	2.0/18/11,2.0/18/13
3.0/33/25,3.0/33/30	2.0/18/11,2.0/18/13	2.0/18/16,2.0/18/21
3.0/34/6,3.0/34/14	2.0/18/29,3.0/33/11	2.0/18/27,2.0/18/29
3.0/34/29,3.0/35/1	3.0/34/10,3.0/34/12	2.0/19/5,2.0/19/7
3.0/35/14,3.0/35/16	3.0/34/16,3.0/34/20	3.0/32/31,3.0/33/3
3.0/35/24,3.0/35/27	3.0/34/22,3.0/34/24	3.0/33/5,3.0/33/7
3.0/36/2,3.0/36/6	3.0/35/29,3.0/35/31	3.0/33/11,3.0/34/6
3.0/36/15,3.0/36/17	3.0/36/11,3.0/36/13	3.0/34/8,3.0/34/10
4.0/49/25,4.0/49/27	3.0/36/15,4.0/49/13	3.0/34/12,3.0/34/16
4.0/50/15,4.0/50/32	4.0/49/27,4.0/50/19	3.0/34/18,3.0/34/24
4.0/52/7,4.0/52/18	4.0/51/11,4.0/52/7	3.0/34/26,3.0/34/28
4.0/52/20,4.0/52/22	4.0/52/26,4.0/52/28	3.0/35/1,3.0/35/5,3.0/35/7
4.0/52/24,4.0/52/26	5.0/64/1,5.0/64/25	3.0/35/9,3.0/35/11
4.0/52/28,5.0/64/25	5.0/65/1,5.0/66/18	3.0/35/16,3.0/36/11
5.0/65/1,5.0/66/14	5.0/66/28,5.0/66/32	3.0/36/13,3.0/36/15
5.0/66/20,5.0/66/32	府一〇　　1.0/1/13,1.0/1/24	4.0/49/15,4.0/49/27
中士二〇　　　1.0/1/13	1.0/1/26,1.0/3/15,1.0/3/17	4.0/50/1,4.0/50/3
1.0/1/30,1.0/2/7,1.0/3/15	1.0/5/3,1.0/5/5,2.0/16/10	4.0/50/13,4.0/50/17
1.0/3/17,1.0/3/30,1.0/4/23	2.0/17/18,2.0/17/20	4.0/50/23,4.0/50/32
2.0/16/12,2.0/16/18	2.0/18/31,2.0/19/1	4.0/51/1,4.0/51/7
2.0/16/22,2.0/16/24	2.0/19/3,2.0/19/5,2.0/19/9	4.0/51/11,4.0/52/5
2.0/16/28,2.0/16/30	2.0/19/11,2.0/19/15	4.0/52/9,5.0/63/25
2.0/16/32,2.0/17/8	3.0/32/27,3.0/34/4	5.0/63/27,5.0/63/29
2.0/17/10,2.0/18/3	3.0/34/14,3.0/34/20	5.0/63/31,5.0/64/5
2.0/18/11,2.0/18/13	3.0/34/22,3.0/35/5	5.0/66/18,5.0/66/28
2.0/18/29,3.0/33/3	3.0/35/7,3.0/35/18	5.0/66/30
3.0/33/5,3.0/33/7,3.0/33/9	3.0/35/20,3.0/35/22	胥二〇　　　1.0/1/13
3.0/33/11,3.0/34/4	4.0/49/15,4.0/49/17	1.0/3/28,2.0/17/8
3.0/34/10,3.0/34/12	4.0/50/32,4.0/51/7	2.0/17/10,2.0/17/23
3.0/34/20,3.0/35/1	4.0/51/11,4.0/52/5	2.0/19/3,3.0/32/31
3.0/35/7,3.0/35/9	5.0/63/25,5.0/63/27	3.0/33/3,3.0/34/4
3.0/35/11,3.0/35/22	5.0/63/29,5.0/63/31	3.0/34/12,3.0/34/16
3.0/35/29,3.0/35/31	5.0/64/5,5.0/66/18	3.0/34/18,3.0/34/20
3.0/36/11,3.0/36/13	5.0/66/28,5.0/66/30	3.0/34/22,3.0/36/4
3.0/36/15,4.0/49/15	史二〇　　　1.0/1/13	3.0/36/11,3.0/36/13
4.0/49/27,4.0/50/23	1.0/1/24,1.0/1/26,1.0/2/1	4.0/49/13,4.0/50/5
4.0/52/26,4.0/52/28	1.0/2/3,1.0/2/5,1.0/2/21	4.0/50/13,4.0/50/17
5.0/63/25,5.0/64/13	1.0/3/5,1.0/3/7,1.0/3/12	4.0/50/30,4.0/51/5
5.0/64/25,5.0/66/16	1.0/3/15,1.0/3/17,1.0/4/5	4.0/51/11,4.0/51/13
5.0/66/32	1.0/4/25,1.0/4/27,1.0/5/1	5.0/63/25,5.0/66/18
下士四〇　1.0/1/13,1.0/1/24	1.0/5/3,2.0/16/6,2.0/16/10	徒二十〇　　　1.0/1/13

	1.0/2/3,1.0/2/5,1.0/3/24
	1.0/3/26,1.0/3/28,1.0/4/23
	1.0/4/27,1.0/5/1,2.0/16/6
	2.0/16/18,2.0/16/30
	2.0/16/32,2.0/17/8
	2.0/17/10,2.0/17/23
	2.0/18/16,2.0/18/22
	2.0/19/3,2.0/19/7,2.0/19/9
	2.0/19/15,3.0/32/31
	3.0/33/3,3.0/34/4
	3.0/34/12,3.0/34/16
	3.0/34/18,3.0/34/20
	3.0/34/22,3.0/34/26
	3.0/36/4,3.0/36/11
	3.0/36/13,4.0/49/13
	4.0/50/5,4.0/50/13
	4.0/50/17,4.0/50/30
	4.0/51/5,4.0/51/11
	4.0/51/13,4.0/52/9
	5.0/63/25,5.0/65/23
	5.0/65/25,5.0/66/16
	5.0/66/28
庖〇	1.0/1/18
賈八〇	1.0/1/18
	1.0/3/12,2.0/17/15
胥十〇	1.0/1/20,1.0/1/22
	2.0/18/9,4.0/49/11
徒百〇	1.0/1/20,1.0/1/22
	2.0/18/9,4.0/49/11
亨〇	1.0/1/24
胥五〇	1.0/1/24,1.0/3/19
	3.0/36/9,4.0/52/16
徒五十〇	1.0/1/24,1.0/3/20
	3.0/36/9,4.0/52/16
下士二〇	1.0/1/26,1.0/2/21
	1.0/4/25,1.0/4/27,1.0/5/1
	1.0/5/3,1.0/5/5,2.0/16/8
	2.0/16/14,2.0/17/1
	2.0/17/3,2.0/18/31
	2.0/19/1,2.0/19/3,2.0/19/5
	2.0/19/7,2.0/19/9
	2.0/19/11,3.0/32/25
	3.0/32/27,3.0/32/31
	3.0/33/1,3.0/34/14
	3.0/34/26,3.0/35/3
	3.0/35/18,3.0/35/20
	4.0/49/17,4.0/49/19

	4.0/49/21,4.0/49/23
	4.0/50/13,4.0/50/32
	4.0/51/1,4.0/51/7,4.0/52/5
	5.0/63/27,5.0/63/29
	5.0/63/31,5.0/64/3
	5.0/64/5,5.0/64/11
	5.0/64/27,5.0/65/3
	5.0/65/5,5.0/65/7
	5.0/65/13,5.0/65/15
	5.0/65/21,5.0/65/25
	5.0/66/7,5.0/66/30
胥三十〇	1.0/1/26
	1.0/1/30,2.0/19/17
徒三百〇	1.0/1/26
	1.0/1/30,2.0/19/18
獸〇	1.0/1/28
徒四十〇	1.0/1/28
廞〇	1.0/1/30
繁〇	1.0/2/1
徒十有六〇	1.0/2/1
	5.0/65/9,5.0/66/24
臘〇	1.0/2/3
中士八〇	1.0/2/9,1.0/3/26
	1.0/4/3,2.0/17/5,2.0/17/15
	2.0/17/17,2.0/19/17
	3.0/33/15,3.0/33/23
	3.0/34/28,3.0/35/13
	3.0/35/26,3.0/36/1
	3.0/36/4,3.0/36/6,3.0/36/8
	4.0/49/29,4.0/51/3
	4.0/51/9,4.0/52/18
	4.0/52/20,5.0/63/19
	5.0/66/20,5.0/66/22
史八〇	1.0/2/15
	1.0/3/9,1.0/3/19,1.0/3/26
	1.0/4/3,2.0/17/5,2.0/17/15
	3.0/33/27,3.0/34/2
	3.0/35/26,3.0/36/1
	3.0/36/8,4.0/50/21
	4.0/51/3,4.0/51/9,4.0/52/1
	4.0/52/30,4.0/53/3
	5.0/63/19,5.0/66/12
胥八〇	1.0/2/15
	1.0/2/21,1.0/3/1,1.0/3/9
	1.0/4/3,2.0/16/20
	2.0/17/20,2.0/17/31
	2.0/18/15,2.0/18/24

	2.0/19/13,3.0/33/28
	3.0/34/24,4.0/50/19
	4.0/51/3,4.0/51/9,4.0/52/1
	4.0/52/30,4.0/53/3
	5.0/63/19,5.0/64/1
	5.0/66/12
徒八十〇	1.0/2/15
	1.0/2/21,1.0/3/1,1.0/3/7
	1.0/3/9,1.0/4/3,2.0/16/20
	2.0/17/15,2.0/17/20
	2.0/17/31,2.0/18/15
	2.0/18/24,2.0/19/13
	3.0/33/28,3.0/34/24
	4.0/50/19,4.0/51/3
	4.0/51/9,4.0/52/1
	4.0/52/30,4.0/53/3
	5.0/63/19,5.0/64/1
	5.0/66/12,5.0/66/30
酒〇	1.0/2/17
奄十〇	1.0/2/17
女酒三十〇	1.0/2/17
奚三百〇	1.0/2/17
漿〇	1.0/2/19
奄五〇	1.0/2/19
女漿十有五〇	1.0/2/19
奚百有五十〇	1.0/2/19
凌〇	1.0/2/21
籩〇	1.0/2/23
奄一〇	1.0/2/23
	1.0/2/25,1.0/2/31,1.0/4/29
女籩十〇	1.0/2/23
奚二十〇	1.0/2/23,1.0/2/31
醢〇	1.0/2/25
女醢二十〇	1.0/2/25
奚四十〇	1.0/2/25,1.0/2/27
	1.0/2/29,2.0/19/30
醯〇	1.0/2/27
奄二〇	1.0/2/27
	1.0/2/29,1.0/4/31
	2.0/19/28,2.0/19/30
女醯二十〇	1.0/2/27
鹽〇	1.0/2/29
女鹽二十〇	1.0/2/29
冪〇	1.0/2/31
女冪十〇	1.0/2/31
宮〇	1.0/3/1
幕〇	1.0/3/5

下士一〇	1.0/3/5,3.0/32/29	2.0/18/11,2.0/18/13	5.0/63/27,5.0/63/29
	4.0/50/7,4.0/50/9	2.0/18/31,2.0/19/1	5.0/63/31,5.0/65/17
	4.0/50/11,5.0/65/17	2.0/19/5,2.0/19/11	5.0/65/19
	5.0/65/19,5.0/65/27	3.0/32/25,3.0/32/27	履〇 1.0/5/5
	5.0/65/31,5.0/66/1	3.0/33/1,3.0/35/3,3.0/35/5	史一〇 1.0/5/5
	5.0/66/3,5.0/66/5,5.0/66/9	3.0/35/29,3.0/35/31	1.0/5/7,2.0/18/16
府四〇	1.0/3/7,1.0/3/9	4.0/49/15,4.0/49/17	2.0/18/22,2.0/19/3
1.0/3/19,1.0/3/24,1.0/3/26		4.0/49/19,4.0/49/21	2.0/19/9,2.0/19/11
1.0/4/3,2.0/17/5,2.0/17/15		4.0/50/11,4.0/50/23	2.0/19/15,3.0/32/25
2.0/17/26,3.0/32/31		4.0/52/32,4.0/53/1	3.0/32/27,3.0/32/29
3.0/33/3,3.0/33/27		5.0/65/3,5.0/65/5,5.0/65/7	3.0/33/1,3.0/33/9,3.0/34/4
3.0/34/2,3.0/34/6		5.0/65/15,5.0/65/21	3.0/34/14,3.0/34/20
3.0/34/24,3.0/35/26		5.0/66/7	3.0/34/22,3.0/35/3
3.0/36/1,3.0/36/6,3.0/36/8		賈四〇 1.0/3/28	3.0/35/18,3.0/35/20
4.0/50/19,4.0/51/3		1.0/4/23,1.0/4/25	3.0/35/22,4.0/49/19
4.0/51/9,4.0/52/1		4.0/49/15,5.0/64/5	4.0/49/21,5.0/64/3
4.0/52/13,4.0/52/18		奄上士四〇 1.0/4/5	5.0/64/11,5.0/64/27
4.0/52/20,4.0/52/22		閽〇 1.0/4/7	5.0/65/13
4.0/52/24,4.0/52/30		王宮每門四〇 1.0/4/7	庖〇掌共六畜、六獸、
5.0/63/19,5.0/66/12		寺〇 1.0/4/9	六禽 1.7/8/9
下大夫二〇	1.0/3/9	王之正內五〇 1.0/4/9	則饗〇共之 1.8/8/18
1.0/4/3,2.0/17/5,2.0/17/17		倍寺〇之數 1.0/4/11	亨〇掌共鼎鑊以給水火
2.0/19/17,3.0/33/21		女祝四〇 1.0/4/19	之齊 1.10/8/25
3.0/33/23,3.0/34/1		奚八〇 1.0/4/19,1.0/4/29	獸〇掌罟田獸 1.12/8/31
3.0/34/28,3.0/35/13		女史八〇 1.0/4/21	凡獸入于腊〇 1.12/9/1
3.0/35/26,3.0/36/1		奚十有六〇 1.0/4/21,3.0/33/15	廞〇掌以時廞爲梁 1.13/9/4
3.0/36/8,4.0/50/5		工四〇 1.0/4/23	鱉〇掌取互物 1.14/9/7
4.0/50/15,4.0/50/17		3.0/35/1,4.0/51/1	以授醢〇 1.14/9/8
4.0/50/21,4.0/50/29		徒十有二〇 1.0/4/25,2.0/18/1	腊〇掌乾肉 1.15/9/10
4.0/51/3,4.0/51/9		2.0/18/7,4.0/50/1,4.0/50/3	酒〇掌爲五齊三酒 1.22/10/14
4.0/51/17,4.0/51/25		5.0/64/3,5.0/64/11	漿〇掌共王之六飲 1.23/10/17
上士四〇	1.0/3/9	5.0/64/27,5.0/65/13	共夫〇致飲于賓客之禮
1.0/3/26,1.0/4/3,2.0/17/5		女御二〇 1.0/4/29	1.23/10/17
2.0/17/15,2.0/17/17		縫〇 1.0/4/31	凌〇掌冰正 1.24/10/20
2.0/19/17,3.0/34/1		女御八〇 1.0/4/31	籩〇掌四籩之實 1.25/10/24
3.0/34/28,3.0/35/13		女工八十〇 1.0/4/31	醢〇掌四豆之實 1.26/10/29
3.0/35/26,3.0/36/1		奚三十〇 1.0/4/31	醯〇掌共五齊七菹 1.27/11/4
3.0/36/4,3.0/36/8,4.0/50/5		染〇 1.0/5/1	鹽〇掌鹽之政令 1.28/11/8
4.0/50/29,4.0/52/1		工二〇 1.0/5/3	冪〇掌共巾冪 1.29/11/11
賈十有六〇	1.0/3/9	徒四〇 1.0/5/3	宮〇掌王之六寢之脩 1.30/11/13
工八〇	1.0/3/12,1.0/5/5	1.0/5/5,1.0/5/7,2.0/17/18	無宮則共〇門 1.31/11/17
徒四十有八〇	1.0/3/12	2.0/17/21,3.0/32/29	幕〇掌帷幕幄帟綬之事
徒十〇	1.0/3/15	3.0/35/7,3.0/35/9	1.32/11/19
1.0/3/17,2.0/17/1,2.0/17/3		3.0/35/11,3.0/35/18	分其〇民以居之 1.45/13/15
3.0/33/5,3.0/33/7,3.0/33/9		3.0/35/20,4.0/50/7	則會內〇之稍食 1.45/13/21
3.0/34/10,3.0/35/22		4.0/50/9,4.0/50/25	詔王后帥六宮之〇而生
徒八〇	1.0/3/22,1.0/4/5	4.0/51/1,4.0/51/7,4.0/52/3	穜稑之種 1.45/13/22

閭師掌國中及四郊之○		舍○掌平宮中之政	2.72/31/27
民、六畜之數	2.17/24/22	倉○掌粟入之藏	2.73/31/31
而辨其夫家、○民、田		舂○掌共米物	2.76/32/8
萊之數	2.18/24/28	饎○掌凡祭祀共盛	2.77/32/11
會其車○之卒伍	2.18/24/30	稾○掌共外內朝宂食者	
遺○掌邦之委積	2.19/25/1	之食	2.78/32/13
均○掌均地政	2.20/25/7	鬱○	3.0/32/25
均○民、牛馬、車輦之		㐅○	3.0/32/27
力政	2.20/25/7	雞○	3.0/32/29
調○掌司萬民之難而諧		上士一○	3.0/33/3
和之	2.25/25/29	胥一○	3.0/33/5，3.0/33/7
凡過而殺傷○者	2.25/25/29		3.0/33/9，3.0/34/10
凡殺○有反殺者	2.25/25/31		3.0/35/22
凡殺○而義者	2.25/26/1	每廟二○	3.0/33/13
國君過市則刑○赦	2.27/26/19	奚四○	3.0/33/13
夫○過市罰一幕	2.27/26/19	每宮卿二○	3.0/33/15
賈○掌成市之貨賄、○		女府二○	3.0/33/15
民、牛馬、兵器、珍		女史二○	3.0/33/15
異	2.28/26/22	冢○	3.0/33/21
廛○掌斂市〔之〕絘布		上瞽四十○	3.0/34/1
、總布、質布、罰布		中瞽百○	3.0/34/1
、廛布	2.29/26/26	下瞽百有六十○	3.0/34/1
國○郊○從其有司	2.36/27/17	眡瞭三百○	3.0/34/2
罰其○	2.38/27/26	舞者十有六○	3.0/34/14
土國用○節	2.39/27/30	旄○	3.0/34/16
	5.53/74/25	卜○	3.0/34/28
遂○掌邦之野	2.40/28/3	龜○	3.0/35/1
以歲時稽其○民	2.40/28/4	占○	3.0/35/5
稍○掌令丘乘之政令	2.49/29/17	簭○	3.0/35/7
委○掌斂野之賦	2.50/29/21	其史百有二十○	3.0/36/6
草○掌土化之法以物地		工百○	3.0/36/8
	2.52/29/29	都宗○	3.0/36/17
稻○掌稼下地	2.53/30/1	家宗○	3.0/36/19
使其地之○守其財物	2.59/30/22	如都宗○之數	3.0/36/19
迹○掌邦田之地政	2.60/30/26	掌建邦之天神、○鬼、	
卝○掌金玉錫石之地	2.61/30/29	地示之禮	3.1/36/23
角○掌以時徵齒角凡骨		庶○執鷻	3.1/37/5
物於山澤之農	2.62/30/32	使六宮之○共奉之	3.2/37/18
羽○掌以時徵羽翮之政		頒于職○	3.3/38/2
于山澤之農	2.63/31/3	則令國○祭	3.3/38/9
囿○掌囿游之獸禁	2.69/31/17	鬱○掌祼器	3.4/38/13
場○掌國之場圃	2.70/31/19	與量○受舉斝之卒爵而	
廩○掌九穀之數	2.71/31/22	飲之	3.4/38/15
○四鬴	2.71/31/23	邕○掌共秬邕而飾之	3.5/38/17
○三鬴	2.71/31/23	雞○掌共雞牲	3.6/38/21
○二鬴	2.71/31/23	帥六宮之○共齍盛	3.15/40/17
若食不能○二鬴	2.71/31/24	凡王后有操事於婦○	3.15/40/18

（冢）〔家〕○掌公墓	
之地	3.18/40/28
言鸞車象○	3.18/40/31
則詔贊主○	3.20/41/7
以說遠○	3.21/41/14
則○鬼可得而禮矣	3.21/41/26
有○舞	3.22/42/4
旄○掌教舞散樂	3.35/43/24
龜○掌六龜之屬	3.43/44/21
占○掌占龜	3.45/44/29
卜○占坼	3.45/44/30
簭○掌《三易》	3.46/45/1
言旬○讀禱	3.49/45/23
庶○乘役車	3.64/48/1
鳴鈴以應雞○	3.64/48/4
都宗○掌都（宗）〔祭〕	
祀之禮	3.68/48/20
家宗○掌家祭祀之禮	3.69/48/23
以冬日至致天神○鬼	3.70/48/26
胥三十有二○	4.0/49/7
徒三百有二十○	4.0/49/7
萬有二千五百○爲軍	4.0/49/8
二千有五百○爲師	4.0/49/9
五百○爲旅	4.0/49/9
百○爲卒	4.0/49/9
二十〔有〕五○爲兩	4.0/49/10
量○	4.0/49/17
羊○	4.0/49/21
賈二○	4.0/49/21，4.0/52/5
徒六○	4.0/49/23
胥十有六○	4.0/49/29
	4.0/52/13，5.0/63/15
	5.0/63/17，5.0/64/7
徒百有六十○	4.0/49/29
	4.0/52/14，5.0/63/15
	5.0/63/17，5.0/64/7
候○	4.0/49/31
上士六○	4.0/49/31
下士十有二○	4.0/49/31
	4.0/50/15，4.0/50/29
	5.0/64/7，5.0/64/9
	5.0/64/13
史六○	4.0/49/31，5.0/63/21
	5.0/63/23，5.0/64/7
環○	4.0/50/1，5.0/66/14
射○	4.0/50/5
中士十有二○	4.0/50/21

	5.0/63/13	與僕○還尸	4.18/56/15	每翟上士一○	5.0/66/16
胥八十○	4.0/50/21	左八○	4.27/57/20	徒（三）〔二〕十○	5.0/66/18
虎士八百○	4.0/50/21	右八○	4.27/57/20	徒三十有二○	5.0/66/22
狂夫四○	4.0/50/27	六○維王之（太）〔大〕			5.0/66/26
繕○	4.0/51/11	常	4.28/57/23	四方中士八○	5.0/66/24
槀○	4.0/51/13	諸侯則四○	4.28/57/23	每國上士二○	5.0/66/28
上士十有二○	4.0/51/27	二○執戈	4.28/57/24	庶子八○	5.0/66/28
	4.0/51/29	繕○掌王之用弓、弩、		中士一○	5.0/66/30
中士二十○	4.0/51/31	矢、箙、矰、弋、抉		庶子四○	5.0/66/30
下士四十○	4.0/51/31	、拾	4.40/59/11	凡害○者　5.1/67/4,5.18/70/20	
校○	4.0/52/1	槀○掌受財于職金	4.41/59/14	與其民○之什伍	5.3/68/4
皁一○	4.0/52/3	乃入功于司弓矢及繕○		則與行○送逆之	5.8/69/7
醫四○	4.0/52/5		4.41/59/16	凡得獲貨賄、民、六	
徒二十○	4.0/52/5	皆在槀○	4.41/59/16	畜者	5.9/69/13
廋○	4.0/52/9	校○掌王馬之政	4.51/60/13	凡盜賊軍鄉邑及家○	5.9/69/17
閑二○	4.0/52/9	受財于校○	4.53/60/26	犬○掌犬牲	5.17/70/17
乘一○	4.0/52/11	入其布于校○	4.53/60/27	凡圜土之刑○也不虧體	
徒二○	4.0/52/11	廋○掌十有二閑之政教	4.55/61/1		5.18/70/22
	5.0/65/27,5.0/65/29	正校○員選	4.55/61/2	其罰○也不虧財	5.18/70/22
	5.0/65/31,5.0/66/1	圉師掌教圉○養馬	4.56/61/4	凡殺○者	5.20/70/28
	5.0/66/3,5.0/66/5,5.0/66/9	圉○掌養馬芻牧之事	4.57/61/7	凡囚執○之事	5.21/71/2
圉○	4.0/52/11	辨其邦國、都鄙、四夷		蠻隸掌役校○養馬	5.23/71/8
良馬匹一○	4.0/52/11	、八蠻、七閩、九貉		夷隸掌役牧○養牛	5.25/71/13
駑馬麗一○	4.0/52/11	、五戎、六狄之○民		凡傷○見血而不以告者	
中大夫四○	4.0/52/13	與其財用、九穀、六			5.28/71/22
下大夫八○	4.0/52/13	畜之數要	4.58/61/9	則令守涂地之○聚（檬）	
上士五○	4.0/52/16	匡○掌達法則、匡邦國		〔檬〕之	5.30/71/28
下士十○	4.0/52/16	而觀其慝	4.67/62/24	禁刑者、任○及凶服者	5.31/72/1
史五○	4.0/52/16	撣○掌誦王志	4.68/62/26	以待其○	5.31/72/3
匡○	4.0/52/32	中士三十有二○	5.0/63/15	王出入則八○夾道	5.36/72/16
撣○	4.0/53/1	府三○	5.0/63/21	公則六○	5.36/72/16
每都上士二○	4.0/53/3		5.0/63/23,5.0/64/7	侯伯則四○	5.36/72/16
其民可用者家三○	4.1/53/16	胥三○	5.0/63/23	子男則二○	5.36/72/16
其民可用者二家五○	4.1/53/17	徒三十○	5.0/63/23	大行○掌大賓之禮及大	
其民可用者家二○	4.1/53/17	犬○	5.0/64/5	客之儀	5.52/73/28
虞○萊所田之野	4.1/53/26	徒十〔有〕六○	5.0/64/5	介九○	5.52/74/1
鼓○皆三鼓　4.1/53/29,4.1/54/4		府五○	5.0/64/13	擯者五○	5.52/74/1
○爲主	4.1/54/3	史十○	5.0/64/13	介七○	5.52/74/3
量○掌建國之法	4.8/55/1	百有二十○	5.0/64/15	擯者四○	5.52/74/4
與鬱○受斝歷而皆飲之	4.8/55/3		5.0/64/17,5.0/64/19	介五○	5.52/74/6
羊○掌羊牲	4.10/55/9		5.0/64/21,5.0/64/23	擯者三○	5.52/74/7
若牧○無牲	4.10/55/10	史三○	5.0/64/29	小行○掌邦國賓客之禮	
候○各掌其方之道治	4.15/55/28	下士（二）〔一〕○	5.0/65/29	籍	5.53/74/21
以設候○	4.15/55/28	大行○	5.0/66/11	凡行○之儀	5.54/75/23
環○掌致師	4.16/55/31	小行○	5.0/66/11	則掌行○之勞辱事焉	5.55/75/26
射○掌國之三公、孤、		下大夫四○	5.0/66/11	環○掌送逆邦國之通賓	
卿、大夫之位	4.18/56/7	下士三十有二○	5.0/66/12	客	5.56/75/28

衡○者	6.3/79/25	○旻而市	2.27/26/11	則戒之○	5.1/67/14
謂之無○	6.3/79/26、6.28/85/6	三○而舉之	2.27/26/15	協○刑殺	5.4/68/15、5.6/68/28
是故大車平地既節軒摯		祭祀無過旬○	2.36/27/17	肆之三○	5.4/68/15
之○	6.3/79/29	有期○	2.56/30/12		5.6/68/28、5.20/70/29
倍○者也	6.3/79/30	以實柴祀○、月、星、		協○就郊而刑殺	5.5/68/21
則於○重宜	6.26/83/24	辰	3.1/36/24	（肆）〔肆〕之三○	5.5/68/21
	6.26/83/29	祭之○	3.2/37/21、3.3/38/3	凡士之治有期○	5.9/69/14
則於○輕宜	6.26/83/26		3.57/46/27、5.1/67/15	司寇及孟多祀司民之○	
則加○焉	6.26/83/30	凡祭祀之卜○、宿、爲		獻其數于王	5.10/69/21
凡○	6.28/85/6	期	3.3/38/3	書其○月焉	5.31/72/2
		嘗之○	3.3/38/8	司烜氏掌以夫遂取明火	
袵 rèn	**2**	禰之○	3.3/38/9	於○	5.35/72/12
		社之○	3.3/38/9	夏○至而夷之	5.43/73/4
掌王之燕衣服、○、席		以朝○	3.10/39/13	冬○至而粗之	5.43/73/4
、床、第	1.35/12/4	圭璧以祀○月星辰	3.10/39/16	以方書十○之號	5.44/73/7
衣○不斂	6.3/80/2	土圭以致四時○月	3.10/39/16	則以救○之弓與救月之	
		大喪既有○	3.18/40/30	矢〔夜〕射之	5.49/73/20
仍 réng	**1**	冬○至	3.21/41/21、5.42/73/1	明○	5.54/75/20、6.18/82/14
		夏○至	3.21/41/23、5.42/73/1	乘禽○九十雙	5.58/76/12
凶事○几	3.8/39/5	凡○月食	3.21/41/30	乘禽○七十雙	5.58/76/18
		以○、月、星、辰占六		乘禽○五十雙	5.58/76/23
日 rì	**107**	夢之吉凶	3.47/45/6	○朝以聽國事故	5.63/77/12
		與執事卜○	3.57/46/26	終○馳騁	6.3/80/2
挾○而斂之	1.1/6/4、2.1/20/28	戒及宿之○	3.57/46/26	以象○月也	6.3/80/5
	4.1/53/12、5.1/67/11	及將幣之○	3.57/46/28	必以啟蟄之○	6.12/81/25
前期十○	1.1/6/8	遣之○	3.57/46/29	以涗水漚其絲七○	6.18/82/12
帥執事而卜○	1.1/6/8、3.1/37/9	馮相氏掌十有二歲、十		晝暴諸○	6.18/82/12、6.18/82/14
及祀之○	1.1/6/9	有二月、十有二辰、		七○七夜	6.18/82/12、6.18/82/14
旬終則令正○成	1.3/7/19	十○、二十有八星之		以致○	6.19/82/20
王○一舉	1.6/8/2	位	3.59/47/5	以祀○月星辰	6.19/82/22
○三舉	1.6/8/3	冬夏致○	3.59/47/6	識○出之景與○入之景	
○入其成	1.21/10/11	以志星辰○月之變動	3.60/47/8		6.28/84/19
朝○、祀五帝	1.33/11/22	○月爲常	3.67/48/12	晝參諸○中之景	6.28/84/19
以參互攷○成	1.38/12/19	以冬○至致天神人鬼	3.70/48/26	必一○先深之以爲式	6.28/85/5
及祭之○	1.51/14/13	以夏○至致地示物魅	3.70/48/27		
正○景以求地中	2.1/20/15	田之○	4.1/53/27	**戎 róng**	**17**
○南則景短	2.1/20/15	分以○夜	4.17/56/4		
○北則景長	2.1/20/16	救○月亦如之	4.30/57/32	有寇○之事	3.50/45/30
○東則景夕	2.1/20/16	以致○景	4.59/62/3	以即○	3.64/47/27
○西則景朝	2.1/20/16	三○乃致于朝	5.1/67/6	車僕掌○路之萃	3.66/48/9
○至之景尺有五寸	2.1/20/16	重罪旬有（三）〔二〕		若有寇○之事	3.68/48/20
及四時之孟月吉○	2.6/23/1	○坐	5.1/67/7	○右	4.0/51/15
救○月	2.11/23/28	其次九○坐	5.1/67/8	○僕	4.0/51/23
豐年則公旬用三○焉	2.20/25/8	其次七○坐	5.1/67/8	一曰○馬	4.7/54/27
中年則公旬用二○焉	2.20/25/8	其次五○坐	5.1/67/8	○右掌○車之兵革使	4.42/59/18
無年則公旬用一○焉	2.20/25/8	其下罪三○坐	5.1/67/9	○僕掌馭○車	4.46/59/31
皆書年月○名焉	2.26/26/4	三○	5.1/67/10	掌凡○車之儀	4.46/60/1

〇馬一物 4.51/60/13
辨其邦國、都鄙、四夷、八蠻、七閩、九貉、五〇、六狄之人民與其財用、九穀、六畜之數要 4.58/61/9
若邦凶荒、札喪、寇〇之故 5.9/69/18
象胥掌蠻、夷、閩、貉、〇、狄之國使 5.57/75/31
九〇之威 5.60/77/6

容 róng 20

以教九御婦德、婦言、婦〇、婦功 1.50/14/10
二曰〇 2.4/22/20
四曰和〇 2.4/22/21
一曰祭祀之〇 2.22/25/18
二曰賓客之〇 2.22/25/18
三曰朝廷之〇 2.22/25/18
四曰喪紀之〇 2.22/25/19
五曰軍旅之〇 2.22/25/19
六曰車馬之〇 2.22/25/19
皆有〇蓋 3.64/47/28
三獲三〇 4.18/56/9
二獲二〇 4.18/56/10
一獲一〇 4.18/56/11,4.18/56/12
以詔儀〇、辭令、揖讓之節 5.54/75/4
〇轂必直 6.1/78/27
必先爲〇 6.10/81/10
廟門〇大扃七个 6.28/84/25
闈門〇小扃參个 6.28/84/25
路門不〇乘車之五个 6.28/84/25

宂 rǒng 1

稾人掌共外內朝〇食者之食 2.78/32/13

柔 róu 9

陰也者疏理而〇 6.1/78/24
欲其〇而滑也 6.11/81/16
欲其〇滑而腥脂之 6.11/81/18
〇地欲句庛 6.29/85/11
是故〇 6.30/85/26
〇故欲其埶也 6.30/85/26
脃故欲其〇也 6.30/85/28
〇之徵也 6.30/85/28
必因角幹之濕以爲之〇 6.30/86/13

揉 róu 5

〇輻必齊 6.1/79/2
凡〇牙 6.1/79/5
參分弓長而〇其一 6.1/79/11
以〇其式 6.2/79/17
凡〇輈 6.3/79/28

輮 róu 4

行澤者反〇 6.29/85/14
行山者仄〇 6.29/85/15
反〇則易 6.29/85/15
仄〇則完 6.29/85/15

肉 ròu 12

凡〇脩之頒賜皆掌之 1.6/8/6
辨體名〇物 1.8/8/14
凡王之好賜〇脩 1.8/8/18
則掌共其獻、賜脯〇之事 1.9/8/23
腊人掌乾〇 1.15/9/10
凡乾〇之事 1.15/9/11
以甘養〇 1.19/9/29
其民豐〇而庳 2.1/20/7
小子掌祭祀羞羊肆、羊殽、〇豆 4.9/55/6
欲其〇稱也 6.1/78/22
食一豆〇 6.26/84/2
豐〇而短 6.30/86/22

如 rú 216

囿游亦〇之 1.0/4/7
祀大神示亦〇之 1.1/6/9
享先王亦〇之 1.1/6/9,2.1/21/8
亦〇之 1.1/6/11,1.56/14/28,1.61/15/14,2.5/22/27,2.6/23/2,2.6/23/5,2.7/23/8,2.15/24/12,2.31/27/3,2.72/31/28,3.2/37/26,3.3/38/8,3.6/38/22,3.21/42/1,3.22/42/9,3.28/43/2,3.37/43/29,4.20/56/21,4.37/58/26,4.37/58/26,4.46/60/1,5.1/67/15,5.20/70/29,5.20/70/30
軍旅、田役、喪荒亦〇之 1.2/7/2
其比亦〇之 1.4/7/23
以摯見者亦〇之 1.6/8/7
其出入亦〇之 1.7/8/11
凡燕飲食亦〇之 1.8/8/17
凡賓客之飧饔、饗食之事亦〇之 1.9/8/21
饗士庶子亦〇之 1.9/8/22
賓客亦〇之 1.10/8/26,1.27/11/4,4.23/57/3
凡爲公酒者亦〇之 1.21/10/4
賓客之陳酒亦〇之 1.22/10/15
凡酒漿之酒醴亦〇之 1.24/10/21
賓客、喪紀亦〇之 1.26/11/1
后及世子亦〇之 1.28/11/9
四方之舍事亦〇之 1.30/11/14
合諸侯亦〇之 1.33/11/23
瑤爵亦〇之 1.45/13/17
則亦〇之 1.46/13/27,3.2/37/27,3.36/43/26
凡賓客亦〇之 1.47/14/1
帥敘哭者亦〇之 1.50/14/11
賜予亦〇之 1.57/15/2
共喪衰亦〇之 1.58/15/6
中林麓〇中山之虞 2.0/18/18
小林麓〇小山之虞 2.0/18/19
中澤中藪〇中川之衡 2.0/18/24
小澤小藪〇小川之衡 2.0/18/25
則讀教法〇初 2.5/22/29
造都邑之封域者亦〇之 2.10/23/21
田役亦〇之 2.11/23/28
聽治亦〇之 2.21/25/14,2.22/25/20
鳥獸亦〇之 2.25/25/29
凡得貨賄六畜者亦〇之 2.27/26/15
四時之珍異亦〇之 2.31/27/2

餘夫亦○之	2.40/28/8		3.39/44/3	家司馬亦○之	4.70/63/1
	2.40/28/8,2.40/28/9	守礜亦○之	3.33/43/20	家士亦○之	5.0/66/32
享亦○之	2.70/31/20	燕亦○之	3.38/44/1	納亨亦○之	5.2/67/27
饗食亦○之	2.77/32/11	賓饗亦○之	3.40/44/6	后、世子之喪亦○之	5.2/67/27
○都宗人之數	3.0/36/19	旅亦○之	3.43/44/23	其喪亦○之	5.4/68/17
大喪亦○之	3.1/37/11	喪亦○之	3.43/44/24		5.5/68/23,5.6/68/30
	4.26/57/17,5.1/67/15	右亦○之	3.49/45/21	野亦○之	5.8/69/7
	5.3/68/10	小喪亦○之	3.51/46/4	詛其不信者亦○之	5.14/70/5
王哭諸侯亦○之	3.1/37/11	禑亦○之	3.52/46/8	饗諸侯亦○之	5.15/70/11
四望四類亦○之	3.2/37/15	賞賜亦○之	3.61/47/16	伏、瘞亦○之	5.17/70/17
○大宗伯之禮	3.2/37/22	大喪、大賓客亦○之	3.65/48/6	（○蠻隸之事）	5.22/71/6
○大宗伯之儀	3.2/37/29	會同亦○之	3.66/48/10	〔○蠻隸之事〕	5.24/71/11
眡滌濯亦○之	3.3/38/3		4.37/58/27	○蠻隸之事	5.25/71/14
歲時之祭祀亦○之	3.3/38/10	會同、賓客亦○之	3.67/48/16		5.26/71/16
○宗伯之禮	3.3/38/11	及葬亦○之	3.67/48/17	大師、大賓客亦○之	5.31/72/2
大旅亦○之 3.7/38/29,3.28/43/2		旬亦○之	3.67/48/17	其他皆○諸侯之禮	5.52/74/5
祀先王、昨席亦○之	3.8/39/2	祭亦○之	3.69/48/23	其他皆○諸子之禮	5.52/74/8
筵國賓于牖前亦○之	3.8/39/4	○戰之陳	4.1/53/18	及其大夫士皆○之	5.52/74/10
諸侯相見亦○之	3.10/39/14	○振旅之陳 4.1/53/21,4.1/53/23		其將幣亦○之	5.54/75/6
其國家、宮室、車旗、		其他皆○振旅	4.1/53/22	其禮亦○之	5.54/75/6
衣服、禮儀亦○之 3.11/39/25			4.1/53/25	致館亦○之	5.54/75/9
侯伯之卿大夫士亦○之		○蒐之法	4.1/53/23	致餼○致積之禮	5.54/75/9
	3.11/39/28	○蒐（田）之法	4.1/53/25	每事○初	5.54/75/11
祀五帝亦○之	3.12/40/1	乃陳車徒○戰之陳	4.1/53/28	賓亦○之	5.54/75/11
自袞冕而下○王之服	3.12/40/5	坐作○初　4.1/53/31,4.1/54/2		皆○將幣之儀	5.54/75/12
自鷩冕而下○公之服	3.12/40/5	○大司馬之法	4.2/54/13	皆○主國之禮	5.54/75/13
自毳冕而下○侯伯之服 3.12/40/6		造都邑亦○之	4.8/55/1	相待也○諸公之儀	5.54/75/13
自希冕而下○子男之服 3.12/40/6		民亦○之	4.11/55/14	賓使者○初之儀	5.54/75/15
自玄冕而下○孤之服	3.12/40/6	夜亦○之	4.12/55/18	致館○初之儀	5.54/75/15
自皮弁而下○大夫之服 3.12/40/7		郊亦○之	4.12/55/19	每事○初之儀	5.54/75/17
其凶服亦○之	3.12/40/7	軍旅、會同亦○之	4.26/57/16	致饗餼○勞之禮	5.54/75/19
大賓客之饗食亦○之	3.15/40/18	其服亦○之	4.28/57/23	饗食還圭○將幣之儀	5.54/75/19
賓客之饗食亦○之	3.16/40/21	入亦○之	4.30/57/30	○入之積	5.54/75/20
哭諸侯亦○之	3.16/40/22	救日月亦○之	4.30/57/32	其儀亦○之	5.54/75/21
	3.17/40/26	窆亦○之	4.30/58/1	其死牢○餼之陳	5.58/76/10
及以樂徹亦○之	3.17/40/24	○大僕之法	4.31/58/5		5.58/76/17,5.58/76/22
凡（工）〔王〕后之獻		都家亦○之	4.32/58/10	則○其介之禮以待之	5.58/76/25
亦○之	3.17/40/25	其餘○王之事	4.35/58/19	及退亦○之	5.59/76/32
賓客之事亦○之	3.17/40/25	授舞者兵亦○之	4.38/58/29	送亦○之	5.59/77/1
其他皆○祭祀	3.21/41/28	共弓矢○數并夾	4.39/59/7	參○一	6.2/79/16
車亦○之	3.22/42/4	弩四物亦○之	4.41/59/14	直者○生焉	6.2/79/20
○祭之儀	3.22/42/8	箙亦○之	4.41/59/15	繼者○附焉	6.2/79/20
大饗亦○之	3.25/42/22	○齊車之儀	4.44/59/24	良鼓瑕○積環	6.12/81/25
	3.26/42/26,3.34/43/22	○玉路之儀	4.46/59/31	大璋亦○之	6.19/82/24
凡和樂亦○之	3.29/43/6	其法儀○齊車	4.48/60/6	則必續爾○委矣	6.26/83/30
燕樂亦○之	3.32/43/16	廞馬亦○之	4.57/61/7	苟續爾○委	6.26/83/30
饗食、賓射亦○之	3.33/43/19	王殷國亦○之	4.58/62/1	則必○將廢措	6.26/83/30

譬○終絺　6.30/86/9
引○終絺　6.30/86/11
張○流水　6.30/86/16
引之○環　6.30/86/16
○環　6.30/86/17

帮 rú　　3

厚其○則木堅　6.30/86/6
薄其○則需　6.30/86/6
是故厚其液而節其○　6.30/86/7

儒 rú　　2

四曰○　1.1/6/1
四曰聯師○　2.1/20/27

襦 rú　　1

則作羅○　4.21/56/24

辱 rǔ　　7

役國中之○事　5.21/71/1
則役其煩○之事　5.21/71/2
拜○　5.54/75/8
　　5.54/75/10, 5.54/75/15
拜○于朝　5.54/75/20
則掌行人之勞○事焉　5.55/75/26

擩 rǔ　　1

六日○祭　3.49/45/19

入 rù　　119

八日聽出○以要會　1.2/6/30
乘其財用之出○　1.3/7/13
幾其出○　1.4/7/23
其出○亦如之　1.7/8/11
以時○之　1.11/8/28
　　2.56/30/12, 2.66/31/11
凡獸○于腊人　1.12/9/1
皮毛筋角○于玉府　1.12/9/1
○于玉府　1.13/9/5, 2.29/26/27
而○于醫師　1.18/9/25
日○其成　1.21/10/11

月○其要　1.21/10/11
共酒而○于酒府　1.22/10/15
○于酒府　1.23/10/17
以受其貨賄之○　1.34/11/28
則以貨賄之○會之　1.34/12/1
凡良貨賄○焉　1.36/12/9
外府掌邦布之○出　1.37/12/12
以周知○出百物　1.39/12/22
使○于職幣　1.39/12/23
則○要貳焉　1.39/12/25
職內掌邦之賦○　1.40/12/28
以貳官府都鄙之財○之
　數　1.40/12/28
后出○　1.46/13/25
喪服、凶器不○宮　1.47/13/29
褻服、賊器不○宮　1.47/13/29
奇服怪民不○宮　1.47/13/29
無帥則幾其出○　1.47/13/30
凡外內命夫命婦出○　1.47/13/30
相道其出○之事而糾之　1.48/14/3
典絲掌絲○而辨其物　1.56/14/27
以歲時○其數　2.2/21/16
以歲時○其書　2.4/22/16
○使治之　2.4/22/21
凡娶判妻○子者　2.26/26/5
○幣純帛　2.26/26/6
凡市○　2.27/26/12
以璽節出○之　2.27/26/16
而○于泉府　2.29/26/26
斂而○于膳府　2.29/26/27
出○相陵犯者　2.32/27/5
掌其坐作出○之禁令　2.34/27/10
則會其出○而納其餘　2.36/27/19
幾出○不物者　2.37/27/21
司貨賄之出○者　2.38/27/25
○野職、野賦于玉府　2.41/28/19
凡邦工○山林而掄材　2.56/30/12
春秋之斬木不○禁　2.56/30/12
以時○之于玉府　2.59/30/22
以法掌其出○　2.72/31/27
掌米粟之出○　2.72/31/29
倉人掌粟○之藏　2.73/31/31
不○兆域　3.18/40/29
遂○藏凶器　3.18/40/31
王出○則令奏《王夏》
　　3.21/41/27
尸出○則令奏《肆夏》

　　3.21/41/27
牲（出）○則令奏《昭
　夏》　3.21/41/27
大饗不○牲　3.21/41/28
王出○　3.21/41/28, 4.30/57/31
樂出○　3.22/42/8
春○學　3.23/42/11
以序出○舞者　3.23/42/12
各以其物○于龜室　3.43/44/23
以治其出○　3.64/47/24
凡車之出○　3.64/48/1
毀折○齎于職幣　3.64/48/2
○獻禽以享烝　4.1/54/6
旬之外○馬耳　4.7/54/28
王○　4.23/57/1
○壙　4.29/57/27
出○王之大命　4.30/57/29
○亦如之　4.30/57/30
王之燕出○　4.31/58/4
而掌其守藏與其出○　4.39/59/1
乃○功于司弓矢及繕人
　　4.41/59/16
凡齎財與其出○　4.41/59/16
王出○則持馬陪乘　4.44/59/24
道僕掌馭象路以朝夕、
　燕出○　4.48/60/6
○其布于校人　4.53/60/27
牽馬而○陳　4.57/61/7
○束矢於朝　5.1/67/5
○鈞金　5.1/67/6
乃命其屬○會　5.2/67/30
王燕出○　5.3/68/9
○於國　5.8/69/7
客出○則道之　5.8/69/8
受其○征者　5.15/70/9
○其金錫于爲兵器之府
　　5.15/70/10
○其玉石丹青于守藏之
　府　5.15/70/10
○其要　5.15/70/10
○于司兵　5.15/70/11, 5.16/70/14
男子○于罪隸　5.16/70/14
女子○于舂稾　5.16/70/15
凡奚隸聚而出○者　5.29/71/25
王出○則八人夾道　5.36/72/16
出○五積　5.52/74/2
出○四積　5.52/74/5

○有訟者	5.13/70/2	爇 ruò	1	十失○次之	1.16/9/14
○大亂	5.13/70/2			○曰盎齊	1.21/10/5
凡封國○家	5.22/71/5	以明火○燋	3.44/44/26	辨○酒之物	1.21/10/5
○有死於道路者	5.31/72/2			○曰清酒	1.21/10/5
邦○屋誅	5.35/72/13	洒 sǎ	3	○曰漿	1.21/10/6
○得其獸	5.38/72/23			以共王之四飲○酒之饌	1.21/10/6
○欲其化也 5.42/73/1,5.43/73/4		隸僕掌五寢之埽除糞○		以法共五齊○酒	1.21/10/7
○欲殺其神	5.48/73/17	之事	4.34/58/15	大祭○貳	1.21/10/7
○不見其鳥獸	5.49/73/20	以灰○毒之	5.46/73/12	酒人掌爲五齊○酒	1.22/10/14
○神也	5.49/73/20	以灰○之	5.47/73/14	○其淩	1.24/10/20
○有大喪	5.52/74/18			以五齊、七醢、七菹、	
○有四方之大事	5.52/74/18	三 sān	358	○釁實之	1.26/11/2
○國札喪	5.53/74/28			○公及卿大夫之喪	1.32/11/20
○國凶荒	5.53/74/28	旅下士○十有二人	1.0/1/8	王則張帟○重	1.33/11/24
○國師役	5.53/74/28	2.0/15/29,2.0/17/25		使各有屬以作（二）	
○國有福事	5.53/74/29	3.0/32/23,4.0/49/7		〔○〕事	1.45/13/16
○國有禍災	5.53/74/29	5.0/63/11		○曰丘陵	2.1/20/5
○以時入賓	5.57/75/31	胥○十人	1.0/1/26	○曰以陰禮教親	2.1/20/9
○弗酌則以幣致之	5.58/76/13	1.0/1/30,2.0/19/17		封疆方○百里	2.1/20/20
○將有國賓客至	5.59/76/30	徒○百人	1.0/1/26	再易之地家○百畮	2.1/20/22
而重○一	6.10/81/10	1.0/1/30,2.0/19/18		○曰緩刑	2.1/20/24
○苟一方緩、一方急	6.11/81/19	女酒○十人	1.0/2/17	○曰振窮	2.1/20/26
○苟自急者先裂	6.11/81/20	奚○百人	1.0/2/17	○曰聯兄弟	2.1/20/27
○是者謂之臝屬	6.26/83/23	奚○十人	1.0/4/31	○曰作材	2.1/21/1
○是者以爲鍾虡	6.26/83/24	○曰禮典	1.1/5/10	以鄉○物教萬民而賓興	
○是者謂之羽屬	6.26/83/25	○曰官聯	1.1/5/13	之	2.1/21/3
○是者以爲磬虡	6.26/83/27	○曰廢置	1.1/5/15	○曰六藝	2.1/21/4
○是者謂之鱗屬	6.26/83/27	○曰予	1.1/5/18	○曰不嫻之刑	2.1/21/5
惟○寧侯	6.26/84/5	○曰進賢	1.1/5/20	及○年	2.2/21/17
（母）〔毋〕或○女不		一曰○農	1.1/5/21	可任也者家○人	2.2/21/19
寧侯不屬于王所	6.26/84/5	○曰虞衡	1.1/5/21	○年則大比	2.4/22/16
○是者爲之危弓	6.30/86/22	○曰邦甸之賦	1.1/5/24	○曰主皮	2.4/22/21
○是者爲之安弓	6.30/86/23	○曰喪荒之式	1.1/5/26	○年大比	2.5/22/29
往體來體○一	6.30/86/25	○曰器貢	1.1/5/27	2.18/24/29,2.20/25/9	
合㶡○背手文	6.30/86/27	○曰師	1.1/6/1	○命而不齒	2.6/23/3
		○歲 1.1/6/13,1.39/12/23		務之○月	2.15/24/12
弱 ruò	6	○曰以敘作其事	1.2/6/17	遠郊二十而○	2.16/24/18
		○曰春官	1.2/6/20	○十里有宿	2.19/25/3
馮○犯寡則眚之	4.1/53/10	○曰禮職	1.2/6/24	豐年則公旬用○日焉	2.20/25/8
壹赦曰幼○	5.12/69/28	○曰喪荒之聯事	1.2/6/27	以○德教國子	2.21/25/11
故竑其輻廣以爲之○	6.1/78/30	○曰聽閭里以版圖	1.2/6/29	○曰孝德	2.21/25/12
前○則俛	6.23/83/9	○曰廉敬	1.2/7/1	教○行	2.21/25/12
後○則翔	6.23/83/9	以正王及○公、六卿、		○曰順行	2.21/25/12
中○則紆	6.23/83/10	大夫、群吏之位	1.3/7/9	○曰五射	2.22/25/17
		○曰司	1.3/7/11	○曰朝廷之容	2.22/25/18
		○公、六卿之喪	1.3/7/17	○讓〔而罰〕	2.24/25/25
		曰○擧	1.6/8/3	○罰而士加明刑	2.24/25/26

○讓而罰	2.24/25/26	徒○百有二十人	4.0/49/7	府○人	5.0/63/21
○罰而歸於圜土	2.24/25/26	大國○軍	4.0/49/8		5.0/63/23,5.0/64/7
令男○十而娶	2.26/26/4	其民可用者家○人	4.1/53/16	胥○人	5.0/63/23
○日而舉之	2.27/26/15	爲○表	4.1/53/27	徒○十人	5.0/63/23
野○旬	2.28/26/24,5.9/69/15	鼓人皆○鼓	4.1/53/29,4.1/54/4	史○人	5.0/64/29
都○月	2.28/26/24,5.9/69/15	（二）〔○〕鼓	4.1/53/30	下士○十有二人	5.0/66/12
喪紀無過○月	2.36/27/18	又○鼓	4.1/53/31	徒（○）〔二〕十人	5.0/66/18
○歲大比	2.42/28/25	鼓戒○閴	4.1/54/1	徒○十有二人	5.0/66/22
人○䶊	2.71/31/23	車○發	4.1/54/1		5.0/66/26
眂瞭○百人	3.0/34/2	徒○刺	4.1/54/1	掌建邦之○典	5.1/67/1
○命受位	3.1/37/2	馬量○物	4.7/54/27	○曰刑亂國用重典	5.1/67/2
掌○族之別	3.2/37/17	○曰駑馬	4.7/54/27	○曰鄉刑	5.1/67/3
纁皆○采○就	3.10/39/13	晝○巡之	4.12/55/18	不齒○年	5.1/67/5
王之○公八命	3.11/39/24	夜○鼜以號戒	4.12/55/18	○日乃致于朝	5.1/67/6
其卿○命	3.11/39/27	射人掌國之○公、孤、		重罪旬有（○）〔二〕	
王爲○公六卿錫衰	3.12/40/4	卿、大夫之位	4.18/56/7	日坐	5.1/67/7
○變而致鱗物及丘陵之		○公北面	4.18/56/7	其下罪○日坐	5.1/67/9
示	3.21/41/19	○公執璧	4.18/56/8	○月役	5.1/67/9
○宥	3.21/41/29	王以六耦射○侯	4.18/56/9	○日	5.1/67/10
凡軍之夜○鼜	3.33/43/20	○獲○容	4.18/56/9	○曰詢立君	5.2/67/18
大卜掌《○兆》之法	3.41/44/9	七節○正	4.18/56/10	○公及州長、百姓北面	5.2/67/19
○曰《原兆》	3.41/44/9	孤卿大夫以○耦射一侯		○曰氣聽	5.2/67/22
掌《○易》之法	3.41/44/10		4.18/56/11	○曰議賢之辟	5.2/67/23
○曰《周易》	3.41/44/11	士以○耦射犴侯	4.18/56/11	以○刺斷庶民獄訟之中	5.2/67/24
	3.46/45/1	則以狸步張○侯	4.18/56/12	○曰訊萬民	5.2/67/25
掌《○夢》之法	3.41/44/11	○公北面東上	4.23/56/30	○曰國禁	5.3/68/1
○曰《咸陟》	3.41/44/12	士旁○揖	4.23/56/32	○曰禁	5.3/68/3
○曰與	3.41/44/13	○歲則稽士任	4.23/57/5	○曰邦諜	5.3/68/6
以八命者贊《○兆》、		掌○公孤卿之弔勞	4.30/58/1	肆之○日	5.4/68/15
《○易》、《○夢》		則辭於○公及孤卿	4.30/58/2		5.6/68/28,5.20/70/29
之占	3.41/44/13	掌○公及孤卿之復逆	4.31/58/4	○公若有邦事	5.4/68/17
○曰義兆	3.42/44/18	珉玉○采	4.35/58/19	（肆）〔肆〕之○日	5.5/68/21
簭人掌《○易》	3.46/45/1	士合○而成規	4.39/59/6	則王令○公會其期	5.5/68/22
○曰巫式	3.46/45/2	弓六物爲○等	4.41/59/14	○旬而職聽于朝	5.6/68/27
○曰思夢	3.47/45/7	矢八物皆○等	4.41/59/14	○月而上獄訟于國	5.7/69/1
○曰鑴	3.48/45/10	○乘爲皁	4.51/60/14	面○槐	5.9/69/12
○曰吉祝	3.49/45/14	○皁爲繫	4.51/60/14	○公位焉	5.9/69/12
○曰檜	3.49/45/15	駑馬○良馬之數	4.51/60/15	及○年大比	5.10/69/21
○曰誥	3.49/45/16	其川○江	4.58/61/11	司刺掌○刺、○宥、○	
○曰示號	3.49/45/17	其民二男○女	4.58/61/15	赦之法	5.12/69/27
○曰炮祭	3.49/45/18		4.58/61/18,4.58/61/24	○刺曰訊萬民	5.12/69/28
○曰空首	3.49/45/19	其民○男二女	4.58/61/19	○宥曰遺忘	5.12/69/28
○曰廢	3.61/47/13	其民一男○女	4.58/61/21	○赦曰憃愚	5.12/69/29
掌○皇五帝之書	3.62/47/18	其穀宜○種	4.58/61/21	以此○法者求民情	5.12/69/29
共○乏	3.66/48/10	其民五男○女	4.58/61/22	上罪○年而舍	5.18/70/21
掌○辰之法	3.70/48/26	方○百里則七伯	4.58/61/28	○年不齒	5.18/70/22
胥○十有二人	4.0/49/7	中士○十有二人	5.0/63/15	瞽師曰○百	5.36/72/18

旅、大賓客	5.4/68/16	色 sè	16	殺 shā	52
其○亦如之	5.4/68/17			瘍醫掌腫瘍、潰瘍、金	
	5.5/68/23,5.6/68/30	鳥鑢○而沙鳴	1.8/8/16	瘍、折瘍之祝藥劀	
若邦凶荒、札○、寇戎		以五氣、五聲、五○眂		之齊	1.19/9/27
之故	5.9/69/18	其死生	1.18/9/23	八曰○哀	2.1/20/24
邦有祭祀、賓客、○紀		各以其方之○牲毛之	2.13/24/4	凡過而○傷人者	2.25/25/29
之事	5.21/71/2	各放其器之○	3.1/37/7	凡○人有反○者	2.25/25/31
若有大○	5.52/74/18	各以其方之○與其體辨		凡○人而義者	2.25/26/1
若國札○	5.53/74/28	之	3.43/44/22	詔王○邦用	2.71/31/24
其札○凶荒厄貧爲一書	5.53/75/1	大夫占○	3.45/44/30	五曰○	3.61/47/13
凡國之大○	5.57/76/1	二曰○聽	5.2/67/22	賊○其親則正之	4.1/53/11
札○殺禮	5.58/76/26	設○之工五	6.0/78/6	○矢、鍭矢用諸近射、	
致禮以○用	5.58/76/27	設○之工	6.0/78/8	田獵	4.39/59/4
賓客有○	5.58/76/27	革○青白	6.1/78/28	禁○戮	5.0/64/27
遭主國之○	5.58/76/27	雜五○	6.15/82/1	○	5.1/67/5,5.18/70/21
		雜四時五○之位以章之	6.15/82/4	協日刑○	5.4/68/15,5.6/68/28
臊 sāo	3	且其匪○	6.26/83/29	協日就郊而刑○	5.5/68/21
		其匪○必似不鳴矣	6.26/84/1	書其刑○之成與其聽獄	
膳膏○	1.7/8/11	三○不失理	6.30/85/28	訟者	5.7/69/2
辨腥○羶香之不可食者	1.8/8/15	欲朱○而昔	6.30/85/29	○之無罪	5.9/69/17,5.9/69/17
○	1.8/8/16			○罪五百	5.11/69/25
		塞 sè	2	然後刑○	5.12/69/29
繅 sāo	14			其不信者○	5.13/70/2
		則藩○阻路而止行者	4.13/55/23	及刑○	5.19/70/25
加○席畫純	3.8/39/2,3.8/39/3	秋令○阱杜擭	5.32/72/5	以適市而刑○之	5.19/70/25
○藉五采五就	3.10/39/12			以待刑○	5.19/70/26
○皆三采三就	3.10/39/13	瑟 sè	4	掌戮掌斬○賊諜而搏之	
○皆二采再就	3.10/39/14				5.20/70/28
○皆二采一就	3.10/39/14	雲和之琴○	3.21/41/21	凡○其親者	5.20/70/28
五采○十有二就	4.35/58/18	空桑之琴○	3.21/41/23	○王之親者	5.20/70/28
諸侯之○斿九就	4.35/58/19	龍門之琴○	3.21/41/25	凡○人者	5.20/70/28
○斿皆就	4.35/58/19	鼓琴○	3.27/42/29	○之于甸師氏	5.20/70/29
○藉九寸	5.52/73/32			凡軍旅田役斬○刑戮	5.20/70/30
○藉七寸	5.52/74/3	穡 sè	7	禁○戮掌司斬○戮者	5.28/71/22
○藉五寸	5.52/74/6			瞽僕右曰○	5.36/72/17
琬圭九寸而○	6.19/82/21	以教稼○樹蓺	2.1/20/14	誓邦之大（史）〔事〕	
有○	6.19/82/24	一曰稼○	2.1/21/1	曰○	5.36/72/18
		教之稼○	2.40/28/5	薙氏掌○草	5.43/73/4
埽 sāo	4	以土宜教甿稼○	2.40/28/6	掌凡○草之政令	5.43/73/5
		巡其稼○	2.41/28/18	若欲○其神	5.48/73/17
○除、執燭、共鑪炭	1.30/11/14	以教稼○	2.42/28/24	國新○禮	5.58/76/26
掌○門庭	1.47/14/1	以治稼○	2.46/29/8	凶荒○禮	5.58/76/26
隸僕掌五寢之○除糞洒				札喪○禮	5.58/76/26
之事	4.34/58/15	沙 shā	3	禍災○禮	5.58/76/26
則令○道路	5.30/71/30			在野在外○禮	5.58/76/26
		鳥鑢色而○鳴	1.8/8/16	有時以○	6.0/78/4
		素○	1.58/15/4,1.58/15/5		

參分其輻之長而○其一	6.1/79/1	則萊○田之野	2.56/30/13	**芟 shān** 4
謂之削○矢之齊	6.3/80/10	則受法于○虞	2.57/30/16	
冶氏爲○矢	6.5/80/14	角人掌以時徵齒角凡骨		以涉揚其○作田 2.53/30/2
○矢七分	6.23/83/7	物於○澤之農	2.62/30/32	夏以水殄草而○夷之 2.53/30/2
參分其長而○其一	6.23/83/7	羽人掌以時徵羽翮之政		泣卜來歲之○ 3.3/38/9
羽○則趮	6.23/83/10	于○澤之農	2.63/31/3	秋繩而○之 5.43/73/4
以眡其豐○之節也	6.23/83/10	掌葛掌以時徵絺綌之材		
以眡其鴻○之稱也	6.23/83/11	于○農	2.64/31/6	**羶 shān** 3
		以貍沈祭○、林、川、		
糤 shā 7		澤	3.1/36/25	膳膏○ 1.7/8/12
		兆○川丘陵墳衍	3.2/37/16	辨腥臊○香之不可食者 1.8/8/15
凡攫○援簭之類	6.26/83/28	祭兵于○川	3.3/38/7	○ 1.8/8/16
其○參分去一	6.28/85/5	凡○川四方用蜃	3.5/38/17	
大防外○	6.28/85/5	其再獻用兩○尊	3.7/38/27	**善 shàn** 11
秋○者厚	6.30/85/24	璋邸射以祀○川	3.10/39/16	
春○者薄	6.30/85/24	祀四望、○、川則毳冕	3.12/40/1	一曰廉○ 1.2/6/30
必動於○	6.30/86/15	以祭○川	3.21/41/17	其足用、長財、○物者 1.3/7/14
弓而羽○	6.30/86/15	再變而致羸物及○林之		同其好○ 4.61/62/9
		示	3.21/41/19	謂之轂之○ 6.1/78/28
翣 shà 4		一曰《連○》	3.41/44/10	謂之用火之○ 6.1/79/6
			3.46/45/1	則制○也 6.10/81/13
持○	1.52/14/17, 4.33/58/12	過大○川	3.49/45/25	○溝者水漱之 6.28/85/4
衣○柳之材	1.59/15/8	○師	4.0/52/26	○防者水淫之 6.28/85/4
有○	3.64/47/29	若有○川	4.12/55/19	○者在外 6.30/86/13
		以周知其○林川澤之阻		雖○於外 6.30/86/13
山 shān 69			4.13/55/22	雖○ 6.30/86/14
		凡將事于四海、○川	4.51/60/20	
作○澤之材	1.1/5/21	其○鎭曰會稽	4.58/61/11	**膳 shàn** 41
八曰○澤之賦	1.1/5/25	其○鎭曰衡○	4.58/61/12	
○澤之賦以待喪紀	1.34/11/31	其○鎭曰華○	4.58/61/14	○夫 1.0/1/15
以知○林川澤之數	1.39/12/24	其○鎭曰沂○	4.58/61/15	掌其牢禮、委積、○獻
○虞	2.0/18/15	其○鎭曰岱○	4.58/61/17	、飮食、賓賜之飱牽 1.3/7/16
每大○中士四人	2.0/18/15	其○鎭曰嶽（○）	4.58/61/18	○夫掌王之食飮○羞 1.6/8/1
中○下士六人	2.0/18/15	其○鎭曰醫無閭	4.58/61/20	○用六牲 1.6/8/1
小○下士二人	2.0/18/16	其○鎭曰霍○	4.58/61/21	○夫授祭 1.6/8/3
中林麓如中○之虞	2.0/18/18	其○鎭曰恒○	4.58/61/23	則奉○贊祭 1.6/8/5
小林麓如小○之虞	2.0/18/19	○師掌○林之名	4.64/62/18	掌后及世子之○羞 1.6/8/6
辨其○林川澤丘陵墳衍		禁之爲苑、澤之沈者	5.32/72/6	受而○之 1.6/8/6
原隰之名物	2.1/20/2	行○者欲倖	6.1/79/4	唯王及后、世子之○不會 1.6/8/7
一曰○林	2.1/20/4	倖以行○	6.1/79/4	以共王及后、世子之○
帥而舞○川之祭祀	2.12/23/31	○以章	6.15/82/4	掌后及世子之○
任衡以○事	2.17/24/24	以祀○川	6.19/82/29	物及后、世子之○羞 1.7/8/9
○國用虎節	2.39/27/30	且涉○林之阻	6.27/84/10	○膏香 1.7/8/11
	5.53/74/25	且不涉○林之阻	6.27/84/11	○膏臊 1.7/8/11
○虞掌○林之政令	2.56/30/11	兩○之間必有川焉	6.28/85/2	○膏腥 1.7/8/12
凡邦工入○林而掄材	2.56/30/12	行○者欲長轂	6.29/85/14	○膏羶 1.7/8/12
若祭○林	2.56/30/13	行○者仄輮	6.29/85/15	唯王及后之○禽不會 1.7/8/12
				內饔掌王及后、世子○

自成名以○	2.26/26/4	每翟○士一人	5.0/66/16	二在○	6.7/80/27
○旊于思次以令市	2.27/26/13	每國○士二人	5.0/66/28	權其○旅與其下旅	6.10/81/10
○地、中地、下地	2.40/28/7	○功糾力	5.1/67/2	○三正	6.12/81/23
○地	2.40/28/7	○命糾守	5.1/67/3	○公用龍	6.19/82/19
遂○有徑	2.40/28/9	○德糾孝	5.1/67/3	杅○	6.19/82/20
溝○有畛	2.40/28/9	○能糾職	5.1/67/3	已○則摩其旁	6.22/83/4
洫○有涂	2.40/28/10	○愿糾暴	5.1/67/3	○兩个	6.26/84/3
澮○有道	2.40/28/10	凡遠近惸獨老幼之欲有		○綱與下綱出舌尋	6.26/84/4
川○有路	2.40/28/10	復於○而其長弗達者	5.1/67/9	堂○度以筵	6.28/84/24
以歲之○下數邦用	2.71/31/22	以告於○	5.1/67/10	大川之○必有涂焉	6.28/85/2
○也	2.71/31/23	以施○服下服之刑	5.2/67/25	○句者二尺有二寸	6.29/85/10
以年之○下出斂法	2.75/32/6	自生齒以○	5.2/67/26	柘爲○	6.30/85/22
○士一人	3.0/33/3	三月而○獄訟于國	5.7/69/1	○工以有餘	6.30/86/19
○瞽四十人	3.0/34/1	凡都家之士所○治	5.7/69/4		
以禋祀祀昊天○帝	3.1/36/24	自生齒以○皆書於版	5.10/69/20	**捎 shāo**	**1**
則爲○相	3.1/37/11	而施○服下服之罪	5.12/69/29		
則旅○帝及四望	3.1/37/12	治神之約爲○	5.13/69/31	以其圍之防○其藪	6.1/78/27
及執事禱祠于○下神示	3.2/37/24	旅于○帝	5.15/70/11		
類造○帝	3.3/38/7	○罪三年而舍	5.18/70/21	**梢 shāo**	**1**
四圭有邸以祀天、旅○		○罪梏拲而桎	5.19/70/24		
帝	3.10/39/15	縣其巢	5.44/73/8	○溝三十里而廣倍	6.28/85/3
○公九命爲伯	3.11/39/22	○公之禮	5.52/73/32		
祀昊天、○帝	3.12/39/31	公於○等	5.54/75/6	**稍 shāo**	**19**
於地○之圜丘奏之	3.21/41/22	唯○相入	5.54/75/10		
辨龜之○下左右陰陽	3.42/44/19	以二等從其爵而○下之		均其○食	1.4/7/24, 1.45/13/15
○春釁龜	3.43/44/23		5.54/75/22		1.45/13/22, 4.12/55/17
以通○下親疏遠近	3.49/45/16	次事（○）士	5.57/76/3	月終則會其○食	1.4/7/24
類○帝	3.49/45/24	三公眡○公之禮	5.58/76/7	凡王之○事	1.6/8/5
卒長皆○士	4.0/49/10	○公五積	5.58/76/8	共賓客之○禮	1.23/10/17
○士六人	4.0/49/31	唯○介有禽獻	5.58/76/14	四郊之賦以待○秣	1.34/11/30
○士十有二人	4.0/51/27		5.58/76/19, 5.58/76/24	則會內人之○食	1.45/13/21
	4.0/51/29	有虞氏○陶	6.0/78/9	○人	2.0/18/1
○士五人	4.0/52/16	夏后氏○匠	6.0/78/9	以家邑之田任○地	2.16/24/17
每都○士二人	4.0/53/3	殷人○梓	6.0/78/10	甸○縣都皆無過十二	2.16/24/18
○地食者參之二	4.1/53/16	周人○輿	6.0/78/10	縣師掌邦國都鄙○甸郊	
三公北面東○	4.23/56/30	鑿二枚	6.1/79/10	里之地域	2.18/24/28
孤東面北○	4.23/56/31	○欲尊而宇欲卑	6.1/79/12	○人掌令丘乘之政令	2.49/29/17
卿大夫西面北○	4.23/56/31	○尊而宇卑	6.1/79/12	以○聚待賓客	2.50/29/21
南面東○	4.23/56/31	冶氏執○齊	6.3/80/7	以待國之匪頒、賙賜、	
南面西○	4.23/56/32	謂之○制	6.6/80/19, 6.30/86/20	○食	2.71/31/22
以下○其食而誅賞	4.41/59/15	○士服之	6.6/80/19, 6.30/86/21	等馭夫之祿、宮中之○	
自車○諭命于從車	4.44/59/24	于○謂之鼓	6.7/80/23	食	4.51/60/21
馬八尺以○爲龍	4.55/61/2	鼓○謂之鉦	6.7/80/23	（惟）〔唯〕鍚○之受	
七尺以○爲騋	4.55/61/2	鉦○謂之舞	6.7/80/23		5.58/76/27
六尺以○爲馬	4.55/61/2	舞○謂之甬	6.7/80/24	以致○餼	6.19/82/29
訓方氏掌道四方之政事		甬○謂之衡	6.7/80/24		
與其○下之志	4.62/62/12	于○之擔謂之隧	6.7/80/25		

勺 sháo	2	類○稷宗廟	3.2/37/28	辨其施○與其可任者	2.41/28/17
黃金○	6.19/82/23	凡師甸用牲于○宗	3.3/38/7	辨其可任者與其可施○	
○一升	6.26/84/1	○之日	3.3/38/9	者	2.42/28/23
		○壝用大罍	3.5/38/17	以和邦國都鄙之政令刑	
磬 sháo	3	祭○、稷、五祀則希冕	3.12/40/2	禁與其施○	2.51/29/26
以樂舞教國子舞《雲門》		彌祀○稷	3.49/45/23	以列○水	2.53/30/1
、《大卷》、《大咸》		宜于○ 3.49/45/24,3.49/45/25		以時○其守	2.58/30/19
、《大○》、《大夏》		設軍○	3.49/45/24	○人掌平宮中之政	2.72/31/27
、《大濩》、《大武》		及軍歸獻于○	3.49/45/24	○采	3.23/42/11
	3.21/41/12	祀于○	3.50/46/1	乃○萌于四方	3.47/45/8
舞《大○》	3.21/41/16	掌勝國邑之○稷之祝號	3.51/46/5	○莫	3.49/45/25
《九○》之舞	3.21/41/26	獻禽以祭○	4.1/53/20	○莫于祖廟	3.52/46/8
		以先愷樂獻于○	4.1/54/9	○莫于祖禰	3.52/46/9
賒 shē	2	量其市、朝、州、涂、		○筭	3.57/46/30
以泉府同貨而斂○	2.27/26/11	軍之所里	4.8/55/2	教茇○	4.1/53/20
凡○者	2.36/27/17	而掌珥于○稷	4.9/55/6	營軍之壘○	4.8/55/2
		秋祭馬○	4.51/60/18	挈壷以令○	4.17/56/3
舌 shé	1	泄禜于○	5.1/67/15	○則守王閑	4.26/57/16
上綱與下綱出○尋	6.26/84/4	若棽勝國之○稷	5.3/68/8	及○	4.38/58/30
		左祖右○	6.28/84/21	則樹王○	4.59/62/4
蛇 shé	3			治其委積、館○、飲食	4.60/62/6
龜○為旐	3.67/48/13	**舍 shè**	45	則宥而○之	5.1/67/9
龜（○）〔旐〕四斿	6.3/80/6	掌○	1.0/3/3	上罪三年而○	5.18/70/21
鳥獸○	6.15/82/4	治其施○	1.2/7/2	中罪二年而○	5.18/70/21
		以時比宮中之官府次○		下罪一年而○	5.18/70/21
社 shè	33	之衆寡	1.4/7/22	守王宮與野之屬禁	5.21/71/3
設其○稷之壝而樹之田		令于王宮之官府次○	1.4/7/25	○則授館	5.56/75/28
主	2.1/20/3	則授廬	1.4/7/26	次于○門外	5.59/76/31
遂以名其○與其野	2.1/20/3	授八次八○之職事	1.5/7/28		
立其○稷	2.2/21/26	四方之○事亦如之	1.30/11/14	**涉 shè**	3
若以歲時祭祀州○	2.5/22/27	掌○掌王之會同之○	1.31/11/16	以○揚其芟作田	2.53/30/2
封人掌詔王之○壝	2.10/23/21	凡○事	1.31/11/17	且○山林之阻	6.27/84/10
設其○稷之壝	2.10/23/21	○人	2.0/19/20	且不○山林之阻	6.27/84/11
令○稷之職	2.10/23/22	五曰○禁	2.1/20/24		
以靈鼓鼓○祭	2.11/23/26	則令邦國移民、通財、		**射 shè**	80
帥而舞○稷之祭祀	2.12/23/31	○禁、弛力、薄征、		○則張耦次	1.33/11/25
聽之于勝國之○	2.26/26/7	緩刑	2.1/21/10	王大○	1.43/13/8
以血祭祭○稷、五祀、		凡征役之施○	2.2/21/15	禮、樂、○、御、書、	
五嶽	3.1/36/25	辨其可任者與其施○者	2.3/22/2	數	2.1/21/4
右○稷	3.2/37/15	其○者	2.4/22/15	藁共○器	2.3/22/10
則帥有司而立軍○	3.2/37/23	國中貴者、賢者、能者		退而以鄉○之禮五物詢	
		、服公事者、老者、		衆庶	2.4/22/20
		疾者皆○	2.4/22/15	以禮會民而○于州序	2.5/22/28
		辨其施○	2.8/23/14	饗食、賓○	2.14/24/8
		辨其老幼癈疾與其施○		三曰五○	2.22/25/17
		者	2.40/28/11		

禁鬻卵者與其毒矢○者		王弓、弧弓以授○甲革		4.0/49/1,5.0/63/5
	2.60/30/26	、椹質者	4.39/59/2	○其參 1.1/6/4
以賓○之禮	3.1/36/31	夾弓、庾弓以授○豻侯		○其伍 1.1/6/5
凡大朝覲、大享○、凡		、鳥獸者	4.39/59/2	○其攷 1.1/6/6
封國、命諸侯	3.8/39/1	唐弓、大弓以授學○者		○薦脯醢 1.6/8/5
璋邸○以祀山川	3.10/39/16	、使者、勞者	4.39/59/3	○栜柜再重 1.31/11/16
享先公、饗○則鷩冕	3.12/40/1	枉矢、絜矢利火○	4.39/59/4	○車宮、轅門 1.31/11/16
乃奏無○	3.21/41/17	殺矢、鍭矢用諸近○、		○旌門 1.31/11/17
大○	3.21/41/28	田獵	4.39/59/4	○皇邸 1.33/11/22
	3.25/42/22,3.66/48/10	矰矢、茀矢用諸弋○	4.39/59/5	○重帟重案 1.33/11/23
及○	3.21/41/29	恒矢、（痺）〔庳〕矢		○ 1.33/11/23
凡○	3.22/42/5	用諸散○	4.39/59/5	則張幕○案 1.33/11/24
	3.31/43/12,3.67/48/17	共○牲之弓矢	4.39/59/6	○ 1.33/11/24
燕○	3.22/42/8	共○椹質之弓矢	4.39/59/7	○其鵠 1.43/13/8
帥○夫以弓矢舞	3.22/42/8	大○、燕○	4.39/59/7	皆○其鵠 1.43/13/9
黃鍾、大蔟、姑洗、蕤		掌詔王○	4.40/59/11	○其次 1.45/13/19
賓、夷則、無○	3.25/42/18	既○則斂之	4.40/59/12	○門燎 1.47/14/1
帥瞽而歌○節	3.25/42/22	○則充椹質	4.56/61/4	○其社稷之壝而樹之田
賓○	3.28/43/2	庭氏掌○國中之夭鳥	5.49/73/20	主 2.1/20/3
凡祭祀、饗○	3.32/43/16	則以救日之弓與救月之		○其社稷之壝 2.10/23/21
饗食、賓○亦如之	3.33/43/19	矢〔夜〕○之	5.49/73/20	○其楅衡 2.10/23/22
	3.39/44/3	則以大陰之弓與枉矢○		共○匪罋之禮 3.3/38/5
凡○事	3.57/46/29	之	5.49/73/21	○斗 3.5/38/18
○人	4.0/50/5	○四寸 6.19/82/23,6.19/82/26		王位○黼依 3.8/39/2
○鳥氏	4.0/50/9	○二寸	6.19/82/25	依前南鄉○莞筵紛純 3.8/39/2
若大○	4.1/54/10	璋邸○	6.19/82/29	甸役則○熊席 3.8/39/4
凡小祭祀、會同、饗○		故抗而○女	6.26/84/6	○葦席 3.8/39/4
、師田、喪紀	4.2/54/13	○遠者用埶	6.30/85/23	○其服飾 3.10/39/12
○人掌國之三公、孤、		○深者用直	6.30/85/24	帥其屬而○筍簴 3.39/44/3
卿、大夫之位	4.18/56/7	利○侯與弋	6.30/86/25	○軍社 3.49/45/24
以○法治○儀	4.18/56/9	利○革與質	6.30/86/25	○熬 3.50/45/30
王以六耦○三侯	4.18/56/9	利○深	6.30/86/26	○道齎之奠 3.50/45/30
諸侯以四耦○二侯	4.18/56/10			○儀辨位以等邦國 4.1/53/7
孤卿大夫以三耦○一侯		**赦 shè**	**6**	乃○驅逆之車 4.1/54/4
	4.18/56/11			○其飾器 4.12/55/16
士以三耦○豻侯	4.18/56/11	以行○宥	2.23/25/23	○國之五溝五涂 4.13/55/22
若王大○	4.18/56/12	國君過市則刑人○	2.27/26/19	以○候人 4.15/55/28
王○ 4.18/56/12,4.30/58/1		司刺掌三刺、三宥、三		○藩盾 4.38/58/30
與大史數○中	4.18/56/13	○之法	5.12/69/27	○驅逆之車 4.49/60/8
佐司馬治○正	4.18/56/13	壹曰幼弱	5.12/69/28	王○其牧 4.58/61/29
則贊○牲	4.18/56/14	再曰老旄	5.12/69/28	冥氏掌○弧張 5.38/72/23
○則贊張侯	4.19/56/18	三曰憃愚	5.12/69/29	○色之工五 6.0/78/6
○鳥氏掌○鳥	4.20/56/21			○色之工 6.0/78/8
○則取矢	4.20/56/21	**設 shè**	**51**	○其後 6.6/80/19
秋合諸○	4.24/57/11			以○其旋 6.7/80/27
小祭祀、賓客、饗食、		○官分職	1.0/1/3	夾其陰陽以○其比 6.23/83/8
賓○掌事	4.31/58/5	2.0/15/23,3.0/32/17		夾其比以○其羽 6.23/83/8

參分其羽以○其刃	6.23/83/8	利射○	6.30/86/26	磬折以○伍	6.28/85/3
		其次筋角皆有漸而○	6.30/86/26	其綱○分去一	6.28/85/5
攝 shè	4	謂之○弓	6.30/86/28	葺屋○分	6.28/85/6
				牝服二柯有○分柯之二	
則○位	3.1/37/10	**參** shēn	52		6.29/85/17
則○而籩豆簜徹	3.1/37/10			羊車二柯有○分柯之一	
則○而載果	3.1/37/11	設其○	1.1/6/4		6.29/85/17
○其君	3.11/39/26	○之以九藏之動	1.18/9/24	引之中○	6.30/86/16
		以○攷日成	1.38/12/19	謂之○均	6.30/86/17，6.30/86/17
身 shēn	7	其食者○之一	2.1/20/19		
			2.1/20/20	**神** shén	31
○長五其蟄長	6.6/80/19	八日巫○	3.46/45/3		
○長四其蟄長	6.6/80/20	上地食者○之二	4.1/53/16	以馭其○	1.1/5/15
○長三其蟄長	6.6/80/20	下地食者○之一	4.1/53/17	祀大○示亦如之	1.1/6/9
搏○而鴻	6.26/83/27	○之一食	4.6/54/24	以事鬼○	1.2/6/24，3.1/37/8
與其○三	6.26/84/3	○分其牙圍而漆其二	6.1/78/26	十有一日索鬼○	2.1/20/25
凡兵無過三其○	6.27/84/9	○分其轂長	6.1/78/29	國索鬼○而祭祀	2.6/23/2
過三其○	6.27/84/9	○分其輻之長而殺其一	6.1/79/1	以雷鼓鼓○祀	2.11/23/26
		○分其股圍	6.1/79/1，6.1/79/12	凡祭祀百物之○	2.11/23/27
深 shēn	30	綆○分寸之二	6.1/79/3	凡以○士者無數	3.0/36/21
		○分弓長而揉其一	6.1/79/11	掌建邦之天○、人鬼、	
○蒲、醓醢	1.26/10/31	○分弓長	6.1/79/12	地示之禮	3.1/36/23
以土圭之法測土○	2.1/20/15	○如一	6.2/79/16	以吉禮事邦國之鬼○示	3.1/36/23
量其鑿○以爲輻廣	6.1/78/29	謂之○稱	6.2/79/16	凡祀大○	3.1/37/8
鑿○而輻小	6.1/78/30	○分車廣	6.2/79/16	掌建國之○位	3.2/37/15
則雖有○泥	6.1/79/1	○分其隧	6.2/79/16	及執事禱祠于上下○示	3.2/37/24
鑿○二寸有半	6.1/79/10	○分軫圍	6.2/79/18	封于大○	3.3/38/7
國馬之輈○四尺有七寸	6.3/79/23	○分式圍	6.2/79/18	以致鬼○示	3.21/41/14
田馬之輈○四尺	6.3/79/23	○分較圍	6.2/79/18	以祀天○	3.21/41/15
駑馬之輈○三尺有三寸	6.3/79/23	○分軹圍	6.2/79/19	六變而致象物及天○	3.21/41/20
欲其孫而無弧○	6.3/79/28	○分其兔圍	6.3/79/27	則天○皆降	3.21/41/22
輈○則折	6.3/79/31	○分其金而錫居一	6.3/80/9	以事鬼○示	3.49/45/14
以其一爲之○而圜之	6.7/80/30	○分其臘廣	6.6/80/19	以同鬼○示	3.49/45/15
○尺	6.8/81/2，6.28/84/29	○分其圍	6.7/80/26，6.27/84/13	一曰○號	3.49/45/17
以其笴厚爲之羽○	6.23/83/7	○分其甬長	6.7/80/27	則保群○之壝	3.68/48/21
必○其爪	6.26/83/28	○分其股博	6.22/83/3	凡以○仕者	3.70/48/26
○其爪	6.26/83/28	○分其鼓博	6.22/83/4	以猶鬼○示之居	3.70/48/26
爪不○	6.26/83/30	鋌矢○分	6.23/83/6	以冬日至致天○人鬼	3.70/48/26
○二尺	6.28/84/30	茀矢○分	6.23/83/6	治○之約爲上	5.13/69/31
○四尺	6.28/84/30	○分其長而殺其一	6.23/83/7	北面詔明○	5.14/70/4
○八尺	6.28/85/1	○分其羽以設其刃	6.23/83/8	若欲殺其○	5.48/73/17
○二仞	6.28/85/1	○分其廣而鵠居一焉	6.26/84/3	則其○死	5.48/73/18
必一日先○之以爲式	6.28/85/5	○分其長	6.27/84/14，6.29/85/18	若○也	5.49/73/20
以爲○也	6.30/85/21	○分其晉圍	6.27/84/15		
射○者用直	6.30/85/24	晝○諸日中之景	6.28/84/19	**審** shěn	5
○瑕而澤	6.30/85/29	闈門容小扃○个	6.28/84/25		
且不○	6.30/86/24	應門二徹○个	6.28/84/25	○其誓戒	2.41/28/19

十羽爲○	2.63/31/3	詔王后帥六宮之人而○		共野○	2.40/28/13
或○曲面埶	6.0/77/24	穜稑之種	1.45/13/22	共其野○	2.41/28/19
○曲面埶	6.0/77/26	以土會之法辨五地之物		皆有○幣	3.1/37/7
冰析澌則○環	6.30/86/4	○	2.1/20/4	省○鑊	3.1/37/9
		九曰○材	2.1/21/2	毛六○	3.2/37/17
脤 shèn	**2**	澤草所○	2.53/30/2	省○	3.2/37/20
		以辨地物而原其○	2.54/30/5	用玉帛○牷	3.3/38/1
以○膰之禮	3.1/37/1	共其○獸、死獸之物	2.69/31/17	用○幣	3.3/38/1,3.49/45/25
歸○以交諸侯之福	5.52/73/30	六曰○	3.61/47/14	用○	3.3/38/2
		自○齒以上	5.2/67/26	展犠	3.3/38/2
愼 shèn	**1**	自○齒以上皆書於版	5.10/69/20	凡師甸用○于社宗	3.3/38/7
		歲登下其死○	5.10/69/21	雞人掌共雞○	3.6/38/21
則民○德	2.1/20/12	春始○而萌之	5.43/73/4	共其雞○	3.6/38/22
		車米昒○牢	5.58/76/11	○（出）入則令奏《昭	
蜃 shèn	**15**	天有時以○	6.0/78/4	夏》	3.21/41/27
		草木有時以○	6.0/78/5	大饗不入○	3.21/41/28
以時簎魚鱉龜○	1.14/9/7	直者如○焉	6.2/79/20	四曰○號	3.49/45/17
春獻鱉○	1.14/9/7	欲○而摶	6.23/83/11	隋釁、逆○、逆尸	3.49/45/21
○、蚳醢	1.26/10/30			禰○、禰馬	3.52/46/9
掌○	2.0/19/11	**牲 shēng**	**73**	斬○以左右徇陳	4.1/53/28
共丘籠及○車之役	2.41/28/21				4.9/55/7
帥○車與其役以至	2.49/29/18	贊王○事	1.1/6/9,4.30/57/31	羞○魚	4.1/54/11
掌○掌斂互物○物	2.68/31/15	膳用六○	1.6/8/1	奉詔馬○	4.1/54/11
以共閭壙之○	2.68/31/15	以○體實之	1.8/8/15	飾其○	4.9/55/6
共○器之○	2.68/31/15	實之○體、魚、腊	1.9/8/21	羊人掌羊○	4.10/55/9
共白盛之○	2.68/31/15	奉牛○	2.1/21/8,2.2/21/24	割羊○	4.10/55/9
凡山川四方用○	3.5/38/17	羞牛○	2.3/22/4	共其羊○	4.10/55/9,4.10/55/10
以○炭攻之	5.46/73/12	飾其牛○	2.10/23/22	若牧人無○	4.10/55/10
淫之以○	6.18/82/13	歌舞○及毛炮之豚	2.10/23/23	使其賈買○而共之	4.10/55/10
		則飾其牛○	2.10/23/23	則贊射○	4.18/56/14
升 shēng	**4**	牧人掌牧六○而阜蕃其		帥其屬而割○	4.23/57/2
		物	2.13/24/3	正六○之體	4.24/57/9
其實一○	6.8/81/2	以共祭祀之○牷	2.13/24/3	共射○之弓矢	4.39/59/6
勺一○	6.26/84/1	用騂○毛之	2.13/24/3	凡有○事	4.43/59/21
爵一○	6.26/84/1	用黝○毛之	2.13/24/3	奉犬○	5.1/67/14,5.2/67/26
觚三○	6.26/84/1	各以其方之色○毛之	2.13/24/4	則奉犬○	5.3/68/9
		凡時祀之○	2.13/24/4	各以其地域之衆庶共其	
生 shēng	**23**	共其犠○	2.13/24/5	○而致焉	5.14/70/6
		凡○不繫者	2.13/24/5	犬人掌犬○	5.17/70/17
以○萬民	1.1/5/12	共其牛○之互與其盆簝		共犬○	5.17/70/17
五曰○	1.1/5/18		2.14/24/10	則國君膳以○犢	5.58/76/6
○九穀	1.1/5/21	充人掌繫祭祀之○牷	2.15/24/12	令百官百○皆具	5.58/76/6
以○百物	1.2/6/26	凡散祭祀之○	2.15/24/12	○三十有六	5.58/76/10
凡其死○鱻薧之物	1.7/8/9	展○	2.15/24/13	○十有八	5.58/76/22
共其死獸○獸	1.12/9/1	碩○	2.15/24/13	受○禮	5.58/76/27
以五氣、五聲、五色眡		不畜者祭無○	2.17/24/25	脂者、膏者以爲○	6.26/83/20
其死○	1.18/9/23	祭祀之牛○繫焉	2.37/27/22		

乃○教法于邦國都鄙	2.1/20/28	載○	2.0/16/16	祭祀	2.44/29/1
凡征役之○舍	2.2/21/15	閭○	2.0/16/18	旅○掌聚野之鉏粟、屋	
以○政教	2.2/21/17	縣○	2.0/16/20	粟、間粟而用之	2.48/29/13
○其賞罰	2.2/21/22	○氏	2.0/16/26	若有會同、○田、行役	
○其職而平其政	2.2/21/24	胥○	2.0/17/12	之事	2.49/29/17
辨其可任者與其○舍者	2.3/22/2	賈○	2.0/17/12	則以縣○之法作其同徒	
以王命○惠	2.3/22/9	遂○	2.0/17/25	、葷蓁	2.49/29/17
辨其○舍	2.8/23/14	鄙○	2.0/17/28	凡邦有會同○役之事	2.71/31/24
以待○惠	2.19/25/1	旅○	2.0/17/31	肆○	3.0/32/22
而以王命○惠	2.24/25/27	四曰聯○儒	2.1/20/27	樂○	3.0/33/27
辨其老幼癈疾與其○舍		五旅為○	2.2/21/18	大○	3.0/34/1
者	2.40/28/11	五○為軍	2.2/21/18		3.25/42/22,3.49/45/23
辨其○舍與其可任者	2.41/28/17	鄉○之職	2.3/22/1		3.50/45/30,3.57/46/28
辨其可任者與其可○舍		執蠡以與匠○御區而治			4.18/56/14,5.3/68/10
者	2.42/28/23	役	2.3/22/5	小○	3.0/34/1,5.2/67/27
○其惠	2.48/29/13	執斧以涖匠○	2.3/22/6	磬○	3.0/34/6
以和邦國都鄙之政令刑		若國作民而○田行役之		鍾○	3.0/34/8
禁與其○舍	2.51/29/26	事	2.5/22/28	笙○	3.0/34/10
○貢分職以任邦國	4.1/53/8	凡作民而○田、行役	2.6/23/4	鎛○	3.0/34/12
○邦國之政職	4.1/53/13	族○各掌其族之戒令政		(韎)〔韎〕○	3.0/34/14
時則○火令	4.11/55/14	事	2.7/23/7	籥○	3.0/34/18
寳之圜土而○職事焉	5.1/67/4	若作民而○田行役	2.7/23/11	卜○	3.0/34/28
以○上服下服之刑	5.2/67/25	舞○掌教兵舞	2.12/23/31	其○	3.0/35/24
以○刑罰慶賞	5.3/68/5	載○掌任土之法	2.16/24/15	以櫃燎祀司中、司命、	
而○上服下服之罪	5.12/69/29	閭○掌國中及四郊之人		飄○、雨○	3.1/36/24
殷同以○天下之政	5.52/73/29	民、六畜之數	2.17/24/22	大○之禮	3.1/36/29
○膠必厚	6.1/78/28	縣○掌邦國都鄙稍甸郊		若大○	3.2/37/23,4.1/54/7
○筋必數	6.1/78/28	里之地域	2.18/24/28	肆○之職	3.3/38/1
		凡賓客、會同、○役	2.19/25/2	凡○甸用牲于社宗	3.3/38/7
師 shī	**147**	○氏掌以媺詔王	2.21/25/11	凡○不功	3.3/38/8
		以事○長	2.21/25/13	王○大獻	3.21/41/29
旬○	1.0/1/26	○長之矙眠兄弟	2.25/25/30	樂○掌國學之政	3.22/42/3
醫○	1.0/2/5	市○涖焉	2.27/26/13	大○掌六律六同	3.25/42/18
追○	1.0/5/3	胥○、賈○涖于介次	2.27/26/14	小○掌教鼓鼗、柷、敔	
三曰○	1.1/6/1	凡會同○役	2.27/26/20	、塤、簫、管、弦、	
二曰聽○田以簡稽	1.2/6/28	市司帥賈○而從	2.27/26/20	歌	3.26/42/25
二曰○	1.3/7/11	胥○各掌其次之政令	2.30/26/29	以役大○	3.27/42/30
○役	1.9/8/23	賈○各掌其次之貨賄之		掌大○之縣	3.28/43/1
旬○掌帥其屬而耕耨王		治	2.31/27/1	磬○掌教擊磬	3.30/43/8
藉	1.11/8/28	凡○役會同	2.31/27/2	鍾○掌金奏	3.31/43/10
醫○掌醫之政令	1.16/9/13	以令○田	2.40/28/12	笙○掌教龡竽、笙、塤	
而入于醫○	1.18/9/25	而○田作野民	2.40/28/14	、簫、籥、（篴）	
○田	1.33/11/23,1.33/11/24	遂○各掌其遂之政令戒		〔篴〕、（籈）〔篪〕	
追○掌王后之首服	1.61/15/13	禁	2.41/28/17	、管	3.32/43/15
鄉○	2.0/15/28	若將用野民○田、行役		鎛○掌金奏之鼓	3.33/43/19
族○	2.0/16/2	、移執事	2.43/28/29	（韎）〔韎〕○掌教	
舞○	2.0/16/8	鄙○各掌其鄙之政令、		（韎）〔韎〕樂	3.34/43/22

籥○掌教國子舞羽龡籥
　　3.36/43/26
國大遷、大○　3.41/44/15
卜○掌開龜之四兆　3.42/44/18
以授卜○　3.44/44/26
○旬　3.52/46/8
與大○同車　3.57/46/28
凡○　3.66/48/9
（○）〔帥〕都建旗　3.67/48/14
二千有五百人爲○　4.0/49/9
○帥皆中大夫　4.0/49/9
弁○　4.0/51/1
牧○　4.0/52/7
圉○　4.0/52/11
山○　4.0/52/26
川○　4.0/52/28
邍○　4.0/52/30
○帥執提　4.1/53/19
（○）〔帥〕都載旝　4.1/53/24
及○　4.1/54/6
若○有功　4.1/54/8
若○不功　4.1/54/9
凡小祭祀、會同、饗射
　、○田、喪紀　4.2/54/13
凡○田　4.9/55/7
環人掌致○　4.16/55/31
弁○掌王之五冕　4.35/58/18
凡○役、會同　4.39/59/7
乘馬一○四圉　4.51/60/14
八麗一○　4.51/60/16
八○一趣馬　4.51/60/16
牧○掌牧地　4.54/60/29
圉○掌教圉人養馬　4.56/61/4
以役圉○　4.57/61/7
山○掌山林之名　4.64/62/18
川○掌川澤之名　4.65/62/20
邍○掌四方之地名　4.66/62/22
士○　5.0/63/10
士○之職　5.3/68/1
帥其屬而禁逆軍旅者與
　犯○禁者而戮之　5.3/68/10
士○受中　5.4/68/15,5.5/68/21
　　5.6/68/28,5.7/69/2
奉而適甸○氏　5.19/70/26
殺之于甸○氏　5.20/70/29
邦之〔有〕大○　5.30/71/30
大○、大賓客亦如之　5.31/72/2

瞽○曰三百　5.36/72/18
若國○役　5.53/74/28
梓○罪之　6.26/84/3

詩 shī　4

教六○　3.25/42/20
諷誦○　3.27/42/29
掌《九德》、《六○》
　之歌　3.27/42/29
龡《豳○》以逆暑　3.37/43/29

濕 shī　2

居○亦不動　6.30/86/12
必因角幹之○以爲之柔
　　6.30/86/13

十 shí　455

中士○有六人　1.0/1/8,1.0/3/19
　　2.0/15/28,2.0/17/25
　　3.0/32/22,4.0/49/7
　　4.0/52/13,5.0/63/10
　　5.0/63/17,5.0/66/11
旅下士三○有二人　1.0/1/8
　　2.0/15/29,2.0/17/25
　　3.0/32/23,4.0/49/7
　　5.0/63/11
史○有二人　1.0/1/9
　　2.0/15/29,2.0/17/26
　　3.0/32/23,5.0/63/11
　　5.0/63/13,5.0/64/9
胥○有二人　1.0/1/9,1.0/1/15
　　2.0/15/29,2.0/16/26
　　2.0/17/5,2.0/17/26
　　2.0/18/18,2.0/18/21
　　3.0/32/23,3.0/33/21
　　3.0/34/2,5.0/63/11
　　5.0/63/13,5.0/64/31
徒百有二○人　1.0/1/9,1.0/1/15
　　2.0/15/29,2.0/16/26
　　2.0/17/6,2.0/17/26
　　2.0/18/18,2.0/18/21
　　3.0/32/23,3.0/33/21
　　3.0/34/2,4.0/49/31
　　5.0/63/11,5.0/63/13

　　5.0/64/9,5.0/64/31
徒四○人　1.0/1/11,1.0/1/18
　　1.0/1/28,1.0/3/3,1.0/3/5
　　1.0/3/30,1.0/4/1,2.0/16/14
　　2.0/16/22,2.0/16/24
　　2.0/17/18,2.0/18/3
　　2.0/18/5,2.0/18/27
　　2.0/18/29,2.0/19/20
　　2.0/19/22,2.0/19/24
　　2.0/19/26,3.0/33/11
　　3.0/33/25,3.0/33/30
　　3.0/34/6,3.0/34/14
　　3.0/34/29,3.0/35/1
　　3.0/35/14,3.0/35/16
　　3.0/35/24,3.0/35/27
　　3.0/36/2,3.0/36/6
　　3.0/36/15,3.0/36/17
　　4.0/49/25,4.0/49/27
　　4.0/50/15,4.0/50/32
　　4.0/52/7,4.0/52/18
　　4.0/52/20,4.0/52/22
　　4.0/52/24,4.0/52/26
　　4.0/52/28,5.0/64/25
　　5.0/65/1,5.0/66/14
　　5.0/66/20,5.0/66/32
徒二○人　1.0/1/13
　　1.0/2/3,1.0/2/5,1.0/3/24
　　1.0/3/26,1.0/3/28,1.0/4/23
　　1.0/4/27,1.0/5/1,2.0/16/6
　　2.0/16/18,2.0/16/30
　　2.0/16/32,2.0/17/8
　　2.0/17/10,2.0/17/23
　　2.0/18/16,2.0/18/22
　　2.0/19/3,2.0/19/7,2.0/19/9
　　2.0/19/15,3.0/32/31
　　3.0/33/3,3.0/34/4
　　3.0/34/12,3.0/34/16
　　3.0/34/18,3.0/34/20
　　3.0/34/22,3.0/34/26
　　3.0/36/4,3.0/36/11
　　3.0/36/13,4.0/49/13
　　4.0/50/5,4.0/50/13
　　4.0/50/17,4.0/50/30
　　4.0/51/5,4.0/51/11
　　4.0/51/13,4.0/52/5
　　4.0/52/9,5.0/63/25
　　5.0/65/23,5.0/65/25

	5.0/66/16,5.0/66/28	其屬六○	1.2/6/18	以荒政○有二聚萬民	2.1/20/23
胥○人	1.0/1/20,1.0/1/22	1.2/6/19,1.2/6/20,1.2/6/21		○曰多昏	2.1/20/24
	2.0/18/9,4.0/49/11	1.2/6/21,1.2/6/22		○有一曰索鬼神	2.1/20/25
徒五○人	1.0/1/24,1.0/3/20	羞用百〔有〕二○品	1.6/8/2	○有二曰除盜賊	2.1/20/25
	3.0/36/9,4.0/52/16	醬用百有二○罋	1.6/8/2	頒職事○有二于邦國都	
胥三○人	1.0/1/26	鼎○有二	1.6/8/2	鄙	2.1/20/30
	1.0/1/30,2.0/19/17	○全爲上	1.16/9/14	○曰學藝	2.1/21/2
徒○有六人	1.0/2/1	○失一次之	1.16/9/14	○有一曰世事	2.1/21/2
	5.0/65/9,5.0/66/24	○失二次之	1.16/9/14	○有二曰服事	2.1/21/2
徒八○人	1.0/2/15	○失三次之	1.16/9/14	國中自七尺以及六○	2.4/22/15
	1.0/2/21,1.0/3/1,1.0/3/7	○失四爲下	1.16/9/15	野自六尺以及六○有五	2.4/22/15
	1.0/3/9,1.0/4/3,2.0/16/20	歲○有二月	1.24/10/20	○家爲聯	2.7/23/9
	2.0/17/15,2.0/17/20	則共醴六○罋	1.26/11/1	○人爲聯	2.7/23/9
	2.0/17/31,2.0/18/15	共醴五○罋	1.26/11/2	園廛二○而一	2.16/24/18
	2.0/18/24,2.0/19/13	則共齊菹醯物六○罋	1.27/11/5	近郊○一	2.16/24/18
	3.0/33/28,3.0/34/24	共醯五○罋	1.27/11/5	遠郊二○而三	2.16/24/18
	4.0/50/19,4.0/51/3	徒六○人	2.0/16/4,2.0/16/10	甸稍縣都皆無過○二	2.16/24/18
	4.0/51/9,4.0/52/1		2.0/16/16,2.0/16/28	唯其漆林之征二○而五	
	4.0/52/30,4.0/53/3		2.0/18/16,2.0/18/22		2.16/24/18
	5.0/63/19,5.0/64/1		3.0/34/8,5.0/63/21	○里有廬	2.19/25/3
	5.0/66/12,5.0/66/30		5.0/64/29,5.0/65/11	三○里有宿	2.19/25/3
奄○人	1.0/2/17	舞徒四○人	2.0/16/8	五○里有市	2.19/25/4
女酒三○人	1.0/2/17	胥二○人	2.0/16/12	令男三○而娶	2.26/26/4
女漿○有五人	1.0/2/19		3.0/33/23,5.0/64/13	女二○而嫁	2.26/26/4
奚百有五○人	1.0/2/19	下士○有六人	2.0/17/5	在民者○有二	2.27/26/17
女籩○人	1.0/2/23		2.0/17/15,2.0/19/17	在商者○有二	2.27/26/17
奚二○人	1.0/2/23,1.0/2/31		3.0/33/27,3.0/34/28	在賈者○有二	2.27/26/17
女醢二○人	1.0/2/25		3.0/35/13,3.0/35/26	在工者○有二	2.27/26/18
奚四○人	1.0/2/25,1.0/2/27		3.0/36/1,3.0/36/4,3.0/36/6	萊五○畮	2.40/28/7
	1.0/2/29,2.0/19/30		3.0/36/8,4.0/50/23	○夫有溝	2.40/28/9
女醯二○人	1.0/2/27		4.0/52/1,5.0/66/26	○羽爲審	2.63/31/3
女鹽二○人	1.0/2/29	二○肆則一人	2.0/17/12	○搏爲縛	2.63/31/4
女冪○人	1.0/2/31		2.0/17/12	上瞽四○人	3.0/34/1
賈○有六人	1.0/3/9	○肆則一人	2.0/17/12	下瞽百有六○人	3.0/34/1
徒四○有八人	1.0/3/12	（下士○有六人）	2.0/17/17	舞者○有六人	3.0/34/14
徒○人	1.0/3/15	每大林麓下士○有二人	2.0/18/18	其史百有二○人	3.0/36/6
	1.0/3/17,2.0/17/1,2.0/17/3	每大川下士○有二人	2.0/18/21	以○有二律爲之數度	3.29/43/6
	3.0/33/5,3.0/33/7,3.0/33/9	史○有六人	2.0/19/17	以○有二聲爲之齊量	3.29/43/6
	3.0/34/10,3.0/35/22		4.0/49/7,4.0/52/13	皆百有二○	3.41/44/10
奚○有六人	1.0/4/21,3.0/33/15		5.0/63/15,5.0/63/17	其別皆六○有四	3.41/44/11
徒○有二人	1.0/4/25,2.0/18/1	而施○有二教焉	2.1/20/8	其經運○	3.41/44/12
	2.0/18/7,4.0/50/1,4.0/50/3	○曰以世事教能	2.1/20/11	其別九○	3.41/44/12
	5.0/64/3,5.0/64/11	○有一曰以賢制爵	2.1/20/11	眡祲掌○煇之法	3.48/45/10
	5.0/64/27,5.0/65/13	○有二曰以庸制祿	2.1/20/12	○曰想	3.48/45/11
女工八○人	1.0/4/31	以土宜之法辨○有二土		馮相氏掌○有二歲、○	
奚三○人	1.0/4/31	之名物	2.1/20/12	有二月、○有二辰、	
前期○日	1.1/6/8	辨○有二壤之物	2.1/20/13	○日、二○有八星之	

位	3.59/47/5	○有二月之號	5.44/73/7	蓋弓二○有八	6.3/80/5
以○有二歲之相	3.60/47/9	○有二歲之號	5.44/73/7	鋌○之	6.5/80/14, 6.23/83/9
以○有二風	3.60/47/10	二○有八星之號	5.44/73/8	○分其銑	6.7/80/25
樊纓○有再就	3.64/47/25	其朝位賓主之間九○步	5.52/74/1	是故大鍾○分其鼓間	6.7/80/29
○有二斿	3.64/47/25	朝位賓主之間七○步	5.52/74/4	小鍾○分其鉦間	6.7/80/29
胥三○有二人	4.0/49/7	朝位賓主之間五○步	5.52/74/6	大琮○有二寸	6.19/82/26
徒三百有二○人	4.0/49/7	○有一歲達瑞節	5.52/74/16	案○有二寸	6.19/82/28
二○〔有〕五人爲兩	4.0/49/10	○有二歲王巡守殷國	5.52/74/17	棗桌○有二列	6.19/82/28
胥○有六人	4.0/49/29	則具○有二牢	5.58/76/5	方○里爲成	6.28/84/30
	4.0/52/13, 5.0/63/15	諸侯長○有再獻	5.58/76/6	梢溝三○里而廣倍	6.28/85/3
	5.0/63/17, 5.0/64/7	食四○	5.58/76/9	堂涂○有二分	6.28/85/7
徒百有六○人	4.0/49/29	簋○	5.58/76/9		
	4.0/52/14, 5.0/63/15	豆四○	5.58/76/9	**什 shí**	2
	5.0/63/17, 5.0/64/7	鉶（四）〔三〕○有二	5.58/76/9	會其○伍而教之道（義）	
下士○有二人	4.0/49/31	壺四○	5.58/76/9	〔藝〕	1.4/7/24
	4.0/50/15, 4.0/50/29	鼎簋○有二	5.58/76/9	與其民人之○伍	5.3/68/4
	5.0/64/7, 5.0/64/9		5.58/76/16, 5.58/76/21		
	5.0/64/13	牲三○有六	5.58/76/10	**石 shí**	19
中士○有二人	4.0/50/21	米百有二○筥	5.58/76/10		
	5.0/63/13	醯醢百有二○罋	5.58/76/10	恥諸嘉○	2.24/25/26
胥八○人	4.0/50/21	牢○車	5.58/76/11, 5.58/76/11	卝人掌金玉錫○之地	2.61/30/29
上士○有二人	4.0/51/27	乘禽日九○雙	5.58/76/12	金、○、土、革、絲、	
	4.0/51/29	食三○有二	5.58/76/15	木、匏、竹	3.25/42/20
中士二○人	4.0/51/31	豆三○有二	5.58/76/15	厚聲○	3.29/43/6
下士四○人	4.0/51/31	鉶二○有（八）〔四〕		洗乘○	4.34/58/15
下士○人	4.0/52/16		5.58/76/16	其利玉○	4.58/61/19
又五○步爲一表	4.1/53/27	壺三○有二	5.58/76/16	以嘉○平罷民	5.1/67/6
五采繢○有二就	4.35/58/18	腥二○有七	5.58/76/16	桎梏而坐諸嘉○	5.1/67/7
皆五采玉○有二	4.35/58/18	米三○車	5.58/76/17	以肺○（遠）〔達〕窮	
天子○有二閑	4.51/60/16	禾四○車	5.58/76/17	民	5.1/67/9
廋人掌○有二閑之政教	4.55/61/1	乘禽日七○雙	5.58/76/18	立於肺○	5.1/67/10
方二百里則二○五子	4.58/61/28	食二○有四	5.58/76/21	左嘉○	5.9/69/12
中士三○有二人	5.0/63/15	豆二○有四	5.58/76/21	右肺○	5.9/69/12
徒三○人	5.0/63/23	鉶○有（八）〔六〕	5.58/76/21	職金掌凡金、玉、錫、	
徒○〔有〕六人	5.0/64/5	壺二○有四	5.58/76/21	○、丹、青之戒令	5.15/70/9
史○人	5.0/64/13	牲○有八	5.58/76/22	入其玉○丹青于守藏之	
百有二○人	5.0/64/15	米八○筥	5.58/76/22	府	5.15/70/10
	5.0/64/17, 5.0/64/19	醯醢八○罋	5.58/76/22	凡國有大故而用金○	5.15/70/11
	5.0/64/21, 5.0/64/23	米二○車	5.58/76/23	以焚○投之	5.48/73/17
下士三○有二人	5.0/66/12	禾三○車	5.58/76/23	○有時以泐	6.0/78/5
徒（三）〔二〕○人	5.0/66/18	乘禽日五○雙	5.58/76/23	則是（搏）〔揎〕以行	
徒三○有二人	5.0/66/22	○分寸之一謂之枚	6.1/79/9	○也	6.1/79/4
	5.0/66/26	是故蓋崇○尺	6.1/79/13	鍾已厚則○	6.7/80/28
凡有爵者與七○者與未		（軌）〔軓〕前○尺	6.3/79/25		
亂者	5.16/70/15	○分其軹之長	6.3/79/25		
以方書○日之號	5.44/73/7		6.3/79/27		
○有二辰之號	5.44/73/7	輪輻三○	6.3/80/4		

以歲○獻功事	1.52/14/16	令萬民○斬材	2.56/30/12	帥百隸而○難	4.29/57/26
掌以○招、梗、檜、禳		以○計林麓而賞罰之	2.57/30/16	辨四○之居治	4.52/60/23
之事	1.53/14/19	以○舍其守	2.58/30/19	其浸菑○	4.58/61/20
以待興功之○	1.56/14/27	以○入之于玉府	2.59/30/22	以○脩其縣法	5.7/69/3
以待○頒功而授賚	1.57/15/1	若以○取之	2.61/30/29	且以幾禁行作不○者、	
以待○頒	1.57/15/2	角人掌以○徵齒角凡骨		不物者	5.30/71/30
凡四○之祭祀	1.62/15/17	物於山澤之農	2.62/30/32	司寤氏掌夜○	5.34/72/10
四○之所交也	2.1/20/17	羽人掌以○徵羽翮之政		以○獻其珍異皮革	5.40/72/28
以歲○入其數	2.2/21/16	于山澤之農	2.63/31/3	以○獻其羽翮	5.41/72/30
以○稽其夫家眾寡	2.3/22/1	掌葛掌以○徵絺綌之材		○會以發四方之禁	5.52/73/29
凡四○之田	2.3/22/6	于山農	2.64/31/6	○聘以結諸侯之好	5.52/73/30
凡四○之徵令有常者	2.3/22/8	以待○而頒之	2.65/31/9	○揖異姓	5.54/75/5
以歲○巡國及野	2.3/22/9	掌荼掌以○聚荼	2.67/31/13	雖道有難而不○	5.55/75/25
以歲○登其夫家之眾寡	2.4/22/14	以○斂而藏之	2.70/31/19	若以○入賓	5.57/75/31
以歲○入其書	2.4/22/16	以歲○縣穜稑之種	2.72/31/28	天有○	6.0/78/1
若以歲○祭祀州社	2.5/22/27	○見曰會	3.1/36/29	則不○、不得地氣也	6.0/78/2
及四○之孟月吉日	2.6/23/1	○聘曰問	3.1/36/29	天有○以生	6.0/78/4
以歲○泣校比	2.6/23/5	掌四○祭祀之序事與其		有○以殺	6.0/78/4
以○屬民而校	2.7/23/8	禮	3.2/37/20	草木有○以生	6.0/78/5
以歲○各數其閭之眾寡	2.8/23/14	告○于王	3.2/37/21	有○以死	6.0/78/5
凡○祀之牲	2.13/24/4	以○將瓚果	3.2/37/21	石有○以泐	6.0/78/5
以○徵其賦	2.16/24/20	以歲○序其祭祀及其祈		水有○以凝	6.0/78/5
	2.17/24/22	珥	3.3/38/2	有○以澤	6.0/78/5
以歲○徵野之賦貢	2.18/24/31	凡四○之大甸獵	3.3/38/8	此天○也	6.0/78/5
以○頒之	2.19/25/4	歲○之祭祀亦如之	3.3/38/10	必以其○	6.1/78/19
以○書其德行道藝	2.23/25/22	凡國事爲期則告之○	3.6/38/22	○文思索	6.8/81/3
凡歲○有天患民病	2.24/25/27	凡四○之間祀追享朝享	3.7/38/27	天○變	6.15/82/3
於是○也	2.26/26/5	土圭以致四○日月	3.10/39/16	雜四○五色之位以章之	6.15/82/4
朝○而市	2.27/26/12	若以○祭祀	3.13/40/11	取六材必以其○	6.30/85/20
夕○而市	2.27/26/12	凡取龜用秋○	3.43/44/22	爲之○	6.30/86/17
四○之珍異亦如之	2.31/27/2	攻龜用春○	3.43/44/22		
以待不○而買者	2.36/27/16	占夢掌其歲○觀天地之		**碩 shí**	**1**
凡歲○之門	2.37/27/22	會	3.47/45/6		
以歲○稽其人民	2.40/28/4	逆○雨	3.50/45/28	○牲	2.15/24/13
以○器勸叱	2.40/28/6	甸祝掌四○之田表貉之			
以歲○登其夫家之眾寡		祝號	3.52/46/8	**實 shí**	**38**
及其六畜車輦	2.40/28/11	女巫掌歲○祓除、釁浴			
以○登其夫家之眾寡、			3.56/46/20	以牲體○之	1.8/8/15
六畜、車輦	2.41/28/17	抱天○	3.57/46/28	○之牲體、魚、腊	1.9/8/21
以救其○事	2.41/28/19	以（辨）〔辯〕四○之		陳其鼎俎而○之	1.9/8/23
以歲○稽其夫家之眾寡		敘	3.59/47/6	以○八尊	1.21/10/7
、六畜、田野	2.42/28/23	歲○更續	3.64/48/3	籩人掌四籩之○	1.25/10/24
以○數其眾庶	2.44/29/1	歲○共更旜	3.67/48/18	其○麷、蕡、白、黑、	
以○校登其夫家	2.45/29/4	四○變國火	4.11/55/13	形鹽、膴、鮑魚、鱐	
若歲○簡器	2.45/29/5	以救○疾	4.11/55/13		1.25/10/24
凡歲○之戒令皆聽之	2.45/29/5	○則施火令	4.11/55/14	其○棗、栗、桃、乾䕩	
以歲○合耦于鋤	2.46/29/8	歲○貢鳥物	4.22/56/26	、榛○	1.25/10/25

加籩之○	1.25/10/25	1.0/3/1,1.0/3/3,1.0/3/22		2.0/18/27,2.0/18/29
羞籩之○	1.25/10/26	1.0/3/24,1.0/3/28,1.0/3/30		2.0/19/5,2.0/19/7
共其籩薦羞之○	1.25/10/26	1.0/4/1,1.0/4/23,2.0/16/4		3.0/32/31,3.0/33/3
醢人掌四豆之○	1.26/10/29	2.0/16/12,2.0/16/16		3.0/33/5,3.0/33/7
其○韭菹、醓醢	1.26/10/29	2.0/16/20,2.0/16/22		3.0/33/11,3.0/34/6
其○葵菹、蠃醢	1.26/10/30	2.0/16/24,2.0/17/8		3.0/34/8,3.0/34/10
加豆之○	1.26/10/30	2.0/17/10,2.0/17/17		3.0/34/12,3.0/34/16
羞豆之○	1.26/10/31	2.0/17/20,2.0/17/23		3.0/34/18,3.0/34/24
共薦羞之豆○	1.26/11/1	2.0/17/31,2.0/18/3		3.0/34/26,3.0/34/28
以五齊、七醢、七菹、		2.0/18/5,2.0/18/9		3.0/35/1,3.0/35/5,3.0/35/7
三臡○之	1.26/11/2	2.0/18/15,2.0/18/18		3.0/35/9,3.0/35/11
○相近者相爾也	2.35/27/13	2.0/18/21,2.0/18/24		3.0/35/16,3.0/36/11
○之	2.72/31/27	2.0/19/20,2.0/19/22		3.0/36/13,3.0/36/15
共其簠簋之○	2.77/32/11	2.0/19/24,2.0/19/26		4.0/49/15,4.0/49/27
以○柴祀日、月、星、		3.0/33/21,3.0/33/23		4.0/50/1,4.0/50/3
辰	3.1/36/24	3.0/33/25,3.0/33/30		4.0/50/13,4.0/50/17
以○彝而陳之	3.4/38/13	3.0/35/13,3.0/35/24		4.0/50/23,4.0/50/32
辨其用與其○	3.7/38/24	3.0/35/29,3.0/35/31		4.0/51/1,4.0/51/7
掌喪祭奠窆之組○	4.8/55/3	3.0/36/17,4.0/49/13		4.0/51/11,4.0/52/5
○鑮水	5.2/67/27	4.0/49/17,4.0/49/25		4.0/52/9,5.0/63/25
其○一鬴	6.8/81/2	4.0/49/29,4.0/50/5		5.0/63/27,5.0/63/29
其○一豆	6.8/81/2	4.0/50/15,4.0/50/19		5.0/63/31,5.0/64/5
其○一升	6.8/81/2	4.0/50/30,4.0/51/5		5.0/66/18,5.0/66/28
○諸澤器	6.18/82/13	4.0/51/13,4.0/52/18		5.0/66/30
○二鬴	6.24/83/14	4.0/52/20,4.0/52/22	○八人	1.0/2/15
	6.24/83/14,6.24/83/14	4.0/52/24,4.0/52/26	1.0/3/9,1.0/3/19,1.0/3/26	
○五穀	6.24/83/15	4.0/52/28,4.0/52/32	1.0/4/3,2.0/17/5,2.0/17/15	
○二穀	6.24/83/15	4.0/53/1,5.0/64/1	3.0/33/27,3.0/34/2	
○一穀	6.25/83/17	5.0/64/25,5.0/66/14	3.0/35/26,3.0/36/1	
豆○三而成穀	6.25/83/17	5.0/66/20,5.0/66/22	3.0/36/8,4.0/50/21	
飲器鄉衡而○不盡	6.26/84/2	5.0/66/24,5.0/66/26	4.0/51/3,4.0/51/9,4.0/52/1	
		5.0/66/32	4.0/52/30,4.0/53/3	
識 shí	2	○二人	1.0/1/13	5.0/63/19,5.0/66/12
		1.0/1/24,1.0/1/26,1.0/2/1	女○八人	1.0/4/21
壹宥曰不○	5.12/69/28	1.0/2/3,1.0/2/5,1.0/2/21	○一人	1.0/5/5
○日出之景與日入之景		1.0/3/5,1.0/3/7,1.0/3/12		1.0/5/7,2.0/18/16
	6.28/84/19	1.0/3/15,1.0/3/17,1.0/4/5		2.0/18/22,2.0/19/3
		1.0/4/25,1.0/4/27,1.0/5/1		2.0/19/9,2.0/19/11
史 shǐ	259	1.0/5/3,2.0/16/6,2.0/16/10		2.0/19/15,3.0/32/25
		2.0/16/14,2.0/16/18		3.0/32/27,3.0/32/29
○十有二人	1.0/1/9	2.0/16/26,2.0/16/28		3.0/33/1,3.0/33/9,3.0/34/4
	2.0/15/29,2.0/17/26	2.0/16/30,2.0/16/32		3.0/34/14,3.0/34/20
	3.0/32/23,5.0/63/11	2.0/17/1,2.0/17/3		3.0/34/22,3.0/35/3
	5.0/63/13,5.0/64/9	2.0/17/18,2.0/17/21		3.0/35/18,3.0/35/20
○四人	1.0/1/11	2.0/18/1,2.0/18/7		3.0/35/22,4.0/49/19
	1.0/1/15,1.0/1/18,1.0/1/20	2.0/18/11,2.0/18/13		4.0/49/21,5.0/64/3
	1.0/1/22,1.0/1/28,1.0/1/30	2.0/18/16,2.0/18/21		5.0/64/11,5.0/64/27

	5.0/65/13
六曰○	1.3/7/12
女○掌王后之禮職	1.54/14/21
皆二○	2.0/17/12,2.0/17/12
○十有六人	2.0/19/17
	4.0/49/7,4.0/52/13
	5.0/63/15,5.0/63/17
內○貳之	2.4/22/20
女○二人	3.0/33/15
大○	3.0/35/26
小○	3.0/35/26
內○	3.0/36/1
外○	3.0/36/4
御○	3.0/36/6
其○百有二十人	3.0/36/6
○占墨	3.45/44/30
大○掌建邦之六典	3.57/46/23
小○掌邦國之志	3.58/47/1
○以書敘昭穆之俎簋	3.58/47/2
佐大○	3.58/47/2
內○掌王之八枋之法	3.61/47/13
內○讀之	3.61/47/15
內○掌書王命	3.61/47/16
外○掌書外令	3.62/47/18
御○掌邦國都鄙及萬民	
之治令	3.63/47/21
六○	4.0/49/11
○六人	4.0/49/31,5.0/63/21
	5.0/63/23,5.0/64/7
○五人	4.0/52/16
與大○數射中	4.18/56/13
戒大○及大夫介	4.18/56/15
○十人	5.0/64/13
○三人	5.0/64/29
大○、內○、司會及六	
官皆受其貳而藏之	5.1/67/12
內○、司會、冢宰貳之	5.2/67/26
	5.10/69/22
眚邦之大（○）〔事〕	
曰殺	5.36/72/18
眚小（○）〔事〕曰墨	
	5.36/72/18
九歲屬瞽○	5.52/74/16
群介、行人、宰、○皆	
有牢	5.58/76/8
凡介、行人、宰、○皆有飧饔	
饎	5.58/76/13

	5.58/76/18,5.58/76/23

矢 shǐ　　　　52

禁霤卵者與其毒○射者	
	2.60/30/26
詔諸侯以弓○舞	3.21/41/29
帥射夫以弓○舞	3.22/42/8
司弓○	4.0/51/9
以○行告	4.18/56/13
令取○	4.18/56/13
以弓○歐烏鳶	4.20/56/21
射則取○	4.20/56/21
○在侯高	4.20/56/22
則贊弓○	4.30/58/2
司弓○掌六弓四弩八○	
之法	4.39/59/1
中秋獻○箙	4.39/59/1
其○箙皆從其弓	4.39/59/3
凡○	4.39/59/4
枉○、絜○利火射	4.39/59/4
殺○、鍭○用諸近射、	
田獵	4.39/59/4
矰○、茀○用諸弋射	4.39/59/5
恒○、（痺）〔庳〕○	
用諸散射	4.39/59/5
共射牲之弓○	4.39/59/6
共射椹質之弓○	4.39/59/7
共弓○如數并夾	4.39/59/7
共明弓○	4.39/59/7
充籠箙○	4.39/59/8
共矰○	4.39/59/8
凡亡○者	4.39/59/8
繕人掌王之用弓、弩、	
○、箙、矰、弋、抉	
、拾	4.40/59/11
贊王弓○之事	4.40/59/11
○八物皆三等	4.41/59/14
乃入功于司弓○及繕人	
	4.41/59/16
入束○於朝	5.1/67/5
則以救日之弓與救月之	
○〔夜〕射之	5.49/73/20
則以大陰之弓與枉○射	
之	5.49/73/21
玉柳、雕、○、磬	6.0/78/9
弧旌枉○	6.3/80/6

謂之削殺○之齊	6.3/80/10
冶氏爲殺○	6.5/80/14
○人爲○	6.23/83/6
鍭○參分	6.23/83/6
茀○參分	6.23/83/6
兵○、田○五分	6.23/83/6
殺○七分	6.23/83/7
危弓爲之安○	6.30/86/22
安弓爲之危○	6.30/86/23
其○安	6.30/86/23
其○危	6.30/86/24

豕 shǐ　　　　3

○盲眡而交睫	1.8/8/17
○宜稷	1.17/9/19
埴壚用○	2.52/29/30

始 shǐ　　　　13

○和布治于邦國都鄙	1.1/6/3
春○治鑑	1.24/10/20
詔后帥外內命婦○蠶于	
北郊	1.45/13/20
○和布教于邦國都鄙	2.1/20/27
遂令○難（歐）〔毆〕	
疫	3.47/45/8
○崩	3.49/45/22,4.30/57/32
○和布政于邦國都鄙	4.1/53/12
春除蓐、釁廄、○牧	4.56/61/4
○和布刑于邦國都鄙	5.1/67/11
春○生而萌之	5.43/73/4
必自載於地者○也	6.0/78/13
是故察車自輪○	6.0/78/14

使 shǐ　　　　95

○帥其屬而掌邦治	1.0/1/3
四曰○能	1.1/5/20
○萬民觀治象	1.1/6/4
○其旅帥有司而治之	1.3/7/18
則○醫分而治之	1.16/9/13
○療之	1.20/10/2
皆○其士奉之	1.21/10/9
凡適四方○者	1.36/12/9
○入于職幣	1.39/12/23
○各有屬以作（二）	

〔三〕事	1.45/13/16
佐后〇治外內命婦	1.45/13/18
則〇往	1.46/13/26
〇帥其屬而掌邦教	2.0/15/23
〇萬民觀教象	2.1/20/28
〇之各以教其所治民	2.1/20/28
〇之相保	2.1/20/29
〇之相受	2.1/20/29
〇之相葬	2.1/20/29
〇之相救	2.1/20/30
〇之相賙	2.1/20/30
〇之相賓	2.1/20/30
〇以登萬民	2.1/21/1
〇各登其鄉之眾寡、六畜、車輦	2.2/21/16
〇各以教其所治	2.4/22/14
此謂〇民興賢	2.4/22/21
出〇長之	2.4/22/21
〇民興能	2.4/22/21
入〇治之	2.4/22/21
〇之相保相受	2.7/23/10
〇養之	2.15/24/13
〇皆備旗鼓兵器	2.18/24/30
〇其屬帥四夷之隸	2.21/25/14
〇其屬守王闔	2.22/25/20
〇邦國交讎之	2.25/26/1
亡者〇有	2.27/26/16
利者〇阜	2.27/26/16
害者〇亡	2.27/26/16
靡者〇微	2.27/26/16
〇有恒賈	2.31/27/2
凡邦國之〇節	2.39/27/29
〇各掌其政令刑禁	2.40/28/4
〇帥其屬以幄帟先	2.41/28/20
〇無征役	2.48/29/14
〇其地之人守其財物	2.59/30/22
〇帥其屬而掌邦禮	3.0/32/17
〇共奉之	3.2/37/18
〇六宮之人共奉之	3.2/37/18
〇皆有私地域	3.19/41/4
〇教焉	3.21/41/10
若以書〇于四方	3.62/47/18
〇帥其屬而掌邦政	4.0/49/1
各〇其臣	4.0/53/5
〇萬民觀政象	4.1/53/12
〇其買賣牲而共之	4.10/55/10
作士適四方〇	4.23/57/3
〇之脩德學道	4.24/57/10
適四方〇	4.26/57/17
則奉書以〇於四方	4.26/57/18
唐弓、大弓以授學射者、〇者、勞者	4.39/59/3
戎右掌戎車之兵革〇	4.42/59/18
馭夫（嘗）〔掌〕馭貳車、從車、〇車	4.50/60/11
凡國之〇者	4.51/60/20
則〇其買鬻之	4.53/60/26
〇同貫利	4.58/61/10
〇小國事大國	4.63/62/15
〇致其珍異之物	4.64/62/18
	4.65/62/20
〇無敢反側	4.67/62/24
〇萬民和說而正王面	4.68/62/26
〇帥其屬而掌邦禁	5.0/63/5
〇州里任之	5.1/67/9
〇萬民觀刑象	5.1/67/11
〇其屬躔	5.1/67/16,5.2/67/28
毋〇罪麗于民	5.3/68/2
〇之相安相受	5.3/68/4
則〇之盟詛	5.14/70/6
弗〇冠飾而加明刑焉	5.18/70/20
墨者〇守門	5.20/70/30
劓者〇守關	5.20/70/30
宮者〇守內	5.20/70/30
刖者〇守囿	5.20/70/30
髡者〇守積	5.20/70/31
〇之皆服其邦之服	5.21/71/3
掌〇令之小事	5.22/71/5
以待四方之〇者	5.53/74/21
凡四方之〇者	5.53/74/23
〇適四方、協九儀	5.53/74/23
賓〇者如初之儀	5.54/75/15
凡其〇也	5.55/75/25
〇則介之	5.55/75/26
象胥掌蠻、夷、閩、貉、戎、狄之國〇	5.57/75/31
則〇人道之	5.59/77/1
〇咸知王之好惡	5.60/77/4
〇和諸侯之好	5.60/77/5

士 shì　521

上〇八人	1.0/1/8
	1.0/3/19,2.0/15/28
	2.0/17/25,3.0/32/22
	3.0/33/27,4.0/49/6
	5.0/63/10,5.0/66/11
中〇十有六人	1.0/1/8,1.0/3/19
	2.0/15/28,2.0/17/25
	3.0/32/22,4.0/49/7
	4.0/52/13,5.0/63/10
	5.0/63/17,5.0/66/11
旅下〇三十有二人	1.0/1/8
	2.0/15/29,2.0/17/25
	3.0/32/23,4.0/49/7
	5.0/63/11
上〇二人	1.0/1/11
	1.0/1/15,1.0/2/5,1.0/3/12
	1.0/3/22,1.0/3/24,1.0/3/28
	2.0/16/16,2.0/16/20
	2.0/16/26,2.0/17/20
	2.0/17/23,2.0/18/5
	2.0/18/9,2.0/19/20
	3.0/33/25,3.0/35/16
	3.0/36/17,4.0/49/13
	4.0/49/25,4.0/50/19
	4.0/51/11,4.0/51/15
	4.0/51/19,5.0/64/1
	5.0/66/18
中〇四人	1.0/1/11
	1.0/1/15,1.0/1/18,1.0/1/20
	1.0/1/22,1.0/1/28,1.0/2/15
	1.0/3/1,1.0/3/12,1.0/3/22
	1.0/3/24,1.0/3/28,2.0/16/4
	2.0/16/16,2.0/16/20
	2.0/17/20,2.0/17/23
	2.0/17/31,2.0/18/5
	2.0/18/9,2.0/18/27
	2.0/19/13,2.0/19/20
	2.0/19/22,2.0/19/24
	3.0/33/21,3.0/33/25
	3.0/33/30,3.0/34/6
	3.0/34/8,3.0/34/18
	3.0/35/16,3.0/35/24
	3.0/36/17,4.0/50/17
	4.0/51/5,4.0/51/13
	4.0/52/22,4.0/52/24
	4.0/52/30,4.0/52/32
	4.0/53/1,4.0/53/3
	5.0/66/14
下〇八人	1.0/1/11,1.0/1/15

1.0/1/18,1.0/1/20,1.0/1/22	2.0/18/29,3.0/33/11	5.0/66/20,5.0/66/22
1.0/1/28,1.0/2/11,1.0/2/15	3.0/34/10,3.0/34/12	下〇一人　　1.0/3/5,3.0/32/29
1.0/3/1,1.0/3/9,2.0/16/4	3.0/34/16,3.0/34/20	4.0/50/7,4.0/50/9
2.0/17/31,2.0/18/5	3.0/34/22,3.0/34/24	4.0/50/11,5.0/65/17
2.0/18/9,2.0/18/15	3.0/35/29,3.0/35/31	5.0/65/19,5.0/65/27
2.0/18/24,2.0/18/27	3.0/36/11,3.0/36/13	5.0/65/31,5.0/66/1
2.0/19/13,2.0/19/22	3.0/36/15,4.0/49/13	5.0/66/3,5.0/66/5,5.0/66/9
2.0/19/24,2.0/19/26	4.0/49/27,4.0/50/19	上〇四人　　　　　1.0/3/9
3.0/33/25,3.0/33/30	4.0/51/11,4.0/52/7	1.0/3/26,1.0/4/3,2.0/17/5
3.0/34/6,3.0/34/8,3.0/35/5	4.0/52/26,4.0/52/28	2.0/17/15,2.0/17/17
3.0/35/16,4.0/49/25	5.0/64/1,5.0/64/25	2.0/19/17,3.0/34/1
4.0/50/5,4.0/50/25	5.0/65/1,5.0/66/18	3.0/34/28,3.0/35/13
4.0/52/30,4.0/53/3	5.0/66/28,5.0/66/32	3.0/35/26,3.0/36/1
5.0/65/23,5.0/66/16	下〇二人　　1.0/1/26,1.0/2/21	3.0/36/4,3.0/36/8,4.0/50/5
中〇二人　　　　　1.0/1/13	1.0/4/25,1.0/4/27,1.0/5/1	4.0/50/29,4.0/52/1
1.0/1/30,1.0/2/7,1.0/3/15	1.0/5/3,1.0/5/5,2.0/16/8	奄上〇四人　　　　1.0/4/5
1.0/3/17,1.0/3/30,1.0/4/23	2.0/16/14,2.0/17/1	以馭其〇　　　　　1.1/5/16
2.0/16/12,2.0/16/18	2.0/17/3,2.0/18/31	宮伯掌王宮之〇庶子　1.5/7/28
2.0/16/22,2.0/16/24	2.0/19/1,2.0/19/3,2.0/19/5	饗〇庶子亦如之　　1.9/8/22
2.0/16/28,2.0/16/30	2.0/19/7,2.0/19/9	皆使其〇奉之　　1.21/10/9
2.0/16/32,2.0/17/8	2.0/19/11,3.0/32/25	凡饗〇庶子　　　1.21/10/9
2.0/17/10,2.0/18/3	3.0/32/27,3.0/32/31	每族上〇一人　　　2.0/16/2
2.0/18/11,2.0/18/13	3.0/33/1,3.0/34/14	每閭中〇一人　　　2.0/16/2
2.0/18/29,3.0/33/3	3.0/34/26,3.0/35/3	五家下〇一人　　　2.0/16/2
3.0/33/5,3.0/33/7,3.0/33/9	3.0/35/18,3.0/35/20	中〇六人　2.0/16/6,4.0/50/15
3.0/33/11,3.0/34/4	4.0/49/17,4.0/49/19	4.0/50/29,5.0/63/21
3.0/34/10,3.0/34/12	4.0/49/21,4.0/49/23	5.0/63/23,5.0/64/7
3.0/34/20,3.0/35/1	4.0/50/13,4.0/50/32	下〇六人　　　　　2.0/16/10
3.0/35/7,3.0/35/9	4.0/51/1,4.0/51/7,4.0/52/5	4.0/50/1,4.0/50/3
3.0/35/11,3.0/35/22	5.0/63/27,5.0/63/29	5.0/64/29,5.0/64/31
3.0/35/29,3.0/35/31	5.0/63/31,5.0/64/3	5.0/65/9,5.0/65/11
3.0/36/11,3.0/36/13	5.0/64/5,5.0/64/11	下〇十有六人　　　2.0/17/5
3.0/36/15,4.0/49/15	5.0/64/27,5.0/65/3	2.0/17/15,2.0/19/17
4.0/49/27,4.0/50/23	5.0/65/5,5.0/65/7	3.0/33/27,3.0/34/28
4.0/52/26,4.0/52/28	5.0/65/13,5.0/65/15	3.0/35/13,3.0/35/26
5.0/63/25,5.0/64/13	5.0/65/21,5.0/65/25	3.0/36/1,3.0/36/4,3.0/36/6
5.0/64/25,5.0/66/16	5.0/66/7,5.0/66/30	3.0/36/8,4.0/50/23
5.0/66/32	中〇八人　　1.0/2/9,1.0/3/26	4.0/52/1,5.0/66/26
下〇四人　　1.0/1/13,1.0/1/24	1.0/4/3,2.0/17/5,2.0/17/15	（下〇十有六人）　2.0/17/17
1.0/1/30,1.0/2/1,1.0/2/3	2.0/17/17,2.0/19/17	每門下〇二人　　　2.0/17/18
1.0/2/5,1.0/2/13,1.0/3/3	3.0/33/15,3.0/33/23	每關下〇二人　　　2.0/17/20
1.0/3/7,1.0/3/30,1.0/4/1	3.0/34/28,3.0/35/13	每鄙上〇一人　　　2.0/17/28
1.0/4/23,1.0/5/7,2.0/16/12	3.0/35/26,3.0/36/1	每酇中〇一人　　　2.0/17/28
2.0/16/22,2.0/16/24	3.0/36/4,3.0/36/6,3.0/36/8	每里下〇一人　　　2.0/17/29
2.0/17/8,2.0/17/10	4.0/49/29,4.0/51/3	每大山中〇四人　　2.0/18/15
2.0/18/1,2.0/18/3,2.0/18/7	4.0/51/9,4.0/52/18	中山下〇六人　　　2.0/18/15
2.0/18/11,2.0/18/13	4.0/52/20,5.0/63/19	小山下〇二人　　　2.0/18/16

每大林麓下〇十有二人	2.0/18/18		4.0/51/29	方〇	5.0/63/17
每大川下〇十有二人	2.0/18/21	中〇二十人	4.0/51/31	訝〇	5.0/63/19
中川下〇六人	2.0/18/21	下〇四十人	4.0/51/31	朝〇	5.0/63/21
小川下〇二人	2.0/18/22	下〇	4.0/52/3,4.0/52/9	下〇（二）〔一〕人	5.0/65/29
每大澤大藪中〇四人	2.0/18/24	上〇五人	4.0/52/16	下〇三十有二人	5.0/66/12
每場下〇二人	2.0/19/15	下〇十人	4.0/52/16	每翟上〇一人	5.0/66/16
歸于〇	2.1/21/7,2.27/26/18	每都上〇二人	4.0/53/3	四方中〇八人	5.0/66/24
以宅田、〇田、賈田任		王弔勞〇庶子	4.1/54/9	每國上〇二人	5.0/66/28
近郊之地	2.16/24/16	則帥〇庶子而掌其政令	4.1/54/10	中〇一人	5.0/66/30
三罰而〇加明刑	2.24/25/26	平〇大夫	4.1/54/11	都〇	5.0/66/32,5.65/77/18
歸之于〇	2.26/26/7	頒其〇庶子及其衆庶之		家〇亦如之	5.0/66/32
若饗耆老孤子〇庶子	2.78/32/13	守	4.12/55/16	〇聽其辭	5.1/67/10
上〇一人	3.0/33/3	〇以三耦射豻侯	4.18/56/11	則令群〇計獄弊訟	5.2/67/29
凡以神〇者無數	3.0/36/21	司〇掌群臣之版	4.23/56/28	令群〇	5.2/67/30
〇執雉	3.1/37/5	周知邦國都家縣鄙之		〇師之職	5.3/68/1
賜卿大夫〇爵	3.2/37/22	（數）卿大夫〇庶子		掌〇之八成	5.3/68/6
其〇（一）〔壹〕命	3.11/39/27	之數	4.23/56/28	鄉〇掌國中	5.4/68/13
侯伯之卿大夫〇亦如之		王族故〇、虎〇在路門		群〇司刑皆在	5.4/68/14
	3.11/39/28	之右	4.23/56/31		5.5/68/20,5.6/68/27
其〇不命	3.11/39/29	司〇擯	4.23/56/32		5.7/69/2
爲大夫〇疑衰	3.12/40/4	〇旁三揖	4.23/56/32	〇師受中	5.4/68/15,5.5/68/21
〇之服	3.12/40/7	掌國中之〇治	4.23/57/1		5.6/68/28,5.7/69/2
卿大夫〇居後	3.18/40/29	掌擯〇者	4.23/57/1	遂〇掌四郊	5.5/68/19
職喪掌諸侯之喪及卿大		掌〇之戒令	4.23/57/2	縣〇掌野	5.6/68/26
夫〇凡有爵者之喪	3.20/41/6	作〇從	4.23/57/3	方〇掌都家	5.7/69/1
〇以《采蘩》爲節	3.22/42/5	作〇適四方使	4.23/57/3	凡都家之〇所上治	5.7/69/4
帥學〇而歌徹	3.22/42/7	作〇掌事	4.23/57/3	訝〇掌四方之獄訟	5.8/69/6
大胥掌學〇之版	3.23/42/11	作六軍之（事）〔〇〕		凡四方之有治於〇者	5.8/69/6
以鼓徵學〇	3.23/42/12	執披	4.23/57/4	朝〇掌建邦外朝之法	5.9/69/11
小胥掌學〇之徵令而比		凡〇之有守者	4.23/57/4	群〇在其後	5.9/69/11
之	3.24/42/15	則致〇而頒其守	4.23/57/4	告于〇	5.9/69/14
〇特縣	3.24/42/16	三歲則稽〇任	4.23/57/5	凡〇之治有期日	5.9/69/14
〇奏《采蘩》	3.31/43/12	凡國之勇力之〇能用五		書於〇	5.9/69/17
〇乘棧車	3.64/48/1	兵者屬焉	4.25/57/13	掌受〇之金罰、貨罰	5.15/70/10
大夫〇建物	3.67/48/14	則從〇大夫	4.26/57/17	〇加明桍	5.19/70/25
卒長皆上〇	4.0/49/10	掌〇大夫之弔勞	4.31/58/6	以詔夜〇夜禁	5.34/72/10
兩司馬皆中〇	4.0/49/10	授旅賁殳、故〇戈盾	4.38/58/29	及其大夫〇皆如之	5.52/74/10
上〇六人	4.0/49/31	授旅賁及虎〇戈盾	4.38/58/30	次事（上）〔	5.57/76/3
下〇十有二人	4.0/49/31	〇合三而成規	4.39/59/6	〇眡諸侯之卿禮	5.58/76/7
	4.0/50/15,4.0/50/29	都司馬掌都之〇庶子及		凡諸侯之卿、大夫、〇	
	5.0/64/7,5.0/64/9	其衆庶、車馬、兵甲		爲國客	5.58/76/25
	5.0/64/13	之戒令	4.69/62/28	與〇逆賓于疆	5.59/76/30
司〇	4.0/50/15	〇師	5.0/63/10	大夫有〇訝	5.59/77/2
中〇十有二人	4.0/50/21	鄉〇	5.0/63/10	〇皆有訝	5.59/77/2
	5.0/63/13	遂〇	5.0/63/13	家〇	5.66/77/20
虎〇八百人	4.0/50/21	縣〇	5.0/63/15	謂之〇大夫	6.0/77/26
上〇十有二人	4.0/51/27	中〇三十有二人	5.0/63/15	上〇服之	6.6/80/19,6.30/86/21

式 shì	33
以九〇均節財用	1.1/5/25
一曰祭祀之〇	1.1/5/25
二曰賓客之〇	1.1/5/25
三曰喪荒之〇	1.1/5/26
四曰羞服之〇	1.1/5/26
五曰工事之〇	1.1/5/26
六曰幣帛之〇	1.1/5/26
七曰芻秣之〇	1.1/5/26
八曰匪頒之〇	1.1/5/26
九曰好用之〇	1.1/5/27
執邦之九貢、九賦、九	
〇之貳	1.2/6/16
以〇法掌祭祀之戒具與	
其薦羞	1.3/7/14
以〇法授酒材	1.21/10/4
以酒〇誅賞	1.21/10/11
以〇法授之	1.34/11/29
凡〇貢之餘財以共玩好	
之用	1.34/11/32
以九〇之法均節邦之財	
用	1.38/12/17
受〇法于職歲	1.41/13/2
以〇法贊逆會	1.41/13/2
職幣掌〇法以斂官府都	
鄙與凡用邦財者之幣	1.42/13/4
以〇法贊之	1.42/13/5
遂以〇法頒皮革于百工	
	1.44/13/12
典婦功掌婦〇之法	1.55/14/24
以〇法共祭祀之薪蒸木	
材	2.50/29/22
縣衰冠之〇于路門之外	3.2/37/25
三曰巫〇	3.46/45/2
王〇則下	4.44/59/25
以揉其〇	6.2/79/17
以其廣之半爲之〇崇	6.2/79/17
去一以爲〇圍	6.2/79/18
參分〇圍	6.2/79/18
必一曰先深之以爲〇	6.28/85/5
里爲〇	6.28/85/5

事 shì	396
六曰〇典	1.1/5/12
轉移執〇	1.1/5/23

五曰工〇之式	1.1/5/26
帥執〇而卜曰	1.1/6/8,3.1/37/9
及執〇	1.1/6/8
贊王牲〇	1.1/6/9,4.30/57/31
贊玉幣爵之〇	1.1/6/9
作大〇	1.1/6/10
聽其致〇	1.1/6/12
三曰以敍作其〇	1.2/6/17
大〇則從其長	1.2/6/19
	1.2/6/19,1.2/6/20,1.2/6/21
	1.2/6/22,1.2/6/22
小〇則專達	1.2/6/19
	1.2/6/20,1.2/6/20,1.2/6/21
	1.2/6/22,1.2/6/22
掌邦〇	1.2/6/22
以〇鬼神	1.2/6/24,3.1/37/8
六曰〇職	1.2/6/26
一曰祭祀之聯〇	1.2/6/26
二曰賓客之聯〇	1.2/6/27
三曰喪荒之聯〇	1.2/6/27
四曰軍旅之聯〇	1.2/6/27
五曰田役之聯〇	1.2/6/27
六曰斂弛之聯〇	1.2/6/27
凡小〇皆有聯	1.2/6/28
七〇者	1.2/7/2
贊（王）〔玉〕幣爵之	
〇、裸將之〇	1.2/7/3
凡受爵之〇	1.2/7/3
凡受幣之〇	1.2/7/3
受其含襚幣玉之〇	1.2/7/4
則令群吏致〇	1.2/7/5
待乃〇	1.2/7/7
凡禮〇	1.3/7/15
凡邦之弔〇	1.3/7/16
帥執〇而治之	1.3/7/17
令脩宮中之職〇	1.3/7/20
歲終則會其行〇	1.4/7/25
凡邦之大〇	1.4/7/25
	5.1/67/16,5.35/72/13
凡邦之〇蹕宮中廟中	1.4/7/26
作其徒役之〇	1.5/7/28
授八次八舍之職〇	1.5/7/28
若邦有大〇作宮衆	1.5/7/29
凡王之稍〇	1.6/8/5
內饔掌王及后、世子膳	
羞之割亨煎和之〇	1.8/8/14
掌割亨之〇	1.8/8/17

凡賓客之飧饔、饗食之	
〇亦如之	1.9/8/21
則掌其割亨之〇	1.9/8/22
則掌共其獻、賜脯肉之	
〇	1.9/8/23
喪〇	1.11/8/29,2.14/24/8
帥其徒以薪蒸役外內饔	
之〇	1.11/8/29
掌凡邦之籍〇	1.14/9/8
凡田獸之脯腊膴胖之〇	1.15/9/10
凡乾肉之〇	1.15/9/11
聚毒藥以共醫〇	1.16/9/13
則稽其醫〇以制其食	1.16/9/14
一曰〇酒	1.21/10/5
凡〇	1.22/10/14,1.26/11/2
	1.27/11/5,2.8/23/15
	2.40/28/14,3.50/45/29
掌〇	1.24/10/21,3.2/37/28
	3.17/40/25,3.51/46/5
朝〇之簭	1.25/10/24
喪〇及賓客之〇	1.25/10/26
凡簭〇	1.25/10/27
朝〇之豆	1.26/10/29
以共百〇之鹽	1.28/11/8
凡齊〇	1.28/11/9
凡寢中之〇	1.30/11/13
凡勞〇	1.30/11/14
四方之舍〇亦如之	1.30/11/14
凡舍〇	1.31/11/17
幕人掌帷幕幄帟綬之〇	1.32/11/19
以待張〇	1.33/11/22
孤卿有邦〇	1.33/11/24
掌凡邦之張〇	1.33/11/25
凡官府都鄙之吏及執〇	
者	1.34/11/29
邦甸之賦以待工〇	1.34/11/30
司書掌邦之六典、八法	
、八則、九職、九正	
、九〇邦中之版	1.39/12/22
掌〇者受法焉	1.39/12/25
及〇成	1.39/12/25
振掌〇者之餘財	1.42/13/4
凡邦之會〇	1.42/13/5
凡邦之皮〇	1.43/13/9
唯王之裘與其皮〇不會	1.43/13/9
以待邦〇	1.44/13/12,2.67/31/13

○高	3.42/44/18	以○其勁也	6.27/84/16	凡市僞○之禁	2.27/26/17
以○吉凶	3.45/44/29	○以景	6.28/84/19	察其詐僞、○行、價惡	
○褺掌十煇之法	3.48/45/10			者	2.30/26/29
○事而賞罰	4.1/54/8	**弒** shì	1	邕人掌共秬邕而○之	3.5/38/17
輕重○功	4.6/54/24			設其服○	3.10/39/12
王○朝	4.30/57/29	放○其君則殘之	4.1/53/11	○棺	3.51/46/3
王○燕朝	4.30/58/2			除○	3.51/46/4
王不○朝	4.30/58/2	**視** shì	1	而斂○棺焉	3.51/46/5
祭僕掌受命于王以○祭				○中	3.57/46/30
祀	4.32/58/8	殷覜曰○	3.1/36/29	疏○	3.64/47/29
其他皆○小國之君	5.52/74/9			犬褉素○	3.64/47/30
及郊勞、○館、將幣	5.53/74/22	**試** shì	3	革○	3.64/47/30
三公○上公之禮	5.58/76/7			棻○	3.64/47/31
卿○侯伯之禮	5.58/76/7	○其弓弩	4.41/59/15	雀○	3.64/47/31
大夫○子男之禮	5.58/76/7	凡○梓	6.26/84/2	○遣車	3.64/48/2
士○諸侯之卿禮	5.58/76/7	凡○廬事	6.27/84/15	共匶路與其○	3.64/48/3
庶子壹○其大夫之禮	5.58/76/7			○其牲	4.9/55/6
皆○飧牽	5.58/76/8	**誓** shì	17	○羔	4.10/55/9
	5.58/76/15, 5.58/76/20			設其○器	4.12/55/16
車米○生牢	5.58/76/11	則掌百官之○戒	1.1/6/7	○幣馬	4.51/60/19
車禾○死牢	5.58/76/11	八曰以○教恤	2.1/20/10	○遣車之馬	4.51/60/19
膳○致饔	5.58/76/25	審其○戒	2.41/28/19	則○黃駒	4.51/60/20
望而○其輪	6.1/78/20	凡諸侯之適子○於天子		弗使冠○而加明刑焉	5.18/70/20
進而○之	6.1/78/21		3.11/39/25	○車欲侈	6.2/79/21
	6.1/78/22, 6.1/78/22	未○	3.11/39/26		
○其綆	6.1/78/23	○民	4.1/53/20	**適** shì	8
是故規之以○其圜也	6.1/79/6	群吏聽○于陳前	4.1/53/28		
萬之以○其匡也	6.1/79/6	涖○百官	5.1/67/14	凡○四方使者	1.36/12/9
縣之以○其輻之直也	6.1/79/6	一曰○	5.3/68/3	凡諸侯之○子誓於天子	
水之以○其平沈之均也	6.1/79/6	則讀其○禁	5.8/69/9		3.11/39/25
以○其同也	6.1/79/7	凡○	5.36/72/17	作士○四方使	4.23/57/3
權之以○其輕重之侔也	6.1/79/7	○僕右曰殺	5.36/72/17	○四方使	4.26/57/17
○其鑽空	6.10/81/11	○馭曰車轘	5.36/72/17	奉而○朝	5.19/70/25
○其裏	6.10/81/11	○大夫曰敢不關	5.36/72/17	以○市而刑殺之	5.19/70/25
○其朕	6.10/81/12	○師曰三百	5.36/72/18	奉而○甸師氏	5.19/70/26
舉而○之	6.10/81/12	○邦之大（史）〔事〕		使○四方、協九儀	5.53/74/23
○其鑽空而惌	6.10/81/13	曰殺	5.36/72/18		
○其裏而易	6.10/81/13	○小（史）〔事〕曰墨		**謚** shì	3
○其朕而直	6.10/81/13		5.36/72/18		
望而○之	6.11/81/16			○	3.25/42/23
○其著	6.11/81/17	**飾** shì	28	賜○	3.57/46/29
○其著而淺	6.11/81/21			賜○讀誄	3.58/47/3
以○其豐殺之節也	6.23/83/10	○皮車	1.43/13/9		
以○其鴻殺之稱也	6.23/83/11	凡○邦器者	1.56/14/29	**簭** shì	12
則於○必撥爾而怒	6.26/83/29	縫棺○焉	1.59/15/8		
以○其蜎也	6.27/84/15	○其牛牲	2.10/23/22	○人	3.0/35/7
以○其橈之均也	6.27/84/16	則○其牛牲	2.10/23/23	以八○占八頌	3.45/44/29

一曰稽○	3.49/45/19	大比則○邦國之比要	2.2/21/17	士師○中　5.4/68/15,5.5/68/21	
二曰頓○	3.49/45/19	則○州里之役要	2.3/22/3	5.6/68/28,5.7/69/2	
三曰空○	3.49/45/19	○教法于司徒	2.4/22/13	○其入征者	5.15/70/9
登其○	4.10/55/9	王再拜○之	2.4/22/20	掌○士之金罰、貨罰	5.15/70/10
樂以《貍○》	4.18/56/10	使之相保相○	2.7/23/10	則○其幣	5.52/74/18
縣喪○服之法于宮門	4.30/58/1	以○邦職	2.7/23/10	王親○之	5.53/74/21
皆再拜稽○	5.54/75/17	五家相○相和親	2.9/23/18	小客則○其幣而聽其辭	
客再拜稽○	5.54/75/19	則○法于司馬	2.18/24/29		5.53/74/23
去一以爲○廣	6.6/80/19	○其餘	2.37/27/22	皆三辭拜○	5.54/75/7
終葵○	6.19/82/20	鄰長掌相糾相○	2.47/29/11		5.54/75/14
小○而長	6.26/83/27	則○法于山虞	2.57/30/16	拜○　5.54/75/8,5.54/75/8	
去一以爲○圍	6.27/84/14	凡田獵者○令焉	2.60/30/26	登○	5.54/75/15
田○倍之	6.28/84/29	以度量○之	2.62/30/32	介○命	5.54/75/20
以至於○	6.29/85/11	凡○羽	2.63/31/3	○國客幣而賓禮之	5.57/76/2
以其一爲之○	6.29/85/13	以權度○之	2.64/31/7	（惟）〔唯〕鶪稍之○	
		以權量○之	2.65/31/9		5.58/76/27
受 shòu	**96**		2.66/31/11	不○饗食	5.58/76/27
		壹命○職	3.1/37/2	○牲禮	5.58/76/27
○其會	1.1/6/12	再命○服	3.1/37/2	以爲○霜露也	6.30/85/22
五曰以敘○其會	1.2/6/18	三命○位	3.1/37/2	筋代之○病	6.30/86/5
凡○爵之事	1.2/7/3	四命○器	3.1/37/2	角代之○病	6.30/86/8
凡○幣之事	1.2/7/3	○其將幣之齎	3.2/37/23		
○其含襚幣玉之事	1.2/7/4	與量人○豐罦之卒爵而		**狩 shòu**	**1**
則以官府之敘○群吏之要	1.2/7/4	飲之	3.4/38/15		
贊冢宰○歲會	1.2/7/4	則○而藏之	3.9/39/10	遂以○田	4.1/54/2
○而膳之	1.6/8/6	既舞則○之	3.40/44/6		
代王○眚災	1.11/8/29	王拜而○之	3.47/45/8	**授 shòu**	**51**
○其藥焉	1.19/9/29	○納訪以詔王聽治	3.61/47/15		
以○其貨賄之入	1.34/11/28	凡治者○法令焉	3.63/47/21	則○廬舍	1.4/7/26
頒其貨于○藏之府	1.34/11/28	○其要	4.1/54/10	○八次八舍之職事	1.5/7/28
頒其賄于○用之府	1.34/11/28	凡○馬於有司者	4.7/54/28	膳夫○祭	1.6/8/3
○財用焉	1.34/11/29	與鬱人○斝歷而皆飲之	4.8/55/3	以法○之	1.7/8/10
○而藏之　1.35/12/6,3.9/39/8		○徹焉	4.9/55/7	以○醢人	1.14/9/8
內府掌○九貢九賦九功		則○布于司馬	4.10/55/10	以式法○酒材	1.21/10/4
之貨賄、良兵、良器	1.36/12/8	凡守者○法焉	4.12/55/17	以書契○之	1.21/10/10
共其所○之物而奉之	1.36/12/9	祭僕掌○命于王以眡祭		以式法○之	1.34/11/29
皆○焉	1.37/12/14	祀	4.32/58/8	以敘與職幣○之	1.41/13/2
○其幣	1.39/12/23	展而○之	4.32/58/10	以○嬪婦及內人女功之	
掌事者○法焉	1.39/12/25	及其○兵輸	4.37/58/26	事齎	1.55/14/24
凡○財者	1.40/12/29	稾人掌○財于職金	4.41/59/14	凡○嬪婦功	1.55/14/24
○其貳令而書之	1.40/12/29	○彎	4.45/59/27	皆以物○之	1.56/14/28
○式法于職歲	1.41/13/2	○其幣馬	4.51/60/19	以待時頒功而○齎	1.57/15/1
佐后而○獻功者	1.45/13/21	○財于校人	4.53/60/26	○之	1.57/15/2
則○良功而藏之	1.56/14/28	大史、內史、司會及六		則從而○之	2.9/23/18
○文織絲組焉	1.56/14/30	官皆○其貳而藏之	5.1/67/12		2.47/29/11
○苦功	1.57/15/1	王拜○之　5.2/67/28,5.10/69/22		若無○無節	2.9/23/19
使之相○	2.1/20/29	使之相安相○	5.3/68/4	以○充人繫之	2.13/24/5

以時○其德行道藝	2.23/25/22	其康樂和親安平爲一○	5.53/75/1	其穀宜○稷	4.58/61/20
則○之	2.25/26/2				4.58/61/22
皆○年月日名焉	2.26/26/4	**疏 shū**	17	量其藪以○	6.1/79/7
皆○之	2.26/26/5				
掌稽市之○契	2.28/26/23	聚斂○材	1.1/5/23	**暑 shǔ**	2
物楬而○之	2.36/27/16	辨其親○貴賤之居	1.4/7/26		
與群執事讀禮○而協事		以○布巾幂八尊	1.29/11/11	多○	2.1/20/16
	3.57/46/26	凡○材、木材	2.50/29/21	龡《豳詩》以逆○	3.37/43/29
執○以次位常	3.57/46/27	共其委積薪芻凡○材	2.50/29/23		
以○協禮事	3.57/46/28	徵野○材之物	2.67/31/13	**鼠 shǔ**	1
執○以詔王	3.57/46/28	以辨親○	3.2/37/17		
史以○敘昭穆之俎簋	3.58/47/2	○璧琮以斂尸	3.10/39/18	○膠黑	6.30/85/30
凡四方之事○	3.61/47/15	以通上下親○遠近	3.49/45/16		
內史掌○王命	3.61/47/16	○節	3.64/47/29	**屬 shǔ**	92
外史掌○外令	3.62/47/18	小服皆○	3.64/47/30		
掌三皇五帝之○	3.62/47/18	以教坐作進退疾徐○數		使帥其○而掌邦治	1.0/1/3
掌達○名于四方	3.62/47/18	之節	4.1/53/19	治官之○	1.0/1/6
若以○使于四方	3.62/47/18	陰也者○理而柔	6.1/78/24	一曰官○	1.1/5/12
則○其令	3.62/47/19	同重節欲○	6.23/83/11	以官府之六○舉邦治	1.2/6/18
掌贊○	3.63/47/21	同○欲槀	6.23/83/11	其○六十	1.2/6/18
讀○契	4.1/53/21	○數必侔	6.30/86/7	1.2/6/19,1.2/6/20,1.2/6/21	
各○其事與其號焉	4.1/53/25	其次有澣而○	6.30/86/26	1.2/6/21,1.2/6/22	
銘○於王之大常	4.6/54/23			帥治官之○而觀治象之法	1.2/7/5
○其齒毛與其賈	4.7/54/28			旬師掌帥其○而耕耨王	
皆○而藏之	4.8/55/3	**舒 shū**	2	藉	1.11/8/28
則奉○以使於四方	4.26/57/18			使各有○以作（二）	
○其等以饗工	4.41/59/15	則其聲○而遠聞	6.7/80/30	〔三〕事	1.45/13/16
涖其盟○	5.1/67/12		6.12/81/26	各帥其○而以時御敘于	
讀○則用法	5.2/67/21			王所	1.50/14/10
○而縣于門閭	5.3/68/2	**輸 shū**	1	使帥其○而掌邦教	2.0/15/23
○其刑殺之成與其聽獄				教官之○	2.0/15/26
訟者	5.7/69/2	及其受兵○	4.37/58/26	○其六引	2.1/21/9
有判○以治	5.9/69/16			則攷其○官之治成而誅	
○於士	5.9/69/17	**秫 shú**	1	賞	2.2/21/27
自生齒以上皆○於版	5.10/69/20			則帥其○而觀教法之象	2.2/21/27
○於宗彝	5.13/70/1	以朱湛丹（林）〔○〕		各○其州之民而讀法	2.5/22/26
○於丹圖	5.13/70/1	三月	6.16/82/7	則○其民而讀法	2.5/22/27
○其日月焉	5.31/72/2			則○民而讀邦法	2.6/23/1
以方○十日之號	5.44/73/7	**孰 shú**	3		2.7/23/7
諭○名	5.52/74/16			則以禮○民而飲酒于序	2.6/23/2
及其萬民之利害爲一○		撟幹欲○於火而無贏	6.30/86/11	○民讀法而書其德行道	
	5.53/74/30	撟角欲○於火而無燀	6.30/86/11	藝	2.6/23/5
其禮俗政事教治刑禁之		（駑）〔駑〕膠欲○而		以時○民而校	2.7/23/8
逆順爲一○	5.53/74/30	水火相得	6.30/86/12	使其○帥四夷之隸	2.21/25/14
其悖逆暴亂作惡猶犯令				使其○守王閨	2.22/25/20
者爲一○	5.53/74/30	**黍 shǔ**	4	各帥其○而嗣掌其月	2.31/27/2
其札喪凶荒厄貧爲一○	5.53/75/1	羊宜○	1.17/9/19	以○遊飲食于市者	2.32/27/5

帥而〇六緌	2.40/28/14
使帥其〇以幄帟先	2.41/28/20
〇其地治者	2.42/28/25
植虞旌以〇禽	2.59/30/24
使帥其〇而掌邦禮	3.0/32/17
禮官之〇	3.0/32/20
則帥其〇而脩除	3.13/40/11
帥其〇而守其厲禁而蹕	
之	3.13/40/12
帥其〇而巡墓厲	3.19/41/4
祭祀則帥其〇而舞之	3.34/43/22
凡四方之以舞仕者〇焉	
	3.35/43/24
帥其〇而設筍虡	3.39/44/3
龜人掌六龜之〇	3.43/44/21
天龜曰靈〇	3.43/44/21
地龜曰繹〇	3.43/44/21
東龜曰果〇	3.43/44/21
西龜曰靁〇	3.43/44/21
南龜曰獵〇	3.43/44/22
北龜曰若〇	3.43/44/22
乃〇禽	3.52/46/8
各有〇	3.67/48/12
使帥其〇而掌邦政	4.0/49/1
政官之〇	4.0/49/4
與慮事〇其植	4.1/54/9
以其〇守之	4.13/55/23
帥其〇而割牲	4.23/57/2
〇其右	4.25/57/13
凡國之勇力之士能用五	
兵者〇焉	4.25/57/13
辨六馬之〇	4.51/60/13
帥其〇而巡戒令	4.58/62/1
使帥其〇而掌邦禁	5.0/63/5
刑官之〇	5.0/63/8
使其〇蹕	5.1/67/16,5.2/67/28
帥其〇而觀刑象	5.2/67/29
乃命其〇入會	5.2/67/30
則帥其〇而蹕于王宮	5.3/68/10
帥其〇而禁逆軍旅者與	
犯師禁者而戮之	5.3/68/10
帥其〇而憲禁令于國及	
郊野	5.3/68/11
帥其〇夾道而蹕	5.4/68/16
帥其〇而蹕	5.5/68/23
則帥其〇而爲之蹕	5.8/69/8
帥其〇而以鞭呼趨且辟	5.9/69/13

凡〇貴者	5.9/69/16
凡相犬、牽犬者〇焉	5.17/70/18
七歲〇象齒	5.52/74/15
九歲〇瞽史	5.52/74/16
欲其樸〇而微至	6.0/78/14
不樸〇	6.0/78/14
犀甲七〇	6.10/81/9
兕甲六〇	6.10/81/9
合甲五〇	6.10/81/9
謂之小蟲之〇	6.26/83/22
若是者謂之臝〇	6.26/83/23
若是者謂之羽〇	6.26/83/25
若是者謂之鱗〇	6.26/83/27
則遠國〇	6.26/84/4
（母）〔毋〕或若女不	
寧侯不〇于王所	6.26/84/5
水〇不理孫	6.28/85/3
謂之夾臾之〇	6.30/86/25
謂之王弓之〇	6.30/86/25
謂之唐弓之〇	6.30/86/26

束 shù　1

入〇矢於朝	5.1/67/5

沭 shù　1

其浸沂〇	4.58/61/16

述 shù　1

巧者〇之	6.0/77/30

庶 shù　49

宮伯掌王宮之士〇子	1.5/7/28
共喪紀之〇羞	1.7/8/10
饗士〇子亦如之	1.9/8/22
凡饗士〇子	1.21/10/9
帥六鄉之〇	2.1/21/8
而治其徒〇之政令	2.1/21/9
凡用衆〇	2.2/21/21
帥其衆〇	2.2/21/25
以司徒之大旗致衆〇	2.3/22/7
退而以鄉射之禮五物詢	
衆〇	2.4/22/20
國大詢于衆〇	2.4/22/23

聚衆〇	2.8/23/15
凡〇民	2.17/24/25
以作其衆〇及馬牛車輦	
	2.18/24/30
以時數其衆〇	2.44/29/1
若饗耆老孤子士〇子	2.78/32/13
〇人執鐙	3.1/37/5
〇人乘役車	3.64/48/1
群吏戒衆〇脩戰法	4.1/53/26
王弗勞士〇子	4.1/54/9
則帥士〇子而掌其政令	4.1/54/10
頒其士〇子及其衆〇之	
守	4.12/55/16
周知邦國都家縣鄙之	
（數）卿大夫士〇子	
之數	4.23/56/28
則速逆御僕與御〇子	4.30/57/30
御僕掌群吏之逆及〇民	
之復	4.33/58/12
都司馬掌都之士〇子及	
其衆〇、車馬、兵甲	
之戒令	4.69/62/28
〇氏	5.0/65/17
〇子八人	5.0/66/28
〇子四人	5.0/66/30
凡〇民之獄訟	5.1/67/13
以三刺斷〇民獄訟之中	5.2/67/24
若邦有大事聚衆〇	5.5/68/22
若邦有大役聚衆〇	5.6/68/29
凡都家之大事聚衆〇	5.7/69/3
凡邦之大事聚衆〇	5.8/69/8
州長衆〇在其後	5.9/69/12
小者〇民私之	5.9/69/14
各以其地域之衆〇共其	
牲而致焉	5.14/70/6
凡邦之大事合衆〇	5.27/71/20
禁暴氏掌禁〇民之亂暴	
力正者	5.29/71/24
凡國聚衆〇	5.29/71/24
〇氏掌除毒蠱	5.39/72/26
凡〇蠱之事	5.45/73/10
土揖〇姓	5.54/75/5
下事〇子	5.57/76/3
〇具百物備	5.58/76/6
〇子壹眠其大夫之禮	5.58/76/7

刷 shuā	1	則○其民而至	2.3/22/5	則○巫而造巫恒	3.54/46/14
		鄉老及鄉大夫○其吏與		（師）〔○〕都建旗	3.67/48/14
○	1.24/10/22	其衆寡	2.4/22/19	使○其屬而掌邦政	4.0/49/1
		則各○其鄉之衆寡而致		師○皆中大夫	4.0/49/9
衰 shuāi	10	於朝	2.4/22/23	旅○皆下大夫	4.0/49/9
		則○而致之	2.5/22/28	師○執提	4.1/53/19
共喪○亦如之	1.58/15/6	○其吏而致事	2.6/23/4	旅○執鼙	4.1/53/19
不續者不○	2.17/24/26	○四閭之吏	2.7/23/8	○以門名	4.1/53/21
縣○冠之式于路門之外	3.2/37/25	以鼓鐸旗物○而至	2.7/23/11	（師）〔○〕都載旝	4.1/53/24
禁外內命男女之○不中		○而舞山川之祭祀	2.12/23/31	各○其民而致	4.1/53/27
法者	3.3/38/6	○而舞社稷之祭祀	2.12/23/31	群吏各○其車徒以敘和	
爲天王斬○	3.12/40/3	○而舞四方之祭祀	2.12/23/31	出	4.1/54/2
爲王后齊○	3.12/40/3	○而舞旱暵之事	2.12/24/1	○執事泲酆主及軍器	4.1/54/7
王爲三公六卿錫○	3.12/40/4	以○而至	2.18/24/30	則○士庶子而掌其政令	4.1/54/10
爲諸侯緦○	3.12/40/4	使其屬○四夷之隸	2.21/25/14	與國有司○之	4.12/55/18
爲大夫士疑○	3.12/40/4	市司○賈師而從	2.27/26/20	則○而致于朝	4.15/55/28
則○葛執戈盾	4.27/57/21	各○其屬而嗣掌其月	2.31/27/2	○其屬而割牲	4.23/57/2
		則令各○其所治之民而		則○國子而致於大子	4.24/57/7
帥 shuài	98	至	2.40/28/12	○百隸而時難	4.29/57/26
		○六遂之役而致之	2.40/28/14	○群有司而反命	4.32/58/8
使○其屬而掌邦治	1.0/1/3	○而屬六綏	2.40/28/14	則○驅逆之車	4.51/60/20
○執事而卜日	1.1/6/8,3.1/37/9	○而至	2.40/28/15	○其屬而巡戒令	4.58/62/1
○治官之屬而觀治象之法	1.2/7/5	使○其屬以幄帟先	2.41/28/20	使○其屬而掌邦禁	5.0/63/5
○執事而治之	1.3/7/17	則○其吏而興畋	2.42/28/25	○其屬而觀刑象	5.2/67/29
與職喪○官有司而治之	1.3/7/18	則○而至	2.43/28/29	則○其屬而躍于王宮	5.3/68/10
使其旅○有司而治之	1.3/7/18	則以旗鼓兵革○而至	2.45/29/5	○其屬而禁逆軍旅者與	
甸師掌○其屬而耕耨王		○而以至	2.49/29/18	犯師禁者而戮之	5.3/68/10
藉	1.11/8/28	蜃車與其役以至	2.49/29/18	○其屬而憲禁令于國及	
○其徒以薪蒸役外內饔		使○其屬而掌邦禮	3.0/32/17	郊野	5.3/68/11
之事	1.11/8/29	則○有司而立軍社	3.2/37/23	○其屬夾道而躍	5.4/68/16
詔后○外內命婦始蠶于		則○有司而饁獸于郊	3.2/37/24	○其屬而躍	5.5/68/23
北郊	1.45/13/20	○異族而佐	3.2/37/25	則○其屬而爲之躍	5.8/69/8
詔王后○六宮之人而生		則○其屬而脩除	3.13/40/11	○其屬而以鞭呼趨且辟	5.9/69/13
稑秝之種	1.45/13/22	○其屬而守其隊禁而躍		○其民而搏盜賊	5.21/71/1
無○則幾其出入	1.47/13/30	之	3.13/40/12	掌○四翟之隸	5.21/71/2
則○女宮而致於司	1.48/14/4	○六宮之人共齎盛	3.15/40/17		
則○而往	1.48/14/4	○其屬而巡墓厲	3.19/41/4	**霜 shuāng**	1
各○其屬而以時御敘于		○國子而舞	3.21/41/28		
王所	1.50/14/10	○學士而歌徹	3.22/42/7	以爲受○露也	6.30/85/22
○敘哭者亦如之	1.50/14/11	○射夫以弓矢舞	3.22/42/8		
○女宮而濯摡	1.51/14/13	則○樂官	3.22/42/9	**雙 shuāng**	3
使○其屬而掌邦教	2.0/15/23	○瞽登歌	3.25/42/21		
○六鄉之衆庶	2.1/21/8	○瞽而歌射節	3.25/42/22	乘禽日九十○	5.58/76/12
○其衆庶	2.2/21/25	○瞽而廞	3.25/42/23	乘禽日七十○	5.58/76/18
○邦役	2.2/21/26	祭祀則○其屬而舞之	3.34/43/22	乘禽日五十○	5.58/76/23
則○其屬而觀教法之象	2.2/21/27	○其屬而設筍虡	3.39/44/3		
則○民徒而至	2.3/22/3	則○巫而舞雩	3.54/46/14		

水 shuǐ	44
亨人掌共鼎鑊以給○火	
之齊	1.10/8/25
○、漿、醴、涼、醫、	
酏	1.23/10/17
共其○（槃）〔槃〕	2.10/23/22
以（潴）〔豬〕畜○	2.53/30/1
以防止○	2.53/30/1
以溝蕩○	2.53/30/1
以遂均○	2.53/30/1
以列舍○	2.53/30/1
以澮寫○	2.53/30/2
夏以○殄草而芟夷之	2.53/30/2
則執明○火而號祝	3.49/45/21
辨吉凶、○旱降豐荒之	
祲象	3.60/47/10
皆以○火守之	4.17/56/4
則以火罏鼎○而沸之	4.17/56/4
奉其明○火	5.1/67/15
實鑑○	5.2/67/27
泊鑑○	5.3/68/9
萍氏掌國之○禁	5.33/72/8
以鑑取明○於月	5.35/72/12
共明○	5.35/72/12
令剝陰木而○之	5.42/73/1
則春秋變其○火	5.42/73/2
則以○火變之	5.43/73/5
則凡○（蟲）〔蟲〕無	
聲	5.47/73/14
壺涿氏掌除○蟲	5.48/73/17
作舟以行○	6.0/77/31
○有時以凝	6.0/78/5
○之以眡其平沈之均也	6.1/79/6
故可規、可萬、可○、	
可縣、可量、可權也	6.1/79/7
則吐○疾而霤遠	6.1/79/13
衡者中○	6.2/79/19
○以龍	6.15/82/4
以涗○漚其絲七日	6.18/82/12
是謂○涷 6.18/82/13, 6.18/82/15
○之以辨其陰陽	6.23/83/8
○地以縣	6.28/84/19
○屬不理孫	6.28/85/3
凡行奠○	6.28/85/3
凡溝必因○埶	6.28/85/4
善溝者○漱之	6.28/85/4

善防者○淫之	6.28/85/4
（鬻）〔鬻〕膠欲孰而	
○火相得	6.30/86/12
張如流○	6.30/86/16

涗 shuì	2
盎齊○酌	3.7/38/28
以○水漚其絲七日	6.18/82/12

稅 shuì	4
凡○斂	1.39/12/25
凡○斂之事	2.2/21/24
以諭九○之利	5.60/77/5
概而不○	6.8/81/3

順 shùn	4
三曰○行	2.21/25/12
一曰○祝	3.49/45/14
○豐年	3.50/45/28
其禮俗政事教治刑禁之	
逆○為一書	5.53/74/30

說 shuō	12
以○遠人	3.21/41/14
六曰○	3.49/45/16
○載	3.51/46/4
詛祝掌盟、詛、類、造	
、攻、○、襘、禜之	
祝號	3.53/46/11
辨其名物與其用○	3.65/48/6
贊駕○	3.65/48/6
掌駕○之頒	4.52/60/23
使萬民和○而正王面	4.68/62/26
以攻○襘之	5.39/72/26
掌傳王之言而諭○焉	5.57/75/31
達萬民之○	5.60/77/5
有○	6.7/80/28

朔 shuò	1
頒告○于邦國	3.57/46/25

爍 shuò	1
○金以為刃	6.0/77/31

司 sī	195
○會	1.0/3/19
○書	1.0/3/22
○裘	1.0/3/30
內○服	1.0/4/29
三曰○	1.3/7/11
與職喪帥官有○而治之	1.3/7/18
使其旅帥有○而治之	1.3/7/18
○會掌邦之六典、八法	
、八則之貳	1.38/12/16
○書掌邦之六典、八法	
、八則、九職、九正	
、九事邦中之版	1.39/12/22
必攷于○會	1.39/12/23
○裘掌為大裘	1.43/13/7
則帥女宮而致於有○	1.48/14/4
以待有○之政令	1.56/14/29
	2.46/29/9
內○服掌王后之六服	1.58/15/4
乃立地官○徒	2.0/15/23
大○徒	2.0/15/28
小○徒	2.0/15/28
○諫	2.0/16/30
○救	2.0/16/32
○市	2.0/17/5
○虣	2.0/17/12
○稽	2.0/17/12
○門	2.0/17/17
○關	2.0/17/20
○祿	2.0/19/24, 2.74/32/3
○稼	2.0/19/26
大○徒之職	2.1/20/1
小○徒之職	2.2/21/14
以攷○空之辟	2.3/22/3
以○徒之大旗致眾庶	2.3/22/7
受教法于○徒	2.4/22/13
令群吏攷灋于○徒	2.4/22/22
則受灋于○馬	2.18/24/29
○王朝	2.21/25/13
○諫掌糾萬民之德而勸	
之朋友	2.23/25/22
○救掌萬民之衺惡過失	

而誅讓之	2.24/25/25
役諸○空	2.24/25/26,5.1/67/7
調人掌○萬民之難而諧	
和之	2.25/25/29
○男女之無夫家者而會	
之	2.26/26/6
○市掌市之治、教、政	
、刑、量度、禁令	2.27/26/9
市○帥賈師而從	2.27/26/20
○虣掌憲市之禁令	2.32/27/5
○稽掌巡市而察其犯禁	
者、與其不物者而摶	
之	2.33/27/8
國人郊人從其有○	2.36/27/17
與其有○辨而授之	2.36/27/18
○門掌授管鍵	2.37/27/21
○關掌國貨之節	2.38/27/25
○貨賄之出入者	2.38/27/25
與有○數之	2.45/29/5
以聽於○馬	2.49/29/18
以聽於○徒	2.49/29/18
○稼掌巡邦野之稼	2.75/32/5
○尊彝	3.0/32/31
○几筵	3.0/33/1
○服	3.0/33/9
大○樂	3.0/33/27
○干	3.0/34/26
○巫	3.0/35/22
○常	3.0/36/15
以櫃燎祀○中、○命、	
飌師、雨師	3.1/36/24
則帥有○而立軍社	3.2/37/23
則與祭有○將事（于四	
望）	3.2/37/23
則帥有○而餄獸于郊	3.2/37/24
○尊彝掌六尊、六彝之	
位	3.7/38/24
○几筵掌五几五席之名	
物	3.8/39/1
若祭天之○民、○祿而	
獻民數、穀數	3.9/39/10
○服掌王之吉凶衣服	3.12/39/31
徵役于○隸而役之	3.13/40/12
則有○脩除之	3.14/40/15
凡國有○以王命有事焉	3.20/41/6
凡公有○之所共	3.20/41/7
大○樂掌成均之法	3.21/41/10

○干掌舞器	3.40/44/6
○巫掌群巫之政令	3.54/46/14
○常掌九旗之物名	3.67/48/12
贊○馬頒旗物	3.67/48/13
乃立夏官○馬	4.0/49/1
大○馬	4.0/49/6
小○馬	4.0/49/6
軍○馬	4.0/49/6,4.3/54/16
輿○馬	4.0/49/6,4.4/54/18
行○馬	4.0/49/6,4.5/54/20
兩○馬皆中士	4.0/49/10
○勳	4.0/49/13
○爟	4.0/49/23
○險	4.0/49/27
○士	4.0/50/15
○右	4.0/50/19
○甲	4.0/51/3,4.36/58/23
○兵	4.0/51/5
○戈盾	4.0/51/7
○弓矢	4.0/51/9
都○馬	4.0/53/3
家○馬	4.0/53/5
以正於公○馬	4.0/53/5
大○馬之職	4.1/53/7
○馬以旗致民	4.1/53/17
兩○馬執鐸	4.1/53/19
公○馬執鐲	4.1/53/19
有○表貉	4.1/53/20
○馬建旗于後表之中	4.1/53/27
○馬振鐸	4.1/53/29
有○平之	4.1/54/3
有○巡其前後	4.1/54/3
有○表貉于陳前	4.1/54/4
群○馬振鐸	4.1/54/4
小○馬之職	4.2/54/13
如大○馬之法	4.2/54/13
○勳掌六鄉賞地之法	4.6/54/22
○勳詔之	4.6/54/23
○勳藏其貳	4.6/54/23
凡受馬於有○者	4.7/54/28
則受布于○馬	4.10/55/10
○爟掌行火之政令	4.11/55/13
與國有○帥之	4.12/55/18
○險掌九州之圖	4.13/55/22
佐○馬治射正	4.18/56/13
○士掌群臣之版	4.23/56/28
○士擯	4.23/56/32

置其有○	4.24/57/8
○馬弗正	4.24/57/9
○右掌群右之政令	4.25/57/13
而醫戒祭祀有○	4.32/58/8
帥群有○而反命	4.32/58/8
○兵掌五兵、五盾	4.37/58/25
從○馬之法以頒之	4.37/58/25
○戈盾掌戈盾之物而頒	
之	4.38/58/29
○弓矢掌六弓四弩八矢	
之法	4.39/59/1
乃入功于○弓矢及繕人	
	4.41/59/16
都○馬掌都之士庶子及	
其眾庶、車馬、兵甲	
之戒令	4.69/62/28
以聽〔於〕國○馬	4.69/62/28
家○馬亦如之	4.70/63/1
乃立秋官○寇	5.0/63/5
大○寇	5.0/63/10
小○寇	5.0/63/10
○民	5.0/63/23
○刑	5.0/63/25
○刺	5.0/63/27
○約	5.0/63/29
○盟	5.0/63/31
○厲	5.0/64/3
○圜	5.0/64/7
○隸	5.0/64/13
○寤氏	5.0/65/7
○烜氏	5.0/65/9
○儀	5.0/66/11
大○寇之職	5.1/67/1
大史、內史、○會及六	
官皆受其貳而藏之	5.1/67/12
小○寇之職	5.2/67/18
小○寇擯以敘進而問焉	5.2/67/19
內史、○會、冢宰貳之	5.2/67/26
	5.10/69/22
孟冬祀○民	5.2/67/28
以詔○寇斷獄弊訟	5.3/68/5
○寇聽之	5.4/68/14
	5.5/68/20,5.6/68/27
群士○刑皆在	5.4/68/14
	5.5/68/20,5.6/68/27
	5.7/69/2
○寇聽其成于朝	5.7/69/1

肆 sì	33
正其○	1.45/13/19
二十○則一人	2.0/17/12
	2.0/17/12
十○則一人	2.0/17/12
五○則一人	2.0/17/13
二○則一人	2.0/17/13
○長	2.0/17/13
每○則一人	2.0/17/13
羞其○	2.1/21/8、2.2/21/25
以陳○（辨）〔辨〕物	
而平市	2.27/26/9
市之群吏平○展成奠賈	
	2.27/26/13
○長各掌其○之政令	2.35/27/13
○師	3.0/32/22
以○獻祼享先王	3.1/36/26
大○以秬鬯涗	3.2/37/25
○師之職	3.3/38/1
共其○器	3.4/38/14
祼圭有瓚以○先王	3.10/39/15
尸出入則令奏《○夏》	
	3.21/41/27
行以《○夏》	3.22/42/4
	4.45/59/28
全爲○	3.24/42/16
下聲○	3.29/43/5
《王夏》、《○夏》、	
《昭夏》、《納夏》、	
、《章夏》、《齊夏》	
、《族夏》、《祴夏》	
、《驁夏》	3.31/43/10
凡大禮祀、○享、祭示	
	3.49/45/21
以○秬鬯尸	3.49/45/22
小子掌祭祀羞羊○、羊	
殽、肉豆	4.9/55/6
○之三日	5.4/68/15
	5.6/68/28、5.20/70/29
（肆）〔○〕之三日	5.5/68/21

松 sōng	1
其利○柏	4.58/61/22

宋 sòng	1
○之斤	6.0/78/3

送 sòng	19
有外內之○令	2.38/27/27
○逆尸	3.50/45/29
○之于竟	4.15/55/29
○逆尸從車	4.28/57/24
其法儀各以其等爲車○	
逆之節	4.47/60/3
而○逆之	4.60/62/6
則與行人○逆之	5.8/69/7
拜○	5.54/75/8、5.54/75/15
車○	5.54/75/9、5.54/75/11
賓拜○幣	5.54/75/11
致饔餼、還圭、饗食、	
致贈、郊○	5.54/75/12
遂○	5.54/75/20
○逆同禮	5.54/75/22
環人掌○逆邦國之通賓	
客	5.56/75/28
○逆及疆	5.56/75/29
凡其出入○逆之禮節幣	
帛辭令	5.57/76/1
○亦如之	5.59/77/1

訟 sòng	57
聽其治○	1.2/7/2
	2.42/28/24、3.22/42/9
凡萬民之不服教而有獄	
○者與有地治者	2.1/21/7
聽其辭○	2.2/21/22
凡民○	2.2/21/26
地○	2.2/21/27
聽其獄○	2.3/22/2、3.19/41/4
	5.4/68/13、5.5/68/19
斷其爭禽之○	2.3/22/8
凡男女之陰○	2.26/26/7
以質劑結信而止○	2.27/26/10
而聽大治大○	2.27/26/13
而聽小治小○	2.27/26/14
聽其小治小○而斷之	2.30/26/30
作役事則聽其治○	2.41/28/18
掌其治○	2.43/28/28

若有馬○	4.7/54/29
○敵國	4.16/55/31
以兩造禁民○	5.1/67/5
凡諸侯之獄○	5.1/67/13
凡卿大夫之獄○	5.1/67/13
凡庶民之獄○	5.1/67/13
以五刑聽萬民之獄○	5.2/67/20
不躬坐獄○	5.2/67/21
以五聲聽獄○	5.2/67/21
以三刺斷庶民獄○之中	5.2/67/24
則令群士計獄弊○	5.2/67/29
察獄○之辭	5.3/68/5
以詔司寇斷獄弊○	5.3/68/5
凡以財獄○者	5.3/68/8
（辯）〔辨〕其獄○	5.4/68/13
斷其獄、弊其○于朝	5.4/68/14
	5.5/68/20、5.6/68/27
各麗其法以議獄○	5.4/68/15
	5.5/68/21、5.6/68/28
	5.7/69/2
獄○成	5.4/68/15、5.5/68/21
	5.6/68/28、5.7/69/2
辨其獄○	5.5/68/19、5.6/68/26
而聽其獄○	5.6/68/26
聽其獄○之辭	5.7/69/1
三月而上獄○于國	5.7/69/1
書其刑殺之成與其聽獄	
○者	5.7/69/2
訝士掌四方之獄○	5.8/69/6
若司寇斷獄弊○	5.11/69/25
以贊司寇聽獄○	5.12/69/27
若有○者	5.13/70/2
有獄○者	5.14/70/6
過○者	5.28/71/22

頌 sòng	5
曰○	3.25/42/21
擊○磬、笙磬	3.28/43/1
則獻《幽○》	3.37/43/30
其○皆千有二百	3.41/44/10
以八籤占八○	3.45/44/29

誦 sòng	6
○訓	2.0/18/13
○訓掌道方志	2.55/30/8

以樂語教國子興、道、		以知地〇	2.55/30/8	旅師掌聚野之鉏〇、屋	
諷、〇、言、語	3.21/41/11	其禮〇政事教治刑禁之		〇、間〇而用之	2.48/29/13
諷〇詩	3.27/42/29	逆順爲一書	5.53/74/30	凡用〇	2.48/29/14
〇四方之傳道	4.62/62/12			掌米〇之出入	2.72/31/29
撢人掌〇王志	4.68/62/26	**素 sù**	**12**	倉人掌〇入之藏	2.73/31/31

廋 sōu　2

		〇沙	1.58/15/4, 1.58/15/5	**肅 sù**	**1**
〇人	4.0/52/9	〇履	1.62/15/16	九曰〇拜	3.49/45/20
〇人掌十有二閑之政教	4.55/61/1	右〇几	3.8/39/5		
		〇服	3.12/40/5	**鱐 sù**	**3**

蒐 sōu　3

		其齊服有玄端〇端	3.12/40/8	夏行腒〇	1.7/8/11
遂以〇田	4.1/53/20	〇車	3.64/47/30	凡掌共羞、脩、刑、膴	
如〇之法	4.1/53/23	犬褢〇飾	3.64/47/30	、胖、骨、〇	1.8/8/18
如〇（田）之法	4.1/53/25	小服皆〇	3.64/47/30	其實麷、蕡、白、黑、	
		春獻〇	4.41/59/15	形鹽、膴、鮑魚、〇	
		後〇功	6.15/82/4		1.25/10/24
		〇功	6.19/82/29		

藪 sǒu　16

		宿 sù	**14**	**酸 suān**	**2**
四曰〇牧	1.1/5/21				
九曰〇	1.1/6/3	則令〇	1.4/7/23	春多〇	1.17/9/18
每大澤大〇中士四人	2.0/18/24	三十里有〇	2.19/25/3	以〇養骨	1.19/9/28
中澤中〇如中川之衡	2.0/18/24	〇有路室	2.19/25/4		
小澤小〇如小川之衡	2.0/18/25	〇	3.1/37/9	**筭 suàn**	**2**
其澤〇曰具區	4.58/61/11	凡祭祀之卜日、〇、爲			
其澤〇曰雲瞢	4.58/61/12	期	3.3/38/3	無方無〇	3.55/46/17
其澤〇曰圃田	4.58/61/14	世婦掌女宮之〇戒	3.15/40/17	舍〇	3.57/46/30
其澤〇曰望諸	4.58/61/15	大祭祀〇縣	3.21/41/26		
其澤〇曰大野	4.58/61/17	戒及〇之日	3.57/46/26		
其澤〇曰弦蒲	4.58/61/19	比國郊及野之道路、〇		**雖 suī**	**12**
其澤〇曰貕養	4.58/61/20	息、井、樹	5.30/71/27		
其澤〇曰楊紆	4.58/61/22	脩閭氏掌比國中〇互		〇出	5.18/70/21
其澤〇曰昭餘祁	4.58/61/23	（欙）〔欙〕者與其		〇道有難而不時	5.55/75/25
以其圍之防揫其〇	6.1/78/27	國粥	5.37/72/20	則輪〇敝不匡	6.1/78/24
量其〇以黍	6.1/79/7	及〇	5.59/76/31	則轂〇敝不蔽	6.1/78/25
		夜〇諸井	6.18/82/12, 6.18/82/14	〇有良工	6.1/78/30
		而〇之	6.18/82/14	則〇有重任	6.1/79/1

嗽 sòu　1

				則〇有深泥	6.1/79/1
冬時有（漱）〔〇〕上		**速 sù**	**3**	是故輪〇敝	6.1/79/5
氣疾	1.18/9/23			則〇不顛	6.11/81/21
		則〇逆御僕與御庶子	4.30/57/30	則〇有疾風	6.23/83/9
		無以爲戚〇也	6.0/78/15	〇善於外	6.30/86/13
俗 sú	**6**	則莫能以〇中	6.30/86/24	〇善	6.30/86/14

六曰禮〇	1.1/5/16			**隋 suí**	**3**
六曰以〇教安	2.1/20/10	**粟 sù**	**7**		
以本〇六安萬民	2.1/20/26			則藏其〇與其服	3.14/40/15
禮〇、喪紀、祭祀	2.51/29/27	出屋〇	2.16/24/19		

○終則會之　3.64/48/2
○時更續　3.64/48/3
○時共更旜　3.67/48/18
○時貢鳥物　4.22/56/26
○登下其損益之數　4.23/56/28
辨其年○與其貴賤　4.23/56/28
三○則稽士任　4.23/57/5
若○終　5.7/69/3
○登下其死生　5.10/69/21
十有二○之號　5.44/73/7
○壹見　5.52/74/11
二○壹見　5.52/74/11
三○壹見　5.52/74/12
四○壹見　5.52/74/13
五○壹見　5.52/74/13
六○壹見　5.52/74/14
○徧存　5.52/74/15
三○徧覜　5.52/74/15
五○徧省　5.52/74/15
七○屬象胥　5.52/74/15
九○屬瞽史　5.52/74/16
十有一○達瑞節　5.52/74/16
十有二○王巡守殷國　5.52/74/17
○相問也　5.52/74/19
終○御　6.3/80/2

隊 suì　5

以度爲丘○　3.18/40/30
去一以爲○　6.2/79/16
參分其○　6.2/79/16
以其○之半爲之較崇　6.2/79/17
于上之䙮謂之○　6.7/80/25

燧 suì　1

謂之鑒○之齊　6.3/80/10

襚 suì　1

受其含○幣玉之事　1.2/7/4

篷 suì　1

笙師掌教歙竽、笙、塤
　、龠、簫、（篴）
　〔篎〕、（○）〔簦〕

、管　3.32/43/15

簾 suì　2

全羽爲○　3.67/48/13
道車載○　3.67/48/15

孫 sūn　4

○竹之管　3.21/41/23
欲其○而無弧深　6.3/79/28
詒女曾○諸侯百福　6.26/84/6
水屬不理○　6.28/85/3

飧 sūn　15

掌其牢禮、委積、膳獻
　、飲食、賓賜之○牽　1.3/7/16
凡賓客之○饔、饔食之
　事亦如之　1.9/8/21
致○如致積之禮　5.54/75/9
皆眡○牽　5.58/76/8
　　5.58/76/15, 5.58/76/20
○五牢　5.58/76/9
其死牢如○之陳　5.58/76/10
　　5.58/76/17, 5.58/76/22
凡介、行人、宰、史皆有○饔
　餼　5.58/76/13
　　5.58/76/18, 5.58/76/23
○四牢　5.58/76/15
○三牢　5.58/76/20

隼 sǔn　1

鳥○爲旗　3.67/48/13

筍 sǔn　6

○菹、魚醢　1.26/10/31
帥其屬而設○虡　3.39/44/3
廞○虡　3.39/44/4
梓人爲○虡　6.26/83/20
贏者、羽者、鱗者以爲
　○虡　6.26/83/21
以爲○　6.26/83/28

損 sǔn　1

歲登下其○益之數　4.23/56/28

縮 suō　1

醴齊○酌　3.7/38/28

所 suǒ　50

與其幣器財用凡○共者　1.3/7/17
則各書其○以　1.18/9/24
觀其○發而養之　1.20/9/31
共其○受之物而奉之　1.36/12/9
各帥其屬而以時御敘于
　王○　1.50/14/10
各以其野之○宜木　2.1/20/3
天地之○合也　2.1/20/17
四時之○交也　2.1/20/17
風雨之○會也　2.1/20/17
陰陽之○和也　2.1/20/17
使之各以教其○治民　2.1/20/28
各掌其○治鄉之教　2.3/22/1
使各以教其○治　2.4/22/14
各憲之於其○治（之）　2.4/22/23
胥各掌其○治之政　2.34/27/10
凡○達貨賄者　2.38/27/26
則令各帥其○治之民而
　至　2.40/28/12
澤草○生　2.53/30/2
周知其名與其○宜地　2.75/32/5
諸臣之○昨也　3.7/38/25
　　3.7/38/26, 3.7/38/28
凡公有司之○共　3.20/41/7
六官之○登　3.57/46/25
○封封域　3.60/47/9
虞人萊○田之野　4.1/53/26
及○弊　4.1/54/5
量其市、朝、州、涂、
　軍社之○里　4.8/55/2
（惟）〔唯〕○用之　4.24/57/8
王之○不與　4.32/58/9
各以其○能　4.58/61/29
各以其○有　4.58/61/30
及王之○行　4.58/62/1
聽民之○刺宥　5.2/67/25
凡都家之士○上治　5.7/69/4

各以其○貴寶爲摯　5.52/74/14	常　4.28/57/23	○脩二七　6.28/84/21
王之○以撫邦國諸侯者	（○）〔大〕僕掌正王	門○　6.28/84/22
5.52/74/15	之服位　4.30/57/29	○脩七尋　6.28/84/23
掌交掌以節與幣巡邦國		○崇三尺　6.28/84/23
之諸侯及其萬民之○	**談 tán　1**	周人明○　6.28/84/23
聚者　5.60/77/4		○崇一筵　6.28/84/24
此皆聖人之○作也　6.0/77/31	禁慢朝、錯立族○者　5.9/69/13	○上度以筵　6.28/84/24
無○取之　6.1/78/21		○涂十有二分　6.28/85/7
6.1/78/22,6.1/78/23	**壇 tán　3**	
薄厚之○震動　6.7/80/27		**桃 táo　5**
清濁之○由出　6.7/80/27	爲○壝宮　1.31/11/16	
侈弇之○由興　6.7/80/28	暴內陵外則○之　4.1/53/10	其實棗、栗、○、乾蕨
是故擊其○縣　6.26/83/25	則令爲○三成　5.54/75/4	、榛實　1.25/10/25
故擊其○縣　6.26/83/27		贊牛耳○茢　4.42/59/19
（母）〔毋〕或若女不	**醓 tǎn　2**	築、冶、凫、栗、（段）
寧侯不屬于王○　6.26/84/5		〔段〕、○　6.0/78/7
夫筋之○由嚼　6.30/86/6	其實韭菹、○醢　1.26/10/29	○氏爲刃　6.3/80/7
夫角之○由挫　6.30/86/8	深蒲、○醢　1.26/10/31	○氏爲劍　6.6/80/18
索 suǒ　5	**炭 tàn　6**	**陶 táo　5**
十有一曰○鬼神　2.1/20/25	埽除、執燭、共鑪○　1.30/11/14	○（旝）〔瓬〕　6.0/78/9
國○鬼神而祭祀　2.6/23/?	掌○　2.0/19/7	有虞氏上○　6.0/78/9
以○室毆疫　4.29/57/26	掌○掌灰物○物之徵令	韗人爲皐○　6.12/81/23
時文思○　6.8/81/3	2.66/31/11	○人爲甒　6.24/83/14
○約大汲其版　6.28/85/6	凡○灰之事　2.66/31/11	凡○瓬之事　6.25/83/17
	以蜃○攻之　5.46/73/12	
他 tā　8		**騊 táo　1**
	撣 tàn　2	
若徙于○　2.9/23/19		以阜馬、佚特、教○、
徙于○邑　2.47/29/11	○人　4.0/53/1	攻駒及祭馬祖、祭閑
其○皆如祭祀　3.21/41/28	○人掌誦王志　4.68/62/26	之先牧及執駒、散馬
其○皆如振旅　4.1/53/22		耳、圉馬　4.55/61/1
4.1/53/25	**歎 tàn　1**	
其○皆如諸侯之禮　5.52/74/5		**鼗 táo　6**
其○皆如諸子之禮　5.52/74/8	禁嘂呼〔嘆〕嗚於國中者　5.50/73/23	
其○皆眡小國之君　5.52/74/9		靁鼓靁○　3.21/41/21
	唐 táng　3	靈鼓靈○　3.21/41/23
撻 tà　3		路鼓路○　3.21/41/25
	○弓、大弓以授學射者	小師掌教鼓○、柷、敔
掌其比觥○罰之事　2.8/23/15	、使者、勞者　4.39/59/3	、塤、簫、管、弦、
○戮而罰之　2.34/27/11	○大利車戰、野戰　4.39/59/3	歌　3.26/42/25
巡舞列而○其怠慢者　3.24/42/15	謂之○弓之屬　6.30/86/26	瞽矇掌播○、柷、敔、
		塤、簫、管、弦、歌
太 tài　2	**堂 táng　9**	3.27/42/29
		眡瞭掌凡樂事播○　3.28/43/1
六人維王之（○）〔大〕	多○贈　3.55/46/17	

○有時	6.0/78/1	若國作民而師○行役之		○僕	4.0/51/29
○有時以生	6.0/78/4	事	2.5/22/28	遂以蒐○	4.1/53/20
此○時也	6.0/78/5	凡作民而師○、行役	2.6/23/4	遂以苗○	4.1/53/22
以象○也	6.3/80/4	若作民而師○行役	2.7/23/11	遂以獮○	4.1/53/25
○謂之玄	6.15/82/1	以正○役	2.11/23/25	如蒐（○）之法	4.1/53/25
○時變	6.15/82/3	○役亦如之	2.11/23/28	虞人萊所○之野	4.1/53/26
○子守之	6.19/82/17	以宅○、士○、買○任		○之日	4.1/53/27
○子執冒四寸	6.19/82/18	近郊之地	2.16/24/16	遂以狩○	4.1/54/2
○子用全	6.19/82/19	以官○、牛○、賞○、		凡小祭祀、會同、饗射	
○子圭中必	6.19/82/19	牧○任遠郊之地	2.16/24/16	、師○、喪紀	4.2/54/13
以祀○	6.19/82/20	以公邑之○任甸地	2.16/24/16	（惟）〔唯〕加○無國	
○子服之	6.19/82/20	以家邑之○任稍地	2.16/24/17	正	4.6/54/24
諸侯以享○子	6.19/82/22	以小都之○任縣地	2.16/24/17	二曰○馬	4.7/54/27
○子以聘女	6.19/82/23	以大都之○任畺地	2.16/24/17	凡師○	4.9/55/7
○子以巡守	6.19/82/24	凡○不耕者	2.16/24/19	凡軍旅○役	4.30/57/32
○子以爲權	6.19/82/27	而辨其夫家、人民、○		殺矢、鍭矢用諸近射、	
○下之大獸五	6.26/83/20	萊之數	2.18/24/28	○獵	4.39/59/4
凡○下之地埶	6.28/85/2	若將有軍旅、會同、○		○弋	4.39/59/8
爲○子之弓	6.30/86/19	役之戒	2.18/24/29	○僕掌馭○路以○以鄙	4.49/60/8
		以土地之圖經○野	2.40/28/3	凡	4.49/60/9
田 tián	**99**	而授之○野	2.40/28/5	○馬一物	4.51/60/13
		以○里安甿	2.40/28/5	○獵	4.51/60/19
八月○役	1.1/5/17	以頒○里	2.40/28/7, 2.43/28/28	凡○事	4.54/60/29
五曰○役之聯事	1.2/6/27	○百晦	2.40/28/7	其澤藪曰圃○	4.58/61/14
二曰聽師○以簡稽	1.2/6/28		2.40/28/8, 2.40/28/8	用諸○役	5.3/68/3
軍旅、○役、喪荒亦如之	1.2/7/2	凡治野〔○〕	2.40/28/9	凡軍旅○役斬殺刑戮	5.20/70/30
獸人掌罟○獸	1.12/8/31	以令師○	2.40/28/12	軍旅、○役	5.50/73/23
時○	1.12/8/31	而師○作野民	2.40/28/14	○車之輪六尺有三寸	6.0/78/16
及弊○	1.12/8/31	經牧其○野	2.41/28/18	○馬之輈深四尺	6.3/79/23
	2.56/30/14, 2.59/30/23	軍旅○獵	2.41/28/21	兵矢、○矢五分	6.23/83/6
凡○獸者	1.12/9/2	以歲時稽其夫家之衆寡		○首倍之	6.28/84/29
凡○獸之脯腊膴胖之事	1.15/9/10	、六畜、○野	2.42/28/23		
凡朝覲、會同、軍旅、		若將用野民師○、行役		**殄 tiǎn**	**1**
○役、祭祀	1.32/11/19	、移執事	2.43/28/29		
師○	1.33/11/23, 1.33/11/24	若有會同、師○、行役		夏以水○草而芟夷之	2.53/30/2
以九賦之法令○野之財		之事	2.49/29/17		
用	1.38/12/17	以涉揚其芟作○	2.53/30/2	**瑱 tiàn**	**2**
以知○野夫家六畜之數		若大○獵	2.56/30/13, 2.59/30/23		
	1.39/12/24	則萊山之野	2.56/30/13	玉○	4.35/58/19
設其社稷之壝而樹之○		迹人掌邦○之地政	2.60/30/26	王用○圭	5.53/74/26
主	2.1/20/3	凡○獵者受令焉	2.60/30/26		
大○役	2.1/21/9	大○之禮	3.1/36/30	**桃 tiāo**	**7**
以作○役	2.2/21/18	凡國祈年于○祖	3.37/43/29		
唯○與追胥	2.2/21/21	以樂○畷	3.37/43/30	守○	3.0/33/13
乃經土地而井牧其○野	2.2/21/22	甸祝掌四時之○表貉之		女○	3.0/33/13
凡四時之○	2.3/22/6	祝號	3.52/46/8	辨廟○之昭穆	3.2/37/16
出○法于州里	2.3/22/6	以○	3.64/47/27	守○掌守先王先公之廟	

○	3.14/40/14	以○官府之六計	1.2/6/30	而○其獄訟	5.6/68/26
其○	3.14/40/15	○其治訟	1.2/7/2	三旬而職○于朝	5.6/68/27
則守○勤堲之	3.14/40/15		2.42/28/24、3.22/42/9	○其獄訟之辭	5.7/69/1

條 tiáo　　3

		以○王命	1.2/7/7	司寇○其成于朝	5.7/69/1
○纓五就	3.64/47/26		2.1/21/12、4.67/62/24	書其刑殺之成與其○獄	
○狼氏	5.0/65/11	無去守而○政令	1.4/7/25	訟者	5.7/69/2
○狼氏掌執鞭以趨辟	5.36/72/16	小宰○之	1.21/10/11	期內之治○	5.9/69/15
		而○其會計	1.38/12/18	則○	5.9/69/16

調 tiáo　　3

		○而斷之	2.1/21/7	而○其辭	5.9/69/17
○以滑甘	1.17/9/18	○其辭訟	2.2/21/22	以贊司寇○獄訟	5.12/69/27
○人	2.0/17/1	而○其治	2.3/22/1	○聲音	5.52/74/16
○人掌司萬民之難而諧		○其獄訟	2.3/22/2、3.19/41/4	○其辭	5.52/74/18
和之	2.25/25/29		5.4/68/13、5.5/68/19	小客則受其幣而○其辭	
		○治亦如之	2.21/25/14		5.53/74/23

覜 tiáo　　6

			2.22/25/20	○命	5.54/75/15
殷○曰視	3.1/36/29	○之于勝國之社	2.26/26/7	日朝以○國事故	5.63/77/12
以○聘	3.10/39/15、6.19/82/25	而○大治大訟	2.27/26/13		
殷○以除邦國之慝	5.52/73/30	而○小治小訟	2.27/26/14		

廷 tíng　　1

三歲徧○	5.52/74/15	期內○	2.28/26/24		
存、○、省、聘、問	5.53/74/24	期外不○	2.28/26/24、5.9/69/15	三曰朝○之容	2.22/25/18
		○其小治小訟而斷之	2.30/26/30		

桯 tīng　　3

		作役事則○其治訟	2.41/28/18		
		凡歲時之戒令皆○之	2.45/29/5		

庭 tíng　　4

○圍倍之	6.1/79/8	凡新甿之治皆○之	2.48/29/14	掌埽門○	1.47/14/1
信其○圍以爲部廣	6.1/79/9	以○於司馬	2.49/29/18	○氏	5.0/66/5
○長倍之	6.1/79/9	以○於司徒	2.49/29/18	共墳燭○燎	5.35/72/13
		執同律以○軍聲	3.25/42/22	○氏掌射國中之夭鳥	5.49/73/20

聽 tīng　　82

		受納訪以詔王○治	3.61/47/15		
		群吏○誓于陳前	4.1/53/28		

挺 tǐng　　1

以○官治	1.1/5/13	則○之	4.7/54/29		
則贊○治	1.1/6/11	以○馭夫	4.52/60/23	於○臂中有树焉	6.30/86/10
眡四方之○朝	1.1/6/11	以○〔於〕國司馬	4.69/62/28		
則冢宰○之	1.1/6/11	然後○之	5.1/67/5		

通 tōng　　19

○其致事	1.1/6/12		5.1/67/6、5.63/77/13		
六曰以敘○其情	1.2/6/18	士○其辭	5.1/67/10	阜○貨賄	1.1/5/22
一曰○政役以比居	1.2/6/28	以五刑○萬民之獄訟	5.2/67/20	內豎掌內外之○令	1.49/14/7
二曰○師田以簡稽	1.2/6/28	以五聲○獄訟	5.2/67/21	六曰○財	2.1/21/2
三曰○閭里以版圖	1.2/6/29	一曰辭○	5.2/67/22	則令邦國移民、○財、	
四曰○稱責以傅別	1.2/6/29	二曰色○	5.2/67/22	舍禁、弛力、薄征、	
五曰○祿位以禮命	1.2/6/29	三曰氣○	5.2/67/22	緩刑	2.1/21/10
六曰○取予以書契	1.2/6/29	四曰耳○	5.2/67/22	以金鐸○鼓	2.11/23/27
七曰○賣買以質劑	1.2/6/30	五曰目○	5.2/67/22	凡○貨賄	2.27/26/16
八曰○出入以要會	1.2/6/30	○民之所刺宥	5.2/67/25	凡○達於天下者	2.39/27/31
		旬而職○于朝	5.4/68/14	以○上下親疏遠近	3.49/45/16
		司寇○之	5.4/68/14	○帛爲摰	3.67/48/12
			5.5/68/20、5.6/68/27	以○守政	4.12/55/17
		二旬而職○于朝	5.5/68/20	唯是得○	4.12/55/18

若道路不○有徵事	4.26/57/18
中春○淫	4.54/60/29
○其財利	4.61/62/9
令移民、○財、糾守、	
緩刑	5.3/68/7
環人掌送逆邦國之○賓	
客	5.56/75/28
掌邦國之○事而結其交	
好	5.60/77/5
或○四方之珍異以資之	6.0/77/25
○四方之珍異以資之	6.0/77/26

同 tóng　　88

大朝覲會○	1.1/6/10
以法掌祭祀、朝覲、會	
○、賓客之戒具	1.2/7/1
凡朝覲、會○、賓客	1.3/7/15
王之○姓有辠	1.11/8/29
掌舍掌王之會○之舍	1.31/11/16
凡朝覲、會○、軍旅、	
田役、祭祀	1.32/11/19
諸侯朝覲會○	1.33/11/23
凡祭祀、賓客、喪紀、	
會○、軍旅	1.37/12/13
六曰○衣服	2.1/20/27
大軍旅會○	2.3/22/4
凡會○、軍旅、行役	2.14/24/9
若將有軍旅、會○、田	
役之戒	2.18/24/29
凡賓客、會○、師役	2.19/25/2
凡祭祀、賓客、會○、喪紀、	
軍旅	2.21/25/14
	2.22/25/19
從父兄弟之讎不○國	2.25/25/30
不○國	2.25/26/1
以泉府○貨而斂賒	2.27/26/11
凡會○師役	2.27/26/20
○其度量	2.28/26/23
凡師役會○	2.31/27/2
若有會○、師田、行役	
之事	2.49/29/17
則以縣師之法作其○徒	
、輂輦	2.49/29/17
凡邦有會○師役之事	2.71/31/24
典○	3.0/34/4
殷見曰○	3.1/36/29

以軍禮○邦國	3.1/36/29
朝覲會○	3.1/37/11
凡王之會○、軍旅、甸	
役之禱祠	3.2/37/27
凡國之大賓客、會○、	
軍旅、喪紀	3.6/38/21
以朝覲宗遇會○于王	3.10/39/14
以六律、六○、五聲、	
八音、六舞、大合樂	
	3.21/41/13
大師掌六律六○	3.25/42/18
執○律以聽軍聲	3.25/42/22
典○六律六○之和、	
以辨天地四方陰陽之	
聲	3.29/43/4
以○鬼神示	3.49/45/15
大會○	3.49/45/24, 4.1/54/10
凡外內小祭祀、小喪紀	
、小會○、小軍旅	3.50/46/1
大會○朝覲	3.57/46/27
與大師○車	3.57/46/28
大喪、大賓客、大會○	
、大軍旅	3.58/47/2
○姓以封	3.64/47/26
凡會○、軍旅、弔于四	
方	3.65/48/7
會○亦如之	3.66/48/10
	4.37/58/27
會○、賓客亦如之	3.67/48/16
凡小祭祀、會○、饗射	
、師田、喪紀	4.2/54/13
會○朝覲	4.18/56/14
凡賓客、會○、軍旅	4.20/56/21
凡會○	4.23/57/3
會○、賓客	4.24/57/10
凡軍旅會○	4.25/57/13
	5.57/76/2
軍旅、會○亦如之	4.26/57/16
凡祭祀、會○、賓客	4.27/57/20
軍旅、會○	4.38/58/29
凡師役、會○	4.39/59/7
會○	4.42/59/18
齊右掌祭祀、會○、賓	
客、前齊車	4.43/59/21
凡大祭祀、朝覲、會○	
	4.51/60/18
使○貫利	4.58/61/10

○其數器	4.61/62/9
○其好善	4.61/62/9
凡朝覲會○	5.1/67/15
凡王之○族有罪	5.2/67/21
用之于會○	5.3/68/3
凡民○貨財者	5.9/69/16
凡邦國有疑會○	5.14/70/4
王之○族拳	5.19/70/24
凡有爵者與王之○族	5.19/70/25
唯王之○族與有爵者	5.20/70/29
殷○以施天下之政	5.52/73/29
以○邦國之禮	5.52/73/31
○度量	5.52/74/16
○數器	5.52/74/16
朝、覲、宗、遇、會、	
○	5.53/74/24
天揖○姓	5.54/75/5
送逆○禮	5.54/75/22
以眂其○也	6.1/79/7
○摶欲重	6.23/83/11
○重節欲疏	6.23/83/11
○疏欲梟	6.23/83/11
戢兵○強	6.27/84/12
刺兵○強	6.27/84/12
方百里爲○	6.28/85/1
○間廣二尋	6.28/85/1

彤 tóng　　1

左○几	3.8/39/4

種 tóng　　3

詔王后帥六宮之人而生	
○稑之種	1.45/13/22
以歲時縣○稑之種	2.72/31/28
而辨○稑之種	2.75/32/5

統 tǒng　　2

以○百官	1.1/5/10
以八○詔王馭萬民	1.1/5/19

偷 tōu　　1

則民不○	2.1/20/10

投 tóu	1	2.0/19/15,3.0/32/31	4.0/49/19,4.0/49/21
		3.0/33/3,3.0/34/4	4.0/50/11,4.0/50/23
以焚石○之	5.48/73/17	3.0/34/12,3.0/34/16	4.0/52/32,4.0/53/1
		3.0/34/18,3.0/34/20	5.0/65/3,5.0/65/5,5.0/65/7
徒 tú	290	3.0/34/22,3.0/34/26	5.0/65/15,5.0/65/21
		3.0/36/4,3.0/36/11	5.0/66/7
○百有二十人	1.0/1/9,1.0/1/15	3.0/36/13,4.0/49/13	○十有二人　　1.0/4/25,2.0/18/1
	2.0/15/29,2.0/16/26	4.0/50/5,4.0/50/13	2.0/18/7,4.0/50/1,4.0/50/3
	2.0/17/6,2.0/17/26	4.0/50/17,4.0/50/30	5.0/64/3,5.0/64/11
	2.0/18/18,2.0/18/21	4.0/51/5,4.0/51/11	5.0/64/27,5.0/65/13
	3.0/32/23,3.0/33/21	4.0/51/13,4.0/52/5	○四人　　　　　　　1.0/5/3
	3.0/34/2,4.0/49/31	4.0/52/9,5.0/63/25	1.0/5/5,1.0/5/7,2.0/17/18
	5.0/63/11,5.0/63/13	5.0/65/23,5.0/65/25	2.0/17/21,3.0/32/29
	5.0/64/9,5.0/64/31	5.0/66/16,5.0/66/28	3.0/35/7,3.0/35/9
○四十人　　　1.0/1/11,1.0/1/18		○百人　　1.0/1/20,1.0/1/22	3.0/35/11,3.0/35/18
1.0/1/28,1.0/3/3,1.0/3/5		2.0/18/9,4.0/49/11	3.0/35/20,4.0/50/7
1.0/3/30,1.0/4/1,2.0/16/14		○五十人　　1.0/1/24,1.0/3/20	4.0/50/9,4.0/50/25
2.0/16/22,2.0/16/24		3.0/36/9,4.0/52/16	4.0/51/1,4.0/51/7,4.0/52/3
2.0/17/18,2.0/18/3		○三百人　　　　　　1.0/1/26	5.0/63/27,5.0/63/29
2.0/18/5,2.0/18/27		1.0/1/30,2.0/19/18	5.0/63/31,5.0/65/17
2.0/18/29,2.0/19/20		○十有六人　　　　　1.0/2/1	5.0/65/19
2.0/19/22,2.0/19/24		5.0/65/9,5.0/66/24	八日○　　　　　　　1.3/7/12
2.0/19/26,3.0/33/11		○八十人　　　　　　1.0/2/15	作其○役之事　　　　1.5/7/28
3.0/33/25,3.0/33/30		1.0/2/21,1.0/3/1,1.0/3/7	帥其○以薪蒸役外內饔
3.0/34/6,3.0/34/14		1.0/3/9,1.0/4/3,2.0/16/20	之事　　　　　　　　1.11/8/29
3.0/34/29,3.0/35/1		2.0/17/15,2.0/17/20	乃立地官司○　　　　2.0/15/23
3.0/35/14,3.0/35/16		2.0/17/31,2.0/18/15	大司○　　　　　　　2.0/15/28
3.0/35/24,3.0/35/27		2.0/18/24,2.0/19/13	小司○　　　　　　　2.0/15/28
3.0/36/2,3.0/36/6		3.0/33/28,3.0/34/24	○六十人　　2.0/16/4,2.0/16/10
3.0/36/15,3.0/36/17		4.0/50/19,4.0/51/3	2.0/16/16,2.0/16/28
4.0/49/25,4.0/49/27		4.0/51/9,4.0/52/1	2.0/18/16,2.0/18/22
4.0/50/15,4.0/50/32		4.0/52/30,4.0/53/3	3.0/34/8,5.0/63/21
4.0/52/7,4.0/52/18		5.0/63/19,5.0/64/1	5.0/64/29,5.0/65/11
4.0/52/20,4.0/52/22		5.0/66/12,5.0/66/30	舞○四十人　　　　　2.0/16/8
4.0/52/24,4.0/52/26		○四十有八人　　　　1.0/3/12	○二百人　　　　　　2.0/16/12
4.0/52/28,5.0/64/25		○十人　　　　　　　1.0/3/15	3.0/33/23,5.0/64/13
5.0/65/1,5.0/66/14		1.0/3/17,2.0/17/1,2.0/17/3	大司○之職　　　　　2.1/20/1
5.0/66/20,5.0/66/32		3.0/33/5,3.0/33/7,3.0/33/9	而治其○庶之政令　　2.1/21/9
○二十人　　　　　　1.0/1/13		3.0/34/10,3.0/35/22	小司○之職　　　　　2.2/21/14
1.0/2/3,1.0/2/5,1.0/3/24		○八人　　　1.0/3/22,1.0/4/5	凡起○役　　　　　　2.2/21/20
1.0/3/26,1.0/3/28,1.0/4/23		2.0/18/11,2.0/18/13	則帥民○而至　　　　2.3/22/3
1.0/4/27,1.0/5/1,2.0/16/6		2.0/18/31,2.0/19/1	正治其○役與其輂輦　2.3/22/4
2.0/16/18,2.0/16/30		2.0/19/5,2.0/19/11	以司○之大旗致眾庶　2.3/22/7
2.0/16/32,2.0/17/8		3.0/32/25,3.0/32/27	受教法于司○　　　　2.4/22/13
2.0/17/10,2.0/17/23		3.0/33/1,3.0/35/3,3.0/35/5	令群吏攷法于司○　　2.4/22/22
2.0/18/16,2.0/18/22		3.0/35/29,3.0/35/31	則以縣師之法作其同○
2.0/19/3,2.0/19/7,2.0/19/9		4.0/49/15,4.0/49/17	、輂輦　　　　　　　2.49/29/17

以圜○聚教罷民	5.1/67/3	**穨 tuí**	2	國粥	5.37/72/20
賓之圜○而施職事焉	5.1/67/4			令聚（○）〔檬〕	5.56/75/28
其不能改而出圜○者	5.1/67/5	則必○爾如委矣	6.26/83/30	則令聚（○）〔檬〕	5.59/76/31
	5.18/70/21	苟○爾如委	6.26/83/30		
凡圜○之刑人也不虧體				**檬 tuò**	5
	5.18/70/22	**退 tuì**	15		
以炮○之鼓敺之	5.48/73/17			縣壺以序聚（檬）〔○〕	
○揗庶姓	5.54/75/5	乃○	1.2/7/6		4.17/56/3
凝○以爲器	6.0/77/31	以進○之	1.20/10/2	則令守涂地之人聚（檬）	
○以黃	6.15/82/3	○而頒之于其鄉吏	2.4/22/13	〔○〕之	5.30/71/28
○圭尺有五寸	6.19/82/20	○而以鄉射之禮五物詢		脩閭氏掌比國中宿互	
以○地	6.19/82/20	眾庶	2.4/22/20	（檬）〔○〕者與其	
		以	2.4/22/22	國粥	5.37/72/20
吐 tǔ	1	以教坐作進○疾徐疏數		令聚（檬）〔○〕	5.56/75/28
		之節	4.1/53/19	則令聚（檬）〔○〕	5.59/76/31
則○水疾而雷遠	6.1/79/13	乃鼓○	4.1/54/1		
		內朝皆○	4.23/57/1	**鼃 wā**	1
兔 tù	4	而進○其爵祿	4.23/57/5		
		以攷其藝而進○之	4.24/57/11	蟈氏掌去○黽	5.47/73/14
芹菹、○醢	1.26/10/31	則前正位而○	4.30/57/29		
以其一爲之當○之圍	6.3/79/27	以圖國用而進○之	5.2/67/28	**瓦 wǎ**	2
參分其○圍	6.3/79/27	及○	5.54/75/15		
自伏○不至（軌）〔軓〕		及○亦如之	5.59/76/32	二曰《○兆》	3.41/44/9
七寸	6.3/80/3	○則與人謀	6.3/80/1	○屋四分	6.28/85/6
摶 tuán	12	**豚 tún**	3	**外 wài**	89
百羽爲○	2.63/31/3	春行羔○	1.7/8/11	○饔	1.0/1/22
十○爲縛	2.63/31/4	○拍、魚醢	1.26/10/30	○府	1.0/3/17
（○）〔摶〕埴之工二	6.0/78/6	歌舞牲及毛炮之○	2.10/23/23	辨○內而時禁	1.4/7/23
（○）〔摶〕埴之工	6.0/78/9			○饔掌○祭祀之割亨	1.9/8/21
則是（摶）〔○〕以行		**臀 tún**	1	職○內饔之饎亨（煮）	1.10/8/25
石也	6.1/79/4			帥其徒以薪蒸役○饔	
卷而（摶）〔○〕之	6.11/81/17	其○一寸	6.8/81/2	之事	1.11/8/29
卷而○之而不迆	6.11/81/20			凡○內饔之膳羞	1.24/10/20
欲生而○	6.23/83/11	**柝 tuò**	1	○府掌邦布之入出	1.37/12/12
同○欲重	6.23/83/11			佐后使治○內命婦	1.45/13/18
○身而鴻	6.26/83/27	夕擊○而比之	1.4/7/22	詔后帥○內命婦始蠶于	
刺兵○	6.27/84/12			北郊	1.45/13/20
紾而○廉	6.30/85/29	**檯 tuò**	5	凡○內命夫命婦出入	1.47/13/30
				凡內人弔臨于○	1.48/14/4
推 tuī	1	縣壺以序聚（○）〔檬〕		內豎掌內○之通令	1.49/14/7
			4.17/56/3	頒絲于○內工	1.56/14/27
直庇則利○	6.29/85/11	則令守涂地之人聚（○）		辨○內命婦之服	1.58/15/4
		〔檬〕之	5.30/71/28	爲九嬪及○內命婦之首	
		脩閭氏掌比國中宿互		服	1.61/15/13
		（○）〔檬〕者與其		辨○內命夫命婦之命屨	

、功屨、散屨	1.62/15/16		4.58/61/25	謂之〇	6.1/78/20
凡〇祭毀事	2.13/24/4	又其〇方五百里曰采服		仄慝則〇	6.29/85/15
各以其兵服守王之門〇			4.58/61/25		
	2.21/25/15	又其〇方五百里曰衛服		**玩 wán**	2
朝在野〇	2.21/25/15		4.58/61/26		
父之讎辟諸海〇	2.25/25/30	又其〇方五百里曰蠻服		凡式貢之餘財以共〇好	
兄弟之讎辟諸千里之〇			4.58/61/26	之用	1.34/11/32
	2.25/25/30	又其〇方五百里曰夷服		玉府掌王之金玉、〇好	
期〇不聽	2.28/26/24,5.9/69/15		4.58/61/26	、兵、器	1.35/12/3
有〇內之送令	2.38/27/27	又其〇方五百里曰鎮服			
藁人掌共〇內朝宂食者			4.58/61/27	**宛 wǎn**	2
之食	2.78/32/13	又其〇方五百里曰藩服			
〇宗	3.0/33/19		4.58/61/27	〇之無已	6.30/86/14
凡〇女之有爵者	3.0/33/19	掌〇朝之政	5.2/67/18	欲〇而無負弦	6.30/86/16
〇史	3.0/36/4	朝士掌建邦〇朝之法	5.9/69/11		
縣衰冠之式于路門之〇	3.2/37/25	在野〇則守屬禁	5.23/71/8	**琬 wǎn**	2
令〇內命婦序哭	3.3/38/6	其〇方五百里謂之侯服			
禁〇內命男女之衰不中			5.52/74/11	〇圭以治德	3.10/39/18
法者	3.3/38/6	又其〇方五百里謂之甸		〇圭九寸而繅	6.19/82/21
典祀掌〇祀之兆守	3.13/40/11	服	5.52/74/11		
相〇內宗之禮事	3.15/40/17	又其〇方五百里謂之男		**輓 wǎn**	1
比〇內命婦之朝莫哭	3.15/40/18	服	5.52/74/12		
凡內事有達於〇官者	3.15/40/19	又其〇方五百里謂之采		組〇	3.64/47/29
〇宗掌宗廟之祭祀佐王		服	5.52/74/12		
后薦玉豆	3.17/40/24	又其〇方五百里謂之衛		**萬 wàn**	67
則敘〇朝莫哭者	3.17/40/26	服	5.52/74/13		
凡〇內小祭祀、小喪紀		又其〇方五百里謂之要		以紀〇民	1.1/5/9
、小會同、小軍旅	3.50/46/1	服	5.52/74/13	以擾〇民	1.1/5/10
〇史掌書〇令	3.62/47/18	九州之〇謂之蕃國	5.52/74/14	以諧〇民	1.1/5/11,1.2/6/24
暴內陵〇則壇之	4.1/53/10	及中門之〇	5.54/75/18		3.1/37/8,3.21/41/14
〇內亂	4.1/53/11	在野在〇殺禮	5.58/76/26	以均〇民	1.1/5/11,1.2/6/23
其〇方五百里曰侯畿	4.1/53/13	次于舍門〇	5.59/76/31	以糾〇民	1.1/5/12,1.2/6/25
又其〇方五百里曰甸畿	4.1/53/13	二在〇	6.1/78/29	以生〇民	1.1/5/12
又其〇方五百里曰男畿	4.1/53/14	〇不廉而內不挫	6.1/79/5	以八統詔王馭〇民	1.1/5/19
又其〇方五百里曰采畿	4.1/53/14	是故倨句〇博	6.5/80/15	以九職任〇民	1.1/5/20
又其〇方五百里曰衛畿	4.1/53/14	內方尺而圜其〇	6.8/81/2	使〇民觀治象	1.1/6/4
又其〇方五百里曰蠻畿	4.1/53/14	青金〇	6.19/82/23	以官成待〇民之治	1.1/6/7
又其〇方五百里曰夷畿	4.1/53/15	〇骨、內骨	6.26/83/21	以寧〇民	1.2/6/24
又其〇方五百里曰鎮畿	4.1/53/15	〇有九室	6.28/84/26	以正〇民	1.2/6/25
又其〇方五百里曰蕃畿	4.1/53/15	大防〇稦	6.28/85/5	以養〇民	1.2/6/26
旬之〇入馬耳	4.7/54/28	緣其〇	6.29/85/11	〇民之逆	1.3/7/10
其〇否	4.7/54/28	善者在〇	6.30/86/13	疾醫掌養〇民之疾病	1.18/9/22
建路鼓于大寢之門〇	4.30/57/30	雖善於〇	6.30/86/13	凡〇民之貢以充府庫	1.34/11/32
其〇方五百里曰侯服	4.58/61/25			以荒政十有二聚〇民	2.1/20/23
又其〇方五百里曰甸服		**完 wán**	3	以保息六養〇民	2.1/20/25
	4.58/61/25			以本俗六安〇民	2.1/20/26
又其〇方五百里曰男服		無以為〇久也	6.0/78/14	使〇民觀教象	2.1/20/28

使以登○民	2.1/21/1	司約掌邦國及○民之約		以養○及后、世子	1.6/8/1
以鄉三物教○民而賓興		劑	5.13/69/31	凡○之饋	1.6/8/1
之	2.1/21/3	盟○民之犯命者	5.14/70/5	○日一舉	1.6/8/2
以鄉八刑糾○民	2.1/21/4	及其○民之利害爲一書		○乃食	1.6/8/3
以五禮防○民之僞而教			5.53/74/30	○齊	1.6/8/3,1.35/12/3
之中	2.1/21/6	掌交掌以節與幣巡邦國		○燕食	1.6/8/4
以六樂防○民之情而教		之諸侯及其○民之所		凡○祭祀	1.6/8/5
之和	2.1/21/6	聚者	5.60/77/4	則徹○之胙俎	1.6/8/5
凡○民之不服教而有獄		達○民之說	5.60/77/5	凡○之稍事	1.6/8/5
訟者與有地治者	2.1/21/7			○燕飲酒	1.6/8/5
以旗致○民	2.1/21/9	**亡 wáng**	**5**	唯○及后、世子之膳不會	1.6/8/7
則致○民於王門	2.1/21/10			以共○之膳與其薦羞之	
乃會○民之卒伍而用之	2.2/21/17	○者使有	2.27/26/16	物及后、世子之膳羞	1.7/8/9
而贖○民之臡阨	2.3/22/9	害者使○	2.27/26/16	唯○及后之膳禽不會	1.7/8/12
司諫掌糾○民之德而勸		以喪禮哀死○	3.1/36/27	內饔掌○及后、世子膳	
之朋友	2.23/25/22	凡○矢者	4.39/59/8	羞之割亨煎和之事	1.8/8/14
司救掌○民之衺惡過失		○者闕之	4.41/59/16	○舉	1.8/8/14
而誅讓之	2.24/25/25				1.26/11/1,1.27/11/4
調人掌司○民之難而諧		**王 wáng**	**329**	凡○之好賜肉脩	1.8/8/18
和之	2.25/25/29			甸師掌帥其屬而耕耨○	
媒氏掌○民之判	2.26/26/4	惟○建國	1.0/1/3	藉	1.11/8/28
凡○民之期于市者	2.27/26/14		2.0/15/23,3.0/32/17	代○受眚災	1.11/8/29
○（大）〔夫〕有川	2.40/28/10		4.0/49/1,5.0/63/5	○之同姓有辠	1.11/8/29
令○民時斬材	2.56/30/12	以佐○均邦國	1.0/1/4	春獻○鮪	1.13/9/4
頒其餘于○民	2.59/30/22	○宮每門四人	1.0/4/7	以共○膳羞	1.13/9/4
凡○民之食食者	2.71/31/23	○之正內五人	1.0/4/9	食醫掌和○之六食、六	
掌均○民之食	2.75/32/6	以佐○治邦國	1.1/5/9	飲、六膳、百羞、百	
以嘉禮親○民	3.1/36/30	以八柄詔○馭群臣	1.1/5/17	醬、八珍之齊	1.17/9/17
凡邦國都鄙及○民之有		以八統詔○馭萬民	1.1/5/19	以共○之四飲三酒之饌	1.21/10/6
約劑者藏焉	3.57/46/24	贊○牲事	1.1/6/9,4.30/57/31	凡○之燕飲酒	1.21/10/9
御史掌邦國都鄙及○民		享先○亦如之	1.1/6/9,2.1/21/8	唯○及后之飲酒不會	1.21/10/11
之治令	3.63/47/21	贊○命	1.1/6/11	漿人掌共○之六飲	1.23/10/17
○有二千五百人爲軍	4.0/49/8	○眡治朝	1.1/6/11	爲○及后世子共其內羞	
使○民觀政象	4.1/53/12	而詔○廢置	1.1/6/12		1.25/10/27
任其○民	4.12/55/17	以治○宮之政令	1.2/6/15	爲○及后、世子共其內	
使○民和說而正王面	4.68/62/26	贊（○）〔玉〕幣爵之		羞	1.26/11/1
以五刑糾○民	5.1/67/2	事、祼將之事	1.2/7/3	○之膳羞	1.28/11/9
凡○民之有罪過而未麗		以宮刑憲禁于○宮	1.2/7/6	凡○巾	1.29/11/11
於法而害於州里者	5.1/67/6	以聽○命	1.2/7/7	宮人掌○之六寢之脩	1.30/11/13
使○民觀刑象	5.1/67/11		2.1/21/12,4.67/62/24	共○之沐浴	1.30/11/13
以致○民而詢焉	5.2/67/18	以正○及三公、六卿、		掌舍掌○之會同之舍	1.31/11/16
以五刑聽○民之獄訟	5.2/67/20	大夫、群吏之位	1.3/7/9	掌次掌○次之法	1.33/11/22
三曰訊○民	5.2/67/25	宮正掌○宮之戒令、糾		○大旅上帝	1.33/11/22
司民掌登○民之數	5.10/69/20	禁	1.4/7/22	○則張氊三重	1.33/11/24
以○民之數詔司寇	5.10/69/21	令于○宮之官府次舍	1.4/7/25	關市之賦以待○之膳服	
以麗○民之罪	5.11/69/24	宮伯掌○宮之士庶子	1.5/7/28		1.34/11/29
三刺曰訊○民	5.12/69/28	膳夫掌○之食飲膳羞	1.6/8/1	玉府掌○之金玉、玩好	

、兵、器	1.35/12/3	以〇命施惠	2.3/22/9	以詔〇察群吏之治	3.9/39/8
共〇之服玉、佩玉、珠		鄉老及鄉大夫、群吏獻		〇晉大圭	3.10/39/12
玉	1.35/12/3	賢能之書于〇	2.4/22/19	以朝覲宗遇會同于〇	3.10/39/14
掌〇之燕衣服、衽、席		〇再拜受之	2.4/22/20	祼圭有瓚以肆先〇	3.10/39/15
、床、笫	1.35/12/4	封人掌詔〇之社壝	2.10/23/21	〇之三公八命	3.11/39/24
凡（〇之）獻金玉、兵		則詔〇鼓	2.11/23/28	司服掌〇之吉凶衣服	3.12/39/31
、器、文織、良貨賄		享先〇	2.15/24/12	〇之吉服	3.12/39/31
之物	1.35/12/5	師氏掌以媺詔〇	2.21/25/11	享先〇則袞冕	3.12/40/1
凡〇之好賜	1.35/12/6	司〇朝	2.21/25/13	爲天〇斬衰	3.12/40/3
凡〇及冢宰之好賜予	1.36/12/9	〇（舉）〔與〕則從	2.21/25/14	爲后齊衰	3.12/40/3
共〇及后、世子之衣服			2.22/25/20	〇爲三公六卿錫衰	3.12/40/4
之用	1.37/12/12	各以其兵服守〇之門外		自袞冕而下如〇之服	3.12/40/5
唯〇及后之服不會	1.37/12/14		2.21/25/15	守祧掌守先〇先公之廟	
以詔〇及冢宰廢置	1.38/12/19	保氏掌諫〇惡	2.22/25/17	祧	3.14/40/14
以共〇祀天之服	1.43/13/7	使其屬守〇闥	2.22/25/20	詔〇后之禮事	3.15/40/17
〇乃行羽物	1.43/13/7	而以〇命施惠	2.24/25/27	凡〇后有擯事於婦人	3.15/40/18
〇大射	1.43/13/8	以輔〇命	2.39/27/29	〇后有事則從	3.16/40/21
唯〇之裘與其皮事不會	1.43/13/9	〇巡守	2.54/30/5	外宗掌宗廟之祭祀佐〇	
以治〇內之政令	1.45/13/15		2.55/30/8,4.59/62/4	后薦玉豆	3.17/40/24
憲禁令于〇之北宮而糾		則夾〇車	2.54/30/5,2.55/30/8	〇后以樂羞齍	3.17/40/24
其守	1.45/13/22	詔〇殺邦用	2.71/31/24	凡（工）〔〇〕后之獻	
詔〇后帥六宮之人而生		以共〇后之春獻種	2.72/31/29	亦如之	3.17/40/25
穜稑之種	1.45/13/22	共〇及后之六食	2.77/32/11	先〇之葬居中	3.18/40/28
而獻之于〇	1.45/13/23	以佐〇和邦國	3.0/32/18	凡國有司以〇命有事焉	3.20/41/6
內小臣掌〇后之命	1.46/13/25	以佐〇建保邦國	3.1/36/23	〇出入則令奏《〇夏》	
掌〇之陰事陰令	1.46/13/27	以肆獻祼享先〇	3.1/36/26		3.21/41/27
閽人掌守〇宮之中門之		以饋食享先〇	3.1/36/26	〇出入	3.21/41/28,4.30/57/31
禁	1.47/13/29	以祠春享先〇	3.1/36/26	令奏《〇夏》	3.21/41/28
寺人掌〇之內人及女宮		以禴夏享先〇	3.1/36/26	〇大食	3.21/41/29
之戒令	1.48/14/3	以嘗秋享先〇	3.1/36/26	〇師大獻	3.21/41/29
〇后之喪遷于宮中	1.49/14/7	以烝冬享先〇	3.1/36/27	〇以《騶虞》爲節	3.22/42/5
各帥其屬而以時御敘于		〇執鎮圭	3.1/37/3	〇宮縣	3.24/42/15
〇所	1.50/14/10	詔相〇之大禮	3.1/37/10	《〇夏》、《肆夏》、	
女御掌御敘于〇之燕寢		若〇不與祭祀	3.1/37/10	《昭夏》、《納夏》	
	1.52/14/16	〇后不與	3.1/37/10,3.17/40/25	、《章夏》、《齊夏》	
女祝掌〇后之內祭祀	1.53/14/19	〇哭諸侯亦如之	3.1/37/11	、《族夏》、《祴夏》	
女史掌〇后之禮職	1.54/14/21	〇命諸侯	3.1/37/12	、《鷔夏》	3.31/43/10
以共〇及后之用	1.55/14/25	〇大封	3.1/37/12	〇奏《騶虞》	3.31/43/12
內司服掌〇后之六服	1.58/15/4	告時于〇	3.2/37/21	聘〇夢	3.47/45/7
縫人掌〇宮之縫線之事	1.59/15/8	告備于〇	3.2/37/21	獻吉夢于〇	3.47/45/7
以縫〇及后之衣服	1.59/15/8	〇崩	3.2/37/25	〇拜而受之	3.47/45/8
追師掌〇后之首服	1.61/15/13	凡〇之會同、軍旅、甸		〇弔	3.51/46/4,3.55/46/17
屨人掌〇及后之服屨	1.62/15/16	役之禱祠	3.2/37/27	若〇后弔	3.56/46/20
以佐〇安擾邦國	2.0/15/24	凡〇之齊事	3.5/38/18	詔〇居門終月	3.57/46/26
	2.1/20/1	凡〇弔臨	3.5/38/19	執書以詔〇	3.57/46/28
乃建〇國焉	2.1/20/18	〇位設黼依	3.8/39/2	則詔〇之忌諱	3.58/47/1
則致萬民於〇門	2.1/21/10	祀先〇、昨席亦如之	3.8/39/2	內史掌〇之八枋之法	3.61/47/13

以詔〇治	3.61/47/13,4.23/56/29	〇之燕出入	4.31/58/4
受納訪以詔〇聽治	3.61/47/15	沃〇盥	4.31/58/5
〇制祿	3.61/47/16	祭僕掌受命于〇以眂祭	
內史掌書〇命	3.61/47/16	祀	4.32/58/8
〇之五路	3.64/47/24	以〇命勞之	4.32/58/9
〇后之五路	3.64/47/27	〇之所不與	4.32/58/9
〇之喪車五乘	3.64/47/29	掌〇之燕令	4.33/58/12
典路掌〇及后之五路	3.65/48/6	〇行	4.34/58/15
〇建大常	3.67/48/14	弁師掌〇之五冕	4.35/58/18
以佐〇平邦國	4.0/49/2,4.1/53/7	其餘如〇之事	4.35/58/19
〇六軍	4.0/49/8	〇之皮弁	4.35/58/19
〇執路鼓	4.1/53/18	〇之弁絰	4.35/58/20
〇載大常	4.1/53/23	〇弓、弧弓以授射甲革	
〇帠勞士庶子	4.1/54/9	、椹質者	4.39/59/2
〇功曰勳	4.6/54/22	繕人掌〇之用弓、弩、	
銘書於〇之大常	4.6/54/23	矢、箙、矰、弋、抉	
〇以六耦射三侯	4.18/56/9	、拾	4.40/59/11
若〇大射	4.18/56/12	掌詔〇射	4.40/59/11
〇射	4.18/56/12,4.30/58/1	贊〇弓矢之事	4.40/59/11
令有爵者乘〇之倅車	4.18/56/14	詔贊〇鼓	4.42/59/18
〇南鄉	4.23/56/30,5.2/67/19	傳〇命于陳中	4.42/59/18
〇族故士、虎士在路門		〇乘則持馬	4.43/59/21
之右	4.23/56/31	〇出入則持馬陪乘	4.44/59/24
〇還揖門左	4.23/57/1	詔〇之車儀	4.44/59/24
〇入	4.23/57/1	〇式則下	4.44/59/25
虎賁氏掌先後〇而趨以		〇下則以蓋從	4.44/59/25
卒伍	4.26/57/16	大馭掌馭（〇）〔玉〕	
舍則守〇閑	4.26/57/16	路以祀	4.45/59/27
〇在國	4.26/57/16	〇自左馭	4.45/59/27
則守〇宮	4.26/57/16	掌〇倅車之政	4.46/59/31
則守〇門	4.26/57/17	〇提馬而走	4.49/60/9
旅賁氏掌執戈盾夾〇車		校人掌〇馬之政	4.51/60/13
而趨	4.27/57/20	方千里曰〇畿	4.58/61/24
六人維〇之（太）〔大〕		〇設其牧	4.58/61/29
常	4.28/57/23	〇將巡守	4.58/61/30
（太）〔大〕僕掌正〇		及〇之所行	4.58/62/1
之服位	4.30/57/29	殷國亦如之	4.58/62/1
出入〇之大命	4.30/57/29	則樹〇舍	4.59/62/4
〇眂朝	4.30/57/29	擇人掌誦〇志	4.68/62/26
正〇之服位	4.30/57/31	使萬民和說而正〇面	4.68/62/26
贊〇鼓	4.30/57/32	以佐〇刑邦國	5.0/63/6,5.1/67/1
〇燕飲	4.30/58/1	前〇	5.1/67/14,5.1/67/15
〇眂燕朝	4.30/58/2	凡〇之同族有罪	5.2/67/21
〇不眂朝	4.30/58/2	前〇而辟	5.2/67/27
小臣掌〇之小命	4.31/58/4	獻民數於〇	5.2/67/28
詔相〇之小法儀	4.31/58/4	〇拜受之	5.2/67/28,5.10/69/22
正〇之燕服位	4.31/58/4	〇燕出入	5.3/68/9

則沃尸及〇盥	5.3/68/9
則帥其屬而躍于〇宮	5.3/68/10
則〇會其期	5.4/68/15
則〇令三公會其期	5.5/68/22
則〇命六卿會其期	5.6/68/29
司寇及孟冬祀司民之日	
獻其數于〇	5.10/69/21
以贊〇治	5.10/69/22
〇之同族奉	5.19/70/24
告刑于〇	5.19/70/25
凡有爵者與〇之同族	5.19/70/25
殺〇之親者	5.20/70/28
唯〇之同族與有爵者	5.20/70/29
守〇宮與野舍之屬禁	5.21/71/3
（其守〇宮與其屬禁者）	
	5.22/71/6
其在〇宮者	5.23/71/8
執其國之兵以守〇宮	5.23/71/8
〔其守〇宮者與其守屬	
禁者〕	5.24/71/10
其守〇宮者與其守屬禁者	
	5.25/71/13,5.26/71/16
〇出入則八人夾道	5.36/72/16
共〇之齒杖	5.51/73/26
〇禮再祼而酢	5.52/74/2
〇禮壹祼而酢	5.52/74/4
〇禮壹祼不酢	5.52/74/7
〇之所以撫邦國諸侯者	
	5.52/74/15
十有二歲〇巡守殷國	5.52/74/17
凡諸侯之〇事	5.52/74/17
〇親受之	5.53/74/21
凡諸侯入〇	5.53/74/22
〇用瑱圭	5.53/74/26
以反命于〇	5.53/75/2
詔〇儀	5.54/75/5
〇燕	5.54/75/6
掌傳〇之言而諭說焉	5.57/75/31
〇之大事諸侯	5.57/76/2
〇合諸侯而饗禮	5.58/76/6
〇巡守、殷國	5.58/76/6
道〇之德意志慮	5.60/77/4
使咸知〇之好惡	5.60/77/4
謂之〇公	6.0/77/25
則〇以息燕	6.26/84/5
（母）〔毋〕或若女不	
寧侯不屬于〇所	6.26/84/5

○宮門阿之制五雉	6.28/84/26	危 wēi	7	則○內人躋	1.49/14/7
謂之○弓之屬	6.30/86/25			○齍盛	1.51/14/13
		一曰詢國○	5.2/67/18	○副、編、次	1.61/15/13
往 wǎng	9	若是者爲之○弓	6.30/86/22	○九嬪及外內命婦之首	
		○弓爲之安矢	6.30/86/22	服	1.61/15/13
共酒以○	1.22/10/15	安弓爲之○矢	6.30/86/23	○赤舄、黑舄	1.62/15/16
則使○	1.46/13/26	其人○	6.30/86/24	以○地法	2.1/20/23
則帥而○	1.48/14/4	其弓○	6.30/86/24	令五家○比	2.1/20/29
則奉龜以○	3.43/44/23	其矢○	6.30/86/24	五比○閭	2.1/20/29
則○而成之	5.8/69/7			四閭○族	2.1/20/29, 2.7/23/10
賓客至而○	5.59/77/2	威 wēi	2	五族○黨	2.1/20/30
○體多	6.30/86/24			五黨○州	2.1/20/30
○體寡	6.30/86/25	以馭其○	1.1/5/16	五州○鄉	2.1/20/30
○體來體若一	6.30/86/25	九戎之○	5.60/77/6	五人○伍	2.2/21/18
					2.7/23/9, 4.0/49/10
枉 wǎng	4	微 wēi	5	五伍○兩	2.2/21/18
				四兩○卒	2.2/21/18
○矢、絜矢利火射	4.39/59/4	麇者使○	2.27/26/16	五卒○旅	2.2/21/18
則以大陰之弓與○矢射		○聲韽	3.29/43/5	五旅○師	2.2/21/18
之	5.49/73/21	欲其樸屬而○至	6.0/78/14	五師○軍	2.2/21/18
弧旌○矢	6.3/80/6	不○至	6.0/78/15	以其餘○羨	2.2/21/21
信之而○	6.11/81/19	欲其○至也	6.1/78/21	九夫○井	2.2/21/23, 6.28/84/30
				四井○邑	2.2/21/23
忘 wàng	1	爲 wéi	379	四邑○丘	2.2/21/23
				四丘○甸	2.2/21/23
三宥曰遺○	5.12/69/28	以○民極	1.0/1/3	四甸○縣	2.2/21/23
			2.0/15/23, 3.0/32/17	四縣○都	2.2/21/23
望 wàng	17		4.0/49/1, 5.0/63/5	五家○比	2.7/23/9
		○之版以待	1.4/7/22	十家○聯	2.7/23/9
○祀	2.13/24/4	則○獻主	1.6/8/6	十人○聯	2.7/23/9
則旅上帝及四○	3.1/37/12	獻人掌以時獻○梁	1.13/9/4	八閭○聯	2.7/23/10
四○四類亦如之	3.2/37/15	○蠯蒩	1.13/9/4	則○之旗節而行之	2.9/23/19
若軍將有事〔于四○〕	3.2/37/23	十全○上	1.16/9/14	○畿封而樹之	2.10/23/21
則與祭有司將事（于四		十失四○下	1.16/9/15	教○鼓而辨其聲用	2.11/23/25
○）	3.2/37/23	凡○公酒者亦如之	1.21/10/4	以○道本	2.21/25/11
兩圭有邸以祀地、旅四		酒人掌○五齊三酒	1.22/10/14	以○行本	2.21/25/11
○	3.10/39/15	○王及后世子共其內羞		百族○主	2.27/26/12
祀四○、山、川則毳冕	3.12/40/1		1.25/10/27	商賈○主	2.27/26/12
以祀四○	3.21/41/16	○王及后、世子共其內		販夫販婦○主	2.27/26/12
國將有事于四○	3.49/45/24	羞	1.26/11/1	以國服○之息	2.36/27/18
男巫掌○祀○衍授號	3.55/46/17	○其井匽	1.30/11/13	則○之告	2.38/27/27
其澤藪曰○諸	4.58/61/15	○壇壝宮	1.31/11/16	五家○鄰	2.40/28/3
○而眡其輪	6.1/78/20	○帷宮	1.31/11/16	五鄰○里	2.40/28/3
○其輻	6.1/78/21	司裘掌○大裘	1.43/13/7	四里○酇	2.40/28/3
○其轂	6.1/78/22	共其毳毛○氈	1.44/13/12	五酇○鄙	2.40/28/4
○而眡之	6.11/81/16	以○祭服	1.45/13/20	五鄙○縣	2.40/28/4
以旅四○	6.19/82/27	則○之闓	1.47/13/30	五縣○遂	2.40/28/4

則令○壇三成	5.54/75/4	輪人○蓋	6.1/79/8	函人○甲	6.10/81/9
凡諸公相○賓	5.54/75/7	信其程圍以○部廣	6.1/79/9	凡○甲	6.10/81/10
諸侯、諸伯、諸子、諸		去一以○蚤圍	6.1/79/12	必先○容	6.10/81/10
男之相○賓也各以其		以其一○之尊	6.1/79/12	則是以博○幟也	6.11/81/20
禮	5.54/75/13	蓋已崇則難○門也	6.1/79/13	韗人○皋陶	6.12/81/23
諸公之臣相○國客	5.54/75/14	輿人○車	6.2/79/16	○皋鼓	6.12/81/24
以其國之爵相○客而相		去一以○隧	6.2/79/16	三入○纁	6.16/82/7
禮	5.54/75/21	以其廣之半○之式崇	6.2/79/17	五入○緅	6.16/82/7
各稱其邦而○之幣	5.54/75/22	以其隧之半○之較崇	6.2/79/17	七入○緇	6.16/82/8
以其幣○禮	5.54/75/23	以一○之軫圍	6.2/79/18	以欄○灰	6.18/82/13
以其爵等○之牢禮之陳		去一以○式圍	6.2/79/18	以○度	6.19/82/22
數	5.58/76/13	去一以○較圍	6.2/79/18	宗后以○權	6.19/82/26
以其爵等○之禮	5.58/76/19	去一以○軹圍	6.2/79/19	天子以○權	6.19/82/27
	5.58/76/24	去一以○轛圍	6.2/79/19	磬氏○磬	6.22/83/3
凡諸侯之卿、大夫、士		軸人○軸	6.3/79/23	其博○一	6.22/83/3
○國客	5.58/76/25	一者以○嫩也	6.3/79/24	股○二	6.22/83/3
○前驅而入	5.59/76/31	二者以○久也	6.3/79/24	鼓○三	6.22/83/3
○前驅	5.59/76/32	三者以○利也	6.3/79/24	去一以○鼓博	6.22/83/3
夫人而能○鎛也	6.0/77/28	以其一○之圍	6.3/79/25	矢人○矢	6.23/83/6
夫人而能○函也	6.0/77/29		6.3/79/26	以其笴厚○之羽深	6.23/83/7
夫人而能○廬也	6.0/77/29	以其一○之軸圍	6.3/79/26	陶人○甗	6.24/83/14
夫人而能○弓車也	6.0/77/30	以其一○之當兔之圍	6.3/79/27	瓬人○簋	6.25/83/17
爍金以○刃	6.0/77/31	去一以○頸圍	6.3/79/27	梓人○筍虡	6.26/83/20
凝土以○器	6.0/77/31	去一以○踵圍	6.3/79/27	脂者、膏者以○牲	6.26/83/20
然後可以○良	6.0/78/1	鳧氏○聲	6.3/80/7	臝者、羽者、鱗者以○	
	6.30/86/2	㮚氏○量	6.3/80/7, 6.8/81/1	筍虡	6.26/83/21
橘踰淮而北○枳	6.0/78/2	段氏○鎛器	6.3/80/7	以○雕琢	6.26/83/23
而弗能○良	6.0/78/3	桃氏○刃	6.3/80/7	若是者以○鍾虡	6.26/83/24
車○多	6.0/78/10	築氏○削	6.4/80/12	若是者以○磬虡	6.26/83/27
無以○完久也	6.0/78/14	冶氏○殺矢	6.5/80/14	以○筍	6.26/83/28
無以○戚速也	6.0/78/15	桃氏○劍	6.6/80/18	梓人○飲器	6.26/84/1
登下以○節	6.0/78/17	以其臘廣○之莖圍	6.6/80/18	梓人○侯	6.26/84/3
輪人○輪	6.1/78/19	去一以○首廣	6.6/80/19	廬人○廬器	6.27/84/8
以○利轉也	6.1/78/19	鳧氏○鍾	6.7/80/23	凡○殳	6.27/84/13
以○直指也	6.1/78/20	去二以○鉦	6.7/80/25	以其一○之被而圍之	6.27/84/13
以○固抱也	6.1/78/20	以其鉦○之銑間	6.7/80/25	去一以○晉圍	6.27/84/13
以其一○之牙圍	6.1/78/26	去二分以○之鼓間	6.7/80/25		6.27/84/15
	6.29/85/15, 6.29/85/16	以其鼓間○之舞脩	6.7/80/26	去一以○首圍	6.27/84/14
以○之轂長	6.1/78/26	去二分以○舞廣	6.7/80/26	凡○酋矛	6.27/84/14
以其長○之圍	6.1/78/27	以其鉦之長○之甬長	6.7/80/26	去一以○刺圍	6.27/84/15
	6.10/81/10	以其甬長○之圍	6.7/80/26	○規	6.28/84/19
去一以○賢	6.1/78/27	去一以○衡圍	6.7/80/27	九分其國以○九分	6.28/84/26
去三以○軹	6.1/78/27	以其一○之厚	6.7/80/29	門阿之制以○都城之制	
量其鑿深以○輻廣	6.1/78/29		6.7/80/29, 6.22/83/4		6.28/84/27
故竑其輻廣以○之弱	6.1/78/30	○遂	6.7/80/30	宮隅之制以○諸侯之城	
去一以○骹圍	6.1/79/2	以其一○之深而圜之	6.7/80/30	制	6.28/84/28
凡○輪	6.1/79/3	量之以○鬴	6.8/81/1	環涂以○諸侯經涂	6.28/84/28

野涂以○都經涂　6.28/84/28
匠人○溝洫　6.28/84/29
二粗○耦　6.28/84/29
方十里○成　6.28/84/30
方百里○同　6.28/85/1
欲○淵　6.28/85/3
凡○防　6.28/85/4
必一日先深之以○式　6.28/85/5
里○式　6.28/85/5
車人○耒　6.29/85/10
車人○車　6.29/85/12
以其一○之首　6.29/85/13
凡○轅　6.29/85/17
弓人○弓　6.30/85/20
以○遠也　6.30/85/20
以○疾也　6.30/85/21
以○深也　6.30/85/21
以○和也　6.30/85/21
以○固也　6.30/85/21
以○受霜露也　6.30/85/22
柘○上　6.30/85/22
竹○下　6.30/85/23
則其○獸必剝　6.30/86/1
以○弓　6.30/86/1
凡○弓　6.30/86/2
　6.30/86/14,6.30/86/22
必因角幹之濕以○之柔
　6.30/86/13
亦弗可以○良矣　6.30/86/14
○柎而發　6.30/86/15
○之時　6.30/86/17
○天子之弓　6.30/86/19
○諸侯之弓　6.30/86/19
若是者○之危弓　6.30/86/22
危弓○之安矢　6.30/86/22
若是者○之安弓　6.30/86/23
安弓○之危矢　6.30/86/23

韋 wéi　4
○弁服　3.12/40/2
諸侯及孤卿大夫之冕、
　○弁、皮弁、弁絰、
　各以其等爲之　4.35/58/20
函、鮑、韗、○、裘　6.0/78/8
○氏　6.13/81/28

惟 wéi　10
○王建國　1.0/1/3
　2.0/15/23,3.0/32/17
　4.0/49/1,5.0/63/5
（○）〔唯〕加田無國
　正　4.6/54/24
（○）〔唯〕賜無常　4.23/56/30
（○）〔唯〕所用之　4.24/57/8
（○）〔唯〕錫稍之受
　5.58/76/27
○若寧侯　6.26/84/5

帷 wéi　5
爲○宮　1.31/11/16
幕人掌○幕幄帟綬之事
　1.32/11/19
共其○幕幄帟綬　1.32/11/19
共○幕帟綬　1.32/11/20
命婦過市罰一○　2.27/26/19

唯 wéi　27
○王及后、世子之膳不會　1.6/8/7
○王及后之膳禽不會　1.7/8/12
○齊酒不貳　1.21/10/8
○王及后之飲酒不會　1.21/10/11
○王及后之服不會　1.37/12/14
○王之裘與其皮事不會　1.43/13/9
○田與追胥　2.2/21/21
則○圜土內之　2.9/23/19
○其漆林之征二十而五
　2.16/24/18
（惟）〔○〕加田無國
　正　4.6/54/24
○是得通　4.12/55/18
○有節者達之　4.13/55/24
（惟）〔○〕賜無常　4.23/56/30
（惟）〔○〕所用之　4.24/57/8
○王之同族與有爵者　5.20/70/29
○執節者不幾　5.37/72/21
○上相入　5.54/75/10
○君相入　5.54/75/16
○上介有禽獻　5.58/76/14
　5.58/76/19,5.58/76/24
（惟）〔○〕錫稍之受

　5.58/76/27
○大事弗因　5.63/77/13
○較直且無橛也　6.3/79/29
　6.3/79/30,6.3/79/31
此○輈之和也　6.3/80/2

圍 wéi　56
以檜禮哀○敗　3.1/36/27
遂○禁　4.1/53/20
降○邑　4.16/55/31
以其一爲之牙○
　6.29/85/15,6.29/85/16
參分其牙○而漆其二　6.1/78/26
以其長爲之　6.1/78/27
　6.10/81/10
以其○之防捎其藪　6.1/78/27
參分其股○　6.1/79/1,6.1/79/12
去一以爲骹○　6.1/79/2
達常○三寸　6.1/79/8
桯○倍之　6.1/79/8
信其桯○以爲部廣　6.1/79/9
去一以爲蚤○　6.1/79/12
以一爲之軫○　6.2/79/18
參分軫○　6.2/79/18
去一以爲式○　6.2/79/18
參分式○　6.2/79/18
去一以爲較○　6.2/79/18
參分較○　6.2/79/18
去一以爲軹○　6.2/79/19
參分軹○　6.2/79/19
去一以爲轛○　6.2/79/19
以其一爲之○　6.3/79/25
　6.3/79/26
以其一爲之軸○　6.3/79/26
以其一爲之當兔之○　6.3/79/27
參分其兔○　6.3/79/27
去一以爲頸○　6.3/79/27
五分其頸○　6.3/79/27
去一以爲踵○　6.3/79/27
○寸　6.5/80/14,6.23/83/9
以其臑廣爲之菑○　6.6/80/18
而○之　6.6/80/19
以其甬長爲○　6.7/80/26
參分其○　6.7/80/26,6.27/84/13
去一以爲衡○　6.7/80/27
中○加三之一　6.12/81/24

舉○欲細	6.27/84/12	門關之○積	2.19/25/1	主	2.1/20/3
舉○欲重	6.27/84/12	郊里之○積	2.19/25/2	封人掌詔王之社○	2.10/23/21
以其一爲之被而○之	6.27/84/13	野鄙之○積	2.19/25/2	設其社稷之○	2.10/23/21
去一以爲晉○	6.27/84/13	縣都之○積	2.19/25/2	社○用大蠹	3.5/38/17
	6.27/84/15	掌其道路之○積	2.19/25/3	則保群神之○	3.68/48/21
五分其晉○	6.27/84/14	路室有○	2.19/25/4		
去一以爲首○	6.27/84/14	凡○積之事	2.19/25/4	**未** wèi	**3**
二在前、一在後而○之		令脩野道而○積	2.40/28/13		
	6.27/84/14	庀其○積	2.41/28/20	○瞢	3.11/39/26
五分其○	6.27/84/15	○人掌斂野之賦	2.50/29/21	凡萬民之有罪過而○麗	
參分其晉○	6.27/84/15	共其○積薪芻凡疏材	2.50/29/23	於法而害於州里者	5.1/67/6
去一以爲刺○	6.27/84/15	共野○兵器	2.50/29/23	凡有爵者與七十者與○	
其○一柯有半	6.29/85/13	治其○積、館舍、飲食	4.60/62/6	亂者	5.16/70/15
其○二柯	6.29/85/16	○于朝	5.9/69/14		
		則令賙○之	5.53/74/28	**位** wèi	**56**
維 wéi	**9**	則戒官脩○積	5.59/76/30		
		及○	5.59/76/31	辨方正○	1.0/1/3
建牧立監以○邦國	4.1/53/8	則必續爾如○矣	6.26/83/30		2.0/15/23,3.0/32/17
六人○土之（太）〔大〕		苟續爾如○	6.26/83/30		4.0/49/1,5.0/63/5
常	4.28/57/23			四曰祿○	1.1/5/16
其浸（盧）〔盧〕、○		**僞** wéi	**4**	一曰以敘正其○	1.2/6/17
	4.58/61/17			五曰聽祿○以禮命	1.2/6/29
小大相○	4.58/61/29	以五禮防萬民之○而教		以正王及三公、六卿、	
九牧之○	5.60/77/6	之中	2.1/21/6	大夫、群吏之○	1.3/7/9
茲器○則	6.8/81/4	以賈民禁○而除詐	2.27/26/11	正后之服○而詔其禮樂	
○幹强之	6.30/86/15	凡市○飾之禁	2.27/26/17	之儀	1.45/13/17
○體防之	6.30/86/16	察其詐○、飾行、價慝		正其服○	1.45/13/19,1.46/13/25
○角堂之	6.30/86/16	者	2.30/26/29	以正齒○	2.6/23/2
				正邦國之○	3.1/37/2
闈 wéi	**2**	**葦** wěi	**3**	三命受○	3.1/37/2
				則攝○	3.1/37/10
使其屬守王○	2.22/25/20	共其○事	2.53/30/3	掌建國之神○	3.2/37/15
○門容小扃參个	6.28/84/25	共其○蒲之事	2.59/30/23	爲○	3.2/37/27
		設○席	3.8/39/4	肄儀爲○	3.2/37/27
尾 wěi	**1**			則爲○	3.2/37/28,3.3/38/7
		緯 wěi	**1**		3.3/38/8,4.18/56/13
犬褢○囊	3.64/47/29			司尊彝掌六尊、六彝之	
		國中九經九○	6.28/84/20	○	3.7/38/24
委 wěi	**25**			辨其用與其○	3.8/39/1
		鮪 wěi	**1**	王○設黼依	3.8/39/2
掌其牢禮、○積、膳獻				正墓○	3.18/40/31
、飲食、賓賜之飧牽	1.3/7/16	春獻王○	1.13/9/4	正其○	3.19/41/3,4.24/57/7
○人	2.0/18/3			以六樂之會正舞○	3.23/42/11
令野脩道○積	2.1/21/8	**壝** wěi	**6**	正樂縣之○	3.24/42/15
	2.2/21/25			執書以次○常	3.57/46/27
遺人掌邦之○積	2.19/25/1	爲壇○宮	1.31/11/16	馮相氏掌十有二歲、十	
鄉里之○積	2.19/25/1	設其社稷之○而樹之田		有二月、十有二辰、	

十日、二十有八星之		蟥 wèi	1	○之轂之善	6.1/78/28
○	3.59/47/5			○之輪之固	6.1/79/3
以會天○	3.59/47/6	裸用虎彝、○彝	3.7/38/27	○之用火之善	6.1/79/6
設儀辨○以等邦國	4.1/53/7			○之國工	6.1/79/8
射人掌國之三公、孤、		衛 wèi	4		6.1/79/14,6.27/84/17
卿、大夫之○	4.18/56/7			十分寸之一○之枚	6.1/79/9
正朝儀之○	4.23/56/30	以封四○	3.64/47/27	○之庛軹	6.1/79/11
正舞○	4.24/57/9	又其外方五百里曰○畿	4.1/53/14	五尺○之庛輪	6.1/79/11
正群子之服○	4.24/57/10	又其外方五百里曰○服		四尺○之庛軫	6.1/79/11
（太）〔大〕僕掌正王			4.58/61/26	○之參稱	6.2/79/16
之服○	4.30/57/29	又其外方五百里謂之○		○之無任	6.3/79/26,6.28/85/6
則前正○而退	4.30/57/29	服	5.52/74/13	○之國輈	6.3/80/4
正王之服○	4.30/57/31			○之鍾鼎之齊	6.3/80/8
則正○	4.30/58/2	謂 wèi	111	○之斧斤之齊	6.3/80/8
正王之燕服○	4.31/58/4			○之戈戟之齊	6.3/80/9
其○	5.2/67/19	○之地中	2.1/20/17	○之大刃之齊	6.3/80/9
孤卿大夫○焉	5.9/69/11	此○使民興賢	2.4/22/21	○之削殺矢之齊	6.3/80/10
公侯伯子男○焉	5.9/69/11	其正室皆○之門子	3.2/37/17	○之鑒燧之齊	6.3/80/10
三公○焉	5.9/69/12	句者○之弊弓	4.39/59/6	○之上制	6.6/80/19,6.30/86/20
其朝○賓主之間九十步	5.52/74/1	其外方五百里○之侯服		○之中制	6.6/80/20,6.30/86/21
朝○賓主之間七十步	5.52/74/4		5.52/74/11	○之下制	6.6/80/20,6.30/86/21
朝○賓主之間五十步	5.52/74/6	又其外方五百里○之甸		兩欒○之銑	6.7/80/23
朝○當車前	5.52/74/9	服	5.52/74/11	銑間○之于	6.7/80/23
辨其○	5.52/74/17	又其外方五百里○之男		于上○之鼓	6.7/80/23
詔相國客之禮儀而正其		服	5.52/74/12	鼓上○之鉦	6.7/80/23
○	5.57/76/2	又其外方五百里○之采		鉦上○之舞	6.7/80/23
詔其○	5.59/76/32	服	5.52/74/12	舞上○之甬	6.7/80/24
雜四時五色之○以章之	6.15/82/4	又其外方五百里○之衛		甬上○之衡	6.7/80/24
		服	5.52/74/13	鍾縣○之旋	6.7/80/24
味 wèi	3	又其外方五百里○之要		旋蟲○之幹	6.7/80/24
		服	5.52/74/13	鍾帶○之篆	6.7/80/24
辨百品○之物	1.8/8/14	九州之外○之蕃國	5.52/74/14	篆間○之枚	6.7/80/24
以五○、五穀、五藥養		○之王公	6.0/77/25	枚○之景	6.7/80/24
其病	1.18/9/23	○之士大夫	6.0/77/26	于上之攠○之隧	6.7/80/25
以五○節之	1.19/9/28	○之百工	6.0/77/26	○之虆鼓	6.12/81/24
		○之商旅	6.0/77/27	東方○之青	6.15/82/1
畏 wèi	3	○之農夫	6.0/77/27	南方○之赤	6.15/82/1
		○之婦功	6.0/77/27	西方○之白	6.15/82/1
恒當弓之○	6.30/85/27	○之工	6.0/77/30	北方○之黑	6.15/82/1
○也者必橈	6.30/85/27	○之一等	6.0/78/11	天○之玄	6.15/82/1
長其○而薄其敽	6.30/86/14	○之二等	6.0/78/11	地○之黃	6.15/82/2
		○之三等	6.0/78/12	青與赤○之文	6.15/82/2
渭 wèi	1	○之四等	6.0/78/12	赤與白○之章	6.15/82/2
		○之五等	6.0/78/12	白與黑○之黼	6.15/82/3
其浸○洛	4.58/61/19	○之六等	6.0/78/13	黑與青○之黻	6.15/82/3
		車○之六等之數	6.0/78/13	五采備○之繡	6.15/82/3
		○之完	6.1/78/20	○之巧	6.15/82/4

是〇水涷	6.18/82/13,6.18/82/15	時〇思索	6.8/81/3	共醢五十〇	1.27/11/5
〇之桓圭	6.19/82/17	青與赤謂之〇	6.15/82/2	共設匪〇之禮	3.3/38/5
〇之信圭	6.19/82/18	合㵎若背手〇	6.30/86/27	醢醯百有二十〇	5.58/76/10
〇之躬圭	6.19/82/18			醢醯百〇	5.58/76/17
是〇內鎮	6.19/82/26	**聞 wén**	7	醢醯八十〇	5.58/76/22
〇之小蟲之屬	6.26/83/22				
若是者〇之臝屬	6.26/83/23	〇鼓聲	4.30/57/30	**沃 wò**	8
若是者〇之羽屬	6.26/83/25	則其聲疾而短〇	6.7/80/30		
若是者〇之鱗屬	6.26/83/27		6.12/81/25	〇盥	3.4/38/14
〇之眂	6.28/84/29	則其聲舒而遠〇	6.7/80/30	祖廟之中〇盥	3.9/39/9
〇之遂	6.28/84/30		6.12/81/26	〇尸盥	3.50/45/29
〇之溝	6.28/84/30	其聲清陽而遠〇	6.26/83/26	而〇之	4.17/56/5,6.18/82/14
〇之洫	6.28/85/1		6.26/83/26	〇王盥	4.31/58/5
〇之澮	6.28/85/1			則〇尸及王盥	5.3/68/9
〇之不行	6.28/85/2,6.28/85/3	**吻 wěn**	1	〇而盪之	6.18/82/14
半矩〇之宣	6.29/85/9				
一宣有半〇之欘	6.29/85/9	銳喙決〇	6.26/83/25	**握 wò**	2
一欘有半〔〇〕之柯	6.29/85/9				
一柯有半之磬折	6.29/85/9	**汶 wèn**	1	有〇	3.64/47/29
〇之中地	6.29/85/12			進而〇之	6.11/81/16
〇之牛戴牛	6.30/85/29	貉踰〇則死	6.0/78/2		
是〇逆橈	6.30/86/9			**渥 wò**	1
〇之參均	6.30/86/17,6.30/86/17	**問 wèn**	16		
〇之九和	6.30/86/18			〇淳其帛	6.18/82/13
〇之夾臾之屬	6.30/86/25	巡〇而觀察之	2.23/25/22		
〇之王弓之屬	6.30/86/25	時聘曰〇	3.1/36/29	**幄 wò**	3
〇之唐弓之屬	6.30/86/26	小司寇擯以敘進而〇焉	5.2/67/19		
〇之句弓	6.30/86/28	間〇以諭諸侯之志	5.52/73/30	幕人掌帷幕〇帟綬之事	
〇之侯弓	6.30/86/28	三〇三勞	5.52/74/2		1.32/11/19
〇之深弓	6.30/86/28	再〇再勞	5.52/74/5	共其帷幕〇帟綬	1.32/11/19
		壹〇壹勞	5.52/74/8	使帥其屬以〇帟先	2.41/28/20
魏 wèi	4	不〇	5.52/74/9		
		歲相〇也	5.52/74/19	**腥 wò**	1
乃縣治象之法于象〇	1.1/6/3	存、覜、省、聘、〇	5.53/74/24		
乃縣教象之法于象〇	2.1/20/28	三〇	5.54/75/7	欲其柔滑而〇脂之	6.11/81/18
乃縣政象之法于象〇	4.1/53/12	〇君	5.54/75/18		
乃縣刑象之法于象〇	5.1/67/11	君〇大夫	5.54/75/18	**攫 wò**	3
		三〇皆脩	5.58/76/8		
文 wén	8	再〇皆脩	5.58/76/15	春令爲阱〇溝瀆之利於	
		壹〇以脩	5.58/76/20	民者	5.32/72/5
凡（王之）獻金玉、兵				秋令塞阱杜〇	5.32/72/5
、器、〇織、良貨賄		**甕 wèng**	9	爲阱〇以攻猛獸	5.38/72/23
之物	1.35/12/5				
共其絲纊組〇之物	1.56/14/29	醬用百有二十〇	1.6/8/2	**巫 wū**	23
受〇織絲組焉	1.56/14/30	則共醢六十〇	1.26/11/1		
〇之以五聲	3.21/41/18	共醢五十〇	1.26/11/2	司〇	3.0/35/22
皆〇之以五聲	3.25/42/19	則共齊菹醢物六十〇	1.27/11/5	男〇無數	3.0/35/24

欲其孫而○弧深	6.3/79/28	○曰宗	1.1/6/2	○州爲鄉	2.1/20/30
此○故	6.3/79/29	祀○帝	1.1/6/7,2.1/21/8	○曰飭材	2.1/21/1
	6.3/79/30,6.3/79/31		2.15/24/12,5.3/68/9	○曰不任之刑	2.1/21/5
唯轅直且○橈也	6.3/79/29	○曰以斂受其會	1.2/6/18	以○禮防萬民之僞而教	
	6.3/79/30,6.3/79/31	○曰秋官	1.2/6/21	之中	2.1/21/6
絰而○絕	6.3/80/1	○曰刑職	1.2/6/25	○人爲伍	2.2/21/18
欲新而○窮	6.4/80/12	○曰田役之聯事	1.2/6/27		2.7/23/9,4.0/49/10
斂盡而○惡	6.4/80/12	○曰聽祿位以禮命	1.2/6/29	○伍爲兩	2.2/21/18
欲其○骳也	6.10/81/12	○曰廉法	1.2/7/1	○辛爲旅	2.2/21/18
衣之○骳	6.10/81/14	○曰府	1.3/7/12	○旅爲師	2.2/21/18
欲其○迆也	6.11/81/17	以○味、○穀、○藥養		○師爲軍	2.2/21/18
恆○力而輕	6.26/83/26	其病	1.18/9/23	可任也者二家○人	2.2/21/20
○力而輕	6.26/83/26	以○氣、○聲、○色眡		下地家○人	2.2/21/20
凡兵○過三其身	6.27/84/9	其死生	1.18/9/23	野自六尺以及六十有○	2.4/22/15
弗能用也而○已	6.27/84/9	以○毒攻之	1.19/9/27	退而以鄉射之禮○物詢	
句兵欲○彈	6.27/84/11	以○氣養之	1.19/9/27	眾庶	2.4/22/20
刺兵欲○蜎	6.27/84/11	以○藥療之	1.19/9/28	○曰興舞	2.4/22/21
瘃牛之角○澤	6.30/85/25	以○味節之	1.19/9/28	○家爲比	2.7/23/9
析角○邪	6.30/86/4	辨○齊之名	1.21/10/4	○家相受相和親	2.9/23/18
撟幹欲孰於火而○贏	6.30/86/11	○曰沈齊	1.21/10/5	唯其漆林之征二十而○	
撟角欲孰於火而○燀	6.30/86/11	以法共○齊三酒	1.21/10/7		2.16/24/18
引筋欲盡而○傷其力	6.30/86/12	酒人掌爲○齊三酒	1.22/10/14	○十里有市	2.19/25/4
宛之○已	6.30/86/14	以○齊、七醢、七菹、		一曰○禮	2.22/25/17
欲宛而○負弦	6.30/86/16	三臡實之	1.26/11/2	三曰○射	2.22/25/17
釋之○失體	6.30/86/16	共醢○十罋	1.26/11/2	四曰○馭	2.22/25/18
大和○灂	6.30/86/26	醢人掌共○齊七菹	1.27/11/4	○曰六書	2.22/25/18
其次角○灂	6.30/86/27	共醢○十罋	1.27/11/5	○曰軍旅之容	2.22/25/19
		朝日、祀○帝	1.33/11/22	無過○兩	2.26/26/6
五 wǔ	296	○家下士一人	2.0/16/2	○家爲鄰	2.40/28/3
		○肆則一人	2.0/17/13	○鄰爲里	2.40/28/3
胥○人	1.0/1/24,1.0/3/19	○家則一人	2.0/17/29	○鄷爲鄙	2.40/28/4
	3.0/36/9,4.0/52/16	奚○人	2.0/19/28,2.0/19/32	○鄙爲縣	2.40/28/4
徒○十人	1.0/1/24,1.0/3/20	以土會之法辨○地之物		○縣爲遂	2.40/28/4
	3.0/36/9,4.0/52/16	生	2.1/20/4	萊○十晦	2.40/28/7
奄○人	1.0/2/19	○曰原隰	2.1/20/7	以血祭祭社稷、○祀、	
女漿十有○人	1.0/2/19	因此○物者民之常	2.1/20/8	○嶽	3.1/36/25
奚百有○十人	1.0/2/19	○曰以儀辨等	2.1/20/9	○命賜則	3.1/37/2
王之正內○人	1.0/4/9	以土均之法辨○物九等	2.1/20/14	兆○帝於四郊	3.2/37/15
○曰刑典	1.1/5/11	日至之景尺有○寸	2.1/20/16	掌○禮之禁令與其用等	3.2/37/16
○曰官成	1.1/5/14	封疆方○百里	2.1/20/19	辨吉凶之○服、車旗、	
○曰賦貢	1.1/5/16	○曰舍禁	2.1/20/24	宮室之禁	3.2/37/16
○曰生	1.1/5/18	○曰寬疾	2.1/20/26	而頒之于○官	3.2/37/18
○曰保庸	1.1/5/20	○曰聯朋友	2.1/20/27	司几筵掌○几○席之名	
○曰百工	1.1/5/22	令○家爲比	2.1/20/29	物	3.8/39/1
○曰邦縣之賦	1.1/5/24	○比爲閭	2.1/20/29	纁藉○采○就	3.10/39/12
○曰工事之式	1.1/5/26	○族爲黨	2.1/20/30	典命掌諸侯之○儀、諸	
○曰材貢	1.1/5/28	○黨爲州	2.1/20/30	臣之○等之命	3.11/39/22

子男○命	3.11/39/24	又其外方○百里曰蕃畿	4.1/53/15	封公以方○百里	4.58/61/27
皆以○爲節	3.11/39/24	其民可用者二家○人	4.1/53/17	方二百里則二十○子	4.58/61/28
祀○帝亦如之	3.12/40/1	又○十步爲一表	4.1/53/27	府○人	5.0/64/13
祭社、稷、○祀則希冕	3.12/40/2	祈于○祀	4.9/55/6	以○刑糾萬民	5.1/67/2
以六律、六同、○聲、		設國之○溝、涂	4.13/55/22	○曰國刑	5.1/67/3
八音、六舞、大合樂		九節○正	4.18/56/10	其次○曰坐	5.1/67/8
	3.21/41/13	○節二正 4.18/56/11, 4.18/56/12		○月役	5.1/67/8
文之以○聲	3.21/41/18	凡國之勇力之士能用○		若禋祀○帝	5.1/67/14
○變而致介物及土示	3.21/41/20	兵者屬焉	4.25/57/13	以○刑聽萬民之獄訟	5.2/67/20
四鎮○嶽崩	3.21/41/30	隸僕掌○寢之埽除糞洒		以○聲聽獄訟	5.2/67/21
皆文之以○聲	3.25/42/19	之事	4.34/58/15	○曰目聽	5.2/67/22
○曰果	3.41/44/13	弁師掌王之○冕	4.35/58/18	○曰議功之辟	5.2/67/23
○曰巫易	3.46/45/2	○采繅十有二就	4.35/58/18	凡禋祀○帝	5.2/67/26
○曰喜夢	3.47/45/7	皆○采玉十有二	4.35/58/18	掌國之○禁之法	5.3/68/1
○曰闇	3.48/45/10	會○采玉璂	4.35/58/20	○曰軍禁	5.3/68/2
○曰瑞祝	3.49/45/15	司兵掌○兵、○盾	4.37/58/25	以○戒先後刑罰	5.3/68/2
○曰攻	3.49/45/16	廞○兵	4.37/58/26	○曰憲	5.3/68/4
○曰禱	3.49/45/17	建車之○兵	4.37/58/26	○曰搖邦令	5.3/68/6
○曰齋號	3.49/45/18	大夫合○而成規	4.39/59/6	司刑掌○刑之法	5.11/69/24
○曰振祭	3.49/45/18	辨其邦國、都鄙、四夷		墨罪○百	5.11/69/24
○曰吉拜	3.49/45/20	、八蠻、七閩、九貉		劓罪○百	5.11/69/24
分禱○祀	3.50/45/30	、○戎、六狄之人民		宮罪○百	5.11/69/24
以○雲之物	3.60/47/9	與其財用、九穀、六		刖罪○百	5.11/69/24
凡此○物者	3.60/47/10	畜之數要	4.58/61/9	殺罪○百	5.11/69/25
	5.53/74/29	其浸○湖	4.58/61/11	則以○刑詔刑罰	5.11/69/25
○曰殺	3.61/47/13	其民二男○女	4.58/61/12	司隸掌○隸之法	5.21/71/1
掌三皇○帝之書	3.62/47/18	其穀宜○種	4.58/61/15	鞭○百	5.36/72/17
王之○路	3.64/47/24		4.58/61/24	擯者○人	5.52/74/1
條纓○就	3.64/47/26	其民○男三女	4.58/61/22	出入○積	5.52/74/2
王后之○路	3.64/47/27	其畜宜○擾	4.58/61/24	諸子執穀璧○寸	5.52/74/5
王之喪車○乘	3.64/47/29	其外方○百里曰侯服	4.58/61/25	繅藉○寸	5.52/74/6
服車○乘	3.64/47/31	又其外方○百里曰甸服		冕服○章	5.52/74/6
典路掌王及后之○路	3.65/48/6		4.58/61/25	建常○斿	5.52/74/6
萬有二千○百人爲軍	4.0/49/8	又其外方○百里曰男服		樊纓○就	5.52/74/6
二千有○百人爲師	4.0/49/9		4.58/61/25	貳車○乘	5.52/74/6
○百人爲旅	4.0/49/9	又其外方○百里曰采服		介○人	5.52/74/6
二十〔有〕○人爲兩	4.0/49/10		4.58/61/25	禮○牢	5.52/74/6
上士○人	4.0/52/16	又其外方○百里曰衛服		朝位賓主之間○十步	5.52/74/6
史○人	4.0/52/16		4.58/61/26	饗禮○獻	5.52/74/7
其外方○百里曰侯畿	4.1/53/13	又其外方○百里曰蠻服		食禮○舉	5.52/74/7
又其外方○百里曰甸畿	4.1/53/13		4.58/61/26	其外方○百里謂之侯服	
又其外方○百里曰男畿	4.1/53/14	又其外方○百里曰夷服			5.52/74/11
又其外方○百里曰采畿	4.1/53/14		4.58/61/26	又其外方○百里謂之甸	
又其外方○百里曰衛畿	4.1/53/14	又其外方○百里曰鎮服		服	5.52/74/11
又其外方○百里曰蠻畿	4.1/53/14		4.58/61/27	又其外方○百里謂之男	
又其外方○百里曰夷畿	4.1/53/15	又其外方○百里曰藩服		服	5.52/74/12
又其外方○百里曰鎮畿	4.1/53/15		4.58/61/27	又其外方○百里謂之采	

服	5.52/74/12	○分其圍	6.27/84/15	**舞 wǔ**		70
又其外方○百里謂之衛		○室	6.28/84/21、6.28/84/24			
服	5.52/74/13	路門不容乘車之○个	6.28/84/25	○師		2.0/16/8
○歲壹見	5.52/74/13	王宮門阿之制○雉	6.28/84/26	○徒四十人		2.0/16/8
又其外方○百里謂之要		野涂○軌	6.28/84/27	五日興○		2.4/22/21
服	5.52/74/13	粗廣○寸	6.28/84/29	歌○牲及毛炮之豚		2.10/23/23
○歲徧省	5.52/74/15	○分其輪崇	6.29/85/16	鼓兵○帗○者		2.11/23/28
凡此〔○〕物者	5.53/75/1	角長二尺有○寸	6.30/85/28	○師掌教兵		2.12/23/31
主國○積	5.54/75/7	合○而成規	6.30/86/20	帥而○山川之祭祀		2.12/23/31
上公○積	5.58/76/8			教帗○		2.12/23/31
飧○牢	5.58/76/9			帥而○社稷之祭祀		2.12/23/31
車（乘）〔乘〕有○籔		**午 wǔ**		1	教羽○		2.12/23/31
	5.58/76/11			帥而○四方之祭祀		2.12/23/31
饔餼○牢	5.58/76/22	則以牡橭○貫象齒而沈		教皇○		2.12/24/1
乘禽日○十雙	5.58/76/23	之	5.48/73/17	帥而○旱暵之事		2.12/24/1
以飭○材 6.0/77/24、6.0/77/26				凡野		2.12/24/1
攻皮之工○	6.0/78/6	**伍 wǔ**		17	則不興○		2.12/24/1
設色之工○	6.0/78/6			○者十有六人		3.0/34/14
刮摩之工○	6.0/78/6	傅其○	1.1/6/4	○者眾寡無數		3.0/34/16
謂之○等	6.0/78/12	設其○	1.1/6/5	以樂○教國子○《雲門》		
○分其轂之長	6.1/78/27	會其什○而教之道（義）		、《大卷》、《大咸》		
○尺謂之庇輪	6.1/79/11	〔藝〕	1.4/7/24	、《大磬》、《大夏》		
○分其長	6.3/79/26	乃會萬民之卒○而用之	2.2/21/17	、《大濩》、《大武》		
6.27/84/13、6.29/85/13		万人為○	2.2/21/18			3.21/41/12
○分其軹間	6.3/79/26		2.7/23/9、4.0/49/10	以六律、六同、五聲、		
○分其頸圍	6.3/79/27	五○為兩	2.2/21/18	八音、六○、大合樂		
○分其金而錫居一	6.3/80/8	脩其卒○	2.3/22/7			3.21/41/13
○分其金而錫居二	6.3/80/9	則合其卒○	2.7/23/11	○《雲門》		3.21/41/15
授○之	6.5/80/16	會其車人之卒○	2.18/24/30	○《咸池》		3.21/41/16
身長○其莖長	6.6/80/19	○皆有長	4.0/49/10	○《大磬》		3.21/41/16
重○鋝	6.6/80/20	合其卒○	4.24/57/8	○《大夏》		3.21/41/17
合甲○屬	6.10/81/9	合其車之卒○	4.25/57/13	○《大濩》		3.21/41/17
雜○色	6.15/82/1	虎賁氏掌先後王而趨以		○《大武》		3.21/41/18
○采備謂之繡	6.15/82/3	卒○	4.26/57/16	《雲門》之○		3.21/41/21
雜四時○色之位以章之	6.15/82/4	與其民人之什○	5.3/68/4	《咸池》之○		3.21/41/23
○入為緅	6.16/82/7	磬折以參○	6.28/85/3	《九磬》之○		3.21/41/26
土圭尺有○寸	6.19/82/20			帥國子而○		3.21/41/28
圭璧○寸	6.19/82/22	**武 wǔ**		2	詔諸侯以弓矢○		3.21/41/29
駔琮○寸	6.19/82/26			以教國子小○		3.22/42/3
兩圭○寸	6.19/82/27	以樂舞教國子舞《雲門》		凡○		3.22/42/3
大夫純○	6.19/82/28	、《大卷》、《大咸》		有帗○		3.22/42/3
兵矢、田矢○分	6.23/83/6	、《大磬》、《大夏》		有羽○		3.22/42/3
○分其長而羽其一	6.23/83/7	、《大濩》、《大○》		有皇○		3.22/42/3
實○穀	6.24/83/15			3.21/41/12	有旄○		3.22/42/3
天下之大獸○	6.26/83/20	舞《大○》	3.21/41/18	有干○		3.22/42/3
張○采之侯	6.26/84/4			有人○		3.22/42/4
○分其晉圍	6.27/84/14			詔來瞽皋○		3.22/42/7

幾出入不〇者　2.37/27/21
凡財〇犯禁者舉之　2.37/27/21
凡畜聚之〇　2.50/29/21
　2.67/31/13
草人掌土化之法以〇地
　2.52/29/29
以辨地〇而原其生　2.54/30/5
〇爲之屬而爲之守禁　2.56/30/11
使其地之人守其財〇　2.59/30/22
共澤〇之奠　2.59/30/23
則〇其地　2.61/30/29
角人掌以時徵齒角凡骨
　〇於山澤之農　2.62/30/32
掌染草掌以春秋斂染草
　之〇　2.65/31/9
掌炭掌灰〇炭〇之徵令
　2.66/31/11
徵野疏材之〇　2.67/31/13
掌蜃掌斂互〇〇　2.68/31/15
共其生獸、死獸之〇　2.69/31/17
而樹之果蓏珍異之〇　2.70/31/19
辨九穀之〇　2.73/31/31
舂人掌共米〇　2.76/32/8
以疈辜祭四方百〇　3.1/36/25
以禮樂合天地之化、百
　〇之產　3.1/37/8
以致百〇　3.1/37/8
辨六齍之名〇與其用　3.2/37/18
辨六彝之名〇　3.2/37/19
辨六尊之名〇　3.2/37/19
司几筵掌五几五席之名
　〇　3.8/39/1
辨其名〇與其用事　3.10/39/12
　3.12/39/31
以作動〇　3.21/41/14
一變而致羽〇及川澤之
　示　3.21/41/18
再變而致臝〇及山林之
　示　3.21/41/19
三變而致鱗〇及丘陵之
　示　3.21/41/19
四變而致毛〇及墳衍之
　示　3.21/41/19
五變而致介〇及土示　3.21/41/20
六變而致象〇及天神　3.21/41/20
以息老〇　3.37/43/30
各有名〇　3.43/44/21

各以其〇入于龜室　3.43/44/23
以五雲之〇　3.60/47/9
凡此五〇者　3.60/47/10
　5.53/74/29
辨其用與其旗〇而等敘
　之　3.64/47/24
辨其名〇與其用說　3.65/48/6
司常掌九旗之〇名　3.67/48/12
雜帛爲〇　3.67/48/12
贊司馬頒旗〇　3.67/48/13
大夫士建〇　3.67/48/14
以夏日至致地示〇魅　3.70/48/27
辨旗〇之用　4.1/53/23
鄉（遂）〔家〕載〇　4.1/53/24
群吏以旗〇鼓鐸鐲鐃　4.1/53/27
馬量三〇　4.7/54/27
皆有〇賈　4.7/54/27
以其〇更　4.7/54/28
行羽〇　4.21/56/24
歲時貢鳥〇　4.22/56/26
各辨其〇與其等　4.37/58/25
司戈盾掌戈盾之〇而頒
　之　4.38/58/29
頒弓弩各以其〇　4.39/59/8
弓六〇爲三等　4.41/59/14
弩四〇亦如之　4.41/59/14
矢八〇皆三等　4.41/59/14
種馬一〇　4.51/60/13
戎馬一〇　4.51/60/13
齊馬一〇　4.51/60/13
道馬一〇　4.51/60/13
田馬一〇　4.51/60/13
駑馬一〇　4.51/60/14
〇馬而頒之　4.51/60/20
致遠〇　4.60/62/6
而觀新〇　4.62/62/12
辨其〇與其利害
　4.64/62/18
　4.65/62/20
使致其珍異之〇　4.64/62/18
　4.65/62/20
辨其丘陵、墳衍、邍隰
　之名〇　4.66/62/22
辨其〇之媺惡與其數量　5.15/70/9
用牷〇　5.17/70/17
且以幾禁行作不時者、
　不〇者　5.30/71/30
各以其〇火之　5.40/72/28

各以其〇爲媒而掎之　5.41/72/30
翨氏掌除蠹〇　5.45/73/10
其貢祀〇　5.52/74/11
其貢嬪〇　5.52/74/12
其貢器〇　5.52/74/12
其貢服〇　5.52/74/13
其貢材〇　5.52/74/13
其貢貨〇　5.52/74/14
此六〇者　5.53/74/27
凡此〔五〕〇者　5.53/75/1
庶具百〇備　5.58/76/6
知者創〇　6.0/77/30

寤 wù　3
四曰〇夢　3.47/45/7
司〇氏　5.0/65/7
司〇氏掌夜時　5.34/72/10

鶩 wù　1
庶人執〇　3.1/37/5

夕 xī　7
〇擊柝而比之　1.4/7/22
日東則景〇　2.1/20/16
〇市　2.27/26/12
〇時而市　2.27/26/12
道僕掌馭象路以朝〇、
　燕出入　4.48/60/6
不朝不〇　5.54/75/23
以正朝〇　6.28/84/20

西 xī　10
日〇則景朝　2.1/20/16
以白琥禮〇方　3.1/37/6
〇龜曰靁屬　3.43/44/21
卿、大夫〇面　4.18/56/7
卿大夫〇面北上　4.23/56/31
南面〇上　4.23/56/32
正〇曰雍州　4.58/61/18
群臣〔〇〕面　5.2/67/19
〇方謂之白　6.15/82/1
東〇九筵　6.28/84/23

之名物	4.66/62/22	○則校	6.27/84/12	與其政治	5.58/76/5
				饔○九牢	5.58/76/10
襲 xí	1	**為** xì	2	凡介、行人、宰、史皆有飧饔	
				○	5.58/76/13
○其不正者	2.34/27/10	為赤○、黑○	1.62/15/16		5.58/76/18, 5.58/76/23
				饔○七牢	5.58/76/16
鑴 xí	1	**隙** xì	1	饔○五牢	5.58/76/22
				以致稍○	6.19/82/29
三曰○	3.48/45/10	凡○屋	5.46/73/12		
				瑕 xiá	2
洗 xǐ	5	**紤** xì	1		
				良鼓○如積瓏	6.12/81/25
乃奏姑○	3.21/41/16	掌葛掌以時徵絺○之材		深○而澤	6.30/85/29
姑○為羽	3.21/41/21	于山農	2.64/31/6		
姑○為徵	3.21/41/23			**下** xià	318
黃鍾、大蔟、姑○、蕤		**潟** xì	1		
賓、夷則、無射	3.25/42/18			○大夫四人	1.0/1/8, 1.0/3/19
○乘石	4.34/58/15	鹹○用蒩	2.52/29/30		2.0/15/28, 2.0/17/25
					3.0/32/22, 3.0/33/15
枲 xǐ	4	**繫** xì	14		3.0/33/27, 4.0/49/6
					5.0/63/10, 5.0/66/11
典○	1.0/4/27	以九兩○邦國之（名）		旅○士三十有二人	1.0/1/8
化治絲○	1.1/5/22	〔民〕	1.1/5/28		2.0/15/29, 2.0/17/25
典○掌布緦縷紵之麻草		以授充人○之	2.13/24/5		3.0/32/23, 4.0/49/7
之物	1.57/15/1	凡牲不○者	2.13/24/5		5.0/63/11
其利林漆絲○	4.58/61/14	充人掌○祭祀之牲牷	2.15/24/12	○士八人	1.0/1/11, 1.0/1/15
		則○于牢	2.15/24/12		1.0/1/18, 1.0/1/20, 1.0/1/22
徙 xǐ	3	○于國門	2.15/24/13		1.0/1/28, 1.0/2/11, 1.0/2/15
		祭祀之牛牲○為	2.37/27/22		1.0/3/1, 1.0/3/9, 2.0/16/4
○于國中及郊	2.9/23/18	○于牢	3.3/38/2		2.0/17/31, 2.0/18/5
若○于他	2.9/23/19	世奠○	3.27/42/29		2.0/18/9, 2.0/18/15
○于他邑	2.47/29/11	則○幣以比其命	3.45/44/30		2.0/18/24, 2.0/18/27
		奠○世	3.58/47/1		2.0/19/13, 2.0/19/22
喜 xǐ	2	三皁為○	4.51/60/14		2.0/19/24, 2.0/19/26
		○一馭夫	4.51/60/15		3.0/33/25, 3.0/33/30
五曰○夢	3.47/45/7	六○為廄	4.51/60/15		3.0/34/6, 3.0/34/8, 3.0/35/5
賀慶以贊諸侯之○	5.52/73/31				3.0/35/16, 4.0/49/25
		饩 xì	12		4.0/50/5, 4.0/50/25
璽 xǐ	3				4.0/52/30, 4.0/53/3
		致饔○、還圭、饗食、			5.0/65/23, 5.0/66/16
以○節出入之	2.27/26/16	致贈、郊送	5.54/75/12	○士四人	1.0/1/13, 1.0/1/24
貨賄用○節	2.39/27/31	拜饔○	5.54/75/12		1.0/1/30, 1.0/2/1, 1.0/2/3
楬而○之	5.15/70/10	致饔○如勞之禮	5.54/75/19		1.0/2/5, 1.0/2/13, 1.0/3/3
		凡四方之賓客禮儀、辭			1.0/3/7, 1.0/3/30, 1.0/4/1
細 xì	2	命、○牢、賜獻	5.54/75/21		1.0/4/23, 1.0/5/7, 2.0/16/12
		掌客掌四方賓客之牢禮			2.0/16/22, 2.0/16/24
舉圍欲○	6.27/84/12	、○獻、飲食之等數			2.0/17/8, 2.0/17/10

歲登○其死生	5.10/69/21	○纁玄	1.60/15/11	**先** xiān	35
而施上服○服之罪	5.12/69/29	秋染○	1.60/15/11		
○罪一年而舍	5.18/70/21	○采掌大喪以冕服復于		享○王亦如之　1.1/6/9,2.1/21/8
○罪梏	5.19/70/24	大祖	1.63/15/19	享○王	2.15/24/12
春朝諸侯而圖天○之事		○以水殄草而芟夷之	2.53/30/2	○動者誅之	2.25/26/2
	5.52/73/28	仲○斬陰木	2.56/30/11	使帥其屬以幄帟○	2.41/28/20
夏宗以陳天○之謨	5.52/73/29	以禴○享先王	3.1/36/26	以肆獻祼享○王	3.1/36/26
殷同以施天○之政	5.52/73/29	○見曰宗	3.1/36/28	以饋食享○王	3.1/36/26
其禮各○其君二等以○		春祠○禴	3.7/38/24	以祠春享○王	3.1/36/26
	5.52/74/10	以樂舞教國子舞《雲門》		以禴夏享○王	3.1/36/26
達天○之六節	5.53/74/24	、《大卷》、《大咸》		以嘗秋享○王	3.1/36/26
以周知天○之故	5.53/75/2	、《大磬》、《大○》		以烝冬享○王	3.1/36/27
子男於○等	5.54/75/6	、《大濩》、《大武》		則○告后土	3.1/37/12
○拜	5.54/75/15		3.21/41/12	祀○王、昨席亦如之	3.8/39/2
○	5.54/75/17	舞《大○》	3.21/41/17	祼圭有瓚以肆○王	3.10/39/15
以二等從其爵而上○之		○日至　3.21/41/23,5.42/73/1		享○王則袞冕	3.12/40/1
	5.54/75/22	王出入則令奏《王○》		享○公、饗、射則鷩冕	3.12/40/1
○事庶子	5.57/76/3		3.21/41/27	守祧掌守○王○公之廟	
登○以爲節	6.0/78/17	尸出入則令奏《肆○》		祧	3.14/40/14
欲其幠爾而○迆也	6.1/78/21		3.21/41/27	○王之葬居中	3.18/40/28
鑿○四枚	6.1/79/10	牲（出）入則令奏《昭		以享○妣	3.21/41/17
○直二枚	6.1/79/10	○》	3.21/41/27	以享○祖	3.21/41/18
及其○阤也	6.3/79/30	令奏《王○》	3.21/41/28	祭祀○卜	3.43/44/23
築氏執○齊	6.3/80/7	行以《肆○》	3.22/42/4	○籌而後卜	3.46/45/3
謂之○制　6.6/80/20,6.30/86/21			4.45/59/28	○告后土	3.49/45/25
○士服之　6.6/80/21,6.30/86/21		以鍾鼓奏《九○》	3.31/43/10	以○愷樂獻于社	4.1/54/9
一在○	6.7/80/27	《王○》、《肆○》、		虎賁氏掌○後王而趨以	
權其上旅與其○旅	6.10/81/10	《昭○》、《納○》		卒伍	4.26/57/16
已○則摩其崇	6.22/83/4	、《章○》、《齊○》		○匱	4.29/57/27
天○之大獸五	6.26/83/20	、《族○》、《祴○》		夏祭○牧	4.51/60/17
○兩个半之	6.26/84/4	、《驁○》	3.31/43/10	以阜馬、佚特、教駣、	
上綱與○綱出舌尋	6.26/84/4	冬○致日	3.59/47/6	攻駒及祭馬祖、祭閑	
凡天○之地埶	6.28/85/2	孤乘○篆	3.64/47/31	之○牧及執駒、散馬	
竹爲○	6.30/85/23	卿乘○緩	3.64/47/31	耳、圉馬	4.55/61/1
○柎之弓	6.30/86/15	以○日至致地示物魃	3.70/48/27	○道	4.58/62/1
○工以不足	6.30/86/19	乃立○官司馬	4.0/49/1	以五戒○後刑罰	5.3/68/2
		中○	4.1/53/20	必○爲容	6.10/81/10
夏 xià	50	○祭先牧	4.51/60/17	必自其急者○裂	6.11/81/20
		○庤馬	4.56/61/4	若苟自急者○裂	6.11/81/20
○采	1.0/5/7	○日至而夷之	5.43/73/4	必一日○深之以爲式	6.28/85/5
四曰○官	1.2/6/20	○宗以陳天下之謨	5.52/73/29		
○行腒鱐	1.7/8/11	○后氏上匠	6.0/78/9	**纖** xiān	1
○獻犖	1.12/8/31	○后氏世室	6.28/84/21		
羹齊眡○時	1.17/9/17	○治筋	6.30/86/3	欲其瑑爾而○也	6.1/78/21
○多苦	1.17/9/18	○治筋則不煩	6.30/86/3		
○時有癢疥疾	1.18/9/22				
○頒冰	1.24/10/21				

鱻 xiān	4
凡其死生○薨之物	1.7/8/9
冬行○羽	1.7/8/12
爲○薨	1.13/9/4
共其魚之○薨	1.13/9/5

弦 xián	6
小師掌教鼓鼗、柷、敔	
、塤、簫、管、○、	
歌	3.26/42/25
瞽矇掌播鼗、柷、敔、	
塤、簫、管、○、歌	
	3.27/42/29
其澤藪曰○蒲	4.58/61/19
以○其內	6.29/85/11
春被○則一年之事	6.30/86/4
欲宛而無負○	6.30/86/16

咸 xián	8
以樂舞教國子舞《雲門》	
、《大卷》、《大○》	
、《大磬》、《大夏》	
、《大濩》、《大武》	
	3.21/41/12
舞《○池》	3.21/41/16
《○池》之舞	3.21/41/23
三曰《○陔》	3.41/44/12
二曰巫○	3.46/45/2
民○從之	4.11/55/13
伊耆氏掌國之大祭祀共	
其杖○	5.51/73/26
使○知王之好惡	5.60/77/4

閒 xián	1
九曰○民	1.1/5/23

閑 xián	7
○二人	4.0/52/9
舍則守王○	4.26/57/16
天子十有二○	4.51/60/16
邦國六○	4.51/60/16
家四○	4.51/60/17

廋人掌十有二○之政教	4.55/61/1
以阜馬、佚特、教駣、	
攻駒及祭馬祖、祭○	
之先牧及執駒、散馬	
耳、圉馬	4.55/61/1

衛 xián	4
徒○枚而進	4.1/54/5
○枚氏	5.0/66/7
○枚氏掌司嚻	5.50/73/23
令○枚	5.50/73/23

賢 xián	12
三曰進○	1.1/5/20
以○得民	1.1/6/1
十有一曰以○制爵	2.1/20/11
國中貴者、○者、能者	
、服公事者、老者、	
疾者皆舍	2.4/22/15
而興○者能者	2.4/22/16
鄉老及鄉大夫、群吏獻	
○能之書于王	2.4/22/19
此謂使民興○	2.4/22/21
以尊○良	2.21/25/12
進○興功以作邦國	4.1/53/8
賊○害民則伐之	4.1/53/10
三曰議○之辟	5.2/67/23
去一以爲○	6.1/78/27

鹹 xián	3
多多○	1.17/9/18
以○養脈	1.19/9/28
○潟用貆	2.52/29/30

銑 xiǎn	4
兩欒謂之○	6.7/80/23
○間謂之于	6.7/80/23
十分其○	6.7/80/25
以其鉦爲之○間	6.7/80/25

險 xiǎn	5
○聲斂	3.29/43/5

司○	4.0/49/27
○野	4.1/54/3
司○掌九州之圖	4.13/55/22
疢疾○中	6.30/85/25

獮 xiǎn	2
○之日	3.3/38/9
遂以○田	4.1/53/25

羡 xiàn	3
以其餘爲○	2.2/21/21
璧○以起度	3.10/39/17
璧○度尺	6.19/82/22

線 xiàn	3
縫人掌王宮之縫○之事	1.59/15/8
察其○	6.11/81/17
察其○而藏	6.11/81/21

憲 xiàn	14
以宮刑○禁于王宮	1.2/7/6
○禁令于王之北宮而糾	
其守	1.45/13/22
令群吏○禁令	2.2/21/28
各○之於其所治（之）	2.4/22/23
小刑○罰	2.27/26/18
○刑禁焉	2.30/26/29
司虣掌○市之禁令	2.32/27/5
布○	5.0/64/25
○刑禁	5.2/67/30
五曰○	5.3/68/4
帥其屬而○禁令于國及	
郊野	5.3/68/11
布○掌○邦之刑禁	5.27/71/19
而○邦之刑禁	5.27/71/19

縣 xiàn	60
五曰邦○之賦	1.1/5/24
乃○治象之法于象魏	1.1/6/3
掌治法以考百官府、群	
都○鄙之治	1.3/7/13
邦○之賦以待幣帛	1.34/11/31

以時○其羽翮	5.41/72/30	則爲上○	3.1/37/11	唯上○入	5.54/75/10
饗禮九○	5.52/74/2	詔○祭祀之小禮	3.2/37/21	諸侯、諸伯、諸子、諸	
饗禮七○	5.52/74/4	詔○喪祭之禮	3.2/37/26	男之○爲賓也各以其	
饗禮五○	5.52/74/7	詔○其禮	3.3/38/3	禮	5.54/75/13
秋○功	5.53/74/21	○治小禮	3.3/38/4	○待也如諸公之儀	5.54/75/13
及禮、私面、私○	5.54/75/17	○其禮	3.3/38/10	諸公之臣○爲國客	5.54/75/14
凡四方之賓客禮儀、辭		諸侯○見亦如之	3.10/39/14	唯君○入	5.54/75/16
命、龥牢、賜○	5.54/75/21	○外內宗之禮事	3.15/40/17	以其國之爵○爲客而○	
掌客掌四方賓客之牢禮		則詔○	3.15/40/19	禮	5.54/75/21
、龥○、飲食之等數		令○	3.22/42/7, 3.22/42/8	而賓○之	5.57/76/1
與其政治	5.58/76/5	○醫	3.28/43/1	詔○國客之禮儀而正其	
諸侯長十有再○	5.58/76/6	以授命龜者而詔○之	3.42/44/19	位	5.57/76/2
唯上介有禽○	5.58/76/14	○簭	3.46/45/3	詔○其事而掌其治令	5.59/77/2
	5.58/76/19, 5.58/76/24	○尸禮	3.49/45/22	青與白○次也	6.15/82/2
○以爵而酬以觚	6.26/84/1	○飯	3.49/45/22	赤與黑○次也	6.15/82/2
一○而三酬	6.26/84/2	馮○氏掌十有二歲、十		玄與黃○次也	6.15/82/2
		有二月、十有二辰、		凡○笴	6.23/83/11
香 xiāng	**2**	十日、二十有八星之		六尺有六寸與步○中也	
		位	3.59/47/5		6.29/85/11
膳膏○	1.7/8/11	以十有二歲之○	3.60/47/9	凡○幹	6.30/85/23
辨腥臊羶羶○之不可食者	1.8/8/15	方○氏	4.0/50/27	凡○角	6.30/85/24
		則○	4.1/54/9	凡○膠	6.30/85/29
相 xiāng	**94**	詔○其法	4.18/56/8	凡○筋	6.30/85/30
		詔○其事	4.18/56/9	（鬻）〔鬻〕膠欲孰而	
○九嬪之禮事	1.46/13/26	○孤卿大夫之法儀	4.18/56/14	水火○得	6.30/86/12
○道其出入之事而糾之	1.48/14/3	詔○其法事	4.23/57/2		
立于其前而詔○之	1.48/14/5	方○氏掌蒙熊皮	4.29/57/26	**鄉 xiāng**	**51**
以○民宅	2.1/20/13	則○其法	4.30/58/1		
使之○保	2.1/20/29	掌攟○	4.30/58/2	○師	2.0/15/28
使之○受	2.1/20/29	詔○王之小法儀	4.31/58/4	○老	2.0/16/1
使之○葬	2.1/20/29	○盥而登	4.33/58/12	二○則公一人	2.0/16/1
使之○救	2.1/20/30	○醫而藥攻馬疾	4.53/60/26	○大夫	2.0/16/1
使之○賙	2.1/20/30	小大○維	4.58/61/29	每○卿一人	2.0/16/1
使之○賓	2.1/20/30	以土地○宅	4.59/62/3	五州爲○	2.1/20/30
使之○保○受	2.7/23/10	使之○安○受	5.3/68/4	以○三物教萬民而賓興	
刑罰慶賞○及○共	2.7/23/10	凡○犬、牽犬者屬焉	5.17/70/18	之	2.1/21/3
以○葬埋	2.7/23/10	有○翔者〔則〕誅之	5.30/71/28	以○八刑糾萬民	2.1/21/4
五家○受○和親	2.9/23/18	廟中無○	5.52/74/9	帥六○之衆庶	2.1/21/8
有辠奇衺則○及	2.9/23/18	則〔詔〕○諸侯之禮	5.52/74/18	乃頒比法于六○之大夫	2.2/21/16
出入○陵犯者	2.32/27/5	歲○問也	5.52/74/19	使各登其○之衆寡、六	
名○近者○遠也	2.35/27/13	殷○聘也	5.52/74/19	畜、車輦	2.2/21/16
實○近者○爾也	2.35/27/13	世○朝也	5.52/74/19	及大比六○四郊之吏	2.2/21/29
鄰長掌○糾○受	2.47/29/11	司儀掌九儀之賓客擯○		○師之職	2.3/22/1
凡邑中之政○贊	2.47/29/11	之禮	5.54/75/4	各掌其所治○之教	2.3/22/1
○其宜而爲之種	2.52/29/29	凡諸公○爲賓	5.54/75/7	辨○邑而治其政令刑禁	2.3/22/7
馮○氏	3.0/35/29	每門止一○	5.54/75/10	則攷（六）〔元〕○之	
詔○王之大禮	3.1/37/10		5.54/75/16	治	2.3/22/9

稽其○器	2.3/22/10	命乖別之妖○	3.60/47/10	事亦如之　　　　　1.9/8/21
○共吉凶禮樂之器	2.3/22/11			邦○耆老、孤子　　1.9/8/22
○大夫之職	2.4/22/13	**翔 xiáng**	**2**	○士庶子亦如之　　1.9/8/22
各掌其○之政教禁令	2.4/22/13			凡○士庶子　　　　1.21/10/9
退而頒之于其○吏	2.4/22/13	有相○者〔則〕誅之	5.30/71/28	○耆老孤子　　　　1.21/10/10
○老及○大夫帥其吏與		後弱則○	6.23/83/9	○食、賓射　　　　2.14/24/8
其眾寡	2.4/22/19			凡○　　　　　　　2.76/32/8
○老及○大夫、群吏獻		**享 xiǎng**	**30**	○食亦如之　　　　2.77/32/11
賢能之書于王	2.4/22/19			若○耆老孤子士庶子 2.78/32/13
退而以○射之禮五物詢		○先王亦如之　1.1/6/9,2.1/21/8		以○燕之禮　　　　3.1/37/1
眾庶	2.4/22/20	以路鼓鼓鬼○	2.11/23/26	○食　　　　　　　3.3/38/5
則令（六）〔亓〕○之		共其○牛、求牛	2.14/24/7	享先公、○、射則鷩冕 3.12/40/1
吏皆會政致事	2.4/22/22	○先王	2.15/24/12	大賓客之○食亦如之 3.15/40/18
則各帥其○之眾寡而致		○亦如之	2.70/31/20	賓客之○食亦如之　3.16/40/21
於朝	2.4/22/23	以肆獻祼○先王	3.1/36/26	大○不入牲　　　　3.21/41/28
以贊○大夫廢興	2.5/22/30	以饋食○先王	3.1/36/26	○食諸侯　　　　　3.22/42/7
壹命齒于○里	2.6/23/2	以祠春○先王	3.1/36/26	大○亦如之　　　　3.25/42/22
○里之委積	2.19/25/1	以禴夏○先王	3.1/36/26	3.26/42/26,3.34/43/22
以斂○里之治	2.23/25/23	以嘗秋○先王	3.1/36/26	凡祭祀、○食　　　3.31/43/11
乃頒祀于邦國都家○邑	3.1/37/12	以烝冬○先王	3.1/36/27	凡祭祀、○射　　　3.32/43/16
依前南○設莞筵紛純	3.8/39/2	○大鬼	3.1/37/9	○食、賓射亦如之　3.33/43/19
凡官府○州及都鄙之治		凡四時之間祀追○朝○	3.7/38/27	3.39/44/3
中	3.9/39/8	凡大朝覲、大○射、凡		賓客○食　　　　　3.36/43/26
簡稽○民以用邦國	4.1/53/9	封國、命諸侯	3.8/39/1	賓○亦如之　　　　3.40/44/6
○以州名	4.1/53/22	○先王則袞冕	3.12/40/1	大祭祀、○食　　　4.1/54/11
○（送）〔家〕載物	4.1/53/24	○先公、饗、射則鷩冕 3.12/40/1		凡小祭祀、會同、○射		
司勳掌六○賞地之法	4.6/54/22	以	3.21/41/15	、師田、喪紀　　4.2/54/13
王南○　4.23/56/30,5.2/67/19		以○先妣	3.21/41/17	凡祭祀○賓　　　　4.8/55/3
○士	5.0/63/10	以○先祖	3.21/41/18	小祭祀、賓客、○食、		
三曰○刑	5.1/67/3	以○右祭祀	3.49/45/20	賓射掌事　　　　4.31/58/5
掌○合州黨族閭比之聯	5.3/68/4	凡大禋祀、肆○、祭示		書其等以○工　　　4.41/59/15
○士掌國中	5.4/68/13	3.49/45/21		朝、覲、宗、遇、○、		
各掌其○之民數而糾戒		車弊獻禽以○礿	4.1/53/23	食皆乘金路　　　4.47/60/3
之	5.4/68/13	入獻禽以○烝	4.1/54/6	○諸侯亦如之　　　5.15/70/11
則各掌其○之禁令	5.4/68/16	廟中將幣三○	5.52/74/1	○禮九獻　　　　　5.52/74/2
凡盜賊軍○邑及家人	5.9/69/17	5.52/74/4,5.52/74/7		○禮七獻　　　　　5.52/74/4
南○見諸侯	5.54/75/5	諸侯以○天子	6.19/82/22	○禮五獻　　　　　5.52/74/7
飲器○衡而實不盡	6.26/84/2	諸侯以○夫人	6.19/82/28	致饗餼、還圭、○食、		
赤黑則○心	6.30/85/23			致贈、郊送　　　5.54/75/12
		想 xiǎng	**1**	拜○食　　　　　　5.54/75/12
祥 xiáng	**7**			○食還圭如將幣之儀 5.54/75/19
		十曰○	3.48/45/11	王合諸侯而○禮　　5.58/76/5
以觀妖○　3.48/45/10,3.60/47/9				三○、三食、三燕　5.58/76/12
祈福○	3.49/45/14	**饗 xiǎng**	**47**	致○大牢　　　　　5.58/76/14
付、練、○	3.49/45/23			三○、再食、再燕　5.58/76/18
以祈福○	3.50/45/28	賓客〔○〕食	1.6/8/5	致（饗）〔○〕大牢 5.58/76/19
觀天下之妖○	3.60/47/9	凡賓客之飧饗、○食之		壹○、壹食、壹燕　5.58/76/23

寫 xiě	1	廞 xīn	16	○其桯圍以爲部廣	6.1/79/9
				〔引而○之〕	6.11/81/16
以澮○水	2.53/30/2	○裘	1.43/13/9	（引而○之）	6.11/81/18
		共其復衣服、斂衣服、		○之而直	6.11/81/19
緤 xiè	2	奠衣服、○衣服	3.12/40/8	○之而枉	6.11/81/19
		渳○樂器	3.21/41/31	則革○也	6.11/81/21
譬如終○	6.30/86/9	帥瞽而○	3.25/42/23	謂之○圭	6.19/82/18
引如終○	6.30/86/11	與○	3.26/42/26		
		○樂器	3.28/43/1	釁 xìn	11
械 xiè	1	○其樂器	3.32/43/16		
			3.33/43/20、3.36/43/26	共其○鬯	3.5/38/18
以知民之財〔用〕器○		○筍虡	3.39/44/4	面禳○	3.6/38/22
之數	1.39/12/24	○舞器	3.40/44/6	○寶鎭及寶器	3.9/39/9
		遂○之	3.64/48/2	上春○龜	3.43/44/23
贕 xiè	1	○革車	3.66/48/10	隋○、逆牲、逆尸	3.49/45/21
		建○車之旌	3.67/48/16	掌○	3.50/45/30
鼓皆○	4.1/54/6	○五兵	4.37/58/26	女巫掌歲時祓除、○浴	
		○馬亦如之	4.57/61/7		3.56/46/20
褻 xiè	2			帥執事泲○主及軍器	4.1/54/7
		薪 xīn	9	○邦器及軍器	4.9/55/7
凡○器	1.35/12/5			凡沈辜、侯禳、○、積	
執○器以從遣車	1.49/14/8	帥其徒以○蒸役外內饔			4.10/55/10
		之事	1.11/8/29	春除蓐、○廏、始牧	4.56/61/4
齘 xiè	2	斂○芻	2.50/29/21		
		以式法共祭祀之○蒸木		星 xīng	13
欲其無○也	6.10/81/12	材	2.50/29/22		
衣之無○	6.10/81/14	共其芻○	2.50/29/22	以實柴祀日、月、○、	
		共其○蒸木材	2.50/29/22	辰	3.1/36/24
心 xīn	1	共其委積○芻凡疏材	2.50/29/23	圭璧以祀日月○辰	3.10/39/16
		芻○倍禾	5.58/76/12	以日、月、○、辰占六	
赤黑則鄉○	6.30/85/23		5.58/76/17、5.58/76/23	夢之吉凶	3.47/45/6
				馮相氏掌十有二歲、十	
辛 xīn	2	信 xìn	21	有二月、十有二辰、	
				十日、二十有八○之	
秋多○	1.17/9/18	以質劑結○而止訟	2.27/26/10	位	3.59/47/5
以○養筋	1.19/9/28	侯執○圭	3.1/37/4、3.10/39/13	保章氏掌天○	3.60/47/8
		以斂國之○用	3.53/46/11	以志○辰日月之變動	3.60/47/8
新 xīn	5	以質邦國之劑○	3.53/46/12	以土辨九州之地	3.60/47/8
		不○者刑之	3.57/46/24	皆有分○	3.60/47/9
凡○甿之治皆聽之	2.48/29/14		3.57/46/25	以○分夜	5.34/72/10
而觀○物	4.62/62/12	不○者誅之	3.57/46/27	二十有八○之號	5.44/73/8
一曰刑○國用輕典	5.1/67/1	其不○者服墨刑	5.13/70/2	以象○也	6.3/80/5
國○殺禮	5.58/76/26	其不○者殺	5.13/70/2	以祀日月○辰	6.19/82/22
欲○而無窮	6.4/80/12	詛其不○者亦如之	5.14/70/5	夜考之極○	6.28/84/20
		作言語而不○者	5.29/71/24		
		執○圭七寸	5.52/74/2		
		侯用○圭	5.53/74/26		

腥 xīng	4
膳膏〇	1.7/8/12
辨〇臊羶香之不可食者	1.8/8/15
〇	1.8/8/17
〇二十有七	5.58/76/16

興 xīng	19
以待〇功之時	1.56/14/27
則民〇功	2.1/20/12
以鄉三物教萬民而賓〇	
之	2.1/21/3
而〇賢者能者	2.4/22/16
五曰〇舞	2.4/22/21
此謂使民〇賢	2.4/22/21
使民〇能	2.4/22/21
以贊鄉大夫廢〇	2.5/22/30
則不〇舞	2.12/24/1
以〇勸利甿	2.40/28/6
則帥其吏而〇甿	2.42/28/25
而誅賞廢〇之	2.42/28/26
平頒其〇積	2.48/29/13
而平其〇	2.75/32/6
以樂語教國子〇、道、	
諷、誦、言、語	3.21/41/11
曰〇	3.25/42/21
進賢〇功以作邦國	4.1/53/8
侈弇之所由〇	6.7/80/28
末應將〇	6.30/86/15

辪 xīng	2
用〇牲毛之	2.13/24/3
〇剛用牛	2.52/29/29

行 xíng	107
以馭其〇	1.1/5/18
糾其德〇	1.4/7/23
歲終則會其〇事	1.4/7/25
〇其秩敍	1.5/7/28,2.46/29/9
春〇羔豚	1.7/8/11
夏〇腒鱐	1.7/8/11
秋〇犢麛	1.7/8/11
冬〇鱻羽	1.7/8/12
灌而〇之以節之	1.20/9/31

皆有法以〇之	1.21/10/10
王乃〇羽物	1.43/13/7
二曰六〇	2.1/21/3
令無節者不〇於天下	2.1/21/10
〇徵令	2.2/21/17
以攷其德〇	2.4/22/14
攷其德〇道藝	2.4/22/16
以攷其德〇道藝而勸之	2.5/22/26
若國作民而師田〇役之	
事	2.5/22/28
凡作民而師田、〇役	2.6/23/4
屬民讀法而書其德〇道	
藝	2.6/23/5
若作民而師田〇役	2.7/23/11
則為之旌節而〇之	2.9/23/19
凡會同、軍旅、〇役	2.14/24/9
以為〇本	2.21/25/11
教三〇	2.21/25/12
一曰孝〇	2.21/25/12
二曰友〇	2.21/25/12
三曰順〇	2.21/25/12
正其〇而强之道藝	2.23/25/22
以時書其德〇道藝	2.23/25/22
以〇赦宥	2.23/25/23
以商賈阜貨而〇布	2.27/26/10
察其詐偽、飾〇、價恧	
者	2.30/26/29
若將用野民師田、〇役	
、移執事	2.43/28/29
若有會同、師田、〇役	
之事	2.49/29/17
皆以地媺惡為輕重之法	
而〇之	2.51/29/27
琰圭以易〇	3.10/39/19
〇以《肆夏》	3.22/42/4
	4.45/59/28
正歲則〇事	3.48/45/11
反〇	3.49/45/25
〇之	3.64/48/2
〇司馬	4.0/49/6,4.5/54/20
鳥獸〇	4.1/53/11
鼓〇	4.1/53/30
車徒皆〇	4.1/53/30
遂鼓〇	4.1/54/5
以〇禁令	4.1/54/6
馬及〇	4.7/54/29
則以任齊其〇	4.7/54/29

司爟掌〇火之政令	4.11/55/13
則藩塞阻路而止〇者	4.13/55/23
以矢〇告	4.18/56/13
〇羽物	4.21/56/24
王〇	4.34/58/15
〇則斂之	4.38/58/30
〇則陪乘	4.43/59/21
及王之所〇	4.58/62/1
大〇人	5.0/66/11
小〇人	5.0/66/11
〇夫	5.0/66/11
則與〇人送逆之	5.8/69/7
令以國法〇之	5.9/69/16
敍而〇之	5.30/71/29
禁野之橫〇徑踰者	5.30/71/29
且以幾禁〇作不時者、	
不物者	5.30/71/30
禦晨〇者	5.34/72/10
禁宵〇者、夜遊者	5.34/72/10
禁徑踰者與以兵革趨〇	
者與馳騁於國中者	5.37/72/20
〇歌哭於國中之道者	5.50/73/24
大〇人掌大賓之禮及大	
客之儀	5.52/73/28
小〇人掌邦國賓客之禮	
籍	5.53/74/21
遂〇	5.54/75/20
凡〇人之儀	5.54/75/23
〇夫掌邦國傳遽之小事	
、媺惡而無禮者	5.55/75/25
則掌〇人之勞辱事焉	5.55/75/26
群介、〇人、宰、史皆	
有牢	5.58/76/8
凡介、〇人、宰、史皆有餼饔	
饎	5.58/76/13
	5.58/76/18,5.58/76/23
辟〇之	5.60/77/5
或作而〇之	6.0/77/24
作而〇之	6.0/77/26
作車以〇陸	6.0/77/31
作舟以〇水	6.0/77/31
〇澤者欲杼	6.1/79/3
〇山者欲侔	6.1/79/4
杼以〇澤	6.1/79/4
侔以〇山	6.1/79/4
則是（摶）〔搏〕以〇	
石也	6.1/79/4

○數千里	6.3/80/2	
以易○	6.19/82/21	
卻○、仄○、連○、紆		
○	6.26/83/21	
○地遠	6.27/84/10	
○地不遠	6.27/84/11	
謂之不○	6.28/85/2,6.28/85/3	
凡○莫水	6.28/85/3	
○澤者欲短轂	6.29/85/14	
○山者欲長轂	6.29/85/14	
○澤者反輮	6.29/85/14	
○山者仄輮	6.29/85/15	

刑 xíng　　　　　　114

五曰○典	1.1/5/11
以○百官	1.1/5/11
七曰官○	1.1/5/14
七曰○賞	1.1/5/16
掌建邦之宮○	1.2/6/15
掌邦○	1.2/6/21
五曰○職	1.2/6/25
國有常○	1.2/7/6
	2.2/21/28,5.2/67/30
以宮○憲禁于王宮	1.2/7/6
則國有大○	1.2/7/7
以官○詔冢宰而誅之	1.3/7/14
凡掌共羞、脩、○、膴	
、胖、骨、鱐	1.8/8/18
共其脯、脩、○、膴	1.9/8/21
則死○焉	1.11/8/29
七曰以○教中	2.1/20/10
三曰緩○	2.1/20/24
以鄉八○糾萬民	2.1/21/4
一曰不孝之○	2.1/21/4
二曰不睦之○	2.1/21/5
三曰不婣之○	2.1/21/5
四曰不弟之○	2.1/21/5
五曰不任之○	2.1/21/5
六曰不恤之○	2.1/21/5
七曰造言之○	2.1/21/6
八曰亂民之○	2.1/21/6
其附于○者	2.1/21/7
	2.26/26/7,2.27/26/18
則令邦國移民、通財、	
舍禁、弛力、薄征、	
緩○	2.1/21/10

則國有常○	2.1/21/12
辨鄉邑而治其政令○禁	2.3/22/7
○罰慶賞相及相共	2.7/23/10
掌其治令、戒禁、○罰	2.7/23/11
三罰而士加明○	2.24/25/26
司市掌市之治、教、政	
、○、量度、禁令	2.27/26/9
以○罰禁虣而去盜	2.27/26/11
辟布者、量度者、○戮	
者	2.27/26/14
市○	2.27/26/18
小○憲罰	2.27/26/18
中○徇罰	2.27/26/18
大○扑罰	2.27/26/18
國君過市則○人赦	2.27/26/19
憲○禁焉	2.30/26/29
且○之	2.33/27/8
使各掌其政令○禁	2.40/28/4
以和邦國都鄙之政令○	
禁與其施舍	2.51/29/26
有○罰	2.56/30/13
不信者○之	3.57/46/24
	3.57/46/25
則有○罰焉	4.11/55/14
國有大○	4.58/62/1
以佐王○邦國	5.0/63/6,5.1/67/1
○官之屬	5.0/63/8
司○	5.0/63/25
一曰○新國用輕典	5.1/67/1
二曰○平國用中典	5.1/67/1
三曰○亂國用重典	5.1/67/2
以五○糾萬民	5.1/67/2
一曰野○	5.1/67/2
二曰軍○	5.1/67/2
三曰鄉○	5.1/67/3
四曰官○	5.1/67/3
五曰國○	5.1/67/3
以明○恥之	5.1/67/4
始和布○于邦國都鄙	5.1/67/11
乃縣○象之法于象魏	5.1/67/11
使萬民觀○象	5.1/67/11
以五○聽萬民之獄訟	5.2/67/20
附于○	5.2/67/20
附○罰	5.2/67/23
以施上服下服之○	5.2/67/25
帥其屬而觀○象	5.2/67/29
憲○禁	5.2/67/30

以左右○罰	5.3/68/1
以五戒先後○罰	5.3/68/2
以施○罰慶賞	5.3/68/5
令移民、通財、糾守、	
緩○	5.3/68/7
異其死○之罪而要之	5.4/68/14
	5.5/68/19,5.6/68/26
群士司○皆在	5.4/68/14
	5.5/68/20,5.6/68/27
	5.7/69/2
協日○殺　5.4/68/15,5.6/68/28	
協日就郊而○殺	5.5/68/21
辨其死○之罪而要之	5.7/69/1
書其○殺之成與其聽獄	
訟者	5.7/69/2
諭罪○于邦國	5.8/69/6
○罰之	5.9/69/16
則令邦國、都家、縣鄙	
慮○貶	5.9/69/18
司○掌五○之法	5.11/69/24
則以五○之法詔○罰	5.11/69/25
然後○殺	5.12/69/29
其不信者服墨○	5.13/70/2
弗使冠飾而加明○焉	5.18/70/20
凡圜土之○人也不虧體	
	5.18/70/22
及○殺	5.19/70/25
告○于王	5.19/70/25
以適市而○殺之	5.19/70/25
以待○殺	5.19/70/26
○盜于市	5.20/70/29
凡軍旅田役斬殺○戮	5.20/70/30
布憲掌憲邦之○禁	5.27/71/19
而憲邦之○禁	5.27/71/19
則以○禁號令	5.27/71/20
禁○者、任人及凶服者	5.31/72/1
其禮俗政事教治○禁之	
逆順爲一書	5.53/74/30

形 xíng　　　　　　5

其實蘡、黃、白、黑、	
○鹽、膴、鮑魚、鱐	
	1.25/10/24
共其○鹽、散鹽	1.28/11/8
造縣鄙○體之法	2.40/28/3
○方氏	4.0/52/24

○方氏掌制邦國之地域		
		4.63/62/15

鉶 xíng　　4

共大羹、○羹	1.10/8/25
○（四）〔三〕十有二	5.58/76/9
○二十有（八）〔四〕	
	5.58/76/16
○十有（八）〔六〕	5.58/76/21

省 xǐng　　6

○牲鑊	3.1/37/9
○牲	3.2/37/20
○鑊	3.2/37/21
則○之而誅賞焉	5.7/69/3
五歲徧○	5.52/74/15
存、覜、○、聘、問	5.53/74/24

姓 xìng　　8

王之同○有皋	1.11/8/29
親異○之國	3.1/37/1
同○以封	3.64/47/26
異○以封	3.64/47/26
三公及州長、百○北面	5.2/67/19
土揖庶○	5.54/75/5
時揖異○	5.54/75/5
天揖同○	5.54/75/5

幸 xìng　　1

以馭其○	1.1/5/18

凶 xiōng　　38

喪服、○器不入宮	1.47/13/29
比共吉○二服	2.3/22/10
鄉共吉○禮樂之器	2.3/22/11
以待○荒	2.19/25/2
○札則無力政	2.20/25/8
國○荒札喪	2.27/26/16
國○札	2.38/27/26
以治年之○豐	2.71/31/23
以待○而頒之	2.73/32/1
以○禮哀邦國之憂	3.1/36/27

以荒禮哀○札	3.1/36/27
辨吉○之五服、車旗、	
宮室之禁	3.2/37/16
○事仍几	3.8/39/5
凡吉○之事	3.9/39/9
以恤○荒	3.10/39/17
司服掌王之吉○衣服	3.12/39/31
凡○事	3.12/40/3
其○服加以大功小功	3.12/40/7
其○服亦如之	3.12/40/7
遂入藏○器	3.18/40/31
大札、大○、大災、大	
臣死	3.21/41/30
禁其淫聲、過聲、○聲	
、慢聲	3.21/41/31
而詔吉○	3.25/42/22
以觀國家之吉○	3.41/44/14
以眂吉○	3.45/44/29
以辨吉○	3.46/45/3
以日、月、星、辰占六	
夢之吉○	3.47/45/6
辨吉○	3.48/45/10
六曰○擽	3.49/45/20
辨其吉○	3.60/47/8
辨吉○、水旱降豐荒之	
祲象	3.60/47/10
以禬國之○荒、民之札	
喪	3.70/48/27
若邦○荒	5.3/68/7
若邦○荒、札喪、寇戎	
之故	5.9/69/18
禁刑者、任人及○服者	5.31/72/1
若國○荒	5.53/74/28
其札喪○荒厄貧爲一書	5.53/75/1
○荒殺禮	5.58/76/26

兄 xiōng　　7

三曰聯○弟	2.1/20/27
○弟之讎辟諸千里之外	
	2.25/25/30
從父○弟之讎不同國	2.25/25/30
師長之讎眡○弟	2.25/25/30
主友之讎眡從父○弟	2.25/25/31
親宗族○弟	3.1/36/31
親○弟之國	3.1/37/1

胸 xiōng　　2

以○鳴者	6.26/83/22
大○燿後	6.26/83/23

熊 xióng　　6

則共虎侯、○侯、豹侯	1.43/13/8
諸侯則共○侯、豹侯	1.43/13/8
甸役則設○席	3.8/39/4
○虎爲旗	3.67/48/13
方相氏掌蒙○皮	4.29/57/26
○旗六斿	6.3/80/6

休 xiū　　2

蠭於刲而○於氣	6.30/85/26
遠於刲而不○於氣	6.30/85/27

修 xiū　　2

以木鐸○火禁于國中	5.35/72/13
○火禁	5.35/72/13

脩 xiū　　42

與其具○	1.1/6/8
各○乃職	1.2/7/6
令○宮中之職事	1.3/7/20
春秋以木鐸○火禁	1.4/7/25
凡肉○之頒賜皆掌之	1.6/8/6
凡掌共羞、○、刑、膴	
、胖、骨、鱐	1.8/8/18
凡王之好賜肉○	1.8/8/18
共其脯、○、刑、膴	1.9/8/21
宮人掌王之六寢之○	1.30/11/13
令野○道委積	2.1/21/8
	2.2/21/25
○乃事	2.1/21/12
○法糾職以待邦治	2.2/21/28
○其卒伍	2.3/22/7
令○野道而委積	2.40/28/13
則巡其道○	2.41/28/20
○稼政	2.42/28/25
而○除且蹕	2.56/30/13
廟用○	3.5/38/17
凡酒○酌	3.7/38/29

野三〇	2.28/26/24,5.9/69/15	王〇守、殷國	5.58/76/6	與其上下之志　4.62/62/12
祭祀無過〇日	2.36/27/17	掌交掌以節與幣〇邦國		則布而〇四方　4.62/62/12
則〇之內更	4.7/54/28	之諸侯及其萬民之所		
〇之外入馬耳	4.7/54/28	聚者	5.60/77/4	**訊 xùn**　　　　7
重罪〇有（三）〔二〕		天子以〇守	6.19/82/24	
日坐	5.1/67/7			用情〇之　5.2/67/20
至于〇	5.2/67/20	**尋 xún**　　　　8		一曰〇群臣　5.2/67/24
〇而職聽于朝	5.4/68/14			二曰〇群吏　5.2/67/25
二〇而職聽于朝	5.5/68/20	攴長〇有四尺	6.0/78/12	三曰〇萬民　5.2/67/25
三〇而職聽于朝	5.6/68/27		6.27/84/8	壹刺曰〇群臣　5.12/69/27
〇而舉之	5.9/69/14	長〇有四尺	6.12/81/24	再刺曰〇群吏　5.12/69/27
		上綱與下綱出舌〇	6.26/84/4	三刺曰〇萬民　5.12/69/28
巡 xún　　　　33		夷矛三〇	6.27/84/8	
		堂脩七〇	6.28/84/23	**牙 yá**　　　　10
〇役	2.2/21/25	宮中度以〇	6.28/84/24	
〇其前後之屯而戮其犯		同間廣二〇	6.28/85/1	〇璋以起軍旅　3.10/39/17
命者	2.3/22/8			〇也者　6.1/78/20
以歲時〇國及野	2.3/22/9	**詢 xún**　　　　6		以其一爲之〇圍　6.1/78/26
〇而比之	2.19/25/4			6.29/85/15,6.29/85/16
〇問而觀察之	2.23/25/22	退而以鄉射之禮五物〇		參分其〇圍而漆其二　6.1/78/26
則以節〇國中及郊野	2.24/25/27	眔庶	2.4/22/20	直以指〇　6.1/79/2
〇而攷之	2.28/26/23	國大〇于眔庶	2.4/22/23	〇得　6.1/79/2
司稽掌〇市而察其犯禁		以致萬民而〇焉	5.2/6//18	凡揉（） 　6.1/79/5
者、與其不物者而搏		一曰〇國危	5.2/67/18	〇璋、中璋七寸　6.19/82/25
之	2.33/27/8	二曰〇國遷	5.2/67/18	
執鞭度而〇其前	2.34/27/10	三曰〇立君	5.2/67/18	**庌 yǎ**　　　　1
〇其稼稽	2.41/28/18			
則〇其道脩	2.41/28/20	**徇 xùn**　　　　9		夏〇馬　4.56/61/4
王〇守	2.54/30/5			
	2.55/30/8,4.59/62/4	〇以木鐸	1.2/7/5	**雅 yǎ**　　　　3
林衡掌〇林麓之禁令	2.57/30/16	〇以木鐸曰	2.2/21/28	
川衡掌〇川澤之禁令	2.58/30/19	以木鐸〇於市朝	2.3/22/8	曰〇　3.25/42/21
〇其禁令	2.61/30/30	中刑〇罰	2.27/26/18	舂牘、應、〇　3.32/43/15
司稼掌〇邦野之稼	2.75/32/5	以〇	2.33/27/8	歔《幽〇》　3.37/43/30
〇野觀稼	2.75/32/6	斬牲以左右〇陳	4.1/53/28	
帥其屬而〇墓厲	3.19/41/4		4.9/55/7	**訝 yà**　　　　11
〇舞列而撻其怠慢者	3.24/42/15	皆以木鐸〇之于朝	5.3/68/2	
有司〇其前後	4.1/54/3	則戮其犯禁者以〇	5.29/71/25	〇士　5.0/63/19
〇陳	4.1/54/8			掌〇　5.0/66/20
畫三〇之	4.12/55/18	**訓 xùn**　　　　7		〇士掌四方之獄訟　5.8/69/6
〇邦國	4.16/55/31			掌〇掌邦國之等籍　5.59/76/30
凡〇守及兵車之會	4.46/59/31	土〇	2.0/18/11	令〇　5.59/77/1
王將〇守	4.58/61/30	誦〇	2.0/18/13	〇治之　5.59/77/1
帥其屬而〇戒令	4.58/62/1	土〇掌道地圖	2.54/30/5	諸侯有卿〇　5.59/77/1
以〇天下之邦國而語之		誦〇掌道方志	2.55/30/8	卿有大夫〇　5.59/77/2
	4.68/62/26	〇方氏	4.0/52/22	大夫有士〇　5.59/77/2
十有二歲王〇守殷國	5.52/74/17	〇方氏掌道四方之政事		士皆有〇　5.59/77/2

凡〇者	5.59/77/2	以祭祀禱祠〇	3.51/46/5	繢寸〇	6.26/84/4
		而斂飾棺〇	3.51/46/5	九卿朝〇	6.28/84/26
焉 yān	**89**	凡（辨）〔辯〕法者攷		兩山之間必有川〇	6.28/85/2
		〇	3.57/46/23	大川之上必有涂〇	6.28/85/2
則死刑〇	1.11/8/29	凡邦國都鄙及萬民之有		今夫交解中有變〇	6.30/86/10
凡邦之有疾病者、〔有〕		約劑者藏〇	3.57/46/24	於挺臂中有椹〇	6.30/86/10
疕瘍者造〇	1.16/9/13	（辨）〔辯〕事者攷〇		弓有六材〇	6.30/86/15
凡君子之食恒放〇	1.17/9/19		3.57/46/27		
受其藥〇	1.19/9/29	凡治者受法令〇	3.63/47/21	**煙 yān**	**1**
鑑〇	1.24/10/20	皆畫其象〇	3.67/48/15		
受財用〇	1.34/11/29	各書其事與其號〇	4.1/53/25	以其〇被之	5.47/73/14
取具〇	1.34/12/1	受徹〇	4.9/55/7		
凡良貨賄入〇	1.36/12/9	則有刑罰〇	4.11/55/14	**延 yán**	**1**
皆受〇	1.37/12/14	凡守者受法〇	4.12/55/17		
掌事者受法〇	1.39/12/25	民皆有職〇	4.12/55/19	〇	4.35/58/18
則入要貳〇	1.39/12/25	凡國之勇力之士能用五			
攷〇 1.39/12/26, 3.57/46/29		兵者屬〇	4.25/57/13	**言 yán**	**12**
受文織絲組〇	1.56/14/30	實之圜土而施職事〇	5.1/67/4		
縫棺飾〇	1.59/15/8	以致萬民而詢〇	5.2/67/18	以教九御婦德、婦〇、	
而施十有二教〇	2.1/20/8	小司寇擯以敘進而問〇	5.2/67/19	婦容、婦功	1.50/14/10
乃建王國〇	2.1/20/18	則省之而誅賞〇	5.7/69/3	七日造〇之刑	2.1/21/6
而頒職事〇	2.1/20/23	造〇	5.8/69/6	〇鸞車象人	3.18/40/31
豐年則公旬用三日〇	2.20/25/8	孤卿大夫位〇	5.9/69/11	以樂語教國子興、道、	
中年則公旬用二日〇	2.20/25/8	公侯伯子男位〇	5.9/69/11	諷、誦、〇、語	3.21/41/11
無年則公旬用一日〇	2.20/25/8	三公位〇	5.9/69/12	〇甸人讀禱	3.49/45/23
學〇	2.21/25/14	平罷民〇	5.9/69/12	掌（子則取隸焉）〔與	
皆書年月日名〇	2.26/26/4	達窮民〇	5.9/69/13	鳥〇〕	5.24/71/10
市師涖〇	2.27/26/13	各以其地域之衆庶共其		（與鳥〇）	5.25/71/13
凡賣儥者質劑〇	2.28/26/22	牲而致〇	5.14/70/6	掌與獸〇	5.26/71/16
憲刑禁〇	2.30/26/29	凡相犬、牽犬者屬〇	5.17/70/18	作〇語而不信者	5.29/71/24
凡國〔事〕之財用取具		弗使冠飾而加明刑〇	5.18/70/20	諭〇語	5.52/74/15
〇	2.36/27/18	〔子則取隸〇〕	5.22/71/5	掌傳王之〇而諭說焉	5.57/75/31
祭祀之牛牲繫〇	2.37/27/22	掌（子則取隸〇）〔與		〇傳之	5.57/76/1
凡四方之賓客造〇	2.37/27/22	鳥言〕	5.24/71/10		
凡軍旅之賓客館〇	2.50/29/23	則令埋而置楬〇	5.31/72/2	**筵 yán**	**13**
致禽而珥〇	2.56/30/14	書其日月〇	5.31/72/2		
凡田獵者受令〇	2.60/30/26	則爲明竁〇	5.35/72/14	司几〇	3.0/33/1
藏〇	3.9/39/7	則掌行人之勞辱事〇	5.55/75/26	涖〇几	3.3/38/5
其遺衣服藏〇	3.14/40/14	掌傳王之言而諭說〇	5.57/75/31	司几〇掌五几五席之名	
凡國有司以王命有事〇	3.20/41/6	百工與居一〇	6.0/77/24	物	3.8/39/1
而合國之子弟〇	3.21/41/10	故一器而工聚〇者	6.0/78/10	依前南鄉設莞〇紛純	3.8/39/2
使教〇	3.21/41/10	加軫與轐〇四尺也	6.0/78/17	蒲〇繢純	3.8/39/3
凡國之瞽矇正〇	3.25/42/23	直者如生〇	6.2/79/20	莞席莞〇紛純	3.8/39/3
凡四方之以舞仕者屬〇		繼者如附〇	6.2/79/20	〇國賓于牖前亦如之	3.8/39/4
	3.35/43/24	輈猶能一取〇	6.3/80/3	度九尺之〇	6.28/84/23
則用事〇	3.49/45/25	則加任〇	6.26/83/30	東西九〇	6.28/84/23
掌事〇	3.50/46/1	參分其廣而鵠居一〇	6.26/84/3	南北七〇	6.28/84/23

堂崇一〇	6.28/84/24				
凡室二〇	6.28/84/24				
堂上度以〇	6.28/84/24				

兗 yǎn　1

河東曰〇州	4.58/61/17

鹽 yán　12

〇人	1.0/2/29
女〇二十人	1.0/2/29
其實鹽、䔬、白、黑、形〇、臐、鮑魚、鱐	1.25/10/24
〇人掌〇之政令	1.28/11/8
以共百事之〇	1.28/11/8
共其苦〇、散〇	1.28/11/8
共其形〇、散〇	1.28/11/8
共飴〇	1.28/11/9
其利魚、〇	4.58/61/21

弇 yǎn　5

〇聲鬱	3.29/43/5
棧車欲〇	6.2/79/20
侈〇之所由興	6.7/80/28
〇則鬱	6.7/80/28
厚脣〇口	6.26/83/23

匽 yǎn　1

爲其井〇	1.30/11/13

眼 yǎn　1

欲其〇也	6.1/78/22

奄 yǎn　15

〇十人	1.0/2/17
〇五人	1.0/2/19
〇一人	1.0/2/23
	1.0/2/25,1.0/2/31,1.0/4/29
〇二人	1.0/2/27
	1.0/2/29,1.0/4/31
	2.0/19/28,2.0/19/30
〇上士四人	1.0/4/5
〇八人	2.0/19/32,3.0/33/13
每〇二人	2.0/19/32

琰 yǎn　2

〇圭以易行	3.10/39/19
〇圭九寸	6.19/82/21

壓 yǎn　1

〇桑次之	6.30/85/22

衍 yǎn　8

辨其山林川澤丘陵墳〇原隰之名物	2.1/20/2
四曰墳〇	2.1/20/6
兆山川丘陵墳〇	3.2/37/16
四變而致毛物及墳〇之示	3.21/41/19
回聲〇	3.29/43/5
二曰〇祭	3.49/45/18
男巫掌望祀望〇授號	3.55/46/17
辨其丘陵、墳、〇、墐隰之名物	4.66/62/22

甄 yǎn　1

陶人爲〇	6.24/83/14

厭 yàn　2

〇翟	3.64/47/28
則〇而奉主車	4.1/54/9

鴈 yàn　4

〇宜麥	1.17/9/19
蒩涖、〇醢	1.26/10/31
大夫執〇	3.1/37/5
大夫〔執〕〇	4.18/56/8

燕 yàn　29

王〇食	1.6/8/4
王〇飲酒	1.6/8/5
凡〇飲食亦如之	1.8/8/17
凡王之〇飲酒	1.21/10/9
掌王之〇衣服、衽、席、床、第	1.35/12/4
女御掌御敘于王之〇寢	1.52/14/16
以饗〇之禮	3.1/37/1
〇射	3.22/42/8
教縵樂、〇樂之鍾磬	3.30/43/8
奏〇樂	3.31/43/12
〇樂亦如之	3.32/43/16
舞其〇樂	3.35/43/24
〇亦如之	3.38/44/1
王〇飲	4.30/58/1
王眂〇朝	4.30/58/2
正王之〇服位	4.31/58/4
王之〇出入	4.31/58/4
掌王之〇令	4.33/58/12
大射、〇射	4.39/59/7
道僕掌馭象路以朝夕、〇出入	4.48/60/6
王〇出入	5.3/68/9
王〇	5.54/75/6
三饗、三食、三〇	5.58/76/12
三饗、再食、再〇	5.58/76/18
壹饗、壹食、壹〇	5.58/76/23
〇無函	6.0/77/28
〇之無函也	6.0/77/28
〇之角	6.0/78/4
則王以息〇	6.26/84/5

殃 yāng　1

以除疾〇	1.53/14/19

羊 yáng　14

〇泠毛而毳	1.8/8/16
〇宜黍	1.17/9/19
赤緹用〇	2.52/29/29
〇人	4.0/49/21
小子掌祭祀羞〇肆、〇殽、肉豆	4.9/55/6

○人掌○牲	4.10/55/9
割○牲	4.10/55/9
共其○牲	4.10/55/9,4.10/55/10
共其法○	4.10/55/10
其畜宜牛○	4.58/61/22
○車二柯有參分柯之一	
	6.29/85/17

痒 yáng　　　　1

夏時有○疥疾	1.18/9/22

陽 yáng　　　　20

二曰以○禮教讓	2.1/20/8
陰○之所和也	2.1/20/17
凡○祀	2.13/24/3
仲冬斬○木	2.56/30/11
以地產作○德	3.1/37/7
以合陰○之聲	3.25/42/18
○聲	3.25/42/18
典同掌六律六同之和、以辨天地四方陰○之	
聲	3.29/43/4
辨龜之上下左右陰○	3.42/44/19
辨陰○之氣	3.47/45/6
令刊○木而火之	5.42/73/1
必矩其陰	6.1/78/24
○也者積理而堅	6.1/78/24
是故以火養其陰而齊諸	
其○	6.1/78/24
水之以辨其陰○	6.23/83/8
夾其陰○以設其比	6.23/83/8
其聲清○而遠聞	6.26/83/26
	6.26/83/26
欲赤黑而○聲	6.30/85/23
○聲則遠根	6.30/85/23

揚 yáng　　　　6

以涉○其芟作田	2.53/30/2
○火以作龜	3.42/44/19
○軍旅	4.16/55/31
執戈○盾	4.29/57/26
東南曰○州	4.58/61/11
中强則○	6.23/83/10

楊 yáng　　　　1

其澤藪曰○紆	4.58/61/22

瘍 yáng　　　　12

○醫	1.0/2/11
凡邦之有疾病者、〔有〕	
疕○者造焉	1.16/9/13
○醫掌腫○、潰○、金	
○、折○之祝藥劀殺	
之齊	1.19/9/27
凡療○	1.19/9/27
凡有○者	1.19/9/29
療獸○	1.20/9/31
凡療獸○	1.20/10/1
凡獸之有病者、有○者	1.20/10/1

錫 yáng　　　　2

○	3.64/47/25
○面朱總	3.64/47/28

養 yǎng　　　　35

○蕃鳥獸	1.1/5/21
以○萬民	1.2/6/26
以○王及后、世子	1.6/8/1
疾醫掌○萬民之疾病	1.18/9/22
以五味、五穀、五藥○	
其病	1.18/9/23
以五氣○之	1.19/9/27
以酸○骨	1.19/9/28
以辛○筋	1.19/9/28
以鹹○脈	1.19/9/28
以苦○氣	1.19/9/28
以甘○肉	1.19/9/29
以滑○竅	1.19/9/29
觀其所發而○之	1.20/9/31
○之	1.20/10/1
以保息六○萬民	2.1/20/25
二曰○老	2.1/20/25
牛人掌○國之公牛以待	
國之政令	2.14/24/7
使○之	2.15/24/13
以○老孤	2.19/25/1
而○國子以道	2.22/25/17

以其財○死政之老與其	
孤	2.37/27/21
監門○之	2.37/27/22
服不氏掌○猛獸而教擾	
之	4.19/56/18
獻鳩以○國老	4.21/56/24
掌畜掌○鳥而阜蕃教擾	
之	4.22/56/26
凡頒良馬而○乘之	4.51/60/14
巫馬掌○疾馬而乘治之	
	4.53/60/26
圉師掌教圉人○馬	4.56/61/4
圉人掌○馬芻牧之事	4.57/61/7
其澤藪曰○貕	4.58/61/20
蠻隸掌役校人○馬	5.23/71/8
閩隸掌役〔掌〕畜○鳥	
而阜蕃教擾之	5.24/71/10
夷隸掌役牧人○牛	5.25/71/13
貉隸掌役服不氏（而）	
○獸而教擾之	5.26/71/16
是故以火○其陰而齊諸	
其陽	6.1/78/24

夭 yāo　　　　2

硩蔟氏掌覆○鳥之巢	5.44/73/7
庭氏掌射國中之○鳥	5.49/73/20

妖 yāo　　　　4

以觀○祥	3.48/45/10,3.60/47/9
觀天下之○祥	3.60/47/9
命乖別之○祥	3.60/47/10

要 yāo　　　　19

八曰聽出入以○會	1.2/6/30
則以官府之敘受群吏之○	1.2/7/4
掌官法以治○	1.3/7/11
月終則令正月○	1.3/7/19
月入其○	1.21/10/11
以月○攷月成	1.38/12/19
則入○貳焉	1.39/12/25
大比則受邦國之比○	2.2/21/17
令群吏正○會而致事	2.2/21/27
則受州里之役○	2.3/22/3
受其○	4.1/54/10

辨其邦國、都鄙、四夷		然後○之	1.20/10/1
、八蠻、七閩、九貉		相醫而○攻馬疾	4.53/60/26
、五戎、六狄之人民			
與其財用、九穀、六		**也 yě**	**181**
畜之數○	4.58/61/9	天地之所合○	2.1/20/17
則令正○會	5.3/68/11	四時之所交○	2.1/20/17
異其死刑之罪而○之	5.4/68/14	風雨之所會○	2.1/20/17
5.5/68/19、5.6/68/26		陰陽之所和○	2.1/20/17
辨其死刑之罪而○之	5.7/69/1	可任○者家三人	2.2/21/19
入其○	5.15/70/10	可任○者二家五人	2.2/21/20
又其外方五百里謂之○		可任○者家二人	2.2/21/20
服	5.52/74/13	用尨可○	2.13/24/4
		於是時○	2.26/26/5
搖 yáo	**3**	名相近者相遠	2.35/27/13
是故夾而○之	6.23/83/10	實相近者相爾○	2.35/27/13
置而○之	6.27/84/15	皆金○	2.39/27/30
橫而○之	6.27/84/16	上○	2.71/31/23
		中○	2.71/31/23
瑤 yáo	**2**	下○	2.71/31/24
○爵亦如之	1.45/13/17	用眔○	3.1/36/29
凡賓客之祼獻、○爵	1.45/13/18	恤眔○	3.1/36/30
		簡眔○	3.1/36/30
扰 yǎo	**1**	任眔○	3.1/36/30
女舂（扰）〔○〕二人	2.0/19/28	合眔○	3.1/36/30
		諸臣之所昨○	3.7/38/25
籺 yào	**1**	3.7/38/26、3.7/38/28	
車弊獻禽以享○	4.1/53/23	用聎可○	5.17/70/17
		凡圜土之刑人○不虧體	
爍 yào	**1**		5.18/70/22
大胸○後	6.26/83/23	其罰人○不虧財	5.18/70/22
		若欲其化○ 5.42/73/1、5.43/73/4	
藥 yào	**8**	若神○	5.49/73/20
聚毒○以共醫事	1.16/9/13	歲相問○	5.52/74/19
以五味、五穀、五○養		殷相聘○	5.52/74/19
其病	1.18/9/23	世相朝○	5.52/74/19
瘍醫掌腫瘍、潰瘍、金		君之禮○	5.53/74/24
瘍、折瘍之祝○劀殺		臣之禮○	5.53/74/24
之齊	1.19/9/27	諸侯、諸伯、諸子、諸	
以五○療之	1.19/9/28	男之相爲賓○各以其	
凡○	1.19/9/28	禮	5.54/75/13
受其○焉	1.19/9/29	相待○如諸公之儀	5.54/75/13
		凡其使	5.55/75/25
		粵之無鎛○	6.0/77/28
		非無鎛○	6.0/77/28
		夫人而能爲鎛○	6.0/77/28
		燕之無函○	6.0/77/28

非無函○	6.0/77/29
夫人而能爲函○	6.0/77/29
秦之無廬○	6.0/77/29
非無廬○	6.0/77/29
夫人而能爲廬○	6.0/77/29
胡之無弓車○	6.0/77/29
非無弓車○	6.0/77/30
夫人而能爲弓車○	6.0/77/30
皆聖人之作○	6.0/77/31
此皆聖人之所作○	6.0/77/31
則不時、不得地氣○	6.0/78/2
此地氣然○	6.0/78/3
地氣然○	6.0/78/3
此材之美者○	6.0/78/4
此天時○	6.0/78/5
必自載於地者始○	6.0/78/13
無以爲完久○	6.0/78/14
無以爲戚速○	6.0/78/15
則人不能登○	6.0/78/15
則於馬終古登阤○	6.0/78/15
軹崇三尺有三寸○	6.0/78/17
加軫與轐焉四尺○	6.0/78/17
轂○者	6.1/78/19
以爲利轉○	6.1/78/19
輻○者	6.1/78/19
以爲直指○	6.1/78/20
牙○者	6.1/78/20
以爲固抱○	6.1/78/20
欲其幬爾而下迆○	6.1/78/21
欲其微至○	6.1/78/21
取諸圜○	6.1/78/21
欲其掣爾而纖○	6.1/78/21
欲其肉稱○	6.1/78/22
取諸易直○	6.1/78/22
欲其眼○	6.1/78/22
欲其幬之廉○	6.1/78/23
取諸急○	6.1/78/23
欲其蚤之正○	6.1/78/23
陽○者稹理而堅	6.1/78/24
陰○者疏理而柔	6.1/78/24
則是固有餘而强不足○	6.1/78/30
亦弗之溓○	6.1/79/1
必足見○	6.1/79/3
則是刀以割塗○	6.1/79/4
則是（搏）〔摶〕以行	
石○	6.1/79/4
是故規之以眂其圜○	6.1/79/6

致○役	2.40/28/14
而師田作○民	2.40/28/14
經牧其田○	2.41/28/18
共其○牲	2.41/28/19
入○職、○賦于玉府	2.41/28/19
道○役	2.41/28/20
平○民	2.41/28/21
以歲時稽其夫家之衆寡	
、六畜、田○	2.42/28/23
若將用○民師田、行役	
、移執事	2.43/28/29
旅師掌聚○之耡粟、屋	
粟、間粟而用之	2.48/29/13
委人掌斂○之賦	2.50/29/21
共○委兵器	2.50/29/23
與其○圍財用	2.50/29/23
則萊山田之○	2.56/30/13
則萊澤	2.59/30/23
徵○疏材之物	2.67/31/13
司稼掌巡邦○之稼	2.75/32/5
巡○觀稼	2.75/32/6
○荒民散則削之	4.1/53/10
○以邑名	4.1/53/22
郊○載旐	4.1/53/24
虞人萊所田之○	4.1/53/26
險○	4.1/54/3
易○	4.1/54/3
○焚萊	4.11/55/14
唐大利車戰、○戰	4.39/59/3
其澤藪曰大○	4.58/61/17
○廬氏	5.0/64/31
一曰○刑	5.1/67/2
四曰○禁	5.3/68/1
帥其屬而憲禁令于國及	
郊○	5.3/68/11
縣士掌○	5.6/68/26
凡○有大事	5.6/68/30
○亦如之	5.8/69/7
辨其國中與其都鄙及其	
郊○	5.10/69/20
守王宮與○舍之屬禁	5.21/71/3
在○外則守屬禁	5.23/71/8
○廬氏掌達國道路	5.30/71/27
比國郊及○之道路、宿	
息、井、樹	5.30/71/27
禁○之橫行徑踰者	5.30/71/29
以及郊○	5.31/72/1
在○在外殺禮	5.58/76/26
○度以步	6.28/84/24
○涂五軌	6.28/84/27
○涂以爲都經涂	6.28/84/28

夜 yè　20

牛○鳴則脹	1.8/8/16
○鼓鼜	2.11/23/28
○嘑旦以嘂百官	3.6/38/21
凡軍之○三鼜	3.33/43/20
中秋○迎寒	3.37/43/29
以辨軍之○事	4.1/53/22
○亦如之	4.12/55/18
○三鼜以號戒	4.12/55/18
分以日○	4.17/56/4
司寤氏掌○時	5.34/72/10
以星分○	5.34/72/10
以詔○士○禁	5.34/72/10
禁宵行者、○遊者	5.34/72/10
則以救日之弓與救月之	
矢〔○〕射之	5.49/73/20
○宿諸丌	6.18/82/12,6.18/82/14
七日七○	6.18/82/12,6.18/82/14
○考之極星	6.28/84/20

液 yè　5

冬析幹而春○角	6.30/86/2
春○角則合	6.30/86/3
故角三○而幹再○	6.30/86/6
是故厚其○而節其帑	6.30/86/7

醷 yè　3

則帥有司而○獸于郊	3.2/37/24
○獸	3.52/46/9
致禽○獸于郊	4.1/54/6

一 yī　350

卿○人	1.0/1/8
	2.0/15/28,3.0/32/22
	4.0/49/6,5.0/63/10
府○人	1.0/1/13,1.0/1/24
	1.0/1/26,1.0/3/15,1.0/3/17
	1.0/5/3,1.0/5/5,2.0/16/10
	2.0/17/18,2.0/17/20
	2.0/18/31,2.0/19/1
	2.0/19/3,2.0/19/5,2.0/19/9
	2.0/19/11,2.0/19/15
	3.0/32/27,3.0/34/4
	3.0/34/14,3.0/34/20
	3.0/34/22,3.0/35/5
	3.0/35/7,3.0/35/18
	3.0/35/20,3.0/35/22
	4.0/49/15,4.0/49/17
	4.0/50/32,4.0/51/7
	4.0/51/11,4.0/52/5
	5.0/63/25,5.0/63/27
	5.0/63/29,5.0/63/31
	5.0/64/5,5.0/66/18
	5.0/66/28,5.0/66/30
奄○人	1.0/2/23
	1.0/2/25,1.0/2/31,1.0/4/29
下士○人	1.0/3/5,3.0/32/29
	4.0/50/7,4.0/50/9
	4.0/50/11,5.0/65/17
	5.0/65/19,5.0/65/27
	5.0/65/31,5.0/66/1
	5.0/66/3,5.0/66/5,5.0/66/9
史○人	1.0/5/5
	1.0/5/7,2.0/18/16
	2.0/18/22,2.0/19/3
	2.0/19/9,2.0/19/11
	2.0/19/15,3.0/32/25
	3.0/32/27,3.0/32/29
	3.0/33/1,3.0/33/9,3.0/34/4
	3.0/34/14,3.0/34/20
	3.0/34/22,3.0/35/3
	3.0/35/18,3.0/35/20
	3.0/35/22,4.0/49/19
	4.0/49/21,5.0/64/3
	5.0/64/11,5.0/64/27
	5.0/65/13
○曰治典	1.1/5/9
○曰官屬	1.1/5/12
○曰祭祀	1.1/5/15
○曰爵	1.1/5/17,3.61/47/13
○曰親親	1.1/5/19
○曰三農	1.1/5/21
○曰邦中之賦	1.1/5/23
○曰祭祀之式	1.1/5/25
○曰祀貢	1.1/5/27

○曰牧	1.1/6/1	十有○曰世事	2.1/21/2
○曰以敘正其位	1.2/6/17	○曰六德	2.1/21/3
○曰天官	1.2/6/18	○曰不孝之刑	2.1/21/4
○曰治職	1.2/6/23	毋過家○人	2.2/21/21
○曰祭祀之聯事	1.2/6/26	○曰和	2.4/22/20
○曰聽政役以比居	1.2/6/28	園廛二十而○	2.16/24/18
○曰廉善	1.2/6/30	近郊十○	2.16/24/18
○曰正	1.3/7/10	無年則公旬用○日焉	2.20/25/8
王曰○舉	1.6/8/2	○曰至德	2.21/25/11
十失○次之	1.16/9/14	○曰孝行	2.21/25/12
○曰泛齊	1.21/10/4	○曰五禮	2.22/25/17
○曰事酒	1.21/10/5	○曰祭祀之容	2.22/25/18
○曰清	1.21/10/6	夫人過市罰○幕	2.27/26/19
二鄉則公○人	2.0/16/1	世子過市罰○帟	2.27/26/19
每鄉卿○人	2.0/16/1	命夫過市罰○蓋	2.27/26/19
每州中大夫○人	2.0/16/1	命婦過市罰○帷	2.27/26/19
每黨下大夫○人	2.0/16/1	國中○旬	2.28/26/24,5.9/69/15
每族上士○人	2.0/16/2	夫○塵	2.40/28/7
每閭中士○人	2.0/16/2		2.40/28/8,2.40/28/8
五家下士○人	2.0/16/2	上士○人	3.0/33/3
中大夫○人	2.0/16/26,3.0/36/1	胥○人	3.0/33/5
下大夫○人	2.0/16/28		3.0/33/7,3.0/33/9
二十肆則○人	2.0/17/12		3.0/34/10,3.0/35/22
	2.0/17/12	每敦○几	3.8/39/5
十肆則○人	2.0/17/12	繅皆二采○就	3.10/39/14
五肆則○人	2.0/17/13	皆加○等	3.11/39/25
二肆則○人	2.0/17/13	則下其君之禮○等	3.11/39/26
每肆則○人	2.0/17/13	其士（○）〔壹〕命	3.11/39/27
每遂中大夫○人	2.0/17/28	其大夫（○）〔壹〕命	
每縣下大夫○人	2.0/17/28		3.11/39/28
每鄙上士○人	2.0/17/28	○變而致羽物及川澤之	
每酇中士○人	2.0/17/28	示	3.21/41/18
每里下士○人	2.0/17/29	○曰《玉兆》	3.41/44/9
五家則○人	2.0/17/29	○曰《連山》	3.41/44/10
○曰山林	2.1/20/4		3.46/45/1
○曰以祀禮教敬	2.1/20/8	○曰《致夢》	3.41/44/11
十有○曰以賢制爵	2.1/20/11	○曰征	3.41/44/12
其食者參之○	2.1/20/19	○曰方兆	3.42/44/18
	2.1/20/20	○曰巫更	3.46/45/2
其食者四之○	2.1/20/20	○曰正夢	3.47/45/6
	2.1/20/21	○曰褫	3.48/45/10
○易之地家二百晦	2.1/20/22	○曰順祝	3.49/45/14
○曰散利	2.1/20/23	○曰類	3.49/45/15
十有○曰索鬼神	2.1/20/25	○曰祠	3.49/45/16
○曰慈幼	2.1/20/25	○曰神號	3.49/45/17
○曰嫩宮室	2.1/20/26	○曰命祭	3.49/45/18
○曰稼穡	2.1/21/1	○曰稽首	3.49/45/19

○曰玉路	3.64/47/24
小國○軍	4.0/49/8
○軍則二府	4.0/49/10
皁○人	4.0/52/3
乘○人	4.0/52/11
良馬匹○人	4.0/52/11
駑馬麗○人	4.0/52/11
下地食者參之○	4.1/53/17
百步則○	4.1/53/26
又五十步爲○表	4.1/53/27
參之○食	4.6/54/24
○曰戎馬	4.7/54/27
孤卿大夫以三耦射○侯	
	4.18/56/11
○獲○容 4.18/56/11,4.18/56/12	
種馬○物	4.51/60/13
戎馬○物	4.51/60/13
齊馬○物	4.51/60/13
道馬○物	4.51/60/13
田馬○物	4.51/60/13
駑馬○物	4.51/60/14
乘馬○師四圉	4.51/60/14
皁○趣馬	4.51/60/14
繫○馭夫	4.51/60/15
廄○僕夫	4.51/60/15
麗馬○圉	4.51/60/15
八麗○師	4.51/60/16
八師○趣馬	4.51/60/16
八趣馬○馭夫	4.51/60/16
特居四之○	4.51/60/17
其民○男二女	4.58/61/13
其民○男三女	4.58/61/21
下士（二）〔○〕人	5.0/65/29
每翟上士○人	5.0/66/16
中士○人	5.0/66/30
○曰刑新國用輕典	5.1/67/1
○曰野刑	5.1/67/2
○曰詢國危	5.2/67/18
○曰辭聽	5.2/67/22
○曰議親之辟	5.2/67/23
○曰訊群臣	5.2/67/24
○曰宮禁	5.3/68/1
○曰誓	5.3/68/3
○曰邦汋	5.3/68/3
下罪○年而舍	5.18/70/21
十有○歲達瑞節	5.52/74/16
及其萬民之利害爲○書	

詔相國客之禮○而正其		○佐王均邦國	1.0/1/4	○馭其罪	1.1/5/19
位	5.57/76/2	○佐王治邦國	1.1/5/9	○馭其過	1.1/5/19
		○經邦國	1.1/5/9	○八統詔王馭萬民	1.1/5/19
遺 yí	4	○治官府	1.1/5/9	○九職任萬民	1.1/5/20
		○紀萬民	1.1/5/9	○九賦斂財賄	1.1/5/23
○人	2.0/16/22	○安邦國	1.1/5/10,1.2/6/24	○九式均節財用	1.1/5/25
○人掌邦之委積	2.19/25/1	○教官府	1.1/5/10	○九貢致邦國之用	1.1/5/27
其○衣服藏焉	3.14/40/14	○擾萬民	1.1/5/10	○九兩繫邦國之（名）	
三宥曰○忘	5.12/69/28	○和邦國	1.1/5/10	〔民〕	1.1/5/28
			1.2/6/24,3.21/41/14	○地得民	1.1/6/1
彝 yí	15	○統百官	1.1/5/10	○貴得民	1.1/6/1
		○諧萬民	1.1/5/11,1.2/6/24	○賢得民	1.1/6/1
以畫布巾冪六○	1.29/11/11		3.1/37/8,3.21/41/14	○道得民	1.1/6/2
司尊○	3.0/32/31	○平邦國	1.1/5/11,1.2/6/23	○族得民	1.1/6/2
辨六○之名物	3.2/37/19	○正百官	1.1/5/11	○利得民	1.1/6/2
以實○而陳之	3.4/38/13	○均萬民	1.1/5/11,1.2/6/23	○治得民	1.1/6/2
司尊○掌六尊、六○之		○詰邦國	1.1/5/11,1.2/6/25	○任得民	1.1/6/2
位	3.7/38/24	○刑百官	1.1/5/11	○富得民	1.1/6/3
祼用雞○、鳥○	3.7/38/24	○糾萬民	1.1/5/12,1.2/6/25	○典待邦國之治	1.1/6/6
祼用斝○、黃○	3.7/38/26	○富邦國	1.1/5/12,1.2/6/26	○則待都鄙之治	1.1/6/6
祼用虎○、蜼○	3.7/38/27	○任百官	1.1/5/12	○法待官府之治	1.1/6/7
凡六○六尊之酌	3.7/38/28	○生萬民	1.1/5/12	○官成待萬民之治	1.1/6/7
存奠○	3.7/38/29	○八法治官府	1.1/5/12	○禮待賓客之治	1.1/6/7
書於宗○	5.13/70/1	○舉邦治	1.1/5/13	○治王宮之政令	1.2/6/15
		○辨邦治	1.1/5/13	○逆邦國、都鄙、官府	
已 yǐ	13	○會官治	1.1/5/13	之治	1.2/6/16
		○聽官治	1.1/5/13	○均財節邦用	1.2/6/16
輪○崇	6.0/78/15	○經邦治	1.1/5/14	○官府之六敘正群吏	1.2/6/17
輪○庳	6.0/78/15	○正邦治	1.1/5/14	一曰○敘正其位	1.2/6/17
蓋○崇則難爲門也	6.1/79/13	○糾邦治	1.1/5/14	二曰○敘進其治	1.2/6/17
蓋○（車）〔卑〕是蔽		○弊邦治	1.1/5/14	三曰○敘作其事	1.2/6/17
目也	6.1/79/13	○八則治都鄙	1.1/5/15	四曰○敘制其食	1.2/6/17
○倨則不入	6.5/80/15	○馭其神	1.1/5/15	五曰○敘受其會	1.2/6/18
○句則不決	6.5/80/15	○馭其官	1.1/5/15	六曰○敘聽其情	1.2/6/18
鍾○厚則石	6.7/80/28	○馭其吏	1.1/5/15	○官府之六屬舉邦治	1.2/6/18
○薄則播	6.7/80/28	○馭其士	1.1/5/16	○官府之六職辨邦治	1.2/6/23
○敝則橈	6.10/81/11	○馭其用	1.1/5/16	○節財用	1.2/6/23
○上則摩其旁	6.22/83/4	○馭其民	1.1/5/16	○寧萬民	1.2/6/24
○下則摩其崑	6.22/83/4	○馭其威	1.1/5/16	○懷賓客	1.2/6/24
弗能用也而無○	6.27/84/9	○馭其眾	1.1/5/17	○事鬼神	1.2/6/24,3.1/37/8
宛之無○	6.30/86/14	○八柄詔王馭群臣	1.1/5/17	○服邦國	1.2/6/25
		○馭其貴	1.1/5/17	○正萬民	1.2/6/25
以 yǐ	1345	○馭其富	1.1/5/17	○聚百物	1.2/6/25
		○馭其幸	1.1/5/18	○除盜賊	1.2/6/25
○爲民極	1.0/1/3	○馭其行	1.1/5/18	○養萬民	1.2/6/26
	2.0/15/23,3.0/32/17	○馭其福	1.1/5/18	○生百物	1.2/6/26
	4.0/49/1,5.0/63/5	○馭其貧	1.1/5/18	○官府之六聯合邦治	1.2/6/26

○官府之八成經邦治	1.2/6/28	○樂徹于造	1.6/8/3	○實八尊	1.21/10/7
一曰聽政役○比居	1.2/6/28	○摯見者亦如之	1.6/8/7	皆有法○行之	1.21/10/10
二曰聽師田○簡稽	1.2/6/28	○共王之膳與其薦羞之		○書契授之	1.21/10/10
三曰聽閭里○版圖	1.2/6/29	物及后、世子之膳羞	1.7/8/9	○酒式誅賞	1.21/10/11
四曰聽稱責○傅別	1.2/6/29	○法授之	1.7/8/10	○役世婦	1.22/10/14
五曰聽祿位○禮命	1.2/6/29	○牲體實之	1.8/8/15	共酒○往	1.22/10/15
六曰聽取予○書契	1.2/6/29	選百羞、醬物、珍物○		○五齊、七醢、七菹、	
七曰聽賣買○質劑	1.2/6/30	俟饋	1.8/8/15	三臡實之	1.26/11/2
八曰聽出入○要會	1.2/6/30	○待共膳	1.8/8/18	○共祭祀之齊菹	1.27/11/4
○聽官府之六計	1.2/6/30	亨人掌共鼎鑊○給水火		○共百事之鹽	1.28/11/8
○法掌祭祀、朝覲、會		之齊	1.10/8/25	饗鹽○待戒令	1.28/11/9
同、賓客之戒具	1.2/7/1	○時入之	1.11/8/28	○疏布巾冪八尊	1.29/11/11
則○官府之敘受群吏之要	1.2/7/4	2.56/30/12,2.66/31/11		○畫布巾冪六彝	1.29/11/11
徇○木鐸	1.2/7/5	○共齎盛	1.11/8/28	○待張事	1.33/11/22
○宮刑憲禁于王宮	1.2/7/6	帥其徒○薪蒸役外內饔		○受其貨賄之入	1.34/11/28
○聽王命	1.2/7/7	之事	1.11/8/29	○式法授之	1.34/11/29
2.1/21/12,4.67/62/24		廞人掌○時廞爲梁	1.13/9/4	關市之賦○待王之膳服	
○正王及三公、六卿、		○共王膳羞	1.13/9/4		1.34/11/29
大夫、群吏之位	1.3/7/9	○時獻魚鱉龜蜃	1.14/9/7	邦中之賦○待賓客	1.34/11/30
○待賓客之令	1.3/7/10	○授醢人	1.14/9/8	四郊之賦○待稍秣	1.34/11/30
掌官法○治要	1.3/7/11	聚毒藥○共醫事	1.16/9/13	家削之賦○待匪頒	1.34/11/30
掌官成○治凡	1.3/7/11	則稽其醫事○制其食	1.16/9/14	邦甸之賦○待工事	1.34/11/30
掌官法○治目	1.3/7/11	調○滑甘	1.17/9/18	邦縣之賦○待幣帛	1.34/11/31
掌官常○治數	1.3/7/11	○五味、五穀、五藥養		邦都之賦○待祭祀	1.34/11/31
掌官契○治藏	1.3/7/12	其病	1.18/9/23	山澤之賦○待喪紀	1.34/11/31
掌官書○贊治	1.3/7/12	○五氣、五聲、五色眡		幣餘之賦○待賜予	1.34/11/31
掌官敘○治敘	1.3/7/12	其死生	1.18/9/23	凡邦國之貢○待弔用	1.34/11/32
掌官令○徵令	1.3/7/13	兩之○九竅之變	1.18/9/24	凡萬民之貢○充府庫	1.34/11/32
掌治法○考百官府、群		參之○九藏之動	1.18/9/24	凡式貢之餘財○共玩好	
都縣鄙之治	1.3/7/13	則各書其所○	1.18/9/24	之用	1.34/11/32
○官刑詔冢宰而誅之	1.3/7/14	○五毒攻之	1.19/9/27	則○貨賄之入出會之	1.34/12/1
○式法掌祭祀之戒具與		○五氣養之	1.19/9/27	○待邦之大用	1.36/12/8
其薦羞	1.3/7/14	○五藥療之	1.19/9/28	○共百物	1.37/12/12
○牢禮之法	1.3/7/16	○五味節之	1.19/9/28	○逆邦國都鄙官府之治	
而○攷其治	1.3/7/19	○酸養骨	1.19/9/28		1.38/12/16
治不○時舉者	1.3/7/19	○辛養筋	1.19/9/28	○九貢之法致邦國之財	
○告而誅之	1.3/7/19	○鹹養脈	1.19/9/28	用	1.38/12/16
5.28/71/22,5.29/71/24		○苦養氣	1.19/9/28	○九賦之法令田野之財	
則○法誓戒群吏	1.3/7/20	○甘養肉	1.19/9/29	用	1.38/12/17
而○告于上	1.3/7/20	○滑養竅	1.19/9/29	○九功之法令民職之財	
○時比宮中之官府次舍		灌而行之○節之	1.20/9/31	用	1.38/12/17
之眾寡	1.4/7/22	○動其氣	1.20/9/31	○九式之法均節邦之財	
爲之版○待	1.4/7/22	○發其惡	1.20/10/1	用	1.38/12/17
春秋○木鐸脩火禁	1.4/7/25	○進退之	1.20/10/2	○逆群吏之治	1.38/12/18
○時頒其衣裘	1.5/7/29	○式法授酒材	1.21/10/4	○參互攷日成	1.38/12/19
○養王及后、世子	1.6/8/1	○共王之四飲三酒之饌	1.21/10/6	○月要攷月成	1.38/12/19
○樂侑食	1.6/8/3	○法共五齊三酒	1.21/10/7	○歲會攷歲成	1.38/12/19

○周知四國之治	1.38/12/19	○歲時獻功事	1.52/14/16	之名物	2.1/20/12
○詔王及冢宰廢置	1.38/12/19	掌○時招、梗、襘、禳		○相民宅	2.1/20/13
○周知入出百物	1.39/12/22	之事	1.53/14/19	○阜人民	2.1/20/13
○敍其財	1.39/12/23	○除疾殃	1.53/14/19	○蕃鳥獸	2.1/20/13
○知民之財〔用〕器械		○詔后治內政	1.54/14/21	○毓草木	2.1/20/13
之數	1.39/12/24	○禮從	1.54/14/22	○任土事	2.1/20/13
○知田野夫家六畜之數		○授嬪婦及內人女功之		○教稼穡樹藝	2.1/20/14
	1.39/12/24	事賚	1.55/14/24	○土均之法辨五物九等	2.1/20/14
○知山林川澤之數	1.39/12/24	○共王及后之用	1.55/14/25	○作民職	2.1/20/14
○逆群吏之徵令	1.39/12/25	○其買楬之	1.56/14/27	○令地貢	2.1/20/15
○貳官府都鄙之財入之		○待興功之時	1.56/14/27	○斂財賦	2.1/20/15
數	1.40/12/28	皆○物授之	1.56/14/28	○均齊天下之政	2.1/20/15
○逆邦國之賦用	1.40/12/28	○待有司之政令	1.56/14/29	○土圭之法測土深	2.1/20/15
○逆職歲與官府財用之			2.46/29/9	正日景○求地中	2.1/20/15
出	1.40/12/29	則各○其物會之	1.56/14/30	○土圭土其地而制其域	2.1/20/18
而敍其財○待邦之移用			1.57/15/2	其室數制之	2.1/20/21
	1.40/12/29	○待時頒功而授齎	1.57/15/1	○爲地法	2.1/20/23
○貳官府都鄙之財出賜		○其買楬而藏之	1.57/15/1	○荒政十有二聚萬民	2.1/20/23
之數	1.41/13/1	○待時頒	1.57/15/2	○保息六養萬民	2.1/20/25
○待會計而攷之	1.41/13/1	○役女御	1.59/15/8	○本俗六安萬民	2.1/20/26
○敍與職幣授之	1.41/13/2	○縫王及后之衣服	1.59/15/8	使之各○教其所治民	2.1/20/28
○式法贊逆會	1.41/13/2	○待祭祀、賓客	1.61/15/13	使○登萬民	2.1/21/1
職幣掌式法○斂官府都			3.2/37/19	○鄉三物教萬民而賓興	
鄙與凡用邦財者之幣	1.42/13/4	○宜服之	1.62/15/17	之	2.1/21/3
○書楬之	1.42/13/5	夏采掌大喪○冕服復于		○鄉八刑糾萬民	2.1/21/4
○詔上之小用賜予	1.42/13/5	大祖	1.63/15/19	○五禮防萬民之僞而教	
○式法贊之	1.42/13/5	○乘車建綏復于四郊	1.63/15/19	之中	2.1/21/6
○共王祀天之服	1.43/13/7	○佐王安擾邦國	2.0/15/24	○六樂防萬民之情而教	
○待頒賜	1.43/13/7		2.1/20/1	之和	2.1/21/6
遂○式法頒皮革于百工		○天下土地之圖	2.1/20/1	○旗致萬民	2.1/21/9
	1.44/13/12	各○其野之所宜木	2.1/20/3	○稽國中及四郊都鄙之	
○待邦事 1.44/13/12,2.67/31/13		遂○名其社與其野	2.1/20/3	夫家（九比）〔人民〕	
○治王內之政令	1.45/13/15	○土會之法辨五地之物		之數	2.2/21/14
分其人民○居之	1.45/13/15	生	2.1/20/4	○辨其貴賤、老幼、	
○陰禮教六宮	1.45/13/15	一曰○祀禮教敬	2.1/20/8	（廢）〔癈〕疾	2.2/21/15
○陰禮教九嬪	1.45/13/16	二曰○陽禮教讓	2.1/20/8	○歲時入其數	2.2/21/16
○婦職之法教九御	1.45/13/16	三曰○陰禮教親	2.1/20/9	○施政教	2.2/21/17
使各有屬○作（二）		四曰○樂（禮）教和	2.1/20/9	○起軍旅 2.2/21/18,6.19/82/25	
〔三〕事	1.45/13/16	五曰○儀辨等	2.1/20/9	○作田役	2.2/21/18
祭之○陰禮	1.45/13/20	六曰○俗教安	2.1/20/10	○比追胥	2.2/21/19
○爲祭服	1.45/13/20	七曰○刑教中	2.1/20/10	○令貢賦 2.2/21/19,2.40/28/11	
○時啟閉	1.47/13/30	八曰○誓教恤	2.1/20/10	乃均土地○稽其人民而	
執褻器○從遺車	1.49/14/8	九曰○度教節	2.1/20/11	周知其數	2.2/21/19
○教九御婦德、婦言、		十曰○世事教能	2.1/20/11	○其餘爲羨	2.2/21/21
婦容、婦功	1.50/14/10	十有一曰○賢制爵	2.1/20/11	○任地事而令貢賦	2.2/21/23
各帥其屬而○時御敍于		十有二曰○庸制祿	2.1/20/12	○地比正之	2.2/21/26
王所	1.50/14/10	○土宜之法辨十有二土		○圖正之	2.2/21/27

徇○木鐸曰	2.2/21/28	○正田役	2.11/23/25
脩法糾職○待邦治	2.2/21/28	○雷鼓鼓神祀	2.11/23/26
○待政令	2.2/21/30,2.4/22/24	○靈鼓鼓社祭	2.11/23/26
○國比之法	2.3/22/1	○路鼓鼓鬼享	2.11/23/26
○時稽其夫家衆寡	2.3/22/1	○鼖鼓鼓軍事	2.11/23/26
○攷司空之辟	2.3/22/3	○鼛鼓鼓役事	2.11/23/26
○逆其役事	2.3/22/3	○晉鼓鼓金奏	2.11/23/26
執纛○與匠師御匶而治		○金錞和鼓	2.11/23/27
役	2.3/22/5	○金鐲節鼓	2.11/23/27
執斧○涖匠師	2.3/22/6	○金鐃止鼓	2.11/23/27
○司徒之大旗致衆庶	2.3/22/7	○金鐸通鼓	2.11/23/27
而陳之○旗物	2.3/22/7	○共祭祀之牲牷	2.13/24/3
○木鐸徇於市朝	2.3/22/8	各○其方之色牲毛之	2.13/24/4
○歲時巡國及野	2.3/22/9	○授充人繫之	2.13/24/5
○王命施惠	2.3/22/9	牛人掌養國之公牛○待	
○詔廢置	2.3/22/10,2.23/25/23	國之政令	2.14/24/7
○詔誅賞	2.3/22/11	○授職人而芻之	2.14/24/7
使各○教其所治	2.4/22/14	○載公任器	2.14/24/9
○攷其德行	2.4/22/14	○待事	2.14/24/10
○歲時登其夫家之衆寡	2.4/22/14	○物地事	2.16/24/15
國中自七尺○及六十	2.4/22/15	○廛里任國中之地	2.16/24/15
野自六尺○及六十有五	2.4/22/15	○場圃任園地	2.16/24/15
○歲時入其書	2.4/22/16	○宅田、士田、賈田任	
○禮禮賓之	2.4/22/19	近郊之地	2.16/24/16
退而○鄉射之禮五物詢		○官田、牛田、賞田、	
衆庶	2.4/22/20	牧田任遠郊之地	2.16/24/16
○退	2.4/22/22	○公邑之田任甸地	2.16/24/16
○旌節輔令	2.4/22/24	○家邑之田任稍地	2.16/24/17
○攷其德行道藝而勸之	2.5/22/26	○小都之田任縣地	2.16/24/17
○糾其過惡而戒之	2.5/22/27	○大都之田任畺地	2.16/24/17
若○歲時祭祀州社	2.5/22/27	○時徵其賦	2.16/24/20
○禮會民而射于州序	2.5/22/28		2.17/24/22
○贊鄉大夫廢興	2.5/22/30	○任其力	2.17/24/22
○糾戒之	2.6/23/1	○待其政令	2.17/24/22
則○禮屬民而飲酒于序	2.6/23/2	任農○耕事	2.17/24/23
○正齒位	2.6/23/2	任圃○樹事	2.17/24/23
則○其法治其政事	2.6/23/4	任工○飭材事	2.17/24/23
○歲時涖校比	2.6/23/5	任商○市事	2.17/24/23
○邦比之法	2.7/23/8	任牧○畜事	2.17/24/24
○時屬民而校	2.7/23/8	任嬪○女事	2.17/24/24
○受邦職	2.7/23/10	任衡○山事	2.17/24/24
○役國事	2.7/23/10	任虞○澤事	2.17/24/24
○相葬埋	2.7/23/10	則○攷群吏而○詔廢置	
○鼓鐸旗物帥而至	2.7/23/11		2.18/24/29
○歲時各數其閭之衆寡	2.8/23/14	○作其衆庶及馬牛車輦	
○節聲樂	2.11/23/25		2.18/24/30
○和軍旅	2.11/23/25	○帥而至	2.18/24/30
○歲時徵野之賦貢	2.18/24/31		
○待施惠	2.19/25/1		
○恤民之艱阨	2.19/25/1		
○養老孤	2.19/25/1		
○待賓客	2.19/25/2,5.59/76/30		
○待羈旅	2.19/25/2		
○待凶荒	2.19/25/2		
○時頒之	2.19/25/4		
○歲上下	2.20/25/7		
師氏掌○媺詔王	2.21/25/11		
○三德教國子	2.21/25/11		
○爲道本	2.21/25/11		
○爲行本	2.21/25/11		
○知逆惡	2.21/25/12		
○親父母	2.21/25/12		
○尊賢良	2.21/25/12		
○事師長	2.21/25/13		
○教國子弟	2.21/25/13		
各○其兵服守王之門外			
	2.21/25/15		
而養國子○道	2.22/25/17		
○時書其德行道藝	2.23/25/22		
○攷鄉里之治	2.23/25/23		
○行赦宥	2.23/25/23		
○禮防禁而救之	2.24/25/25		
則○節巡國中及郊野	2.24/25/27		
而○王命施惠	2.24/25/27		
○民成之	2.25/25/29		
則與之瑞節而○執之	2.25/25/31		
自成名○上	2.26/26/4		
○次敘分地而經市	2.27/26/9		
○陳肆(辨)〔辨〕物			
而平市	2.27/26/9		
○政令禁物靡而均市	2.27/26/10		
○商賈阜貨而行布	2.27/26/10		
○量度成賈而徵價	2.27/26/10		
○質劑結信而止訟	2.27/26/10		
○賈民禁僞而除詐	2.27/26/11		
○刑罰禁虣而去盜	2.27/26/11		
○泉府同貨而斂賒	2.27/26/11		
上旌于思次○令市	2.27/26/13		
○璽節出入之	2.27/26/16		
大市○質	2.28/26/22		
小市○劑	2.28/26/22		
○屬遊飲食于市者	2.32/27/5		
○徇	2.33/27/8		
泉府掌○市之征布斂市			

○䰡辜祭四方百物	3.1/36/25	○佐大宗伯	3.3/38/1	○昭穆爲左右	3.18/40/28
○肆獻祼享先王	3.1/36/26	○歲時序其祭祀及其祈		凡諸侯居左右○前	3.18/40/29
○饋食享先王	3.1/36/26	珥	3.3/38/2	各○其族	3.18/40/29
○祠春享先王	3.1/36/26	大㳅○邑	3.3/38/6	○爵等爲丘封之度與其	
○禴夏享先王	3.1/36/26	○佐宗伯	3.3/38/10	樹數	3.18/40/30
○嘗秋享先王	3.1/36/26	○實彝而陳之	3.4/38/13	○度爲丘隧	3.18/40/30
○烝冬享先王	3.1/36/27	○贊祼事	3.4/38/14	執斧○涖	3.18/40/31
○凶禮哀邦國之憂	3.1/36/27	夜嘑旦○嘂百官	3.6/38/21	居其中之室○守之	3.19/41/4
○喪禮哀死亡	3.1/36/27	○詔王察群吏之治	3.9/39/8	○國之喪禮涖其禁令	3.20/41/6
○荒禮哀凶札	3.1/36/27	陳玉○貞來歲之媺惡	3.9/39/9	凡國有司○王命有事焉	3.20/41/6
○弔禮哀禍災	3.1/36/27	○朝日	3.10/39/13	○治建國之學政	3.21/41/10
○襘禮哀圍敗	3.1/36/27	○朝覲宗遇會同于王	3.10/39/14	死則○爲樂祖	3.21/41/11
○恤禮哀寇亂	3.1/36/28	○覜聘	3.10/39/15,6.19/82/25	○樂德教國子中、和、	
○賓禮親邦國	3.1/36/28	四圭有邸○祀天、旅上		祗、庸、孝、友	3.21/41/11
○軍禮同邦國	3.1/36/29	帝	3.10/39/15	○樂語教國子興、道、	
○嘉禮親萬民	3.1/36/30	兩圭有邸○祀地、旅四		諷、誦、言、語	3.21/41/11
○飲食之禮	3.1/36/31	望	3.10/39/15	○樂舞教國子舞《雲門》	
○昏冠之禮	3.1/36/31	祼圭有瓚○肆先王	3.10/39/15	、《大卷》、《大咸》	
○賓射之禮	3.1/36/31	○祼賓客	3.10/39/16	、《大磬》、《大夏》	
○饗燕之禮	3.1/37/1	圭璧○祀日月星辰	3.10/39/16	、《大濩》、《大武》	
○脤膰之禮	3.1/37/1	璋邸射○祀山川	3.10/39/16		3.21/41/12
○賀慶之禮	3.1/37/1	○造贈賓客	3.10/39/16	○六律、六同、五聲、	
○九儀之命	3.1/37/2	土圭○致四時日月	3.10/39/16	八音、六舞、大合樂	
○玉作六瑞	3.1/37/3	封國則○土地	3.10/39/17		3.21/41/13
○等邦國	3.1/37/3	珍圭○徵守	3.10/39/17	○致鬼神示	3.21/41/14
○禽作六摯	3.1/37/4	○恤凶荒	3.10/39/17	○安賓客	3.21/41/14
○等諸臣	3.1/37/4	牙璋○起軍旅	3.10/39/17	○說遠人	3.21/41/14
○玉作六器	3.1/37/5	○治兵守	3.10/39/17,6.19/82/25	○作動物	3.21/41/14
○禮天地四方	3.1/37/5	璧羨○起度	3.10/39/17	○祭	3.21/41/15
○蒼璧禮天	3.1/37/6	疏璧琮○斂尸	3.10/39/18	○享	3.21/41/15
○黃琮禮地	3.1/37/6	穀圭○和難	3.10/39/18	○祀	3.21/41/15,3.64/47/25
○青圭禮東方	3.1/37/6	○聘女	3.10/39/18	○祀天神	3.21/41/15
○赤璋禮南方	3.1/37/6	琬圭○治德	3.10/39/18	○祭地示	3.21/41/16
○白琥禮西方	3.1/37/6	○結好	3.10/39/18	○祀四望	3.21/41/16
○玄璜禮北方	3.1/37/6	琰圭○易行	3.10/39/19	○祭山川	3.21/41/17
○天產作陰德	3.1/37/7	○除慝	3.10/39/19,6.19/82/21	○享先妣	3.21/41/17
○中禮防之	3.1/37/7	皆○九爲節	3.11/39/23	○享先祖	3.21/41/18
○地產作陽德	3.1/37/7	皆○七爲節	3.11/39/23	文之○五聲	3.21/41/18
○和樂防之	3.1/37/7	皆○五爲節	3.11/39/24	播之○八音	3.21/41/18
○禮樂合天地之化、百		則○皮帛繼子男	3.11/39/26	遂○聲展之	3.21/41/27
物之產	3.1/37/8	○皮帛眂小國之君	3.11/39/27	詔諸侯○弓矢舞	3.21/41/29
○致百物	3.1/37/8	其凶服加○大功小功	3.12/40/7	○教國子小舞	3.22/42/3
○辨親疏	3.2/37/17	若○時祭祀	3.13/40/11	行○《肆夏》	3.22/42/4
○待果將	3.2/37/19	則各○其服授尸	3.14/40/14		4.45/59/28
則奉玉帛○詔號	3.2/37/20	及○樂徹	3.16/40/21	趨○《采薺》	3.22/42/4
○時將瓚果	3.2/37/21	及○樂徹亦如之	3.17/40/24		4.45/59/29
大肆○秬鬯涖	3.2/37/25	王后○樂羞齍	3.17/40/24	環拜○鍾鼓爲節	3.22/42/4

王○《騶虞》爲節	3.22/42/5	則繫幣○比其命	3.45/44/30	同姓○封	3.64/47/26

王○《騶虞》爲節	3.22/42/5	則繫幣○比其命	3.45/44/30	同姓○封	3.64/47/26
諸侯○《貍首》爲節	3.22/42/5	○辨九簭之名	3.46/45/1	○朝	3.64/47/26
大夫○《采蘋》爲節	3.22/42/5	○辨吉凶	3.46/45/3	異姓○封	3.64/47/26
士○《采蘩》爲節	3.22/42/5	○日、月、星、辰占六		○即戎	3.64/47/27
帥射夫○弓矢舞	3.22/42/8	夢之吉凶	3.47/45/6	○封四衛	3.64/47/27
○待致諸子	3.23/42/11	○贈惡夢	3.47/45/8	○田	3.64/47/27
○六樂之會正舞位	3.23/42/11	○觀妖祥 3.48/45/10,3.60/47/9		○封蕃國	3.64/47/27
○序出入舞者	3.23/42/12	○事鬼神示	3.49/45/14	鳴鈴○應雞人	3.64/48/4
○鼓徵學士	3.23/42/12	○同鬼神示	3.49/45/15	○路從	3.65/48/7
○合陰陽之聲	3.25/42/18	○通上下親疏遠近	3.49/45/16	各○其萃	3.66/48/10
皆文之○五聲	3.25/42/19	○享右祭祀	3.49/45/20	○待國事	3.67/48/12
皆播之○八音	3.25/42/20	○肆邑涗尸	3.49/45/22	凡○神仕者	3.70/48/26
○六德爲之本	3.25/42/21	○祈福祥	3.50/45/28	○猶鬼神示之居	3.70/48/26
○六律爲之音	3.25/42/21	○祭祀禱祠焉	3.51/46/5	○冬日至致天神人鬼	3.70/48/26
執同律○聽軍聲	3.25/42/22	○敍國之信用	3.53/46/11	○夏日至致地示物魅	3.70/48/27
○役大師	3.27/42/30	○質邦國之劑信	3.53/46/12	○襘國之凶荒、民之札	
典同掌六律六同之和、		旁招○茅	3.55/46/17	喪	3.70/48/27
○辨天地四方陰陽之		○除疾病	3.55/46/17	○佐王平邦國 4.0/49/2,4.1/53/7	
聲	3.29/43/4	○逆邦國之治	3.57/46/23	○正於公司馬	4.0/53/5
○爲樂器	3.29/43/4	掌法○逆官府之治	3.57/46/23	制畿封國○正邦國	4.1/53/7
○十有二律爲之數度	3.29/43/6	掌則○逆都鄙之治	3.57/46/23	設儀辨位○等邦國	4.1/53/7
○十有二聲爲之齊量	3.29/43/6	○貳六官	3.57/46/24	進賢興功○作邦國	4.1/53/8
○鍾鼓奏《九夏》	3.31/43/10	正歲年○序事	3.57/46/25	建牧立監○維邦國	4.1/53/8
○教祴樂	3.32/43/16	執書○次位常	3.57/46/27	制軍詰禁○糾邦國	4.1/53/8
凡四方之○舞仕者屬焉		○書協禮事	3.57/46/28	施貢分職○任邦國	4.1/53/8
	3.35/43/24	執書○詔王	3.57/46/28	簡稽鄉民○用邦國	4.1/53/9
歙《豳詩》○逆暑	3.37/43/29	抱法○前	3.57/46/28	均守平則○安邦國	4.1/53/9
○樂田畯	3.37/43/30	執法○涖勸防	3.57/46/29	比小事大○和邦國	4.1/53/9
○息老物	3.37/43/30	史○書敍昭穆之俎簋	3.58/47/2	○九伐之法正邦國	4.1/53/9
○邦事作龜之八命	3.41/44/12	○會天位	3.59/47/6	乃○九畿之籍	4.1/53/13
○八命者贊《三兆》、		○（辨）〔辯〕四時之		○地與民制之	4.1/53/16
《三易》、《三夢》		敍	3.59/47/6	司馬○旗致民	4.1/53/17
之占	3.41/44/13	○志星辰日月之變動	3.60/47/8	○教坐作進退疾徐疏數	
○觀國家之吉凶	3.41/44/14	○觀天下之遷	3.60/47/8	之節	4.1/53/19
○詔救政 3.41/44/14,3.60/47/11		○星土辨九州之地	3.60/47/8	遂○蒐田	4.1/53/20
揚火○作龜	3.42/44/19	○十有二歲之相	3.60/47/9	獻禽○祭社	4.1/53/20
○授命龜者而詔相之	3.42/44/19	○五雲之物	3.60/47/9	帥○門名	4.1/53/21
各○其方之色與其體辨		○十有二風	3.60/47/10	縣鄙各○其名	4.1/53/21
之	3.43/44/22	○詔王治 3.61/47/13,4.23/56/29		家○號名	4.1/53/21
各○其物入于龜室	3.43/44/23	○攷政事	3.61/47/14	鄉○州名	4.1/53/22
則奉龜○往	3.43/44/23	○逆會計	3.61/47/14	野○邑名	4.1/53/22
○待卜事	3.44/44/26	受納訪○詔王聽治	3.61/47/15	○辨軍之夜事	4.1/53/22
○明火爇燋	3.44/44/26	○方出之	3.61/47/16	遂○苗田	4.1/53/22
○授卜師	3.44/44/26	若○書使于四方	3.62/47/18	車弊獻禽○享礿	4.1/53/23
○八簭占八頌	3.45/44/29	○贊（冢）〔家〕宰	3.63/47/21	遂○獮田	4.1/53/25
○八卦占簭之八故	3.45/44/29	○治其出入	3.64/47/24	羅弊致禽○祀祊	4.1/53/25
○眡吉凶	3.45/44/29	○賓	3.64/47/25	群吏○旗物鼓鐸鐲鐃	4.1/53/27

斬牲○左右徇陳	4.1/53/28	○矢行告	4.18/56/13	道僕掌馭象路○朝夕、	
	4.9/55/7	○旌居乏而待獲	4.19/56/18	燕出入	4.48/60/6
中軍○鼙令鼓	4.1/53/29	○弓矢敺烏鳶	4.20/56/21	田僕掌馭田路○田○鄙	4.49/60/8
	4.1/54/4	則○并夾取之	4.20/56/22	○聽馭夫	4.52/60/23
遂○狩田	4.1/54/2	獻鳩○養國老	4.21/56/24	○阜馬、佚特、教駣、	
○旌爲左右和之門	4.1/54/2	○治其政令	4.23/56/28	攻駒及祭馬祖、祭閑	
群吏各帥其車徒○敘和		○德詔爵	4.23/56/29	之先牧及執駒、散馬	
出	4.1/54/2	○功詔祿	4.23/56/29	耳、圉馬	4.55/61/1
旗居卒間○分地	4.1/54/3	○能詔事	4.23/56/29	馬八尺○上爲龍	4.55/61/2
入獻禽○享烝	4.1/54/6	○久莫食	4.23/56/30	七尺○上爲騋	4.55/61/2
○行禁令	4.1/54/6	大夫○其等旅摯	4.23/56/32	六尺○上爲馬	4.55/61/2
○救無辜	4.1/54/7	○軍法治之	4.24/57/9	○役圉師	4.57/61/7
○先愷樂獻于社	4.1/54/9	○攷其藝而進退之	4.24/57/11	○掌天下之地	4.58/61/9
○待攷而賞誅	4.1/54/10	虎賁氏掌先後王而趨○		封公○方五百里	4.58/61/27
○等其功	4.6/54/22	卒伍	4.26/57/16	○周知天下	4.58/61/29
○其物更	4.7/54/28	則奉書○使於四方	4.26/57/18	各○其所能	4.58/61/29
則○任齊其行	4.7/54/29	○索室敺疫	4.29/57/26	各○其所有	4.58/61/30
○分國爲九州	4.8/55/1	○戈擊四隅	4.29/57/27	○致日景	4.59/62/3
○救時疾	4.11/55/13	○待達窮者與遽令	4.30/57/30	○土地相宅	4.59/62/3
○通守政	4.12/55/17	祭僕掌受命于王○眡祭		○辨土宜土化之法	4.59/62/3
○贊其不足者	4.12/55/18	祀	4.32/58/8	達之○節	4.60/62/6
夜三鼜○號戒	4.12/55/18	○王命勞之	4.32/58/9	之可○封邑者	4.66/62/22
○周知其山林川澤之阻		○序守路鼓	4.33/58/13	○巡天下之邦國而語之	
	4.13/55/22	諸侯及孤卿大夫之冕、			4.68/62/26
○爲阻固	4.13/55/23	韋弁、皮弁、弁経、		○國法掌其政學	4.69/62/28
○其屬守之	4.13/55/23	各○其等爲之	4.35/58/20	○聽〔於〕國司馬	4.69/62/28
○設候人	4.15/55/28	○待軍事	4.37/58/25	○佐王刑邦國	5.0/63/6、5.1/67/1
挈壺氏掌挈壺○令軍井	4.17/56/3	從司馬之法○頒之	4.37/58/25	○五刑糾萬民	5.1/67/2
挈轡○令舍	4.17/56/3	王弓、弧弓○授射甲革		○圜土聚教罷民	5.1/67/3
挈畚○令糧	4.17/56/3	、椹質者	4.39/59/2	○明刑恥之	5.1/67/4
縣壺○序聚（樔）〔櫋〕		夾弓、庾弓○授射犴侯		○兩造禁民訟	5.1/67/5
	4.17/56/3	、鳥獸者	4.39/59/2	○兩劑禁民獄	5.1/67/6
縣壺○代哭者	4.17/56/4	唐弓、大弓○授學射者		○嘉石平罷民	5.1/67/6
皆○水火守之	4.17/56/4	、使者、勞者	4.39/59/3	○肺石（遠）〔達〕窮	
分○日夜	4.17/56/4	頒弓弩各○其物	4.39/59/8	民	5.1/67/9
則○火爨鼎水而沸之	4.17/56/4	○齎其工	4.41/59/14	○告於上	5.1/67/10
○射法治射儀	4.18/56/9	書其等○饗工	4.41/59/15	○邦典定之	5.1/67/13
王○六耦射三侯	4.18/56/9	○下上其食而誅賞	4.41/59/15	○邦法斷之	5.1/67/13
樂○《騶虞》	4.18/56/10	○待會而攷之	4.41/59/16	○邦成弊之	5.1/67/13
諸侯○四耦射二侯	4.18/56/10	則○玉敦辟盟	4.42/59/18	○致萬民而詢焉	5.2/67/18
樂○《貍首》	4.18/56/10	王下則○蓋從	4.44/59/25	小司寇擯○敘進而問焉	5.2/67/19
孤卿大夫○三耦射一侯		大馭掌馭（王）〔玉〕		○衆輔志而弊謀	5.2/67/20
	4.18/56/11	路○祀	4.45/59/27	○五刑聽萬民之獄訟	5.2/67/20
樂○《采蘋》	4.18/56/11	○鸞和爲節	4.45/59/29	○五聲聽獄訟	5.2/67/21
士○三耦射犴侯	4.18/56/11	齊僕掌馭金路○賓	4.47/60/3	○八辟麗邦法	5.2/67/22
樂○《采蘩》	4.18/56/12	其法儀各○其等爲車送		○三刺斷庶民獄訟之中	5.2/67/24
則○貍步張三侯	4.18/56/12	逆之節	4.47/60/3	○施上服下服之刑	5.2/67/25

則如其介之禮○待之 5.58/76/25
致禮○喪用 5.58/76/27
掌交掌○節與幣巡邦國
之諸侯及其萬民之所
聚者 5.60/77/4
○諭九稅之利 5.60/77/5
日朝○聽國事故 5.63/77/12
○告其君長 5.63/77/12
○飭五材 6.0/77/24,6.0/77/26
○辨民器 6.0/77/25,6.0/77/26
或通四方之珍異○資之 6.0/77/25
或飭力○長地財 6.0/77/25
或治絲麻○成之 6.0/77/25
通四方之珍異○資之 6.0/77/26
飭力○長地財 6.0/77/27
治絲麻○成之 6.0/77/27
爍金○爲刃 6.0/77/31
凝土○爲器 6.0/77/31
作車○行陸 6.0/77/31
作舟○行水 6.0/77/31
然後可○爲良 6.0/78/1
6.30/86/2
天有時○生 6.0/78/4
有時○殺 6.0/78/4
草木有時○生 6.0/78/5
有時○死 6.0/78/5
石有時○泐 6.0/78/5
水有時○凝 6.0/78/5
有時○澤 6.0/78/5
無○爲完久也 6.0/78/14
無○爲戚速也 6.0/78/15
登下○爲節 6.0/78/17
必○其時 6.1/78/19
○爲利轉也 6.1/78/19
○爲直指也 6.1/78/20
○爲固抱也 6.1/78/20
是故○火養其陰而齊諸
其陽 6.1/78/24
○其一爲之牙圍 6.1/78/26
6.29/85/15,6.29/85/16
○爲之轂長 6.1/78/26
○其長爲之圍 6.1/78/27
6.10/81/10
○其圍之防捎其藪 6.1/78/27
去一○爲賢 6.1/78/27
去三○爲軹 6.1/78/27
○置其輻 6.1/78/29

量其鑿深○爲輻廣 6.1/78/29
則是○大扤 6.1/78/29
故竑其輻廣○爲之弱 6.1/78/30
去一○爲骹圍 6.1/79/2
直○指牙 6.1/79/2
杼○行澤 6.1/79/4
則是刀○割塗也 6.1/79/4
侔○行山 6.1/79/4
則是（搏）〔摶〕○行
石也 6.1/79/4
是故規之○眡其圜也 6.1/79/6
萬之○眡其匡也 6.1/79/6
縣之○眡其輻之直也 6.1/79/6
水之○眡其平沈之均也 6.1/79/6
量其藪○黍 6.1/79/7
○眡其同也 6.1/79/7
權之○眡其輕重之侔也 6.1/79/7
信其程圍○爲部廣 6.1/79/9
去一○爲蚤圍 6.1/79/12
○其一爲之尊 6.1/79/12
去一○爲隧 6.2/79/16
○揉其式 6.2/79/17
○其廣之半爲之式崇 6.2/79/17
○其隧之半爲之較崇 6.2/79/17
○一爲之軫圍 6.2/79/18
去一○爲式圍 6.2/79/18
去一○爲較圍 6.2/79/18
去一○爲軹圍 6.2/79/19
去一○爲轛圍 6.2/79/19
一者○爲媺也 6.3/79/24
二者○爲久也 6.3/79/24
三者○爲利也 6.3/79/24
○其一爲之圍 6.3/79/25
6.3/79/26
○其一爲之軸圍 6.3/79/26
○其一爲之當兔之圍 6.3/79/27
去一○爲頸圍 6.3/79/27
去一○爲踵圍 6.3/79/27
猶能○登 6.3/79/30
○象地也 6.3/80/4
○象天也 6.3/80/4
○象日月也 6.3/80/5
○象星也 6.3/80/5
○象大火也 6.3/80/5
○象鶉火也 6.3/80/5
○象伐也 6.3/80/6
○象營室也 6.3/80/6

○象弧也 6.3/80/6
○其臘廣爲之莖圍 6.6/80/18
去一○爲首廣 6.6/80/19
去二○爲鉦 6.7/80/25
○其鉦爲之銑間 6.7/80/25
去二分○爲之鼓間 6.7/80/25
○其鼓間爲之舞脩 6.7/80/26
去二分○爲舞廣 6.7/80/26
○其鉦之長爲之甬長 6.7/80/26
○其甬長爲之圍 6.7/80/26
去一○爲衡圍 6.7/80/27
○設其旋 6.7/80/27
○其一爲之厚 6.7/80/29
6.7/80/29,6.22/83/4
○其一爲之深而圜之 6.7/80/30
量之○爲鬴 6.8/81/1
○觀四國 6.8/81/4
則是○博爲帴也 6.11/81/20
必○啓蟄之日 6.12/81/25
土○黃 6.15/82/3
火○圜 6.15/82/4
山○章 6.15/82/4
水○龍 6.15/82/4
雜四時五色之位○章之 6.15/82/4
○朱湛丹（林）〔秫〕
三月 6.16/82/7
○涚水漚其絲七日 6.18/82/12
○欄爲灰 6.18/82/13
淫之○蜃 6.18/82/13
○朝諸侯 6.19/82/18
○祀天 6.19/82/20
○致日 6.19/82/20
○土地 6.19/82/20
○祀廟 6.19/82/21
○象德 6.19/82/21
○易行 6.19/82/21
○爲度 6.19/82/22
○祀日月星辰 6.19/82/22
諸侯○享天子 6.19/82/22
天子○聘女 6.19/82/23
天子○巡守 6.19/82/24
宗祝○前馬 6.19/82/24
諸侯○聘女 6.19/82/24
宗后○爲權 6.19/82/26
天子○爲權 6.19/82/27
○祀地 6.19/82/27
○旅四望 6.19/82/27

諸侯○享夫人	6.19/82/28	九分其國○爲九分	6.28/84/26	**迆** yí		4
夫人○勞諸侯	6.19/82/28	門阿之制○爲都城之制				
○祀山川	6.19/82/29		6.28/84/27	欲其帤爾而下○也	6.1/78/21	
○致稍餼	6.19/82/29	宮隅之制○爲諸侯之城		欲其無○也	6.11/81/17	
去一○爲鼓博	6.22/83/3	制	6.28/84/28	卷而搏之而不○	6.11/81/20	
○其筍厚爲之羽深	6.23/83/7	環涂○爲諸侯經涂	6.28/84/28	菑栗不○	6.30/85/24	
水之○辨其陰陽	6.23/83/8	野涂○爲都經涂	6.28/84/28			
夾其陰陽○設其比	6.23/83/8	磬折○參伍	6.28/85/3	**迤** yí		1
夾其比○設其羽	6.23/83/8	必一日先深之○爲式	6.28/85/5			
參分其羽○設其刃	6.23/83/8	然後可○傅衆力	6.28/85/5	既建而○	6.0/78/11	
○眡其豐殺之節也	6.23/83/10	○至於首	6.29/85/11			
○眡其鴻殺之稱也	6.23/83/11	○弦其內	6.29/85/11	**倚** yǐ		1
脂者、膏者○爲牲	6.26/83/20	○其一爲之首	6.29/85/13			
贏者、羽者、鱗者○爲		○繫其鉤	6.29/85/18	大○小則摧	6.2/79/20	
筍虡	6.26/83/21	取六材必○其時	6.30/85/20			
○脰鳴者	6.26/83/22	○爲遠也	6.30/85/20	**弋** yì		4
○注鳴者	6.26/83/22	○爲疾也	6.30/85/21			
○旁鳴者	6.26/83/22	○爲深也	6.30/85/21	矰矢、茀矢用諸○射	4.39/59/5	
○翼鳴者	6.26/83/22	○爲和也	6.30/85/21	田○	4.39/59/8	
○股鳴者	6.26/83/22	○爲固也	6.30/85/21	繕人掌王之用弓、弩、		
○胸鳴者	6.26/83/22	○爲受霜露也	6.30/85/22	矢、䠶、矰、○、抉		
○爲雕琢	6.26/83/23	○爲弓	6.30/86/1	、拾	4.40/59/11	
若是者○爲鍾虡	6.26/83/24	長者○次需	6.30/86/9	利射侯與○	6.30/86/25	
若是者○爲磬虡	6.26/83/27	必因角幹之濕○爲之柔				
○爲筍	6.26/83/28		6.30/86/13	**亦** yì		154
獻○爵而酬○觚	6.26/84/1	亦弗可○爲良矣	6.30/86/14			
則春○功	6.26/84/4	上工○有餘	6.30/86/19	圉游○如之	1.0/4/7	
則王○息燕	6.26/84/5	下工○不足	6.30/86/19	祀大神示○如之	1.1/6/9	
○酒脯醢	6.26/84/5	寬緩○荼	6.30/86/22	享先王○如之　1.1/6/9,2.1/21/8		
又○害人	6.27/84/9	骨直○立	6.30/86/23	○如之　1.1/6/11,1.56/14/28		
○其一爲之被而圍之	6.27/84/13	忿埶○奔	6.30/86/23	1.61/15/14,2.5/22/27		
去一○爲晉圍	6.27/84/13	則莫能○速中	6.30/86/24	2.6/23/2,2.6/23/5,2.7/23/8		
	6.27/84/15	則莫能○愿中	6.30/86/24	2.15/24/12,2.31/27/3		
去一○爲首圍	6.27/84/14			2.72/31/28,3.2/37/26		
去一○爲刺圍	6.27/84/15	**矣** yǐ		9	3.3/38/8,3.6/38/22		
○眡其蜎也	6.27/84/15			3.21/42/1,3.22/42/9		
○眡其橈之均也	6.27/84/16	可得而禮○	3.21/41/22	3.28/43/2,3.37/43/29		
○眡其勁也	6.27/84/16		3.21/41/24	4.20/56/21,4.37/58/26		
水地○縣	6.28/84/19	則人鬼可得而禮○	3.21/41/26	4.37/58/26,4.46/60/1		
置槷○縣	6.28/84/19	亦弗之能憚○	6.23/83/9	5.1/67/15,5.20/70/29		
眡○景	6.28/84/19	必似鳴○	6.26/83/29	5.20/70/30		
○正朝夕	6.28/84/20	則必顈爾如委○	6.26/83/30	軍旅、田役、喪荒○如之 1.2/7/2		
室中度○几	6.28/84/24	其匪色必似不鳴○	6.26/84/1	其比○如之	1.4/7/23	
堂上度○筵	6.28/84/24	則一豆○	6.26/84/2	以摯見者○如之	1.6/8/7	
宮中度○尋	6.28/84/24	亦弗可以爲良○	6.30/86/14	其出入○如之	1.7/8/11	
野度○步	6.28/84/24			凡燕飲食○如之	1.8/8/17	
涂度○軌	6.28/84/25			凡賓客之飧饔、饗食之		

事○如之	1.9/8/21	其凶服○如之	3.12/40/7	家司馬○如之	4.70/63/1
饗士庶子○如之	1.9/8/22	大賓客之饗食○如之	3.15/40/18	家士○如之	5.0/66/32
賓客○如之	1.10/8/26	賓客之饗食○如之	3.16/40/21	納亨○如之	5.2/67/27
	1.27/11/4,4.23/57/3	哭諸侯○如之	3.16/40/22	后、世子之喪○如之	5.2/67/27
凡爲公酒者○如之	1.21/10/4		3.17/40/26	其喪○如之	5.4/68/17
賓客之陳酒○如之	1.22/10/15	及以樂徹○如之	3.17/40/24		5.5/68/23,5.6/68/30
凡酒漿之酒醴○如之	1.24/10/21	凡（工）〔王〕后之獻		野○如之	5.8/69/7
賓客、喪紀○如之	1.26/11/1	○如之	3.17/40/25	詛其不信者○如之	5.14/70/5
后及世子○如之	1.28/11/9	賓客之事○如之	3.17/40/25	饗諸侯○如之	5.15/70/11
四方之舍事○如之	1.30/11/14	車○如之	3.22/42/4	伏、瘞○如之	5.17/70/17
合諸侯○如之	1.33/11/23	大饗○如之	3.25/42/22	大師、大賓客○如之	5.31/72/2
瑤爵○如之	1.45/13/17		3.26/42/26,3.34/43/22	其將幣○如之	5.54/75/6
則○如之	1.46/13/27	凡和樂○如之	3.29/43/6	其禮○如之	5.54/75/6
	3.2/37/27,3.36/43/26	燕樂○如之	3.32/43/16	致館○如之	5.54/75/9
凡賓客○如之	1.47/14/1	饗食、賓射○如之	3.33/43/19	賓○如之	5.54/75/11
帥敘哭者○如之	1.50/14/11		3.39/44/3	其儀○如之	5.54/75/21
賜予○如之	1.57/15/2	守瘞○如之	3.33/43/20	○不背客	5.54/75/23
共喪衰○如之	1.58/15/6	燕○如之	3.38/44/1	及退○如之	5.59/76/32
造都邑之封域者○如之		賓饗○如之	3.40/44/6	送○如之	5.59/77/1
	2.10/23/21	旅○如之	3.43/44/23	○弗之濂也	6.1/79/1
田役○如之	2.11/23/28	喪○如之	3.43/44/24	大璋○如之	6.19/82/24
聽治○如之	2.21/25/14	右○如之	3.49/45/21	○弗之能憚矣	6.23/83/9
	2.22/25/20	小喪○如之	3.51/46/4	然則居旱○不動	6.30/86/12
鳥獸○如之	2.25/25/29	禫○如之	3.52/46/8	居濕○不動	6.30/86/12
凡得貨賄六畜者○如之		賞賜○如之	3.61/47/16	○弗可以爲良矣	6.30/86/14
	2.27/26/15	大喪、大賓客○如之	3.65/48/6		
四時之珍異○如之	2.31/27/2	會同○如之	3.66/48/10	**邑** yì	21
餘夫○如之	2.40/28/8		4.37/58/27		
	2.40/28/8,2.40/28/9	會同、賓客○如之	3.67/48/16	四井爲○	2.2/21/23
享○如之	2.70/31/20	及葬○如之	3.67/48/17	四○爲丘	2.2/21/23
饗食○如之	2.77/32/11	甸○如之	3.67/48/17	辨鄉○而治其政令刑禁	2.3/22/7
大喪○如之	3.1/37/11	祭○如之	3.69/48/23	造都○之封域者亦如之	
	4.26/57/17,5.1/67/15	造都邑○如之	4.8/55/1		2.10/23/21
	5.3/68/10	民○如之	4.11/55/14	以公○之田任甸地	2.16/24/16
王哭諸侯○如之	3.1/37/11	夜○如之	4.12/55/18	以家○之田任稍地	2.16/24/17
四望四類○如之	3.2/37/15	郊○如之	4.12/55/19	凡造都○	2.18/24/30
眡滌濯○如之	3.3/38/3	軍旅、會同○如之	4.26/57/16	令爲○者	2.42/28/24
歲時之祭祀○如之	3.3/38/10	其服○如之	4.28/57/23	凡爲○者	2.42/28/26
大旅○如之	3.7/38/29,3.28/43/2	入○如之	4.30/57/30	里宰掌比其○之衆寡與	
祀先王、昨席○如之	3.8/39/2	救日月○如之	4.30/57/32	其六畜、兵器	2.46/29/8
筵國賓于牖前○如之	3.8/39/4	空○如之	4.30/58/1	凡○中之政相贊	2.47/29/11
諸侯相見○如之	3.10/39/14	都家○如之	4.32/58/10	徙于他○	2.47/29/11
其國家、宮室、車旗、		授舞者兵○如之	4.38/58/29	而縣于其閭	2.75/32/5
衣服、禮儀○如之	3.11/39/25	弩四物○如之	4.41/59/14	乃頒祀于邦國都家鄉○	3.1/37/12
侯伯之卿大夫士○如之		簇○如之	4.41/59/15	掌勝國○之社稷之祝號	3.51/46/5
	3.11/39/28	廄馬○如之	4.57/61/7	野以○名	4.1/53/22
祀五帝○如之	3.12/40/1	王殷國○如之	4.58/62/1	造都○亦如之	4.8/55/1

共其○　1.32/11/20
設重○重案　1.33/11/23
　　　　　　1.33/11/23
王則張○三重　1.33/11/24
世子過市罰一○　2.27/26/19
使帥其屬以幄○先　2.41/28/20

益 yì　1

歲登下其損○之數　4.23/56/28

埶 yì　9

或審曲面○　6.0/77/24
審曲面○　6.0/77/26
凡天下之地○　6.28/85/2
凡溝必因水○　6.28/85/4
防必因地○　6.28/85/4
射遠者用○　6.30/85/23
柔故欲其○也　6.30/85/26
○之徵也　6.30/85/26
忿○以奔　6.30/86/23

異 yì　21

凡治市之貨賄、六畜、
　珍○　2.27/26/15
賈人掌成市之貨賄、人
　民、牛馬、兵器、珍
　○　2.28/26/22
凡珍○之有滯者　2.29/26/27
四時之珍○亦如之　2.31/27/2
而樹之果蓏珍○之物　2.70/31/19
親○姓之國　3.1/37/1
帥○族而佐　3.2/37/25
大傀○災　3.21/41/30
○姓以封　3.64/47/26
使致其珍○之物　4.64/62/18
　　　　　　　4.65/62/20
○其死刑之罪而要之　5.4/68/14
　　　　5.5/68/19,5.6/68/26
○其男女　5.10/69/20
以時獻其珍○皮革　5.40/72/28
每國辨○之　5.53/75/1
時揖○姓　5.54/75/5
或通四方之珍○以資　6.0/77/25
通四方之珍○以資之　6.0/77/26

則豈○於其獸　6.30/86/1

肆 yì　2

○儀爲位　3.2/37/27
（○）〔肆〕之三日　5.5/68/21

義 yì　4

會其什伍而教之道（○）
　〔藝〕　1.4/7/24
知、仁、聖、○、忠、
　和　2.1/21/3
凡殺人而○者　2.25/26/1
三曰○兆　3.42/44/18

意 yì　1

道王之德○志慮　5.60/77/4

瘞 yì　2

守○　3.54/46/15
伏、○亦如之　5.17/70/17

蓺 yì　2

以教稼穡樹○　2.1/20/14
二曰樹○　2.1/21/1

劓 yì　2

○罪五百　5.11/69/24
○者使守關　5.20/70/30

緦 yì　1

必○其牛　6.3/79/30

櫜 yì　1

○次之　6.30/85/22

翼 yì　1

以○鳴者　6.26/83/22

繶 yì　2

赤○、黃○　1.62/15/16

繹 yì　1

地龜曰○屬　3.43/44/21

藝 yì　12

會其什伍而教之道（義）
　〔○〕　1.4/7/24
十曰學○　2.1/21/2
三曰六○　2.1/21/4
察其道○　2.4/22/14
攷其德行道○　2.4/22/16
以攷其德行道○而勸之　2.5/22/26
屬民讀法而書其德行道
　○　2.6/23/5
乃教之六○　2.22/25/17
正其行而强之道○　2.23/25/22
以時書其德行道○　2.23/25/22
以其○爲之貴賤之等　3.0/36/21
以攷其○而進退之　4.24/57/11

議 yì　12

一曰○親之辟　5.2/67/23
二曰○故之辟　5.2/67/23
三曰○賢之辟　5.2/67/23
四曰○能之辟　5.2/67/23
五曰○功之辟　5.2/67/23
六曰○貴之辟　5.2/67/24
七曰○勤之辟　5.2/67/24
八曰○賓之辟　5.2/67/24
各麗其法以○獄訟　5.4/68/15
　　　　5.5/68/21,5.6/68/28
　　　　　　　　5.7/69/2

因 yīn　9

○此五物者民之常　2.1/20/8
各○其方　3.2/37/16
則○之　4.12/55/20
必○其朝大夫　5.63/77/13
唯大事弗○　5.63/77/13
凡溝必○水埶　6.28/85/4

以屬遊○食于市者	2.32/27/5	樊○九就 3.64/47/25,5.52/73/32	**饗 yōng**	19
共道路之穀積、食○之		樊○七就　3.64/47/26,5.52/74/3	內○	1.0/1/20
具	2.73/32/1	條○五就	3.64/47/26	外○	1.0/1/22
以○食之禮	3.1/36/31	前樊鵠○	3.64/47/27	內○掌王及后、世子膳	
與量人受舉墅之卒爵而		樊○五就	5.52/74/6	羞之割亨煎和之事	1.8/8/14
○之	3.4/38/15			則○人共之	1.8/8/18
與鬱人受墅歷而皆○之	4.8/55/3	**迎 yíng**	1	外○掌外祭祀之割亨	1.9/8/21
王燕○	4.30/58/1			凡賓客之飧○、饗食之	
乃○	4.45/59/28	中秋夜○寒	3.37/43/29	事亦如之	1.9/8/21
而齊其○食	4.52/60/23			職外內○之爨亨（煮）	1.10/8/25
治其委積、館舍、○食	4.60/62/6	**熒 yíng**	1	帥其徒以薪蒸役外內○	
掌客掌四方賓客之牢禮				之事	1.11/8/29
、餼獻、○食之等數		其川○雜	4.58/61/14	凡外內○之膳羞	1.24/10/20
與其政治	5.58/76/5			致○餼、還圭、饗食、	
梓人爲○器	6.26/84/1	**營 yíng**	5	致贈、郊送	5.54/75/12
○一豆酒	6.26/84/2			拜○餼	5.54/75/12
○器鄉衡而實不盡	6.26/84/2	○國城郭	4.8/55/1	致○餼如勞之禮	5.54/75/19
強○強食	6.26/84/6	○后宮	4.8/55/1	○餼九牢	5.58/76/10
食○飢	6.27/84/10	○軍之壘舍	4.8/55/2	凡介、行人、宰、史皆有飧○	
食○飽	6.27/84/11	以象○室也	6.3/80/6	餼	5.58/76/13
		匠人○國	6.28/84/20		5.58/76/18,5.58/76/23
棘 yǐn	2			○餼七牢	5.58/76/16
		贏 yíng	2	致（○）〔饗〕大牢	5.58/76/19
令奏鼓○	3.25/42/22			○餼五牢	5.58/76/22
鼓○	3.26/42/26	達聲○	3.29/43/5		
		撟幹欲孰於火而無○	6.30/86/11	**永 yǒng**	2
英 yīng	1				
		頴 yǐng	1	求○貞	3.49/45/14
以○蕩輔之	2.39/27/30			○啓厥後	6.8/81/4
		其浸○湛	4.58/61/13		
應 yīng	10			**甬 yǒng**	6
		庸 yōng	8		
歌○鍾	3.21/41/15			舞上謂之○	6.7/80/24
○鍾爲羽	3.21/41/25	五曰保○	1.1/5/20	○上謂之衡	6.7/80/24
大呂、○鍾、南呂、函		十有二曰以○制祿	2.1/20/12	以其鉦之長爲之○長	6.7/80/26
鍾、小呂、夾鍾	3.25/42/19	典○器	3.0/34/24	以其○長爲之圍	6.7/80/26
擊○鼓	3.26/42/25	以樂德教國子中、和、		參分其○長	6.7/80/27
春牘、○、雅	3.32/43/15	祗、○、孝、友	3.21/41/11	長○則震	6.7/80/28
鳴鈴以○雜人	3.64/48/4	典○器掌藏樂器、○器	3.39/44/3		
○門二徹參个	6.28/84/25	陳○器	3.39/44/3	**勇 yǒng**	1
○	6.30/86/14	民功曰○	4.6/54/22		
末○將興	6.30/86/15			凡國之○力之士能用五	
末○將發	6.30/86/15	**雍 yōng**	3	兵者屬焉	4.25/57/13
縷 yīng	8	正西曰○州	4.58/61/18		
		○氏	5.0/65/3		
樊○十有再就	3.64/47/25	○氏掌溝瀆澮池之禁	5.32/72/5		

榮 yǒng	5
春秋祭〇	2.6/23/1
〇門用瓢齏	3.5/38/17
四曰〇	3.49/45/16
詛祝掌盟、詛、類、造	
、攻、說、襘、〇之	
祝號	3.53/46/11
以攻〇攻之	5.45/73/10
用 yòng	191
以馭其〇	1.1/5/16
以九式均節財〇	1.1/5/25
九曰好〇之式	1.1/5/27
以九貢致邦國之〇	1.1/5/27
以均財節邦〇	1.2/6/16
以節財〇	1.2/6/23
令百官府共其財〇	1.2/7/2
不〇法者	1.2/7/5
	2.2/21/28,5.2/67/29
乘其財〇之出入	1.3/7/13
凡失財〇、物辟名者	1.3/7/13
其足〇、長財、善物者	1.3/7/14
與其幣器財〇凡所共者	1.3/7/17
食〇六穀	1.6/8/1
膳〇六牲	1.6/8/1
飲〇六清	1.6/8/1
羞〇百〔有〕二十品	1.6/8/2
珍〇八物	1.6/8/2
醬〇百有二十罋	1.6/8/2
凡〇禽獻	1.7/8/11
頒其賄于受〇之府	1.34/11/28
受財〇焉	1.34/11/29
凡邦國之貢以待弔〇	1.34/11/32
凡式貢之餘財以共玩好	
之〇	1.34/11/32
凡邦之賦〇	1.34/11/32
以待邦之大〇	1.36/12/8
而待邦之〇	1.37/12/12
共王及后、世子之衣服	
之〇	1.37/12/12
共其財〇之幣齏、賜予	
之財〇	1.37/12/13
凡邦之小〇	1.37/12/13
以九貢之法致邦國之財	
〇	1.38/12/16
以九賦之法令田野之財	
〇	1.38/12/17
以九功之法令民職之財	
〇	1.38/12/17
以九式之法均節邦之財	
〇	1.38/12/17
掌國之官府、郊野、縣	
都之百物財〇	1.38/12/18
凡上之〇財（〇）	1.39/12/23
以知民之財〔〇〕器械	
之數	1.39/12/24
辨其財〇之物而執其總	
	1.40/12/28
以逆邦國之賦	1.40/12/28
以逆職歲與官府財〇之	
出	1.40/12/29
而敘其財以待邦之移〇	
	1.40/12/29
凡官府都鄙群吏之出財	
〇	1.41/13/1
職幣掌式法以斂官府都	
鄙與凡〇邦財者之幣	1.42/13/4
以詔上之小〇賜予	1.42/13/5
會內宮之財〇	1.45/13/21
以共王及后之〇	1.55/14/25
乃會萬民之卒伍而〇之	2.2/21/17
凡〇衆庶	2.2/21/21
大喪〇役	2.3/22/5
教爲鼓而辨其聲〇	2.11/23/25
〇羝牲毛之	2.13/24/3
〇駹牲毛之	2.13/24/3
必〇牷物	2.13/24/4
〇尨可也	2.13/24/4
豐年則公旬〇三日焉	2.20/25/8
中年則公旬〇二日焉	2.20/25/8
無年則公旬〇一日焉	2.20/25/8
若無故而不〇令者	2.26/26/5
泉府掌以市之征布斂市	
之不售貨之滯於民〇	
者	2.36/27/16
凡國〔事〕之財〇取具	
焉	2.36/27/18
掌節掌守邦節而辨其〇	
	2.39/27/29
守邦國者〇玉節	2.39/27/29
守都鄙者〇角節	2.39/27/29
山國〇虎節	2.39/27/30
	5.53/74/25
土國〇人節	2.39/27/30
	5.53/74/25
澤國〇龍節	2.39/27/30
	5.53/74/25
門關〇符節	2.39/27/30
	5.53/74/25
貨賄〇璽節	2.39/27/31
道路〇旌節	2.39/27/31
	5.53/74/25
其不〇命者誅之	2.40/28/13
而移〇其民	2.41/28/19
若將〇野民師田、行役	
、移執事	2.43/28/29
若作其民而〇之	2.45/29/4
旅師掌聚野之鋤粟、屋	
粟、間粟而〇之	2.48/29/13
凡〇粟	2.48/29/14
與其野圃財〇	2.50/29/23
辨剛〇牛	2.52/29/29
赤緹〇羊	2.52/29/29
墳壤〇麋	2.52/29/29
渴澤〇鹿	2.52/29/30
鹹潟〇貆	2.52/29/30
勃壤〇狐	2.52/29/30
埴壚〇豕	2.52/29/30
彊樂〇蕡	2.52/29/30
輕（麇）〔麋〕〇犬	2.52/29/30
以共財〇	2.62/30/32
以共邦之〇	2.66/31/11
以歲之上下數邦〇	2.71/31/22
以詔穀〇	2.71/31/23
詔王殺邦〇	2.71/31/24
以待邦〇	2.73/31/31
則止餘法〇	2.73/31/31
〇衆也	3.1/36/29
掌五禮之禁令與其〇等	3.2/37/16
辨六齎之名物與其〇	3.2/37/18
〇玉帛牲牷	3.3/38/1
〇牲幣	3.3/38/1,3.49/45/25
〇牲	3.3/38/2
凡師甸〇牲于社宗	3.3/38/7
社壝〇大蜃	3.5/38/17
榮門〇瓢齏	3.5/38/17
廟〇脩	3.5/38/17
凡山川四方〇蜃	3.5/38/17
凡祼事〇概	3.5/38/18

凡齍事○散	3.5/38/18	弗○則更	4.39/59/9	憂 yōu	2
辨其○與其實	3.7/38/24	繕人掌王之○弓、弩、			
裸○雞彝、鳥彝	3.7/38/24	矢、箙、矰、弋、抉		以凶禮哀邦國之○	3.1/36/27
其朝踐○兩獻尊	3.7/38/25	、拾	4.40/59/11	凡國之大○	3.21/41/31
其再獻○兩象尊	3.7/38/25	辨其邦國、都鄙、四夷			
裸○斝彝、黃彝	3.7/38/26	、八蠻、七閩、九貉		由 yóu	8
其朝獻○兩著尊	3.7/38/26	、五戎、六狄之人民			
其饋獻○兩壺尊	3.7/38/26	與其財○、九穀、六		清濁之所○出	6.7/80/27
裸○虎彝、蜼彝	3.7/38/27	畜之數要	4.58/61/9	侈弇之所○興	6.7/80/28
其朝踐○兩大尊	3.7/38/27	一曰刑新國○輕典	5.1/67/1	而○其虡鳴	6.26/83/25
其再獻○兩山尊	3.7/38/27	二曰刑平國○中典	5.1/67/1		6.26/83/27
辨其○與其位	3.8/39/1	三曰刑亂國○重典	5.1/67/2	夫筋之所○嶚	6.30/86/6
其柏席○萑籲純	3.8/39/5	○情訊之	5.2/67/20	恒○此作	6.30/86/6, 6.30/86/8
辨其名物與其○事	3.10/39/12	讀書則○法	5.2/67/21	夫角之所○挫	6.30/86/8
	3.12/39/31	以制國○	5.2/67/26		
凡國之小事○樂者	3.22/42/6	以圖國○而進退之	5.2/67/28	斿 yóu	12
凡祭祀之○樂者	3.23/42/12	○之于軍旅	5.3/68/3		
凡取龜○秋時	3.43/44/22	○之于會同	5.3/68/3	八曰○貢	1.1/5/28
攻龜○春時	3.43/44/22	○諸田役	5.3/68/3	十有二○	3.64/47/25
則○事焉	3.49/45/25	○諸國中	5.3/68/3	○車載旌	3.67/48/15
以斂國之信○	3.53/46/11	○諸都鄙	5.3/68/4	諸侯之繅○九就	4.35/58/19
凡國事之○禮法者	3.58/47/2	凡國有大故而○金石	5.15/70/11	繅○皆就	4.35/58/19
辨其○與其旗物而等敘		○牷物	5.17/70/17	建常九○	5.52/73/32
之	3.64/47/24	○駹可也	5.17/70/17	建常七○	5.52/74/3
其○無常	3.64/48/1	都鄙○管節	5.53/74/26	建常五○	5.52/74/6
辨其名物與其○說	3.65/48/6	王○瑱圭	5.53/74/26	龍旂九○	6.3/80/5
簡稽鄉民以○邦國	4.1/53/9	公○桓圭	5.53/74/26	鳥旟七○	6.3/80/5
其民可○者家三人	4.1/53/16	侯○信圭	5.53/74/26	熊旗六○	6.3/80/5
其民可○者二家五人	4.1/53/17	伯○躬圭	5.53/74/26	龜（蛇）〔旐〕四○	6.3/80/6
其民可○者家二人	4.1/53/17	子○穀璧	5.53/74/26		
辨鼓鐸鐲鐃之○	4.1/53/18	男○蒲璧	5.53/74/27	廐 yóu	1
辨號名之○	4.1/53/21	致禮以喪○	5.58/76/27		
辨旗物之○	4.1/53/23	謂之○火之善	6.1/79/6	牛夜鳴則○	1.8/8/16
曰「不○命者斬之」	4.1/53/29	則及其○之也	6.11/81/20		
分其財○	4.12/55/16	天子○全	6.19/82/19	游 yóu	3
○其材器	4.12/55/17	上公○龍	6.19/82/19		
有移甲與其役財○	4.12/55/17	侯○瓚	6.19/82/19	圉○亦如之	1.0/4/7
（惟）〔唯〕所○之	4.24/57/8	伯○將	6.19/82/19	圉人掌圉○之獸禁	2.69/31/17
凡國之勇力之士能○五		弗能○也而無已	6.27/84/9	禁川○者	5.33/72/8
兵者屬焉	4.25/57/13	射遠者○埶	6.30/85/23		
及其○兵	4.37/58/26	射深者○直	6.30/85/24	猶 yóu	5
○諸守城、車戰	4.39/59/4				
殺矢、鍭矢○諸近射、		幽 yōu	1	○幾	2.38/27/26
田獵	4.39/59/4			以○鬼神示之居	3.70/48/26
矰矢、茀矢○諸弋射	4.39/59/5	東北曰○州	4.58/61/20	其悖逆暴亂作慝○犯令	
恒矢、（痺）〔庳〕矢				者爲一書	5.53/74/30
○諸散射	4.39/59/5			○能以登	6.3/79/30

輶○能一取焉	6.3/80/3

遊 yóu　　　　　　　4

凡國之貴○子弟	2.21/25/13
以屬○飲食于市者	2.32/27/5
國子存○倅	4.24/57/10
禁宵行者、夜○者	5.34/72/10

友 yǒu　　　　　　　8

八曰○	1.1/6/2
五曰聯朋○	2.1/20/27
孝、○、睦、婣、任、	
恤	2.1/21/3
二曰○行	2.21/25/12
司諫掌糾萬民之德而勸	
之朋○	2.23/25/22
主○之讎眡從父兄弟	2.25/25/31
親故舊朋○	3.1/36/31
以樂德教國子中、和、	
祗、庸、孝、○	3.21/41/11

有 yǒu　　　　　　537

中士十○六人	1.0/1/8,1.0/3/19
	2.0/15/28,2.0/17/25
	3.0/32/22,4.0/49/7
	4.0/52/13,5.0/63/10
	5.0/63/17,5.0/66/11
旅下士三十○二人	1.0/1/8
	2.0/15/29,2.0/17/25
	3.0/32/23,4.0/49/7
	5.0/63/11
史十○二人	1.0/1/9
	2.0/15/29,2.0/17/26
	3.0/32/23,5.0/63/11
	5.0/63/13,5.0/64/9
胥十○二人	1.0/1/9,1.0/1/15
	2.0/15/29,2.0/16/26
	2.0/17/5,2.0/17/26
	2.0/18/18,2.0/18/21
	3.0/32/23,3.0/33/21
	3.0/34/2,5.0/63/11
	5.0/63/13,5.0/64/31
徒百○二十人	1.0/1/9,1.0/1/15
	2.0/15/29,2.0/16/26

	2.0/17/6,2.0/17/26
	2.0/18/18,2.0/18/21
	3.0/32/23,3.0/33/21
	3.0/34/2,4.0/49/31
	5.0/63/11,5.0/63/13
	5.0/64/9,5.0/64/31
徒十○六人	1.0/2/1
	5.0/65/9,5.0/66/24
女漿十○五人	1.0/2/19
奚百○五十人	1.0/2/19
賈十○六人	1.0/3/9
徒四十○八人	1.0/3/12
奚十○六人	1.0/4/21,3.0/33/15
徒十○二人	1.0/4/25,2.0/18/1
	2.0/18/7,4.0/50/1,4.0/50/3
	5.0/64/3,5.0/64/11
	5.0/64/27,5.0/65/13
凡小事皆○聯	1.2/6/28
國○常刑	1.2/7/6
	2.2/21/28,5.2/67/30
其○不共	1.2/7/7
則國○大刑	1.2/7/7
與職喪帥官○司而治之	1.3/7/18
使其旅帥○司而治之	1.3/7/18
國○故	1.4/7/23
	4.13/55/23,4.23/57/4
若邦○大事作宮衆	1.5/7/29
羞用百〔○〕二十品	1.6/8/2
醬用百○二十罋	1.6/8/2
鼎十○二	1.6/8/2
物皆○俎	1.6/8/2
天地○災則不舉	1.6/8/4
邦○大故則不舉	1.6/8/4
王之同姓○辠	1.11/8/29
凡邦之○疾病者、〔○〕	
疕瘍者造焉	1.16/9/13
四時皆○癘疾	1.18/9/22
春時○痟首疾	1.18/9/22
夏時○痒疥疾	1.18/9/22
秋時○瘧寒疾	1.18/9/22
冬時○（漱）〔嗽〕上	
氣疾	1.18/9/23
凡民之○疾病者	1.18/9/24
凡○瘍者	1.19/9/29
凡獸之○病者、○瘍者	1.20/10/1
皆○酌數	1.21/10/8
皆○器量	1.21/10/8

皆○法以行之	1.21/10/10
凡○秩酒者	1.21/10/10
歲十○二月	1.24/10/20
孤卿○邦事	1.33/11/24
凡○法者	1.37/12/12
使各○屬以作（二）	
〔三〕事	1.45/13/16
若○祭祀、賓客、喪紀	
	1.46/13/25
后○好事于四方	1.46/13/26
○好令於卿大夫	1.46/13/27
若○喪紀、賓客、祭祀	
之事	1.48/14/3
則帥女宮而致於○司	1.48/14/4
若○祭祀、賓客、喪紀	
之事	1.49/14/7
若○賓客	1.50/14/11,5.30/71/27
以待○司之政令	1.56/14/29
	2.46/29/9
下士十○六人	2.0/17/5
	2.0/17/15,2.0/19/17
	3.0/33/27,3.0/34/28
	3.0/35/13,3.0/35/26
	3.0/36/1,3.0/36/4,3.0/36/6
	3.0/36/8,4.0/50/23
	4.0/52/1,5.0/66/26
（下士十○六人）	2.0/17/17
每大林麓下士十○二人	2.0/18/18
每大川下士十○二人	2.0/18/21
史十○六人	2.0/19/17
	4.0/49/7,4.0/52/13
	5.0/63/15,5.0/63/17
而施十○二教焉	2.1/20/8
十○一曰以賢制爵	2.1/20/11
十○二曰以庸制祿	2.1/20/12
以土宜之法辨十○二土	
之名物	2.1/20/12
辨十○二壤之物	2.1/20/13
日至之景尺○五寸	2.1/20/16
以荒政十○二聚萬民	2.1/20/23
十○一曰索鬼神	2.1/20/25
十○二曰除盜賊	2.1/20/25
頒職事十○二于邦國都	
鄙	2.1/20/30
十○一曰世事	2.1/21/2
十○二曰服事	2.1/21/2
凡萬民之不服教而○獄	

訟者與○地治者	2.1/21/7	洫上○涂	2.40/28/10	凡公○司之所共	3.20/41/7
若國○大故	2.1/21/9,3.3/38/9	千夫○澮	2.40/28/10	凡○道者○德者	3.21/41/10
其○不正	2.1/21/12	澮上○道	2.40/28/10	○帗舞	3.22/42/3
則國○常刑	2.1/21/12	萬（大）〔夫〕○川	2.40/28/10	○羽舞	3.22/42/3
凡四時之徵令○常者	2.3/22/8	川上○路	2.40/28/10	○皇舞	3.22/42/3
野自六尺以及六十○五	2.4/22/15	明其○功者	2.42/28/25	○旄舞	3.22/42/3
國○大故	2.4/22/23	與○司數之	2.45/29/5	○干舞	3.22/42/3
	3.1/37/12,3.68/48/21	若○會同、師田、行役		○人舞	3.22/42/4
	3.69/48/23,4.26/57/17	之事	2.49/29/17	以十○二律爲之數度	3.29/43/6
書其孝弟睦婣○學者	2.7/23/7	○期日	2.56/30/12	以十○二聲爲之齊量	3.29/43/6
○臯奇衺則相及	2.9/23/18	○刑罰	2.56/30/13	皆百○二十	3.41/44/10
○里布	2.16/24/19	凡邦○會同師役之事	2.71/31/24	其頌皆千○二百	3.41/44/10
若將○軍旅、會同、田		○餘	2.73/31/31	其別皆六十○四	3.41/44/11
役之戒	2.18/24/29	凡內女之○爵者	3.0/33/17	各○名物	3.43/44/21
十里○廬	2.19/25/3	凡外女之○爵者	3.0/33/19	若○祭（祀）〔事〕	3.43/44/23
廬○飲食	2.19/25/3	下瞽百○六十人	3.0/34/1	國○大故、天災	3.49/45/23
三十里○宿	2.19/25/3	舞者十○六人	3.0/34/14	國將○事于四望	3.49/45/24
宿○路室	2.19/25/4	其史百○二十人	3.0/36/6	○寇戎之事	3.50/45/30
路室○委	2.19/25/4	皆○牲幣	3.1/37/7	國○大災	3.54/46/14
五十里○市	2.19/25/4	則帥○司而立軍社	3.2/37/23	凡邦國都鄙及萬民之○	
市○候館	2.19/25/4	若軍將○事〔于四望〕	3.2/37/23	約劑者藏焉	3.57/46/24
候館○積	2.19/25/4	則與祭○司將事（于四		若○事	3.58/47/1
凡民之○衺惡者	2.24/25/25	望）	3.2/37/23	馮相氏掌十○二歲、十	
其○過失者	2.24/25/26	則帥○司而饁獸于郊	3.2/37/24	○二月、十○二辰、	
凡歲時○天患民病	2.24/25/27	國○禍災	3.2/37/27	十日、二十○八星之	
凡殺人○反殺者	2.25/25/31	皆○舟	3.7/38/25	位	3.59/47/5
凡○鬭怒者	2.25/26/1		3.7/38/26,3.7/38/27	皆○分星	3.60/47/9
亡者使○	2.27/26/16	皆○蠱	3.7/38/25	以十○二歲之相	3.60/47/9
在民者十○二	2.27/26/17		3.7/38/26,3.7/38/28	以十○二風	3.60/47/10
在商者十○二	2.27/26/17	若○大祭、大喪	3.9/39/7	樊纓十○再就	3.64/47/25
在賈者十○二	2.27/26/17	四圭○邸以祀天、旅上		十○二斿	3.64/47/25
在工者十○二	2.27/26/18	帝	3.10/39/15	皆○容蓋	3.64/47/28
凡珍異之○滯者	2.29/26/27	兩圭○邸以祀地、旅四		○握	3.64/47/29
使○恆賈	2.31/27/2	望	3.10/39/15	○緳	3.64/47/29
凡○罪者	2.34/27/10	祼圭○瓚以肆先王	3.10/39/15	若○大祭祀	3.65/48/6
國人郊人從其○司	2.36/27/17	其齊服○玄端素端	3.12/40/8	各○屬	3.67/48/12
與其○司辨而授之	2.36/27/18	皆○域	3.13/40/11	若○寇戎之事	3.68/48/20
○外內之送令	2.38/27/27	則○司脩除之	3.14/40/15	胥三十○二人	4.0/49/7
皆○期以反節	2.39/27/31	凡王后○擯事於婦人	3.15/40/18	徒三百○二十人	4.0/49/7
必○節	2.39/27/31	凡內事○達於外官者	3.15/40/19	萬○二千五百人爲軍	4.0/49/8
○幾則不達	2.39/28/1	王后○事則從	3.16/40/21	二千○五百人爲師	4.0/49/9
皆○地域	2.40/28/4	凡○功者居前	3.18/40/29	二十〔○〕五人爲兩	4.0/49/10
夫間○遂	2.40/28/9	大喪既○日	3.18/40/30	伍皆○長	4.0/49/10
遂上○徑	2.40/28/9	使皆○私地域	3.19/41/4	胥十○六人	4.0/49/29
十夫○溝	2.40/28/9	職喪掌諸侯之喪及卿大			4.0/52/13,5.0/63/15
溝上○畛	2.40/28/9	夫士凡○爵者之喪	3.20/41/6		5.0/63/17,5.0/64/7
百夫○洫	2.40/28/10	凡國○司以王命○事焉	3.20/41/6	徒百○六十人	4.0/49/29

	4.0/52/14,5.0/63/15	皆○屬禁而頒之	4.54/60/29	之事	5.21/71/2
	5.0/63/17,5.0/64/7	廐人掌十○二閑之政教	4.55/61/1	罪隸掌役百官府與凡○	
下士十○二人	4.0/49/31	各以其所○	4.58/61/30	守者	5.22/71/5
	4.0/50/15,4.0/50/29	國○大刑	4.58/62/1	○相翔者〔則〕誅之	5.30/71/28
	5.0/64/7,5.0/64/9	無○華離之地	4.63/62/15	凡○節者及○爵者至	5.30/71/29
	5.0/64/13	中士三十○二人	5.0/63/15	邦之〔○〕大師	5.30/71/30
中士十○二人	4.0/50/21	徒十〔○〕六人	5.0/64/5	若○死於道路者	5.31/72/2
	5.0/63/13	百○二十人	5.0/64/15	縣其衣服任器于○地之	
上士十○二人	4.0/51/27		5.0/64/17,5.0/64/19	官	5.31/72/2
	4.0/51/29		5.0/64/21,5.0/64/23	邦○故	5.37/72/21
○司表貉	4.1/53/20	下士三十○二人	5.0/66/12	十○二辰之號	5.44/73/7
○司平之	4.1/54/3	徒三十○二人	5.0/66/22	十○二月之號	5.44/73/7
前後○屯百步	4.1/54/3		5.0/66/26	十○二歲之號	5.44/73/7
○司巡其前後	4.1/54/3	凡萬民之○罪過而未麗		二十○八星之號	5.44/73/8
○司表貉于陳前	4.1/54/4	於法而害於州里者	5.1/67/6	授○爵者杖	5.51/73/26
伐○罪	4.1/54/7	重罪旬○（三）〔二〕		十○一歲達瑞節	5.52/74/16
若師○功	4.1/54/8	日坐	5.1/67/7	十○二歲王巡守殷國	5.52/74/17
凡○功者	4.6/54/23	凡遠近惸獨老幼之欲○		若○大喪	5.52/74/18
皆○物賈	4.7/54/27	復於上而其長弗達者	5.1/67/9	若○四方之大事	5.52/74/18
凡受馬於○者	4.7/54/28	凡王之同族○罪	5.2/67/21	若國○福事	5.53/74/29
若○馬訟	4.7/54/29	三公若○邦事	5.4/68/17	若國○禍災	5.53/74/29
則○刑罰焉	4.11/55/14	凡國○大事	5.4/68/17	雖道○難而不時	5.55/75/25
○移甲與其役財用	4.12/55/17	若邦○大事聚眾庶	5.5/68/22	○任器	5.56/75/28
與國○司帥之	4.12/55/18	六卿若○邦事	5.5/68/23	則具十○二牢	5.58/76/5
凡國都之竟○溝樹之固		凡郊○大事	5.5/68/23	諸侯長十○再獻	5.58/76/6
	4.12/55/19	若邦○大役聚眾庶	5.6/68/29	群介、行人、宰、史皆	
民皆○職焉	4.12/55/19	若大夫○邦事	5.6/68/29	○牢	5.58/76/8
若○山川	4.12/55/19	凡野○大事	5.6/68/30	鉶（四）〔三〕十○二	5.58/76/9
皆○守禁	4.13/55/23	凡四方之○治於士者	5.8/69/6	鼎簋十○二	5.58/76/9
唯○節者達之	4.13/55/24	四方○亂獄	5.8/69/6		5.58/76/16,5.58/76/21
若○方治	4.15/55/28	邦○賓客	5.8/69/7	牲三十○六	5.58/76/10
若○國事	4.18/56/9	○治則贊之	5.8/69/8	米百○二十筥	5.58/76/10
凡○爵者	4.18/56/14	凡士之治○期日	5.9/69/14	醯醢百○二十罋	5.58/76/10
令○爵者乘王之倅車	4.18/56/14	凡○賓者	5.9/69/15	車（乘）〔乘〕○五籔	
○大賓客	4.18/56/15	○判書以治	5.9/69/16		5.58/76/11
凡士之○守者	4.23/57/4	若○訟者	5.13/70/2	凡介、行人、宰、史皆○飧饔	
國○大事	4.24/57/7	凡邦國○疑會同	5.14/70/4	餼	5.58/76/13
若○兵甲之事	4.24/57/8	凡民之○約劑者	5.14/70/5		5.58/76/18,5.58/76/23
置其○司	4.24/57/8	○獄訟者	5.14/70/6	唯上介○禽獻	5.58/76/14
若道路不通○徵事	4.26/57/18	凡國○大故而用金石	5.15/70/11		5.58/76/19,5.58/76/24
而警戒祭祀○司	4.32/58/8	皆○數量	5.16/70/14	食三十○二	5.58/76/15
帥群○司而反命	4.32/58/8	凡○爵者與七十者與未		豆三十○二	5.58/76/15
五采繅十○二就	4.35/58/18	亂者	5.16/70/15	鉶二十○（八）〔四〕	
皆五采玉十○二	4.35/58/18	○爵者杖	5.19/70/24		5.58/76/16
凡○牲事	4.43/59/21	凡○爵者與王之同族	5.19/70/25	壺三十○二	5.58/76/16
校○左右	4.51/60/15	唯王之同族與○爵者	5.20/70/29	腥二十○七	5.58/76/16
天子十○二閑	4.51/60/16	邦○祭祀、賓客、喪紀		食二十○四	5.58/76/21

豆二十〇四	5.58/76/21	國馬之輈深四尺〇七寸	6.3/79/23	於挺臂中〇欘焉	6.30/86/10
鍘十〇（八）〔六〕	5.58/76/21	駑馬之輈深三尺〇三寸	6.3/79/23	苟〇賤工	6.30/86/13
壺二十〇四	5.58/76/21	（軌）〔軓〕中〇衡	6.3/80/4	弓〇六材焉	6.30/86/15
牲十〇八	5.58/76/22	蓋弓二十〇八	6.3/80/5	量其力〇三均	6.30/86/18
賓客〇喪	5.58/76/27	金〇六齊	6.3/80/8	上工以〇餘	6.30/86/19
若將〇國賓客至	5.59/76/30	戟廣寸〇半寸	6.5/80/16	弓長六尺〇六寸	6.30/86/20
諸侯〇卿訝	5.59/77/1	臘廣二寸〇半寸	6.6/80/18	弓長六尺〇三寸	6.30/86/21
卿〇大夫訝	5.59/77/2	〇說	6.7/80/28	其次筋角皆〇衡而深	6.30/86/26
大夫〇士訝	5.59/77/2	長六尺〇六寸	6.12/81/23	其次〇衡而疏	6.30/86/26
士皆〇訝	5.59/77/2	長尋〇四尺	6.12/81/24		
國〇政令	5.63/77/12	鎮圭尺〇二寸	6.19/82/17	**牖** yǒu 1	
凡都家之治〇不及者	5.63/77/13	四圭尺〇二寸	6.19/82/19		
則誅其〇司	5.63/77/14	土圭尺〇五寸	6.19/82/20	筵國賓于〇前亦如之	3.8/39/4
國〇六職	6.0/77/24	祼圭尺〇二寸	6.19/82/20		
天〇時	6.0/78/1	〇瓚	6.19/82/21	**櫾** yǒu 1	
地〇氣	6.0/78/1	〇繅	6.19/82/24		
材〇美	6.0/78/1	大琮十〇二寸	6.19/82/26	以〇燎祀司中、司命、	
工〇巧	6.0/78/1	鼻寸〇半寸	6.19/82/27	飌師、雨師	3.1/36/24
天〇時以生	6.0/78/4	〇邸	6.19/82/27		
〇時以殺	6.0/78/4	案十〇二寸	6.19/82/28	**勔** yǒu 2	
草木〇時以生	6.0/78/5	棗桌十〇二列	6.19/82/28		
〇時以死	6.0/78/5	倨句一矩〇半	6.22/83/3	用〇牲毛之	2.13/24/3
石〇時以泐	6.0/78/5	則雖〇疾風	6.23/83/9	則守祧〇塈之	3.14/40/15
水〇時以凝	6.0/78/5	恒〇力而不能走	6.26/83/23		
〇時以澤	6.0/78/5	〇力而不能走	6.26/83/24	**又** yòu 25	
〇虞氏上陶	6.0/78/9	內〇九室	6.28/84/26		
車〇六等之數	6.0/78/10	外〇九室	6.28/84/26	〇其外方五百里曰甸畿	4.1/53/13
戈柲六尺〇六寸	6.0/78/11	兩山之間必〇川焉	6.28/85/2	〇其外方五百里曰男畿	4.1/53/14
	6.27/84/8	大川之上必〇涂焉	6.28/85/2	〇其外方五百里曰采畿	4.1/53/14
殳長尋〇四尺	6.0/78/12	堂涂十〇二分	6.28/85/7	〇其外方五百里曰衛畿	4.1/53/14
	6.27/84/8	一宣〇半謂之欘	6.29/85/9	〇其外方五百里曰蠻畿	4.1/53/14
酋矛常〇四尺	6.0/78/13	一欘〇半〔謂〕之柯	6.29/85/9	〇其外方五百里曰夷畿	4.1/53/15
	6.27/84/8	一柯〇半謂之磬折	6.29/85/9	〇其外方五百里曰鎮畿	4.1/53/15
故兵車之輪六尺〇六寸	6.0/78/16	庇長尺〇一寸	6.29/85/10	〇其外方五百里曰蕃畿	4.1/53/15
田車之輪六尺〇三寸	6.0/78/16	中直者三尺〇三寸	6.29/85/10	〇五十步爲一表	4.1/53/27
乘車之輪六尺〇六寸	6.0/78/16	上句者二尺〇二寸	6.29/85/10	〇三鼓	4.1/53/31
六尺〇六寸之輪	6.0/78/16	六尺〇六寸與步相中也		〇其外方五百里曰甸服	
	6.1/79/3		6.29/85/11		4.58/61/25
軹崇三尺〇三寸也	6.0/78/17	厚一寸〇半	6.29/85/12	〇其外方五百里曰男服	
雖〇良工	6.1/78/30	其圍一柯〇半	6.29/85/13		4.58/61/25
則是固〇餘而强不足也	6.1/78/30	輻長一柯〇半	6.29/85/13	〇其外方五百里曰采服	
則雖〇重任	6.1/79/1	牝服二柯〇參分柯之二			4.58/61/25
則雖〇深泥	6.1/79/1		6.29/85/17	〇其外方五百里曰衛服	
則〇縶	6.1/79/3	羊車二柯〇參分柯之一			4.58/61/26
鑿深二寸〇半	6.1/79/10		6.29/85/17	〇其外方五百里曰蠻服	
輈三度	6.3/79/23	角長二尺〇五寸	6.30/85/28		4.58/61/26
軸〇三理	6.3/79/23, 6.3/79/24	今夫茭解中〇變焉	6.30/86/10	〇其外方五百里曰夷服	

	4.58/61/26	齊○	4.0/51/17	○人	2.0/19/13
○其外方五百里曰鎮服		道○	4.0/51/19	與其野○財用	2.50/29/23
	4.58/61/27	斬牲以左○徇陳	4.1/53/28	○人掌○游之獸禁	2.69/31/17
○其外方五百里曰藩服			4.9/55/7	刖者使守○	5.20/70/30
	4.58/61/27	以旌爲左○和之門	4.1/54/2		
○其外方五百里謂之甸		左○陳車徒	4.1/54/2	**紆 yū**	**3**
服	5.52/74/11	○秉鉞	4.1/54/8		
○其外方五百里謂之男		王族故士、虎士在路門		其澤藪曰楊○	4.58/61/22
服	5.52/74/12	之○	4.23/56/31	中弱則○	6.23/83/10
○其外方五百里謂之采		大僕、大○、大僕從者		卻行、仄行、連行、○	
服	5.52/74/12	在路門之左	4.23/56/31	行	6.26/83/21
○其外方五百里謂之衛		揖門○	4.23/57/1		
服	5.52/74/13	司○掌群○之政令	4.25/57/13	**于 yú**	**218**
○其外方五百里謂之要		屬其○	4.25/57/13		
服	5.52/74/13	○八人	4.27/57/20	始和布治○邦國都鄙	1.1/6/3
其登○難	6.3/79/28	戎○掌戎車之兵革使	4.42/59/18	乃縣治象之法○象魏	1.1/6/3
○以害人	6.27/84/9	齊○掌祭祀、會同、賓		乃施典○邦國	1.1/6/4
		客、前齊車	4.43/59/21	乃施則○都鄙	1.1/6/5
幼 yòu	**7**	道○掌前道車	4.44/59/24	乃施法○官府	1.1/6/5
		○祭兩軹	4.45/59/28	則戒○百官	1.1/6/10
一曰慈○	2.1/20/25	校有左○	4.51/60/15	以宮刑憲禁○王宮	1.2/7/6
以辨其貴賤、老○、		以左○刑罰	5.3/68/1	令○百官府曰	1.2/7/6
（廢）〔癈〕疾	2.2/21/15	○九棘	5.9/69/11	而以告○上	1.3/7/20
辨其老○、貴賤、癈疾		○肺石	5.9/69/12	令○王宮之官府次舍	1.4/7/25
、馬牛之物	2.3/22/1	瞽僕○曰殺	5.36/72/17	以樂徹○造	1.6/8/3
辨其貴賤、老○、癈疾		左○端廣六寸	6.12/81/23	令禽注○虞中	1.12/9/1
可任者	2.7/23/8	左祖○社	6.28/84/21	凡獸入○腊人	1.12/9/1
辨其老○癈疾與其施舍				皮毛筋角入○玉府	1.12/9/1
者	2.40/28/11	**侑 yòu**	**1**	入○玉府　1.13/9/5,2.29/26/27	
凡遠近惸獨老○之欲有				而入○醫師	1.18/9/25
復於上而其長弗達者	5.1/67/9	以樂○食	1.6/8/3	共后之致飲○賓客之禮	
壹赦曰○弱	5.12/69/28			醫酏糟	1.21/10/8
		宥 yòu	**8**	共酒而入○酒府	1.22/10/15
右 yòu	**37**			入○酒府	1.23/10/17
		以行赦○	2.23/25/23	共夫人致飲○賓客之禮	
○社稷	3.2/37/15	三○	3.21/41/29		1.23/10/17
左○玉几	3.8/39/2	則○而舍之	5.1/67/9	頒其貨○受藏之府	1.34/11/28
○彫几	3.8/39/3	聽民之所刺○	5.2/67/25	頒其賄○受用之府	1.34/11/28
○漆几	3.8/39/4	司刺掌三刺、三○、三		使入○職幣	1.39/12/23
○素几	3.8/39/5	赦之法	5.12/69/27	必攷○司會	1.39/12/23
以昭穆爲左○	3.18/40/28	壹○曰不識	5.12/69/28	受式法○職歲	1.41/13/2
凡諸侯居左○以前	3.18/40/29	再○曰過失	5.12/69/28	遂以式法頒皮革○百工	
辨龜之上下左○陰陽	3.42/44/19	三○曰遺忘	5.12/69/28		1.44/13/12
以享○祭祀	3.49/45/20			詔后帥外內命婦始躔○	
○亦如之	3.49/45/21	**圉 yòu**	**6**	北郊	1.45/13/20
司○	4.0/50/19			憲禁令○王之北宮而糾	
戎○	4.0/51/15	○游亦如之	1.0/4/7	其守	1.45/13/22

而獻之○王	1.45/13/23	上旄○思次以令市	2.27/26/13	造○廟	3.49/45/25
后有好事○四方	1.46/13/26	胥師、賈師渳○介次	2.27/26/14	頒祭號○邦國都鄙	3.49/45/26
凡內人弔臨○外	1.48/14/4	凡萬民之期○市者	2.27/26/14	祀○社	3.50/46/1
立○其前而詔相之	1.48/14/5	而入○泉府	2.29/26/26	舍奠○祖廟	3.52/46/8
王后之喪遷○宮中	1.49/14/7	斂而入○膳府	2.29/26/27	致禽○虞中	3.52/46/8
各帥其屬而以時御敍○		以屬遊飲食○市者	2.32/27/5	舍奠○祖禰	3.52/46/9
王所	1.50/14/10	以達○畿	2.40/28/10	頒之○官府及都鄙	3.57/46/25
掌弔臨○卿大夫之喪	1.51/14/14	入野職、野賦○玉府	2.41/28/19	頒告朔○邦國	3.57/46/25
女御掌御敍○王之燕寢		以歲時合耦○耡	2.46/29/8	掌達書名○四方	3.62/47/18
	1.52/14/16	徙○他邑	2.47/29/11	若以書使○四方	3.62/47/18
從世婦而弔○卿大夫之		植虞旗○中	2.56/30/14	毀折入○齎○職幣	3.64/48/2
喪	1.52/14/17	則受法○山虞	2.57/30/16	凡會同、軍旅、弔○四	
頒之○內府	1.55/14/25	以時入之○玉府	2.59/30/22	方	3.65/48/7
頒絲○外內工	1.56/14/27	頒其餘○萬民	2.59/30/22	致福○國	3.68/48/20
夏采掌大喪以冕服復○		羽人掌以時徵羽翮之政		反命○國	3.68/48/21
大祖	1.63/15/19	○山澤之農	2.63/31/3	始和布政○邦國都鄙	4.1/53/12
以乘車建綏復○四郊	1.63/15/19	掌葛掌以時徵絺綌之材		乃縣政象之法○象魏	4.1/53/12
始和布教○邦國都鄙	2.1/20/27	○山農	2.64/31/6	司馬建旗○後表之中	4.1/53/27
乃縣教象之法○象魏	2.1/20/28	徵草貫之材○澤農	2.64/31/6	群吏聽誓○陳前	4.1/53/28
乃施教法○邦國都鄙	2.1/20/28	而縣○邑閭	2.75/32/5	有司表貉○陳前	4.1/54/4
頒職事十有二○邦國都		乃頒祀○邦國都家鄉邑	3.1/37/12	致禽饁獸○郊	4.1/54/6
鄙	2.1/20/30	而頒之○五官	3.2/37/18	以先愷樂獻○社	4.1/54/9
其附○刑者	2.1/21/7	告時○王	3.2/37/21	而掌珥○社稷	4.9/55/6
	2.26/26/7,2.27/26/18	告備○王	3.2/37/21	祈○五祀	4.9/55/6
歸○士	2.1/21/7,2.27/26/18	若軍將有事〔○四望〕	3.2/37/23	則受布○司馬	4.10/55/10
令○教官曰	2.1/21/11	則與祭有司將事（○四		則帥而致○朝	4.15/55/28
乃頒比法○六鄉之大夫	2.2/21/16	望）	3.2/37/23	送之○竟	4.15/55/29
出田法○州里	2.3/22/6	則帥有司而饁獸○郊	3.2/37/24	立○後	4.18/56/13
受教法○司徒	2.4/22/13	及執事禱祠○上下神示	3.2/37/24	建路鼓○大寢之門外	4.30/57/30
退而頒之○其鄉吏	2.4/22/13	縣衰冠之式○路門之外	3.2/37/25	傳達○四方	4.30/57/32
鄉老及鄉大夫、群吏獻		繫○牢	3.3/38/2	縣喪首服之法○宮門	4.30/58/1
賢能之書○王	2.4/22/19	頒○職人	3.3/38/2	祭僕掌受命○王以眡祭	
登○天府	2.4/22/20	與祝侯禳○疆及郊	3.3/38/6	祀	4.32/58/8
	5.2/67/26,5.10/69/22	凡師甸用牲○社宗	3.3/38/7	復○小廟	4.32/58/9
令群吏攷法○司徒	2.4/22/22	封○大神	3.3/38/7	復○小寢、大寢	4.34/58/16
國大詢○眾庶	2.4/22/23	祭兵○山川	3.3/38/7	稟人掌受財○職金	4.41/59/14
以禮會民而射○州序	2.5/22/28	筵國賓○牖前亦如之	3.8/39/4	乃入功○司弓矢及繕人	
則以禮屬民而飲酒○序	2.6/23/2	以朝覲宗遇會同○王	3.10/39/14		4.41/59/16
壹命齒○鄉里	2.6/23/2	徵役○司隸而役之	3.13/40/12	傳王命○陳中	4.42/59/18
再命齒○父族	2.6/23/3	凡國祈年○田祖	3.37/43/29	自車上諭命○從車	4.44/59/24
徙○國中及郊	2.9/23/18	各以其物入○龜室	3.43/44/23	凡將事○四海、山川	4.51/60/20
若徙○他	2.9/23/19	獻吉夢○王	3.47/45/7	受財○校人	4.53/60/26
則繫○牢	2.15/24/12	乃舍萌○四方	3.47/45/8	入其布○校人	4.53/60/27
繫○國門	2.15/24/13	宜○社 3.49/45/24,3.49/45/25		則戒○四方	4.58/61/30
則受法○司馬	2.18/24/29	造○祖	3.49/45/24	而頒之○邦國	4.64/62/18
聽之○勝國之社	2.26/26/7	國將有事○四望	3.49/45/24		4.65/62/20
歸之○士	2.26/26/7	及軍歸獻○社	3.49/45/24	反○中國	5.1/67/4

三日乃致○朝	5.1/67/6	則逆勞○畿	5.53/74/22	凡死○兵者	3.18/40/29
始和布刑○邦國都鄙	5.1/67/11	以反命○王	5.53/75/2	凡諸侯及諸臣葬○墓者	3.18/41/1
乃縣刑象之法○象魏	5.1/67/11	拜辱○朝	5.54/75/20	祭○瞽宗	3.21/41/11
而登之○天府	5.1/67/12	與士逆賓○疆	5.59/76/30	○地上之圜丘奏之	3.21/41/22
戒○百族	5.1/67/14	至○國	5.59/76/31	○澤中之方丘奏之	3.21/41/24
涖戮○社	5.1/67/15	次○舍門外	5.59/76/31	○宗廟之中奏之	3.21/41/26
附○刑	5.2/67/20	待事○客	5.59/76/32	以正○公司馬	4.0/53/5
至○旬	5.2/67/20	至○朝	5.59/76/32	銘書○王之大常	4.6/54/23
登中○天府	5.2/67/29	銚間謂之○	6.7/80/23	祭○大烝	4.6/54/23
乃宣布○四方	5.2/67/30	○上謂之鼓	6.7/80/23	凡受馬○有司者	4.7/54/28
皆以木鐸徇之○朝	5.3/68/2	○上之攠謂之隧	6.7/80/25	則帥國子而致○大子	4.24/57/7
書而縣○門閭	5.3/68/2	（母）〔毌〕或若女不		則奉書以使○四方	4.26/57/18
毌使罪麗○民	5.3/68/2	寧侯不屬○王所	6.26/84/5	則辭○三公及孤卿	4.30/58/2
用之○軍旅	5.3/68/3			以聽〔○〕國司馬	4.69/62/28
用之○會同	5.3/68/3	**余 yú**	**1**	入束矢○朝	5.1/67/5
則帥其屬而躍○王宮	5.3/68/10			凡萬民之有罪過而未麗	
帥其屬而憲禁令○國及		凡其○聚以待頒賜	2.50/29/22	○法而害○州里者	5.1/67/6
郊野	5.3/68/11			凡遠近惸獨老幼之欲有	
旬而職聽○朝	5.4/68/14	**於 yú**	**94**	復○上而其長弗達者	5.1/67/9
斷其獄、弊其訟○朝	5.4/68/14			立○肺石	5.1/67/10
	5.5/68/20, 5.6/68/27	有好令○卿大夫	1.46/13/27	以告○上	5.1/67/10
二旬而職聽○朝	5.5/68/20	則帥女宮而致○有司	1.48/14/4	獻民數○王	5.2/67/28
三旬而職聽○朝	5.6/68/27	則致萬民○王門	2.1/21/10	各○其遂	5.5/68/21
三月而上獄訟○國	5.7/69/1	令無節者不行○天下	2.1/21/10	凡四方之有治○士者	5.8/69/6
司寇聽其成○朝	5.7/69/1	以木鐸徇○市朝	2.3/22/8	入○國	5.8/69/7
諭罪刑○邦國	5.8/69/6	各憲之○其所治（之）	2.4/22/23	書○士	5.9/69/17
委○朝	5.9/69/14	則各帥其鄉之眾寡而致		自生齒以上皆書○版	5.10/69/20
告○士	5.9/69/14	○朝	2.4/22/23	書○宗彝	5.13/70/1
司寇及孟冬祀司民之日		（辦）〔辨〕其能而可		書○丹圖	5.13/70/1
獻其數○王	5.10/69/21	任○國事者	2.23/25/23	凡罪之麗○法者	5.20/70/29
入其金錫○為兵器之府		三罰而歸○圜土	2.24/25/26	若有死○道路者	5.31/72/2
	5.15/70/10	○是時也	2.26/26/5	凡害○國稼者	5.32/72/2
入其玉石丹青○守藏之		各○其地之敘	2.27/26/15	春令為阱擭溝瀆之利○	
府	5.15/70/10	泉府掌以市之征布斂市		民者	5.32/72/5
入○司兵 5.15/70/11, 5.16/70/14		之不售貨之滯○民用		司烜氏掌以夫遂取明火	
旅○上帝	5.15/70/11	者	2.36/27/16	○日	5.35/72/12
男子入○罪隸	5.16/70/14	凡貨不出○關者	2.38/27/25	以鑒取明水○月	5.35/72/12
女子入○舂槀	5.16/70/15	凡通達○天下者	2.39/27/31	執鞭以趨○前	5.36/72/17
告刑○王	5.19/70/25	以聽○司馬	2.49/29/18	禁徑踰者與以兵革趨行	
刑盜○市	5.20/70/29	以聽○司徒	2.49/29/18	者與馳騁○國中者	5.37/72/20
殺之○甸師氏	5.20/70/29	角人掌以時徵齒角凡骨		禁𪗋呼嘆鳴○國中者	5.50/73/23
執旌節以宣布○四方	5.27/71/19	物○山澤之農	2.62/30/32	行歌哭○國中之道者	5.50/73/24
達○四海	5.27/71/20	兆五帝○四郊	3.2/37/15	公○上等	5.54/75/6
至○四畿	5.30/71/27	凡諸侯之適子誓○天子		侯伯○中等	5.54/75/6
縣其衣服任器○有地之			3.11/39/25	子男○下等	5.54/75/6
官	5.31/72/2	凡王后有操事○婦人	3.15/40/18	居○其國	5.55/75/26
以木鐸修火禁○國中	5.35/72/13	凡內事有達○外官者	3.15/40/19	凡都家之治○國者	5.63/77/13

崇○軫四尺	6.0/78/11	○宜苴	1.17/9/19	植○旃以屬禽	2.59/30/24
崇○戈四尺	6.0/78/11	其實麷、蕡、白、黑、		令奏《騶○》	3.21/41/29
崇○人四尺	6.0/78/12	形鹽、膴、鮑○、鱐		王以《騶○》爲節	3.22/42/5
崇○殳四尺	6.0/78/12		1.25/10/24	王奏《騶○》	3.31/43/12
崇○戟四尺	6.0/78/13	豚拍、○醢	1.26/10/30	致禽于○中	3.52/46/8
必自載○地者始也	6.0/78/13	筍菹、○醢	1.26/10/31	○人萊所田之野	4.1/53/26
則○馬終古登阤也	6.0/78/15	羞牲○	4.1/54/11	樂以《騶○》	4.18/56/10
不瓽○鑿	6.1/79/5	其利蒲○	4.58/61/16	有○氏上陶	6.0/78/9
小○度	6.3/79/26	其利蒲、○	4.58/61/17		
則○任重宜	6.26/83/24	其利○、鹽	4.58/61/21	**餘 yú**	**18**
	6.26/83/29	○膠餌	6.30/85/30		
則○鍾宜	6.26/83/24			九曰弊○之賦	1.1/5/25
則○任輕宜	6.26/83/26	**雩 yú**	**3**	幣○之賦以待賜予	1.34/11/31
○磬宜	6.26/83/26			凡式貢之○財以共玩好	
則○眠必撥爾而怒	6.26/83/29	共其○斂	2.53/30/3	之用	1.34/11/32
專達○川	6.28/85/1	則帥巫而舞○	3.54/46/14	振掌事者之○財	1.42/13/4
則句○矩	6.28/85/4	則舞○	3.56/46/20	以其○爲羨	2.2/21/21
以至○首	6.29/85/11			致○子	2.2/21/22
蟄○剌而休○氣	6.30/85/26	**隅 yú**	**4**	則會其出入而納其○	2.36/27/19
遠○剌而不休○氣	6.30/85/27			受其○	2.37/27/22
則豈異○其獸	6.30/86/1	以戈擊四○	4.29/57/27	○夫亦如之	2.40/28/8
夫懷膠○內而摩其角	6.30/86/8	宮○之制七雉	6.28/84/27		2.40/28/8, 2.40/28/9
○挺臂中有柎焉	6.30/86/10	城○之制九雉	6.28/84/27	頒其○于萬民	2.59/30/22
撟幹欲孰○火而無贏	6.30/86/11	宮○之制以爲諸侯之城		則止○法用	2.73/31/31
撟角欲孰○火而無燀	6.30/86/11	制	6.28/84/28	有○	2.73/31/31
雖善○外	6.30/86/13			其○如王之事	4.35/58/19
必動○內	6.30/86/13	**揄 yú**	**1**	其澤藪曰昭○祁	4.58/61/23
必動○禍	6.30/86/15			則是固有○而强不足也	6.1/78/30
		○狄	1.58/15/4	上工有以有○	6.30/86/19
竽 yú	**1**				
		愚 yú	**1**	**踰 yú**	**5**
笙師掌教龡○、笙、塤					
、篪、簫、（籈）		三赦曰惷○	5.12/69/29	禁野之橫行徑○者	5.30/71/29
〔箎〕、（篴）〔篴〕				禁徑○者與以兵革趨行	
、管	3.32/43/15	**虞 yú**	**19**	者與馳騁於國中者	5.37/72/20
				橘○淮而北爲枳	6.0/78/2
臾 yú	**1**	三曰○衡	1.1/5/21	鸜鵒不○濟	6.0/78/2
		令禽注于○中	1.12/9/1	貉○汶則死	6.0/78/2
謂之夾○之屬	6.30/86/25	山○	2.0/18/15		
		中林麓如中山之○	2.0/18/18	**輿 yú**	**5**
魚 yú	**14**	小林麓如小山之○	2.0/18/19		
		澤○	2.0/18/24	○司馬	4.0/49/6, 4.4/54/18
實之牲體、○、腊	1.9/8/21	任○以澤事	2.17/24/24	輪○、○、弓、盧、匠、	
辨○物	1.13/9/4	山○掌山林之政令	2.56/30/11	車、梓	6.0/78/7
共其○之鱻薨	1.13/9/5	植○旗于中	2.56/30/14	周人上○	6.0/78/10
以時籍○鱉龜蜃	1.14/9/7	則受法于山○	2.57/30/16	○人爲車	6.2/79/16
秋獻龜○	1.14/9/7	澤○掌國澤之政令	2.59/30/22		

蜎 yuān	2
刺兵欲無○	6.27/84/11
以眠其○也	6.27/84/15

鳶 yuān	1
以弓矢歐鳥○	4.20/56/21

邍 yuān	3
○師	4.0/52/30
○師掌四方之地名	4.66/62/22
辨其丘陵、墳衍、○隰	
之名物	4.66/62/22

員 yuán	1
正校人○選	4.55/61/2

原 yuán	5
辨其山林川澤丘陵墳衍	
○隰之名物	2.1/20/2
五曰○隰	2.1/20/7
以辨地物而○其生	2.54/30/5
三曰《○兆》	3.41/44/9
禁○蠱者	4.7/54/29

援 yuán	3
不○其邸	6.3/79/31
○四之	6.5/80/14
凡攫閷○箸之類	6.26/83/28

圜 yuán	3
二曰○圖	1.1/5/21
以場圃任○地	2.16/24/15
○廛二十而一	2.16/24/18

緣 yuán	3
○衣	1.58/15/4,1.58/15/5
○其外	6.29/85/11

圓 yuán	18
則唯○土內之	2.9/23/19
三罰而歸於○土	2.24/25/26
○鍾爲宮	3.21/41/20
於地上之○丘奏之	3.21/41/22
司○	5.0/64/7
以○土聚教罷民	5.1/67/3
實之○土而施職事焉	5.1/67/4
其不能改而出○土者	5.1/67/5
	5.18/70/21
司○掌收教罷民	5.18/70/20
凡○土之刑人也不虧體	
	5.18/70/22
取諸○也	6.1/78/21
是故規之以眠其○也	6.1/79/6
○者中規	6.2/79/19
蓋之○也	6.3/80/4
以其一爲之深而○之	6.7/80/30
內方尺而○其外	6.8/81/2
火以○	6.15/82/4

轅 yuán	7
設車宮、○門	1.31/11/16
今夫大車之○摯	6.3/79/28
唯○直且無橈也	6.3/79/29
	6.3/79/30,6.3/79/31
不伏其○	6.3/79/29
凡爲○	6.29/85/17

遠 yuǎn	22
以官田、牛田、賞田、	
牧田任○郊之地	2.16/24/16
○郊二十而三	2.16/24/18
名相近者相○也	2.35/27/13
以說○人	3.21/41/14
以通上下親疏○近	3.49/45/16
○臯疾	3.50/45/29
懷方氏掌來○方之民	4.60/62/6
致○物	4.60/62/6
以肺石（○）〔達〕窮	
民	5.1/67/9
凡○惸獨老幼之欲有	
復於上而其長弗達者	5.1/67/9
則吐水疾而雷○	6.1/79/13

則其聲舒而○聞	6.7/80/30
	6.12/81/26
其聲清陽而○聞	6.26/83/26
	6.26/83/26
則○國屬	6.26/84/4
行地○	6.27/84/10
行地不○	6.27/84/11
以爲○也	6.30/85/20
陽聲則○根	6.30/85/23
射○者用埶	6.30/85/23
○於剞而不休於氣	6.30/85/27

怨 yuàn	2
則民不○	2.1/20/9
除其○惡	4.61/62/9

苑 yuàn	1
禁山之爲○、澤之沈者	5.32/72/6

愿 yuàn	2
上○糾暴	5.1/67/3
則莫能以○中	6.30/86/24

曰 yuē	473
一○治典	1.1/5/9
二○教典	1.1/5/10
三○禮典	1.1/5/10
四○政典	1.1/5/11
五○刑典	1.1/5/11
六○事典	1.1/5/12
一○官屬	1.1/5/12
二○官職	1.1/5/13
三○官聯	1.1/5/13
四○官常	1.1/5/13
五○官成	1.1/5/14
六○官法	1.1/5/14
七○官刑	1.1/5/14
八○官計	1.1/5/14
一○祭祀	1.1/5/15
二○法則	1.1/5/15
三○廢置	1.1/5/15
四○祿位	1.1/5/16
五○賦貢	1.1/5/16

一〇順祝	3.49/45/14	一〇玉路	3.64/47/24	其澤藪〇昭餘祁	4.58/61/23
二〇年祝	3.49/45/14	方千里〇國畿	4.1/53/13	方千里〇王畿	4.58/61/24
三〇吉祝	3.49/45/14	其外方五百里〇侯畿	4.1/53/13	其外方五百里〇侯服	4.58/61/25
四〇化祝	3.49/45/15	又其外方五百里〇甸畿	4.1/53/13	又其外方五百里〇甸服	
五〇瑞祝	3.49/45/15	又其外方五百里〇男畿	4.1/53/14		4.58/61/25
六〇筴祝	3.49/45/15	又其外方五百里〇采畿	4.1/53/14	又其外方五百里〇男服	
一〇類	3.49/45/15	又其外方五百里〇衛畿	4.1/53/14		4.58/61/25
二〇造	3.49/45/15	又其外方五百里〇蠻畿	4.1/53/14	又其外方五百里〇采服	
三〇禬	3.49/45/15	又其外方五百里〇夷畿	4.1/53/15		4.58/61/25
四〇禜	3.49/45/16	又其外方五百里〇鎮畿	4.1/53/15	又其外方五百里〇衛服	
五〇攻	3.49/45/16	又其外方五百里〇蕃畿	4.1/53/15		4.58/61/26
六〇說	3.49/45/16	〇「不用命者斬之」	4.1/53/29	又其外方五百里〇蠻服	
一〇祠	3.49/45/16	王功〇勳	4.6/54/22		4.58/61/26
二〇命	3.49/45/16	國功〇功	4.6/54/22	又其外方五百里〇夷服	
三〇誥	3.49/45/16	民功〇庸	4.6/54/22		4.58/61/26
四〇會	3.49/45/17	事功〇勞	4.6/54/22	又其外方五百里〇鎮服	
五〇禱	3.49/45/17	治功〇力	4.6/54/23		4.58/61/27
六〇誄	3.49/45/17	戰功〇多	4.6/54/23	又其外方五百里〇藩服	
一〇神號	3.49/45/17	一〇戎馬	4.7/54/27		4.58/61/27
二〇鬼號	3.49/45/17	二〇田馬	4.7/54/27	一〇刑新國用輕典	5.1/67/1
三〇示號	3.49/45/17	三〇駑馬	4.7/54/27	二〇刑平國用中典	5.1/67/1
四〇牲號	3.49/45/17	東南〇揚州	4.58/61/11	三〇刑亂國用重典	5.1/67/2
五〇齍號	3.49/45/18	其山鎮〇會稽	4.58/61/11	一〇野刑	5.1/67/2
六〇幣號	3.49/45/18	其澤藪〇具區	4.58/61/11	二〇軍刑	5.1/67/2
一〇命祭	3.49/45/18	正南〇荊州	4.58/61/12	三〇鄉刑	5.1/67/3
二〇衍祭	3.49/45/18	其山鎮〇衡山	4.58/61/12	四〇官刑	5.1/67/3
三〇炮祭	3.49/45/18	其澤藪〇雲瞢	4.58/61/12	五〇國刑	5.1/67/3
四〇周祭	3.49/45/18	河南〇豫州	4.58/61/14	一〇詢國危	5.2/67/18
五〇振祭	3.49/45/18	其山鎮〇華山	4.58/61/14	二〇詢國遷	5.2/67/18
六〇擩祭	3.49/45/19	其澤藪〇圃田	4.58/61/14	三〇詢立君	5.2/67/18
七〇絕祭	3.49/45/19	正東〇青州	4.58/61/15	一〇辭聽	5.2/67/22
八〇繚祭	3.49/45/19	其山鎮〇沂山	4.58/61/15	二〇色聽	5.2/67/22
九〇共祭	3.49/45/19	其澤藪〇望諸	4.58/61/15	三〇氣聽	5.2/67/22
一〇稽首	3.49/45/19	河東〇兗州	4.58/61/17	四〇耳聽	5.2/67/22
二〇頓首	3.49/45/19	其山鎮〇岱山	4.58/61/17	五〇目聽	5.2/67/22
三〇空首	3.49/45/19	其澤藪〇大野	4.58/61/17	一〇議親之辟	5.2/67/23
四〇振動	3.49/45/20	正西〇雍州	4.58/61/18	二〇議故之辟	5.2/67/23
五〇吉拜	3.49/45/20	其山鎮〇嶽（山）	4.58/61/18	三〇議賢之辟	5.2/67/23
六〇凶拜	3.49/45/20	其澤藪〇弦蒲	4.58/61/19	四〇議能之辟	5.2/67/23
七〇奇拜	3.49/45/20	東北〇幽州	4.58/61/20	五〇議功之辟	5.2/67/23
八〇襃拜	3.49/45/20	其山鎮〇醫無閭	4.58/61/20	六〇議貴之辟	5.2/67/24
九〇肅拜	3.49/45/20	其澤藪〇貕養	4.58/61/20	七〇議勤之辟	5.2/67/24
三〇廢	3.61/47/13	河內〇冀州	4.58/61/21	八〇議賓之辟	5.2/67/24
五〇殺	3.61/47/13	其山鎮〇霍山	4.58/61/21	一〇訊群臣	5.2/67/24
六〇生	3.61/47/14	其澤藪〇楊紆	4.58/61/22	二〇訊群吏	5.2/67/25
七〇予	3.61/47/14	正北〇并州	4.58/61/23	三〇訊萬民	5.2/67/25
八〇奪	3.61/47/14	其山鎮〇恒山	4.58/61/23	一〇宮禁	5.3/68/1

二〇官禁	5.3/68/1	
三〇國禁	5.3/68/1	
四〇野禁	5.3/68/1	
五〇軍禁	5.3/68/2	
一〇誓	5.3/68/3	
二〇誥	5.3/68/3	
三〇禁	5.3/68/3	
四〇糾	5.3/68/3	
五〇憲	5.3/68/4	
一〇邦汋	5.3/68/6	
二〇邦賊	5.3/68/6	
三〇邦諜	5.3/68/6	
四（者）〔〇〕犯邦令	5.3/68/6	
五〇攜邦令	5.3/68/6	
六〇爲邦盜	5.3/68/7	
七〇爲邦朋	5.3/68/7	
八〇爲邦誣	5.3/68/7	
壹刺〇訊群臣	5.12/69/27	
再刺〇訊群吏	5.12/69/27	
三刺〇訊萬民	5.12/69/28	
壹宥〇不識	5.12/69/28	
再宥〇過失	5.12/69/28	
三宥〇遺忘	5.12/69/28	
壹赦〇幼弱	5.12/69/28	
再赦〇老旄	5.12/69/28	
三赦〇戇愚	5.12/69/29	
誓僕右〇殺	5.36/72/17	
誓馭〇車轑	5.36/72/17	
誓大夫〇敢不關	5.36/72/17	
誓師〇三百	5.36/72/18	
誓邦之大（史）〔事〕		
〇殺	5.36/72/18	
誓小（史）〔事〕〇墨		
	5.36/72/18	
其銘〇	6.8/81/3	
其辭〇	6.26/84/5	

約 yuē   22

凡邦國都鄙及萬民之有		
〇劑者藏焉	3.57/46/24	
若〇劑亂	3.57/46/25	
司〇	5.0/63/29	
凡邦之大盟〇	5.1/67/12	
正之以傅別、〇劑	5.3/68/8	
司〇掌邦國及萬民之〇		
劑	5.13/69/31	

治神之〇爲上	5.13/69/31	
治民之〇次之	5.13/69/31	
治地之〇次之	5.13/69/31	
治功之〇次之	5.13/69/31	
治器之〇次之	5.13/70/1	
治摰之〇次之	5.13/70/1	
凡大〇劑	5.13/70/1	
小〇劑	5.13/70/1	
則掌其盟〇之載及其禮		
儀	5.14/70/4	
凡民之有〇劑者	5.14/70/5	
欲其〇也	6.10/81/12	
蠧之而〇	6.10/81/13	
索〇大汲其版	6.28/85/6	
〇之不皆〇	6.30/86/7	

月 yuè   50

正〇之吉	1.1/6/3	
	2.1/20/27,2.4/22/13	
	2.5/22/26,4.1/53/12	
	5.1/67/11,5.27/71/19	
〇終	1.2/7/4	
〇終則令正〇要	1.3/7/19	
〇終則會其稍食	1.4/7/24	
〇終則均秩	1.5/7/29	
〇入其要	1.21/10/11	
歲十有二〇	1.24/10/20	
以〇要貳〇成	1.38/12/19	
及四時之孟〇吉日	2.6/23/1	
〇吉	2.7/23/7	
救日〇	2.11/23/28	
弼之三〇	2.15/24/12	
皆書年〇日名焉	2.26/26/4	
中春之〇	2.26/26/5	
都三〇	2.28/26/24,5.9/69/15	
各帥其屬而嗣掌其〇	2.31/27/2	
喪紀無過三〇	2.36/27/18	
以實柴祀日、〇、星、		
辰	3.1/36/24	
圭璧以祀日〇星辰	3.10/39/16	
土圭以致四時日〇	3.10/39/16	
凡日〇食	3.21/41/30	
以日、〇、星、辰占六		
夢之吉凶	3.47/45/6	
閭〇	3.57/46/26	
詔王居門終〇	3.57/46/26	

馮相氏掌十有二歲、十		
有二〇、十有二辰、		
十日、二十有八星之		
位	3.59/47/5	
春秋致〇	3.59/47/6	
以志星辰日〇之變動	3.60/47/8	
日〇爲常	3.67/48/12	
救日〇亦如之	4.30/57/32	
九〇役	5.1/67/8	
七〇役	5.1/67/8	
五〇役	5.1/67/8	
三〇役	5.1/67/9	
三〇而上獄訟于國	5.7/69/1	
書其日〇焉	5.31/72/2	
以鑒取明水於〇	5.35/72/12	
十有二之號	5.44/73/7	
則以救日之弓與救〇之		
矢〔夜〕射之	5.49/73/20	
以象日〇也	6.3/80/5	
以朱湛丹（林）〔秫〕		
三〇	6.16/82/7	
以祀日〇星辰	6.19/82/22	

刖 yuè   2

〇罪五百	5.11/69/24	
〇者使守囿	5.20/70/30	

粵 yuè   4

〇無鏄	6.0/77/27	
〇之無鏄也	6.0/77/28	
吳〇之劍	6.0/78/3	
吳〇之金、錫	6.0/78/4	

越 yuè   1

則民不〇	2.1/20/10	

鉞 yuè   1

右秉〇	4.1/54/8	

閱 yuè   2

及國之大〇	3.67/48/13	
教大〇	4.1/53/26	

縜 yún	1	小〇	1.0/1/8	5.5/68/20,5.6/68/27
		〇夫	1.0/1/8	5.7/69/2
〇寸焉	6.26/84/4	內〇	1.0/4/3	群士〇其後　5.9/69/11
		大〇之職	1.1/5/9	群吏〇其後　5.9/69/12
允 yǔn	1	則冢〇聽之	1.1/6/11	州長衆庶〇其後　5.9/69/12
		小〇之職	1.2/6/15	其貳〇司盟　5.14/70/5
〇臻其極	6.8/81/3	贊冢〇受歲會	1.2/7/4	其〇王宮者　5.23/71/8
		〇夫之職	1.3/7/9	〇野外則守厲禁　5.23/71/8
運 yùn	1	以官刑詔冢〇而誅之	1.3/7/14	〇野〇外殺禮　5.58/76/26
		從大〇而眠滌濯	1.3/7/15	〇軍旅　5.63/77/14
其經〇十	3.41/44/12	贊小〇比官府之具	1.3/7/15	二〇外　6.1/78/29
		小〇聽之	1.21/10/11	一〇內　6.1/78/29
韗 yùn	2	凡王及冢〇之好賜予	1.36/12/9	一〇前　6.2/79/17,6.23/83/6
		以詔王及冢〇廢置	1.38/12/19	二〇後　6.2/79/17,6.23/83/6
函、鮑、〇、韋、裘	6.0/78/8	內〇掌書版圖之法	1.45/13/15	二〇上　6.7/80/27
〇人爲皋陶	6.12/81/23	里〇	2.0/17/29	一〇下　6.7/80/27
		里〇掌比其邑之衆寡與		二〇前　6.23/83/6,6.29/85/18
雜 zá	3	其六畜、兵器	2.46/29/8	三〇後　6.23/83/7
		以贊（冢）〔冢〕〇	3.63/47/21	三〇前　6.23/83/7
〇帛爲物	3.67/48/12	凡〇祭	4.8/55/3	四〇後　6.23/83/7
〇五色	6.15/82/1	內史、司會、冢〇貳之	5.2/67/26	二〇前、一〇後而圍之
〇四時五色之位以章之	6.15/82/4		5.10/69/22	6.27/84/14
		群介、行人、〇、史皆		一〇後　6.29/85/18
災 zāi	16	有牢	5.58/76/8	强者〇內而摩其筋　6.30/86/5
		凡介、行人、〇、史皆有飧饔		善者〇外　6.30/86/13
天地有〇則不舉	1.6/8/4	饌	5.58/76/13	動者〇內　6.30/86/13
代王受眚〇	1.11/8/29		5.58/76/18,5.58/76/23	
以弔禮哀禍〇	3.1/36/27			**再 zài**	32
大〇	3.2/37/24	**在 zài**	46	
國有禍〇	3.2/37/27			中祭〇貳　1.21/10/8
凡天地之大〇	3.2/37/28	凡〇版者	1.5/7/28	設梐枑〇重　1.31/11/16
大札、大荒、大〇	3.12/40/4	凡〇書契版圖者之貳	1.38/12/18	諸侯〇重　1.33/11/25
大傀異〇	3.21/41/30	朝〇野外	2.21/25/15	〇易之地家三百畮　2.1/20/22
大札、大凶、大〇、大		〇民者十有二	2.27/26/17	王〇拜受之　2.4/22/20
臣死	3.21/41/30	〇商者十有二	2.27/26/17	〇命齒于父族　2.6/23/3
國有大故、天〇	3.49/45/23	〇賈者十有二	2.27/26/17	〇命受服　3.1/37/2
彌〇兵	3.50/45/28	〇工者十有二	2.27/26/18	其〇獻用兩象尊　3.7/38/25
國有大〇	3.54/46/14	凡良車、散車不〇等者	3.64/48/1	其〇獻用兩山尊　3.7/38/27
凡邦之大〇	3.56/46/20	諸侯〇朝	4.18/56/8	纁皆二采〇就　3.10/39/14
致襘以補諸侯之〇	5.52/73/31	矢〇侯高	4.20/56/22	其大夫〇命　3.11/39/27
若國有禍〇	5.53/74/29	王族故士、虎士〇路門		子男之卿〇命　3.11/39/28
禍〇殺禮	5.58/76/26	之右	4.23/56/31	〇變而致贏物及山林之
		大僕、大右、大僕從者		示　3.21/41/19
宰 zǎi	27	〇路門之左	4.23/56/31	樊纓十有〇就　3.64/47/25
		王〇國	4.26/57/16	〇刺曰訊群吏　5.12/69/27
乃立天官冢〇	1.0/1/3	皆〇稾人	4.41/59/16	〇宥曰過失　5.12/69/28
大〇	1.0/1/8	群士司刑皆〇	5.4/68/14	〇赦曰老旄　5.12/69/28

王禮○祼而酢	5.52/74/2	則○聽治	1.1/6/11	有治則○之	5.8/69/8	
○問○勞	5.52/74/5	○（王）〔玉〕幣爵之		以○王治	5.10/69/22	
○勞	5.54/75/7	事、祼將之事	1.2/7/3	以○司寇聽獄訟	5.12/69/27	
○拜	5.54/75/9	○祼	1.2/7/3	賀慶以○諸侯之喜	5.52/73/31	
	5.54/75/10,5.54/75/11	○冢宰受歲會	1.2/7/4			
皆○拜稽首	5.54/75/17	掌官書以○治	1.3/7/12	**瓚 zàn**	**4**	
客○拜對	5.54/75/18	○小宰比官府之具	1.3/7/15			
客○拜稽首	5.54/75/19	則奉膳○祭	1.6/8/5	以時將○果	3.2/37/21	
諸侯長十有○獻	5.58/76/6	以式法○逆會	1.41/13/2	祼圭有○以肆先王	3.10/39/15	
○問皆脩	5.58/76/15	以式法○之	1.42/13/5	侯用○	6.19/82/19	
三饗、○食、○燕	5.58/76/18	則○	1.45/13/17	有○	6.19/82/21	
故角三液而幹○液	6.30/86/6		2.15/24/13,3.17/40/24			
		○九嬪之禮事	1.45/13/18	**臧 zāng**	**1**	
載 zài	**21**	皆○	1.45/13/18			
		○玉齍	1.50/14/11	○僕	4.51/60/18	
○師	2.0/16/16	○后薦徹豆籩	1.50/14/11			
以○公任器	2.14/24/9	○世婦	1.52/14/16	**駔 zǎng**	**3**	
○師掌任土之法	2.16/24/15	以○鄉大夫廢興	2.5/22/30			
則攝而○果	3.1/37/11	凡邑中之政相○	2.47/29/11	○圭璋璧琮琥璜之渠眉		
乃○	3.51/46/3	○果將	3.3/38/5		3.10/39/18	
說○	3.51/46/4	以○祼事	3.4/38/14	○琮五寸	6.19/82/26	
作盟詛之○辭	3.53/46/11	則○宗伯	3.17/40/25	○琮七寸	6.19/82/27	
道車○旞	3.67/48/15	則詔○主人	3.20/41/7			
斿車○旌	3.67/48/15	以八命者○《三兆》、		**葬 zàng**	**24**	
王○大常	4.1/53/23	《三易》、《三夢》				
諸侯○旂	4.1/53/24	之占	3.41/44/13	及○	1.49/14/8,2.3/22/5
軍吏○旗	4.1/53/24	○斂	3.49/45/22		2.40/28/14,3.4/38/14
（師）〔帥〕都○旟	4.1/53/24	○隋	3.50/45/29		3.18/40/31,3.21/42/1
鄉（遂）〔家〕○物	4.1/53/24	○徹	3.50/45/29		3.32/43/16,3.40/44/7
郊野○旐	4.1/53/24	○奠	3.50/45/29		3.51/46/4,3.64/48/2
百官○旞	4.1/53/24	○洍	3.50/45/30		4.26/57/17,4.51/60/19
○其弓弩	4.40/59/12	則○爲之	3.61/47/16	使之相○	2.1/20/29	
司盟掌盟○之法	5.14/70/4	以○（冢）〔冢〕宰	3.63/47/21	以相○埋	2.7/23/10	
則掌其盟約之○及其禮		掌○書	3.63/47/21	禁遷○者與嫁殤者	2.26/26/7	
儀	5.14/70/4	○駕說	3.65/48/6	及執事眡○獻器	3.2/37/26	
必自○於地者始也	6.0/78/13	○司馬頒旗物	3.67/48/13	卜○兆	3.2/37/26	
各○其名	6.28/85/2	○羞	4.9/55/7	既○	3.2/37/26	
		以○其不足者	4.12/55/18	成○而祭墓	3.2/37/27	
贊 zàn	**56**	則○射牲	4.18/56/14	先王之○居中	3.18/40/28	
		射則○張侯	4.19/56/18	凡諸侯及諸臣○於墓者	3.18/41/1	
○王牲事	1.1/6/9,4.30/57/31	○王鼓	4.30/57/32	令國民族○	3.19/41/3	
○玉幣爵之事	1.1/6/9	則○弓矢	4.30/58/2	乃○	3.50/45/30	
○玉几玉爵	1.1/6/9	○王弓矢之事	4.40/59/11	及○亦如之	3.67/48/17	
○玉幣、玉獻、玉几、		詔○王鼓	4.42/59/18			
玉爵	1.1/6/10	○牛耳桃茢	4.42/59/19	**遭 zāo**	**1**	
○贈玉、含玉	1.1/6/10	趣馬掌○正良馬	4.52/60/23			
○王命	1.1/6/11	○焚萊	4.54/60/29	○主國之喪	5.58/76/27	

糟 zāo	2	凡四方之賓客○焉	2.37/27/22		1.39/12/24
		○縣鄙形體之法	2.40/28/3	掌邦之六典、八法、八	
共后之致飲于賓客之禮		類○上帝	3.3/38/7	○之貳	1.2/6/15
醫酏○	1.21/10/8	以○贈賓客	3.10/39/16	大事○從其長	1.2/6/19
清醴醫酏○	1.23/10/18	二曰○	3.49/45/15	1.2/6/19,1.2/6/20,1.2/6/21	
		○于祖	3.49/45/24	1.2/6/22,1.2/6/22	
早 zǎo	1	○于廟	3.49/45/25	小事○專達	1.2/6/19
		詛祝掌盟、詛、類、○		1.2/6/20,1.2/6/20,1.2/6/21	
其植物宜（○）〔皁〕		、攻、說、襘、禜之		1.2/6/22,1.2/6/22	
物	2.1/20/4	祝號	3.53/46/11	○以官府之敘受群吏之要	1.2/7/4
		則帥巫而○巫恒	3.54/46/14	○令群吏致事	1.2/7/5
蚤 zǎo	3	○都邑亦如之	4.8/55/1	○國有大刑	1.2/7/7
		若○都邑	4.12/55/18	歲終○令群吏正歲會	1.3/7/18
欲其○之正也	6.1/78/23	以兩○禁民訟	5.1/67/5	月終○令正月要	1.3/7/19
察其蚤○不齵	6.1/78/23	○焉	5.8/69/6	旬終○令正日成	1.3/7/19
去一以為○圍	6.1/79/12			○以法警戒群吏	1.3/7/20
		譟 zào	1	○令宿	1.4/7/23
棗 zǎo	2			月終○會其稍食	1.4/7/24
		車徒皆○	4.1/54/6	歲終○會其行事	1.4/7/25
其實○、奧、桃、乾藜				○執燭	1.4/7/26
、榛實	1.25/10/25	**趮** zào	1	○授廬舍	1.4/7/26
○奧十有二列	6.19/82/28			○令之	1.5/7/29
		犬赤股而○	1.8/8/16	月終○均秩	1.5/7/29
藻 zǎo	2			歲終○均敘	1.5/7/29
		趠 zào	1	大喪○不舉	1.6/8/4
○車	3.64/47/30			大荒○不舉	1.6/8/4
○藉	3.64/47/30	羽殺則○	6.23/83/10	大札○不舉	1.6/8/4
				天地有災○不舉	1.6/8/4
皁 zào	5	**仄** zé	3	邦有大故○不舉	1.6/8/4
				○奉膳贊祭	1.6/8/5
其植物宜（早）〔○〕		卻行、○行、連行、紆		○徹王之胙俎	1.6/8/5
物	2.1/20/4	行	6.26/83/21	○為獻主	1.6/8/6
○一人	4.0/52/3	行山者○輮	6.29/85/15	歲終○會	1.6/8/7,1.7/8/12
三乘為○	4.51/60/14	○輮則完	6.29/85/15	1.21/10/11,1.43/13/9	
○一趣馬	4.51/60/14			○陳其鼎俎	1.8/8/15
三○為繫	4.51/60/14	**則** zé	629	牛夜鳴○庮	1.8/8/16
				○饔人共之	1.8/8/18
造 zào	19	以八○治都鄙	1.1/5/15	○掌其割亨之事	1.9/8/22
		二曰法○	1.1/5/15	○掌共其獻、賜脯肉之	
以樂徹于○	1.6/8/3	乃施○于都鄙	1.1/6/5	事	1.9/8/23
凡邦之有疾病者、〔有〕		以○待都鄙之治	1.1/6/6	○死刑焉	1.11/8/29
疕瘍者○焉	1.16/9/13	○掌百官之誓戒	1.1/6/7	○守嗇	1.12/8/31
凡○都鄙	2.1/20/21	○戒于百官	1.1/6/10	○使醫分而治之	1.16/9/13
七曰○言之刑	2.1/21/6	○贊聽治	1.1/6/11	○稽其醫事以制其食	1.16/9/14
○都邑之封域者亦如之		○家宰聽之	1.1/6/11	○各書其所以	1.18/9/24
	2.10/23/21	○令百官府各正其治	1.1/6/12	死○計其數	1.20/10/2
凡○都邑	2.18/24/30	○大計群吏之治	1.1/6/13	祭祀○共奉之	1.22/10/14

○共醯六十罋	1.26/11/1	二十肆○一人 2.0/17/12
○共齊菹醯物六十罋	1.27/11/5	2.0/17/12
無宮○共人門	1.31/11/17	十肆○一人 2.0/17/12

賊殺其親○正之	4.1/53/11	○速逆御僕與御庶子	4.30/57/30	○爲之前驅而辟	5.4/68/17
放弒其君○殘之	4.1/53/11	○自左馭而前驅	4.30/57/31		5.5/68/23、5.6/68/29
犯令陵政○杜之	4.1/53/11	○相其法	4.30/58/1		5.8/69/7
○滅之	4.1/53/11	○贊弓矢	4.30/58/2	○戮其犯命者	5.4/68/17
百步○一	4.1/53/26	○正位	4.30/58/2		5.5/68/23、5.6/68/30
○左執律	4.1/54/8	○辭於三公及孤卿	4.30/58/2	○王令三公會其期	5.5/68/22
○厭而奉主車	4.1/54/9	○賜之禽	4.32/58/9	○各掌其遂之禁令	5.5/68/22
○相	4.1/54/9	行○斂之	4.38/58/30	○王命六卿會其期	5.6/68/29
○帥士庶子而掌其政令	4.1/54/10	弗用○更	4.39/59/9	○各掌其縣之禁令	5.6/68/29
○合諸侯之六耦	4.1/54/10	既射○斂之	4.40/59/12	○各掌其方之禁令	5.7/69/3
○旬之內更	4.7/54/28	○以玉敦辟盟	4.42/59/18	○省之而誅賞焉	5.7/69/3
○以任齊其行	4.7/54/29	王乘○持馬	4.43/59/21	○主之	5.7/69/4
○聽之	4.7/54/29	行○陪乘	4.43/59/21	○往而成之	5.8/69/7
○受布于司馬	4.10/55/10	○前馬	4.43/59/21	○與行人送逆之	5.8/69/7
時○施火令	4.11/55/14	王出入○持馬陪乘	4.44/59/24	○帥其屬而爲之蹕	5.8/69/8
○祭爟	4.11/55/14	王式○下	4.44/59/25	客出入○道之	5.8/69/8
○有刑罰焉	4.11/55/14	王下○以蓋從	4.44/59/25	有治○贊之	5.8/69/8
○治其固	4.12/55/19	○帥驅逆之車	4.51/60/20	○讀其誓禁	5.8/69/9
○因之	4.12/55/20	○飾黃駒	4.51/60/20	○聽	5.9/69/16
○藩塞阻路而止行者	4.13/55/23	○使其賈粥之	4.53/60/26	○令邦國、都家、縣鄙	
○帥而致于朝	4.15/55/28	射○充椹質	4.56/61/4	慮刑貶	5.9/69/18
○以火爨鼎水而沸之	4.17/56/4	茇牆○翦闢	4.56/61/4	○以五刑之法詔刑罰	5.11/69/25
○皆北面	4.18/56/8	○四公	4.58/61/28	○珥而辟藏	5.13/70/2
○以貍步張三侯	4.18/56/12	方四百里○六侯	4.58/61/28	○六官辟藏	5.13/70/2
○令去侯	4.18/56/12	方三百里○七伯	4.58/61/28	○掌其盟約之載及其禮	
○贊射牲	4.18/56/14	方二百里○二十五子	4.58/61/28	儀	5.14/70/4
○作卿大夫從	4.18/56/15	方百（男）〔里〕○百		○貳之	5.14/70/5
賓客之事○抗皮	4.19/56/18	男	4.58/61/28	○使之盟詛	5.14/70/6
射○贊張侯	4.19/56/18	○戒于四方	4.58/61/30	○爲司盟共祈酒脯	5.14/70/6
射○取矢	4.20/56/21	○樹王舍	4.59/62/4	○共其金版	5.15/70/11
○以并夾取之	4.20/56/22	○布而訓四方	4.62/62/12	○掌其令	5.15/70/12
○作羅襦	4.21/56/24	匡人掌達法○、匡邦國		○役其煩辱之事	5.21/71/2
○致士而頒其守	4.23/57/4	而觀其慝	4.67/62/24	〔子○取隸焉〕	5.22/71/5
三歲○稽士任	4.23/57/5	都○	5.0/66/30、5.64/77/16	在野外○守屬禁	5.23/71/8
○帥國子而致於大子	4.24/57/7	○宥而舍之	5.1/67/9	掌（子○取隸焉）〔與	
○授之車甲	4.24/57/8	○戒之日	5.1/67/14	鳥言〕	5.24/71/10
舍○守王閑	4.26/57/16	讀書○用法	5.2/67/21	○以刑禁號令	5.27/71/20
○守王宮	4.26/57/16	○令群士計獄弊訟	5.2/67/29	○戮其犯禁者以徇	5.29/71/25
○守王門	4.26/57/17	○以荒辯之法治之	5.3/68/7	○司牧之	5.29/71/25
○從士大夫	4.26/57/17	○爲之尸	5.3/68/8	○令守涂地之人聚（樏）	
○奉書以使於四方	4.26/57/18	○前驅而辟	5.3/68/9	〔樏〕之	5.30/71/28
車止○持輪	4.27/57/20	○沃尸及王盥	5.3/68/9	有相翔者〔○〕誅之	5.30/71/28
○服而趨	4.27/57/21	○奉犬牲	5.3/68/9	○爲之辟	5.30/71/28
○衰葛執戈盾	4.27/57/21	○帥其屬而蹕于王宮	5.3/68/10	○令埽道路	5.30/71/30
○介而趨	4.27/57/21	○令正要會	5.3/68/11	○令埋而置楬焉	5.31/72/2
諸侯○四人	4.28/57/23	○王會其期	5.4/68/15	○爲明竁焉	5.35/72/14
○前正位而退	4.30/57/29	○各掌其鄉之禁令	5.4/68/16	王出入○八人夾道	5.36/72/16

仄輮〇完 6.29/85/15
赤黑〇鄉心 6.30/85/23
陽聲〇遠根 6.30/85/23
〇弓不發 6.30/85/24
〇其爲獸必剽 6.30/86/1
〇豈異於其獸 6.30/86/1
冬析幹〇易 6.30/86/3
春液角〇合 6.30/86/3
夏治筋〇不煩 6.30/86/3
秋合三材〇合 6.30/86/4
寒奠體〇張不流 6.30/86/4
冰析灂〇審環 6.30/86/4
春被弦〇一年之事 6.30/86/4
〇及其大脩也 6.30/86/5
6.30/86/8
厚其帤〇木堅 6.30/86/6
薄其帤〇需 6.30/86/6
引之〇縱 6.30/86/9
釋之〇不校 6.30/86/9
然〇居旱亦不動 6.30/86/12
〇莫能以速中 6.30/86/24
〇莫能以愿中 6.30/86/24

責 zé 3

四曰聽稱〇以傅別 1.2/6/29
凡有〇者 5.9/69/15
凡屬〇者 5.9/69/16

賊 zé 13

以除盜〇 1.2/6/25
潛服、〇器不入宮 1.47/13/29
十有二曰除盜〇 2.1/20/25
掌執市之盜〇 2.33/27/8
〇賢害民則伐之 4.1/53/10
〇殺其親則正之 4.1/53/11
搏諜〇 4.16/55/31
二曰邦〇 5.3/68/6
凡盜〇軍鄉邑及家人 5.9/69/17
司厲掌盜〇之任器、貨賄 5.16/70/14
掌囚掌守盜〇 5.19/70/24
掌戮掌斬殺〇諜而搏之 5.20/70/28
帥其民而搏盜〇 5.21/71/1

澤 zé 51

作山〇之材 1.1/5/21
八曰山〇之賦 1.1/5/25
山〇之賦以待喪紀 1.34/11/31
以知山林川〇之數 1.39/12/24
〇虞 2.0/18/24
每大〇大藪中士四人 2.0/18/24
中〇中藪如中川之衡 2.0/18/24
小〇小藪如小川之衡 2.0/18/25
辨其山林川〇丘陵墳衍原隰之名物 2.1/20/2
二曰川〇 2.1/20/5
任虞以〇事 2.17/24/24
〇國用龍節 2.39/27/30
5.53/74/25
渴〇用鹿 2.52/29/30
凡稼〇 2.53/30/2
〇草所生 2.53/30/2
川衡掌巡川〇之禁令 2.58/30/19
〇虞掌國〇之政令 2.59/30/22
共〇物之奠 2.59/30/23
則萊〇野 2.59/30/23
角人掌以時徵齒角凡骨物於山〇之農 2.62/30/32
羽人掌以時徵羽翮之政于山〇之農 2.63/31/3
徵草貢之材于〇農 2.64/31/6
以貍沈祭山、林、川、〇 3.1/36/25
一變而致羽物及川〇之示 3.21/41/18
於〇中之方丘奏之 3.21/41/24
以周知其山林川〇之阻 4.13/55/22
〇 4.39/59/7
其〇藪曰具區 4.58/61/11
其〇藪曰雲瞢 4.58/61/12
其〇藪曰圃田 4.58/61/14
其〇藪曰望諸 4.58/61/15
其〇藪曰大野 4.58/61/17
其〇藪曰弦蒲 4.58/61/19
其〇藪曰貕養 4.58/61/20
其〇藪曰楊紆 4.58/61/22
其〇藪曰昭餘祁 4.58/61/23
川師掌川〇之名 4.65/62/20
禁山之爲苑、〇之沈者 5.32/72/6
有時以〇 6.0/78/5
行〇者欲杼 6.1/79/3
杼以行〇 6.1/79/4
實諸〇器 6.18/82/13
行〇者欲短轂 6.29/85/14
行〇者反輮 6.29/85/14
稺牛之角直而〇 6.30/85/25
瘠牛之角無〇 6.30/85/25
深瑕而〇 6.30/85/29
大結而〇 6.30/86/1,6.30/86/1

昃 zè 1

日〇而市 2.27/26/11

曾 zēng 1

詒女〇孫諸侯百福 6.26/84/6

矰 zēng 3

〇矢、茀矢用諸弋射 4.39/59/5
共〇矢 4.39/59/8
繕人掌王之用弓、弩、矢、箙、〇、弋、抉、拾 4.40/59/11

甑 zèng 1

〇 6.24/83/14

贈 zèng 6

贄〇玉、含玉 1.1/6/10
以造〇賓客 3.10/39/16
含玉、〇玉 3.10/39/20
以〇惡夢 3.47/45/8
冬堂〇 3.55/46/17
致饔餼、還圭、饗食、致〇、郊送 5.54/75/12

札 zhá 13

大〇則不舉 1.6/8/4
大荒、大〇 2.1/21/10
凶〇則無力政 2.20/25/8
國凶荒〇喪 2.27/26/16

國凶○	2.38/27/26
以荒禮哀凶○	3.1/36/27
大○、大荒、大災	3.12/40/4
大○、大凶、大災、大	
臣死	3.21/41/30
以檜國之凶荒、民之○	
喪	3.70/48/27
若邦凶荒、○喪、寇戎	
之故	5.9/69/18
若國○喪	5.53/74/28
其○喪凶荒厄貧爲一書	5.53/75/1
○喪殺禮	5.58/76/26

詐 zhà　　　　　2

以賈民禁僞而除○	2.27/26/11
察其○僞、飾行、價惡	
者	2.30/26/29

溠 zhà　　　　　1

其浸波○	4.58/61/14

蜡 zhà　　　　　4

國祭○	3.37/43/30
○	4.21/56/24
○氏	5.0/65/1
○氏掌除骴	5.31/72/1

宅 zhái　　　　　6

以相民○	2.1/20/13
以○田、士田、賈田任	
近郊之地	2.16/24/16
國○無征	2.16/24/18
凡○不毛者	2.16/24/19
掌安○敘降	3.48/45/11
以土地相○	4.59/62/3

占 zhān　　　　　14

○人	3.0/35/5
○夢	3.0/35/9
以八命者贊《三兆》、	
《三易》、《三夢》	
之○	3.41/44/13

○人掌○龜	3.45/44/29
以八簭○八頌	3.45/44/29
以八卦○簭之八故	3.45/44/29
君○體	3.45/44/29
大夫○色	3.45/44/30
史○墨	3.45/44/30
卜人○坼	3.45/44/30
則計其○之中否	3.45/44/30
○夢掌其歲時觀天地之	
會	3.47/45/6
以日、月、星、辰○六	
夢之吉凶	3.47/45/6

氈 zhān　　　　　2

則張○案	1.33/11/22
共其毳毛爲○	1.44/13/12

旜 zhān　　　　　3

通帛爲○	3.67/48/12
孤卿建○	3.67/48/14
（師）〔帥〕都載○	4.1/53/24

展 zhǎn　　　　　12

○其功緒	1.45/13/17
○衣	1.58/15/4,1.58/15/5
則攻教、察辭、稽器、	
○事	2.3/22/11
○牲	2.15/24/13
市之群吏平肆○成奠賈	
	2.27/26/13
○其成而奠其賈	2.31/27/1
○犧牲	3.3/38/2
○器陳	3.3/38/3
遂以聲○之	3.21/41/27
○樂器	3.23/42/12
○而受之	4.32/58/10

斬 zhǎn　　　　　16

令○冰	1.24/10/20
仲冬○陽木	2.56/30/11
仲夏○陰木	2.56/30/11
○季材	2.56/30/12
令萬民時○材	2.56/30/12

春秋之○木不入禁	2.56/30/12
若○木材	2.57/30/16
爲天王○衰	3.12/40/3
○牲以左右徇陳	4.1/53/28
	4.9/55/7
曰「不用命者○之」	4.1/53/29
掌戮掌○殺賊諜而搏之	
	5.20/70/28
凡軍旅田役○殺刑戮	5.20/70/30
禁殺戮掌司○殺戮者	5.28/71/22
○三材	6.1/78/19
凡○轂之道	6.1/78/24

棧 zhàn　　　　　2

士乘○車	3.64/48/1
○車欲弇	6.2/79/20

湛 zhàn　　　　　2

其浸潁○	4.58/61/13
以朱○丹（林）〔秫〕	
三月	6.16/82/7

戰 zhàn　　　　　8

如○之陳	4.1/53/18
群吏戒眾庶脩○法	4.1/53/26
乃陳車徒如○之陳	4.1/53/28
及○	4.1/54/8
○功曰多	4.6/54/23
唐大利車○、野○	4.39/59/3
用諸守城、車○	4.39/59/4

章 zhāng　　　　　11

鬺○	3.0/34/20
保○氏	3.0/35/31
《王夏》、《肆夏》、	
《昭夏》、《納夏》	
、《○夏》、《齊夏》	
、《族夏》、《祴夏》	
、《驁夏》	3.31/43/10
鬺○掌土鼓豳籥	3.37/43/29
保○氏掌天星	3.60/47/8
冕服九○	5.52/73/32
冕服七○	5.52/74/3

冕服五〇	5.52/74/6	**掌 zhǎng**	572	〇其誅賞	1.5/7/30
赤與白謂之〇	6.15/82/2	使帥其屬而〇邦治	1.0/1/3	膳夫〇王之食飲膳羞	1.6/8/1
山以〇	6.15/82/4	〇舍	1.0/3/3	〇后及世子之膳羞	1.6/8/6
雜四時五色之位以〇之	6.15/82/4	〇次	1.0/3/7	凡肉脩之頒賜皆〇之	1.6/8/6
		〇皮	1.0/4/1	庖人〇共六畜、六獸、	
張 zhāng	20	〇建邦之六典	1.1/5/9	六禽	1.7/8/9
		則〇百官之誓戒	1.1/6/7	內饔〇王及后、世子膳	
以待〇事	1.33/11/22	〇建邦之宮刑	1.2/6/15	羞之割亨煎和之事	1.8/8/14
則〇甄案	1.33/11/22	〇邦之六典、八法、八		〇割亨之事	1.8/8/17
則〇大次、小次	1.33/11/23	則之貳	1.2/6/15	凡〇共羞、脩、刑、膴	
	1.33/11/24	〇邦治	1.2/6/19	、胖、骨、鱐	1.8/8/18
則〇幕	1.33/11/23	〇邦教	1.2/6/19	外饔〇外祭祀之割亨	1.9/8/21
則〇幕設案	1.33/11/24	〇邦禮	1.2/6/20	則〇其割亨之事	1.9/8/22
	1.33/11/24	〇邦政	1.2/6/21	則〇共其獻、賜脯肉之	
王則〇笮三重	1.33/11/24	〇邦刑	1.2/6/21	事	1.9/8/23
〇其旅幕	1.33/11/25	〇邦事	1.2/6/22	亨人〇共鼎鑊以給水火	
〇尸次	1.33/11/25	以法〇祭祀、朝覲、會		之齊	1.10/8/25
射則〇耦次	1.33/11/25	同、賓客之戒具	1.2/7/1	甸師〇帥其屬而耕耨王	
掌凡邦之〇事	1.33/11/25	〇治朝之法	1.3/7/9	藉	1.11/8/28
則以貍步〇三侯	4.18/56/12	〇其禁令	1.3/7/9	獸人〇罟田獸	1.12/8/31
射則贄〇侯	4.19/56/18		2.41/28/21,2.51/29/27	巖人〇以時巖爲梁	1.13/9/4
冥氏掌設弧〇	5.38/72/23	〇百官府之徵令	1.3/7/10	鱉人〇取互物	1.14/9/7
〇皮侯而棲鵠	6.26/84/4	〇官法以治要	1.3/7/11	〇凡邦之籍事	1.14/9/8
〇五采之侯	6.26/84/4	〇官成以治凡	1.3/7/11	腊人〇乾肉	1.15/9/10
〇獸侯	6.26/84/5	〇官法以治目	1.3/7/11	醫師〇醫之政令	1.16/9/13
寒奠體則〇不流	6.30/86/4	〇官常以治數	1.3/7/11	食醫〇和王之六食、六	
〇如流水	6.30/86/16	〇官契以治藏	1.3/7/12	飲、六膳、百羞、百	
		〇官書以贊治	1.3/7/12	醬、八珍之齊	1.17/9/17
漳 zhāng	1	〇官敘以治敘	1.3/7/12	疾醫〇養萬民之疾病	1.18/9/22
		〇官令以徵令	1.3/7/13	瘍醫〇腫瘍、潰瘍、金	
其川〇	4.58/61/22	〇治法以考百官府、群		瘍、折瘍之祝藥劀殺	
		都縣鄙之治	1.3/7/13	之齊	1.19/9/27
璋 zhāng	14	以式法〇祭祀之戒具與		獸醫〇療獸病	1.20/9/31
		其薦羞	1.3/7/14	酒正〇酒之政令	1.21/10/4
以赤〇禮南方	3.1/37/6	〇其牢禮、委積、膳獻		〇其厚薄之齊	1.21/10/6
瑑圭〇璧琮	3.10/39/14	、飲食、賓賜之飧牽	1.3/7/16	〇酒之賜頒	1.21/10/10
〇邸射以祀山川	3.10/39/16	〇其戒令	1.3/7/17	酒人〇爲五齊三酒	1.22/10/14
牙〇以起軍旅	3.10/39/17	〇小官之戒令	1.3/7/17	漿人〇共王之六飲	1.23/10/17
駔圭〇璧琮琥璜之渠眉		宮正〇王宮之戒令、糾		凌人〇冰正	1.24/10/20
	3.10/39/18	禁	1.4/7/22	〇事	1.24/10/21,3.2/37/28
〇以皮	5.53/74/27	宮伯〇王宮之士庶子	1.5/7/28		3.17/40/25,3.51/46/5
大〇、中〇九寸	6.19/82/23	〇其政令	1.5/7/28	籩人〇四籩之實	1.25/10/24
邊〇七寸	6.19/82/23		1.12/9/2,1.13/9/5	〇之	1.25/10/27,1.43/13/9
大〇亦如之	6.19/82/24		2.40/28/14,2.49/29/18	醢人〇四豆之實	1.26/10/29
瑑圭〇八寸	6.19/82/25		3.2/37/17,4.25/57/14	醢人〇共五齊七菹	1.27/11/4
牙〇、中〇七寸	6.19/82/25		4.54/60/29,5.42/73/2	鹽人〇鹽之政令	1.28/11/8
〇邸射	6.19/82/29			幕人〇共巾幕	1.29/11/11

○大師之縣	3.28/43/1	詛祝○盟、詛、類、造		○賞地之政令	4.6/54/24
典同○六律六同之和、		、攻、說、禬、禁之		馬質○質馬	4.7/54/27
以辨天地四方陰陽之		祝號	3.53/46/11	量人○建國之法	4.8/55/1
聲	3.29/43/4	司巫○群巫之政令	3.54/46/14	○喪祭奠竁之俎實	4.8/55/3
磬師○教擊磬	3.30/43/8	○巫降之禮	3.54/46/15	小子○祭祀羞羊肆、羊	
鍾師○金奏	3.31/43/10	男巫○望祀望衍授號	3.55/46/17	殽、肉豆	4.9/55/6
○聲	3.31/43/13	女巫○歲時祓除、釁浴		而○珥于社稷	4.9/55/6
笙師○教龡竽、笙、壎			3.56/46/20	羊人○羊牲	4.10/55/9
、簫、簫、（箎）		大史○建邦之六典	3.57/46/23	司爟○行火之政令	4.11/55/13
〔篪〕、（篴）〔篴〕		○法以逆官府之治	3.57/46/23	○固○脩城郭、溝池、	
、管	3.32/43/15	○則以逆都鄙之治	3.57/46/23	樹渠之固	4.12/55/16
鎛師○金奏之鼓	3.33/43/19	小史○邦國之志	3.58/47/1	司險○九州之圖	4.13/55/22
（靺）〔靺〕師○教		○其小事	3.58/47/3	候人各○其方之道治	4.15/55/28
（靺）〔靺〕樂	3.34/43/22	馮相氏○十有二歲、十		環人○致師	4.16/55/31
旄人○教舞散樂	3.35/43/24	有二月、十有二辰、		挈壺氏○挈壺以令軍井	4.17/56/3
籥師○教國子舞羽龡籥		十日、二十有八星之		射人○國之三公、孤、	
	3.36/43/26	位	3.59/47/5	卿、大夫之位	4.18/56/7
籥章○土鼓豳籥	3.37/43/29	保章氏○天星	3.60/47/8	○其治達	4.18/56/9
鞮鞻氏○四夷之樂與其		內史○王之八枋之法	3.61/47/13	作卿大夫○事	4.18/56/15
聲歌	3.38/44/1	○敘事之法	3.61/47/14	服不氏○養猛獸而教擾	
典庸器○藏樂器、庸器	3.39/44/3	內史○書王命	3.61/47/16	之	4.19/56/18
司干○舞器	3.40/44/6	外史○書外令	3.62/47/18	射鳥氏○射鳥	4.20/56/21
人卜○《三兆》之法	3.41/44/9	○四方之志	3.62/47/18	羅氏○羅烏鳥	4.21/56/24
○《三易》之法	3.41/44/10	○三皇五帝之書	3.62/47/18	○畜○養鳥而阜蕃教擾	
○《三夢》之法	3.41/44/11	○達書名于四方	3.62/47/18	之	4.22/56/26
卜師○開龜之四兆	3.42/44/18	御史○邦國都鄙及萬民		司士○群臣之版	4.23/56/28
龜人○六龜之屬	3.43/44/21	之治令	3.63/47/21	○國中之士治	4.23/57/1
菙氏○共燋契	3.44/44/26	○贊書	3.63/47/21	○擯士者	4.23/57/1
占人○占龜	3.45/44/29	巾車○公車之政令	3.64/47/24	○士之戒令	4.23/57/2
簭人○《三易》	3.46/45/1	典路○王及后之五路	3.65/48/6	作士○事	4.23/57/3
占夢○其歲時觀天地之		車僕○戎路之萃	3.66/48/9	諸子○國子之倅	4.24/57/7
會	3.47/45/6	司常○九旗之物名	3.67/48/12	○其戒令與其教治	4.24/57/7
眡祲○十煇之法	3.48/45/10	都宗人○都（宗）〔祭〕		司右○群右之政令	4.25/57/13
○安宅敘降	3.48/45/11	祀之禮	3.68/48/20	虎賁氏○先後王而趨以	
大祝○六祝之辭	3.49/45/14	家宗人○家祭祀之禮	3.69/48/23	卒伍	4.26/57/16
○六祈	3.49/45/15	○家禮與其衣服、宮室		旅賁氏○執戈盾夾王車	
○國事	3.49/45/23	、車旗之禁令	3.69/48/24	而趨	4.27/57/20
小祝○小祭祀將事侯禳		○三辰之法	3.70/48/26	節服氏○祭祀朝覲袞冕	
禱祠之祝號	3.50/45/28	使帥其屬而○邦政	4.0/49/1		4.28/57/23
○釁	3.50/45/30	○固	4.0/49/25	方相氏○蒙熊皮	4.29/57/26
○事焉	3.50/46/1	○疆　　　4.0/49/29,4.14/55/26		（太）〔大〕僕○正王	
喪祝○大喪勸防之事	3.51/46/3	○畜	4.0/50/13	之服位	4.30/57/29
○喪祭祝號	3.51/46/4	○建邦國之九法	4.1/53/7	○諸侯之復逆	4.30/57/29
○勝國邑之社稷之祝號	3.51/46/5	則帥士庶子而○其政令	4.1/54/10	而○其政	4.30/57/30
甸祝○四時之田表貉之		○	4.2/54/13	○三公孤卿之弔勞	4.30/58/1
祝號	3.52/46/8	○其事	4.2/54/13	○擯相	4.30/58/2
皆○其祝號	3.52/46/9	司勳○六鄉賞地之法	4.6/54/22	小臣○王之小命	4.31/58/4

萍氏○國之水禁	5.33/72/8
司寤氏○夜時	5.34/72/10
司烜氏○以夫遂取明火	
於日	5.35/72/12
條狼氏○執鞭以趨辟	5.36/72/16
脩閭氏○比國中宿互	
（欙）〔欙〕者與其	
國粥	5.37/72/20
冥氏○設弧張	5.38/72/23
庶氏○除毒蠱	5.39/72/26
穴氏○攻蟄獸	5.40/72/28
翨氏○攻猛鳥	5.41/72/30
柞氏○攻草木及林麓	5.42/73/1
薙氏○殺草	5.43/73/4
○凡殺草之政令	5.43/73/5
硩蔟氏○覆夭鳥之巢	5.44/73/7
翦氏○除蠹物	5.45/73/10
赤犮氏○除牆屋	5.46/73/12
蟈氏○去鼃黽	5.47/73/14
壺涿氏○除水蟲	5.48/73/17
庭氏○射國中之夭鳥	5.49/73/20
銜枚氏○司嚻	5.50/73/23
伊耆氏○國之大祭祀共	
其杖咸	5.51/73/26
大行人○大賓之禮及大	
客之儀	5.52/73/28
小行人○邦國賓客之禮	
籍	5.53/74/21
司儀○九儀之賓客擯相	
之禮	5.54/75/4
行夫○邦國傳遽之小事	
、嫩惡而無禮者	5.55/75/25
則○行人之勞辱事焉	5.55/75/26
環人○送逆邦國之通賓	
客	5.56/75/28
象胥○蠻、夷、閩、貉	
、戎、狄之國使	5.57/75/31
○傳王之言而諭說焉	5.57/75/31
○客○四方賓客之牢禮	
、籩獻、飲食之等數	
與其政治	5.58/76/5
○訝○邦國之等籍	5.59/76/30
詔相其事而○其治令	5.59/77/2
○交○以節與幣巡邦國	
之諸侯及其萬民之所	
聚者	5.60/77/4
○邦國之通事而結其交	

好	5.60/77/5
朝大夫○都家之國治	5.63/77/12

杖 zhàng　4

且授之○	3.3/38/7
伊耆氏掌國之大祭祀共	
其○咸	5.51/73/26
授有爵者○	5.51/73/26
共王之○齒	5.51/73/26

招 zhāo　3

掌以時○、梗、襘、禳	
之事	1.53/14/19
旁○以茅	3.55/46/17
春○弭	3.55/46/17

昭 zhāo　8

辨廟祧之○穆	3.2/37/16
以○穆爲左右	3.18/40/28
牲（出）入則令奏《○	
夏》	3.21/41/27
《王夏》、《肆夏》、	
《○夏》、《納夏》	
、《章夏》、《齊夏》	
、《族夏》、《祴夏》	
、《鷔夏》	3.31/43/10
辨○穆	3.58/47/1
史以書敘○穆之俎簋	3.58/47/2
呼○穆而進之	4.23/57/2
其澤藪曰○餘祁	4.58/61/23

朝 zhāo　90

大○觀會同	1.1/6/10
王眂治○	1.1/6/11
眂四方之聽○	1.1/6/11
以法掌祭祀、○觀、會	
同、賓客之戒具	1.2/7/1
掌治○之法	1.3/7/9
凡○覲、會同、賓客	1.3/7/15
○事之籩	1.25/10/24
○事之豆	1.26/10/29
凡○覲、會同、軍旅、	
田役、祭祀	1.32/11/19

○日、祀五帝	1.33/11/22
諸侯○觀會同	1.33/11/23
日西則景○	2.1/20/16
以木鐸徇於市○	2.3/22/8
則各帥其鄉之衆寡而致	
於○	2.4/22/23
司王○	2.21/25/13
○在野外	2.21/25/15
三日○廷之容	2.22/25/18
○市	2.27/26/12
○時而市	2.27/26/12
稾人掌共外內○宂食者	
之食	2.78/32/13
春見曰○	3.1/36/28
○觀會同	3.1/37/11
大○覲	3.3/38/5
其○踐用兩獻尊	3.7/38/25
其○獻用兩著尊	3.7/38/26
凡四時之間祀追享○享	3.7/38/27
其○踐用兩大尊	3.7/38/27
凡大○覲、大享射、凡	
封國、命諸侯	3.8/39/1
以○日	3.10/39/13
以○覲宗遇會同于王	3.10/39/14
眂○	3.12/40/2
比外內命婦之○莫哭	3.15/40/18
則敘外內○莫哭者	3.17/40/26
及○	3.51/46/3
大會同○覲	3.57/46/27
以○	3.64/47/26
量市○道巷門渠	4.8/55/1
量其市、○、州、涂、	
軍社之所里	4.8/55/2
則帥而致于○	4.15/55/28
諸侯在○	4.18/56/8
會同○覲	4.18/56/14
正○儀之位	4.23/56/30
內○皆退	4.23/57/1
節服氏掌祭祀○覲袞冕	4.28/57/23
王眂○	4.30/57/29
王眂燕○	4.30/58/2
王不眂○	4.30/58/2
大祭祀、○覲	4.31/58/5
○、覲、宗、遇、饗、	
食皆乘金路	4.47/60/3
道僕掌馭象路以○夕、	

燕出入	4.48/60/6	○不深	6.26/83/30	則○大僕鼓	2.11/23/29
凡大祭祀、○覲、會同				則以攷群吏而以○廢置	
	4.51/60/18	**兆 zhào**	**19**		2.18/24/29
○士	5.0/63/21			師氏掌以媺○王	2.21/25/11
○大夫	5.0/66/28	○五帝於四郊	3.2/37/15	以○地事	2.54/30/5
入束矢於○	5.1/67/5	○山川丘陵墳衍	3.2/37/16	以○地求	2.54/30/5
三日乃致于○	5.1/67/6	卜葬	3.2/37/26	以○觀事	2.55/30/8
凡○觀會同	5.1/67/15	掌○中、廟中之禁令	3.3/38/4	以○辟忌	2.55/30/8
掌外○之政	5.2/67/18	典祀掌外祀之○守	3.13/40/11	以○穀用	2.71/31/23
皆以木鐸徇之于○	5.3/68/2	辨其○域而爲之圖	3.18/40/28	○王殺邦用	2.71/31/24
旬而職聽于○	5.4/68/14	不入○域	3.18/40/29	○大號	3.1/37/9
斷其獄、弊其訟于○	5.4/68/14	授之○	3.18/41/1	○相王之大禮	3.1/37/10
	5.5/68/20,5.6/68/27	大卜掌《三○》之法	3.41/44/9	則奉玉帛以○號	3.2/37/20
二旬而職聽于○	5.5/68/20	一曰《玉○》	3.41/44/9	○相祭祀之小禮	3.2/37/21
三旬而職聽于○	5.6/68/27	二曰《瓦○》	3.41/44/9	○相喪祭之禮	3.2/37/26
司寇聽其成于○	5.7/69/1	三曰《原○》	3.41/44/9	○相其禮	3.3/38/3
○士掌建邦外○之法	5.9/69/11	其經○之體	3.41/44/9	○祼將之儀與其節	3.4/38/14
禁慢○、錯立族談者	5.9/69/13	以八命者贊《三○》、		○其酌	3.7/38/24
委于○	5.9/69/14	《三易》、《三夢》		以○王察群吏之治	3.9/39/8
奉而適○	5.19/70/25	之占	3.41/44/13	○王后之禮事	3.15/40/17
春○諸侯而圖天下之事		卜師掌開龜之四○	3.42/44/18	則○相	3.15/40/19
	5.52/73/28	一曰方○	3.42/44/18	則○贊主人	3.20/41/7
其○位賓主之間九十步	5.52/74/1	二曰功○	3.42/44/18	○其號	3.20/41/7
○位賓主之間七十步	5.52/74/4	三曰義○	3.42/44/18	○諸侯以弓矢舞	3.21/41/29
○位賓主之間五十步	5.52/74/6	四曰弓○	3.42/44/18	○來瞽皋舞	3.22/42/7
○位當車前	5.52/74/9			（○）及徹	3.22/42/7
世相○也	5.52/74/19	**詔 zhào**	**76**	而○吉凶	3.25/42/22
○、覲、宗、遇、會、				以○救政 3.41/44/14,3.60/47/11	
同	5.53/74/24	以八柄○王馭群臣	1.1/5/17	以授命龜者而○相之	3.42/44/19
拜辱于○	5.54/75/20	以八統○王馭萬民	1.1/5/19	○王居門終月	3.57/46/26
不○不夕	5.54/75/23	而○王廢置	1.1/6/12	執書以○王	3.57/46/28
至于○	5.59/76/32	以官刑○冢宰而誅之	1.3/7/14	則○王之忌諱	3.58/47/1
○大夫掌都家之國治	5.63/77/12	以○王及冢宰廢置	1.38/12/19	以○王治 3.61/47/13,4.23/56/29	
日○以聽國事故	5.63/77/12	以○上之小用賜予	1.42/13/5	受納訪以○王聽治	3.61/47/15
則令其○大夫	5.63/77/12	正后之服位而○其禮樂		奉○馬牲	4.1/54/11
必因其○大夫	5.63/77/13	之儀	1.45/13/17	司勳○之	4.6/54/23
則誅其○大夫	5.63/77/14	○后帥外內命婦始蠶于		○相其法	4.18/56/8
以○諸侯	6.19/82/18	北郊	1.45/13/20	○相其事	4.18/56/9
以正○夕	6.28/84/20	○王后帥六宮之人而生		以德○爵	4.23/56/29
面○後市	6.28/84/21	穜稑之種	1.45/13/22	以功○祿	4.23/56/29
市○一夫	6.28/84/21	○后之禮事	1.46/13/26	以能○事	4.23/56/29
九卿○焉	6.28/84/26	立于其前而○相之	1.48/14/5	○相其法事	4.23/57/2
		以○后治內政	1.54/14/21	○法儀	4.30/57/31
爪 zhǎo	**3**	以○廢置 2.3/22/10,2.23/25/23		○相王之小法儀	4.31/58/4
		以○誅賞	2.3/22/11	掌○王射	4.40/59/11
必深其○	6.26/83/28	封人掌○王之社壝	2.10/23/21	○贊王鼓	4.42/59/18
深其○	6.26/83/28	則○王鼓	2.11/23/28	○王之車儀	4.44/59/24

以〇司寇斷獄弊訟	5.3/68/5
以萬民之數〇司寇	5.10/69/21
則以五刑之法〇刑罰	5.11/69/25
北面〇明神	5.14/70/4
以〇夜士夜禁	5.34/72/10
則〔〇〕相諸侯之禮	5.52/74/18
以〇儀容、辭令、揖讓 之節	5.54/75/4
〇王儀	5.54/75/5
〇相國客之禮儀而正其 位	5.57/76/2
〇其位	5.59/76/32
〇相其事而掌其治令	5.59/77/2

旈 zhào　　4

龜蛇爲〇	3.67/48/13
縣鄙建〇	3.67/48/15
郊野載〇	4.1/53/24
龜（蛇）〔〇〕四旈	6.3/80/6

折 zhé　　10

瘍醫掌腫瘍、潰瘍、金 瘍、〇瘍之祝藥劀殺 之齊	1.19/9/27
毀〇入齋于職幣	3.64/48/2
轂不〇	6.1/79/1
輈深則〇	6.3/79/31
輈欲弧而〇	6.3/80/1
長內則〇前	6.5/80/15
磬〇	6.12/81/25
磬〇以參伍	6.28/85/3
一柯有半謂之磬〇	6.29/85/9
倨句磬〇	6.29/85/12

蟄 zhé　　2

| 穴氏掌攻〇獸 | 5.40/72/28 |
| 必以啓〇之日 | 6.12/81/25 |

者 zhě　　445

七事〇	1.2/7/2
不用法〇	1.2/7/5
	2.2/21/28,5.2/67/29
凡失財用、物辟名〇	1.3/7/13
其足用、長財、善物〇	1.3/7/14
與其幣器財用凡所共〇	1.3/7/17
治不以時舉〇	1.3/7/19
書其能〇與其良〇	1.3/7/20
凡在版〇	1.5/7/28
凡祭祀之致福〇	1.6/8/6
以摯見〇亦如之	1.6/8/7
辨腥臊膻香之不可食〇	1.8/8/15
凡田獸〇	1.12/9/2
凡廞〇	1.13/9/5
凡邦之有疾病〇、〔有〕 疕瘍〇造焉	1.16/9/13
凡民之有疾病〇	1.18/9/24
凡有瘍〇	1.19/9/29
凡獸之有病〇、有瘍〇	1.20/10/1
凡爲公酒〇亦如之	1.21/10/4
凡有秩酒〇	1.21/10/10
凡官府都鄙之吏及執事 〇	1.34/11/29
凡適四方使〇	1.36/12/9
凡有法〇	1.37/12/12
凡在書契版圖〇之貳	1.38/12/18
掌事〇受法焉	1.39/12/25
凡受財〇	1.40/12/29
職幣掌式法以斂官府都 鄙與凡用邦財〇之幣	1.42/13/4
振掌事〇之餘財	1.42/13/4
佐后而受獻功〇	1.45/13/21
帥敘哭〇亦如之	1.50/14/11
凡飾邦器〇	1.56/14/29
因此五物〇民之常	2.1/20/8
其食〇半	2.1/20/19
其食〇參之一	2.1/20/19
	2.1/20/20
其食〇四之一	2.1/20/20
	2.1/20/21
凡萬民之不服教而有獄 訟〇與有地治〇	2.1/21/7
其附于刑〇	2.1/21/7
	2.26/26/7,2.27/26/18
令無節〇不行於天下	2.1/21/10
可任也〇家三人	2.2/21/19
可任也〇二家五人	2.2/21/19
可任也〇家二人	2.2/21/20
誅其犯命〇	2.2/21/22
辨其可任〇與其施舍〇	2.3/22/2
戮其犯命〇	2.3/22/5
巡其前後之屯而戮其犯 命〇	2.3/22/8
凡四時之徵令有常〇	2.3/22/8
辨其可任〇	2.4/22/14
其舍〇	2.4/22/15
國中貴〇、賢〇、能〇 、服公事〇、老〇、 疾〇皆舍	2.4/22/15
而興賢〇能〇	2.4/22/16
書其孝弟睦婣有學〇	2.7/23/7
辨其貴賤、老幼、癈疾 可任〇	2.7/23/8
書其敬敏任恤〇	2.8/23/15
造都邑之封域〇亦如之	2.10/23/21
鼓兵舞帗舞〇	2.11/23/28
凡牲不繫〇	2.13/24/5
凡宅不毛〇	2.16/24/19
凡田不耕〇	2.16/24/19
凡民無職事〇	2.16/24/19
凡無職〇出夫布	2.17/24/25
不畜〇祭無牲	2.17/24/25
不耕〇祭無盛	2.17/24/25
不樹〇無椁	2.17/24/25
不蠶〇不帛	2.17/24/26
不績〇不衰	2.17/24/26
（辨）〔辨〕其能而可 任於國事〇	2.23/25/23
凡民之有衺惡〇	2.24/25/25
其有過失〇	2.24/25/26
凡過而殺傷人〇	2.25/25/29
凡殺人有反殺〇	2.25/25/31
凡殺人而義〇	2.25/26/1
凡有鬬怒〇	2.25/26/1
不可成〇	2.25/26/1
先動〇誅之	2.25/26/2
凡娶判妻入子〇	2.26/26/5
奔〇不禁	2.26/26/5
若無故而不用令〇	2.26/26/5
司男女之無夫家〇而會 之	2.26/26/6
禁遷葬〇與嫁殤〇	2.26/26/7
凡萬民之期于市〇	2.27/26/14
辟布〇、量度〇、刑戮 〇	2.27/26/14
凡得貨賄六畜〇亦如之	2.27/26/15

亡○使有	2.27/26/16
利○使阜	2.27/26/16
害○使亡	2.27/26/16
靡○使微	2.27/26/16
在民○十有二	2.27/26/17
在商○十有二	2.27/26/17
在賈○十有二	2.27/26/17
在工○十有二	2.27/26/18
凡賣儥○質劑焉	2.28/26/22
犯禁○舉而罰之	2.28/26/23
凡治質劑○	2.28/26/23
凡屠○	2.29/26/26
凡珍異之有滯○	2.29/26/27
察其詐偽、飾行、儥慝 ○	2.30/26/29
禁貴儥○	2.31/27/2
禁其鬻儥○與其疏亂○	2.32/27/5
出入相陵犯○	2.32/27/5
以屬遊飲食于市○	2.32/27/5
司稽掌巡市而察其犯禁 ○、與其不物○而搏 之	2.33/27/8
襲其不正○	2.34/27/10
凡有罪○	2.34/27/10
名相近○相遠也	2.35/27/13
實相近○相爾也	2.35/27/13
泉府掌以市之征布斂市 之不售貨之滯於民用 ○	2.36/27/16
以待不時而買○	2.36/27/16
買○各從其抵	2.36/27/17
凡賒○	2.36/27/17
凡民之貸○	2.36/27/18
幾出入不物○	2.37/27/21
凡財物犯禁○舉之	2.37/27/21
司貨賄之出入○	2.38/27/25
凡貨不出於關○	2.38/27/25
凡所達貨賄○	2.38/27/26
守邦國○用玉節	2.39/27/29
守都鄙○用角節	2.39/27/29
凡通達於天下○	2.39/27/31
無節○	2.39/27/31
辨其老幼癈疾與其施舍 ○	2.40/28/11
其不用命○誅之	2.40/28/13
辨其施舍與其可任○	2.41/28/17
辨其可食○	2.41/28/18

辨其可任○與其可施舍 ○	2.42/28/23
令爲邑○	2.42/28/24
明其有功○	2.42/28/25
屬其地治○	2.42/28/25
凡爲邑○	2.42/28/26
凡竊木○	2.56/30/13
犯禁○執而誅罰之	2.58/30/19
凡田獵○受令焉	2.60/30/26
禁麛卵○與其毒矢射○	2.60/30/26
凡萬民之食食○	2.71/31/23
藥人掌共外內朝冗食○ 之食	2.78/32/13
凡內女之有爵○	3.0/33/17
凡外女之有爵○	3.0/33/19
舞○十有六人	3.0/34/14
舞○衆寡無數	3.0/34/16
凡以神士○無數	3.0/36/21
誅其慢怠○	3.3/38/4
禁外內命男女之衰不中 法○	3.3/38/6
不敬○而苛罰之	3.15/40/18
凡內事有達於外官○	3.15/40/19
序哭○	3.16/40/22
則敘外內朝莫哭○	3.17/40/26
凡死於兵○	3.18/40/29
凡有功○居前	3.18/40/29
凡諸侯及諸臣葬於墓○	3.18/41/1
凡爭墓地○	3.19/41/4
職喪掌諸侯之喪及卿大 夫士凡有爵○之喪	3.20/41/6
凡有道○有德○	3.21/41/10
凡六樂○	3.21/41/18, 3.21/41/18
凡國之小事用樂○	3.22/42/6
以序出入舞○	3.23/42/12
凡祭祀之用樂○	3.23/42/12
觓其不敬○	3.24/42/15
巡舞列而撻其怠慢○	3.24/42/15
凡四方之以舞仕○屬焉	3.35/43/24
舞○既陳	3.40/44/6
以八命○贊《三兆》、 《三易》、《三夢》 之占	3.41/44/13
以授命龜○而詔相之	3.42/44/19
禁督逆祀命○	3.49/45/26

凡（辨）〔辯〕法○攷 焉	3.57/46/23
不信○刑之	3.57/46/24
	3.57/46/25
凡邦國都鄙及萬民之有 約劑○藏焉	3.57/46/24
（辨）〔辯〕事○攷焉	3.57/46/27
不信○誅之	3.57/46/27
凡國事之用禮法○	3.58/47/2
凡此五物○	3.60/47/10
	5.53/74/29
凡治○受法令焉	3.63/47/21
凡數從政○	3.63/47/22
凡良車、散車不在等○	3.64/48/1
凡以神仕○	3.70/48/26
上地食○參之二	4.1/53/16
其民可用○家三人	4.1/53/16
中地食○半	4.1/53/16
其民可用○二家五人	4.1/53/17
下地食○參之一	4.1/53/17
其民可用○家二人	4.1/53/17
誅後至○	4.1/53/28, 4.1/54/8
曰「不用命○斬之」	4.1/53/29
獲○取左耳	4.1/54/5
凡有功○	4.6/54/23
凡受馬於有司○	4.7/54/28
禁原蠶○	4.7/54/29
凡守○受法焉	4.12/55/17
以贊其不足○	4.12/55/18
則藩塞阻路而止行○	4.13/55/23
唯有節○達之	4.13/55/24
縣壺以代哭○	4.17/56/4
凡有爵○	4.18/56/14
令有爵○乘王之倅車	4.18/56/14
不敬○苛罰之	4.18/56/16
大僕、大右、大僕從○ 在路門之左	4.23/56/31
掌擯士○	4.23/57/1
凡士之有守○	4.23/57/4
凡國之勇力之士能用五 兵○屬焉	4.25/57/13
以待達窮○與遽令	4.30/57/30
誅其不敬○	4.32/58/9
凡祭祀致福○	4.32/58/10
授舞○兵	4.37/58/26
授舞○兵亦如之	4.38/58/29

王弓、弧弓以授射甲革		凡民之有約劑○	5.14/70/5	不物○	5.30/71/30
、椹質○	4.39/59/2	有獄訟○	5.14/70/6	禁刑○、任人及凶服○	5.31/72/1
夾弓、庾弓以授射豻侯		受其入征○	5.15/70/9	若有死於道路○	5.31/72/2
、鳥獸○	4.39/59/2	凡有爵○與七十○與未		凡害於國稼○	5.32/72/5
唐弓、大弓以授學射○		齓○	5.16/70/15	春令為阱擭溝瀆之利於	
、使○、勞○	4.39/59/3	凡相犬、牽犬○屬焉	5.17/70/18	民○	5.32/72/5
句○謂之弊弓	4.39/59/6	能改○	5.18/70/20	禁山之為苑、澤之沈○	5.32/72/6
凡亡矢○	4.39/59/8	凡囚○	5.19/70/24	禁川游○	5.33/72/8
亡○闕之	4.41/59/16	有爵○桎	5.19/70/24	禦晨行○	5.34/72/10
令獲○植旌	4.49/60/8	凡有爵○與王之同族	5.19/70/25	禁宵行○、夜遊○	5.34/72/10
凡國之使○	4.51/60/20	凡殺其親○	5.20/70/28	脩閭氏掌比國中宿互	
而授任地○	4.59/62/4	殺王之親○	5.20/70/28	(㯱)〔欙〕○與其	
之可以封邑○	4.66/62/22	凡殺人○	5.20/70/28	國粥	5.37/72/20
凡害人○	5.1/67/4,5.18/70/20	凡罪之麗於法○	5.20/70/29	而比其追胥○而賞罰之	
其能改（過）〔○〕	5.1/67/4	唯王之同族與有爵○	5.20/70/29		5.37/72/20
其不能改而出圜土○	5.1/67/5	墨○使守門	5.20/70/30	禁徑踰○與以兵革趨行	
	5.18/70/21	劓○使守關	5.20/70/30	○與馳騁於國中○	5.37/72/20
凡萬民之有罪過而未麗		宮○使守內	5.20/70/30	唯執節○不幾	5.37/72/21
於法而害於州里○	5.1/67/6	刖○使守囿	5.20/70/30	凡攻木○	5.42/73/2
凡遠近惸獨老幼之欲有		髠○使守積	5.20/70/31	禁嘂呼歎鳴於國中○	5.50/73/23
復於上而其長弗達○	5.1/67/9	罪隸掌役百官府與凡有		行歌哭於國中之道○	5.50/73/24
四（○）〔曰〕犯邦令	5.3/68/6	守○	5.22/71/5	授有爵○杖	5.51/73/26
凡以財獄訟○	5.3/68/8	（其守王宮與其屬禁○）		攢○五人	5.52/74/1
帥其屬而禁逆軍旅○與			5.22/71/6	攢○四人	5.52/74/4
犯師禁○而戮之	5.3/68/10	其在王宮○	5.23/71/8	攢○三人	5.52/74/7
則戮其犯命○	5.4/68/17	〔其守王宮○與其守屬		王之所以撫邦國諸侯○	
	5.5/68/23,5.6/68/30	禁〕	5.24/71/10		5.52/74/15
書其刑殺之成與其聽獄		其守王宮○與其守屬禁○		以待四方之使○	5.53/74/21
訟○	5.7/69/2		5.25/71/13,5.26/71/16	凡四方之使○	5.53/74/23
凡四方之有治於士○	5.8/69/6	禁殺戮掌司斬殺戮○	5.28/71/22	此六物○	5.53/74/27
誅戮暴客○	5.8/69/8	凡傷人見血而不以告○		其悖逆暴亂作惡猶犯令	
禁慢朝、錯立族談○	5.9/69/13		5.28/71/22	○為一書	5.53/74/30
凡得獲貨賄、人民、六		攘獄○	5.28/71/22	凡此〔五〕物○	5.53/75/1
畜○	5.9/69/13	遏訟○	5.28/71/22	賓使○如初之儀	5.54/75/15
大○公之	5.9/69/14	禁暴氏掌禁庶民之亂暴		行夫掌邦國傳遽之小事	
小○庶民私之	5.9/69/14	力正○	5.29/71/24	、媺惡而無禮○	5.55/75/25
凡有責○	5.9/69/15	撟誣犯禁○	5.29/71/24	從○	5.58/76/7
凡民同貨財○	5.9/69/16	作言語而不信○	5.29/71/24	凡從○出	5.59/77/1
犯令○	5.9/69/16	則戮其犯禁○以徇	5.29/71/25	凡訝○	5.59/77/2
凡屬責○	5.9/69/16	凡奚隸聚而出入○	5.29/71/25	掌交掌以節與幣巡邦國	
凡報仇讎○	5.9/69/17	戮其犯禁○	5.29/71/25	之諸侯及其萬民之所	
以此三法○求民情	5.12/69/29	有相翔○〔則〕誅之	5.30/71/28	聚○	5.60/77/4
若有訟○	5.13/70/2	凡道路之舟車繫互○	5.30/71/28	凡都家之治於國○	5.63/77/13
其不信○服墨刑	5.13/70/2	凡有節○及有爵○至	5.30/71/29	凡都家之治有不及○	5.63/77/13
其不信○殺	5.13/70/2	禁野之橫行徑踰○	5.30/71/29	知○創物	6.0/77/30
盟萬民之犯命○	5.14/70/5	比脩除道路○	5.30/71/29	巧○述之	6.0/77/30
詛其不信○亦如之	5.14/70/5	且以幾禁行作不時○、		合此四○	6.0/78/1

此材之美○也	6.0/78/4	善溝○水漱之	6.28/85/4	**珍** zhēn	14
故一器而工聚焉○	6.0/78/10	善防○水淫之	6.28/85/4		
必自載於地○始也	6.0/78/13	中直○三尺有三寸	6.29/85/10	○用八物	1.6/8/2
巧○和之　6.1/78/19,6.30/85/20		上句○二尺有二寸	6.29/85/10	選百羞、醬物以	
轂也○	6.1/78/19	渠三柯者○三	6.29/85/14	俟饋	1.8/8/15
輻也○	6.1/78/19	行澤○欲短轂	6.29/85/14	食醫掌和王之六食、六	
牙也○	6.1/78/20	行山○欲長轂	6.29/85/14	飲、六膳、百羞、百	
陽也○積理而堅	6.1/78/24	行澤○反輮	6.29/85/14	醬、八○之齊	1.17/9/17
陰也○疏理而柔	6.1/78/24	行山○仄輮	6.29/85/15	凡治市之貨賄、六畜、	
行澤○欲杼	6.1/79/3	其渠二柯者○三	6.29/85/16	○異	2.27/26/15
行山○欲侔	6.1/79/4	幹也○	6.30/85/20	賈人掌成市之貨賄、人	
四尺○二	6.1/79/9	角也○	6.30/85/20	民、牛馬、兵器、○	
圜○中規	6.2/79/19	筋也○	6.30/85/21	異	2.28/26/22
方○中矩	6.2/79/19	膠也○	6.30/85/21	凡○異之有滯者	2.29/26/27
立○中縣	6.2/79/19	絲也○	6.30/85/21	四時之○異亦如之	2.31/27/2
衡○中水	6.2/79/19	漆也○	6.30/85/21	而樹之果蓏○異之物	2.70/31/19
直○如生焉	6.2/79/20	射遠○用埶	6.30/85/23	○圭以徵守	3.10/39/17
繼○如附焉	6.2/79/20	射深○用直	6.30/85/24	使致其○異之物	4.64/62/18
一○以爲嫩也	6.3/79/24	秋獮○厚	6.30/85/24		4.65/62/20
二○以爲久也	6.3/79/24	春獮○薄	6.30/85/24	以時獻其○異皮革	5.40/72/28
三○以爲利也	6.3/79/24	白也○	6.30/85/26	或通四方之○異資之	6.0/77/25
任正	6.3/79/25	畏也○必橈	6.30/85/27	通四方之○異以資之	6.0/77/26
衡任○	6.3/79/25	青○	6.30/85/27		
故登阤○	6.3/79/30	豐末也○	6.30/85/28	**椹** zhēn	3
倍任○也	6.3/79/30	昔也○	6.30/85/29		
必自其急○先裂	6.11/81/20	夫目也○必強	6.30/86/5	王弓、弧弓以授射甲革	
若茍自急○先裂	6.11/81/20	強○在內而摩其筋	6.30/86/5	、○質者	4.39/59/2
穹○三之一	6.12/81/23	長○以次需	6.30/86/9	共射○質之弓矢	4.39/59/7
脂○	6.26/83/20	善○在外	6.30/86/13	射則充○質	4.56/61/4
膏○	6.26/83/20	動○在內	6.30/86/13		
臝○	6.26/83/20	均○三	6.30/86/18	**甄** zhēn	1
羽○	6.26/83/20	若是○爲之危弓	6.30/86/22		
鱗○	6.26/83/20	若是○爲之安弓	6.30/86/23	薄聲○	3.29/43/5
脂○、膏○以爲牲	6.26/83/20				
臝○、羽○、鱗○以爲		**柘** zhè	1	**榛** zhēn	1
筍虡	6.26/83/21				
以脰鳴○	6.26/83/22	○爲上	6.30/85/22	其實棗、奧、桃、乾橑	
以注鳴○	6.26/83/22			、○實	1.25/10/25
以旁鳴○	6.26/83/22	**貞** zhēn	5		
以翼鳴○	6.26/83/22			**臻** zhēn	1
以股鳴○	6.26/83/22	若國大○	3.2/37/20		
以胸鳴○	6.26/83/22	陳玉以○來歲之媺惡	3.9/39/9	允○其極	6.8/81/3
若是○謂之臝屬	6.26/83/23	凡國大○	3.41/44/14		
若是○以爲鍾虡	6.26/83/24	則○龜	3.41/44/15	**枕** zhěn	1
若是○謂之羽屬	6.26/83/25	求永○	3.49/45/14		
若是○以爲磬虡	6.26/83/27			共含玉、復衣裳、角○	
若是○謂之鱗屬	6.26/83/27			、角柶	1.35/12/4

畛 zhěn	1
溝上有〇	2.40/28/9

紾 zhěn	2
老牛之角〇而昔	6.30/85/25
〇而搏廉	6.30/85/29

軫 zhěn	8
車〇四尺	6.0/78/10
崇於〇四尺	6.0/78/11
加〇與轐焉四尺也	6.0/78/17
四尺謂之庛〇	6.1/79/11
以一爲之〇圍	6.2/79/18
參分〇圍	6.2/79/18
五分其〇間	6.3/79/26
〇之方也	6.3/80/4

稹 zhěn	1
陽也者〇理而堅	6.1/78/24

朕 zhèn	2
眡其〇	6.10/81/12
眡其〇而直	6.10/81/13

振 zhèn	12
〇掌事者之餘財	1.42/13/4
三曰〇窮	2.1/20/26
五曰〇祭	3.49/45/18
四曰〇動	3.49/45/20
教〇旅	4.1/53/17
如〇旅之陳	4.1/53/21, 4.1/53/23
其他皆如〇旅	4.1/53/22
	4.1/53/25
司馬〇鐸	4.1/53/29
〇鐸	4.1/53/31
群司馬〇鐸	4.1/54/4

綌 zhèn	1
置其〇	2.10/23/22

震 zhèn	2
薄厚之所〇動	6.7/80/27
長甬則〇	6.7/80/28

鎮 zhèn	18
王執〇圭	3.1/37/3
凡國之玉〇、大寶器	3.9/39/7
釁寶〇及寶器	3.9/39/9
執〇圭	3.10/39/12
四〇五嶽崩	3.21/41/30
又其外方五百里曰〇畿	4.1/53/15
其山〇曰會稽	4.58/61/11
其山〇曰衡山	4.58/61/12
其山〇曰華山	4.58/61/14
其山〇曰沂山	4.58/61/15
其山〇曰岱山	4.58/61/17
其山〇曰嶽（山）	4.58/61/18
其山〇曰醫無閭	4.58/61/20
其山〇曰霍山	4.58/61/21
其山〇曰恒山	4.58/61/23
又其外方五百里曰〇服	4.58/61/27
〇圭尺有二寸	6.19/82/17
是謂內〇	6.19/82/26

爭 zhēng	3
則民不〇	2.1/20/9
斷其〇禽之訟	2.3/22/8
凡〇墓地者	3.19/41/4

征 zhēng	18
凡獻〇	1.13/9/5
制天下之地〇	2.1/20/14
二曰薄〇	2.1/20/23
則令邦國移民、通財、舍禁、弛力、薄〇、緩刑	2.1/21/10
凡〇役之施舍	2.2/21/15
皆〇之	2.4/22/15
國宅無〇	2.16/24/18
唯其漆林之〇二十而五	2.16/24/18
出夫家之〇	2.16/24/19
則市無〇	2.27/26/17
泉府掌以市之〇布斂市之不售貨之滯於民用者	2.36/27/16
掌其治禁與其〇㕓	2.38/27/25
則無關門之〇	2.38/27/26
以徵財〇	2.41/28/18
使無〇役	2.48/29/14
凡葛〇	2.64/31/6
一曰〇	3.41/44/12
受其入〇者	5.15/70/9

烝 zhēng	4
以〇冬享先王	3.1/36/27
秋嘗冬〇	3.7/38/25
入獻禽以享〇	4.1/54/6
祭於大〇	4.6/54/23

鉦 zhēng	6
鼓上謂之〇	6.7/80/23
〇上謂之舞	6.7/80/23
去二以爲〇	6.7/80/25
以其〇爲之銑間	6.7/80/25
以其〇之長爲之甬長	6.7/80/26
小鍾十分其〇間	6.7/80/29

蒸 zhēng	3
帥其徒以薪〇役外內饔之事	1.11/8/29
以式法共祭祀之薪〇木材	2.50/29/22
共其薪〇木材	2.50/29/22

徵 zhēng	31
掌百官府之〇令	1.3/7/10
掌官令以〇令	1.3/7/13
以逆群吏之〇令	1.39/12/25
行〇令	2.2/21/17
凡四時之〇令有常者	2.3/22/8
閭胥各掌其閭之〇令	2.8/23/14
以時〇其賦	2.16/24/20
	2.17/24/22
以歲時〇野之賦貢	2.18/24/31

以量度成賈而○價	2.27/26/10	四曰廉○	1.2/7/1	○其貨賄	2.37/27/21
以○財征	2.41/28/18	○歲	1.2/7/5	縣○各掌其縣之政令徵	
縣正各掌其縣之政令○			1.3/7/20,1.45/13/22	比	2.43/28/28
比	2.43/28/28		2.1/21/11,2.2/21/27	○邦國之位	3.1/37/2
而○斂其財賦	2.46/29/9		2.3/22/10,2.4/22/22	其○室皆謂之門子	3.2/37/17
角人掌以時○齒角凡骨			2.5/22/29,2.6/23/5	○墓位	3.18/40/31
物於山澤之農	2.62/30/32		2.42/28/25,4.62/62/12	○其位	3.19/41/3,4.24/57/7
羽人掌以時○羽翮之政			5.2/67/29,5.3/68/11	以六樂之會○舞位	3.23/42/11
于山澤之農	2.63/31/3	以○王及三公、六卿、		○樂縣之位	3.24/42/15
掌葛掌以時○絺綌之材		大夫、群吏之位	1.3/7/9	凡國之瞽矇○焉	3.25/42/23
于山農	2.64/31/6	一曰○	1.3/7/10	○聲緩	3.29/43/4
○草貢之材于澤農	2.64/31/6	歲終則令群吏○歲會	1.3/7/18	一曰○夢	3.47/45/6
掌炭掌灰物炭物之○令		月終則令○月要	1.3/7/19	○歲則行事	3.48/45/11
	2.66/31/11	旬終則令○日成	1.3/7/19	○歲年以序事	3.57/46/25
○野疏材之物	2.67/31/13	宮○掌王宮之戒令、糾		○都禮與其服	3.68/48/20
珍圭以○守	3.10/39/17	禁	1.4/7/22	以○於公司馬	4.0/53/5
○役于司隸而役之	3.13/40/12	酒○掌酒之政令	1.21/10/4	制畿封國以○邦國	4.1/53/7
大蔟爲○	3.21/41/21,3.21/41/25	酒○奉之	1.21/10/9	以九伐之法○邦國	4.1/53/9
姑洗爲○	3.21/41/23	酒○之出	1.21/10/11	賊殺其親則○之	4.1/53/11
以鼓○學士	3.23/42/12	凌人掌冰○	1.24/10/20	（惟）〔唯〕加田無國	
小胥掌學士之○令而比		司書掌邦之六典、八法		○	4.6/54/24
之	3.24/42/15	、八則、九職、九○		九節五○	4.18/56/10
宮、商、角、○、羽	3.25/42/19	、九事邦中之版	1.39/12/22	七節三○	4.18/56/10
若道路不通有○事	4.26/57/18	○其服	1.45/13/16,4.46/59/31	五節二○	4.18/56/11,4.18/56/12
執之○也	6.30/85/26	○后之服位而詔其禮樂		佐司馬治射○	4.18/56/13
堅之○也	6.30/85/27	之儀	1.45/13/17	○朝儀之位	4.23/56/30
柔之○也	6.30/85/28	○其服位	1.45/13/19,1.46/13/25	司馬弗○	4.24/57/9
		○其肆	1.45/13/19	凡國○弗及	4.24/57/9
正 zhèng	**127**	○內人之禮事	1.46/13/26	○六牲之體	4.24/57/9
		黨○	2.0/16/1	○舞位	4.24/57/9
辨方○位	1.0/1/3	縣○	2.0/17/28	○群子之服位	4.24/57/10
	2.0/15/23,3.0/32/17	○日景以求地中	2.1/20/15	（太）〔大〕僕掌○王	
	4.0/49/1,5.0/63/5	則令教官○治而致事	2.1/21/11	之服位	4.30/57/29
宮○	1.0/1/11	其有不○	2.1/21/12	則前○位而退	4.30/57/29
酒○	1.0/2/15	○其畿疆之封	2.2/21/26	○王之服位	4.30/57/31
王之○內五人	1.0/4/9	以地比○之	2.2/21/26	則○位	4.30/58/2
以○百官	1.1/5/11	以圖○之	2.2/21/27	○王之燕服位	4.31/58/4
以○邦治	1.1/5/14	令群吏○要會而致事	2.2/21/27	趣馬掌贊○良馬	4.52/60/23
○月之吉	1.1/6/3	○政事	2.2/21/29	○校人員選	4.55/61/2
	2.1/20/27,2.4/22/13	○治其徒役與其葷韭	2.3/22/4	○南曰荊州	4.58/61/12
	2.5/22/26,4.1/53/12	黨○各掌其黨之政令教		○東曰青州	4.58/61/15
	5.1/67/11,5.27/71/19	治	2.6/23/1	○西曰雍州	4.58/61/18
而建其○	1.1/6/6	以○齒位	2.6/23/2	○北曰并州	4.58/61/23
則令百官府各○其治	1.1/6/12	以○田役	2.11/23/25	而○其封疆	4.63/62/15
以官府之六敘○群吏	1.2/6/17	○其行而强之道藝	2.23/25/22	使萬民和說而○王面	4.68/62/26
一曰以敘○其位	1.2/6/17	襲其不○者	2.34/27/10	○之以傅別、約劑	5.3/68/8
以○萬民	1.2/6/25	而平○之	2.35/27/13	則令○要會	5.3/68/11

掌王倅車之〇	4.46/59/31	五曰工事〇式	1.1/5/26	凡宮〇糾禁	1.2/6/15
掌貳車之〇令	4.48/60/6	六曰幣帛〇式	1.1/5/26	掌邦〇六典、八法、八	
掌佐車之〇	4.49/60/8	七曰芻秣〇式	1.1/5/26	則〇貳	1.2/6/15
校人掌王馬之〇	4.51/60/13	八曰匪頒〇式	1.1/5/26	以逆邦國、都鄙、官府	
廋人掌十有二閑之〇教	4.55/61/1	九曰好用〇式	1.1/5/27	〇治	1.2/6/16
訓方氏掌道四方之〇事		以九貢致邦國〇用	1.1/5/27	執邦〇九貢、九賦、九	
與其上下之志	4.62/62/12	以九兩繫邦國〇（名）	1.1/5/27	式〇貳	1.2/6/16
道國之〇事	4.68/62/26	〔民〕	1.1/5/28	以官府〇六敘正群吏	1.2/6/17
以國法掌其〇學	4.69/62/28	正月〇吉	1.1/6/3	以官府〇六屬舉邦治	1.2/6/18
掌外朝之〇	5.2/67/18	2.1/20/27,2.4/22/13		以官府〇六職辨邦治	1.2/6/23
掌官中之〇令	5.3/68/5	2.5/22/26,4.1/53/12		以官府〇六聯合邦治	1.2/6/26
掌其〇治	5.17/70/18	5.1/67/11,5.27/71/19		一曰祭祀〇聯事	1.2/6/26
掌凡殺草之〇令	5.43/73/5	乃縣治象〇法于象魏	1.1/6/3	二曰賓客〇聯事	1.2/6/27
殷同以施天下之〇	5.52/73/29	挾日而斂〇	1.1/6/4,2.1/20/28	三曰喪荒〇聯事	1.2/6/27
其禮俗〇事教治刑禁之		4.1/53/12,5.1/67/11		四曰軍旅〇聯事	1.2/6/27
逆順爲一書	5.53/74/30	以典待邦國〇治	1.1/6/6	五曰田役〇聯事	1.2/6/27
掌客掌四方賓客之牢禮		以則待都鄙〇治	1.1/6/6	六曰斂弛〇聯事	1.2/6/27
、饔獻、飲食之等數		以法待官府〇治	1.1/6/7	以官府〇八成經邦治	1.2/6/28
與其〇治	5.58/76/5	以官成待萬民〇治	1.1/6/7	以聽官府〇六計	1.2/6/30
國有〇令	5.63/77/12	以禮待賓客〇治	1.1/6/7	弊群吏〇治	1.2/6/30
		則掌百官〇誓戒	1.1/6/7	以法掌祭祀、朝覲、會	
鄭 zhèng	**1**	及祀〇日	1.1/6/9	同、賓客〇戒具	1.2/7/1
		贊玉幣爵〇事	1.1/6/9	軍旅、田役、喪荒亦如〇	1.2/7/2
〇之刀	6.0/78/3	祀大神示亦如〇	1.1/6/9	贊（王）〔玉〕幣爵〇	
		享先王亦如〇	1.1/6/9,2.1/21/8	事、祼將〇事	1.2/7/3
之 zhī	**2519**	眡四方〇聽朝	1.1/6/11	凡受爵〇事	1.2/7/3
		亦如〇	1.1/6/11,1.56/14/28	凡受幣〇事	1.2/7/3
治官〇屬	1.0/1/6	1.61/15/14,2.5/22/27		受其含襚幣玉〇事	1.2/7/4
圉游亦如〇	1.0/4/7	2.6/23/2,2.6/23/5,2.7/23/8		則以官府〇敘受群吏〇要	1.2/7/4
王〇正內五人	1.0/4/9	2.15/24/12,2.31/27/3		帥治官〇屬而觀治象〇法	1.2/7/5
倍寺人〇數	1.0/4/11	2.72/31/28,3.2/37/26		宰夫〇職	1.3/7/9
大宰〇職	1.1/5/9	3.3/38/8,3.6/38/22		掌治朝〇法	1.3/7/9
掌建邦〇六典	1.1/5/9	3.21/42/1,3.22/42/9		以正王及三公、六卿、	
作山澤〇材	1.1/5/21	3.28/43/2,3.37/43/29		大夫、群吏〇位	1.3/7/9
一曰邦中〇賦	1.1/5/23	4.20/56/21,4.37/58/26		敘群吏〇治	1.3/7/9
二曰四郊〇賦	1.1/5/23	4.37/58/26,4.46/60/1		以待賓客〇令	1.3/7/10
三曰邦甸〇賦	1.1/5/24	5.1/67/15,5.20/70/29		諸臣〇復	1.3/7/10
四曰家削〇賦	1.1/5/24	5.20/70/30		萬民〇逆	1.3/7/10
五曰邦縣〇賦	1.1/5/24	凡邦〇小治	1.1/6/11	掌百官府〇徵令	1.3/7/10
六曰邦都〇賦	1.1/5/24	則冢宰聽〇	1.1/6/11	掌治法以考百官府、群	
七曰關市〇賦	1.1/5/24	待四方〇賓客〇小治	1.1/6/12	都縣鄙〇治	1.3/7/13
八曰山澤〇賦	1.1/5/25	則大計群吏〇治	1.1/6/13	乘其財用〇出入	1.3/7/13
九曰弊餘〇賦	1.1/5/25		1.39/12/24	以官刑詔冢宰而誅〇	1.3/7/14
一曰祭祀〇式	1.1/5/25	而誅賞〇	1.1/6/13	賞〇	1.3/7/14
二曰賓客〇式	1.1/5/25	小宰〇職	1.2/6/15	以式法掌祭祀〇戒具與	
三曰喪荒〇式	1.1/5/26	掌建邦〇宮刑	1.2/6/15	其薦羞	1.3/7/14
四曰羞服〇式	1.1/5/26	以治王宮〇政令	1.2/6/15	贊小宰比官府〇具	1.3/7/15

以貳官府都鄙○財出賜		閽人掌守王宮○中門○		則受良功而藏○	1.56/14/28
○數	1.41/13/1	禁	1.47/13/29	以待有司○政令	1.56/14/29
以待會計而攷○	1.41/13/1	則爲○闡	1.47/13/30		2.46/29/9
凡官府都鄙群吏○出財		大祭祀、喪紀○事	1.47/14/1	上○賜予	1.56/14/29
用	1.41/13/1	凡賓客亦如○	1.47/14/1	共鬝畫組就○物	1.56/14/29
凡上○賜予	1.41/13/2	寺人掌王○內人及女宮		共其絲纊組文○物	1.56/14/29
	1.56/14/28	○戒令	1.48/14/3	則各以其物會○	1.56/14/30
以敘與職幣授○	1.41/13/2	相道其出入○事而糾○	1.48/14/3		1.57/15/2
職幣掌式法以斂官府都		若有喪紀、賓客、祭祀		典枲掌布緦縷紵○麻草	
鄙與凡用邦財者○幣	1.42/13/4	○事	1.48/14/3	○物	1.57/15/1
振掌事者○餘財	1.42/13/4	掌內人○禁令	1.48/14/4	以其買楬而藏○	1.57/15/1
以書楬○	1.42/13/5	立于其前而詔相○	1.48/14/5	授○	1.57/15/2
以詔上○小用賜予	1.42/13/5	內豎掌內外○通令	1.49/14/7	賜予亦如○	1.57/15/2
凡邦○會事	1.42/13/5	若有祭祀、賓客、喪紀		內司服掌王后○六服	1.58/15/4
以式法贊○	1.42/13/5	○事	1.49/14/7	辨外內命婦○服	1.58/15/4
以共王祀天○服	1.43/13/7	王后○喪遷于宮中	1.49/14/7	共后○衣服	1.58/15/5
凡邦○皮事	1.43/13/9	九嬪掌婦學○法	1.50/14/10	共喪衰亦如○	1.58/15/6
唯王○裘與其皮事不會	1.43/13/9	帥敘哭者亦如○	1.50/14/11	凡內具○物	1.58/15/6
春獻○	1.44/13/12	世婦掌祭祀、賓客、喪		縫人掌王宮○縫線○事	1.59/15/8
內宰掌書版圖○法	1.45/13/15	紀○事	1.51/14/13	以縫王及后○衣服	1.59/15/8
以治王內○政令	1.45/13/15	及祭○日	1.51/14/13	衣翣柳○材	1.59/15/8
分其人民以居○	1.45/13/15	泣陳女宮○具	1.51/14/13	掌凡內○縫事	1.59/15/9
以婦職○法教九御	1.45/13/16	凡內羞○物	1.51/14/14	追師掌王后○首服	1.61/15/13
瑤爵亦如○	1.45/13/17	掌弔臨于卿大夫○喪	1.51/14/14	爲九嬪及外內命婦○首	
正后○服位而詔其禮樂		女御掌御敘于王○燕寢		服	1.61/15/13
○儀	1.45/13/17		1.52/14/16	屨人掌王及后○服屨	1.62/15/16
贊九嬪○禮事	1.45/13/18	后○喪　1.52/14/16,1.58/15/6		辨外內命夫命婦○命屨	
凡賓客○裸獻、瑤爵	1.45/13/18	從世婦而弔于卿大夫○		、功屨、散屨	1.62/15/16
致后○賓客○禮	1.45/13/18	喪	1.52/14/17	凡四時○祭祀	1.62/15/17
祭○以陰禮	1.45/13/20	女祝掌王后○內祭祀	1.53/14/19	以宜服○	1.62/15/17
則會內人○稍食	1.45/13/21	凡內禱祠○事	1.53/14/19	教官○屬	2.0/15/26
比其小大與其麤良而賞		掌以時招、梗、禬、禳		中林麓如中山○虞	2.0/18/18
罰○	1.45/13/21	○事	1.53/14/19	小林麓如小山○虞	2.0/18/19
會內宮○財用	1.45/13/21	女史掌王后○禮職	1.54/14/21	中澤中藪如中川○衡	2.0/18/24
憲禁令于王○北宮而糾		掌內治○貳	1.54/14/21	小澤小藪如小川○衡	2.0/18/25
其守	1.45/13/22	凡后○事	1.54/14/21	大司徒○職	2.1/20/1
詔王后帥六宮○人而生		典婦功掌婦式○法	1.55/14/24	掌建邦○土地○圖與其	
稺穜○種	1.45/13/22	以授嬪婦及內人女功○		人民○數	2.1/20/1
而獻○于王	1.45/13/23	事齎	1.55/14/24	以天下土地○圖	2.1/20/1
內小臣掌王后○命	1.46/13/25	辨其苦良、比其小大而		周知九州○地域、廣輪	
詔后○禮事	1.46/13/26	賈○	1.55/14/24	○數	2.1/20/2
相九嬪○禮事	1.46/13/26	物書而楬○	1.55/14/25	辨其山林川澤丘陵墳衍	
正內人○禮事	1.46/13/26	以共王及后○用	1.55/14/25	原隰○名物	2.1/20/2
徹后○俎	1.46/13/26	頒○于內府	1.55/14/25	而辨其邦國都鄙○數	2.1/20/2
則亦如○	1.46/13/27	以其買楬	1.56/14/27	制其畿疆而溝封○	2.1/20/3
	3.2/37/27,3.36/43/26	以待興功○時	1.56/14/27	設其社稷○壝而樹○田	
掌王○陰事陰令	1.46/13/27	皆以物授○	1.56/14/28	主	2.1/20/3

各以其野〇所宜木	2.1/20/3	六曰不恤〇刑	2.1/21/5	巡其前後〇屯而戮其犯	
以土會〇法辨五地〇物		七曰造言〇刑	2.1/21/6	命者	2.3/22/8
生	2.1/20/4	八曰亂民〇刑	2.1/21/6	斷其爭禽〇訟	2.3/22/8
因此五物者民〇常	2.1/20/8	以五禮防萬民〇偽而教		凡四時〇徵令有常者	2.3/22/8
以土宜〇法辨十有二土		〇中	2.1/21/6	而贖萬民〇囏阨	2.3/22/9
〇名物	2.1/20/12	以六樂防萬民〇情而教		則攷（六）〔元〕鄉〇	
辨十有二壤〇物	2.1/20/13	〇和	2.1/21/6	治	2.3/22/9
以土均〇法辨五物九等	2.1/20/14	凡萬民〇不服教而有獄		鄉共吉凶禮樂〇器	2.3/22/11
制天下〇地征	2.1/20/14	訟者與有地治者	2.1/21/7	鄉大夫〇職	2.4/22/13
以均齊天下〇政	2.1/20/15	聽而斷〇	2.1/21/7	各掌其鄉〇政教禁令	2.4/22/13
以土圭〇法測土深	2.1/20/15	帥六鄉〇眾庶	2.1/21/8	退而頒〇于其鄉吏	2.4/22/13
日至〇景尺有五寸	2.1/20/16	而治其徒庶〇政令	2.1/21/9	以歲時登其夫家〇眾寡	2.4/22/14
謂〇地中	2.1/20/17	小司徒〇職	2.2/21/14	皆征〇	2.4/22/15
天地〇所合也	2.1/20/17	掌建邦〇教法	2.2/21/14	以禮禮賓〇	2.4/22/19
四時〇所交也	2.1/20/17	以稽國中及四郊都鄙〇		鄉老及鄉大夫、群吏獻	
風雨〇所會也	2.1/20/17	夫家（九比）〔人民〕		賢能〇書于王	2.4/22/19
陰陽〇所和也	2.1/20/17	〇數	2.2/21/14	王再拜受〇	2.4/22/20
制其畿方千里而封樹〇	2.1/20/18	凡征役〇施舍	2.2/21/15	內史貳〇	2.4/22/20
諸公〇地	2.1/20/19	與其祭祀、飲食、喪紀		退而以鄉射〇禮五物詢	
諸侯〇地	2.1/20/19	〇禁令	2.2/21/15	眾庶	2.4/22/20
其食者參〇一	2.1/20/19	乃頒比法于六鄉〇大夫	2.2/21/16	出使長〇	2.4/22/21
	2.1/20/20	使各登其鄉〇眾寡、六		入使治〇	2.4/22/21
諸伯〇地	2.1/20/20	畜、車輦	2.2/21/16	則令（六）〔元〕鄉〇	
諸子〇地	2.1/20/20	大比則受邦國〇比要	2.2/21/17	吏皆會政致事	2.4/22/22
其食者四〇一	2.1/20/20	乃會萬民〇卒伍而用〇	2.2/21/17	各憲〇於其所治（〇）	2.4/22/23
	2.1/20/21	凡國〇大事 2.2/21/22,2.73/32/1		則各帥其鄉〇眾寡而致	
諸男〇地	2.1/20/21	3.3/38/10,3.46/45/3		於朝	2.4/22/23
制其地域而封溝〇	2.1/20/21	5.2/67/28,5.30/71/29		則達〇	2.4/22/24
以其室數制〇	2.1/20/21	凡稅斂〇事	2.2/21/24	州長各掌其州〇教治政	
不易〇地家百畮	2.1/20/22	正其畿疆〇封	2.2/21/26	令〇法	2.5/22/26
一易〇地家二百畮	2.1/20/22	以地比正〇	2.2/21/26	各屬其州〇民而讀法	2.5/22/26
再易〇地家三百畮	2.1/20/22	以圖正〇	2.2/21/27	以攷其德行道藝而勸〇	2.5/22/26
乃縣教象〇法于象魏	2.1/20/28	則攷其屬官〇治成而誅		以糾其過惡而戒〇	2.5/22/27
使〇各以教其所治民	2.1/20/28	賞	2.2/21/27	凡州〇大祭祀、大喪	2.5/22/28
使〇相保	2.1/20/29	則帥其屬而觀教法〇象	2.2/21/27	若國作民而師田行役〇	
使〇相受	2.1/20/29	及大比六鄉四郊〇吏	2.2/21/29	事	2.5/22/28
使〇相葬	2.1/20/29	鄉師〇職	2.3/22/1	則帥而致〇	2.5/22/28
使〇相救	2.1/20/30	各掌其所治鄉〇教	2.3/22/1	則會其州〇政令	2.5/22/29
使〇相賙	2.1/20/30	以國比〇法	2.3/22/1	黨正各掌其黨〇政令教	
使〇相賓	2.1/20/30	辨其老幼、貴賤、癈疾		治	2.6/23/1
以鄉三物教萬民而賓興		、馬牛〇物	2.3/22/1	及四時〇孟月吉日	2.6/23/1
〇	2.1/21/3	則受州里〇役要	2.3/22/3	以糾戒〇	2.6/23/1
一曰不孝〇刑	2.1/21/4	以攷司空〇辟	2.3/22/3	凡其黨〇祭祀、喪紀、	
二曰不睦〇刑	2.1/21/5	遂治〇	2.3/22/5	昏冠、飲酒	2.6/23/3
三曰不婣〇刑	2.1/21/5	凡四時〇田	2.3/22/6	族師各掌其族〇戒令政	
四曰不弟〇刑	2.1/21/5	以司徒〇大旗致眾庶	2.3/22/7	事	2.7/23/7
五曰不任〇刑	2.1/21/5	而陳〇以旗物	2.3/22/7	以邦比〇法	2.7/23/8

則萊山田○野	2.56/30/13	廩人掌九穀○數	2.71/31/22	以昏冠○禮	3.1/36/31
林衡掌巡林麓○禁令	2.57/30/16	以待國○匪頒、賙賜、		以賓射○禮	3.1/36/31
以時計林麓而賞罰○	2.57/30/16	稍食	2.71/31/22	以饗燕○禮	3.1/37/1
川衡掌巡川澤○禁令	2.58/30/19	以歲○上下數邦用	2.71/31/22	親四方○賓客	3.1/37/1
犯禁者執而誅罰○	2.58/30/19	以治年○凶豐	2.71/31/23	以脤膰○禮	3.1/37/1
澤虞掌國澤○政令	2.59/30/22	凡萬民○食食者	2.71/31/23	親兄弟○國	3.1/37/1
爲○屬禁	2.59/30/22	凡邦有會同師役○事	2.71/31/24	以賀慶○禮	3.1/37/1
使其地○人守其財物	2.59/30/22	舍人掌平宮中○政	2.72/31/27	親異姓○國	3.1/37/1
以時入○于玉府	2.59/30/22	實○	2.72/31/27	以九儀○命	3.1/37/2
共澤物○奠	2.59/30/23	陳○	2.72/31/27,3.4/38/13	正邦國○位	3.1/37/2
共其葦蒲○事	2.59/30/23	以歲時縣穜稑○種	2.72/31/28	各放其器○色	3.1/37/7
迹人掌邦田○地政	2.60/30/26	以共王后○春獻種	2.72/31/29	以中禮防○	3.1/37/7
爲○屬禁而守○	2.60/30/26	掌米粟○出入	2.72/31/29	以和樂防○	3.1/37/7
卝人掌金玉錫石○地	2.61/30/29	倉人掌粟入○藏	2.73/31/31	以禮樂合天地○化、百	
而爲○屬禁以守○	2.61/30/29	辨九穀○物	2.73/31/31	物○產	3.1/37/8
若以時取○	2.61/30/29	則藏○	2.73/31/31	詔相王○大禮	3.1/37/10
圖而授○	2.61/30/29	以待凶而頒○	2.73/32/1	大喪亦如○	3.1/37/11
角人掌以時徵齒角凡骨		共道路○穀積、食飲○			4.26/57/17,5.1/67/15
物於山澤○農	2.62/30/32	具	2.73/32/1		5.3/68/10
以當邦賦○政令	2.62/30/32	司稼掌巡邦野○稼	2.75/32/5	王哭諸侯亦如○	3.1/37/11
	2.63/31/3,2.64/31/6	而辨穜稑○種	2.75/32/5	小宗伯○職	3.2/37/15
以度量受○	2.62/30/32	以年○上下出斂法	2.75/32/6	掌建國○神位	3.2/37/15
羽人掌以時徵羽翮○政		掌均萬民○食	2.75/32/6	四望四類亦如○	3.2/37/15
于山澤○農	2.63/31/3	共其齍盛○米	2.76/32/8	掌五禮○禁令與其用等	3.2/37/16
掌葛掌以時徵絺綌○材		共其牢禮○米	2.76/32/8	辨廟祧○昭穆	3.2/37/16
于山農	2.64/31/6	共王及后○六食	2.77/32/11	辨吉凶○五服、車旗、	
徵草貢○材于澤農	2.64/31/6	共其簠簋○實	2.77/32/11	宮室○禁	3.2/37/16
以權度受○	2.64/31/7	饗食亦如○	2.77/32/11	掌三族○別	3.2/37/17
掌染草掌以春秋斂染草		槀人掌共外內朝宂食者		其正室皆謂○門子	3.2/37/17
○物	2.65/31/9	○食	2.78/32/13	而頒○于五官	3.2/37/18
以權量受○	2.65/31/9	掌豢祭祀○犬	2.78/32/13	使共奉○	3.2/37/18
	2.66/31/11	禮官○屬	3.0/32/20	辨六齍○名物與其用	3.2/37/18
以待時而頒○	2.65/31/9	凡內女○有爵者	3.0/33/17	使六宮○人共奉○	3.2/37/18
掌炭掌灰物炭物○徵令		凡外女○有爵者	3.0/33/19	辨六彝○名物	3.2/37/19
	2.66/31/11	如都宗人○數	3.0/36/19	辨六尊○名物	3.2/37/19
以共邦○用	2.66/31/11	以其藝爲○貴賤○等	3.0/36/21	掌衣服、車旗、宮室○	
凡炭灰○事	2.66/31/11	大宗伯○職	3.1/36/23	賞賜	3.2/37/19
徵野疏材○物	2.67/31/13	掌建邦○天神、人鬼、		掌四時祭祀○序事與其	
以共闉壙○蜃	2.68/31/15	地示○禮	3.1/36/23	禮	3.2/37/20
共蜃器○蜃	2.68/31/15	以吉禮事邦國○鬼神示	3.1/36/23	祭○日	3.2/37/21,3.3/38/3
共白盛○蜃	2.68/31/15	以凶禮哀邦國○憂	3.1/36/27		3.57/46/27,5.1/67/15
囿人掌囿游○獸禁	2.69/31/17	大師○禮	3.1/36/29	詔相祭祀○小禮	3.2/37/21
共其生獸、死獸○物	2.69/31/17	大均○禮	3.1/36/30	如大宗伯○禮	3.2/37/22
場人掌國○場圃	2.70/31/19	大田○禮	3.1/36/30	受其將幣○齎	3.2/37/23
而樹○果蓏珍異○物	2.70/31/19	大役○禮	3.1/36/30	縣衰冠○式于路門○外	3.2/37/25
以時斂而藏○	2.70/31/19	大封○禮	3.1/36/30	遂哭○	3.2/37/26
享亦如○	2.70/31/20	以飲食○禮	3.1/36/31	詔相喪祭○禮	3.2/37/26

遂爲○尸	3.18/40/30	以六樂○會正舞位	3.23/42/11	賓饗亦如○	3.40/44/6
共喪○窆器	3.18/40/31	凡祭祀○用樂者	3.23/42/12	大卜掌《三兆》○法	3.41/44/9
授○兆	3.18/41/1	序宮中○事	3.23/42/12	其經兆○體	3.41/44/9
爲○蹕	3.18/41/1	小胥掌學士○徵令而比		掌《三易》○法	3.41/44/10
墓大夫掌凡邦墓○地域	3.19/41/3	○	3.24/42/15	掌《三夢》○法	3.41/44/11
爲○圖	3.19/41/3	正樂縣○位	3.24/42/15	以邦事作龜○八命	3.41/44/12
居其中○室以守○	3.19/41/4	以合陰陽○聲	3.25/42/18	以八命者贊《三兆》、	
職喪掌諸侯○喪及卿大		皆文○以五聲	3.25/42/19	《三易》、《三夢》	
夫士凡有爵者○喪	3.20/41/6	皆播○以八音	3.25/42/20	○占	3.41/44/13
以國○喪禮涖其禁令	3.20/41/6	以六德爲○本	3.25/42/21	以觀國家○吉凶	3.41/44/14
凡公有司○所共	3.20/41/7	以六律爲○音	3.25/42/21	卜師掌開龜○四兆	3.42/44/18
職喪令○	3.20/41/7	大饗亦如○	3.25/42/22	辨龜○上下左右陰陽	3.42/44/19
大司樂掌成均○法	3.21/41/10		3.26/42/26,3.34/43/22	以授命龜者而詔相○	3.42/44/19
以治建國○學政	3.21/41/10	凡國○瞽矇正焉	3.25/42/23	龜人掌六龜○屬	3.43/44/21
而合國○子弟焉	3.21/41/10	掌六樂聲音○節與其和		各以其方○色與其體辨	
乃分樂而序○	3.21/41/14		3.26/42/26	○	3.43/44/22
文○以五聲	3.21/41/18	掌《九德》、《六詩》		旅亦如○	3.43/44/23
播○以八音	3.21/41/18	○歌	3.27/42/29	喪亦如○	3.43/44/24
一變而致羽物及川澤○		掌大師○縣	3.28/43/1	遂役○	3.44/44/26,4.42/59/19
示	3.21/41/18	典同掌六律六同○和、		以八卦占簭○八故	3.45/44/29
再變而致臝物及山林○		以辨天地四方陰陽○		則計其占○中否	3.45/44/30
示	3.21/41/19	聲	3.29/43/4	以辨九簭○名	3.46/45/1
三變而致鱗物及丘陵○		以十有二律爲○數度	3.29/43/6	九簭○名	3.46/45/2
示	3.21/41/19	以十有二聲爲○齊量	3.29/43/6	占夢掌其歲時觀天地○	
四變而致毛物及墳衍○		凡和樂亦如○	3.29/43/6	會	3.47/45/6
示	3.21/41/19	教緩樂、燕樂○鍾磬	3.30/43/8	辨陰陽○氣	3.47/45/6
孤竹○管	3.21/41/21	共其鍾笙○樂	3.32/43/16	以日、月、星、辰占六	
雲和○琴瑟	3.21/41/21	燕樂亦如○	3.32/43/16	夢○吉凶	3.47/45/6
《雲門》○舞	3.21/41/21	奉而藏○	3.32/43/17,3.33/43/20	王拜而受○	3.47/45/8
於地上○圜丘奏○	3.21/41/22		3.36/43/27,3.40/44/7	眡祲掌十煇○法	3.48/45/10
孫竹○管	3.21/41/23	則陳○	3.32/43/17	大祝掌六祝○辭	3.49/45/14
空桑○琴瑟	3.21/41/23	鎛師掌金奏○鼓	3.33/43/19	右亦如○	3.49/45/21
《咸池》○舞	3.21/41/23	鼓其金奏○樂	3.33/43/19	小祝掌小祭祀將事侯禳	
於澤中○方丘奏○	3.21/41/24	饗食、賓射亦如○	3.33/43/19	禱祠○祝號	3.50/45/28
陰竹○管	3.21/41/25		3.39/44/3	設道齎○奠	3.50/45/30
龍門○琴瑟	3.21/41/25	凡軍○夜三鼜	3.33/43/20	有寇戎○事	3.50/45/30
《九德》○歌	3.21/41/25	皆鼓○	3.33/43/20	喪祝掌大喪勸防○事	3.51/46/3
《九磬》○舞	3.21/41/26	守鼜亦如○	3.33/43/20	遂御〔○〕	3.51/46/3
於宗廟○中奏○	3.21/41/26	祭祀則帥其屬而舞○	3.34/43/22	小喪亦如○	3.51/46/4
遂以聲展○	3.21/41/27	凡四方○舞仕者屬焉		掌勝國邑○社稷○祝號	3.51/46/5
凡國○大憂	3.21/41/31		3.35/43/24	甸祝掌四時○田表貉○	
樂師掌國學○政	3.22/42/3	祭祀則鼓羽龡○舞	3.36/43/26	祝號	3.52/46/8
車亦如○	3.22/42/4	鞮鞻氏掌四夷○樂與其		禂亦如○	3.52/46/8
凡國○小事用樂者	3.22/42/6	聲歌	3.38/44/1	詛祝掌盟、詛、類、造	
如祭○儀	3.22/42/8	則獻而歌○	3.38/44/1	、攻、說、禬、禜	
遂倡○	3.22/42/9	燕亦如○	3.38/44/1	祝號	3.53/46/11
大胥掌學士○版	3.23/42/11	既舞則受○	3.40/44/6	作盟詛○載辭	3.53/46/11

以敘國○信用	3.53/46/11	以方出○	3.61/47/16	大司馬○職	4.1/53/7
以質邦國○劑信	3.53/46/12	賞賜亦如○	3.61/47/16	掌建邦國○九法	4.1/53/7
司巫掌群巫○政令	3.54/46/14	遂貳○	3.61/47/16	以九伐○法正邦國	4.1/53/9
掌巫降○禮	3.54/46/15	掌四方○志	3.62/47/18	馮弱犯寡則眚○	4.1/53/10
凡邦○大災	3.56/46/20	掌三皇五帝○書	3.62/47/18	賊賢害民則伐○	4.1/53/10
大史掌建邦○六典	3.57/46/23	御史掌邦國都鄙及萬民		暴內陵外則壇○	4.1/53/10
以逆邦國○治	3.57/46/23	○治令	3.63/47/21	野荒民散則削○	4.1/53/10
掌法以逆官府○治	3.57/46/23	巾車掌公車○政令	3.64/47/24	負固不服則侵○	4.1/53/10
掌則以逆都鄙○治	3.57/46/23	辨其用與其旗物而等敘		賊殺其親則正○	4.1/53/11
不信者刑○	3.57/46/24	○	3.64/47/24	放弑其君則殘○	4.1/53/11
	3.57/46/25	王○五路	3.64/47/24	犯令陵政則杜○	4.1/53/11
凡邦國都鄙及萬民○有		王后○五路	3.64/47/27	則滅○	4.1/53/11
約劑者藏焉	3.57/46/24	王○喪車五乘	3.64/47/29	乃縣政象○法于象魏	4.1/53/12
六官○所登	3.57/46/25	凡車○出入	3.64/48/1	乃以九畿○籍	4.1/53/13
頒○于官府及都鄙	3.57/46/25	歲終則會○	3.64/48/2	施邦國○政職	4.1/53/13
戒及宿○日	3.57/46/26	凡賜闕○	3.64/48/2	以地與民制○	4.1/53/16
不信者誅○	3.57/46/27	遂廞○	3.64/48/2	上地食者參○二	4.1/53/16
及將幣○日	3.57/46/28	行○	3.64/48/2	下地食者參○一	4.1/53/17
遣○日	3.57/46/29	典路掌王及后○五路	3.65/48/6	如戰○陳	4.1/53/18
小史掌邦國○志	3.58/47/1	大喪、大賓客亦如○	3.65/48/6	辨鼓鐸鐲鐃○用	4.1/53/18
則詔王○忌諱	3.58/47/1	車僕掌戎路○萃	3.66/48/9	以教坐作進退疾徐疏數	
史以書敘昭穆○俎簋	3.58/47/2	廣車○萃	3.66/48/9	○節	4.1/53/19
凡國事○用禮法者	3.58/47/2	闕車○萃	3.66/48/9	如振旅○陳	4.1/53/21,4.1/53/23
卿大夫○喪	3.58/47/3	萃車○萃	3.66/48/9	辨號名○用	4.1/53/21
馮相氏掌十有二歲、十		輕車○萃	3.66/48/9	以辨軍○夜事	4.1/53/22
有二月、十有二辰、		會同亦如○	3.66/48/10	如蒐○法	4.1/53/23
十日、二十有八星○			4.37/58/27	辨旗物○用	4.1/53/23
位	3.59/47/5	司常掌九旗○物名	3.67/48/12	如蒐（田）○法	4.1/53/25
以（辨）〔辯〕四時○		及國○大閱	3.67/48/13	虞人萊所田○野	4.1/53/26
敘	3.59/47/6	會同、賓客亦如○	3.67/48/16	田○日	4.1/53/27
以志星辰日月○變動	3.60/47/8	建廞車○旌	3.67/48/16	司馬建旗于後表○中	4.1/53/27
以觀天下○遷	3.60/47/8	及葬亦如○	3.67/48/17	乃陳車徒如戰○陳	4.1/53/28
以星土辨九州○地	3.60/47/8	弊○	3.67/48/17	曰「不用命者斬○」	4.1/53/29
以十有二歲○相	3.60/47/9	旬亦如○	3.67/48/17	以旌爲左右和○門	4.1/54/2
觀天下○妖祥	3.60/47/9	都宗人掌都（宗）〔祭〕		有司平○	4.1/54/3
以五雲○物	3.60/47/9	祀○禮	3.68/48/20	乃設驅逆○車	4.1/54/4
辨吉凶、水旱降豐荒○		若有寇戎○事	3.68/48/20	大獸公○	4.1/54/5
祲象	3.60/47/10	則保群神○壝	3.68/48/21	小禽私○	4.1/54/5
察天地○和	3.60/47/10	家宗人掌家祭祀○禮	3.69/48/23	則合諸侯○六耦	4.1/54/10
命乖別○妖祥	3.60/47/10	祭亦如○	3.69/48/23	小司馬○職	4.2/54/13
內史掌王○八枋○法	3.61/47/13	掌家禮與其衣服、宮室		如大司馬○法	4.2/54/13
執國法及國令○貳	3.61/47/14	、車旗○禁令	3.69/48/24	司勳掌六鄉賞地○法	4.6/54/22
掌敘事○法	3.61/47/14	掌三辰○法	3.70/48/26	銘書於王○大常	4.6/54/23
則策命○	3.61/47/15	以猶鬼神示○居	3.70/48/26	司勳詔○	4.6/54/23
凡四方○事書	3.61/47/15	以檜國○凶荒、民○札		掌賞地○政令	4.6/54/24
內史讀○	3.61/47/15	喪	3.70/48/27	參○一食	4.6/54/24
則贊爲○	3.61/47/16	政官○屬	4.0/49/4	則旬○內更	4.7/54/28

旬○外入馬耳	4.7/54/28	賓客○事則抗皮	4.19/56/18	救日月亦如○	4.30/57/32
則聽○	4.7/54/29	則以并夾取○	4.20/56/22	窆亦如○	4.30/58/1
量人掌建國○法	4.8/55/1	掌畜掌養鳥而阜蕃教擾		縣喪首服○法于宮門	4.30/58/1
造都邑亦如○	4.8/55/1	○	4.22/56/26	掌三公孤卿○弔勞	4.30/58/1
營軍○壘舍	4.8/55/2	共膳獻○鳥	4.22/56/26	小臣掌王○小命	4.31/58/4
量其市、朝、州、涂、		司士掌群臣○版	4.23/56/28	詔相王○小法儀	4.31/58/4
軍社○所里	4.8/55/2	歲登下其損益○數	4.23/56/28	掌三公及孤卿○復逆	4.31/58/4
邦國○地與天下○涂數	4.8/55/2	周知邦國都家縣鄙○		正王○燕服位	4.31/58/4
皆書而藏○	4.8/55/3	（數）卿大夫士庶子		王○燕出入	4.31/58/4
制其從獻脯燔○數量	4.8/55/3	○數	4.23/56/28	如大僕○法	4.31/58/5
掌喪祭奠竁○甄實	4.8/55/3	正朝儀○位	4.23/56/30	掌士大夫○弔勞	4.31/58/6
與鬱人受斝歷而皆飲○	4.8/55/3	辨其貴賤○等	4.23/56/30	糾百官○戒具	4.32/58/8
使其賣買牲而共○	4.10/55/10	王族故士、虎士在路門		以王命勞○	4.32/58/9
司爟掌行火○政令	4.11/55/13	○右	4.23/56/31	王○所不與	4.32/58/9
民咸從○	4.11/55/13	大僕、大右、大僕從者		則賜○禽	4.32/58/9
民亦如○	4.11/55/14	在路門○左	4.23/56/31	都家亦如○	4.32/58/10
掌固掌脩城郭、溝池、		掌國中○士治	4.23/57/1	展而受○	4.32/58/10
樹渠○固	4.12/55/16	掌士○戒令	4.23/57/2	御僕掌群吏○逆及庶民	
頒其士庶子及其衆庶○		呼昭穆而進○	4.23/57/2	○復	4.33/58/12
守	4.12/55/16	作六軍○（事）〔士〕		掌王○燕令	4.33/58/12
與國有司帥○	4.12/55/18	執披	4.23/57/4	隸僕掌五寢○埽除糞洒	
晝三巡○	4.12/55/18	凡士○有守者	4.23/57/4	○事	4.34/58/15
夜亦如○	4.12/55/18	諸子掌國子○倅	4.24/57/7	掌蹕宮中○事	4.34/58/15
凡國都○竟有溝樹○固		（惟）〔唯〕所用○	4.24/57/8	弁師掌王○五冕	4.35/58/18
	4.12/55/19	若有兵甲○事	4.24/57/8	諸侯○繅斿九就	4.35/58/19
郊亦如○	4.12/55/19	則授○車甲	4.24/57/8	其餘如王○事	4.35/58/19
則因○	4.12/55/20	以軍法治○	4.24/57/9	王○皮弁	4.35/58/19
司險掌九州○圖	4.13/55/22	正六牲○體	4.24/57/9	王○弁絰	4.35/58/20
以周知其山林川澤○阻		正群子○服位	4.24/57/10	諸侯及孤卿大夫○冕、	
	4.13/55/22	凡國○政事	4.24/57/10	韋弁、皮弁、弁絰、	
設國○五溝五涂	4.13/55/22	使○脩德學道	4.24/57/10	各以其等爲○	4.35/58/20
而樹○林	4.13/55/22	以攷其藝而進退○	4.24/57/11	從司馬○法以頒○	4.37/58/25
以其屬守○	4.13/55/23	司右掌群右○政令	4.25/57/13	建車○五兵	4.37/58/26
唯有節者達○	4.13/55/24	合其車○卒伍	4.25/57/13	司戈盾掌戈盾○物而頒	
候人各掌其方○道治	4.15/55/28	凡國○勇力○士能用五		○	4.38/58/29
送○于竟	4.15/55/29	兵者屬焉	4.25/57/13	授舞者兵亦如○	4.38/58/29
環四方○故	4.16/55/31	軍旅、會同亦如○	4.26/57/16	建乘車○戈盾	4.38/58/30
皆以水火守○	4.17/56/4	六人維王○（太）〔大〕		行則斂○	4.38/58/30
則以火爨鼎水而沸○	4.17/56/4	常	4.28/57/23	司弓矢掌六弓四弩八矢	
而沃○	4.17/56/5,6.18/82/14	其服亦如○	4.28/57/23	○法	4.39/59/1
射人掌國○三公、孤、		（太）〔大〕僕掌正王		及其頒○	4.39/59/2
卿、大夫○位	4.18/56/7	○服位	4.30/57/29	天子○弓合九而成規	4.39/59/5
相孤卿大夫○法儀	4.18/56/14	出入王○大命	4.30/57/29	句者謂○弊弓	4.39/59/6
令有爵者乘王○倅車	4.18/56/14	掌諸侯○復逆	4.30/57/29	共射牲○弓矢	4.39/59/6
不敬者苛罰○	4.18/56/16	入亦如○	4.30/57/30	共射椹質○弓矢	4.39/59/7
服不氏掌養猛獸而教擾		建路鼓于大寢○門外	4.30/57/30	從授兵（至）〔甲〕○	
○	4.19/56/18	正王○服位	4.30/57/31	儀	4.39/59/8

繕人掌王○用弓、弩、		耳、圉馬	4.55/61/1	實○圍土而施職事焉	5.1/67/4
矢、箙、矰、弋、抉		圉人掌養馬芻牧○事	4.57/61/7	以明刑恥○	5.1/67/4
、拾	4.40/59/11	攘馬亦如○	4.57/61/7	然後聽○	5.1/67/5
贊王弓矢○事	4.40/59/11	職方氏掌天下○圖	4.58/61/9		5.1/67/6,5.63/77/13
既射則斂○	4.40/59/12	以掌天下○地	4.58/61/9	凡萬民○有罪過而未麗	
弩四物亦如○	4.41/59/14	辨其邦國、都鄙、四夷		於法而害於州里者	5.1/67/6
箙亦如○	4.41/59/15	、八蠻、七閩、九貉		使州里任○	5.1/67/9
以待會而攷○	4.41/59/16	、五戎、六狄○人民		則宥而舍○	5.1/67/9
亡者闕○	4.41/59/16	與其財用、九穀、六		凡遠近惸獨老幼○欲有	
戎右掌戎車○兵革使	4.42/59/18	畜○數要	4.58/61/9	復於上而其長弗達者	5.1/67/9
如齊車○儀	4.44/59/24	乃辨九州○國	4.58/61/10	乃縣刑象○法于象魏	5.1/67/11
詔王○車儀	4.44/59/24	乃辨九服○邦國	4.58/61/24	凡邦○大盟約	5.1/67/12
遂驅○	4.45/59/28	及王○所行	4.58/62/1	而登○于天府	5.1/67/12
掌王倅車○政	4.46/59/31	王殷國亦如○	4.58/62/1	大史、內史、司會及六	
如玉路○儀	4.46/59/31	土方氏掌土圭○法	4.59/62/3	官皆受貳而藏○	5.1/67/12
凡巡守及兵車○會	4.46/59/31	以辨土宜土化○法	4.59/62/3	凡諸侯○獄訟	5.1/67/13
掌凡戎車○儀	4.46/60/1	懷方氏掌來遠方○民	4.60/62/6	以邦典定○	5.1/67/13
其法儀各以其等爲車送		而送逆○	4.60/62/6	凡卿大夫○獄訟	5.1/67/13
逆○節	4.47/60/3	達○以節	4.60/62/6	以邦法斷○	5.1/67/13
掌貳車○政令	4.48/60/6	合方氏掌達天下○道路	4.61/62/9	凡庶民○獄訟	5.1/67/13
掌佐車○政	4.49/60/8	訓方氏掌道四方○政事		以邦成弊○	5.1/67/13
設驅逆○車	4.49/60/8	與其上下○志	4.62/62/12	則戒○日	5.1/67/14
分公馬而駕治○	4.50/60/11	誦四方○傳道	4.62/62/12	小司寇○職	5.2/67/18
校人掌王馬○政	4.51/60/13	形方氏掌制邦國○地域		掌外朝○政	5.2/67/18
辨六馬○屬	4.51/60/13		4.63/62/15	以五刑聽萬民○獄訟	5.2/67/20
凡頒良馬而養乘○	4.51/60/14	無有華離○地	4.63/62/15	用情訊○	5.2/67/20
駑馬三良馬○數	4.51/60/15	山師掌山林○名	4.64/62/18	乃弊○	5.2/67/20
特居四○一	4.51/60/17	而頒○于邦國	4.64/62/18	凡王○同族有罪	5.2/67/21
毛馬而頒○	4.51/60/18		4.65/62/20	一曰議親○辟	5.2/67/23
執扑而從○	4.51/60/19	使致其珍異○物	4.64/62/18	二曰議故○辟	5.2/67/23
飾遣車○馬	4.51/60/19		4.65/62/20	三曰議賢○辟	5.2/67/23
埋○	4.51/60/19	川師掌川澤○名	4.65/62/20	四曰議能○辟	5.2/67/23
則帥驅逆○車	4.51/60/20	邍師掌四方○地名	4.66/62/22	五曰議功○辟	5.2/67/23
凡國○使者	4.51/60/20	辨其丘陵、墳衍、邍隰		六曰議貴○辟	5.2/67/24
物馬而頒○	4.51/60/20	○名物	4.66/62/22	七曰議勤○辟	5.2/67/24
等馭夫○祿、宮中○稍		○可以封邑者	4.66/62/22	八曰議賓○辟	5.2/67/24
食	4.51/60/21	道國○政事	4.68/62/26	以三刺斷庶民獄訟○中	5.2/67/24
掌駕說○頒	4.52/60/23	以巡天下○邦國而語○		聽民○所刺宥	5.2/67/25
辨四時○居治	4.52/60/23		4.68/62/26	以施上服下服○刑	5.2/67/25
巫馬掌養疾馬而乘治○		都司馬掌都○士庶子及		內史、司會、冢宰貳○	5.2/67/26
	4.53/60/26	其衆庶、車馬、兵甲			5.10/69/22
則使其賈粥○	4.53/60/26	○戒令	4.69/62/28	納亨亦如○	5.2/67/27
皆有屬禁而頒○	4.54/60/29	家司馬亦如○	4.70/63/1	后、世子○喪亦如○	5.2/67/27
廋人掌十有二閑○政教	4.55/61/1	刑官○屬	5.0/63/8	王拜受○	5.2/67/28,5.10/69/22
以阜馬、佚特、教駣、		家士亦如○	5.0/66/32	以圖國用而進退○	5.2/67/28
攻駒及祭馬祖、祭閑		大司寇○職	5.1/67/1	士師○職	5.3/68/1
○先牧及執駒、散馬		掌建邦○三典	5.1/67/1	掌國○五禁○法	5.3/68/1

皆以木鐸徇○于朝	5.3/68/2	凡四方○有治於士者	5.8/69/6	牲而致焉	5.14/70/6
用○于軍旅	5.3/68/3	則往而成○	5.8/69/7	職金掌凡金、玉、錫、	
用○于會同	5.3/68/3	則與行人送逆○	5.8/69/7	石、丹、青○戒令	5.15/70/9
掌鄉合州黨族閭比○聯	5.3/68/4	野亦如○	5.8/69/7	辨其物○媺惡與其數量	5.15/70/9
與其民人○什伍	5.3/68/4	則帥其屬而為○躍	5.8/69/8	楬而璽○	5.15/70/10
使○相安相受	5.3/68/4	客出入則道○	5.8/69/8	入其金錫于為兵器○府	
以比追胥○事	5.3/68/4	有治則贊○	5.8/69/8		5.15/70/10
掌官中○政令	5.3/68/5	凡邦○大事聚眾庶	5.8/69/8	入其玉石丹青于守藏○	
察獄訟○辭	5.3/68/5	朝士掌建邦外朝○法	5.9/69/11	府	5.15/70/10
掌士○八成	5.3/68/6	旬而舉○	5.9/69/14	掌受士○金罰、貨罰	5.15/70/10
則以荒辯○法治○	5.3/68/7	大者公○	5.9/69/14	饗諸侯亦如○	5.15/70/11
正○以傅別、約劑	5.3/68/8	小者庶民私○	5.9/69/14	司厲掌盜賊○任器、貨	
若祭勝國○社稷	5.3/68/8	凡士○治有期日	5.9/69/14	賄	5.16/70/14
則為○尸	5.3/68/8	期內○治聽	5.9/69/15	賈而楬○	5.16/70/14
帥其屬而禁逆軍旅者與		令以國法行○	5.9/69/16	伏、瘞亦如○	5.17/70/17
犯師禁者而戮○	5.3/68/10	刑罰○	5.9/69/16	任○以事而收教○	5.18/70/20
各掌其鄉○民數而糾戒		殺○無罪	5.9/69/17、5.9/69/17	凡圜土○刑人也不虧體	
○	5.4/68/13	若邦凶荒、札喪、寇戎			5.18/70/22
異其死刑○罪而要○	5.4/68/14	○故	5.9/69/18	王○同族拳	5.19/70/24
	5.5/68/19、5.6/68/26	司民掌登萬民○數	5.10/69/20	以適市而刑殺○	5.19/70/25
司寇聽○	5.4/68/14	以萬民○數詔司寇	5.10/69/21	凡有爵者與王○同族	5.19/70/25
	5.5/68/20、5.6/68/27	司寇及孟冬祀司民○日		掌戮掌斬殺賊諜而搏○	
肆○二日	5.4/68/15	獻其數于王	5.10/69/21		5.20/70/28
	5.6/68/28、5.20/70/29	司刑掌五刑○法	5.11/69/24	焚○	5.20/70/28
若欲免○	5.4/68/15	以麗萬民○罪	5.11/69/24	殺王○親者	5.20/70/28
	5.5/68/22、5.6/68/28	則以五刑○法詔刑罰	5.11/69/25	辜○	5.20/70/28
則各掌其鄉○禁令	5.4/68/16	而以辨罪○輕重	5.11/69/25	凡罪○麗於法者	5.20/70/29
則為○前驅而辟	5.4/68/17	司刺掌三刺、三宥、三		唯王○同族與有爵者	5.20/70/29
	5.5/68/23、5.6/68/29	赦○法	5.12/69/27	殺○于甸師氏	5.20/70/29
	5.8/69/7	而施上服下服○罪	5.12/69/29	司隸掌五隸○法	5.21/71/1
其喪亦如○	5.4/68/17	司約掌邦國及萬民○約		役國中○辱事	5.21/71/1
	5.5/68/23、5.6/68/30	劑	5.13/69/31	凡囚執人○事	5.21/71/2
各掌其遂○民數	5.5/68/19	治神○約為上	5.13/69/31	邦有祭祀、賓客、喪紀	
（肆）〔肆〕○三日	5.5/68/21	治民○約次○	5.13/69/31	○事	5.21/71/2
則各掌其遂○禁令	5.5/68/22	治地○約次○	5.13/69/31	則役其煩辱○事	5.21/71/2
各掌其縣○民數	5.6/68/26	治功○約次○	5.13/69/31	掌帥四翟○隸	5.21/71/2
則各掌其縣○禁令	5.6/68/29	治器○約次○	5.13/70/1	使○皆服其邦○服	5.21/71/3
聽其獄訟○辭	5.7/69/1	治摯○約次○	5.13/70/1	執其邦○兵	5.21/71/3
辨其死刑○罪而要○	5.7/69/1	司盟掌盟載○法	5.14/70/4	守王宮與野舍○厲禁	5.21/71/3
書其刑殺○成與其聽獄		則掌其盟約○載及其禮		掌使令○小事	5.22/71/5
訟者	5.7/69/2	儀	5.14/70/4	（如蠻隸○事）	5.22/71/6
凡都家○大事聚眾庶	5.7/69/3	則貳○	5.14/70/5	執其國○兵以守王宮	5.23/71/8
則各掌其方○禁令	5.7/69/3	盟萬民○犯命者	5.14/70/5	閩隸掌役〔掌〕畜養鳥	
則省○而誅賞焉	5.7/69/3	詛其不信者亦如○	5.14/70/5	而阜蕃教擾○	5.24/71/10
凡都家○士所上治	5.7/69/4	凡民○有約劑者	5.14/70/5	〔如蠻隸○事〕	5.24/71/11
則主○	5.7/69/4	則使○盟詛	5.14/70/6	如蠻隸○事	5.25/71/14
訝士掌四方○獄訟	5.8/69/6	各以其地域○眾庶共其			5.26/71/16

則令賻委○	5.53/74/28	凡行人○儀	5.54/75/23	則使人道○	5.59/77/1
則令檜襘○	5.53/74/29	行夫掌邦國傳遽○小事		送亦如○	5.59/77/1
則令慶賀○	5.53/74/29	、嫩惡而無禮者	5.55/75/25	掌交掌以節與幣巡邦國	
則令哀弔○	5.53/74/29	則掌行人○勞辱事焉	5.55/75/26	○諸侯及其萬民○所	
及其萬民○利害為一書		使則介○	5.55/75/26	聚者	5.60/77/4
	5.53/74/30	環人掌送逆邦國○通賓		道王○德意志慮	5.60/77/4
其禮俗政事教治刑禁○		客	5.56/75/28	使咸知王○好惡	5.60/77/4
逆順為一書	5.53/74/30	則令環○	5.56/75/29	辟行○	5.60/77/5
每國辨異○	5.53/75/1	象胥掌蠻、夷、閩、貉		使和諸侯○好	5.60/77/5
以周知天下○故	5.53/75/2	、戎、狄○國使	5.57/75/31	達萬民○說	5.60/77/5
司儀掌九儀○賓客擯相		掌傳王○言而諭說焉	5.57/75/31	掌邦國○通事而結其交	
○禮	5.54/75/4	以和親○	5.57/75/31	好	5.60/77/5
以詔儀容、辭令、揖讓		言傳○	5.57/76/1	以諭九稅○利	5.60/77/6
○節	5.54/75/4	凡其出入送逆○禮節幣		九禮○親	5.60/77/6
及其擯○	5.54/75/5	帛辭令	5.57/76/1	九牧○維	5.60/77/6
其將幣亦如○	5.54/75/6	而賓相○	5.57/76/1	九禁○難	5.60/77/6
其禮亦如○	5.54/75/6	凡國○大喪	5.57/76/1	九戎○威	5.60/77/6
致館亦如○	5.54/75/9	詔相國客○禮儀而正其		朝大夫掌都家○國治	5.63/77/12
致饗如致積○禮	5.54/75/9	位	5.57/76/2	凡都家○治於國者	5.63/77/13
賓亦如○	5.54/75/11	受國客幣而賓禮○	5.57/76/2	凡都家○治有不及者	5.63/77/13
皆如將幣○儀	5.54/75/12	王○大事諸侯	5.57/76/2	或作而行○	6.0/77/24
賓○拜禮	5.54/75/12	掌客掌四方賓客○牢禮		或通四方○珍異以資○	6.0/77/25
皆如主國○禮	5.54/75/13	、饗獻、飲食○等數		或治絲麻以成○	6.0/77/25
諸侯、諸伯、諸子、諸		與其政治	5.58/76/5	謂○王公	6.0/77/25
男○相為賓也各以其		三公眂上公○禮	5.58/76/7	作而行○	6.0/77/26
禮	5.54/75/13	卿眂侯伯○禮	5.58/76/7	謂○士大夫	6.0/77/26
相待也如諸公○儀	5.54/75/13	大夫眂子男○禮	5.58/76/7	謂○百工	6.0/77/26
諸公○臣相為國客	5.54/75/14	士眂諸侯○卿禮	5.58/76/7	通四方○珍異以資○	6.0/77/26
賓使者如初○儀	5.54/75/15	庶子壹眂其大夫○禮	5.58/76/7	謂○商旅	6.0/77/27
致館如初○儀	5.54/75/15	凡諸侯○禮	5.58/76/8	謂○農夫	6.0/77/27
每事如初○儀	5.54/75/17	其死牢如飧○陳	5.58/76/10	治絲麻以成○	6.0/77/27
及中門○外	5.54/75/18		5.58/76/17,5.58/76/22	謂○婦功	6.0/77/27
致饔餼如勞○禮	5.54/75/19	若弗酌則以幣致○	5.58/76/13	粵○無鎛也	6.0/77/28
饗食還圭如將幣○儀	5.54/75/19	以其爵等為○牢禮○陳		燕○無函也	6.0/77/28
如入○積	5.54/75/20	數	5.58/76/13	秦○無廬也	6.0/77/29
凡(諸)〔侯〕伯子男		以其爵等為○禮	5.58/76/19	胡○無弓車也	6.0/77/29
○臣	5.54/75/20		5.58/76/24	巧者述	6.0/77/30
以其國○爵相為客而相		凡諸侯○卿、大夫、士		守○世	6.0/77/30
禮	5.54/75/21	為國客	5.58/76/25	謂○工	6.0/77/30
其儀亦如○	5.54/75/21	則如其介○禮以待○	5.58/76/25	百工○事	6.0/77/31
凡四方○賓客禮儀、辭		(惟)〔唯〕第稍○受		皆聖人○作也	6.0/77/31
命、饋牢、賜獻	5.54/75/21		5.58/76/27	此皆聖人○所作也	6.0/77/31
以二等從其爵而上下○		遭主國○喪	5.58/76/27	鄭○刀	6.0/78/3
	5.54/75/22	掌訝掌邦國○等籍	5.59/76/30	宋○斤	6.0/78/3
凡諸侯○交	5.54/75/22	及退亦如○	5.59/76/32	魯○削	6.0/78/3
各稱其邦而為○幣	5.54/75/22	凡賓客○治	5.59/76/32	吳粵○劍	6.0/78/3
以其幣為○禮	5.54/75/23	訝治○	5.59/77/1	燕○角	6.0/78/4

準○然後量○ 6.8/81/1	凡畫繢○事 6.15/82/4	攻國○人衆 6.27/84/10
量○以爲鬴 6.8/81/1	而熾○ 6.16/82/7	且涉山林○阻 6.27/84/10
其聲中黃鍾○宮 6.8/81/3	淳而漬○ 6.16/82/7	守國○人寡 6.27/84/10
凡鑄金○狀 6.8/81/4	去地尺暴○ 6.18/82/12	且不涉山林○阻 6.27/84/11
黑濁○氣竭 6.8/81/4	湆○以蜃 6.18/82/13	是故侵○ 6.27/84/13
黃白次○ 6.8/81/4	清其灰而盝○ 6.18/82/13	以其一爲○被而圍○ 6.27/84/13
黃白○氣竭 6.8/81/5	而揮○ 6.18/82/13	二在前、一在後而圍○
青白次○ 6.8/81/5	而盝○ 6.18/82/14	6.27/84/14
青白○氣竭 6.8/81/5	而塗○ 6.18/82/14	置而搖○ 6.27/84/15
青氣次○ 6.8/81/5	而宿○ 6.18/82/14	以眡其橈○均也 6.27/84/16
凡察革○道 6.10/81/11	沃而盝○ 6.18/82/14	橫而搖○ 6.27/84/16
蒌○ 6.10/81/12	玉人○事 6.19/82/17	識日出○景與日入○景
舉而眡○ 6.10/81/12	天子守○ 6.19/82/17	6.28/84/19
衣○ 6.10/81/12	謂○桓圭 6.19/82/17	晝參諸日中○景 6.28/84/19
蒌○而約 6.10/81/13	公守○ 6.19/82/17	夜考○極星 6.28/84/20
舉而豐○ 6.10/81/14	謂○信圭 6.19/82/18	三○二 6.28/84/22
衣○無齘 6.10/81/14	侯守○ 6.19/82/18	三○一 6.28/84/22
鮑人○事 6.11/81/16	謂○躬圭 6.19/82/18	度九尺○筵 6.28/84/23
望而眡○ 6.11/81/16	伯守○ 6.19/82/18	路門不容乘車○五个 6.28/84/25
進而握○ 6.11/81/16	天子服○ 6.19/82/20	九嬪居○ 6.28/84/26
〔引而信○〕 6.11/81/16	大璋亦如○ 6.19/82/24	九卿治○ 6.28/84/26
卷而（搏）〔搏〕○ 6.11/81/17	宗后守○ 6.19/82/26	王宮門阿○制五雉 6.28/84/26
革欲其荼白而疾澣○ 6.11/81/18	以其笴厚爲○羽深 6.23/83/7	宮隅○制七雉 6.28/84/27
欲其柔滑而腥脂○ 6.11/81/18	水○以辨其陰陽 6.23/83/8	城隅○制九雉 6.28/84/27
（引而信○） 6.11/81/18	亦弗○能憚矣 6.23/83/9	門阿○制以爲都城○制
信○而直 6.11/81/19	是故夾而搖○ 6.23/83/10	6.28/84/27
信○而枉 6.11/81/19	以眡其豐殺○節也 6.23/83/10	宮隅○制以爲諸侯○城
則及其用○也 6.11/81/20	橈○ 6.23/83/11	制 6.28/84/28
卷而搏○而不迆 6.11/81/20	以眡其鴻殺○稱也 6.23/83/11	一耦○伐 6.28/84/29
穹者三○一 6.12/81/23	凡陶瓬○事 6.25/83/17	謂○畖 6.28/84/29
中圍加三○一 6.12/81/24	天下○大獸五 6.26/83/20	田首倍○ 6.28/84/29
謂○蜃鼓 6.12/81/24	宗廟○事 6.26/83/20	謂○遂 6.28/84/30
必以啓蟄○日 6.12/81/25	謂○小蟲○屬 6.26/83/22	謂○溝 6.28/84/30
畫繢○事 6.15/82/1	若是者謂○臝屬 6.26/83/23	謂○洫 6.28/85/1
東方謂○青 6.15/82/1	若是者謂○羽屬 6.26/83/25	謂○澮 6.28/85/1
南方謂○赤 6.15/82/1	若是者謂○鱗屬 6.26/83/27	凡天下○地埶 6.28/85/2
西方謂○白 6.15/82/1	凡攫閷援簭○類 6.26/83/28	兩山○間必有川焉 6.28/85/2
北方謂○黑 6.15/82/1	作其鱗○而	大川○上必有涂焉 6.28/85/2
天謂○玄 6.15/82/1	6.26/83/29	謂○不行 6.28/85/2, 6.28/85/3
地謂○黃 6.15/82/2	鱗○而不作 6.26/83/30	善溝者水漱○ 6.28/85/4
青與赤謂○文 6.15/82/2	中人○食也 6.26/84/2	善防者水淫○ 6.28/85/4
赤與白謂○章 6.15/82/2	梓師罪○ 6.26/84/3	必一日先深○以爲式 6.28/85/5
白與黑謂○黼 6.15/82/3	下兩个半○ 6.26/84/4	崇三○ 6.28/85/7
黑與青謂○黻 6.15/82/3	張五采○侯 6.26/84/4	車人○事 6.29/85/9
五采備謂○繡 6.15/82/3	祭侯○禮 6.26/84/5	半矩謂○宣 6.29/85/9
雜四時五色○位以章○ 6.15/82/4	故攻國○兵欲短 6.27/84/9	一宣有半謂○欘 6.29/85/9
謂○巧 6.15/82/4	守國○兵欲長 6.27/84/9	一欘有半〔謂〕○柯 6.29/85/9

（欲其○也）	6.11/81/18	及○事洰大斂、小斂	3.2/37/25	○鞭以趨於前	5.36/72/17
信之而○	6.11/81/19	及○事眠葬獻器	3.2/37/26	唯○節者不幾	5.37/72/21
中○者三尺有三寸	6.29/85/10	○燭	3.9/39/9	○桓圭九寸	5.52/73/32
堅地欲○庇	6.29/85/11	○鎮圭	3.10/39/12	○信圭七寸	5.52/74/2
○庇則利推	6.29/85/11	○斧以涖	3.18/40/31	諸伯○躬圭	5.52/74/5
射深者用○	6.30/85/24	○同律以聽軍聲	3.25/42/22	諸子○穀璧五寸	5.52/74/5
稺牛之角○而澤	6.30/85/25	則○明水火而號祝	3.49/45/21	諸男○蒲璧	5.52/74/8
骨○以立	6.30/86/23	與○事卜日	3.57/46/26	○皮帛以繼小國之君	5.52/74/8
		與群○事讀禮書而協事		築氏○下齊	6.3/80/7
執 zhí	**92**		3.57/46/26	冶氏○上齊	6.3/80/7
		○書以次位常	3.57/46/27	天子○冒四寸	6.19/82/18
轉移○事	1.1/5/23	○書以詔王	3.57/46/28	繼子男○皮帛	6.19/82/19
帥○事而卜日	1.1/6/8,3.1/37/9	○法以涖勸防	3.57/46/29		
及○事	1.1/6/8	○其禮事	3.57/46/30	**埴 zhí**	**3**
○邦之九貢、九賦、九		○國法及國令之貳	3.61/47/14		
式之貳	1.2/6/16	○蓋從車	3.64/48/3	○壚用豕	2.52/29/30
帥○事而治之	1.3/7/17	王○路鼓	4.1/53/18	（摶）〔搏〕○之工二	6.0/78/6
則○燭	1.4/7/26	諸侯○賁鼓	4.1/53/18	（摶）〔搏〕○之工	6.0/78/9
埽除、○燭、共鑪炭	1.30/11/14	軍將○晉鼓	4.1/53/18		
凡官府都鄙之吏及○事		師帥○提	4.1/53/19	**植 zhí**	**9**
者	1.34/11/29	旅帥○鼙	4.1/53/19		
辨其財用之物而○其總		卒長○鐃	4.1/53/19	其○物宜（早）〔皁〕	
	1.40/12/28	兩司馬○鐸	4.1/53/19	物	2.1/20/4
○褻器以從遣車	1.49/14/8	公司馬○鐲	4.1/53/19	其○物宜膏物	2.1/20/5
○鑱以與匠師御匶而治		帥○事洰釁主及軍器	4.1/54/7	其○物宜覈物	2.1/20/6
役	2.3/22/5	則左○律	4.1/54/8	其○物宜莢物	2.1/20/6
○斧以涖匠師	2.3/22/6	三公○璧	4.18/56/8	其○物宜叢物	2.1/20/7
則與之瑞節而以○之	2.25/25/31	大夫〔○〕鴈	4.18/56/8	○虞旗于中	2.56/30/14
則胥○鞭度守門	2.27/26/13	作六軍之（事）〔士〕		○虞旌以屬禽	2.59/30/24
掌○市之盜賊	2.33/27/8	○披	4.23/57/4	與慮事屬其○	4.1/54/9
○鞭度而巡其前	2.34/27/10	旅賁氏掌○戈盾夾王車		令獲者○旌	4.49/60/8
若將用野民師田、行役		而趨	4.27/57/20		
、移○事	2.43/28/29	則衰葛○戈盾	4.27/57/21	**職 zhí**	**93**
犯禁者○而誅罰之	2.58/30/19	二人○戈	4.28/57/24		
王○鎮圭	3.1/37/3	○戈揚盾	4.29/57/26	設官分○	1.0/1/3
公○桓圭	3.1/37/4,3.10/39/13	僕左○轡	4.45/59/28		2.0/15/23,3.0/32/17
侯○信圭	3.1/37/4,3.10/39/13	○駒	4.51/60/17		4.0/49/1,5.0/63/5
伯○躬圭	3.1/37/4,3.10/39/13	○扑而從之	4.51/60/19	○內	1.0/3/24
子○穀璧	3.1/37/4,3.10/39/13	以阜馬、佚特、教駣、		○歲	1.0/3/26
男○蒲璧	3.1/37/4,3.10/39/13	攻駒及祭馬祖、祭閑		○幣	1.0/3/28
孤○皮帛	3.1/37/4,4.18/56/8	之先牧及○駒、散馬		大宰之○	1.1/5/9
卿○羔	3.1/37/5,4.18/56/8	耳、圉馬	4.55/61/1	二曰官○	1.1/5/13
大夫○鴈	3.1/37/5	凡囚○人之事	5.21/71/2	以九○任萬民	1.1/5/20
士○雉	3.1/37/5	○其邦之兵	5.21/71/3	無常○	1.1/5/23
庶人○鶩	3.1/37/5	○其國之兵以守王宮	5.23/71/8	小宰之○	1.2/6/15
工商○雞	3.1/37/5	○旌節以宣布于四方	5.27/71/19	以官府之六○辨邦治	1.2/6/23
及○事禱祠于上下神示	3.2/37/24	條狼氏掌○鞭以趨辟	5.36/72/16	一曰治○	1.2/6/23

二曰教○	1.2/6/23	均地○	2.20/25/7		4.1/54/1,4.1/54/1
三曰禮○	1.2/6/24	不收地守、地○	2.20/25/9	則藩塞阻路而○行者	4.13/55/23
四曰政○	1.2/6/24	以頒○作事	2.40/28/11	車○則持輪	4.27/57/20
五曰刑○	1.2/6/25	令野○	2.40/28/13	每門○一相	5.54/75/10
六曰事○	1.2/6/26	入野○、野賦于玉府	2.41/28/19		5.54/75/16
各脩乃○	1.2/7/6	以分○事	2.43/28/28		
宰夫之○	1.3/7/9	○喪	3.0/33/25	**指** zhǐ	**2**
辨其八○	1.3/7/10	大宗伯之○	3.1/36/23		
與○喪帥官有司而治之	1.3/7/18	壹命受○	3.1/37/2	以爲直○也	6.1/78/20
令脩宮中之○事	1.3/7/20	小宗伯之○	3.2/37/15	直以○牙	6.1/79/2
授八次八舍之○事	1.5/7/28	肆師之○	3.3/38/1		
○外內饔之饔亨（煮）	1.10/8/25	頒于○人	3.3/38/2	**枳** zhǐ	**1**
以九功之法令民○之財		○喪掌諸侯之喪及卿大			
用	1.38/12/17	夫士凡有爵者之喪	3.20/41/6	橘踰淮而北爲○	6.0/78/2
司書掌邦之六典、八法		○喪令之	3.20/41/7		
、八則、九○、九正		毀折入齎于○幣	3.64/48/2	**軔** zhǐ	**7**
、九事邦中之版	1.39/12/22	○方氏	4.0/52/13		
使入于○幣	1.39/12/23	大司馬之○	4.1/53/7	右祭兩○	4.45/59/28
○內掌邦之賦入	1.40/12/28	施貢分○以任邦國	4.1/53/8	立當車○	5.52/74/1
以逆○歲與官府財用之		施邦國之政○	4.1/53/13	○崇三尺有三寸也	6.0/78/17
出	1.40/12/29	小司馬之○	4.2/54/13	去三以爲○	6.1/78/27
○歲掌邦之賦出	1.41/13/1	民皆有○焉	4.12/55/19	謂之庛	6.1/79/11
受式法于○歲	1.41/13/2	稾人掌受財于○金	4.41/59/14	去一以爲○圍	6.2/79/19
以斂與○幣授之	1.41/13/2	○方氏掌天下之圖	4.58/61/9	參分○圍	6.2/79/19
○幣掌式法以斂官府都		制其○	4.58/61/29		
鄙與凡用邦財者之幣	1.42/13/4	攷乃○事	4.58/61/30	**至** zhì	**39**
以婦○之法教九御	1.45/13/16	○金	5.0/64/1		
女史掌王后之禮○	1.54/14/21	大司寇之○	5.1/67/1	日○之景尺有五寸	2.1/20/16
大司徒之○	2.1/20/1	上能糾○	5.1/67/3	則帥民徒而○	2.3/22/3
則民不失○	2.1/20/11	實之圜土而施○事焉	5.1/67/4	則帥其民而○	2.3/22/5
以作民○	2.1/20/14	小司寇之○	5.2/67/18	以鼓鐸旗物帥而○	2.7/23/11
乃分地○	2.1/20/22	士師之○	5.3/68/1	以帥而○	2.18/24/30
而頒○事焉	2.1/20/23	旬而○聽于朝	5.4/68/14	一曰○德	2.21/25/11
頒○事十有二于邦國都		二旬而○聽于朝	5.5/68/20	則令各帥其所治之民而	
鄙	2.1/20/30	三旬而○聽于朝	5.6/68/27	○	2.40/28/12
各共爾○	2.1/21/11	○金掌凡金、玉、錫、		帥而○	2.40/28/15
小司徒之○	2.2/21/14	石、丹、青之戒令	5.15/70/9	則帥而○	2.43/28/29
施其○而平其政	2.2/21/24	國有六○	6.0/77/24	則以旗鼓兵革帥而○	2.45/29/5
脩法糾○以待邦治	2.2/21/28	三材不失○	6.1/78/20	帥而以○	2.49/29/18
鄉師之○	2.3/22/1			帥蜃車與其役以○	2.49/29/18
鄉大夫之○	2.4/22/13	**止** zhǐ	**12**	多日○	3.21/41/21,5.42/73/1
以受邦○	2.7/23/10			夏日○	3.21/41/23,5.42/73/1
令社稷之○	2.10/23/22	以金鐲○鼓	2.11/23/27	六曰○	3.41/44/13
以授○人而弼之	2.14/24/7	以質劑結信而○訟	2.27/26/10	以多日○致天神人鬼	3.70/48/26
授地○	2.16/24/15	以防○水	2.53/30/1	以夏日○致地示物䰡	3.70/48/27
凡民無○事者	2.16/24/19	則○餘法用	2.73/31/31	誅後○者	4.1/53/28,4.1/54/8
凡無○者出夫布	2.17/24/25	及表乃○	4.1/53/30,4.1/53/31	從授兵（○）〔甲〕之	

儀	4.39/59/8	○其畿疆而溝封之	2.1/20/3	以經邦○	1.1/5/14
○于旬	5.2/67/20	十有一曰以賢○爵	2.1/20/11	以正邦○	1.1/5/14
○于四畿	5.30/71/27	十有二曰以庸○祿	2.1/20/12	以糾邦○	1.1/5/14
凡有節者及有爵者○	5.30/71/29	○天下之地征	2.1/20/14	以弊邦○	1.1/5/14
夏日○而夷之	5.43/73/4	○其畿方千里而封樹之	2.1/20/18	以八則○都鄙	1.1/5/15
冬日○而粗之	5.43/73/4	以土圭土其地而○其域	2.1/20/18	化○絲枲	1.1/5/22
若將有國賓客○	5.59/76/30	○其地域而封溝之	2.1/20/21	以○得民	1.1/6/2
○于國	5.59/76/31	以其室數○之	2.1/20/21	始和布○于邦國都鄙	1.1/6/3
○于朝	5.59/76/32	○地貢	2.1/20/22	乃縣○象之法于象魏	1.1/6/3
賓客○而往	5.59/77/2	而○其域	2.18/24/31	使萬民觀○象	1.1/6/4
欲其樸屬而微○	6.0/78/14	壹其淳○	2.28/26/23	凡○	1.1/6/6
不微○	6.0/78/15	王○祿	3.61/47/16	以典待邦國之○	1.1/6/6
欲其微○也	6.1/78/21	凡○軍	4.0/49/8	以則待都鄙之○	1.1/6/6
自伏兔不○（軌）〔軏〕		○畿封國以正邦國	4.1/53/7	以法待官府之○	1.1/6/7
七寸	6.3/80/3	○軍詰禁以糾邦國	4.1/53/8	以官成待萬民之○	1.1/6/7
以○於首	6.29/85/11	以地與民○之	4.1/53/16	以禮待賓客之○	1.1/6/7
覆之而角○	6.30/86/27	○其從獻脯燔之數量	4.8/55/3	王眂○朝	1.1/6/11
覆之而幹○	6.30/86/28	○其職	4.58/61/29	則贊聽○	1.1/6/11
覆之而筋○	6.30/86/28	○其貢	4.58/61/29	凡邦之小○	1.1/6/11
		形方氏掌○邦國之地域		待四方之賓客之小○	1.1/6/12
陁 zhì	4		4.63/62/15	則令百官府各正其○	1.1/6/12
		以○國用	5.2/67/26	則大計群吏之○	1.1/6/13
則於馬終古登○也	6.0/78/15	謂之上○	6.6/80/19,6.30/86/20		1.39/12/24
及其登○	6.3/79/29	謂之中○	6.6/80/20,6.30/86/21	以○王宮之政令	1.2/6/15
故登○者	6.3/79/30	謂之下○	6.6/80/20,6.30/86/21	以逆邦國、都鄙、官府	
及其下○也	6.3/79/30	然後○革	6.10/81/10	之○	1.2/6/16
		則○善也	6.10/81/13	二曰以敘進其○	1.2/6/17
志 zhì	10	王宮門阿之○五雉	6.28/84/26	以官府之六屬舉邦○	1.2/6/18
		宮隅之○七雉	6.28/84/27	掌邦○	1.2/6/19
誦訓掌道方○	2.55/30/8	城隅之○九雉	6.28/84/27	以官府之六職辨邦○	1.2/6/23
小史掌邦國之○	3.58/47/1	門阿之○以爲都城之○		一曰○職	1.2/6/23
以○星辰日月之變動	3.60/47/8		6.28/84/27	以官府之六聯合邦○	1.2/6/26
掌四方之○	3.62/47/18	宮隅之○以爲諸侯之城		以官府之八成經邦○	1.2/6/28
訓方氏掌道四方之政事		○	6.28/84/28	弊群吏之○	1.2/6/30
與其上下之○	4.62/62/12			○其施舍	1.2/7/2
撢人掌誦王○	4.68/62/26	**治 zhì**	197	聽其○訟	1.2/7/2
以眔輔○而弊謀	5.2/67/20				2.42/28/24,3.22/42/9
間問以諭諸侯之○	5.52/73/30	使帥其屬而掌邦○	1.0/1/3	帥○官之屬而觀○象之法	1.2/7/5
道王之德意○慮	5.60/77/4	○官之屬	1.0/1/6	掌○朝之法	1.3/7/9
各因其君之躬○慮血氣		以佐王○邦國	1.1/5/9	敘群吏之○	1.3/7/9
	6.30/86/22	一曰○典	1.1/5/9	掌官法以○要	1.3/7/11
		以○官府	1.1/5/9	掌官成以○凡	1.3/7/11
制 zhì	39	以八法○官府	1.1/5/12	掌官法以○目	1.3/7/11
		以舉邦○	1.1/5/13	掌官常以○數	1.3/7/11
四曰以敘○其食	1.2/6/17	以辨邦○	1.1/5/13	掌官契以○藏	1.3/7/12
則稽其醫事以○其食	1.16/9/14	以會官○	1.1/5/13	掌官書以贊○	1.3/7/12
出其度、量、淳、○	1.45/13/19	以聽官○	1.1/5/13	掌官敘以○敘	1.3/7/12

掌〇法以考百官府、群		令之法	2.5/22/26	以逆邦國之〇	3.57/46/23
都縣鄙之〇	1.3/7/13	黨正各掌其黨之政令教		掌法以逆官府之〇	3.57/46/23
帥執事而〇之	1.3/7/17	〇	2.6/23/1	掌則以逆都鄙之〇	3.57/46/23
與職喪帥官有司而〇之	1.3/7/18	則以其法〇其政事	2.6/23/4	以詔王〇	3.61/47/13,4.23/56/29
使其旅帥有司而〇之	1.3/7/18	掌其〇令、戒禁、刑罰	2.7/23/11	受納訪以詔王聽〇	3.61/47/15
而以攷其〇	1.3/7/19	比長各掌其比之〇	2.9/23/18	御史掌邦國都鄙及萬民	
〇不以時舉者	1.3/7/19	聽〇亦如之	2.21/25/14	之〇令	3.63/47/21
則使醫分而〇之	1.16/9/13		2.22/25/20	凡〇者受法令焉	3.63/47/21
分而〇之	1.18/9/24	以攷鄉里之〇	2.23/25/23	以〇其出入	3.64/47/24
春始〇鑑	1.24/10/20	司市掌市之〇、教、政		教〇兵	4.1/53/23
以逆邦國都鄙官府之〇		、刑、量度、禁令	2.27/26/9	〇功曰力	4.6/54/23
	1.38/12/16	而聽大〇大訟	2.27/26/13	則〇其固	4.12/55/19
以逆群吏之〇	1.38/12/18	而聽小〇小訟	2.27/26/14	候人各掌其方之道〇	4.15/55/28
以周知四國之〇	1.38/12/19	凡〇市之貨賄、六畜、		若有方〇	4.15/55/28
凡邦〇	1.39/12/25	珍異	2.27/26/15	掌其〇達	4.18/56/9
以〇王內之政令	1.45/13/15	〇其市政	2.27/26/20	以射法〇射儀	4.18/56/9
佐后使〇外內命婦	1.45/13/18	凡〇貿劑者	2.28/26/23	佐司馬〇射正	4.18/56/13
佐世婦〇禮事	1.48/14/4	聽其小〇小訟而斷之	2.30/26/30	以〇其政令	4.23/56/28
掌內〇之貳	1.54/14/21	買師各掌其次之貨賄之		掌國中之士〇	4.23/57/1
以詔后〇內政	1.54/14/21	〇	2.31/27/1	掌其戒令與其教〇	4.24/57/7
使之各以教其所〇民	2.1/20/28	胥各掌其所〇之政	2.34/27/10	以軍法〇之	4.24/57/9
凡萬民之不服教而有獄		掌其〇禁與其征塵	2.38/27/25	分公馬而駕〇之	4.50/60/11
訟者與有地〇者	2.1/21/7	凡〇野	2.40/28/5	辨四時之居	4.52/60/23
而〇其政令	2.1/21/9	凡〇野〔田〕	2.40/28/9	巫馬掌養疾馬而乘〇之	
而〇其徒庶之政令	2.1/21/9	則令各帥其所〇之民而			4.53/60/26
則令教官正〇而致事	2.1/21/11	至	2.40/28/12	〇其委積、館舍、飲食	4.60/62/6
〇其政令	2.2/21/25	掌其政〇禁令	2.40/28/15	則以荒辯之法〇之	5.3/68/7
	2.3/22/3,2.43/28/29	作役事則聽其〇訟	2.41/28/18	凡都家之士所上〇	5.7/69/4
	2.46/29/8,2.49/29/18	屬其地〇者	2.42/28/25	凡四方之有〇於士者	5.8/69/6
〇其政教	2.2/21/26	掌其〇訟	2.43/28/28	有〇則贊之	5.8/69/8
則攷其屬官之〇成而誅		以〇其喪紀、祭祀之事	2.45/29/4	凡士之〇有期日	5.9/69/14
賞	2.2/21/27	以〇稼穡	2.46/29/8	期內之〇聽	5.9/69/15
脩法糾職以待邦〇	2.2/21/28	凡新甿之〇皆聽之	2.48/29/14	有判書以〇	5.9/69/16
平教〇	2.2/21/29	以〇年之凶豐	2.71/31/23	以贊王〇	5.10/69/22
各掌其所〇鄉之教	2.3/22/1	則〇其糧與其食	2.71/31/24	〇神之約為上	5.13/69/31
而聽其〇	2.3/22/1	〇其大禮	3.1/37/10	〇民之約次之	5.13/69/31
正〇其徒役與其𩆜輂	2.3/22/4	相〇小禮	3.3/38/4	〇地之約次之	5.13/69/31
遂〇之	2.3/22/5	〇其禮儀	3.3/38/10	〇功之約次之	5.13/69/31
執藝以與匠師御匶而〇		〇其禮儀而掌其事	3.3/38/11	〇器之約次之	5.13/70/1
役	2.3/22/5	凡官府鄉州及都鄙之〇		〇摯之約次之	5.13/70/1
辨鄉邑而〇其政令刑禁	2.3/22/7	中	3.9/39/8	掌其政〇	5.17/70/18
則攷（六）〔兀〕鄉之		以詔王察群吏之〇	3.9/39/8	〇其事故	5.53/74/29
〇	2.3/22/9	以〇兵守	3.10/39/17,6.19/82/25	其禮俗政事教〇刑禁之	
使各以教其所〇	2.4/22/14	琬圭以〇德	3.10/39/18	逆順為一書	5.53/74/30
入使〇之	2.4/22/21	〇其禮	3.20/41/7	掌客掌四方賓客之牢禮	
各憲之於其所〇（之）	2.4/22/23	以〇建國之學政	3.21/41/10	、饔獻、飲食之等數	
州長各掌其州之教〇政		〇其樂政	3.22/42/6	與其政〇	5.58/76/5

3.0/36/4,3.0/36/6,3.0/36/8
4.0/49/29,4.0/51/3
4.0/51/9,4.0/52/18
4.0/52/20,5.0/63/19
5.0/66/20,5.0/66/22
一曰邦○之賦 1.1/5/23
令脩宮○之職事 1.3/7/20
以時比宮○之官府次舍
之衆寡 1.4/7/22
凡邦之事蹕宮○廟○ 1.4/7/26
令禽注于虞○ 1.12/9/1
○祭再貳 1.21/10/8
凡寢○之事 1.30/11/13
邦○之賦以待賓客 1.34/11/30
司書掌邦之六典、八法
、八則、九職、九正
、九事邦○之版 1.39/12/22
○秋獻良裘 1.43/13/7
○春 1.45/13/20,4.1/53/17
4.21/56/24,5.35/72/13
閽人掌守王宮之○門之
禁 1.47/13/29
王后之喪遷于宮○ 1.49/14/7
每州○大夫一人 2.0/16/1
每閭○士一人 2.0/16/2
○士六人 2.0/16/6,4.0/50/15
4.0/50/29,5.0/63/21
5.0/63/23,5.0/64/7
○大夫一人 2.0/16/26,3.0/36/1
每遂○大夫一人 2.0/17/28
每酇○士一人 2.0/17/28
每大山○士四人 2.0/18/15
○山下士六人 2.0/18/15
○林麓如○山之虞 2.0/18/18
○川下士六人 2.0/18/21
每大澤大藪○士四人 2.0/18/24
○澤○藪如○川之衡 2.0/18/24
七曰以刑教○ 2.1/20/10
正日景以求地○ 2.1/20/15
謂之地○ 2.1/20/17
以五禮防萬民之僞而教
之○ 2.1/21/6
以稽國○及四郊都鄙之
夫家（九比）〔人民〕
之數 2.2/21/14
○地家六人 2.2/21/20
國○自七尺以及六十 2.4/22/15
國○貴者、賢者、能者
、服公事者、老者、
疾者皆舍 2.4/22/15
徙于國○及郊 2.9/23/18
以廛里任國○之地 2.16/24/15
閭師掌國○及四郊之人
民、六畜之數 2.17/24/22
○年則公旬用二日焉 2.20/25/8
掌國○失之事 2.21/25/13
則以節巡國○及郊野 2.24/25/27
○春之月 2.26/26/5
○刑徇罰 2.27/26/18
國○一旬 2.28/26/24,5.9/69/15
上地、○地、下地 2.40/28/7
○地 2.40/28/8
凡邑○之政相贊 2.47/29/11
植虞旗于○ 2.56/30/14
○也 2.71/31/23
舍人掌平宮○之政 2.72/31/27
○瞽百人 3.0/34/1
以槱燎祀司○、司命、
飌師、雨師 3.1/36/24
以○禮防之 3.1/37/7
掌兆○、廟○之禁令 3.3/38/4
禁外內命男女之衰不○
法者 3.3/38/6
凡官府鄉州及都鄙之治
○ 3.9/39/8
祖廟之○沃盥 3.9/39/9
先王之葬居○ 3.18/40/28
居其○之室以守之 3.19/41/4
以樂德教國子○、和、
祗、庸、孝、友 3.21/41/11
於澤○之方丘奏之 3.21/41/24
於宗廟之○奏之 3.21/41/26
序宮○之事 3.23/42/12
○春晝擊土鼓 3.37/43/29
○秋夜迎寒 3.37/43/29
則計其占之○否 3.45/44/30
致禽于虞○ 3.52/46/8
飾○ 3.57/46/30
師帥皆○大夫 4.0/49/9
兩司馬皆○士 4.0/49/10
○士十有二人 4.0/50/21
5.0/63/13
○士二十人 4.0/51/31
○大夫四人 4.0/52/13
○地食者半 4.1/53/16
○夏 4.1/53/20
○秋 4.1/53/23
○冬 4.1/53/26
司馬建旗于後表之○ 4.1/53/27
○軍以鼙令鼓 4.1/53/29
4.1/54/4
與大史數射○ 4.18/56/13
掌國○之士治 4.23/57/1
掌蹕宮○之事 4.34/58/15
○春獻弓弩 4.39/59/1
○秋獻矢箙 4.39/59/1
傳王命于陳○ 4.42/59/18
等馭夫之祿、宮○之稍
食 4.51/60/21
○春通淫 4.54/60/29
○士三十有二人 5.0/63/15
四方○士八人 5.0/66/24
○士一人 5.0/66/30
二曰刑平國用○典 5.1/67/1
反于○國 5.1/67/4
以三刺斷庶民獄訟之○ 5.2/67/24
登○于天府 5.2/67/29
用諸國○ 5.3/68/3
掌官○之政令 5.3/68/5
鄉士掌國○ 5.4/68/13
士師受○ 5.4/68/15,5.5/68/21
5.6/68/28,5.7/69/2
辨其國○與其都鄙及其
郊野 5.10/69/20
斷民○ 5.12/69/29
○罪二年而舍 5.18/70/21
○罪桎梏 5.19/70/24
役國○之辱事 5.21/71/1
以木鐸修火禁于國○ 5.35/72/13
脩閭氏掌比國○宿互
（欜）〔欜〕者與其
國粥 5.37/72/20
禁徑踰者與以兵革趨行
者與馳騁於國○者 5.37/72/20
庭氏掌射國○之夭鳥 5.49/73/20
禁囂呼歎鳴於國○者 5.50/73/23
行歌哭於國○之道者 5.50/73/24
廟○將幣三享 5.52/74/1
5.52/74/4,5.52/74/7
廟○無相 5.52/74/9
侯伯於○等 5.54/75/6

及○門之外	5.54/75/18
椁其漆內而○詘之	6.1/78/26
圜者○規	6.2/79/19
方者○矩	6.2/79/19
立者○縣	6.2/79/19
衡者○水	6.2/79/19
（軓）〔軹〕○有瀸	6.3/80/4
倨句○矩	6.5/80/16
○其莖	6.6/80/18
謂之○制	6.6/80/20、6.30/86/21
○士服之	6.6/80/20、6.30/86/21
其聲○黃鍾之宮	6.8/81/3
○尺	6.12/81/23
○圍加三之一	6.12/81/24
天子圭○必	6.19/82/19
大璋、○璋九寸	6.19/82/23
朱○	6.19/82/24
牙璋、○璋七寸	6.19/82/25
○弱則紆	6.23/83/10
○強則揚	6.23/83/10
器○膊	6.25/83/18
豆○縣	6.25/83/18
○人之食也	6.26/84/2
晝參諸日○之景	6.28/84/19
國○九經九緯	6.28/84/20
室○度以几	6.28/84/24
宮○度以尋	6.28/84/24
○直者三尺有三寸	6.29/85/10
六尺有六寸與步相○也	6.29/85/11
謂之○地	6.29/85/12
疢疾險○	6.30/85/25
夫角之○	6.30/85/26
騏𩋃必○	6.30/86/7
騏𩋃不○	6.30/86/7
今夫茭解○有變焉	6.30/86/10
於梃臂○有柎焉	6.30/86/10
引之○參	6.30/86/16
則莫能以速○	6.30/86/24
則莫能以愿○	6.30/86/24

忠 zhōng　　　　　1

知、仁、聖、義、○、和	2.1/21/3

終 zhōng　　　　　47

歲○	1.1/6/12、1.2/7/5
	1.16/9/14、1.34/12/1
	1.37/12/14、1.42/13/5
	1.44/13/13、1.45/13/20
	1.56/14/30、1.57/15/2
	2.1/21/11、2.2/21/27
	2.3/22/9、2.4/22/22
	2.5/22/29、2.6/23/4
	2.7/23/12、2.36/27/19
	2.44/29/2、3.45/44/30
	5.2/67/28、5.3/68/11
月○	1.2/7/4
歲○則令群吏正歲會	1.3/7/18
月○則令正月要	1.3/7/19
旬○則令正日成	1.3/7/19
月○則會其稍食	1.4/7/24
歲○則會其行事	1.4/7/25
月○則均秩	1.5/7/29
歲○則均敘	1.5/7/29
歲○則會	1.6/8/7、1.7/8/12
	1.21/10/11、1.43/13/9
死○	1.18/9/24
歲○則會政致事	2.42/28/24
歲○則會計其政	2.72/31/29
歲○則弊其事	3.48/45/11
詔王居門○月	3.57/46/26
歲○則會之	3.64/48/2
若歲○	5.7/69/3
則於馬○古登阤也	6.0/78/15
○日馳騁	6.3/80/2
○歲御	6.3/80/2
○葵首	6.19/82/20
譬如○紲	6.30/86/9
引如○紲	6.30/86/11

鍾 zhōng　　　　　40

○師	3.0/34/8
乃奏黃○	3.21/41/15
歌應○	3.21/41/15
歌函○	3.21/41/16
歌夾○	3.21/41/18
圜○為宮	3.21/41/20
黃○為角	3.21/41/20
函○為宮	3.21/41/22
黃○為宮	3.21/41/24
應○為羽	3.21/41/25
皆令奏○鼓	3.21/41/29
環拜以○鼓為節	3.22/42/4
令奏○鼓	3.22/42/6
	3.22/42/7、3.22/42/8
凡縣○磬	3.24/42/16
黃○、大蔟、姑洗、蕤賓、夷則、無射	3.25/42/18
大呂、應○、南呂、函○、小呂、夾○	3.25/42/19
皆奏其○鼓	3.28/43/2
擊編○	3.30/43/8
教縵樂、燕樂之○磬	3.30/43/8
○師掌金奏	3.31/43/10
以○鼓奏《九夏》	3.31/43/10
共其○笙之樂	3.32/43/16
畫、繢、○、筐、幌	6.0/78/8
謂之○鼎之齊	6.3/80/8
鳧氏為○	6.7/80/23
○縣謂之旋	6.7/80/24
○帶謂之篆	6.7/80/24
○已厚則石	6.7/80/28
是故大○十分其鼓間	6.7/80/29
小○十分其鉦間	6.7/80/29
○大而短	6.7/80/29
○小而長	6.7/80/30
其聲中黃○之宮	6.8/81/3
○氏染羽	6.16/82/7
則於○宜	6.26/83/24
若是者以為○虡	6.26/83/24

鐘 zhōng　　　　　1

令○鼓	3.49/45/21

冢 zhǒng　　　　　11

乃立天官○宰	1.0/1/3
則○宰聽之	1.1/6/11
贊○宰受歲會	1.2/7/4
以官刑詔○宰而誅之	1.3/7/14
凡王及○宰之好賜予	1.36/12/9
以詔王及○宰廢置	1.38/12/19
○人	3.0/33/21
（冢）〔○〕人掌公墓之地	3.18/40/28

欲○色而昔	6.30/85/29

珠 zhū 2

共王之服玉、佩玉、○玉	1.35/12/3
則共○槃、玉敦	1.35/12/5

誅 zhū 32

八曰○	1.1/5/19
而○賞之	1.1/6/13
以官刑詔冢宰而○之	1.3/7/14
以告而○之	1.3/7/19
	5.28/71/22,5.29/71/24
掌其○賞	1.5/7/30
以酒式○賞	1.21/10/11
○其犯命者	2.2/21/22
則戮其屬官之治成而○賞	2.2/21/27
以詔○賞	2.3/22/11
司救掌萬民之衺惡過失而○讓之	2.24/25/25
先動者○之	2.25/26/2
而○罰之	2.30/26/29
其不用命者○之	2.40/28/13
而○賞廢興之	2.42/28/26
則稽功會事而○賞	2.43/28/29
而察其嫩惡而○賞	2.44/29/1
犯禁者執而○罰之	2.58/30/19
○其慢怠者	3.3/38/4
不信者○之	3.57/46/27
○後至者	4.1/53/28,4.1/54/8
以待戮而賞○	4.1/54/10
○其不敬者	4.32/58/9
以下上其食而○賞	4.41/59/15
則省之而○賞焉	5.7/69/3
○戮暴客者	5.8/69/8
有相翔者〔則〕○之	5.30/71/28
邦若屋○	5.35/72/13
則○其朝大夫	5.63/77/14
則○其有司	5.63/77/14

豬 zhū 1

以(瀦)〔○〕畜水	2.53/30/1

諸 zhū 141

○臣之復	1.3/7/10
凡○大夫之喪	1.3/7/18
合○侯亦如之	1.33/11/23
○侯朝覲會同	1.33/11/23
○侯再重	1.33/11/25
若合○侯	1.35/12/5
○侯則共熊侯、豹侯	1.43/13/8
○公之地	2.1/20/19
○侯之地	2.1/20/19
○伯之地	2.1/20/20
○子之地	2.1/20/20
○男之地	2.1/20/21
恥○嘉石	2.24/25/26
役○司空	2.24/25/26,5.1/67/7
父之讎辟○海外	2.25/25/30
兄弟之讎辟○千里之外	2.25/25/30
以等○臣	3.1/37/4
王哭○侯亦如之	3.1/37/11
王命○侯	3.1/37/12
○臣之所昨也	3.7/38/25
	3.7/38/26,3.7/38/28
凡大朝覲、大享射、凡封國、命○侯	3.8/39/1
○侯祭祀席	3.8/39/3
○侯則紛純	3.8/39/5
○侯相見亦如之	3.10/39/14
典命掌○侯之五儀、○臣之五等之命	3.11/39/22
凡○侯之適子誓於天子	3.11/39/25
爲○侯緦衰	3.12/40/4
哭○侯亦如之	3.16/40/22
	3.17/40/26
凡○侯居左右以前	3.18/40/29
凡○侯及○臣葬於墓者	3.18/41/1
職喪掌○侯之喪及卿大夫士凡有爵者之喪	3.20/41/6
詔○侯以弓矢舞	3.21/41/29
○侯薨	3.21/41/30
○侯以《貍首》爲節	3.22/42/5
饗食○侯	3.22/42/7
以待致○子	3.23/42/11
○侯軒縣	3.24/42/16
○侯奏《貍首》	3.31/43/12

凡命○侯及孤卿大夫	3.61/47/15
○侯建旂	3.67/48/14
○子	4.0/50/17
○侯執賁鼓	4.1/53/18
○侯載旂	4.1/53/24
則合○侯之六耦	4.1/54/10
○侯在朝	4.18/56/8
○侯以四耦射二侯	4.18/56/10
○子掌國子之倅	4.24/57/7
春合○學	4.24/57/11
秋合○射	4.24/57/11
○侯則四人	4.28/57/23
掌○侯之復逆	4.30/57/29
○侯之繅旂九就	4.35/58/19
○侯及孤卿大夫之冕、韋弁、皮弁、弁経、各以其等爲之	4.35/58/20
用○守城、車戰	4.39/59/4
殺矢、鍭矢用○近射、田獵	4.39/59/4
矰矢、茀矢用○弋射	4.39/59/5
恒矢、(痺)〔庳〕矢用○散射	4.39/59/5
○侯合七而成規	4.39/59/6
○侯晉	4.49/60/9
其澤藪曰望○	4.58/61/15
桎梏而坐○嘉石	5.1/67/7
凡○侯之獄訟	5.1/67/13
用○田役	5.3/68/3
用○國中	5.3/68/3
用○都鄙	5.3/68/4
○侯爲賓	5.3/68/9
饗○侯亦如之	5.15/70/11
踏○市	5.20/70/28
以親○侯	5.52/73/28
春朝○侯而圖天下之事	5.52/73/28
冬遇以協○侯之慮	5.52/73/29
時聘以結○侯之好	5.52/73/30
間問以諭○侯之志	5.52/73/30
歸脤以交○侯之福	5.52/73/30
賀慶以贊○侯之喜	5.52/73/31
致襘以補○侯之災	5.52/73/31
以九儀辨○侯之命	5.52/73/31
等○臣之爵	5.52/73/31
○侯之禮	5.52/74/2
○伯執躬圭	5.52/74/5

注 zhù	3
令禽○于虞中	1.12/9/1
輈○則利準	6.3/80/1
以○鳴者	6.26/83/22

杼 zhù	3
行澤者欲○	6.1/79/3
○以行澤	6.1/79/4
○上	6.19/82/20

柷 zhù	2
小師掌教鼓鼗、○、敔	
、塤、簫、管、弦、	
歌	3.26/42/25
瞽矇掌播鼗、○、敔、	
塤、簫、管、弦、歌	
	3.27/42/29

祝 zhù	35
女○四人	1.0/4/19
瘍醫掌腫瘍、潰瘍、金	
瘍、折瘍之○藥劀殺	
之齊	1.19/9/27
女○掌王后之內祭祀	1.53/14/19
大○	3.0/35/13
小○	3.0/35/13
喪○	3.0/35/16
甸○	3.0/35/18
詛○	3.0/35/20
與○禳于畺及郊	3.3/38/6
大○掌六○之辭	3.49/45/14
一曰順○	3.49/45/14
二曰年○	3.49/45/14
三曰吉○	3.49/45/14
四曰化○	3.49/45/15
五曰瑞○	3.49/45/15
六曰筴○	3.49/45/15
則執明水火而號○	3.49/45/21
則前○	3.49/45/24
小○掌小祭祀將事侯禳	
禱祠之○號	3.50/45/28
佐大○	3.50/45/29
祈號○	3.50/45/30

喪○掌大喪勸防之事	3.51/46/3
掌喪祭○號	3.51/46/4
掌勝國邑之社稷之○號	3.51/46/5
甸○掌四時之田表貉之	
○號	3.52/46/8
皆掌其○號	3.52/46/9
詛○掌盟、詛、類、造	
、攻、說、襘、禜之	
○號	3.53/46/11
則與○前	3.55/46/18,3.56/46/20
馭下○	4.45/59/27
宗○以前馬	6.19/82/24

紵 zhù	1
典枲掌布緦縷○之麻草	
之物	1.57/15/1

著 zhù	3
其朝獻用兩○尊	3.7/38/26
眂其○	6.11/81/17
眂其○而淺	6.11/81/21

築 zhù	6
○氒	3.3/38/4,3.3/38/5
則○氒	3.3/38/6
○、冶、鳧、㮚、（叚）	
〔段〕、桃	6.0/78/7
○氏執下齊	6.3/80/7
○氏為削	6.4/80/12

鑄 zhù	2
凡○金之狀	6.8/81/4
然後可○也	6.8/81/5

專 zhuān	8
小事則○達	1.2/6/19
1.2/6/20,1.2/6/20,1.2/6/21	
1.2/6/22,1.2/6/22	
其民○而長	2.1/20/6
○達於川	6.28/85/1

塼 zhuǎn	2
器中○	6.25/83/18
○崇四尺	6.25/83/18

轉 zhuǎn	2
○移執事	1.1/5/23
以為利○也	6.1/78/19

瑑 zhuàn	3
○圭璋璧琮	3.10/39/14
○圭璋八寸	6.19/82/25
○琮八寸	6.19/82/27

撰 zhuàn	1
群吏○車徒	4.1/53/21

篆 zhuàn	4
孤乘夏○	3.64/47/31
陳○必正	6.1/78/28
鍾帶謂之○	6.7/80/24
○間謂之枚	6.7/80/24

縳 zhuàn	1
十搏為○	2.63/31/4

饌 zhuàn	1
以共王之四飲三酒之○	1.21/10/6

狀 zhuàng	1
凡鑄金之○	6.8/81/4

追 zhuī	8
○師	1.0/5/3
○師掌王后之首服	1.61/15/13
○衡、笄	1.61/15/13
以比○胥	2.2/21/19
唯田與○胥	2.2/21/21
凡四時之間祀○享朝享	3.7/38/27

以比○胥之事	5.3/68/4	**琢** zhuó	1	**茲** zī	1
而比其○胥者而賞罰之		以爲雕○	6.26/83/23	○器維則	6.8/81/4
	5.37/72/20				
		斲 zhuó	4	**菑** zī	3
崔 zhuī	1	○目必荼	6.30/86/5	其浸○時	4.58/61/20
其柏席用○繢純	3.8/39/5	○目不荼	6.30/86/5	察其○蕃不齵	6.1/78/23
		○摯必中	6.30/86/7	○栗不迤	6.30/85/24
轛 zhuì	1	○摯不中	6.30/86/7		
去一以爲○圍	6.2/79/19			**資** zī	2
		濁 zhuó	2	或通四方之珍異以○之	6.0/77/25
屯 zhūn	2	清○之所由出	6.7/80/27	通四方之珍異以○之	6.0/77/26
巡其前後之○而戮其犯		黑○之氣竭	6.8/81/4		
命者	2.3/22/8			**緇** zī	1
前後有○百步	4.1/54/3	**濯** zhuó	7	七入爲○	6.16/82/8
		眡滌○	1.1/6/8		
準 zhǔn	4		3.1/37/9,3.2/37/20	**齏** zī	13
輈注則利○	6.3/80/1	從大宰而眡滌○	1.3/7/15	以共○盛	1.11/8/28
利○則久	6.3/80/1	帥女宮而○摡	1.51/14/13	贊玉○	1.50/14/11
權之然後○之	6.8/81/1	眡滌○亦如之	3.3/38/3	爲○盛	1.51/14/13
○之然後量之	6.8/81/1	○之	3.4/38/13	共其○盛之米	2.76/32/8
				奉玉○	3.1/37/9
涿 zhuō	2	**鐲** zhuó	6	辨六○之名物與其用	3.2/37/18
壺○氏	5.0/66/3	以金○節鼓	2.11/23/27	逆○	3.2/37/21
壺○氏掌除水蟲	5.48/73/17	辨鼓鐸○鐃之用	4.1/53/18	表○盛	3.3/38/3
		公司馬執○	4.1/53/19	帥六宮之人共○盛	3.15/40/17
汋 zhuó	1	群吏以旗物鼓鐸○鐃	4.1/53/27	王后以樂羞○	3.17/40/24
一曰邦○	5.3/68/6	鳴○	4.1/53/30,4.1/53/31	五曰○號	3.49/45/18
				逆○盛	3.50/45/29
酌 zhuó	10	**瀄** zhuó	12	以共祭祀之明○、明燭	
		良輈環○	6.3/80/3		5.35/72/12
皆有○數	1.21/10/8	（軓）〔軏〕中有○	6.3/80/4		
無○數	1.21/10/10	冰析○	6.30/86/3	**子** zǐ	96
詔其○	3.7/38/24	冰析○則審環	6.30/86/4	宮伯掌王宮之士庶○	1.5/7/28
凡六彝六尊之○	3.7/38/28	大和無○	6.30/86/26	以養王及后、世○	1.6/8/1
鬱齊獻○	3.7/38/28	其次筋角皆有○而深	6.30/86/26	掌后及世○之膳羞	1.6/8/6
醴齊縮○	3.7/38/28	其次有○而疏	6.30/86/26	唯王及后、世○之膳不會	1.6/8/7
盎齊涗○	3.7/38/28	其次角無○	6.30/86/27	以共王之膳與其薦羞之	
凡酒脩○	3.7/38/29	合○若背手文	6.30/86/27	物及后、世○之膳羞	1.7/8/9
○僕	4.45/59/28	角環○	6.30/86/27	內饔掌王及后、世○膳	
若弗○則以幣致之	5.58/76/13	牛筋蕡○	6.30/86/27	羞之割亨煎和之事	1.8/8/14
		爍筋斥蠖○	6.30/86/27	共后及世○之膳羞	1.8/8/15

邦饗耆老、孤○	1.9/8/22		3.36/43/26
饗士庶○亦如之	1.9/8/22	小○	4.0/49/19
凡君○之食恒放焉	1.17/9/19	諸○	4.0/50/17
及后、世○之飲與其酒	1.21/10/7	王弔勞士庶○	4.1/54/9
凡饗士庶○	1.21/10/9	則帥士庶○而掌其政令	4.1/54/10
饗耆老孤○	1.21/10/10	小○掌祭祀羞羊肆、羊	
爲王及后世○共其內羞		殽、肉豆	4.9/55/6
	1.25/10/27	頒其士庶○及其衆庶之	
爲王及后、世○共其內		守	4.12/55/16
羞	1.26/11/1	周知邦國都家縣鄙之	
其后及世○之醬齊菹	1.27/11/5	（數）卿大夫士庶○	
后及世○亦如之	1.28/11/9	之數	4.23/56/28
共王及后、世○之衣服		諸○掌國○之倅	4.24/57/7
之用	1.37/12/12	則帥國○而致於大○	4.24/57/7
諸○之地	2.1/20/20	正群○之服位	4.24/57/10
致餘○	2.2/21/22	作群○從	4.24/57/10
以三德教國○	2.21/25/11	國○存遊倅	4.24/57/10
以教國○弟	2.21/25/13	則速逆御僕與御庶○	4.30/57/30
凡國之貴遊○弟	2.21/25/13	天○之弓合九而成規	4.39/59/5
而養國○以道	2.22/25/17	天○十有二閑	4.51/60/16
凡娶判妻入○者	2.26/26/5	方二百里則二十五○	4.58/61/28
凡嫁○娶妻	2.26/26/6	都司馬掌都之士庶○及	
世○過市罰一帀	2.27/26/19	其衆庶、車馬、兵甲	
若饗耆老孤○士庶○	2.78/32/13	之戒令	4.69/62/28
○執穀璧	3.1/37/4,3.10/39/13	庶○八人	5.0/66/28
其正室皆謂之門○	3.2/37/17	庶○四人	5.0/66/30
○男五命	3.11/39/24	后、世○之喪亦如之	5.2/67/27
凡諸侯之適○誓於天○		公侯伯○男位焉	5.9/69/11
	3.11/39/25	男○入于罪隸	5.16/70/14
則以皮帛繼○男	3.11/39/26	女○入于舂藁	5.16/70/15
○男之卿再命	3.11/39/28	〔則取隸焉〕	5.22/71/5
○男之服	3.12/40/5	掌（○則取隸焉）〔與	
自希冕而下如○男之服	3.12/40/6	鳥言〕	5.24/71/10
而合國之○弟焉	3.21/41/10	○男則二人	5.36/72/16
以樂德教國○中、和、		諸○執穀璧五寸	5.52/74/5
祗、庸、孝、友	3.21/41/11	其他皆如諸○之禮	5.52/74/8
以樂語教國○興、道、		○用穀璧	5.53/74/26
諷、誦、言、語	3.21/41/11	○男於下等	5.54/75/6
以樂舞教國○舞《雲門》		諸侯、諸伯、諸○、諸	
、《大卷》、《大咸》		男之相爲賓也各以其	
、《大磬》、《大夏》		禮	5.54/75/13
、《大濩》、《大武》		凡（諸）〔侯〕伯○男	
	3.21/41/12	之臣	5.54/75/20
帥國○而舞	3.21/41/28	下事庶○	5.57/76/3
以教國○小舞	3.22/42/3	大夫眂○男之禮	5.58/76/7
以待致諸○	3.23/42/11	庶○壹眂其大夫之禮	5.58/76/7
籥師掌教國○舞羽龡籥		○男三積	5.58/76/20

梓 zǐ　　　　7

輪、輿、弓、廬、匠、	
車、○	6.0/78/7
殷人上○	6.0/78/10
○人爲筍虡	6.26/83/20
○人爲飲器	6.26/84/1
凡試○	6.26/84/2
○師罪之	6.26/84/3
○人爲侯	6.26/84/3

笫 zǐ　　　　1

掌王之燕衣服、衽、席	
、床、○	1.35/12/4

自 zì　　　　20

國中○七尺以及六十	2.4/22/15
野○六尺以及六十有五	2.4/22/15
○成名以上	2.26/26/4
○袞冕而下如王之服	3.12/40/5
○鷩冕而下如公之服	3.12/40/5
○毳冕而下如侯伯之服	3.12/40/6
○希冕而下如子男之服	3.12/40/6
○玄冕而下如孤之服	3.12/40/6
○皮弁而下如大夫之服	3.12/40/7
則○左馭而前驅	4.30/57/31
○車上諭命于從車	4.44/59/24
王○左馭	4.45/59/27
○生齒以上	5.2/67/26
○生齒以上皆書於版	5.10/69/20
必○載於地者始也	6.0/78/13
是故察車○輪始	6.0/78/14
○伏兔不至（軌）〔軓〕	

天○守之　　　　　6.19/82/17
天○執冒四寸　　　6.19/82/18
天○用全　　　　　6.19/82/19
繼○男執皮帛　　　6.19/82/19
天○圭中必　　　　6.19/82/19
天○服之　　　　　6.19/82/20
諸侯以享天○　　　6.19/82/22
天○以聘女　　　　6.19/82/23
天○以巡守　　　　6.19/82/24
天○以爲權　　　　6.19/82/27
爲天○之弓　　　　6.30/86/19

以五齊、七醢、七○、
　三臡實之　　1.26/11/2
醢人掌共五齊七○　1.27/11/4
以共祭祀之齊○　1.27/11/4
則共齊○醢物六十罋　1.27/11/5
其后及世子之醬齊○　1.27/11/5

葅 zū　2

共茅○　2.3/22/4
則共匪主及道布及○館
　　　3.54/46/15

足 zú　8

其○用、長財、善物者　1.3/7/14
則民知○　2.1/20/11
以知○否　2.71/31/22
若穀不○　2.73/31/31
以贊其不○者　4.12/55/18
則是固有餘而強不○也　6.1/78/30
必○見也　6.1/79/3
下工以不○　6.30/86/19

卒 zú　16

○食　1.6/8/3
乃會萬民之○伍而用之　2.2/21/17
四兩為○　2.2/21/18
五○為旅　2.2/21/18
脩其○伍　2.3/22/7
則合其○伍　2.7/23/11
會其車人之○伍　2.18/24/30
與量人受舉斝之○爵而
　飲之　3.4/38/15
百人為○　4.0/49/9
○長皆上士　4.0/49/10
○長執鐃　4.1/53/19
旗居○間以分地
○　4.18/56/13
合其○伍　4.24/57/8
合其車之○伍　4.25/57/13
虎賁氏掌先後王而趨以
　○伍　4.26/57/16

族 zú　27

以○得民　1.1/6/2
○師　2.0/16/2
每○上士一人　2.0/16/2
二曰○墳墓　2.1/20/26
四閭為○　2.1/20/29,2.7/23/10
五○為黨　2.1/20/30
○共喪器　2.3/22/10
再命齒于父○　2.6/23/3
○師各掌其○之戒令政
　事　2.7/23/7
登其○之夫家眾寡　2.7/23/8
百○為主　2.27/26/12
親宗○兄弟　3.1/36/31
掌三○之別　3.2/37/17
帥異○而佐　3.2/37/25
各以其○　3.18/40/29
令國民○葬　3.19/41/3
《王夏》、《肆夏》、
　《昭夏》、《納夏》
　、《章夏》、《齊夏》
　、《○夏》、《祴夏》
　、《驁夏》　3.31/43/10
王○故士、虎士在路門
　之右　4.23/56/31
戒于百○　5.1/67/14
凡王之同○有罪　5.2/67/21
掌鄉合州黨○閭比之聯　5.3/68/4
禁慢朝、錯立○談者　5.9/69/13
王之同○摯　5.19/70/24
凡有爵者與王之同○　5.19/70/25
唯王之同○與有爵者　5.20/70/29

阻 zǔ　5

以周知其山林川澤之○
　　　4.13/55/22
以為○固　4.13/55/23
則藩塞○路而止行者　4.13/55/23
且涉山林之○　6.27/84/10
且不涉山林之○　6.27/84/11

俎 zǔ　9

物皆有○　1.6/8/2
則徹王之胙○　1.6/8/5

則陳其鼎○　1.8/8/15
陳其鼎○　1.9/8/21
陳其鼎○而實之　1.9/8/23
徹后之○　1.46/13/26
史以書敘昭穆之○簠　3.58/47/2
掌喪祭奠甕之○實　4.8/55/3
羞○豆　4.23/57/3

祖 zǔ　13

夏采掌大喪以冕服復于
　大○　1.63/15/19
天府掌○廟之守藏與其
　禁令　3.9/39/7
○廟之中沃盥　3.9/39/9
死則以為樂○　3.21/41/11
以享先○　3.21/41/18
凡國祈年于田○　3.37/43/29
造于○　3.49/45/24
及○　3.51/46/3
舍奠于○廟　3.52/46/8
舍奠于○禰　3.52/46/9
春祭馬○　4.51/60/17
以阜馬、佚特、教駣、
　攻駒及祭馬○、祭閑
　之先牧及執駒、散馬
　耳、圉馬　4.55/61/1
左○右社　6.28/84/21

組 zǔ　5

共繢畫○就之物　1.56/14/29
共其絲纊○文之物　1.56/14/29
受文織絲○焉　1.56/14/30
○總　3.64/47/29
○輓　3.64/47/29

詛 zǔ　7

○祝　3.0/35/20
○祝掌盟、○、類、造
　、攻、說、禬、禜之
　祝號　3.53/46/11
作盟○之載辭　3.53/46/11
○其不信者亦如之　5.14/70/5
則使之盟○　5.14/70/6
凡盟○　5.14/70/6

鑽 zuān	2
眡其○空	6.10/81/11
眡其○空而惌	6.10/81/13

鄼 zuǎn	6
○長	2.0/17/28
每○中士一人	2.0/17/28
四里爲○	2.40/28/3
五○爲鄙	2.40/28/4
○長各掌其○之政令	2.45/29/4

辠 zuī	3
王之同姓有○	1.11/8/29
有○奇衺則相及	2.9/23/18
遠○疾	3.50/45/29

罪 zuì	36
以馭其○	1.1/5/19
凡有○者	2.34/27/10
伐有○	4.1/54/7
○隸	5.0/64/15
凡萬民之有○過而未麗	
於法而害於州里者	5.1/67/6
重○旬有（三）〔二〕	
日坐	5.1/67/7
其下○三日坐	5.1/67/9
而○其長	5.1/67/10
凡王之同族有○	5.2/67/21
毋使○麗于民	5.3/68/2
異其死刑之○而要之	5.4/68/14
	5.5/68/19,5.6/68/26
辨其死刑之○而要之	5.7/69/1
諭○刑于邦國	5.8/69/6
殺之無○　5.9/69/17,5.9/69/17	
以麗萬民之○	5.11/69/24
墨○五百	5.11/69/24
劓○五百	5.11/69/24
宮○五百	5.11/69/24
刖○五百	5.11/69/24
殺○五百	5.11/69/25
而以辨○之輕重	5.11/69/25
而施上服下服之○	5.12/69/29
男子入于○隸	5.16/70/14

上○三年而舍	5.18/70/21
中○二年而舍	5.18/70/21
下○一年而舍	5.18/70/21
上○桍挈而桎	5.19/70/24
中○桎桍	5.19/70/24
下○桍	5.19/70/24
以待弊○	5.19/70/25
凡○之麗於法者	5.20/70/29
○隸掌役百官府與凡有	
守者	5.22/71/5
梓師○之	6.26/84/3

尊 zūn	19
六曰○貴	1.1/5/20
以實八○	1.21/10/7
以疏布巾冪八○	1.29/11/11
以○賢良	2.21/25/12
司○彝	3.0/32/31
辨六○之名物	3.2/37/19
司○彝掌六○、六彝之	
位	3.7/38/24
其朝踐用兩獻○	3.7/38/25
其再獻用兩象○	3.7/38/25
其朝獻用兩著○	3.7/38/26
其饋獻用兩壺○	3.7/38/26
其朝踐用兩大○	3.7/38/27
其再獻用兩山○	3.7/38/27
凡六彝六○之酌	3.7/38/28
部一枚	6.1/79/10
以其一爲之○	6.1/79/12
上欲○而宇欲卑	6.1/79/12
上○而宇卑	6.1/79/12

昨 zuó	5
諸臣之所○也	3.7/38/25
	3.7/38/26,3.7/38/28
祀先王、○席亦如之	3.8/39/2
○席莞筵紛純	3.8/39/3

筰 zuó	1
侈聲○	3.29/43/5

左 zuǒ	26
居虎門之○	2.21/25/13
○宗廟	3.2/37/15
○右玉几	3.8/39/2
○彤几	3.8/39/4
以昭穆爲○右	3.18/40/28
凡諸侯居○右以前	3.18/40/29
辨龜之上下○右陰陽	3.42/44/19
斬牲以○右徇陳	4.1/53/28
	4.9/55/7
以旌爲○右和之門	4.1/54/2
○右陳車徒	4.1/54/2
獲者取○耳	4.1/54/5
則○執律	4.1/54/8
大僕、大右、大僕從者	
在路門之○	4.23/56/31
王還揖門○	4.23/57/1
○八人	4.27/57/20
則自○馭而前驅	4.30/57/31
王自○馭	4.45/59/27
僕○執轡	4.45/59/28
校有○右	4.51/60/15
以○右刑罰	5.3/68/1
○九棘	5.9/69/11
○嘉石	5.9/69/12
○不槐	6.3/80/2
○右端廣六寸	6.12/81/23
○祖右社	6.28/84/21

佐 zuǒ	27
以○王均邦國	1.0/1/4
以○王治邦國	1.1/5/9
○后使治外內命婦	1.45/13/18
○后立市	1.45/13/19
○后而受獻功者	1.45/13/21
○世婦治禮事	1.48/14/4
以○王安擾邦國	2.0/15/24
	2.1/20/1
以○王和邦國	3.0/32/18
以○王建保邦國	3.1/36/23
○大宗伯　3.2/37/22,3.2/37/28	
帥異族而○	3.2/37/25
以○大宗伯	3.3/38/1
○儐	3.3/38/5
以○宗伯	3.3/38/10

蔆（音未詳）　　　　　　　　2

（○）〔蔆〕、茨、槀、脯
　　　　　1.25/10/25，1.25/10/25

附　　　　錄

全書用字頻數表

全書總字數 ＝ 49,540
單字字數　 ＝ 2,236

字	數	字	數	字	數	字	數	字	數	字	數	字	數	字	數
之	2519	禮	200	日	107	都	79	圉	56	舍	45	敘	37	平	31
人	1695	共	199	行	107	天	78	贊	56	貢	45	飲	37	每	31
其	1404	治	197	命	106	節	78	群	55	酒	45	辟	37	施	31
以	1345	司	195	無	104	獻	77	頒	55	等	45	旗	37	神	31
二	763	物	193	長	102	眡	77	齊	55	川	44	伯	36	貳	31
而	681	用	191	鼓	102	詔	76	戒	54	水	44	婦	36	量	31
則	629	也	181	寸	100	弓	74	成	53	吏	44	貨	36	號	31
凡	610	車	181	田	99	里	74	次	53	材	44	登	36	僕	31
四	605	上	175	食	99	待	74	前	53	宗	44	罪	36	徵	31
大	583	喪	173	帥	98	牲	73	幣	53	象	44	積	36	辭	31
掌	572	百	162	內	97	欲	73	矢	52	賦	44	先	35	布	30
有	537	賓	162	教	97	數	73	圭	52	合	43	祝	35	死	30
士	521	胥	159	子	96	作	71	參	52	角	43	能	35	享	30
曰	473	與	158	守	96	道	70	殺	52	秋	43	羞	35	居	30
十	455	亦	154	受	96	舞	70	授	51	罰	43	養	35	常	30
者	445	地	152	使	95	山	69	設	51	牛	42	爵	35	深	30
事	396	皆	152	器	95	萬	67	鄉	51	男	42	可	34	賞	30
國	381	法	151	於	94	任	66	路	51	後	42	羽	34	殀	30
爲	379	方	149	相	94	后	66	遂	51	脩	42	封	34	多	29
三	358	客	147	各	93	卿	66	儀	51	名	41	乘	34	鳥	29
一	350	師	147	職	93	乃	65	澤	51	州	41	將	34	燕	29
六	334	服	141	軍	92	玉	65	聲	51	獄	41	賈	34	龜	29
王	329	諸	141	執	92	故	65	月	50	膳	41	去	33	主	28
下	318	九	137	屬	92	比	64	和	50	是	40	式	33	半	28
中	313	政	136	樂	91	家	64	所	50	馭	40	巡	33	皮	28
五	296	禁	136	分	90	書	64	夏	50	鍾	40	奉	33	吉	28
徒	290	侯	133	旅	90	門	62	鄙	50	至	39	社	33	孤	28
八	278	小	132	朝	90	功	60	宜	49	牢	39	奏	33	糾	28
令	274	時	131	外	89	兵	60	逆	49	制	39	拜	33	厚	28
祭	269	辨	129	焉	89	縣	60	庶	49	紀	39	重	33	度	28
史	259	正	127	同	88	女	59	工	48	郊	39	肆	33	禽	28
府	250	馬	127	致	88	公	59	均	48	達	39	木	32	飾	28
祀	248	會	123	七	84	財	59	金	48	斂	39	火	32	廟	28
邦	241	入	119	出	83	土	57	必	47	凶	38	世	32	穀	28
民	225	若	115	役	83	市	57	衆	47	衣	38	再	32	舉	28
于	218	刑	114	宮	83	春	57	終	47	利	38	畜	32	卜	27
如	216	歲	114	聽	82	訟	57	饗	47	實	38	疾	32	立	27
及	212	氏	111	尺	80	陳	57	在	46	藏	38	誅	32	佐	27
夫	207	官	111	射	80	位	56	從	46	右	37	廣	32	君	27
不	204	謂	111	野	80	建	56	獸	46	典	37	賜	32	攻	27

字	數	字	數	字	數	字	數	字	數	字	數	字	數	字	數
豆	27	察	22	通	19	黃	17	蠶	15	牽	13	搏	12	傳	10
宰	27	遠	22	造	19	圖	17	墓	15	散	13	箸	12	聘	10
唯	27	閭	22	尊	19	種	17	屬	15	賊	13	餼	12	鼎	10
族	27	醫	22	稍	19	晉	17	齒	15	筵	13	灂	12	幕	10
壹	27	裸	22	筋	19	環	17	樹	15	擊	13	千	11	福	10
賄	27	醢	22	進	19	轂	17	趨	15	疆	13	步	11	管	10
弊	27	力	21	幹	19	鐸	17	彝	15	齍	13	版	11	輕	10
德	27	介	21	虞	19	輈	17	廬	15	恆	13	虎	11	肇	10
輪	27	邑	21	寡	19	夷	16	關	15	聯	13	保	11	蕃	10
隸	27	帛	21	興	19	色	16	占	14	反	12	倍	11	應	10
左	26	直	21	衡	19	夾	16	失	14	止	12	病	11	薄	10
年	26	信	21	觀	19	災	16	羊	14	肉	12	敝	11	黨	10
旬	26	首	21	饗	19	赤	16	防	14	弟	12	盛	11	蠻	10
良	26	荒	21	弔	18	具	16	刺	14	言	12	訝	11	鑿	10
兩	26	得	21	征	18	卒	16	東	14	盾	12	章	11	齎	10
牧	26	御	21	帝	18	殷	16	珍	14	害	12	幾	11	釁	10
室	26	異	21	氣	18	問	16	計	14	幾	12	善	11	化	9
既	26	勞	21	草	18	斬	16	校	14	展	12	蒲	11	引	9
除	26	然	21	動	18	夢	16	宿	14	席	12	斷	11	玄	9
崇	26	經	21	就	18	徹	16	規	14	振	12	歸	11	因	9
聚	26	置	21	惡	18	鳴	16	魚	14	祠	12	簡	11	矣	9
親	26	載	21	溝	18	稷	16	壺	14	素	12	禱	11	函	9
體	26	歌	21	盟	18	劑	16	揖	14	純	12	權	11	往	9
又	25	幾	21	稼	18	璋	16	璋	14	芻	12	釁	11	析	9
委	25	白	20	質	18	磬	16	膠	14	脯	12	邕	11	邸	9
面	25	自	20	餘	18	踾	16	憲	14	復	12	琮	11	俎	9
陰	25	夜	20	鎮	18	藪	16	輻	14	景	12	醴	11	契	9
犯	24	容	20	變	18	讀	16	錫	14	黑	12	冢	11	帟	9
告	24	冕	20	圜	18	涂	16	嬪	14	祿	12	瓚	11	徇	9
取	24	張	20	擯	18	廞	16	繅	14	裘	12	井	10	恤	9
林	24	間	20	戈	17	几	15	瞽	14	瘍	12	牙	10	柔	9
采	24	陽	20	加	17	尸	15	繫	14	蓋	12	西	10	祈	9
葬	24	戮	20	北	17	毛	15	驅	14	說	12	亨	10	浸	9
稽	24	璧	20	甲	17	犬	15	已	13	廢	12	志	10	圉	9
生	23	觀	20	伍	17	且	15	予	13	摯	12	折	10	堂	9
安	23	籩	20	好	17	句	15	丘	13	暴	12	沈	10	陵	9
臣	23	石	19	戎	17	弁	15	札	13	賢	12	來	10	博	9
巫	23	示	19	周	17	弗	15	目	13	館	12	協	10	植	9
見	23	兆	19	青	17	米	15	交	13	雖	12	果	10	萊	9
知	23	旬	19	南	17	坐	15	多	13	擾	12	阜	10	廉	9
革	23	此	19	柯	17	奄	15	固	13	薦	12	屋	10	搏	9
奠	23	老	19	奚	17	哭	15	始	13	豐	12	染	10	敬	9
泣	23	序	19	域	17	退	15	枚	13	藝	12	酌	10	當	9
明	22	易	19	望	17	鬼	15	表	13	麗	12	強	10	貉	9
約	22	要	19	疏	17	短	15	星	13	議	12	惟	10	漆	9
旌	22	遂	19	期	17	貴	15	祖	13	游	12	盜	10	維	9
過	22	寇	19	絲	17	飧	15	菹	13	游	12	亂	10	貍	9

字	數	字	數	字	數	字	數	字	數	字	數	字	數	字	數
惡	9	畫	8	特	7	本	6	蔽	6	昨	5	滌	5	纘	5
耦	9	發	8	訊	7	末	6	趣	6	毒	5	稱	5	贏	5
遷	9	瑞	8	訓	7	宅	6	盥	6	洗	5	竭	5	鑊	5
橈	9	寢	8	起	7	灰	6	築	6	胡	5	翟	5	礬	5
龍	9	爾	8	躬	7	別	6	縫	6	苦	5	語	5	獻	5
獲	9	輔	8	辱	7	求	6	覆	6	貞	5	遣	5	亥	5
薪	9	墳	8	骨	7	甬	6	醬	6	降	5	審	5	樏	5
難	9	摩	8	梓	7	季	6	鞭	6	候	5	慶	5	襆	5
讓	9	賤	8	祥	7	弦	6	羅	6	原	5	慮	5	禖	5
眈	9	適	8	脣	7	弧	6	贈	6	圂	5	稻	5	久	4
埶	9	戰	8	傅	7	股	6	麓	6	息	5	窮	5	弋	4
嫩	9	履	8	割	7	非	6	勸	6	挈	5	駑	5	升	4
塵	9	獵	8	粟	7	俗	6	辯	6	桓	5	勳	5	囚	4
礱	9	雞	8	詛	7	削	6	鐲	6	桃	5	穆	5	矛	4
晦	9	藥	8	貴	7	囿	6	襓	6	秩	5	諧	5	存	4
翩	9	類	8	閑	7	急	6	庇	6	索	5	隧	5	并	4
友	8	籯	8	飭	7	持	6	牷	6	耆	5	險	5	弛	4
文	8	纓	8	極	7	炭	6	窒	6	帷	5	縈	5	含	4
他	8	鱗	8	農	7	省	6	洍	6	情	5	燭	5	妖	4
充	8	軫	8	嘉	7	苟	6	鉦	6	晝	5	牆	5	杖	4
由	8	楬	8	聞	7	風	6	策	6	液	5	輿	5	狄	4
冰	8	虞	8	膏	7	倨	6	鉿	6	淺	5	還	5	走	4
朱	8	襘	8	樊	7	匪	6	價	6	淫	5	糵	5	迆	4
呂	8	稟	8	緩	7	弱	6	壏	6	笙	5	藉	5	侈	4
沃	8	槖	8	墨	7	案	6	饋	6	組	5	蟲	5	兔	4
足	8	夕	7	諭	7	矩	6	鄸	6	舂	5	鵠	5	姑	4
辰	8	互	7	濯	7	納	6	个	6	莖	5	寶	5	孟	4
姓	8	兄	7	療	7	羔	6	冪	6	莫	5	繼	5	抱	4
弩	8	巧	7	總	7	耕	6	檾	6	陶	5	醴	5	昔	4
哀	8	幼	7	轂	7	高	6	匲	6	勝	5	鏡	5	昏	4
咸	8	禾	7	稽	7	啓	6	亡	5	場	5	靈	5	朋	4
宥	8	匠	7	鬱	7	理	6	丹	5	寒	5	叟	5	枉	4
昭	8	危	7	珥	7	敕	6	代	5	富	5	阜	5	芟	4
衍	8	竹	7	桃	7	揚	6	伐	5	載	5	倅	5	雨	4
軌	8	耳	7	腊	7	焚	6	全	5	揉	5	弇	5	宣	4
旁	8	孝	7	軹	7	筍	6	列	5	渠	5	旂	5	忿	4
晉	8	旱	7	歐	7	結	6	匡	5	猶	5	筭	5	柏	4
追	8	更	7	蔟	7	経	6	池	5	買	5	酺	5	柞	4
商	8	身	7	篡	7	萃	6	舟	5	微	5	梏	5	泉	4
堅	8	或	7	絅	7	辜	6	判	5	愷	5	禜	5	洫	4
專	8	空	7	鏄	7	雲	6	形	5	新	5	賵	5	皇	4
庸	8	初	7	鱐	7	覛	6	改	5	葛	5	澮	5	美	4
清	8	近	7	操	7	詢	6	私	5	詰	5	膴	5	負	4
移	8	附	7	歆	7	熊	6	奇	5	遇	5	靦	5	韋	4
茶	8	城	7	刃	6	誦	6	河	5	頌	5	踰	5	孫	4
備	8	律	7	巾	6	播	6	阻	5	馳	5	竅	5	庭	4
尋	8	音	7	父	6	槳	6	冠	5	訾	5	籃	5		

挾 4	國 4	收 3	娶 3	較 3	帔 3	碁 3	甫 2
皋 4	闕 4	血 3	孰 3	雍 3	帛 3	稟 3	辛 2
紛 4	魏 4	免 3	庚 3	壽 3	洒 3	偏 3	乖 2
僞 4	懷 4	冶 3	徙 3	窬 3	瓬 3	嫙 3	依 2
崩 4	藩 4	助 3	旋 3	對 3	書 3	罏 3	兕 2
淳 4	籍 4	否 3	條 3	盡 3	秬 3	磬 3	刮 2
猛 4	攝 4	完 3	產 3	綱 3	苔 3	霝 3	卦 2
粗 4	聲 4	庇 3	脛 3	綬 3	豻 3	臯 3	奔 2
部 4	繁 4	沙 3	蛇 3	蒸 3	埴 3	赫 3	妻 2
鹿 4	瓊 4	豕 3	袞 3	蒐 3	庫 3	刀 2	宛 2
廄 4	蠱 4	阰 3	被 3	緣 3	桯 3	勺 2	庖 2
惠 4	陁 4	卑 3	豚 3	線 3	笴 3	什 2	昊 2
琴 4	柎 4	卷 3	責 3	請 3	幄 3	今 2	武 2
稅 4	枲 4	味 3	貧 3	調 3	斝 3	太 2	玩 2
隅 4	倅 4	呼 3	連 3	駕 3	奝 3	夭 2	秉 2
順 4	旎 4	招 3	速 3	償 3	軼 3	屯 2	侵 2
黍 4	桱 4	放 3	雩 3	壇 3	酢 3	斤 2	卻 2
滑 4	烝 4	斧 3	麻 3	撻 3	塤 3	乏 2	威 2
準 4	帆 4	杼 3	媒 3	燎 3	椹 3	仕 2	怨 2
瑟 4	埽 4	注 3	援 3	璞 3	璲 3	奴 2	指 2
粵 4	旎 4	肺 3	敦 3	耩 3	盉 3	扑 2	流 2
義 4	黽 4	阿 3	敢 3	諫 3	稑 3	母 2	疫 2
腥 4	涷 4	冒 3	棺 3	諜 3	耡 3	永 2	盆 2
詩 4	褖 4	品 3	棘 3	辦 3	誄 3	瓦 2	背 2
遊 4	筥 4	怒 3	游 3	雕 3	甃 3	甘 2	苛 2
雉 4	祼 4	思 3	犀 3	鮑 3	茆 3	穴 2	香 2
寧 4	嫛 4	段 3	琥 3	嶽 3	蘇 3	伊 2	修 2
慢 4	蠟 4	炮 3	絕 3	彌 3	暵 3	休 2	冥 2
監 4	釧 4	畏 3	著 3	擭 3	爇 3	仲 2	冢 2
禍 4	橋 4	紆 3	賀 3	壞 3	駔 3	刪 2	恥 2
端 4	斳 4	胖 3	軸 3	簫 3	黂 3	宇 2	挫 2
銘 4	鴈 4	茅 3	隋 3	繕 3	孈 3	曲 2	胅 2
銜 4	輭 4	酉 3	雅 3	雜 3	槳 3	江 2	桑 2
銑 4	癈 4	倉 3	飯 3	雙 3	蒫 3	考 2	烏 2
閨 4	縠 4	凌 3	馮 3	璽 3	謐 3	似 2	珠 2
需 4	旗 4	唐 3	傷 3	朦 3	隩 3	即 2	盎 2
篆 4	驕 4	埋 3	園 3	禮 3	餀 3	卵 2	秣 2
罷 4	礜 4	經 3	塗 3	羹 3	爨 3	吳 2	秦 2
衛 4	龥 4	海 3	嫁 3	臟 3	邍 3	宏 2	罟 2
賣 4	鱻 4	涉 3	徬 3	壤 3	饎 3	希 2	胸 2
鄰 4	干 3	浴 3	搖 3	蘋 3	藪 3	忌 2	衽 2
駒 4	仄 3	狼 3	睦 3	鹹 3	爟 3	抗 2	豹 2
謀 4	毋 3	脂 3	羨 3	譽 3	鱴 3	杜 2	軒 2
遺 4	爪 3	荆 3	聖 3	籠 3	鑢 3	決 2	鬲 2
縵 4	未 3	蚤 3	葦 3	釁 3	爤 3	沐 2	勒 2
聯 4	伏 3	乾 3	試 3	鑑 3	鱸 3	沂 2	巢 2
臨 4	寺 3			蠱 3	裹 3	牡 2	彫 2

字	頻	字	頻	字	頻	字	頻	字	頻	字	頻	字	頻	字	頻
患	2	肄	2	翩	2	拊	2	骩	2	仍	1	侑	1	殃	1
敏	2	腫	2	蕩	2	沴	2	幬	2	允	1	刷	1	津	1
敫	2	葵	2	諷	2	茇	2	獮	2	勿	1	坼	1	洛	1
淵	2	補	2	選	2	扃	2	瓥	2	匹	1	妾	1	洎	1
淮	2	資	2	甐	2	柲	2	籍	2	午	1	定	1	狩	1
涿	2	酬	2	濩	2	枆	2	薙	2	厄	1	岱	1	疥	1
符	2	鉤	2	濕	2	弣	2	蟄	2	心	1	幸	1	疢	1
統	2	厭	2	瞭	2	垸	2	鏾	2	手	1	延	1	眉	1
細	2	奪	2	冀	2	捀	2	駢	2	斗	1	忠	1	穿	1
紲	2	愿	2	糟	2	涗	2	駹	2	乎	1	忿	1	竽	1
脈	2	槁	2	臂	2	烜	2	騉	2	付	1	怪	1	耑	1
訪	2	槃	2	膚	2	紭	2	鞾	2	仞	1	承	1	苗	1
販	2	滯	2	蟈	2	椰	2	鬟	2	刊	1	披	1	英	1
貫	2	漱	2	褻	2	紾	2	旝	2	古	1	拍	1	苑	1
郭	2	瑤	2	邃	2	蚳	2	褙	2	另	1	抵	1	茆	1
閉	2	疑	2	錫	2	惌	2	積	2	斥	1	枋	1	述	1
陪	2	緒	2	闈	2	琬	2	戀	2	且	1	枕	1	迤	1
竟	2	裳	2	鞠	2	琰	2	贏	2	瓜	1	松	1	韭	1
麥	2	誣	2	騁	2	碧	2	齘	2	吐	1	泥	1	倚	1
厥	2	誥	2	鴻	2	械	2	緫	2	回	1	波	1	倡	1
喜	2	酸	2	勤	2	絜	2	鞻	2	早	1	沸	1	倫	1
提	2	餌	2	濆	2	舃	2	侖	2	牝	1	泗	1	剛	1
握	2	鼻	2	竅	2	觚	2	驚	2	未	1	泛	1	剗	1
暑	2	劍	2	糧	2	廄	2	廬	2	舌	1	冷	1	員	1
棗	2	寬	2	織	2	禂	2	蠋	2	余	1	狀	1	宵	1
棧	2	憂	2	繡	2	箄	2	櫚	2	佚	1	狗	1	峻	1
湛	2	撥	2	薺	2	葦	2	蔆	2	克	1	狐	1	庫	1
測	2	撣	2	轉	2	萬	2	樟	2	吻	1	盲	1	徐	1
策	2	熬	2	憒	2	蜎	2	迹	2	姒	1	祁	1	悖	1
筐	2	瘠	2	識	2	舭	2	闇	2	宋	1	穹	1	捎	1
粥	2	練	2	靡	2	羷	2	藉	2	尾	1	臾	1	挺	1
翔	2	編	2	藻	2	剺	2	罿	2	床	1	芹	1	朔	1
舒	2	緹	2	謷	2	喌	2	賒	2	廷	1	迎	1	根	1
萍	2	蔆	2	贏	2	棘	2	毇	2	彤	1	陂	1	栗	1
華	2	論	2	釋	2	瑱	2	屮	2	忘	1	俟	1	柴	1
萌	2	豎	2	灌	2	稇	2	帆	2	抉	1	兗	1	涇	1
裂	2	踐	2	犧	2	瘥	2	甌	2	投	1	勇	1	畝	1
詐	2	閱	2	鑄	2	緦	2	嚌	2	束	1	勃	1	畚	1
鈞	2	震	2	鑒	2	膊	2	胐	2	汲	1	勁	1	益	1
剽	2	儒	2	饗	2	蓺	2	闠	2	汾	1	巷	1	祇	1
塞	2	凝	2	鷺	2	鋌	2	刲	2	汶	1	幽	1	粉	1
概	2	剷	2	亓	2	廩	2	口	1	灸	1	弭	1	紐	1
毓	2	彊	2	夵	2	燋	2	仁	1	狂	1	拾	1	脈	1
煎	2	樸	2	防	2	菩	2	仇	1	芒	1	柄	1	脊	1
煩	2	橫	2	阸	2	醓	2			貝	1	柳	1	臭	1
瑕	2	橘	2							邪	1	柝	1	般	1
		濁	2							佩	1			茲	1

茨	1	琢	1	嘔	1	獨	1	雷	1	昵	1	楗	1	膰	1
豈	1	給	1	摧	1	瓢	1	燦	1	柘	1	溓	1	錞	1
飢	1	肅	1	榛	1	盧	1	牘	1	枳	1	溠	1	駣	1
側	1	脾	1	槐	1	磨	1	繹	1	柶	1	煇	1	骹	1
偷	1	菁	1	漳	1	禦	1	繩	1	胗	1	皙	1	髻	1
副	1	視	1	漬	1	縊	1	邊	1	祊	1	筴	1	橐	1
匏	1	眨	1	漢	1	臻	1	鶉	1	竑	1	筰	1	襦	1
區	1	貸	1	熒	1	蕭	1	攘	1	胙	1	綷	1	檍	1
售	1	越	1	甄	1	諱	1	寶	1	莘	1	綯	1	甀	1
望	1	閏	1	瘖	1	豫	1	譬	1	芨	1	紿	1	篷	1
基	1	開	1	碩	1	踵	1	譟	1	盾	1	腥	1	縳	1
堵	1	閒	1	緇	1	輸	1	躁	1	眕	1	葺	1	獂	1
密	1	隊	1	臧	1	遲	1	鐘	1	祋	1	狙	1	閹	1
屠	1	階	1	蒙	1	錯	1	騫	1	秕	1	鈇	1	闅	1
帶	1	須	1	蒼	1	錄	1	懼	1	笫	1	頎	1	隮	1
康	1	勤	1	輓	1	錦	1	欄	1	茭	1	罨	1	顀	1
戚	1	嗣	1	銀	1	霍	1	續	1	荊	1	罝	1	駴	1
接	1	嗚	1	隙	1	戴	1	闟	1	陟	1	摭	1	歠	1
措	1	弒	1	雛	1	濟	1	露	1	隼	1	漚	1	潎	1
推	1	愚	1	鳶	1	燧	1	襲	1	俴	1	熏	1	燡	1
掄	1	意	1	寫	1	糜	1	攫	1	猗	1	箈	1	盬	1
敗	1	慈	1	彈	1	縮	1	竊	1	桎	1	筄	1	磿	1
晨	1	想	1	憚	1	績	1	纖	1	淶	1	緅	1	磋	1
梁	1	慎	1	撰	1	縷	1	蠱	1	烄	1	蓐	1	簝	1
梢	1	損	1	撫	1	縱	1	鑪	1	痒	1	蛷	1	蕺	1
梗	1	楊	1	敵	1	翼	1	庀	1	笫	1	醐	1	藋	1
械	1	滅	1	歐	1	臀	1	刉	1	紓	1	愙	1	騋	1
涼	1	煙	1	歎	1	薛	1	抌	1	虖	1	摯	1	鴻	1
畢	1	痺	1	殤	1	藨	1	汔	1	悙	1	栖	1	壚	1
眼	1	睫	1	潛	1	螻	1	妗	1	摡	1	潁	1	燕	1
莢	1	督	1	潰	1	講	1	尨	1	揄	1	槙	1	爂	1
莽	1	粱	1	潟	1	賻	1	庌	1	斛	1	緒	1	聚	1
陸	1	綏	1	牖	1	鍵	1	扤	1	桙	1	褍	1	轈	1
雀	1	腹	1	箭	1	鍛	1	汎	1	梦	1	觭	1	釄	1
傀	1	解	1	緯	1	闋	1	芘	1	殺	1	踖	1	蟝	1
創	1	豢	1	談	1	霜	1	困	1	疷	1	眷	1	襦	1
喙	1	運	1	豬	1	鮪	1	抗	1	稱	1	嶦	1	趨	1
報	1	遏	1	遭	1	叢	1	戾	1	紋	1	樟	1	轅	1
揮	1	鈴	1	鄭	1	甕	1	枑	1	脄	1	渧	1	鑿	1
曾	1	雷	1	銳	1	癜	1	沭	1	萑	1	潞	1	韶	1
棲	1	頓	1	魯	1	繚	1	泐	1	詘	1	燀	1	饌	1
殘	1	飴	1	麾	1	舊	1	礿	1	詒	1	燔	1	鷟	1
渥	1	飽	1	冀	1	謨	1	秅	1	寊	1	蓼	1	甀	1
湖	1	髡	1	疆	1	謹	1	俀	1	愃	1	筬	1	籔	1
渭	1	鳩	1	墾	1	釐	1	匼	1	罃	1	縹	1	纇	1
渴	1	鼠	1	歷	1	闔	1	挍	1	福	1	緽	1	藯	1
煮	1	嗽	1	燉	1	離	1								

字	頻							
鷔	1							
磬	1							
攡	1							
鸆	1							
鷖	1							
欒	1							
鱖	1							
蘱	1							
鑴	1							
飆	1							
麲	1							
麤	1							
珉	1							
鼃	1							
襃	1							
叚	1							
苤	1							
鸛	1							
蓛	1							
晳	1							
敏	1							
梟	1							
宂	1							
旄	1							
厭	1							
稈	1							
堂	1							
瑊	1							
髳	1							
彪	1							
亂	1							
硍	1							
篷	1							
窻	1							
畇	1							
燠	1							

ISBN 957-05-0897-3 (573)　　73334000

9 789570 508970

全　　　　精裝　　　NT$　　1400
周禮逐字索引